컴퓨터활용능력
1급 필기

시험에 나오는 것만 공부한다!

2026 시나공

길벗알앤디 지음
길벗

지은이 길벗알앤디

강윤석, 김용갑, 김우경, 김종일

IT 서적을 기획하고 집필하는 출판 기획 전문 집단으로, 2003년부터 길벗출판사의 IT 수험서인 〈시험에 나오는 것만 공부한다!〉 시리즈를 기획부터 집필 및 편집까지 총괄하고 있다.

30여 년간 자격증 취득에 관한 교육, 연구, 집필에 몰두해 온 강윤석 실장을 중심으로 IT 자격증 시험의 분야별 전문가들이 모여 국내 IT 수험서의 수준을 한 단계 높이기 위한 다양한 연구와 집필 활동에 전념하고 있다.

컴퓨터활용능력 1급 필기 - 시나공 시리즈 ⑦

The Written Examination for Advanced Computer Proficiency Certificate - Comprehensive Overview

초판 발행 · 2025년 8월 4일
초판 2쇄 발행 · 2025년 12월 5일

지은이 · 길벗알앤디(강윤석, 김용갑, 김우경, 김종일)
발행인 · 이종원
발행처 · (주)도서출판 길벗
출판사 등록일 · 1990년 12월 24일
주소 · 서울시 마포구 월드컵로 10길 56(서교동)
주문 전화 · 02)332-0931   팩스 · 02)323-0586
홈페이지 · www.gilbut.co.kr   이메일 · gilbut@gilbut.co.kr

기획 및 책임 편집 · 강윤석(kys@gilbut.co.kr), 김미정(kongkong@gilbut.co.kr), 임은정(eunjeong@gilbut.co.kr)
표지 디자인 · 강은경, 윤석남   제작 · 이준호, 손일순, 이진혁   마케팅 · 조승모, 유영은
영업관리 · 김명자   독자지원 · 윤정아   유통혁신 · 한준희

편집진행 및 교정 · 길벗알앤디(강윤석 · 김용갑 · 김우경 · 김종일)   디자인 · 도설아   일러스트 · 윤석남
전산편집 · 예다움   CTP 출력 및 인쇄 · 정민   제본 · 정민

- 이 책은 저작권법의 보호를 받는 저작물로 이 책에 실린 모든 내용, 디자인, 이미지, 편집 구성은 허락 없이 복제하거나 다른 매체에 옮겨 실을 수 없습니다.
- 인공지능(AI) 기술 또는 시스템을 훈련하기 위해 이 책의 전체 내용은 물론 일부 문장도 사용하는 것을 금지합니다.
- 잘못 만든 책은 구입한 서점에서 바꿔 드립니다.

ⓒ 길벗알앤디, 2025

ISBN 979-11-407-1509-1 13000
(길벗 도서번호 030967)

가격 22,000원

독자의 1초를 아껴주는 정성 길벗출판사

(주)도서출판 길벗   IT단행본, 성인어학, 교과서, 수험서, 경제경영, 교양, 자녀교육, 취미실용 www.gilbut.co.kr
길벗스쿨   국어학습, 수학학습, 주니어어학, 어린이단행본, 학습단행본 www.gilbutschool.co.kr

시나공 홈페이지 www.sinagong.co.kr

시험 날짜는 다가오는데 공부할 시간이 없다면?

시나공 총정리 시리즈

시나공 총정리 시리즈는 공부할 시간이 부족한 학생, 최대한 빨리 공부해서 빨리 합격하고 싶은 수험생을 위해 핵심요약과 기출문제, 실전 모의고사로 구성한 초단기 합격 전략집입니다.

핵심요약 & 대표기출문제

합격에 꼭 필요한 핵심 개념 240개를 관련된 기출문제와 함께 수록했습니다. 자세한 해설은 기본이죠!

실습이 필요한 엑셀 기능 18가지, 액세스 기능 12가지

엑셀/액세스 과목은 실습과 병행하지 않으면 이해하기 어렵습니다. 실습이 꼭 필요한 부분은 기본 설명 외에 따라하며 이해할 수 있는 실습 과정을 함께 수록해 두었습니다.

기출문제 & 전문가의 조언 15회

기출문제라고 다 같은 기출문제가 아닙니다. 기출문제만 이해해도 합격할 수 있도록, 왜 답이 되는지 명쾌하게 결론을 내려 줍니다.

실전 모의고사 5회

실제 시험에 출제될 만한 문제들을 전문가가 선별하여 구성하였습니다. 시험 전 마무리로, 실력 테스트 하기에 딱! 좋으니 꼭! 풀어보세요.

시나공 총정리 시리즈는 아래와 같은 방식으로 읽으면 더욱 효과적입니다.

핵심요약
1. 핵심요약을 전체적으로 가볍게 읽으세요.
2. 핵심요약과 관련된 기출문제가 나오면 핵심요약을 보면서 기출문제를 풀어 보세요.
3. 핵심요약을 정독하면서 외울 건 외우고, 이해할 건 이해하고 넘어 가세요.

기출 & 모의
4. 실제 시험을 치르는 것처럼 기출문제와 모의고사를 풀어 보세요.
5. 틀린 문제는 꼭 체크해서, 나중에 다시 풀어 보세요.

정리
6. 시험이 임박하면 핵심요약의 기출문제를 처음부터 다시 풀어 보세요.
7. 기출문제와 모의고사에서 체크해 두었던 틀린 문제만 다시 풀어 보세요.

목차

0) 준비운동

수험생을 위한 아주 특별한 서비스	05
이 책의 구성 미리 보기	06
원서 접수 방법 및 유의 사항	09
시험 접수부터 자격증 받기까지 한눈에 살펴볼까요?	10
컴퓨터활용능력 시험, 이것이 궁금하다!	12

1) 실습이 필요한 엑셀 기능 18가지 16
   실습이 필요한 액세스 기능 12가지 32

2) 핵심요약 & 대표기출문제 48

3) 기출문제 & 전문가의 조언

01회	2025년 상시01 컴퓨터활용능력 1급 필기	164
02회	2025년 상시02 컴퓨터활용능력 1급 필기	176
03회	2025년 상시03 컴퓨터활용능력 1급 필기	190
04회	2025년 상시04 컴퓨터활용능력 1급 필기	202
05회	2025년 상시05 컴퓨터활용능력 1급 필기	213
06회	2024년 상시01 컴퓨터활용능력 1급 필기	225
07회	2024년 상시02 컴퓨터활용능력 1급 필기	238
08회	2024년 상시03 컴퓨터활용능력 1급 필기	251
09회	2024년 상시04 컴퓨터활용능력 1급 필기	263
10회	2024년 상시05 컴퓨터활용능력 1급 필기	275
11회	2023년 상시01 컴퓨터활용능력 1급 필기	287
12회	2023년 상시02 컴퓨터활용능력 1급 필기	299
13회	2023년 상시03 컴퓨터활용능력 1급 필기	310
14회	2023년 상시04 컴퓨터활용능력 1급 필기	322
15회	2023년 상시05 컴퓨터활용능력 1급 필기	334

4) 실전 모의고사

실전 모의고사 01회	PDF 제공
실전 모의고사 02회	PDF 제공
실전 모의고사 03회	PDF 제공
실전 모의고사 04회	PDF 제공
실전 모의고사 05회	PDF 제공
실전 모의고사 정답 및 해설	PDF 제공

시나공 홈페이지(sinagong.co.kr)의 [컴퓨터활용능력] → [1급 필기] → [자료실] → [도서자료실] 코너에 PDF 파일로 등록되어 있으니 다운받아 사용하시면 됩니다.

1등만이 드릴 수 있는 1등 혜택!
수험생을 위한 아주 특별한 서비스

서비스 하나 — 시나공 홈페이지
시험 정보 제공!

IT 자격증 시험, 혼자 공부하기 막막하다고요? 시나공 홈페이지에서 대한민국 최대, 50만 회원들과 함께 공부하세요.

지금 sinagong.co.kr에 접속하세요!

시나공 홈페이지에서는 최신기출문제와 해설, 선배들의 합격 수기와 합격 전략, 책 내용에 대한 문의 및 관련 자료 등 IT 자격증 시험을 위한 모든 정보를 제공합니다.

서비스 둘 — 수험생 지원센터
무엇이든 물어보세요!

공부하다 답답하거나 궁금한 내용이 있으면, 시나공 홈페이지 도서별 '책 내용 질문하기' 게시판에 질문을 올리세요. 길벗알앤디의 전문가들이 빠짐없이 답변해 드립니다.

서비스 셋 — 합격을 위한
학습 자료

시나공 홈페이지 회원으로 가입하면 시험 준비에 필요한 학습 자료를 내려받을 수 있습니다.
- **기출문제** : 최근에 출제된 기출문제를 제공합니다. 최신기출문제로 현장 감각을 키우세요.

서비스 넷 — 실기 시험 대비
온라인 실기 특강 서비스

(주)도서출판 길벗에서는 실기 시험 준비를 위한 온라인 특강을 제공하고 있습니다. 다음과 같은 방법으로 이용하세요.

실기 특강 온라인 강좌는 이렇게 이용하세요!
1. 시나공 홈페이지(sinagong.co.kr)에 접속하여 로그인하세요.
2. 상단 메뉴 중 [컴퓨터활용능력] → [1급 필기] → [동영상 강좌] → [실기특강]을 클릭하세요.
3. 실기 특강 목록에서 원하는 강좌를 클릭하여 시청하세요.

서비스 다섯 — 시나공 만의
동영상 강좌

독학이 가능한 친절한 교재가 있어도 준비할 시간이 부족하다면?

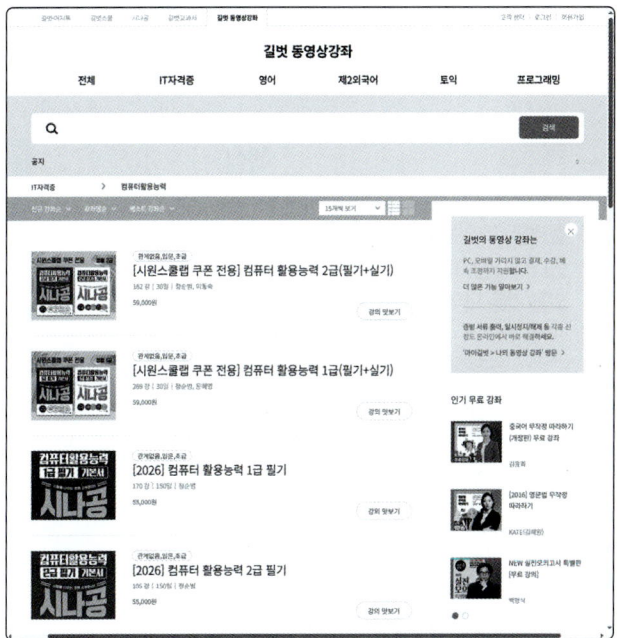

길벗출판사의 '동영상 강좌(유료)' 이용 안내
1. 시나공 홈페이지(sinagong.co.kr)에 접속하여 로그인하세요.
2. 상단 메뉴 중 [컴퓨터활용능력] → [1급 필기] → [동영상 강좌] → [유료강의]를 클릭하세요.
3. 원하는 강좌를 선택하고 [수강 신청하기]를 클릭하세요.
4. 우측 상단의 [마이길벗] → [나의 동영상 강좌]로 이동하여 강좌를 수강하세요.
※ 기타 동영상 이용 문의 : 독자지원(02-332-0931)

시나공 홈페이지 회원 가입 방법
1. 시나공 홈페이지(sinagong.co.kr)에 접속하여 우측 상단의 〈회원가입〉을 클릭하고 〈이메일 주소로 회원가입〉을 클릭합니다.
  ※ 회원가입은 소셜 계정으로도 가입할 수 있습니다.
2. 가입 약관 동의를 선택한 후 〈동의〉를 클릭합니다.
3. 회원 정보를 입력한 후 〈이메일 인증〉을 클릭합니다.
4. 회원 가입 시 입력한 이메일 계정으로 인증 메일이 발송됩니다. 수신한 인증 메일을 열어 이메일 계정을 인증하면 회원가입이 완료됩니다.

이 책의 구성 미리 보기

시험에 나오는 것만 골라 볼 수 있다!
핵심요약 & 대표기출문제

기출문제 유형을 핵심의 틀 안에 담아 두어 출제 유형 파악이 용이합니다. 뿐만 아니라 이론은 각 핵심에서 짧게 공부하고, 기출문제로 바로 확인할 수 있어 학습이 지루하지 않습니다.

핵심
시험에 꼭 나오는 내용만 엄선하여 문제가 출제될 수 있는 최소 단위로 정리해 두었습니다. 꼼꼼히 읽어서 이해할 건 이해하고 외울 것은 외우세요.

토막 강의
혼자 공부하다가 어려운 부분이 나와도 고민하지 말고 QR코드를 이용하세요!
- 방법1 스마트폰으로 QR코드를 스캔하세요.
- 방법2 시나공 홈페이지의 해당 도서의 [동영상 강좌] → [토막강의]에서 번호를 입력하세요.
- 방법3 유튜브 검색 창에 "시나공"+QR코드 번호를 입력하세요.
  예 시나공1260001

대표기출문제
이론에 충실한 대표기출문제, 이론 학습을 마쳤다면 이 문제들을 재미있게 풀 수 있습니다. 이론이 어떻게 문제로 출제되는지 확인할 수 있을 뿐만 아니라 공부했던 내용을 문제로 다시 확인하니 머리에 쏙쏙 들어옵니다.

출제 연도
해당 문제가 출제된 년, 회차를 나타냅니다. 횟수가 많을수록 자주 나오는, 기본에 충실한 문제겠죠?

해설
명쾌한 해설로 여러분의 궁금증을 속 시원히 해결해 드립니다. 틀린 문제는 왜 틀렸는지 확실히 이해하고 넘어가세요.

구성 미리보기

초단타 합격 전략을 아시나요?
기출문제 & 전문가의 조언

기출문제를 확실하게 이해하세요! 시나공 문제집에 들어 있는 기출문제는 실력 테스트용이 아닙니다. 짧은 시간 안에 시험에 나왔던 내용을 파악하고, 나올 내용을 공부하는 초단타 합격 전략 문제입니다.

최신기출문제 15회

실제 시험을 치르는 기분으로 혼자 풀어 보고 정답을 확인하세요. 문제를 풀어보고 전문가의 조언을 읽어 보면 무엇을 공부해야 할지 턱! 감이 잡힙니다.

전문가의 조언

나왔던 문제가 또 나온다는 것을 알고 있는지요? 한 번 풀어본 기출문제는 절대 틀릴 수 없도록 답이 되는 이유를 여러분의 머릿속에 콕! 박아 드립니다.

정답

기출문제에 대한 답을 바로 표시해서 초단기 합격 전략으로 공부하는 수험생의 편의를 최대한 배려했습니다.

이 책의 구성 미리 보기

실습이 꼭 필요한 엑셀 기능 18가지
실습이 꼭 필요한 액세스 기능 12가지

엑셀/액세스 과목은 실습과 병행하지 않으면 이해하기 어려운 부분이 있습니다. 실습이 꼭 필요한 부분은 기본 이론 외에 따라해 보며 이해할 수 있는 실습 과정도 함께 수록해 두었습니다.

실전 모의고사 5회

수험서의 핵심은 문제 풀이 — 실전 모의고사 5회 실제 나올 만한 문제들을 추려 엮었습니다. 틀린 문제나 이해 안되는 문제가 있다면 해설을 꼭 읽어 보세요.

실전 모의고사 정답 및 해설

정확한 해설로 여러분의 궁금증을 속시원히 해결해 드립니다. 틀린 문제는 또 틀릴 수 있으니 꼭 체크를 해두었다가 시험 직전에 다시 한번 보세요.

원서 접수 방법 및 유의 사항

컴퓨터활용능력 시험은 인터넷을 통해서만 접수할 수 있습니다.

❶ 상공회의소 인터넷 원서 접수 사이트(license.korcham.net)에 접속합니다.

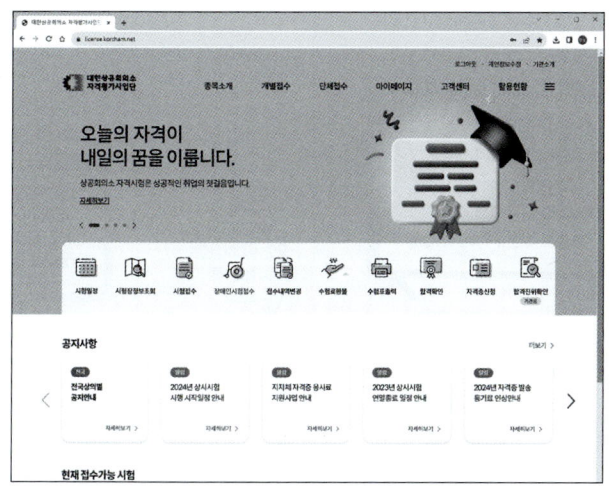

❷ 화면의 오른쪽 맨 윗부분에서 〈로그인〉을 클릭한 후 로그인 ID와 비밀번호를 입력한 후 〈로그인〉을 클릭합니다. 비회원인 경우 〈회원가입〉을 클릭하여 회원가입을 한 후 로그인합니다.

❸ 상단 위쪽 메뉴에서 [개별접수] → [시험접수]를 선택하고 응시종목과 시험종류를 선택한 후 〈다음〉을 클릭합니다.

❹ 약관의 내용을 확인 및 체크한 후 〈약관동의〉를 클릭합니다.

❺ 접수할 종목의 등급을 선택한 후 〈다음〉을 클릭합니다.

❻ 수험자 설문조사를 확인 및 체크한 후 〈다음〉을 클릭합니다.

❼ 인적사항 등록 및 입력 화면에서 *표시가 있는 항목은 반드시 입력해야 합니다. 성명, 주민등록번호, 연락처 등은 반드시 입력해야 할 사항입니다.

❽ 인적사항을 모두 입력하고 〈이미지등록〉을 클릭하면 '회원사진등록' 화면이 나타납니다. 아래쪽의 〈파일선택〉을 클릭하고 사진을 선택한 후 〈등록〉을 클릭하여 사진을 등록합니다. 미리 보기로 업로드한 사진을 확인하고 〈다음〉을 클릭하면 응시 지역을 선택할 수 있는 화면이 나타납니다.

※ 사진 스캔할 때 주의사항
- 사진 파일 형식은 JPG, JPEG, PNG, GIF만 가능합니다.
- 사진 크기는 400×500 픽셀로 변경되며, 1:1.25 비율로 맞춰야 사진이 정상적으로 보입니다.

※ 업로드한 사진은 자격증에 첨부되므로 깨끗한 것을 골라서 올려야 합니다. 한 번 올린 사진은 회원으로 가입하지 않아도 상공회의소에서 실시하는 모든 시험에 사용할 수 있습니다.

❾ 응시 지역을 선택하고 〈조회하기〉를 클릭한 다음 응시 가능한 시험장 중 집에서 가까운 거리에 있는 시험장을 선택한 후 〈다음〉을 클릭합니다.

❿ 응시할 시험일자의 시간을 클릭합니다.

⓫ 이제까지 입력한 응시종목 및 시험시작시간, 성명, 수험장명, 시험일자, 합격발표일자가 표시됩니다. 표시된 내용을 확인하고 이상이 없으면 결제방법(PAYCO, 신용카드, 계좌이체, 휴대폰결제)을 선택한 후 〈다음〉을 클릭합니다.

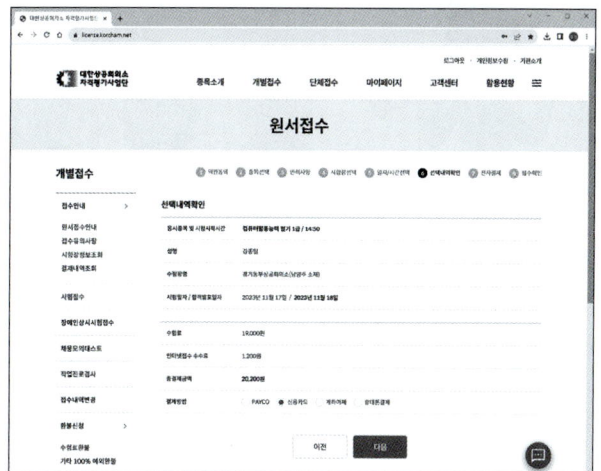

⓬ '전자결제' 화면이 나타나면 화면의 지시에 따라 진행하면 됩니다. 전자결제가 완료되지 않은 경우에는 확인을 눌러 전자결제를 다시 진행합니다.

⓭ 전자결제를 성공적으로 완료하면 수험표가 화면에 출력됩니다. 이 수험표는 시험볼 때 시험장에서 필요하므로 반드시 인쇄하여 보관해야 합니다. 아울러 수험자 유의 사항 및 약도를 확인하여 정확한 날짜 및 장소를 숙지하기 바랍니다.

시험 접수부터 자격증을 받기까지 한눈에 살펴볼까요?

※ 신청할 때 준비할 것은~
▶ 인터넷 신청 : 접수 수수료 3,100원, 등기 우편 수수료 3,300원

접수부터 합격까지

4 합격여부 확인 → **실기시험** **1** 실기원서접수

◎ 실기 시험 : 매주 시행
◎ 인터넷 원서 접수 사이트 : license.korcham.net
◎ 프로그램 : 오피스 2021
◎ 검정수수료 : 25,000원
◎ 인터넷 접수 대행 수수료 : 1,200원

설마 필기 시험에 떨어진건 아니겠지~?

실기 시험은 인터넷 접수만 가능합니다!

상시 시험은 매주 있어요

최종합격 ← **3** 합격여부 확인 ← **2** 실기시험

실기 시험은 70점 이상의 점수를 (1급은 두 과목 모두) 얻어야 합니다!

합격여부 확인은 license.korcham.net로 하면 됩니다.

필기는 합격 하셨군요~ 실기도 편안한 마음으로 시작하세요~ 고고!

집중

컴퓨터활용능력 시험, 이것이 궁금하다!

Q 컴퓨터활용능력 자격증 취득 시 독학사 취득을 위한 학점 인정이 가능하다고 하던데, 학점 인정 현황은 어떻게 되나요?

A

종목	학 점
정보처리기사	20
정보처리산업기사	16
사무자동화산업기사	16
컴퓨터활용능력 1급	14
컴퓨터활용능력 2급	6
워드프로세서	4

※ 자세한 내용은 평생교육진흥원 학점은행 홈페이지(https://cb.or.kr)를 참고하세요.

Q 시험 접수를 취소하고 환불받을 수 있나요? 받을 수 있다면 환불 방법을 알려주세요.

A 네, 가능합니다. 대한상공회의소 자격평가사업단 홈페이지의 상단 메뉴에서 [개별접수] → [환불신청]을 클릭하여 신청하면 됩니다. 하지만 환불 신청 기간 및 사유에 따라 환불 비율에 차이가 있습니다.

상시 시험	
접수일 ~ 시험일 4일 전	100% 반환
시험일 3일 전 ~ 시험일	반환 불가

Q 필기 시험에 합격하면 2년 동안 필기 시험이 면제된다고 하던데, 필기 시험에 언제 합격했는지 기억이 나지 않을 경우 실기 시험 유효 기간이 지났는지 어떻게 확인해야 하나요?

A 대한상공회의소 자격평가사업단 홈페이지에 로그인한 후 [마이페이지] 코너에서 확인할 수 있습니다.

Q 컴퓨터활용능력 1급 필기 응시 수수료와 실기 응시 수수료는 얼마인가요?

A 급수에 관계없이 필기는 20,500원이고, 실기는 25,000원입니다.

Q 필기 시험 볼 때 입실 시간이 지나서 시험장에 도착할 경우 시험 응시가 가능한가요?

A 입실 시간이 지나면 시험장에 입실할 수 없습니다. 반드시 입실 시간에 맞춰 입실하세요.

Q 필기 시험 볼 때 가져갈 준비물로는 어떤 것들이 있나요?

A 수검표, 신분증(주민등록증, 운전면허증 등)을 지참해야 합니다.
※ 신분증을 지참하지 않으면 시험에 응시할 수 없으니 반드시 신분증을 지참하세요.

컴퓨터활용능력 Q&A

Q 자격증 분실 시 재발급 받으려면 어떻게 해야 하나요?
A 처음 자격증 신청할 때와 동일하게 인터넷으로 신청하면 됩니다.

Q 컴퓨터활용능력 1급 필기 시험에 합격하면 2급은 필기 시험 없이 실기 시험에 바로 응시할 수 있나요?
A 네, 그렇습니다. 1급 필기 시험에 합격하면 1, 2급 실기 시험에 모두 응시할 수 있습니다.

Q 신분증을 분실하였을 경우에는 어떻게 해야 하나요?
A 신분증을 분실했을 경우 동사무소에서 임시 주민등록증을 발급 받아 오거나 교육행정정보시스템(www.neis.go.kr)에서 재학증명서를 발부해 오면 됩니다. 그 외에 운전면허증, 학생증(초·중·고등학생 한정), 사진이 나와 있는 여권, 국가기술자격증이 있어도 됩니다.

Q 필기 시험에 합격한 후 바로 실기 시험에 접수할 수 있나요?
A 네. 가능합니다. license.korcham.net에서 접수하면 됩니다.

Q 실기 시험 합격 여부를 확인하기 전에 다시 실기 시험에 접수하여 응시할 수 있나요?
A 네, 실기 시험은 같은 날 같은 급수만 아니면, 합격 발표 전까지 계속 접수 및 응시가 가능합니다. 그러나 합격한 이후에 접수한 시험은 모두 무효가 되며 접수한 시험에 대해서는 취소 및 환불이 되지 않으니 주의하기 바랍니다.

Q 필기 시험과 실기 시험의 합격 기준은 어떻게 되나요?

A

필기 시험

등급	시험 과목	제한시간	출제형태	합격기준
1급	• 컴퓨터 일반 • 스프레드시트 일반 • 데이터베이스 일반	60분	객관식 60문항	과목당 40점 이상 평균 60점 이상
2급	• 컴퓨터 일반 • 스프레드시트 일반	40분	객관식 40문항	

실기 시험

등급	시험 과목	제한시간	출제형태	합격기준
1급	• 스프레드시트 실무 • 데이터베이스 실무	90분	컴퓨터 작업형	70점 이상 (1급은 매 과목 70점 이상)
2급	• 스프레드시트 실무	40분		

메모

실습이 꼭 필요한
엑셀 기능 18가지

실습이 꼭 필요한 엑셀 기능 18가지

'엑셀 기능.xlsx' 파일을 불러와 해당 시트를 이용하여 다음 작업을 수행하세요. 실습할 예제 파일(엑셀 기능.xlsx)은 시나공 홈페이지 (sinagong.co.kr)의 [컴퓨터활용능력] → [1급 필기] → [자료실] → [도서 자료실] 코너에서 다운받으세요.

실습 01 사용자 지정 서식

핵심요약 & 대표기출문제의 핵심 111을 공부한 후 '실습01-1' 시트에서 다음 작업을 수행하세요.

문제 01 평가손익이 0보다 크면 '파랑', 0보다 작으면 '빨강'에 "−" 표시, 0이면 '검정', 텍스트이면 뒤에 "미등록"을 표시하는 사용자 지정 서식을 작성하시오(단, 천 단위 구분 기호를 표시하고 소수점 이하는 표시하지 말 것).

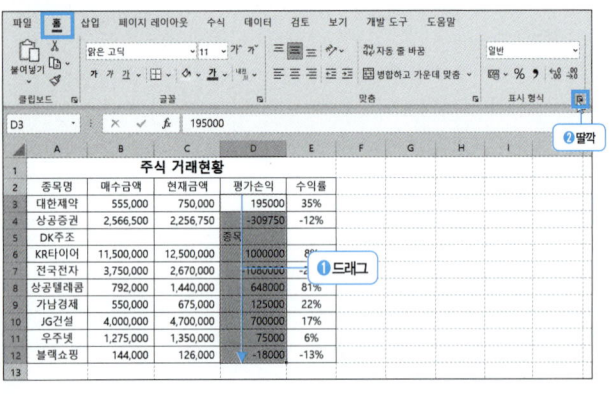

풀이

❶ 서식이 적용될 [D3:D12] 영역을 블록으로 지정한 후 [홈] → [표시 형식의 ⌐]를 클릭한다(Ctrl + 1).

❷ '셀 서식' 대화상자의 '표시 형식' 탭에서 '사용자 지정'을 선택한 후 형식을 다음과 같이 지정하고 〈확인〉을 클릭한다.

☞ '실습01-2' 시트에서 다음 작업을 수행하시오.

문제 02 순이익이 1,000 이상이면 '파랑', 500 이상이면 '빨강', 500 미만이면 색이 지정되지 않게 서식을 작성하시오 (단, 천 단위 구분 기호를 표시하고, 소수 이하 첫째 자리까지 표시할 것).

풀이

① 서식이 적용될 [F4:F11] 영역을 블록으로 지정한 후 [홈] → [표시 형식의 □]를 클릭한다(Ctrl+1).

② '셀 서식' 대화상자의 '표시 형식' 탭에서 '사용자 지정'을 선택한 후 형식을 다음과 같이 지정하고 〈확인〉을 클릭한다.

실습 02 조건부 서식

1269002

핵심요약 & 대표기출문제의 핵심 112를 공부한 후 '실습02' 시트에서 다음 작업을 수행하세요.

문제 01 다음과 같은 데이터 목록에서 총점이 140 이상인 행 전체에 대해 바탕색을 '빨강'으로 지정하시오.

	A	B	C	D
1	이름	국어	영어	총점
2	보라미	83	78	161
3	미라미	43	62	105
4	김은혜	58	70	128
5	박한솔	79	66	145
6				

↓

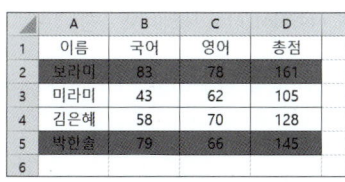

풀이

① 조건부 서식이 적용될 [A2:D5] 영역을 블록으로 지정한 후 [홈] → [스타일] → [조건부 서식] → [새 규칙]을 선택한다.

② '새 서식 규칙' 대화상자에서 '수식을 사용하여 서식을 지정할 셀 결정'을 선택하고, =$D2>=140을 입력한 후 〈서식〉을 클릭한다.

③ '셀 서식' 대화상자의 '채우기' 탭에서 '빨강'을 지정한 후 〈확인〉을 클릭한다.

④ '새 서식 규칙' 대화상자에서도 〈확인〉을 클릭한다.

| 실습 | 03 | 수식 활용 - 통계 함수 |

핵심요약 & 대표기출문제의 핵심 117을 공부한 후 '실습03-1' 시트에서 다음 작업을 수행하세요.

문제 01 다음 표에 표시된 부분의 값을 적절한 함수를 이용하여 계산하시오.

	A	B	C	D	E	F
1	특별고사 성적					
2	성명	국어	영어	수학	합계	평균
3	고아라	72	90	78		
4	나영희	95	65	0		
5	박철수	75		75		
6	안도해		98	100		
7	최순이	85	100	85		
8	학생수					
9	응시생수					
10	결시생수					
11	90점이상					
12	80점이상 95점이하					
13						

↓

	A	B	C	D	E	F
1	특별고사 성적					
2	성명	국어	영어	수학	합계	평균
3	고아라	72	90	78	240	80
4	나영희	95	65	0	160	53
5	박철수	75		75	150	75
6	안도해		98	100	198	99
7	최순이	85	100	85	270	90
8	학생수	5	5	5		
9	응시생수	4	4	5		
10	결시생수	1	1	0		
11	90점이상	1	3	1		
12	80점이상 95점이하	2	1	1		
13						

풀이

- 합계(E3) : =SUM(B3:D3)
- 평균(F3) : =AVERAGE(B3:D3)
- 전체 학생수(B8) : =COUNTA($A$3:$A$7)
- 응시한 학생수(B9) : =COUNT(B3:B7)
- 결시한 학생수(B10) : =COUNTBLANK(B3:B7)
- 90점 이상인 학생수(B11) : =COUNTIF(B3:B7, ">=90")
- 80점 이상 95점 이하인 학생수(B12) : =COUNTIFS(B3:B7, ">=80", B3:B7, "<=95")

☞ '실습03-2' 시트에서 다음 작업을 수행하세요.

문제 02 다음 표에 표시된 부분의 값을 적절한 함수를 이용하여 계산하시오.

	A	B	C	D	E	F
1	특별고사 성적					
2	성명	국어	영어	수학	총점	순위
3	고아라	72	90	78	240	
4	나영희	95	65	0	160	
5	박철수	75		75	150	
6	안도해		98	100	198	
7	최순이	85	100	85	270	
8	앞에서 2위					
9	뒤에서 2위					
10						

↓

	A	B	C	D	E	F
1	특별고사 성적					
2	성명	국어	영어	수학	총점	순위
3	고아라	72	90	78	240	2
4	나영희	95	65	0	160	4
5	박철수	75		75	150	5
6	안도해		98	100	198	3
7	최순이	85	100	85	270	1
8	앞에서 2위	85	98	85	240	
9	뒤에서 2위	75	90	75	160	
10						

풀이

- 총점에 대한 전체 순위(F3) : =RANK.EQ(E3, $E$3:$E$7)
- 각 점수에서 두 번째로 큰 값(B8) : =LARGE(B3:B7, 2)
- 각 점수에서 두 번째로 작은 값(B9) : =SMALL(B3:B7, 2)

| 실습 | 04 | 수식 활용 - 수학/삼각 함수 |

핵심요약 & 대표기출문제의 핵심 118을 공부한 후 '실습04' 시트에서 다음 작업을 수행하세요.

문제 01 다음 표에 표시된 부분의 값을 적절한 함수를 이용하여 계산하시오.

	A	B	C	D	E	F
1	특별고사 성적					
2	성명	국어	영어	수학	총점	평균
3	고아라	81	93	88	262	
4	나영희	82	65	71	218	
5	박철수	93	98	75	266	
6	안도해	79	98	100	277	
7	나도해	75	86	77	238	
8	최순이	86	90	70	246	
9	과목평균1					
10	과목평균2					
11	합계1					
12	합계2					
13						

↓

	A	B	C	D	E	F
1	특별고사 성적					
2	성명	국어	영어	수학	총점	평균
3	고아라	81	93	88	262	87.3
4	나영희	82	65	71	218	72.7
5	박철수	93	98	75	266	88.7
6	안도해	79	98	100	277	92.3
7	나도해	75	86	77	238	79.3
8	최순이	86	90	70	246	82
9	과목평균1	82.67	88.34	80.17		
10	과목평균2	82.66	88.33	80.16		
11	합계1	253	289	263		
12	합계2	342	269	88		
13						

풀이

- 평균을 소수 둘째 자리에서 반올림(F3) : =ROUND(AVERAGE(B3:D3), 1)
- 과목평균1을 소수 셋째 자리에서 자리 올림(B9) : =ROUNDUP(AVERAGE(B3:B8), 2)
- 과목평균2를 소수 셋째 자리에서 자리 내림(B10) : =ROUNDDOWN(AVERAGE(B3:B8), 2)
- 총점이 250 이상인 사람의 과목 합계1(B11) : =SUMIF($E$3:$E$8, ">=250", B3:B8)
- 80점 이상 95점 이하인 사람의 과목 합계2(B12) : =SUMIFS(B3:B8, B3:B8, ">=80", B3:B8, "<=95")

실습 05 수식 활용 - 논리 함수

핵심요약 & 대표기출문제의 핵심 121을 공부한 후 '실습05' 시트에서 다음 작업을 수행하세요.

문제 01 다음 표를 보고 번호에 알맞은 함수식을 완성하시오.

① '오정국' 사원의 팀명이 '1팀'이면 '국내팀', '2팀'이면 '국외팀', '3팀'이면 '본사팀'을 입력할 것(IFS 함수 이용)

② '하나영' 사원의 실적, 영어회화, 컴퓨터 점수가 모두 70점 이상이면 '해외연수', 아니면 '국내연수'를 입력할 것(IFS 함수 이용)

③ '우거진' 사원의 실적, 영어회화, 컴퓨터 점수 중 90점 이상인 점수의 평균을 계산했을 때 오류가 발생하면 '없음', 아니면 90점 이상인 점수의 평균을 입력할 것(IFERROR 함수 이용)

④ '유호연' 사원의 팀명이 '영업'이면 '1층', '판매'면 '2층', '홍보'면 '3층'을 입력할 것(SWITCH 함수 이용)

⑤ '박도리' 사원의 주민등록번호 중 여덟 번째 자리가 1 또는 3이면 '남자', 2 또는 4이면 '여자'를 입력할 것(IF 함수 이용)

⑥ '차한도' 사원의 실적, 영어회화, 컴퓨터 점수가 모두 60점 이상이면 '통과', 아니면 '과목미달'을 표시(IF 함수만 이용)

	A	B	C	D	E	F	G
1	사원 평가표						
2	사원명	주민등록번호	팀명	실적	영어회화	컴퓨터	비고
3	오정국	990103-2******	영업1팀	100	78	100	❶
4	하나영	881111-1******	영업3팀	78	59	96	❷
5	우거진	001014-3******	판매2팀	87	65	85	❸
6	유호연	860422-2******	판매1팀	93	91	98	❹
7	박도리	011010-4******	홍보3팀	75	78	88	❺
8	차한도	830417-2******	홍보2팀	94	82	79	❻
9							

↓

	A	B	C	D	E	F	G
1	사원 평가표						
2	사원명	주민등록번호	팀명	실적	영어회화	컴퓨터	비고
3	오정국	990103-2******	영업1팀	100	78	100	국내팀
4	하나영	881111-1******	영업3팀	78	59	96	국내연수
5	우거진	001014-3******	판매2팀	87	65	85	없음
6	유호연	860422-2******	판매1팀	93	91	98	2층
7	박도리	011010-4******	홍보3팀	75	78	88	여자
8	차한도	830417-2******	홍보2팀	94	82	79	통과
9							

풀이

- G3(①) : =IFS(RIGHT(C3, 2)="1팀", "국내팀", RIGHT(C3, 2)="2팀", "국외팀", RIGHT(C3, 2)="3팀", "본사팀")
- G4(②) : =IFS(AND(D4)=70, E4)=70, F4)=70), "해외연수", TRUE, "국내연수")
- G5(③) : =IFERROR(AVERAGEIF(D5:F5, ")=90"), "없음")
- G6(④) : =SWITCH(LEFT(C6, 2), "영업", "1층", "판매", "2층", "3층")
- G7(⑤) : =IF(OR(MID(B7, 8, 1)="1", MID(B7, 8, 1)="3"), "남자", "여자")
- G8(⑥) : =IF(D8)=60, IF(E8)=60, IF(F8)=60, "통과", "과목미달"), "과목미달"), "과목미달")

실습 06 수식 활용 - 참조/찾기 함수

핵심요약 & 대표기출문제의 핵심 122를 공부한 후 '실습06' 시트에서 다음 작업을 수행하세요.

문제 01 다음 표의 참여횟수표(A11:D12)를 참조하여 참여도(D4:D9)를, 코드표(G3:H9)를 참조하여 구입상품(E4:E9)의 종류를 구하는 함수식을 입력하시오(HLOOKUP, VLOOKUP 이용).

	A	B	C	D	E	F	G	H
1	길벗 백화점 VIP 관리							
2								
3	성명	코드	참여횟수	참여도	구입상품		코드	상품분류
4	박성재	A-100	9				A-100	의류
5	김아랑	A-200	8				C-100	의류
6	최정재	B-100	6				B-100	주방소품
7	한성구	B-200	4				C-200	주방소품
8	정효주	C-100	5				B-200	가전제품
9	김정렬	C-200	6				A-200	가전제품
10								
11	참여횟수	0	5	9				
12	참여도	소극적	보통	적극적				
13								

↓

	A	B	C	D	E	F	G	H
1	길벗 백화점 VIP 관리							
2								
3	성명	코드	참여횟수	참여도	구입상품		코드	상품분류
4	박성재	A-100	9	적극적	의류		A-100	의류
5	김아랑	A-200	8	보통	가전제품		C-100	의류
6	최정재	B-100	6	보통	주방소품		B-100	주방소품
7	한성구	B-200	4	소극적	가전제품		C-200	주방소품
8	정효주	C-100	5	보통	의류		B-200	가전제품
9	김정렬	C-200	6	보통	주방소품		A-200	가전제품
10								
11	참여횟수	0	5	9				
12	참여도	소극적	보통	적극적				
13								

풀이

- 참여도(D4) : =HLOOKUP(C4, $B$11:$D$12, 2)
- 구입상품(E4) : =VLOOKUP(B4, $G$4:$H$9, 2, FALSE)

실습 07 수식 활용 - 데이터베이스 / 재무 함수

핵심요약 & 대표기출문제의 핵심 123과 핵심 124를 공부한 후 '실습07-1' 시트에서 다음 작업을 수행하세요.

문제 01 다음 표에 표시된 부분의 값을 적절한 함수를 이용하여 계산하시오.

	A	B	C	D	E	F
1	지역별 득표수					
2	이름	A지역	B지역	C지역		A지역
3	홍성곤	246	258	152		<200
4	우청송	144	213	57		B지역
5	최정호	92	274	269		>=250
6	강구국	112	88	105		C지역
7	임곤준	244	140	297		<=100
8	A지역 득표가 200 미만인 사람들의 합					
9	B지역 득표가 250 이상인 사람들의 평균					
10	C지역 득표가 100 이하인 사람의 수					
11	A지역 득표가 200 미만인 사람 중 최대 득표수					
12	B지역 득표가 250 이상인 사람 중 최소 득표수					

↓

	A	B	C	D	E	F
1	지역별 득표수					
2	이름	A지역	B지역	C지역		A지역
3	홍성곤	246	258	152		<200
4	우청송	144	213	57		B지역
5	최정호	92	274	269		>=250
6	강구국	112	88	105		C지역
7	임곤준	244	140	297		<=100
8	A지역 득표가 200 미만인 사람들의 합			348		
9	B지역 득표가 250 이상인 사람들의 평균			266		
10	C지역 득표가 100 이하인 사람의 수			1		
11	A지역 득표가 200 미만인 사람 중 최대 득표수			144		
12	B지역 득표가 250 이상인 사람 중 최소 득표수			258		

풀이

- A지역 득표가 200 미만인 사람들의 합(D8) : =DSUM(A2:D7, 2, F2:F3)
- B지역 득표가 250 이상인 사람들의 평균(D9) : =DAVERAGE(A2:D7, 3, F4:F5)
- C지역 득표가 100 이하인 사람의 수(D10) : =DCOUNT(A2:D7, 4, F6:F7)
- A지역 득표가 200 미만인 사람 중 최대 득표 수(D11) : =DMAX(A2:D7, 2, F2:F3)
- B지역 득표가 250 이상인 사람 중 최소 득표 수(D12) : =DMIN(A2:D7, 3, F4:F5)

☞ '실습07-2' 시트에서 다음 작업을 수행하시오.

문제 02 다음 표를 보고 번호에 알맞은 함수를 완성하시오.
① 연이율 5%로 3년 만기 저축을 매월 말 500,000원씩 저축할 경우, 복리 이자율로 계산하여 만기에 찾을 수 있는 금액은 얼마인가?
② 10,000,000원을 3년간 대출할 때 연 7%의 이자율이 적용된다면 매월 말 상환해야 할 불입액은 얼마인가?

	A	B	C	D
1	연이율	기간(년)	저축액(월)	만기금액
2	5%	3	₩500,000	❶
3				
4				
5	연이율	기간(년)	대출금	월 상환액
6	7%	3	₩10,000,000	❷
7				

↓

	A	B	C	D
1	연이율	기간(년)	저축액(월)	만기금액
2	5%	3	₩500,000	₩19,376,668
3				
4				
5	연이율	기간(년)	대출금	월 상환액
6	7%	3	₩10,000,000	₩308,771
7				

풀이

- 만기금액(①) : =FV(A2/12, B2*12, -C2)
- 월 상환액(②) : =PMT(A6/12, B6*12, -C6)

실습 08 배열 수식의 활용

핵심요약 & 대표기출문제의 핵심 127을 공부한 후 '실습08' 시트에서 다음 작업을 수행하세요.

문제 01 다음 표에 표시된 부분의 값을 배열 수식을 이용하여 계산하시오.

풀이

- 건물번호별 임대건수(C2) : =SUM(($B$9:$B$23=B2) *1)을 입력한 후 Ctrl+Shift+Enter를 누름

조건이 한 개일 때 배열 수식을 이용하여 개수를 구하는 방법은 다음의 3가지 방법이 있습니다.

- 방법1 : {=SUM((조건1) * 1)}
- 방법2 : {=SUM(IF(조건1, 1))}
- 방법3 : {=COUNT(IF(조건1, 1))}

1. 조건과 범위 찾기
   - 조건 : 건물번호별이란 조건은, 비교 대상이 될 건물번호가 있는 범위와 비교할 기준이 되는 건물번호(B2)를 "="으로 연결하여 적어주면 되는데, 여러 개의 값을 구하는 수식이므로 범위를 절대 참조로 지정하여 '$B$9:$B$23=B2'로 지정합니다.
2. 위의 조건을 개수 구하기 배열 수식에 대입하면 다음과 같습니다.

- 방법1 : =SUM(($B$9:$B$23=B2) * 1)
- 방법2 : =SUM(IF($B$9:$B$23=B2, 1))
- 방법3 : =COUNT(IF($B$9:$B$23=B2, 1))

※ 방법1, 2, 3을 입력한 후 Ctrl+Shift+Enter를 누르면 수식의 앞뒤에 중괄호 { }가 표시됩니다.

- 건물번호별 계약면적(D2) : =SUM(($B$9:$B$23=B2)*$E$9:$E$23)을 입력한 후 Ctrl+Shift+Enter를 누름

조건이 한 개일 때 배열 수식을 이용하여 합계 구하는 방법

- 방법1 : {=SUM((조건) * (합계를_구할_범위))}
- 방법2 : {=SUM(IF(조건, 합계를_구할_범위))}

- 건물번호별 평균 월임대료(E2) : =AVERAGE(IF($B$9:$B$23=B2, $F$9:$F$23))을 입력한 후 Ctrl+Shift+Enter를 누름

조건이 한 개일 때 배열 수식을 이용하여 평균 구하는 방법

{=AVERAGE(IF(조건, 평균을_구할_범위))}

- 건물번호별 최소 임대가격(F2) : =MIN(IF($B$9:$B$23=B2, $D$9:$D$23))을 입력한 후 Ctrl+Shift+Enter를 누름

조건이 한 개일 때 배열 수식을 이용하여 최소값 구하는 방법

{=MIN(IF(조건, 최소값을_구할_범위))}

- 건물번호별 최대 임대가격(G2) : =MAX(($B$9:$B$23=B2)*$D$9: $D$23)을 입력한 후 Ctrl+Shift+Enter를 누름

조건이 한 개일 때 배열 수식을 이용하여 최대값 구하는 방법

- 방법1 : {=MAX((조건) * (최대값을_구할_범위))}
- 방법2 : {=MAX(IF(조건, 최대값을_구할_범위))}

- 건물번호별 월임대료가 1,000,000원 이상인 임대건수(H2) : =SUM(($B$9:$B$23=B2)*($F$9:$F$23>=1000000))을 입력한 후 Ctrl+Shift+Enter를 누름

조건이 두 개일 때 배열 수식을 이용하여 개수 구하는 방법

- 방법1 : {=SUM((조건1) * (조건2))}
- 방법2 : {=SUM(IF(조건1, IF(조건2, 1)))}
- 방법3 : {=COUNT(IF((조건1) * (조건2), 1))}

실습 09 차트 작성

핵심요약 & 대표기출문제의 핵심 128과 핵심 129를 공부한 후 '실습09' 시트에서 다음 작업을 수행하세요.

문제 01 영업소가 '인천'인 사원의 데이터를 이용하여 다음과 같은 차트를 작성하시오.

풀이

① 영업소가 '인천'인 사원의 데이터를 범위로 지정(Ctrl을 누른 채 클릭)한 후 [삽입] → [차트] → [세로 또는 가로 막대형 차트 삽입] → [묶은 세로 막대형]을 선택한다.

❷ 차트 제목을 지정하기 위해 만들어진 차트에 표시된 '차트 제목'을 선택한 후 수식 입력줄에 **인천영업소 사원 판매현황**을 입력하고 Enter를 누른다.

❸ 가로(항목) 축 제목을 삽입하기 위해서 [차트 디자인] → [차트 레이아웃] → [차트 요소 추가] → [축 제목] → [기본 가로]를 선택한다.

❹ 수식 입력줄에 **성명**을 입력한 후 Enter를 누른다.

❺ 세로(값) 축 제목을 삽입하기 위해 [차트 디자인] → [차트 레이아웃] → [차트 요소 추가] → [축 제목] → [기본 세로]를 선택한다.

❻ 수식 입력줄에 **판매**를 입력한 후 Enter를 누른다.

❼ 완성된 차트의 왼쪽 모서리가 [A13] 셀에 위치하도록 차트를 드래그하여 이동한다.

❽ [A13:F28] 영역에 맞게 차트의 크기를 조절하기 위해 마우스로 조절점을 드래그하여 크기를 조정한다.

실습 10 　차트 편집

핵심요약 & 대표기출문제의 핵심 130을 공부한 후 '실습10' 시트에서 다음 작업을 수행하세요.

문제 01 다음 지시사항에 따라 [차트 1]을 [차트 2]와 같이 변경하시오.

- [A12:C12] 영역의 데이터를 차트에 추가하시오.
- 차트 종류를 '표식이 있는 꺾은선형'으로 변경하시오.
- '하반기 판매' 계열의 '김민아' 요소에 데이터 레이블 '값'을 표시하시오.
- 범례 위치를 오른쪽으로 변경하시오.

[차트 1]

차트에 추가할 데이터

[차트 2]

풀이

① 데이터를 추가하기 위해 [A12:C12] 영역을 블록으로 지정한 후 복사(Ctrl+C)한다.

② 차트를 선택한 후 붙여넣기(Ctrl+V)를 한다.

③ 차트의 종류를 변경하기 위해 차트를 마우스 오른쪽 단추로 클릭한 후 바로 가기 메뉴에서 [차트 종류 변경]을 선택한다.

④ '차트 종류 변경' 대화상자에서 '꺾은선형'과 '표식이 있는 꺾은선형'을 선택한 후 〈확인〉을 클릭한다.

⑤ '하반기 판매' 계열의 '김민아' 데이터 요소에만 값을 표시하기 위해 '하반기 판매' 계열의 '김민아' 데이터 요소를 클릭한 후 다시 한번 클릭한다.

❻ '김민아' 데이터 요소를 마우스 오른쪽 단추로 클릭한 후 바로 가기 메뉴에서 [데이터 레이블 추가]를 선택한다.

❼ 차트를 선택한 후 [차트 디자인] → 차트 레이아웃 → 차트 요소 추가 → 범례 → 오른쪽을 선택한다.

실습 11 고급 필터

핵심요약 & 대표기출문제의 핵심 145와 핵심 146을 공부한 후 '실습11' 시트에서 다음 작업을 수행하세요.

문제 01 다음과 같은 데이터 목록 중 성별이 '여'이고 컴퓨터 점수가 컴퓨터 점수 평균 이상인 레코드만을 추출하여 [A18] 셀에서부터 표시하시오.

	A	B	C	D	E	F	G
1			상반기 영어/컴퓨터 능력 시험				
2							
3	번호	이름	소속부서	성별	영어	컴퓨터	총점
4	1	강현진	개발부	여	98	85	183
5	2	김기언	영업부	남	95	100	195
6	3	김철원	영업부	남	80	75	155
7	4	남동하	기술부	남	85	90	175
8	5	마동윤	영업부	여	100	100	200
9	6	미라미	총무부	여	80	75	155
10	7	박한솔	기술부	남	100	80	180
11	8	박이호	기술부	남	90	70	160
12	9	박한식	총무부	남	80	90	170
13	11	박하나	총무부	여	90	50	140
14							

↓

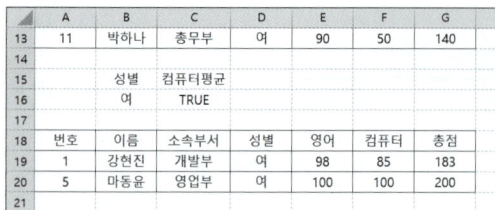

풀이

❶ [B15] 셀에 **성별**, [B16] 셀에 **여**, [C15] 셀에 **컴퓨터평균**, [C16] 셀에 **=F4>=AVERAGE($F$4:$F$13)**을 입력한다.

❷ 데이터 영역(A3:G13)의 임의의 셀을 선택한 후 [데이터] → [정렬 및 필터] → [고급]을 클릭한다.

❸ 다음 그림과 같이 '고급 필터' 대화상자의 각 설정 사항을 지정한 후 〈확인〉을 클릭한다. 범위를 지정할 때는 직접 입력하거나 '범위 지정 단추(↑)'를 클릭하여 해당 범위를 마우스로 드래그한다.

실습 12 부분합

핵심요약 & 대표기출문제의 핵심 142와 핵심 149를 공부한 후 '실습12' 시트에서 다음 작업을 수행하세요.

문제 01 다음과 같이 소속부서별 총점 합계에 성별별 총점 합계를 중첩한 부분합을 작성하시오.

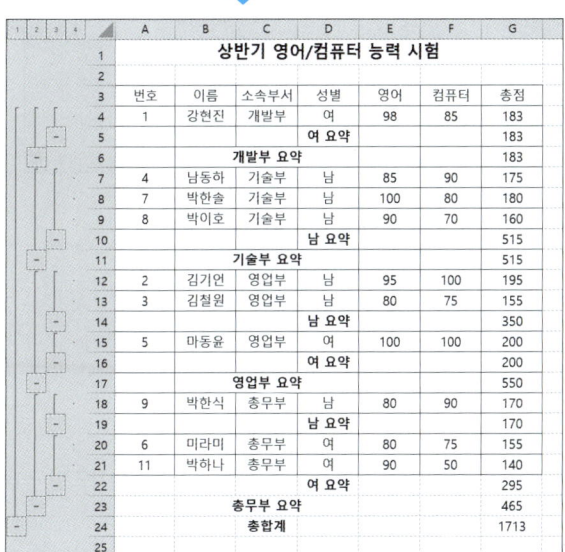

풀이

① 데이터 영역의 임의의 셀을 클릭한 후 [데이터] → [정렬 및 필터] → [정렬]을 클릭한다.

② '정렬' 대화상자에서 첫째 기준은 소속부서를 오름차순, 둘째 기준은 성별을 오름차순으로 지정한 후 〈확인〉을 클릭한다. 두 번째 정렬 기준을 지정할 때는 〈기준 추가〉를 클릭한 후 지정한다.

③ [데이터] → [개요] → [부분합]을 클릭한 후 '부분합' 대화상자에서 그림과 같이 설정하고 〈확인〉을 클릭한다.

④ 소속부서별 총점의 합계가 계산된 부분합이 작성된다. 성별별 총점의 합계를 구하기 위해 [데이터] → [개요] → [부분합]을 클릭한다. '부분합' 대화상자에서 그림과 같이 설정하고 '새로운 값으로 대치'를 해제한 후 〈확인〉을 클릭한다.

실습 13 피벗 테이블

핵심요약 & 대표기출문제의 핵심 150을 공부한 후 '실습13' 시트에서 다음 작업을 수행하세요.

문제 01 다음과 같은 데이터 목록을 이용하여 직급별, 근무팀별 급여의 합계를 구하는 피벗 테이블을 완성하시오.

	A	B	C	D	E	F
1	사원 급여 현황					
2						
3	성명	근무팀	직급	급여	교통비	보조금
4	정노천	영업팀	9	2,113,700	70,000	250,000
5	감사연	총무팀	10	2,371,500	70,000	300,000
6	김용철	총무팀	8	1,810,000	70,000	200,000
7	김용곤	영업팀	4	815,600	70,000	
8	김종진	영업팀	5	1,159,200	70,000	
9	박이호	기술팀	7	1,466,300	70,000	
10	박한열	영업팀	6	952,600	70,000	
11	임정호	기술팀	3	1,499,400	70,000	200,000
12	박득우	기술팀	6	803,400	70,000	
13	이수영	총무팀	6	1,159,200	70,000	250,000
14	조용길	영업팀	1	968,300	70,000	300,000
15						

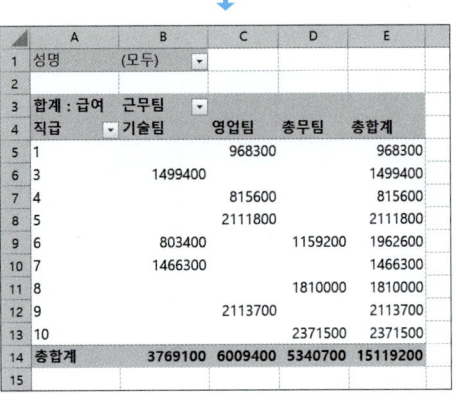

실습 14 외부 데이터 가져오기

핵심요약 & 대표기출문제의 핵심 147과 핵심 148을 공부한 후 '실습14' 시트에서 다음 작업을 수행하세요.

문제 01 다음과 같은 데이터베이스 파일에 아래 조건을 지정하여 쿼리를 작성하고, 쿼리에 맞는 데이터를 가져오시오.

(조건)
- '강사.accdb' 파일에서 강사코드, 강사이름, 경력, 나이, 급여 필드만 표시할 것
- 나이가 26 이상인 데이터를 추출할 것
- 경력을 기준으로 오름차순 정렬할 것

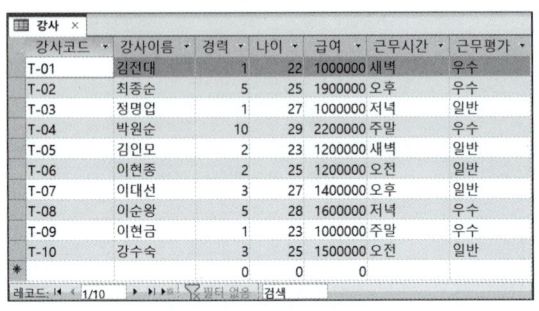

풀이

① 데이터 영역(A3:F14)의 임의의 셀을 클릭한 후 [삽입] → [표] → [피벗 테이블]을 클릭한다.

② '피벗 테이블 만들기' 대화상자에서 '새 워크시트'를 선택하고 〈확인〉을 클릭한다.

③ 화면의 오른쪽에 '피벗 테이블 필드 목록' 창이 표시된다. '피벗 테이블 필드 목록' 창의 각 필드를 드래그하여 그림과 같이 위치시킨다.

④ [A4] 셀을 클릭한 후 **직급**을, [B3] 셀을 클릭한 후 **근무팀**을 입력한다.

풀이

① [데이터] → [데이터 가져오기 및 변환] → [데이터 가져오기] → [기타 원본에서] → [Microsoft Query에서]를 선택한다.

② '데이터 원본 선택' 대화상자의 '데이터베이스' 탭에서 'MS Access Database*'를 선택한 후 〈확인〉을 클릭한다.

③ 데이터베이스 파일의 위치를 지정하고, 파일(강사.accdb)을 선택한 후 〈확인〉을 클릭한다.

④ **쿼리 마법사 – 열 선택** : 불러올 열(필드)인 강사코드, 강사이름, 경력, 나이, 급여를 각각 더블클릭하여 그림과 같이 지정한 후 〈다음〉을 클릭한다.

⑤ **쿼리 마법사 – 데이터 필터** : 나이가 26 이상인 데이터만 필터링하기 위해 그림과 같이 지정한 후 〈다음〉을 클릭한다.

⑥ **쿼리 마법사 – 정렬 순서** : 첫째 기준을 '경력'으로, 정렬 방식을 오름차순으로 지정한 후 〈다음〉을 클릭한다.

⑦ **쿼리 마법사 – 마침** : 'Microsoft Excel로 데이터 되돌리기'를 선택한 후 〈마침〉을 클릭한다.

⑧ '데이터 가져오기' 대화상자에서 가져올 위치를 '기존 워크시트'의 'A1'로 지정한 후 〈확인〉을 클릭한다.

실습 15 시나리오

핵심요약 & 대표기출문제의 핵심 153을 공부한 후 '실습15' 시트에서 다음 작업을 수행하시오.

문제 01 다음 데이터 목록 중 강현진의 컴퓨터 점수가 70으로 감소할 때와 100으로 증가할 때의 평균을 계산하는 시나리오를 작성하시오.

풀이

❶ [데이터] → [예측] → [가상 분석] → [시나리오 관리자]를 선택한 후 '시나리오 관리자' 대화상자에서 〈추가〉를 클릭한다.

❷ '시나리오 추가' 대화상자에서 시나리오 이름에 **컴퓨터점수감소**를 입력하고, 변경 셀에 [F4] 셀을 지정한 후 〈확인〉을 클릭한다.

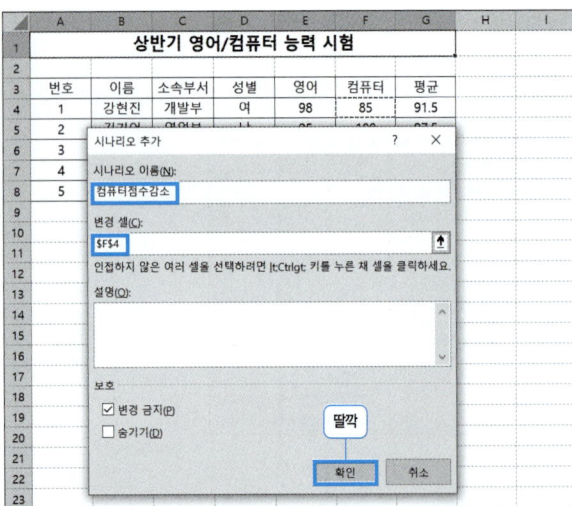

❸ '시나리오 값' 대화상자에서 70을 입력한 후 〈확인〉을 클릭한다.

❹ 시나리오에 '컴퓨터점수감소'가 추가된다. '시나리오 관리자' 대화상자에서 다시 〈추가〉를 클릭한다.

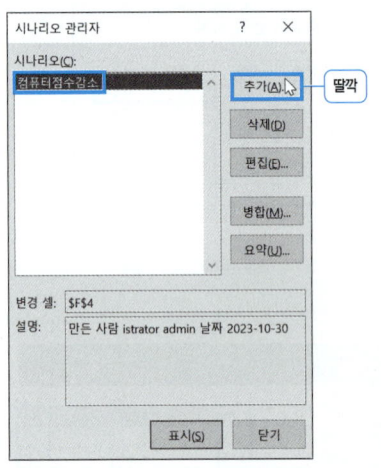

❺ '시나리오 추가' 대화상자에서 시나리오 이름에 **컴퓨터점수증가**를 입력하고, 변경 셀에 [F4] 셀을 지정한 후 〈확인〉을 클릭한다.

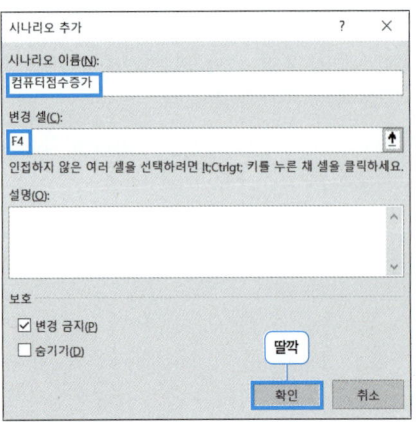

❻ '시나리오 값' 대화상자에 100을 입력한 후 〈확인〉을 클릭한다.

❼ '시나리오 관리자' 대화상자에서 〈요약〉을 클릭한다.

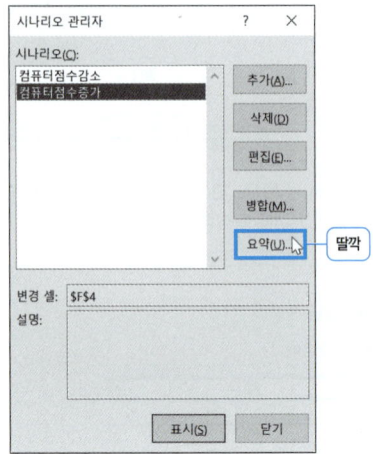

❽ '시나리오 요약' 대화상자에서 '시나리오 요약'을 선택하고, 결과 셀에는 평균이 표시되어 있는 [G4] 셀을 지정한 후 〈확인〉을 클릭하면 새로운 워크시트에 시나리오가 작성된다.

실습 16 목표값 찾기

핵심요약 & 대표기출문제의 핵심 154를 공부한 후 '실습16' 시트에서 다음 작업을 수행하세요.

문제 01 다음 데이터 목록에서 김철원 사원의 평균이 80이 되기 위한 영어점수를 목표값 찾기를 이용하여 계산하시오.

	A	B	C	D	E	F	G
1	상반기 영어/컴퓨터 능력 시험						
2							
3	번호	이름	소속부서	성별	영어	컴퓨터	평균
4	1	강현진	개발부	여	98	70	84
5	2	김기언	영업부	남	95	100	97.5
6	3	김철원	영업부	남	80	75	77.5
7	4	남동하	기술부	남	85	90	87.5
8	5	마동윤	영업부	여	100	100	100
9							

풀이

① [데이터] → [예측] → [가상 분석] → [목표값 찾기]를 선택한다.

② '목표값 찾기' 대화상자의 수식 셀에 [G6], 찾는 값에 80, 값을 바꿀 셀에 [E6]을 지정한 후 〈확인〉을 클릭한다.

③ 결과가 표시된 '목표값 찾기 상태' 대화상자가 나타나면 〈확인〉을 클릭한다.

289105

실습 17   데이터 표

핵심요약 & 대표기출문제의 핵심 155를 공부한 후 '실습17' 시트에서 다음 작업을 수행하세요.

문제 01 다음 데이터 목록에서 6월 판매실적의 변화에 따른 평균값의 변화를 구하세요.

풀이

① 평균의 변화를 구하는 데이터 표이므로 [B9] 셀의 평균 계산식을 그대로 [B12] 셀에 입력해야 한다. [B9] 셀을 클릭한 다음 수식 입력줄의 내용을 드래그하여 블록으로 지정하고 복사(Ctrl+C)한 후 Esc를 눌러 블록 지정을 해제한다.

② [B12] 셀을 클릭한 후 붙여넣기(Ctrl+V)한다.

③ [A12:B16] 영역을 블록으로 지정한 후 [데이터] → [예측] → [가상 분석] → [데이터 표]를 선택한다.

④ '데이터 테이블' 대화상자의 '열 입력 셀'에 6월 판매실적이 있는 [B8] 셀을 지정한 후 〈확인〉을 클릭한다.

실습 18 : 데이터 통합

핵심요약 & 대표기출문제의 핵심 156을 공부한 후 '실습18' 시트에서 다음 작업을 수행하세요.

문제 01 상반기 판매현황과 하반기 판매현황을 통합하여 각 품목의 목표량과 판매량의 합계를 구하시오.

풀이

① [A11:C11] 영역을 블록으로 지정한 후 [데이터] → [데이터 도구] → [통합]을 클릭한다.

② '통합' 대화상자의 '함수'에서 '합계'를 선택한다.

③ '참조'를 클릭하고 [A3:C8] 영역을 드래그한 후 〈추가〉를 클릭하면 '모든 참조 영역'에 추가된다.

④ 이어서 [E3:G8] 영역을 드래그한 후 〈추가〉를 클릭한다.

⑤ 사용할 레이블로 '첫 행'과 '왼쪽 열'을 선택한 후 〈확인〉을 클릭한다.

실습이 꼭 필요한
액세스 기능 12가지

실습이 꼭 필요한 액세스 기능 12가지

실습 파일(실습01문제.accdb~실습12문제.accdb)을 이용하여 다음 작업을 수행하세요. 실습 파일은 시나공 홈페이지(sinagong.co.kr)의 [컴퓨터활용능력] → [1급 필기] → [자료실] → [도서 자료실] 코너에서 다운받으세요.

실습 01 테이블 작성

핵심요약 & 대표기출문제의 핵심 178 ~ 핵심 180을 공부한 후 '실습01문제.accdb' 파일을 불러와 다음 작업을 수행하세요.

문제 01 실습 데이터베이스에 다음과 같은 구조의 〈판매내역〉 테이블을 작성하시오.

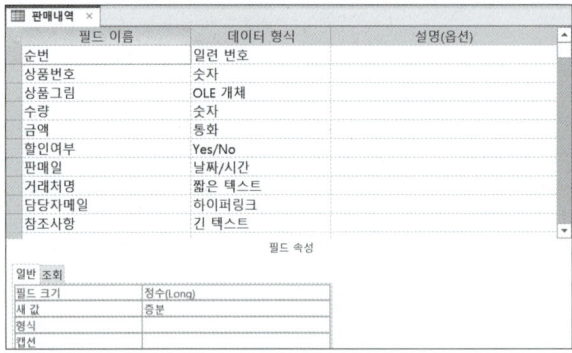

풀이

파일을 열 때 '보안 경고' 메시지가 나타나면, 다음 순서대로 작업하여 데이터베이스 파일에 포함된 모든 콘텐츠를 사용할 수 있도록 설정하세요.
• '보안 경고' 메시지의 오른쪽 끝에 있는 〈콘텐츠 사용〉 단추를 클릭하세요.

❶ [만들기] → [테이블] → [테이블 디자인]을 클릭한다.

❷ 필드 이름에 **순번**을 입력한 후 →를 누른다. 데이터 형식의 ▼를 클릭하여 리스트를 확장한 후 '일련 번호' 형식을 선택한다.

❸ 방향키(→, ←, ↑, ↓)로 이동하여 그림과 같이 필드와 데이터 형식을 지정한 후 '닫기(×)' 단추를 클릭한다.

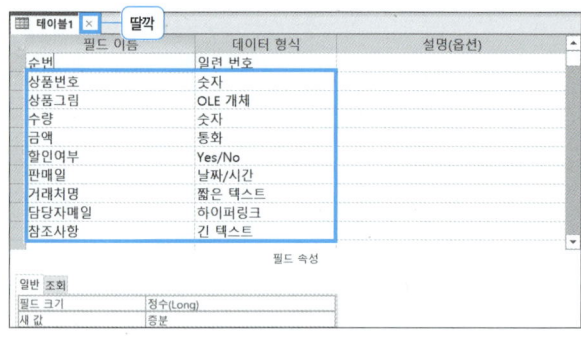

❹ 저장 여부를 묻는 'Microsoft Access' 대화상자에서 〈예〉를 클릭한다.

❺ '다른 이름으로 저장' 대화상자에서 테이블 이름에 **판매내역**을 입력한 후 〈확인〉을 클릭한다.

❻ 기본키 지정 여부를 묻는 대화상자에서 〈아니요〉를 클릭한다.

실습 02 입력 마스크 및 유효성 검사

핵심요약 & 대표기출문제의 핵심 183과 핵심 184를 공부한 후 '실습02문제.accdb' 파일을 불러와 다음 작업을 수행하세요.

문제 01 〈고객〉 테이블의 '고객ID' 필드는 'AA-0000'의 형식으로, '전화번호' 필드는 '123-4567-8900'의 형식으로 입력되도록 다음과 같이 입력 마스크를 설정하시오.

'고객ID' 필드
- 앞의 두 자리는 영문 대문자로 입력받되, 소문자가 입력되어도 대문자로 변환되도록 설정
- 뒤의 네 자리는 1~9999 사이의 숫자로 입력받되, 공백 없이 반드시 입력되도록 설정

'전화번호' 필드
입력 데이터에 공백이 포함될 수 있도록 설정

↓

↓

풀이

❶ 〈고객〉 테이블을 마우스 오른쪽 단추로 클릭한 후 바로 가기 메뉴에서 [디자인 보기]를 클릭한다.

❷ '고객ID' 필드를 클릭하여 '고객ID' 필드의 속성이 나타나게 한 후 '입력 마스크' 속성에 >LL-0000을 입력한다(이 경우 영문자가 소문자로 입력되어도 대문자로 변환됨).

❸ '전화번호' 필드를 클릭하여 '전화번호' 필드의 속성이 나타나게 한 후 '입력 마스크' 속성에 ###-####-####을 입력한다.

❹ '디자인 보기' 창의 '닫기(x)' 단추를 클릭한 후 저장 여부를 묻는 대화상자에서 〈예〉를 클릭한다.

문제 02 〈고객〉 테이블의 새로운 레코드가 추가되는 경우 '등록일' 필드와 '구매금액' 필드에 다음과 같은 유효성 검사 규칙이 적용되도록 설정하시오.

'등록일' 필드
- 2023년 1월 1일부터 2023년 12월 31일까지의 날짜만 입력되도록 설정
- 2023년 이외의 날짜가 입력된 경우 "2023년 자료만 입력!"이라는 메시지를 표시하도록 설정

'구매금액' 필드
- 10,000보다 큰 값만 입력되도록 설정
- 10,000보다 작거나 같은 값이 입력된 경우 "10000보다 큰 값 입력"이라는 메시지를 표시하도록 설정

풀이

❶ 〈고객〉 테이블을 마우스 오른쪽 단추로 클릭한 후 바로 가기 메뉴에서 [디자인 보기]를 클릭한다.

❷ '등록일' 필드를 클릭하여 '등록일' 필드의 속성이 나타나게 한 후 '유효성 검사 규칙'에 **Between #2023-01-01# And #2023-12-31#**을 입력하고 '유효성 검사 텍스트'에 **2023년 자료만 입력!**을 입력한다.

❸ '구매금액' 필드를 클릭하여 '구매금액' 필드의 속성을 나타나게 한 후 '유효성 검사 규칙'에 **>10000**을 입력하고, '유효성 검사 텍스트'에 **10000보다 큰 값 입력**을 입력한다.

❹ '디자인 보기' 창의 '닫기(×)' 단추를 클릭한 후 저장 여부를 묻는 대화상자에서 〈예〉를 클릭한다.

실습 03 관계 설정하기

핵심요약 & 대표기출문제의 핵심 188을 공부한 후 '실습03문제.accdb' 파일을 불러와 다음 작업을 수행하세요.

문제 01 〈고객〉과 〈도서대여〉 테이블에 다음과 같은 관계를 설정하되, 항상 참조 무결성 유지를 설정하시오.

풀이

❶ [데이터베이스 도구] → [관계] → [관계]를 클릭한다.

❷ '테이블 추가' 창에서 사용할 테이블(〈고객〉, 〈도서대여〉)을 차례로 더블클릭하여 추가한 후 '닫기(×)' 단추를 클릭한다.

❸ 〈고객〉 테이블의 '고객코드' 필드를 〈도서대여〉 테이블의 '고객코드' 필드로 끌어다 놓는다.

❹ '항상 참조 무결성 유지'를 선택한 후 〈만들기〉를 클릭한다.

❺ '관계' 창의 '닫기(×)' 단추를 클릭한다. '관계' 형식의 저장 여부를 묻는 대화상자에서 〈예〉를 클릭한다.

실습 04 | 쿼리 - 기본 구문

핵심요약 & 대표기출문제의 핵심 194를 공부한 후 '실습04문제.accdb' 파일을 불러와 다음 작업을 수행하세요.

문제 01 〈판매〉 테이블을 이용하여 다음과 같은 기능을 수행하는 쿼리를 작성하시오.

▶ 판매수량이 120 이상인 제품의 판매일, 영업사원, 판매수량을 검색하는 '우수사원' 쿼리를 작성하시오.

↓

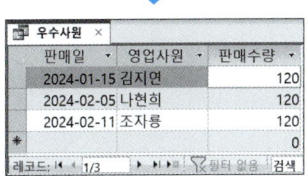

풀이

❶ [만들기] → [쿼리] → [쿼리 디자인]을 클릭한다.

❷ '테이블 추가' 창에서 '닫기(×)' 단추를 클릭한 후 [쿼리 디자인] → [결과] → [SQL]을 클릭한다.

❸ SQL 입력 창에 그림과 같이 입력한 후 결과를 확인하기 위해 [쿼리 디자인] → [결과] → [실행]을 클릭한다.

질의문의 각 절을 분리하여 설명하면 다음과 같다.
- **SELECT 판매일, 영업사원, 판매수량** : 판매일, 영업사원, 판매수량을 검색한다.
- **FROM 판매** : 〈판매〉 테이블을 검색한다.
- **WHERE 판매수량〉=120;** : 판매수량이 120 이상인 자료만을 대상으로 검색한다.

④ '닫기(X)' 단추를 클릭한 후 저장 여부를 묻는 대화상자에서 〈예〉를 클릭한다. '다른 이름으로 저장' 대화상자에 **우수사원**을 입력하고 〈확인〉을 클릭한다.

▶ 판매번호가 50 이상이고, 제품코드가 'YB95J'인 제품의 판매번호, 판매일, 영업사원, 판매수량을 검색하는 '판매번호가 50이상' 쿼리를 작성하시오.

풀이

[문제 1]에서의 ❶번과 ❷번을 동일하게 수행한 후 SQL 입력 창에 그림과 같이 입력한 후 결과를 확인한다.

```
SELECT 판매번호, 판매일, 영업사원, 판매수량
FROM 판매
WHERE 판매번호 >= 50 AND 제품코드 = "YB95J";
```

질의문의 각 절을 분리하여 설명하면 다음과 같다.
- SELECT 판매번호, 판매일, 영업사원, 판매수량 : 판매번호, 판매일, 영업사원, 판매수량을 검색한다.
- FROM 판매 : 〈판매〉 테이블을 검색한다.
- WHERE 판매번호〉=50 AND 제품코드="YB95J"; : 판매번호가 50 이상이고 제품코드가 "YB95J"인 자료만을 대상으로 검색한다.

실습 05 쿼리 - 정렬

핵심요약 & 대표기출문제의 핵심 195를 공부한 후 '실습05문제.accdb' 파일을 불러와 다음 작업을 수행하세요.

문제 01 〈제품판매현황〉 쿼리를 이용하여 다음과 같은 기능을 수행하는 쿼리를 작성하시오.

▶ 〈제품판매현황〉 쿼리에서 판매수량이 100 이상인 사원의 판매번호, 영업사원, 판매금액을 검색하되, 판매금액을 기준으로 내림차순 정렬하는 '판매수량 100이상' 쿼리를 작성하시오.

풀이

SQL 입력 창에서 그림과 같이 입력한 후 결과를 확인한다.

```
SELECT 판매번호, 영업사원, 판매금액
FROM 제품판매현황
WHERE 판매수량 >= 100
ORDER BY 판매금액 DESC;
```

질의문의 각 절을 분리하여 설명하면 다음과 같다.
- SELECT 판매번호, 영업사원, 판매금액 : 판매번호, 영업사원, 판매금액을 검색한다.
- FROM 제품판매현황 : 〈제품판매현황〉 쿼리를 검색한다.
- WHERE 판매수량〉=100 : 판매수량이 100 이상인 자료만을 대상으로 검색한다.
- ORDER BY 판매금액 DESC; : 판매금액을 기준으로 내림차순으로 정렬한다.

▶ 〈제품판매현황〉 쿼리에서 제품명을 검색하되, 중복되는 레코드는 한 번만 표시하고, 제품명을 기준으로 오름차순 정렬하는 '제품명' 쿼리를 작성하시오.

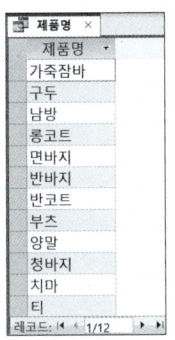

실습 06 쿼리 - 그룹 지정

핵심요약 & 대표기출문제의 핵심 196을 공부한 후 '실습06문제.accdb' 파일을 불러와 다음 작업을 수행하세요.

문제 01 〈제품판매현황〉 쿼리를 이용하여 다음과 같은 기능을 수행하는 쿼리를 작성하시오.

▶ 〈제품판매현황〉 쿼리에서 지점명별 판매수량의 평균과 판매금액의 합계를 계산하는 '지점별판매금액' 쿼리를 작성하시오.

🔧 풀이

SQL입력 창에서 그림과 같이 입력한 후 결과를 확인한다.

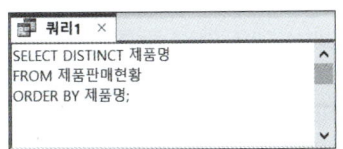

질의문의 각 절을 분리하여 설명하면 다음과 같다.
- **SELECT DISTINCT 제품명** : 제품명을 검색하되, 동일한 제품명은 한 번만 검색한다.
- **FROM 제품판매현황** : 〈제품판매현황〉 쿼리를 검색한다.
- **ORDER BY 제품명** : 제품명을 기준으로 오름차순으로 정렬한다.

🔧 풀이

SQL 입력 창에 그림과 같이 입력한 후 결과를 확인한다.

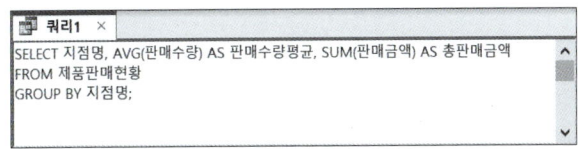

질의문의 각 절을 분리하여 설명하면 다음과 같다.
- **SELECT 지점명, AVG(판매수량) AS 판매수량평균, SUM(판매금액) AS 총판매금액** : 지점명과 판매수량의 평균(판매수량평균), 판매금액의 합계(총판매금액)를 검색한다.
- **FROM 제품판매현황** : 〈제품판매현황〉 쿼리를 검색한다.
- **GROUP BY 지점명** : 지점명을 기준으로 그룹화한다.

▶ 〈제품판매현황〉 쿼리에서 판매단가가 40000원 이상인 제품에 대해 지점명, 지점명별 판매수량의 평균, 판매금액의 합계를 계산하되, 지점명별 판매수량 평균이 80 이상인 것만 계산하는 '판매수량80이상' 쿼리를 작성하시오.

↓

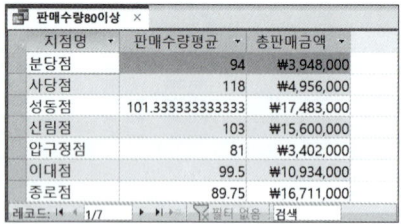

풀이

SQL 입력 창에 그림과 같이 입력한 후 결과를 확인한다.

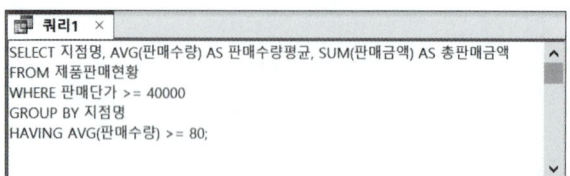

질의문의 각 절을 분리하여 설명하면 다음과 같다.
- SELECT 지점명, AVG(판매수량) AS 판매수량평균, SUM(판매금액) AS 총판매금액 : 지점명과 판매수량의 평균(판매수량평균), 판매금액의 합계(총판매금액)를 검색한다.
- FROM 제품판매현황 : 〈제품판매현황〉 쿼리를 검색한다.
- WHERE 판매단가 >= 40000 : 판매단가가 40000 이상인 자료만을 대상으로 검색한다.
- GROUP BY 지점명 : 지점명을 기준으로 그룹화한다.
- HAVING AVG(판매수량) >= 80; : 지점명별 판매수량의 평균이 80 이상인 자료만을 대상으로 검색한다.

실습 07 실행 질의

핵심요약 & 대표기출문제의 핵심 201과 핵심 202를 공부한 후 '실습07문제.accdb' 파일을 불러와 다음 작업을 수행하세요.

문제 01
다음과 같은 기능을 수행하는 쿼리를 작성하시오.

▶ 〈추가제품〉 테이블에 제품코드가 'KEY34', 제품명이 '골덴바지', 생산원가가 9800, 판매단가가 15000인 제품을 추가하시오.

제품코드	제품명	생산원가	판매단가
SBS65	스타킹	₩800	₩1,500
SBS45	샌들	₩24,000	₩35,400
SBK12	슬리퍼	₩4,000	₩5,000
YKN25	썬그라스	₩3,900	₩5,200

↓

제품코드	제품명	생산원가	판매단가
SBS65	스타킹	₩800	₩1,500
SBS45	샌들	₩24,000	₩35,400
SBK12	슬리퍼	₩4,000	₩5,000
YKN25	썬그라스	₩3,900	₩5,200
KEY34	골덴바지	₩9,800	₩15,000

풀이

SQL 입력 창에 그림과 같이 입력한 후 [쿼리 디자인] → [결과] → [실행]을 클릭한다. 실행 여부를 묻는 대화상자에서 〈예〉를 클릭한다.

질의문의 각 절을 분리하여 설명하면 다음과 같다.
- INSERT INTO 추가제품(제품코드, 제품명, 생산원가, 판매단가) : 〈추가제품〉 테이블의 제품코드, 제품명, 생산원가, 판매단가 필드에 대해 삽입을 수행한다.
- VALUES("KEY34", "골덴바지", 9800, 15000); : 제품코드에 "KEY34"를, 제품명에 "골덴바지"를, 생산원가에 9800을, 판매단가에 15000을 삽입한다.

▶ 〈하절기제품〉 테이블에 판매단가가 20000 이상인 제품의 판매단가를 500원 인상하시오.

↓

SQL 입력 창에 그림과 같이 입력한 후 [쿼리 디자인] → [결과] → [실행]을 클릭한다. 실행 여부를 묻는 대화상자에서 〈예〉를 클릭한다.

```
DELETE *
FROM 하절기제품
WHERE 생산원가 >= 20000;
```

질의문의 각 절을 분리하여 설명하면 다음과 같다.
- DELETE * : 레코드를 삭제한다.
- FROM 하절기제품 : 〈하절기제품〉 테이블의 레코드를 삭제한다.
- WHERE 생산원가)=20000; : 생산원가가 20000 이상인 자료만을 대상으로 삭제한다.

풀이

SQL 입력 창에 그림과 같이 입력한 후 [쿼리 디자인] → [결과] → [실행]을 클릭한다. 실행 여부를 묻는 대화상자에서 〈예〉를 클릭한다.

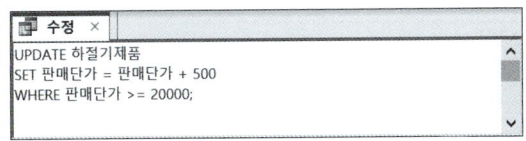

```
UPDATE 하절기제품
SET 판매단가 = 판매단가 + 500
WHERE 판매단가 >= 20000;
```

질의문의 각 절을 분리하여 설명하면 다음과 같다.
- UPDATE 하절기제품 : 〈하절기제품〉 테이블을 수정한다.
- SET 판매단가=판매단가+500 : 판매단가 필드를 기존 판매단가에 500을 더한 값으로 수정한다.
- WHERE 판매단가)=20000; : 판매단가가 20000 이상인 자료만을 대상으로 수정한다.

▶ 〈하절기제품〉 테이블에서 생산원가가 20000 이상인 상품을 삭제하시오.

↓

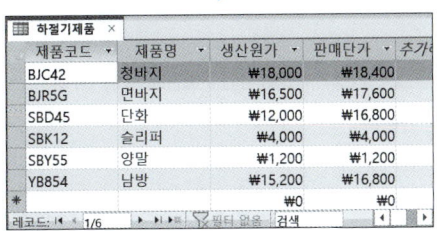

실습 08 폼 만들기

핵심요약 & 대표기출문제의 핵심 204 ~ 핵심 206을 공부한 후 '실습08문제.accdb' 파일을 불러와 다음 작업을 수행하세요.

문제 01 〈제품판매현황〉 쿼리를 원본으로 하여 다음과 같은 '판매현황' 폼을 작성하시오.

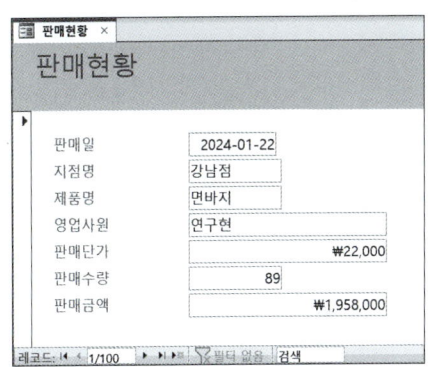

풀이

❶ [만들기] → [폼] → [폼 마법사]를 클릭한다.

❷ '폼 마법사' 1단계 대화상자에서 사용할 원본 데이터와 필드를 차례대로 선택한 후 〈다음〉을 클릭한다. '사용 가능한 필드'에서 사용할 필드를 더블클릭하면 '선택한 필드'로 이동한다.

❸ '폼 마법사' 2단계 대화상자에서 폼의 모양을 '열 형식'으로 선택한 후 〈다음〉을 클릭한다.

❹ '폼 마법사' 3단계 대화상자에서 폼의 이름을 **판매현황**으로 입력한 후 〈마침〉을 클릭한다.

실습 09 | 폼 편집

핵심요약 & 대표기출문제의 핵심 210과 핵심 211을 공부한 후 '실습09문제.accdb' 파일을 불러온 다음 작업을 수행하세요.

문제 01 다음 지시사항에 따라 [폼 1]을 [폼 2]와 같이 변경하시오.
- 폼 보기 형식을 '연속 폼', 캡션을 '상품판매현황'으로 설정할 것
- 레코드 선택기와 탐색 단추가 표시되지 않도록 설정할 것
- 삭제가 불가능하도록 설정할 것
- 실행된 폼 외에 다른 작업이 불가능하도록 설정할 것

[폼 1]

↓

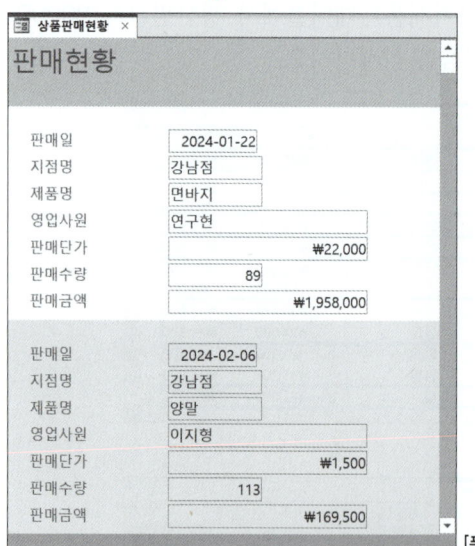

[폼 2]

풀이

① 〈판매현황〉 폼을 마우스 오른쪽 단추로 클릭한 후 바로 가기 메뉴에서 [디자인 보기]를 클릭한다.

② '폼 선택기'를 더블클릭하여 '폼' 속성 시트 창을 실행한다.

③ '폼' 속성 시트 창의 '형식' 탭에서 캡션, 기본 보기, 레코드 선택기, 탐색 단추 속성을 그림과 같이 설정한다.

④ '폼' 속성 시트 창의 '데이터' 탭에서 '삭제 가능' 속성을 '아니요'로 설정한다.

⑤ '폼' 속성 시트 창의 '기타' 탭에서 '모달' 속성을 '예'로 설정한다.

⑥ [양식 디자인] → [보기] → [보기()]를 클릭하여 폼의 실행 결과를 확인한다.

실습 10 하위 폼 만들기

핵심요약 & 대표기출문제의 핵심 214와 핵심 215를 공부한 후 '실습10문제.accdb' 파일을 불러와 다음 작업을 수행하세요.

문제 01 다음과 같이 '상품판매현황' 폼에 '상품판매' 폼을 하위 폼으로 작성하시오.

[상품판매현황]

[상품판매]

[상품판매현황]

🔧 풀이

① 〈상품판매현황〉 폼을 마우스 오른쪽 단추로 클릭한 후 바로 가기 메뉴에서 [디자인 보기]를 클릭한다.

② [양식 디자인] → [컨트롤의 ▼(자세히)]를 클릭하여 [하위 폼/하위 보고서(▦)]를 클릭한다.

③ '상품판매현황' 폼 본문의 하위 폼이 놓일 위치에 적당한 크기로 드래그한다.

[양식 디자인] → [컨트롤의 ▼(자세히)] → [컨트롤 마법사 사용(▩)]이 선택되어 있어야 컨트롤을 마법사를 통해 작성할 수 있습니다.

④ '하위 폼 마법사' 1단계 : 사용할 데이터를 선택하는 단계로, '기존 폼 사용', '상품판매'를 선택한 후 〈다음〉을 클릭한다.

⑤ '하위 폼 마법사' 2단계 : 기본 폼과 하위 폼을 연결할 필드를 선택하는 단계로, 그림과 같이 설정한 후 〈다음〉을 클릭한다.

⑥ '하위 폼 마법사' 3단계 : 이름을 지정하는 단계로 **상품판매**라고 입력한 후 〈마침〉을 클릭한다.

실습 11 보고서 만들기

핵심요약 & 대표기출문제의 핵심 223과 핵심 224를 공부한 후 '실습11문제.accdb' 파일을 불러 다음 작업을 수행하세요.

문제 01 〈상품종합〉 쿼리를 이용하여 다음과 같이 구성된 '판매내역보고서'를 작성하시오.

판매내역보고서					
상품명	상품번호	판매번호	수량	단가	금액
레코닝					
	36	2	50	₩15,400	₩770,000
	36	16	10	₩144,775	₩1,447,750
	36	27	12	₩221,500	₩2,658,000
리듬					
	19	15	5	₩13,200	₩66,000
메사					
	18	10	5	₩328,000	₩4,592,000
	18	13	20	₩13,200	₩264,000
벨크로					
	17	18	10	₩13,200	₩132,000
	17	11	14	₩218,000	₩3,052,000
	17	39	25	₩337,900	₩8,447,500
스페이스2					
	35	5	50	₩9,900	₩495,000
	35	34	26	₩9,900	₩257,400
	35	36	16	₩432,000	₩6,912,000
썸머					
	27	24	19	₩136,000	₩2,584,000
아쿠아					
	12	15	12	₩14,000	₩168,000
	12	18	15	₩14,300	₩214,500
에어프랜드					
	29	22	20	₩35,000	₩700,000
	29	16	20	₩17,600	₩352,000
제우스					
	15	17	16	₩12,000	₩192,000
클래식					
	16	32	32	₩11,000	₩352,000
	16	12	18	₩12,100	₩217,800
터보하이					
	13	12	27	₩50,000	₩1,350,000
	13	14	11	₩9,000	₩99,000
테라					
	33	29	14	₩119,000	₩1,666,000
2024년 5월 14일 화요일					1/3페이지

풀이

① [만들기] → [보고서] → [보고서 마법사]를 클릭한다.

② '보고서 마법사' 1단계 : 사용할 원본 데이터와 필드를 그림과 같이 차례대로 선택한 후 〈다음〉을 클릭한다. 보고서에서 사용할 필드는 문제의 그림에서 제시된 순서대로 선택해야 한다.

③ '보고서 마법사' 2단계 : 데이터 표시 형식을 '기준-판매내역'으로 선택한 후 〈다음〉을 클릭한다.

④ '보고서 마법사' 3단계 : 그룹 수준을 '상품명'으로 선택한 후 〈다음〉을 클릭한다.

↓

⑤ '보고서 마법사' 4단계 : 정렬할 필드를 '상품번호'로 선택한 후 〈다음〉을 클릭한다.

❻ '보고서 마법사' 5단계 : 모양과 용지 방향을 그림과 같이 설정한 후 〈다음〉을 클릭한다.

❼ '보고서 마법사' 6단계 : 보고서의 이름을 **판매내역보고서**로 입력하고 〈마침〉을 클릭한다.

실습 12 보고서 편집

핵심요약 & 대표기출문제의 핵심 225와 핵심 228을 공부한 후 '실습12문제.accdb' 파일을 불러와 다음 작업을 수행하세요.

문제 01 다음 지시사항에 따라 [보고서 1]을 [보고서 2]와 같이 변경하시오.

- 첫 페이지에 한 번만 표시된 '판매내역보고서' 레이블을 매 페이지에 표시되도록 위치를 변경할 것
- '상품명'을 기준으로 오름차순으로 정렬할 것
- '상품명'별 '수량'의 합계가 표시되도록 그룹 바닥글을 설정한 후 텍스트 상자를 삽입할 것
- '본문' 영역의 '상품명'과 '상품번호'의 값이 이전 레코드와 같은 경우에는 표시되지 않도록 설정할 것
- '금액'이 그룹별 누적 합계로 표시되도록 설정할 것
- 각각의 레코드 아래에 선이 표시되도록 설정할 것

판매내역보고서

상품명	상품번호	판매번호	수량	단가	금액
Wing	1	38	100	₩10,450	₩1,045,000
WHITE.CAN	30	6	50	₩15,400	₩770,000
WHITE.CAN	30	35	18	₩42,060	₩757,080
WHITE.CAN	30	17	5	₩15,400	₩77,000
SPACE	22	38	12	₩320,000	₩3,840,000
ReadMe	4	4	5	₩14,080	₩70,400
ReadMe	4	37	60	₩14,080	₩844,800
RAIDEN	23	15	15	₩9,500	₩142,500
RAIDEN	23	20	19	₩45,000	₩855,000
PUMPKIN	24	19	30	₩43,000	₩1,290,000
PLAYER	6	46	20	₩230,900	₩4,618,000
PLAYER	6	3	15	₩137,000	₩2,055,000
PLAYER	6	34	5	₩241,000	₩1,205,000
PLAYER	6	17	50	₩9,280	₩464,000
PLAYER	6	45	13	₩230,900	₩3,001,700
PLAYER	6	44	14	₩230,900	₩3,232,600
PLAYER	6	43	14	₩230,900	₩3,232,600
PLAYER	6	6	24	₩231,000	₩5,544,000
PATCH	8	8	7	₩5,000	₩35,000
PATCH	8	37	5	₩256,000	₩1,280,000
PATCH	8	47	16	₩387,900	₩6,206,400
PATCH	8	4	5	₩387,900	₩1,939,500

[보고서 1]

↓

판매내역보고서

상품명	상품번호	판매번호	수량	단가	금액
레코닝	36	2	50	₩15,400	₩770,000
	36	16	10	₩144,775	₩2,217,750
	36	27	12	₩221,500	₩4,875,750
		수량합계	72		
리듬	19	15	5	₩13,200	₩66,000
		수량합계	5		
메사	18	10	5	₩328,000	₩4,592,000
	18	13	20	₩13,200	₩4,856,000
		수량합계	25		
벨크로	17	18	10	₩13,200	₩132,000
	17	11	14	₩218,000	₩3,184,000
	17	39	25	₩337,900	₩11,631,500
		수량합계	49		
스페이스2	35	5	50	₩9,900	₩495,000
	35	34	26	₩9,900	₩752,400
	35	36	16	₩432,000	₩7,664,400
		수량합계	92		

[보고서 2]

풀이

❶ 〈판매내역보고서〉 폼을 마우스 오른쪽 단추로 클릭한 후 바로 가기 메뉴에서 [디자인 보기]를 클릭한다.

❷ '보고서 머리글' 영역에 있는 '판매내역보고서' 레이블을 '페이지 머리글' 영역으로 드래그하여 이동한다.

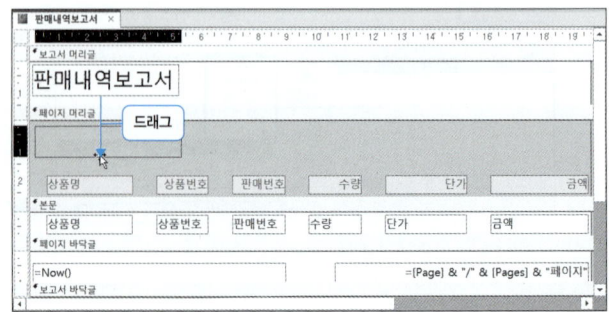

❸ [보고서 디자인] → [그룹화 및 요약] → [그룹화 및 정렬]을 클릭한 후 '그룹, 정렬 및 요약' 창에서 그림과 같이 지정한 후 '닫기(☒)' 단추를 클릭한다.

❹ [보고서 디자인] → [컨트롤] → [텍스트 상자]를 클릭한 후 '상품명 바닥글' 영역에 그림과 같이 적당한 크기로 드래그한다.

❺ 작성된 컨트롤의 레이블 부분을 시간 간격을 두고 두 번 클릭한 후 내용을 지우고, **수량합계 :**를 입력한다. 이어서 레이블 왼쪽 상단의 이동점을 드래그하여 텍스트 상자쪽으로 드래그한다.

❻ 작성된 컨트롤의 텍스트 상자를 더블클릭하여 '텍스트 상자' 속성 시트 창을 호출한다.

❼ '텍스트 상자' 속성 시트 창의 '데이터' 탭에서 '컨트롤 원본' 속성에 **=Sum(수량)**을 입력한다.

❽ '페이지 바닥글' 위쪽을 마우스로 드래그하여 '상품명 바닥글' 영역을 적당한 크기로 조절한다.

❾ '본문' 영역의 '상품명' 컨트롤을 더블클릭하여 '텍스트 상자' 속성 시트 창을 호출한다.

실습이 꼭 필요한 액세스 기능 12가지 45

❿ '텍스트 상자' 속성 시트 창의 '형식' 탭에서 '중복 내용 숨기기' 속성을 '예'로 지정한다.

⓫ 같은 방법으로 '상품번호'의 '중복 내용 숨기기' 속성을 '예'로 지정한다.

⓬ '본문' 영역에서 '금액' 컨트롤을 더블클릭한 후 '텍스트 상자' 속성 시트 창의 '데이터' 탭에서 '누적 합계' 속성을 '그룹'으로 지정한다.

⓭ [보고서 디자인] → [컨트롤] → [선]을 클릭한 후 '본문' 영역에 그림과 같이 적당한 크기로 드래그한다.

⓮ 삽입한 선이 선택된 상태에서 [서식] → [컨트롤 서식] → [도형 윤곽선] → [검정, 텍스트 1]을 선택한다.

⓯ [보고서 디자인] → [보기] → [보기(📋)]를 클릭하여 보고서의 실행 결과를 확인한다.

핵심요약 & 대표기출문제

1과목 컴퓨터 일반
2과목 스프레드시트 일반
3과목 데이터베이스 일반

핵심요약 & 대표기출문제 | 1과목 컴퓨터 일반 |

23.상시, 21.상시, 19.2, 12.2, 16.2, 16.1, 12.2, 08.4, 07.4, 06.3, 05.4, 05.2, …　1200101

핵심 001　한글 Windows 10의 특징

- 선점형 멀티태스킹(Preemptive Multi-tasking) : 운영체제가 각 작업의 CPU 이용 시간을 제어하여 앱 실행중 문제가 발생하면 해당 앱을 강제 종료시키고, 모든 시스템 자원을 반환하는 멀티태스킹 운영 방식
- 플러그 앤 플레이(PnP; Plug & Play) : 컴퓨터 시스템에 하드웨어를 설치했을 때, 해당 하드웨어를 사용하는 데 필요한 시스템 환경을 운영체제가 자동으로 구성해 주는 것
- OLE(Object Linking and Embedding)
  - 다른 여러 앱에서 작성된 문자나 그림 등의 개체(Object)를 현재 작성중인 문서에 자유롭게 연결(Linking)하거나 삽입(Embedding)하여 편집할 수 있게 하는 기능
  - OLE로 연결된 이미지를 원본 앱에서 수정하거나 편집하면 그 내용이 그대로 해당 문서에 반영됨
- 64비트 데이터 처리
  - 완전한 64비트로 데이터를 처리하므로 더 많은 양의 데이터를 빠르게 처리할 수 있으며, 사용자가 좀 더 빠르고 효율적인 시스템을 구축할 수 있게 함
  - 64비트 버전으로 제작된 Windows 10용 앱은 32비트 버전의 Windows 10에서는 작동되지 않음

01. 다음 중 32비트 및 64비트 버전의 Windows OS에 관한 설명으로 옳지 않은 것은?
23.상시, 21.상시, 16.1, 12.1

① 64비트 버전의 Windows에서는 대용량 RAM을 32비트 시스템보다 효과적으로 처리한다.
② 64비트 버전의 Windows를 설치하려면 64비트 버전의 Windows를 실행할 수 있는 CPU가 필요하다.
③ 64비트 버전의 Windows에서 하드웨어 장치가 정상적으로 동작하려면 64비트용 장치 드라이버가 필요하다.
④ 앱이 64비트 버전의 Windows용으로 설계된 경우 호환성 유지를 위해 32비트 버전의 Windows에서도 작동되도록 설계되어 있다.

> 64비트 버전의 Windows용으로 설계된 앱은 32비트 버전의 Windows에서 작동되지 않습니다.

22.상시, 21.상시, 19.2, 18.1, 14.2, 12.1, 10.1, 09.2, 05.1　3200102

핵심 002　파일 시스템 - NTFS

- 성능, 보안, 디스크 할당, 안정성, 속도 면에서 FAT 파일 시스템에 비해 뛰어난 고급 기능을 제공한다.
- 시스템 리소스 사용을 최소화한다.
- 파일 및 폴더에 대한 액세스 제어를 유지하고 제한된 계정을 지원한다.
- 최대 볼륨 크기는 256TB이며, 파일 크기는 볼륨 크기에 의해서만 제한된다.
- 비교적 큰 오버헤드가 있기 때문에 400MB 이상의 볼륨에서 사용하면 효과적이다.

01. 다음 중 NTFS 파일 시스템에 관한 설명으로 옳지 않은 것은?
22.상시, 21.상시, 12.1

① 파일 및 폴더에 대한 액세스 제어를 유지하고 제한된 계정을 지원한다.
② FAT32 파일 시스템보다 성능, 보안, 안전성이 높다.
③ 모든 디스크 드라이브에서 사용할 수 있는 범용 파일 시스템이다.
④ 파일 크기는 볼륨 크기에 의해서만 제한된다.

> NTFS는 윈도우 전용 파일 시스템으로 모든 디스크 드라이브에서 사용할 수는 없습니다.

25.상시, 24.상시, 22.상시, 21.상시, 15.2, 14.2, 12.1, 11.3, 11.2, 11.1, …　1260002

핵심 003　바로 가기 키(단축키)

키	기능
F2	폴더 및 파일의 이름을 변경함
F3	파일 탐색기의 '검색 상자'를 선택함
Alt + Esc	현재 실행중인 앱들을 순서대로 전환함
Alt + Tab	• 현재 실행중인 앱들의 목록을 화면 중앙에 나타냄 • Alt 를 누른 상태에서 Tab 을 이용하여 이동할 작업 창을 선택함
Alt + Enter	선택된 항목의 속성 대화상자를 실행함
Alt + Spacebar	활성창의 바로 가기 메뉴를 표시함
Alt + F4	• 실행중인 창(Window)이나 앱을 종료함 • 실행중인 앱이 없으면 'Windows 종료' 창을 나타냄
Alt + Print Screen	현재 작업중인 활성 창을 클립보드로 복사함
Ctrl + A	폴더 및 파일을 모두 선택함
Ctrl + Esc	■(시작)을 클릭한 것처럼 [시작] 메뉴를 표시함
Ctrl + Shift + Esc	'작업 관리자' 대화상자를 실행하여 문제가 있는 앱을 강제로 종료함
Shift + Delete	폴더나 파일을 휴지통을 거치지 않고 바로 삭제함

Shift + F10	바로 가기 메뉴를 표시함
■ + A	알림 센터를 표시함
■ + B	알림 영역으로 포커스를 옮김
■ + E	'파일 탐색기'를 실행함
■ + I	'설정' 창을 표시함
■ + R	'실행' 창을 나타냄
■ + . / ■ + ;	이모지(그림 문자) 열기
■ + ,	바탕 화면 임시 미리 보기
■ + Pause/Break	[설정] → [시스템] → [정보] 창을 나타냄

01. 다음 중 Windows 10의 바로 가기 키에 대한 설명으로 옳은 것은? 24.상시, 22.상시

① Alt + Enter : 선택된 항목의 속성 창을 호출함
② Alt + Print Screen : 현재 활성화된 창을 인쇄함
③ Ctrl + Esc : 열려 있는 창을 닫음
④ Ctrl + Tab : 시작 메뉴를 표시함

② Alt + Print Screen : 현재 작업 중인 활성 창을 클립보드로 복사함
③ Ctrl + Esc : [시작] 메뉴를 표시함
　Alt + F4 : 열려 있는 창을 닫음
④ Ctrl + Tab : 다음 탭으로 이동함

01. 다음 중 한글 Windows 10에서 바로 가기 아이콘의 [속성] 대화상자에 대한 설명으로 옳지 않은 것은? 23.상시, 22.상시, 21.상시, 15.1

① 대상 파일이나 대상 형식, 대상 위치 등에 관한 연결된 항목의 정보를 확인할 수 있다.
② 연결된 항목을 바로 열 수 있는 바로 가기 키를 지정할 수 있다.
③ 연결된 항목의 디스크 할당 크기를 확인할 수 있다.
④ 바로 가기 아이콘을 만든 날짜와 수정한 날짜, 액세스한 날짜 등을 확인할 수 있다.

'속성' 대화상자의 '일반' 탭에 있는 '디스크 할당 크기'는 바로 가기 아이콘의 크기입니다. 연결된 항목의 디스크 할당 크기는 해당 항목의 '속성' 대화상자에서 확인할 수 있습니다.

24.상시, 23.상시, 22.상시, 21.상시, 20.2, 15.3, 15.1, 05.1, 04.4, 03.4　1260003

핵심 004　바로 가기 아이콘(단축 아이콘)

- 자주 사용하는 문서나 앱을 빠르게 실행시키기 위한 아이콘으로, 원본 파일의 위치 정보를 가지고 있다.
- 바로 가기 아이콘은 '단축 아이콘'이라고도 하며, 폴더나 파일, 디스크 드라이브, 다른 컴퓨터, 프린터 등 모든 개체에 대해 작성할 수 있다.
- 바로 가기 아이콘은 왼쪽 하단에 화살표 표시가 있어 일반 아이콘과 구별된다.
- 바로 가기 아이콘은 원본 파일이 있는 위치와 관계없이 만들 수 있다.
- 바로 가기 아이콘의 확장자는 LNK이며, 컴퓨터에 여러 개 존재할 수 있다.
- 하나의 원본 파일에 대해 여러 개의 바로 가기 아이콘을 만들 수 있으나, 하나의 바로 가기 아이콘에는 하나의 원본 파일만 지정할 수 있다.
- 바로 가기 아이콘을 삭제·이동하더라도 원본 파일은 삭제·이동되지 않는다.
- 원본 파일을 삭제하면 해당 파일의 바로 가기 아이콘은 실행되지 않는다.
- 바로 가기 아이콘의 '속성' 대화상자
  - 바로 가기 아이콘의 파일 형식, 설명, 위치, 크기, 만든 날짜, 수정한 날짜, 액세스한 날짜, 연결된 항목의 정보(대상 파일, 형식, 위치 등) 등을 확인할 수 있음
  - 바로 가기 키, 아이콘, 연결된 항목을 변경할 수 있음

25.상시, 22.상시, 20.상시, 20.1, 18.상시, 14.1, 03.4　1260004

핵심 005　작업 표시줄

- 작업 표시줄은 현재 실행되고 있는 앱 단추와 앱을 빠르게 실행하기 위해 등록한 고정 앱 단추 등이 표시되는 곳으로서, 기본적으로 바탕 화면의 맨 아래쪽에 있다.
- 작업 표시줄은 [■(시작)] 단추, 검색 상자, 작업 보기, 앱 단추가 표시되는 부분, 알림 영역(표시기), '바탕 화면 보기' 단추로 구성된다.
- 작업 표시줄은 위치를 변경하거나 크기를 조절할 수 있다. 단, 크기는 화면의 1/2까지만 늘릴 수 있다.
- 작업 표시줄 오른쪽의 알림 영역에 표시할 앱 아이콘과 시스템 아이콘을 설정할 수 있다.
- 작업 표시줄 잠금 : 작업 표시줄을 포함하여 작업 표시줄에 있는 도구 모음의 크기나 위치를 변경하지 못하도록 함
- 데스크톱/태블릿 모드에서 작업 표시줄 자동 숨기기 : 데스크톱/태블릿 모드에서 작업 표시줄이 있는 위치에 마우스를 대면 작업 표시줄이 나타나고 마우스를 다른 곳으로 이동하면 작업 표시줄이 사라짐
- 작은 작업 표시줄 단추 사용 : 작업 표시줄의 앱 단추들이 작은 아이콘으로 표시됨
- 작업 표시줄 끝에 있는 바탕 화면 보기 단추로 마우스를 이동할 때 미리 보기를 사용하여 바탕 화면 미리 보기 : 작업 표시줄의 오른쪽 끝에 있는 [바탕 화면 보기] 단추 위에 마우스 포인터를 놓으면 바탕 화면이 일시적으로 표시됨
- 화면에서의 작업 표시줄 위치 : 작업 표시줄의 위치를 왼쪽, 위쪽, 오른쪽, 아래쪽 중에서 선택함

01. 다음 중 한글 Windows 10의 작업 표시줄에 대한 설명으로 옳지 않은 것은? 22.상시

① 작업 표시줄을 자동으로 숨길 것인지의 여부를 선택할 수 있다.
② 바탕 화면 아이콘을 표시할 수 있다.
③ 화면에서 작업 표시줄의 위치를 설정할 수 있다.
④ 알림 영역에 표시할 아이콘을 설정할 수 있다.

> 바탕 화면의 아이콘은 [■(시작)] → [⚙(설정)] → [개인 설정] → [테마] → [바탕 화면 아이콘 설정]을 클릭하여 표시할 수 있습니다.

01. 다음 중 한글 Windows 10의 작업 보기와 가상 데스크톱에 대한 설명으로 옳지 않은 것은? 23.상시

① 작업 보기 화면 상단에 표시된 가상 데스크톱에 마우스를 가져가면 해당 데스크톱에서 작업중인 앱이 표시된다.
② ■+Tab을 누르거나 작업 표시줄의 작업 보기 아이콘()을 클릭하여 작업 보기 화면을 표시할 수 있다.
③ 가상 데스크톱을 제거한 경우 제거된 가상 데스크톱에서 작업 중인 앱은 자동으로 삭제된다.
④ 작업 보기 화면에서 현재 작업 중인 앱을 마우스로 드래그하여 다른 가상 데스크톱으로 이동할 수 있다.

> 가상 데스크톱을 제거하면 제거된 가상 데스크톱에서 작업 중이던 앱은 이전 가상 데스크톱으로 이동합니다.

핵심 006 : 가상 데스크톱 24.상시, 23.상시

- 바탕 화면을 여러 개 만들어 바탕 화면별로 필요한 앱을 실행해 놓고 바탕 화면을 전환하면서 작업할 수 있다.
- 가상 데스크톱이 생성되면 작업 보기 화면 위쪽에 데스크톱 아이콘이 표시된다.
- 데스크톱 아이콘에 마우스를 놓으면 해당 데스크톱에서 현재 작업 중인 앱이 표시된다.
- 작업 보기 화면에서 원하는 데스크톱을 선택하여 이동할 수 있다.
- 작업 보기 화면에서 현재 작업 중인 앱을 드래그하여 다른 데스크톱으로 이동할 수 있다.
- 제거된 가상 데스크톱에서 작업 중이던 앱은 이전 가상 데스크톱으로 이동된다.
- 시스템을 재시작하더라도 가상 데스크톱은 제거되지 않고 남아 있다.

생성
- 방법1 : 작업 보기 화면 좌측 상단에서 〈+ 새 데스크톱〉 클릭
- 방법2 : Ctrl + ■ + D

제거
- 방법1 : 작업 보기 화면에서 제거할 가상 데스크톱의 '(닫기)' 단추 클릭
- 방법2 : Ctrl + ■ + F4

핵심 007 : 시작 메뉴 25.상시, 24.상시, 23.상시

- 시작 메뉴는 작업 표시줄의 가장 왼쪽에 있는 [■(시작)] 단추를 눌렀을 때 나타나는 메뉴이다.
- 시작 메뉴에는 Windows 10에 설치된 앱들이 메뉴 형태로 등록되어 있다.
- 시작 메뉴를 표시하는 바로 가기 키는 ■ 또는 Ctrl + Esc 이다.
- 시작 메뉴에 있는 앱의 크기를 조절하거나 그룹화할 수 있고, 타일을 이동할 수도 있다.
- 시작 메뉴를 화면 전체에 표시하려면 [■(시작)] → [⚙(설정)] → [개인 설정] → [시작]에서 '전체 시작 화면 사용'을 지정한다.
- 시작 메뉴에 등록된 앱을 삭제하려면 앱의 바로 가기 메뉴에서 [제거]를 선택한다.
- 시작 메뉴의 앱이 설치되어 있는 위치 확인 방법 : 앱의 바로 가기 메뉴에서 [자세히] → [파일 위치 열기] 선택 → 앱의 바로 가기 아이콘의 바로 가기 메뉴에서 [파일 위치 열기] 선택

01. 다음 중 한글 Windows 10의 시작 메뉴에 대한 설명으로 옳지 않은 것은? 25.상시, 24.상시

① 시작 메뉴에 있는 앱의 바로 가기 메뉴에서 [제거]를 이용하면 해당 앱을 제거할 수 있다.
② 시작 메뉴에 있는 앱이 설치되어 있는 실제 위치를 확인하려면 앱의 바로 가기 메뉴에서 '파일 위치 열기'를 클릭한다.
③ 시작 메뉴에 있는 앱의 크기를 조절하거나 타일을 이동하고 앱을 그룹화 할 수 있다.
④ [시작] → [설정] → [개인 설정] → [시작]에서 '전체 시작 화면 사용'을 켜면 화면 전체에 시작 메뉴가 표시된다.

> - 시작 메뉴에 있는 앱의 바로 가기 메뉴에서 [자세히] → [파일 위치 열기]를 선택하면 앱이 실제 설치된 폴더가 아닌 바로 가기 아이콘이 설치되어 있는 폴더가 열립니다.
> - 이 폴더에 있는 바로 가기 아이콘의 바로 가기 메뉴에서 [파일 위치 열기]를 선택해야 앱이 실제 설치되어 있는 폴더가 열립니다.

정답 005 1.② 006 1.③ 007 1.②

25.상시, 24.상시, 22.상시, 21.상시, 20.1, 14.3, 09.1, 08.1, 07.1, 04.1   1260009

핵심 008 폴더 옵션

- 파일이나 폴더의 보기 형식, 검색 방법 등에 대한 설정을 변경한다.
- '폴더 옵션' 대화상자의 탭별 기능

일반	• 파일 탐색기가 열렸을 때의 기본 위치를 '즐겨찾기'나 '내 PC' 중에서 선택할 수 있음 • 새로 여는 폴더의 내용을 같은 창에서 열리거나 다른 창에 열리도록 지정할 수 있음 • 웹을 사용하는 것처럼 바탕 화면이나 파일 탐색기에서도 파일을 한 번 클릭하면 실행되도록 설정할 수 있음 • 즐겨찾기에 최근에 사용된 파일이나 폴더의 표시 여부를 지정함 • 파일 탐색기의 즐겨찾기에 표시된 최근에 사용한 파일 목록을 지울 수 있음
보기	• 탐색 창에 라이브러리의 표시 여부를 지정함 • 메뉴 모음의 항상 표시 여부를 지정함 • 숨김 파일이나 폴더의 표시 여부를 지정함 • 알려진 파일 형식의 파일 확장명 표시 여부를 지정함 • 보호된 운영체제 파일의 숨김 여부를 지정함 • 폴더 팁에 파일 크기 정보의 표시 여부를 지정함
검색	• 폴더에서 시스템 파일을 검색할 때 색인을 사용할지 여부를 지정함 • 색인되지 않은 위치 검색 시 포함할 대상을 지정함

01. 다음 중 한글 Windows 10의 [폴더 옵션] 대화상자에서 설정할 수 있는 작업으로 옳지 않은 것은? 24.상시, 22.상시

① [숨김 파일, 폴더 또는 드라이브 표시 안 함]을 선택할 수 있다.
② [라이브러리의 항목 삭제]를 선택할 수 있다.
③ [알려진 파일 형식의 파일 확장명 숨기기]를 선택할 수 있다.
④ [폴더 팁에 파일 크기 정보 표시]를 선택할 수 있다.

'폴더 옵션' 대화상자의 '보기' 탭에서 제공하는 '고급 설정' 항목은 '라이브러리의 항목 삭제'가 아니라 '라이브러리 표시'입니다.

02. 다음 중 한글 Windows 10의 '폴더 옵션' 대화상자에서 설정할 수 있는 작업으로 옳지 않은 것은? 25.상시, 24.상시

① 알려진 파일 형식의 파일 확장명 숨기기를 설정할 수 있다.
② 숨김 파일이나 폴더의 표시 여부를 설정할 수 있다.
③ 공유 폴더에 액세스 할 때 필요한 계정과 암호를 설정할 수 있다.
④ 모든 폴더에 현재 보기(자세히 또는 아이콘)를 적용할 수 있다.

'폴더 옵션' 대화상자에서는 공유 폴더에 액세스 할 때 필요한 계정과 암호는 설정할 수 없습니다.

25.상시, 24.상시, 23.상시, 22.상시, 21.상시, 19.1, 12.2, 04.3, 03.2   1260010

핵심 009 파일과 폴더

파일/폴더 선택

연속적인 항목 선택	첫 번째 항목을 클릭한 후 Shift를 누른 상태에서 마지막 항목 클릭
비연속적인 항목 선택	Ctrl을 누른 상태에서 선택할 항목을 차례로 클릭
전체 항목 선택	Ctrl + A

파일/폴더 복사 및 이동

	복사	이동
같은 드라이브	Ctrl을 누른 상태에서 마우스로 드래그 앤 드롭	마우스로 드래그 앤 드롭
다른 드라이브	마우스로 드래그 앤 드롭	Shift를 누른 상태에서 마우스로 드래그 앤 드롭

01. 다음 중 한글 Windows 10에서 마우스의 끌어놓기(Drag & Drop) 기능을 이용하여 할 수 있는 작업으로 옳지 않은 것은? 25.상시, 23.상시, 22.상시, 21.상시

① 파일을 마우스로 선택한 후 동일한 드라이브의 다른 폴더로 끌어서 놓으면 이동이 된다.
② 파일을 마우스로 선택한 후 다른 드라이브의 임의의 폴더로 끌어서 놓으면 복사가 된다.
③ 파일을 마우스로 선택한 후 Ctrl을 누른 채 동일한 드라이브의 다른 폴더로 끌어서 놓으면 복사가 된다.
④ USB에 저장되어 있는 파일을 C 드라이브로 끌어서 놓으면 이동이 된다.

USB에 저장되어 있는 파일을 C 드라이브로 끌어서 놓으면 복사가 됩니다. 이동시키려면 Shift를 누른 채 파일을 끌어서 놓아야 합니다.

02. 다음 중 파일이나 폴더를 복사하는 방법으로 옳지 않은 것은? 23.상시, 22.상시

① 같은 드라이브에서 다른 위치로 파일이나 폴더를 복사하려면 Shift를 누른 채 파일이나 폴더를 다른 드라이브로 끌어다 놓는다.
② 파일이나 폴더를 선택하고 Ctrl + C를 누른 후 복사할 위치에서 Ctrl + V를 누른다.
③ 다른 드라이브로 파일이나 폴더를 복사하려면 아무것도 누르지 않은 채 파일이나 폴더를 끌어다 놓는다.
④ 파일이나 폴더를 선택하고 바로 가기 메뉴에서 [복사]를 선택한 후 복사할 위치에서 바로 가기 메뉴의 [붙여넣기]를 선택한다.

같은 드라이브에서 다른 위치로 파일이나 폴더를 복사하려면 Ctrl을 누른 채 파일이나 폴더를 다른 드라이브로 끌어다 놓아야 합니다.

25.상시, 24.상시, 23.상시, 22.상시, 21.상시, 18.2, 17.2, 17.1, 14.2, 11.3, ⋯   3260010

핵심 010 파일 탐색기의 검색 상자

- 파일 탐색기에서 찾으려는 내용을 검색 상자에 입력하고 Enter를 누르면 리본 메뉴에 검색 필터를 설정할 수 있는 [검색] 탭이 생성되고 검색이 수행된다.
- 파일 탐색기에서 F3이나 Ctrl+F를 누르면 검색 상자로 포커스가 옮겨진다.
- 기본적으로 검색 상자에 입력한 내용이 포함된 파일이나 폴더 등이 검색되고, 내용 앞에 '−'을 붙이면 해당 내용이 포함되지 않은 파일이나 폴더가 검색된다.
- 데이터를 검색한 후 검색 기준을 저장할 수 있으며, 저장된 검색 기준을 열면 해당 기준으로 데이터를 검색하여 표시한다.
- 색인 위치를 지정하여 더 빠른 속도로 검색할 수 있다.
- 수정한 날짜, 크기, 종류 등과 같은 속성을 이용하여 파일을 검색할 수 있다.

01. 다음 중 [파일 탐색기]의 검색 도구에 대한 설명으로 옳지 않은 것은?   25.상시, 24.상시, 23.상시

① 수정한 날짜를 이용하여 지난 주에 수정한 파일들을 검색할 수 있다.
② 파일의 크기를 선택하여 검색할 수 있다.
③ 파일의 종류를 선택하여 검색할 수 있다.
④ 파일 특성이 '읽기 전용'인 파일들을 검색할 수 있다.

'파일 탐색기'의 [검색 도구] → [검색] 탭에는 읽기 전용, 숨김 등 파일 특성을 지정하여 검색할 수 있는 도구가 없습니다.

23.상시, 22.상시, 21.상시, 19.상시, 18.상시, 17.2, 15.3, 13.3, 12.3, 11.2, 10.1, ⋯   4201481

핵심 011 휴지통

- 삭제된 파일이나 폴더가 임시 보관되는 장소이다.
- 기본적으로 드라이브 용량의 5%~10% 범위 내에서 시스템이 자동으로 설정하지만 사용자가 원하는 크기를 MB 단위로 지정할 수 있다.
- 휴지통은 아이콘을 통하여 휴지통이 비워진 경우(🗑)와 들어있는 경우(🗑)를 구분할 수 있다.
- 휴지통은 하드디스크 드라이브마다 한 개씩 만들 수 있다.
- 휴지통의 용량을 초과하면 가장 오래 전에 삭제된 파일부터 자동으로 지워진다.
- 휴지통에 보관된 파일이나 폴더는 복원할 수 있지만 복원하기 전에는 사용하거나 이름을 변경할 수 없다.
- 휴지통에 보관되지 않는 경우
  - DOS 모드(명령 프롬프트), 네트워크 드라이브, USB 메모리에서 삭제된 항목
  - Shift를 누른 채 삭제 명령을 실행한 경우
  - 휴지통 속성에서 '파일을 휴지통에 버리지 않고 삭제할 때 바로 제거'를 선택한 경우
  - 휴지통 속성에서 최대 크기를 0MB로 지정한 경우
  - 같은 이름의 항목을 복사/이동 작업으로 덮어쓴 경우

---

01. 다음 중 한글 Windows 10에서 파일과 폴더의 삭제에 대한 설명으로 옳지 않은 것은?   22.상시, 11.2, 05.4

① 네트워크 드라이브, USB 메모리에서 삭제한 파일은 휴지통에 보관되지 않는다.
② Shift를 누른 상태에서 폴더를 선택하여 휴지통으로 드래그하면 휴지통에 보관되지 않는다.
③ 폴더를 선택하고 Shift를 누른 상태에서 Delete를 눌러 삭제하면 휴지통에 보관되지 않는다.
④ [명령 프롬프트] 창에서 삭제한 파일은 휴지통에 보관된다.

[명령 프롬프트] 창에서 삭제한 파일은 휴지통에 보관되지 않습니다.

25.상시, 23.상시, 15.3   1201202

핵심 012 휴지통 속성

- 휴지통의 크기를 드라이브마다 다르게 설정할 수 있고, 모두 같은 크기로 설정할 수도 있다.
- 파일이나 폴더를 삭제할 때 휴지통을 거치지 않고 바로 삭제하도록 설정할 수 있다.
- '삭제 확인 대화 상자 표시'를 선택하여 파일이나 폴더가 삭제될 때마다 확인 대화상자가 표시되도록 설정할 수 있다.

01. 다음 중 휴지통의 속성 대화상자에서 설정할 수 없는 것은?   25.상시, 23.상시

① 각 드라이브마다 휴지통의 크기를 MB 단위로 다르게 설정할 수 있다.
② 파일을 삭제할 때 휴지통을 거치지 않고 바로 삭제하도록 설정할 수 있다.
③ 파일을 삭제할 때마다 확인 대화상자가 표시되도록 설정할 수 있다.
④ 휴지통에 지정된 최대 크기를 초과하면 자동으로 휴지통 비우기를 실행하도록 설정할 수 있다.

휴지통 속성 대화상자에서 휴지통을 자동으로 비우는 기능은 제공하지 않습니다.

23.상시, 22.상시   1201204

핵심 013 휴지통 복원

- 방법 1 : [관리] → [휴지통 도구] → [복원] → [모든 항목 복원/선택한 항목 복원] 클릭
- 방법 2 : 바로 가기 메뉴에서 [복원] 선택
- 방법 3 : 원하는 위치로 드래그
- 방법 4 : [홈] → [클립보드] → [잘라내기], 복원할 위치를 선택한 후 [홈] → [클립보드] → [붙여넣기]
- 방법 5 : Ctrl+X(잘라내기) 누른 후 복원한 위치를 선택하고 Ctrl+V(붙여넣기) 누름
※ 복사는 불가능하나 잘라내기는 가능

01. 다음 중 한글 Windows 10의 [휴지통]에 보관된 파일을 복원하는 방법으로 옳지 않은 것은?
23.상시, 22.상시

① 휴지통을 열고 복원할 파일의 바로 가기 메뉴에서 [잘라내기]를 선택한 후 바탕 화면의 바로 가기 메뉴에서 [붙여넣기]를 선택한다.
② 휴지통을 열고 복원할 파일의 바로 가기 메뉴에서 [복원]을 선택한다.
③ 휴지통을 열고 복원할 파일을 선택한 후 원하는 위치로 드래그 앤 드롭한다.
④ 휴지통의 모든 파일을 복원하려면 휴지통의 바로 가기 메뉴에서 [전체 복원하기]를 선택한다.

> 휴지통의 바로 가기 메뉴에는 복원과 관련된 항목이 없습니다. 휴지통의 모든 파일을 복원하려면 휴지통을 열고 [관리] → [휴지통 도구] → [복원] → [모든 항목 복원]을 클릭해야 합니다.

핵심 014 Windows 보조프로그램
23.상시, 22.상시, 21.상시, 16.3, 14.1, 12.1, 11.2, 11.1, 08.1, 07.4, 05.4, 05.3

메모장	• 특별한 서식이 필요 없는 간단한 텍스트(ASCII 형식) 파일을 작성할 수 있는 문서 작성 앱 • 텍스트(.TXT) 형식의 문서만 열거나 저장할 수 있음 • 문서 전체에 대해서만 글꼴의 종류, 속성, 크기를 변경할 수 있음 • 그림, 차트 등의 OLE 개체를 삽입할 수 없음 • ANSI, 유니코드, UTF-8 등의 인코딩 형식으로 저장할 수 있음 • 문서의 첫 행 맨 왼쪽에 대문자로 .LOG라고 입력하면 메모장을 열 때마다 현재의 시간과 날짜를 문서의 끝에 표시함 • 주요 메뉴 – 이동 : 줄(행)을 기준으로 커서를 이동할 수 있지만 '자동 줄 바꿈'이 해제된 상태에서만 사용 가능 – 시간/날짜 : 커서가 있는 위치에 현재 시간과 날짜 입력 – 자동 줄 바꿈 : 창 가로 크기에 맞게 텍스트를 표시하고 다음 줄로 넘김
그림판	• 간단한 그림을 작성하거나 수정하기 위한 보조 앱 • 기본 저장 형식은 PNG이며, BMP, GIF, TIF, JPG, HEIC 형식으로도 저장할 수 있음 • 그림판에서 편집한 그림을 다른 문서에 붙여넣거나 Windows 바탕 화면의 배경으로 사용할 수 있음 • Shift를 누른 상태에서는 수평선, 수직선, 45°의 대각선, 정사각형, 정원을 그릴 수 있음 • 그림의 크기 조정 및 회전, 대칭 이동 등의 편집이 가능함

01. 다음 중 Windows 10의 [그림판]에 대한 내용으로 옳지 않은 것은?
23.상시, 22.상시

① 그림판에서 그림을 그린 다음 다른 문서에 붙여넣거나 바탕 화면 배경으로 사용할 수 있다.
② JPG, GIF, BMP와 같은 그림 파일도 그림판에서 작업할 수 있다.
③ [레이어]를 이용하면 여러 사진을 추가하여 합성할 수 있다.
④ 선택한 영역을 대칭으로 이동시킬 수 있다.

> 그림판은 간단한 그림을 그리거나 수정하기 위한 앱입니다. 레이어와 같은 고급 그래픽 기능을 사용하려면 포토샵 같은 전문 그래픽 앱을 설치해서 사용해야 합니다.

핵심 015 유니버설 앱
25.상시, 24.상시, 23.상시, 22.상시, 21.상시

스티커 메모	포스트잇처럼 바탕 화면에 메모지를 추가하여 간단한 내용을 입력하는 앱 ❶ 새 메모 ❷ 메모 색상 변경, 노트 목록, 노트 삭제 ❸ 굵게 ❹ 기울임꼴 ❺ 밑줄 ❻ 취소선 ❼ 글머리 기호 전환 ❽ 이미지 추가
캡처 및 스케치	• 화면의 특정 부분 또는 전체를 캡처하여 JPG, PNG, GIF 파일로 저장하는 앱 • 캡처 유형에는 사각형, 자유형, 창, 전체 화면이 있음 • 볼펜, 연필, 형광펜, 지우개, 눈금자 또는 각도기를 이용하여 캡처한 이미지에 필요한 정보를 추가할 수 있음 • 캡처 옵션에는 '지금 캡처, 3초 후 캡처, 10초 후 캡처'가 있음 • 캡처한 이미지를 그림판, 사진 등의 다른 앱으로 열어서 추가 작업을 할 수 있음 • 바로 가기 키 : ⊞ + Shift + S
빠른 지원	• 다른 사용자의 컴퓨터에 접속하여 원격 지원을 하거나, 내 컴퓨터에 접속한 다른 사용자로부터 원격 지원을 받을 수 있도록 하는 앱 • 내 컴퓨터의 마우스와 키보드로 다른 사용자 컴퓨터를 제어하는 동안 다른 사용자도 화면을 보면서 마우스와 키보드를 조작할 수 있음 • 원격 지원을 하는 자는 마이크로소프트 계정으로 로그인 해야하고, 원격 지원을 받는 자는 로그인 하지 않아도 됨 • '공유 옵션'에는 '모든 권한 가지기'와 '화면 보기'가 있음

01. 다음 중 한글 Windows 10에서 [빠른 지원]에 관한 설명으로 옳지 않은 것은?
25.상시, 23.상시, 22.상시, 21.상시

① 다른 위치에 있는 상대방이 Windows와 같이 호환되는 운영체제가 실행되는 컴퓨터에서 사용자 컴퓨터를 편리하게 연결하여 문제를 해결할 수 있다.
② 원격 접속을 지원할 사용자가 '빠른 지원' 대화상자에서 〈다른 사람 지원〉을 클릭하면 보안 코드 숫자 6자리가 화면에 표시된다.
③ '공유 옵션'에는 '모든 권한 가지기'와 '화면 보기'가 있다.
④ 원격 접속을 지원할 사용자는 마이크로소프트 계정으로 로그인 하지 않아도 되지만 지원 받는 사용자는 마이크로소프트 계정으로 로그인해야 한다.

> 원격 접속을 지원하는 사용자는 마이크로소프트 계정으로 로그인해야 하고, 지원 받는 사용자는 마이크로소프트 계정으로 로그인하지 않아도 됩니다.

핵심 016 [설정] → [시스템]

디스플레이	• 화면에 표시되는 텍스트나 앱, 아이콘 등의 크기를 변경함 • 디스플레이의 해상도나 방향을 변경함 • 야간 모드의 사용 여부 및 켜기/끄기 시간을 지정함
저장소	• 하드디스크에서 불필요한 앱이나 임시 파일 등을 제거하여 사용 공간을 확보할 때 사용함 • 저장소 센스 구성 또는 지금 실행 : 저장소 센스는 기본적으로 하드디스크 공간이 부족할 때 실행되지만 매일, 매주, 매월 단위로 저장소 센스가 실행되도록 설정할 수 있음 • 임시 파일 : 업데이트 파일, 휴지통, 임시 인터넷 파일 등의 임시 파일을 확인 및 제거할 수 있음 • 다른 드라이브의 저장소 사용량 보기 : 컴퓨터에 설치되어 있는 모든 드라이브의 사용 현황을 확인하거나 임시 파일 등을 삭제할 수 있음 • 새 콘텐츠가 저장되는 위치 변경 : 기본적으로 저장되는 위치는 '로컬 디스크 (C:)'이며, 변경할 수 있음 • 백업 옵션 보기 : 파일을 OneDrive에 백업, 파일 기록을 사용하여 백업, 이전 백업 등 백업 옵션을 지정할 수 있음
태블릿	• 일반 PC를 태블릿처럼 사용할 수 있도록 설정함 ※ 태블릿(Tablet) : 터치 스크린 기능이 장착되어 펜으로 기기를 조작할 수 있는 컴퓨터 • 태블릿 모드를 설정해도 키보드와 마우스를 사용할 수 있음
정보	• 시스템에 연결된 하드웨어 및 Windows 사양 등을 확인하거나 컴퓨터 이름을 변경함 • 장치 사양 : 장치 이름, 프로세서(CPU) 종류, 메모리(RAM) 크기, 장치 ID, 제품 ID, 시스템 종류, 펜 및 터치 등 • Windows 사양 : 에디션, 버전, 설치 날짜, OS 빌드, 경험 등

잠깐만요 다중 디스플레이
• 하나의 컴퓨터에 두 개 이상의 모니터를 연결하는 것입니다.
• 각 모니터마다 해상도와 방향을 다르게 설정할 수 있고, 원하는 모니터를 주모니터로 설정할 수 있습니다.
• 한 모니터에서는 웹 작업, 다른 모니터에서는 문서 작성 등 모니터마다 다른 작업을 수행할 수 있도록 지정할 수 있습니다.
• 복수 모니터를 개별 그래픽 어댑터 또는 복수 출력을 지원하는 단일 어댑터에 연결할 수 있습니다.

01. 다음 중 윈도우의 저장소 설정에 대한 설명으로 옳은 것은? 25.상시

① 새 콘텐츠가 저장되는 기본 위치는 '문서'이며, 변경할 수 있다.
② 시스템 히스토리를 사용하여 백업을 할 수 있다.
③ 디스크 정리 기능을 사용할 수 있다.
④ 저장 공간 센스는 임시 파일이나 휴지통 콘텐츠 등과 같은 필요하지 않은 파일을 제거함으로써 자동으로 공간을 확보한다.

① 저장소 설정에서 새 콘텐츠가 저장되는 기본 위치는 '로컬 디스크 C:'입니다.
② 저장소 설정에서는 시스템 히스토리가 아닌 파일 히스토리(파일 기록)를 사용하여 백업할 수 있습니다.
③ 저장소 설정에서는 디스크 정리 기능을 사용할 수 없습니다.

핵심 017 [설정] → [개인 설정]

배경	• 바탕 화면의 배경이 표시되는 방식을 지정함 • Windows에서 제공하는 이미지나 GIF, BMP, JPEG, PNG 등의 사용자 이미지 중에서 원하는 그림 파일을 선택하여 지정함 • 바탕 화면에 놓일 배경 그림의 맞춤 방식을 지정함
잠금 화면	• 잠금 화면에 표시할 앱이나 배경을 사진이나 슬라이드 쇼 등으로 지정함 • 잠금 화면에 알림을 표시할 앱을 선택함 • 잠금 화면에서 세부 상태를 표시할 앱을 하나만 선택할 수 있음 • 화면 보호기를 지정함
테마	• 컴퓨터의 배경 그림, 색, 소리, 마우스 커서 등 Windows를 구성하는 여러 요소를 하나의 그룹으로 묶어 놓은 것으로, 다른 테마로 변경할 수 있음 • 바탕 화면 아이콘 설정 : 바탕 화면의 기본 아이콘인 컴퓨터, 휴지통, 문서, 제어판, 네트워크의 표시 여부를 지정함
글꼴	• 글꼴 폴더에는 OTF나 TTC, TTF, FON 등의 확장자를 갖는 글꼴 파일이 설치되어 있음 • 글꼴이 설치되어 있는 폴더의 위치는 'C:\Windows\Fonts'임 • 설치된 글꼴은 대부분의 앱에서 사용할 수 있음 • 트루타입(TrueType)과 오픈타입(OpenType) 글꼴을 제공함
시작	시작 메뉴에 표시되는 앱 목록, 최근에 추가된 앱, 가장 많이 사용하는 앱 등을 지정하거나 시작 메뉴에 표시할 폴더를 선택할 수 있음

잠깐만요 [제어판] → [글꼴] → [글꼴 설정]
• 글꼴 표시 및 숨기기 : 입력 언어 설정을 지원하지 않는 글꼴의 표시 여부를 지정함
• 글꼴 설치 : 저장 공간 절약을 위해 글꼴 파일 대신 글꼴 파일에 대한 바로 가기 설치 여부를 지정함

01. 다음 중 한글 Windows 10의 [개인 설정]에 관한 설명으로 옳지 않은 것은? 25.상시, 22.상시, 21.상시, 19.1, 10.2

① 화면 보호기를 설정할 수 있다.
② 해상도를 설정할 수 있다.
③ 창 테두리, 시작 메뉴, 작업 표시줄의 색상을 지정할 수 있다.
④ 배경 화면으로 사용할 그림을 지정할 수 있다.

해상도는 [(설정)] → [시스템] → [디스플레이]에서 설정할 수 있습니다.

02. 다음 중 한글 Windows 10의 [글꼴]에 관한 설명으로 옳지 않은 것은? 24.상시

① [글꼴 설정]을 이용하여 글꼴을 설치 및 삭제할 수 있다.
② 글꼴이 설치되어 있는 폴더의 위치는 C:\Windows\Fonts 이다.
③ 글꼴 파일은 .ttf 또는 .ttc의 확장자를 가지고 있다.
④ ClearType 텍스트 조정을 사용하면 가독성을 향상시켜 준다.

• [제어판] → [글꼴] → [글꼴 설정]에서는 글꼴의 설치 및 삭제를 할 수 없습니다.
• [제어판] → [글꼴] → [글꼴 설정]에서는 글꼴의 표시 및 숨기기를 지정하거나 공간 절약을 위해 글꼴 파일 대신 글꼴 파일에 대한 바로 가기 설치 여부를 지정할 수 있습니다.

핵심 018 [설정] → [접근성]

마우스 포인터	마우스 포인터의 크기 및 색을 변경함
텍스트 커서	텍스트 커서 표시기의 사용 여부를 지정하거나 텍스트 커서의 모양을 변경함
돋보기	• 화면에서 원하는 영역을 확대(100%~1600%)할 수 있도록 지정함 • Windows 로그인 전·후에 자동으로 돋보기가 시작되도록 설정할 수 있음
내레이터	• 내레이터가 화면에 나타나는 모든 텍스트를 소리 내어 읽어주도록 지정함 • 모든 사용자에 대해 Windows 로그인 전 내레이터를 사용하도록 설정할 수 있음 • 내레이터 켜기/끄기 : ⊞ + Ctrl + Enter
마우스	키보드 오른쪽의 숫자 키패드를 사용하여 화면의 마우스를 이동할 수 있도록 지정하는 마우스 키의 사용 여부를 지정함

01. 다음 중 한글 Windows 10의 [설정] → [접근성]에 대한 설명으로 옳지 않은 것은? 25.상시, 24.상시

① 키보드의 숫자 키패드를 이용하여 마우스 포인터를 움직이도록 설정할 수 있다.
② 내레이터의 시작 및 중지 바로 가기 키는 ⊞ + Alt + Enter 이다.
③ 로그인 후 돋보기가 자동으로 실행되도록 설정할 수 있다.
④ 텍스트 크기나 마우스 포인터의 크기 및 색을 변경할 수 있다.

> 내레이터의 시작 및 중지 바로 가기 키는 ⊞ + Ctrl + Enter 입니다.

핵심 019 백업 및 복구

백업	• 원본 데이터의 손실에 대비하여 중요한 데이터를 외부 저장장치에 저장해 두는 기능 • 백업 주기와 백업 유지 기간 등을 지정할 수 있음 • Windows 10은 파일 히스토리(File History)를 사용하여 파일을 백업함 • 백업된 데이터 복원 시 전체 또는 원하는 파일을 원래 위치나 원하는 위치로 복원할 수 있음

복구	• PC가 제대로 실행되지 않는 경우 PC를 초기화하거나 이전 버전의 Windows 10으로 되돌릴 때 사용함
	• 이 PC 초기화
	  – Windows를 다시 설치하여 PC를 초기화함
	  – 사용자가 설치한 앱과 설정 내용이 모두 제거됨
	  – 사용자의 개인 파일을 유지하거나 제거할 수 있음

01. 다음 중 한글 Windows 10의 [백업]과 [복구]에 관한 설명으로 옳지 않은 것은? 22.상시

① PC가 제대로 실행되지 않아 초기화 하는 경우 개인 파일을 유지하거나 제거하도록 선택할 수 있다.
② Windows 7 백업 및 복원 도구를 사용하여 백업을 만든 경우 Windows 10에서도 계속 사용할 수 있다.
③ PC 초기화 시 Windows는 다시 설치되지 않고 유지된다.
④ 파일 히스토리를 이용하여 자동으로 파일이 백업되도록 설정할 수 있다.

> PC 초기화 시 Windows는 다시 설치됩니다.

02. 다음 중 한글 Windows 10 운영체제에서의 백업과 복원에 관한 설명으로 옳지 않은 것은? 21.상시, 20.2, 20.1

① 파일이 백업되는 주기를 지정할 수 있다.
② 파일 히스토리를 이용하여 자동으로 파일이 백업되도록 설정할 수 있다.
③ 백업 파일을 복원할 경우 복원 위치를 지정할 수 있다.
④ 여러 파일이 백업되어 있는 경우 원하는 파일을 선택하여 복원할 수 없다.

> 원하는 파일만을 원하는 위치로 복원할 수 있습니다.

핵심 020 [설정] → [장치] → [마우스]/[입력]

[(설정)] → [장치]는 컴퓨터에 연결된 외부 장치를 확인하거나 추가로 설치할 때 사용한다.

마우스	• 오른손잡이/왼손잡이에 맞게 마우스 단추의 기능을 설정함 • 휠을 한 번 돌리면 여러 줄(1~100) 또는 한 화면이 스크롤 되도록 설정함 • 활성창/비활성창 구분 없이 마우스 포인터가 가리키는 창이 스크롤 되도록 설정할 수 있음 • '추가 마우스 옵션'을 클릭하면 실행되는 '마우스 속성' 대화상자에서 세부 기능을 설정할 수 있음
입력	• 추천 단어의 표시 여부를 설정함 • 틀린 단어 자동 고침의 사용 여부를 설정함 • 입력 중인 인식 언어를 기준으로 텍스트 제안 표시 여부를 설정함

01. 다음 중 한글 Windows 10의 [설정] → [장치]에 표시되지 않는 것은? 21.상시, 20.2

① USB 포트에 연결하는 장치
② 컴퓨터에 연결된 호환 네트워크 장치
③ 네트워크로 연결된 컴퓨터
④ 하드디스크 드라이브와 사운드 카드

> 하드디스크 드라이브와 사운드 카드는 컴퓨터 내부에 연결된 장치로 '장치 관리자'에 표시됩니다.

정답 018 1.② 019 1.③, 2.④ 020 1.④

23.상시, 22.상시, 21.상시, 16.3, 14.1, 12.3, 09.4, 08.2, 06.1, 05.3, 03.4, …

핵심 021 장치 관리자

- 컴퓨터에 설치되어 있는 하드웨어의 종류 및 작동 여부를 확인하고 속성을 변경하거나 업데이트할 수 있다.
- 아래 방향 화살표가 표시된 장치는 사용되지 않음을 나타낸다.
- 물음표가 표시된 장치는 알 수 없는 장치(미설치된 장치)를 나타낸다.
- 느낌표가 표시된 장치는 정상적으로 동작하지 않는 장치를 나타낸다.
- 각 장치의 속성을 이용하여 장치의 드라이버 파일이나 IRQ, DMA, I/O 주소, 메모리 주소 등을 확인하고 변경한다.
- **실행** [⊞(시작)]의 바로 가기 메뉴에서 [장치 관리자] 선택

---

01. 다음 중 Windows 10의 [장치 관리자] 창에서 설정 가능한 하드웨어 관리에 대한 설명으로 옳지 않은 것은?
23.상시, 22.상시, 21.상시, 16.3, 14.1, 12.3, 08.2, 06.1

① 장치들의 드라이버를 식별하고, 설치된 장치 드라이버에 대한 정보를 알 수 있다.
② 가상 메모리에 대한 정보를 확인하고, 설정 값을 변경할 수 있다.
③ 장치 드라이버를 업데이트 할 수 있다.
④ 하드웨어가 올바르게 작동하는지 확인할 수 있다.

가상 메모리의 정보 확인 및 설정 값의 변경은 '시스템 속성' 대화상자의 '고급' 탭에서 수행할 수 있습니다.

21.상시, 20.상시, 19.1, 15.3, 13.2, 13.1, 11.3, 10.2, 09.3, 09.2, 06.4, 06.2, …

핵심 022 프린터

- Windows 10에서는 대부분의 프린터를 지원하므로 프린터를 컴퓨터에 연결하면 자동으로 설치된다.
- 프린터는 [⊞(시작)] → [⚙(설정)] → [장치] → [프린터 및 스캐너]에서 [프린터 또는 스캐너 추가]를 클릭하여 설치한다.
- 여러 개의 프린터를 한 대의 컴퓨터에 설치할 수 있고, 한 개의 프린터를 네트워크로 공유하여 여러 대의 컴퓨터에 설치할 수 있다.
- 프린터마다 개별적으로 이름을 붙여 설치할 수 있고, 이미 설치한 프린터를 다른 이름으로 다시 설치할 수도 있다.
- 네트워크 프린터를 설치하면, 다른 컴퓨터에 연결된 프린터를 내 컴퓨터에 연결된 프린터처럼 사용할 수 있다.
- 네트워크 프린터를 사용할 때는 프린터의 공유 이름과 프린터가 연결되어 있는 컴퓨터의 이름을 알아야 한다.

- 로컬 프린터 : 컴퓨터에 직접 연결되어 있는 프린터
- 네트워크 프린터 : 다른 컴퓨터에 연결되어 있는 프린터
- 로컬 프린터 설치 시 선택할 수 있는 포트에는 LPT1, LPT2, LPT3, COM1, COM2, COM3 등이 있고, 네트워크 프린터 설치 시에는 포트가 자동으로 지정된다.
- 기본 프린터
  - 인쇄 명령 수행 시 특정 프린터를 지정하지 않을 경우 자동으로 인쇄 작업이 전달되는 프린터
  - 기본 프린터는 하나만 지정할 수 있음
  - 현재 기본 프린터를 해제하려면 다른 프린터를 기본 프린터로 설정하면 됨
  - 프린터 이름 아래에 '기본값'이라고 표시되어 있음
  - 네트워크 프린터나 추가 설치된 프린터도 기본 프린터로 설정할 수 있음

---

01. 다음 중 한글 Windows 10에 설치된 기본 프린터에 관한 설명으로 옳지 않은 것은?
20.상시, 19.1, 09.3, 06.4, 04.1

① 앱에서 사용할 프린터를 지정하지 않고 인쇄 명령을 선택했을 때 컴퓨터가 자동으로 문서를 보내는 프린터이다.
② 여러 개의 프린터가 설치된 경우에 기본 프린터는 1대만 설정할 수 있다.
③ 네트워크로 공유한 프린터인 경우를 제외한 로컬 프린터에 대하여 기본 프린터로 설정할 수 있다.
④ 기본 프린터로 설정된 프린터도 삭제할 수 있다.

네트워크로 공유한 프린터도 기본 프린터로 설정할 수 있습니다.

---

02. 다음 중 한글 Windows 10에서의 프린터 설치에 관한 설명으로 옳지 않은 것은?
21.상시, 15.3, 13.2, 09.2

① 프린터를 설치하려면 [설정] → [장치] → [프린터 및 스캐너]에서 '프린터 또는 스캐너 추가'를 선택한다.
② 새로운 프린터를 설치하는 과정에서 네트워크 프린터를 기본 프린터로 설정하려면 반드시 스풀링의 설정이 필요하다.
③ 로컬 프린터 설치 시 프린터가 USB(범용 직렬 버스) 모델인 경우에는 프린터를 컴퓨터에 연결하면 Windows에서 자동으로 검색하고 설치한다.
④ 공유된 프린터를 사용하려면 프린터가 연결된 컴퓨터의 전원이 켜져 있어야 한다.

네트워크 프린터도 일반 프린터와 동일하게 스풀링 설정 여부와 상관없이 기본 프린터로 설정할 수 있습니다.

핵심 023 스풀(Spool) 기능

- 저속의 출력장치인 프린터를 고속의 중앙처리장치(CPU)와 병행처리 할 때, 컴퓨터 전체의 처리 효율을 높이기 위해 사용하는 기능이다.
- 스풀링은 인쇄할 내용을 먼저 하드디스크에 저장하고 백그라운드 작업으로 CPU의 여유 시간에 틈틈이 인쇄하기 때문에 프린터가 인쇄 중이라도 다른 앱을 실행하는 포그라운드 작업이 가능하다.
- 문서 전체 또는 일부를 스풀한 다음 인쇄를 시작하도록 설정할 수 있다.
- 스풀을 사용하면 사용하지 않았을 때보다 인쇄 속도는 느려진다.

01. 한글 Windows 10에서 프린터 스풀(SPOOL) 기능에 대한 설명으로 올바른 것은?

① 스풀링 단위는 인쇄할 문서 전체 단위로만 스풀링이 가능하다.
② 프린터가 인쇄중이라도 다른 응용 프로그램 실행이 가능하다.
③ 스풀링은 인쇄할 내용을 프린터로 직접 전송한다.
④ 저속의 프린터 사용 시 컴퓨터 효율이 크게 저하된다.

> ① 스풀링은 인쇄할 문서 전체 또는 한 페이지 단위로 스풀링할 수 있습니다.
> ③ 스풀링은 인쇄할 내용을 먼저 하드디스크에 저장합니다.
> ④ 스풀은 저속의 프린터와 고속의 중앙처리장치 사이에서 컴퓨터 효율을 증가시키기 위해 사용합니다.

핵심 024 인쇄 작업

- 문서를 인쇄하는 동안 작업 표시줄에 프린터 아이콘이 표시되며, 인쇄가 끝나면 없어진다.
- 프린터 속성 대화상자에서는 프린터 포트, 공유 설정 여부, 최대 해상도, 사용가능한 용지, 프린터 정보 등을 확인할 수 있다.
- 인쇄 작업이 시작된 문서도 중간에 강제로 종료시키거나, 잠시 중지시켰다가 다시 인쇄할 수 있다.
- 인쇄 대기중인 문서의 문서 이름, 인쇄 상태, 페이지 수, 크기 등 확인할 수 있다.
- 인쇄 대기중인 문서를 삭제하거나 순서를 임의로 조정할 수 있다.
- [프린터] → [모든 문서 취소]를 선택하면 스풀러에 저장된 모든 인쇄 작업이 삭제되며, [문서] → [취소]를 선택하면 선택되어 있던 인쇄 작업이 삭제된다.
- 인쇄 대기열에 대기중인 문서는 다른 프린터로 보낼 수 있지만 인쇄 중에 있거나 인쇄 중 오류가 발생한 인쇄 작업은 다른 프린터로 보낼 수 없다.
- 인쇄 작업 중 오류가 발생하면 해당 문서가 인쇄 대기열에서 없어질 때까지 이후의 모든 인쇄 작업이 보류된다.
- 현재 사용중인 프린터를 기본 프린터로 설정하거나 공유를 설정할 수 있다.

01. 다음 중 한글 Windows 10의 인쇄 작업에 대한 설명으로 옳지 않은 것은?

① 여러 개의 출력 파일들의 출력대기 상태를 확인할 수 있다.
② 여러 개의 출력 파일들이 출력대기 할 때 출력 순서를 임의로 조정할 수 있다.
③ 일단 프린터에서 인쇄 작업에 들어간 것은 프린터 전원을 끄기 전에는 강제로 종료시킬 수 없다.
④ 인쇄 중인 문서나 오류가 발생한 문서는 다른 프린터로 전송할 수 없다.

> 인쇄 작업에 들어간 파일도 잠시 중지했다가 다시 인쇄하거나 종료할 수 있습니다.

핵심 025 드라이브 조각 모음 및 최적화

- 드라이브의 접근 속도를 향상시키기 위해 드라이브를 최적화하는 기능이다.
- 드라이브 미디어 유형이 HDD(Hard Disk Drive)인 경우 단편화(Fragmentation)로 인해 여기저기 분산되어 저장된 파일들을 연속된 공간으로 최적화시킨다.
- 드라이브 미디어 유형이 SSD(Solid State Drive)인 경우 트림(Trim) 기능을 이용하여 최적화시킨다.
- 드라이브에 대한 접근 속도를 향상시키기 위한 것으로, 드라이브의 용량 증가와는 관계가 없다.
- '드라이브 조각 모음 및 최적화'가 불가능한 경우
  - NTFS, FAT, FAT32 이외의 파일 시스템으로 포맷된 경우
  - CD/DVD-ROM 드라이브
  - 네트워크 드라이브
  - Windows가 지원하지 않는 형식으로 압축된 드라이브

01. 다음 중 [드라이브 조각 모음 및 최적화]를 수행할 수 있는 대상으로 옳은 것은?

① 외장 하드디스크 드라이브
② 네트워크 드라이브
③ CD-ROM 드라이브
④ Windows가 지원하지 않는 형식의 압축 프로그램

> 외장 하드디스크 드라이브는 '드라이브 조각 모음 및 최적화'를 수행할 수 있지만 나머지 ②~④번은 수행할 수 없습니다.

23.상시, 22.상시, 21.상시, 12.1, 08.4, 07.1, 05.2, 03.1

핵심 026 디스크 정리

- 디스크의 여유 공간을 확보하기 위해 필요 없는 파일을 삭제하는 기능이다.
- 디스크 정리 대상
  - 다운로드된 프로그램 파일
  - 임시 인터넷 파일
  - Windows 오류 보고서 및 피드백 진단
  - DirectX 셰이더 캐시
  - 전송 최적화 파일
  - 휴지통
  - 임시 파일
  - 미리 보기 사진 등
- 〈시스템 파일 정리〉를 클릭하여 '기타 옵션' 탭을 추가하면 설치한 후 사용하지 않는 앱과 시스템 복원 지점을 제거하여 여유 공간을 확보할 수 있다.

01. 다음 중 한글 Winodws 10의 [Windows 관리 도구]에 대한 설명으로 옳은 것은? 23.상시, 22.상시

① [시스템 정보]는 컴퓨터에 설치된 모든 하드웨어와 소프트웨어의 실행 정보를 한군데 모아 관리한다.
② [디스크 정리]는 디스크의 필요 없는 파일을 삭제하여 여유 공간을 확보하는 기능으로, 필요 없는 프로그램의 제거도 가능하다.
③ [레지스트리 편집기]에서는 하드웨어 리소스, 구성 요소, 설치된 소프트웨어 환경 등의 정보를 확인한다.
④ [컴퓨터 관리]는 하드디스크에 논리적 혹은 물리적으로 손상이 있는지 검사하고, 복구 가능한 에러가 있으면 이를 복구한다.

① '시스템 정보'는 시스템 분석 및 문제 해결을 위하여 컴퓨터에 설치된 하드웨어와 소프트웨어의 정보를 제공하는 관리 도구입니다. ①번은 레지스트리(Registry)에 대한 설명입니다.
③ '레지스트리 편집기'는 레지스트리를 확인하거나 수정, 삭제 등을 할 때 사용하는 앱입니다. ②번은 '시스템 정보'에서 확인할 수 있습니다.
④ '컴퓨터 관리'는 시스템 도구, 저장소, 서비스 및 응용 프로그램을 확인 및 설정하는 관리 도구입니다. ④번은 '드라이브 오류 검사'에 대한 설명입니다.

23.상시, 16.2, 15.2, 14.1, 12.2, 12.1

핵심 027 작업 관리자

- 컴퓨터에서 현재 실행중인 앱과 프로세스에 대한 정보를 제공하고 응답하지 않는 앱을 종료할 때 사용한다.
- '작업 관리자' 대화상자의 탭별 기능

프로세스	현재 실행 중인 앱과 프로세스의 상태를 확인하고, 응답하지 않는 앱이나 프로세스를 종료할 수 있음
성능	CPU, 메모리, 디스크, 이더넷(네트워크), GPU의 자원 사용 현황을 그래프로 표시함
앱 기록	특정 날짜 이후의 앱별 리소스 사용량을 표시함
시작프로그램	Windows가 시작될 때 자동으로 실행되는 앱의 사용 여부를 지정함
사용자	• 현재 컴퓨터에 로그인되어 있는 모든 사용자를 보여줌 • 특정 사용자에게 메시지를 보내거나 강제로 로그아웃 시킬 수 있음
세부 정보	• 현재 실행 중인 프로세스에 대해 CPU 및 메모리 사용에 대한 자세한 정보를 표시함 • 현재 실행 중인 프로세스를 선택하여 종료할 수 있음
서비스	시스템의 서비스 항목을 확인하고 실행 여부를 지정함

01. 다음 중 한글 Windows 10에서 [작업 관리자] 대화상자의 각 탭에서 할 수 있는 작업으로 옳지 않은 것은? 23.상시

① [프로세스] 탭은 CPU, 메모리, 디스크, 네트워크, GPU의 자원 사용 현황을 확인할 수 있다.
② [서비스] 탭은 시스템의 서비스 항목을 확인하고 실행 여부를 지정할 수 있다.
③ [사용자] 탭은 둘 이상의 사용자가 컴퓨터에 연결되어 있는 경우 연결된 사용자 및 작업 상황을 확인하고 특정 사용자를 강제로 종료시킬 수 있다.
④ [시작프로그램] 탭은 Windows가 시작될 때 자동으로 실행되는 앱의 사용 여부를 지정할 수 있다.

'프로세스' 탭에서는 현재 실행 중인 앱과 프로세스의 상태를 확인하고, 응답하지 않는 앱이나 프로세스를 종료할 수 있습니다. CPU, 메모리, 디스크, 네트워크, GPU의 자원 사용 현황은 '성능' 탭에서 확인할 수 있습니다.

22.상시, 21.상시, 18.2, 14.1, 13.2, 11.3, 09.4, 09.3, 08.3, 08.2, 07.4, 07.2, …

핵심 028 　레지스트리(Registry)

- 컴퓨터에 설치된 모든 하드웨어와 소프트웨어의 실행 정보를 한 군데에 모아 관리하는 계층적인 데이터베이스이다.
- 레지스트리는 IRQ, I/O 주소, DMA 등과 같은 하드웨어 자원, 설치된 프로그램 및 속성 정보 같은 소프트웨어 자원을 관리한다.
- 레지스트리 정보는 Windows가 작동하는 동안 지속적으로 참조된다.
- 레지스트리의 내용은 기계어로 되어 있어 일반 문서 편집기로 확인할 수 없으며, 수정하려면 REGEDIT와 같은 레지스트리 편집 앱을 사용해야 한다.
- 레지스트리는 시스템과 사용자에 대한 중요한 정보를 가지고 있으므로 레지스트리에 문제가 있을 경우 시스템이 부팅되지 않을 수도 있다.
- 레지스트리의 정보는 삭제할 수 있으나 시스템에 이상이 생길 수 있으므로 함부로 삭제하지 않는 것이 좋다.
- 레지스트리 편집기 실행

  방법1 [■(시작)] → [Windows 관리 도구] → [레지스트리 편집기] 선택

  방법2 작업 표시줄의 검색 상자나 '실행(■+R)' 창에 **레지스트리 편집기** 또는 **Regedit**를 입력한 후 Enter를 누름

- 레지스트리 백업 : 레지스트리 편집기에서 [파일] → [내보내기]를 선택한 후 내보내기할 파일 이름 지정

01. 다음 중 Windows 10의 레지스트리(Registry)에 관한 설명으로 옳지 않은 것은? 　22.상시, 21.상시, 14.1

① 작업 표시줄의 검색 상자에 'regedit'를 입력하여 레지스트리 편집기를 실행할 수 있다.
② 레지스트리 편집기를 사용하면 레지스트리 폴더 및 각 레지스트리 파일에 대한 설정을 볼 수 있다.
③ 레지스트리 편집기에서 [내보내기]를 이용하여 레지스트리를 백업할 수 있다.
④ 레지스트리의 정보는 수정할 수는 있으나 삭제는 할 수 없어 언제든지 레지스트리 복원이 가능하다.

> 레지스트리의 정보는 삭제가 가능하지만 시스템에 이상이 생길 수 있으므로 함부로 삭제하지 않는 것이 좋습니다.

02. 다음 중 Windows의 레지스트리에 관한 설명으로 옳지 않은 것은? 　22.상시, 21.상시, 09.3

① Windows의 자체 구성 정보를 저장하는 데이터베이스이다.
② Windows에 탑재된 레지스트리 편집기는 'regedit.exe'이다.
③ 레지스트리 정보는 Windows의 부팅 시에만 참조된다.
④ 레지스트리에는 각 사용자의 프로필과 시스템 하드웨어, 설치된 프로그램 및 속성 설정에 대한 정보가 들어 있다.

> 레지스트리 정보는 Windows가 작동하는 동안 지속적으로 참조됩니다.

24.상시, 23.상시, 22.상시, 21.상시

핵심 029 　네트워크 및 인터넷

- 현재 설정되어 있는 기본 네트워크 정보를 확인하거나 네트워크 설정 사항을 변경할 수 있는 다양한 기능을 제공한다.
- **실행** [■(시작)] → [◎(설정)] → [네트워크 및 인터넷] 클릭
- 상태

네트워크 상태	내 컴퓨터가 네트워크에 연결된 상태를 시각적으로 표시함
속성	• 네트워크 프로필 : 네트워크의 다른 컴퓨터에서 내 컴퓨터의 프린터 및 파일 등을 공유할 수 있도록 허용 여부를 설정함 • 데이터 통신 연결 : 데이터 사용량의 제한 여부를 설정함 • IP 설정 : IP를 자동(DHCP) 또는 수동으로 할당함 • 속성 : IPv6 주소, IPv4 주소, 물리적 주소(MAC) 등을 표시함
데이터 사용량	• 최근 30일 동안의 앱별 데이터 사용량 및 현재 연결되어 있는 네트워크를 표시함 • 데이터 제한 : Windows가 데이터 사용량을 제한할 수 있도록 제한 유형, 요금제 시작일, 데이터 제한 크기(MB, GB)를 설정함
사용 가능한 네트워크 표시	내 컴퓨터에서 사용 가능한 네트워크를 작업 표시줄 오른쪽의 알림 영역에 표시함
고급 네트워크 설정	• 어댑터 옵션 변경 : 네트워크 어댑터의 연결 설정을 변경할 수 있는 '제어판'의 '네트워크 연결' 창이 실행됨 • 네트워크 및 공유 센터 : 네트워크 정보를 확인하고 설정 사항을 변경할 수 있는 '네트워크 및 공유 센터' 창이 실행됨 • 네트워크 문제 해결사 : 네트워크 문제를 진단하고 해결할 수 있는 'Windows 네트워크 진단' 마법사가 실행됨
하드웨어 및 연결 속성 보기	네트워크 이름, 설명, 물리적 주소(MAC) 등의 네트워크 정보를 표시함
Windows 방화벽	방화벽을 설정하고 네트워크 및 인터넷 연결에 발생하는 상황을 확인하는 '방화벽 및 네트워크 보호' 창이 실행됨
네트워크 초기화	네트워크 어댑터를 제거한 후 다시 설치하고 네트워킹 구성 요소를 기본값으로 설정함

01. 다음 중 Windows 10의 [설정] → [네트워크 및 인터넷]에 대한 설명으로 옳지 않은 것은? 　23.상시, 22.상시, 21.상시

① 현재 네트워크 상태를 확인할 수 있다.
② 앱별 데이터 사용량을 확인할 수 있다.
③ 사용 가능한 네트워크를 표시할 수 있다.
④ Windows 자동 업데이트 사용을 설정할 수 있다.

> Windows의 자동 업데이트 사용은 [◎(설정)] → [업데이트 및 보안]에서 설정할 수 있습니다.

02. 다음 중 Windows 10의 [설정] → [네트워크 및 인터넷]에 대한 설명으로 옳지 않은 것은? 　24.상시, 21.상시

① 네트워크 문제를 진단하고 해결할 수 있다.
② 컴퓨터 이름과 작업 그룹의 이름을 변경할 수 있다.
③ 내 컴퓨터에서 사용 가능한 네트워크를 표시한다.
④ [어댑터 옵션 변경]을 통해 네트워크 어댑터의 연결 설정을 변경할 수 있다.

> 컴퓨터 이름과 작업 그룹의 이름은 [◎(설정)] → [시스템] → [정보]에서 〈고급 시스템 설정〉을 클릭 → '시스템 속성' 대화상자의 '컴퓨터 이름' 탭에서 변경할 수 있습니다.

핵심 030 TCP/IP의 구성 요소

- 인터넷 접속을 위해 반드시 지정해야 하는 구성 요소
  - IPv4 : IPv4 주소, 서브넷 마스크, 기본 게이트웨이, DNS 서버 주소
  - IPv6 : IPv6 주소, 서브넷 접두사 길이, 기본 게이트웨이, DNS 서버 주소
- TCP/IP 속성

IP 주소	인터넷에 연결된 호스트 컴퓨터의 유일한 주소로 네트워크 주소와 호스트 주소로 구성되어 있음
서브넷 접두사 길이	IPv6 주소의 네트워크 주소와 호스트 주소를 구별하기 위하여 IPv6 수신인에게 허용하는 서브넷 마스크 부분의 길이를 비트로 표현한 것
서브넷 마스크	IPv4 주소의 네트워크 주소와 호스트 주소를 구별하기 위하여 IPv4 수신인에게 허용하는 32비트 주소
게이트웨이	다른 네트워크와의 데이터 교환을 위한 출입구 역할을 하는 장치로, LAN에서 다른 네트워크에 데이터를 보내거나 받아들이는 역할을 하는 장치를 지정함
DNS 서버 주소	DNS 서버는 문자 형태로 된 도메인 네임을 숫자로 된 IP 주소로 변환해 주는 서버이며, DNS 서버 주소에는 이 서버가 있는 곳의 IP 주소를 지정함

[잠깐만요] DHCP 서버
컴퓨터에 IP 주소를 자동으로 할당해 주는 서버입니다.

01. 다음 중 한글 Windows 10에서 네트워크 연결 시 IP 설정이 자동으로 할당되지 않을 경우 직접 설정해야 하는 TCP/IP 속성에 해당하지 않는 것은? 24.상시, 22.상시, 21.상시, 20.상시, 18.1, 13.1, …

① IP 주소 ② 기본 게이트웨이
③ 서브넷 마스크 ④ 라우터 주소

핵심 031 문제 해결

메모리 용량 문제 해결	• 불필요한 앱 종료 • '시작프로그램' 폴더 안의 불필요한 앱 삭제 • [(시작)] → [(설정)] → [앱] → [시작 프로그램]이나 '작업 관리자' 대화상자의 '시작프로그램' 탭에서 불필요한 앱의 실행 해제 • 작업량에 비해 메모리가 적을 경우는 메모리(RAM)를 추가·설치함 • [(시작)] → [(설정)] → [시스템] → [정보] → [고급 시스템 설정] 클릭 → '시스템 속성' 대화상자의 '고급' 탭에서 가상 메모리의 크기를 적절히 설정함
하드디스크 용량 문제 해결	• 불필요한 파일은 백업한 다음 하드디스크에서 삭제함 • 사용하지 않는 응용 앱 삭제 • 사용하지 않는 Windows 기능 제거 • 휴지통에 있는 파일 삭제 • [디스크 정리]를 수행하여 불필요한 파일 삭제
비정상적인 부팅 문제 해결	• 안전 모드로 부팅하여 문제를 해결한 후 정상 모드로 재부팅함 • 시스템 복구 드라이브를 만들어 둔 경우 시스템 복구 드라이브를 이용해 시스템 복구를 수행함 • '시스템 복원' 기능을 이용하여 컴퓨터가 정상적으로 부팅되던 시점으로 복원함

01. 다음 중 한글 Windows 10에서 주기억장치의 메모리 용량 부족에 관한 문제 해결 방법으로 옳지 않은 것은? 22.상시, 09.2

① '시작프로그램' 폴더 안의 불필요한 앱을 삭제한다.
② 불필요한 앱을 종료한다.
③ [시스템 속성] 대화상자에 있는 [고급] 탭에서 가상 메모리 크기를 조절한다.
④ [휴지통]이나 하드디스크의 임시 기억 장소에 저장된 불필요한 파일을 삭제한다.

④번은 하드디스크의 용량이 부족할 경우의 해결 방법입니다.

02. 다음 중 한글 Windows 10에서 하드디스크의 용량 부족 문제가 발생하였을 때의 해결 방법으로 적절하지 않은 것은? 22.상시, 21.상시

① [휴지통 비우기]를 수행한다.
② [디스크 정리]를 통해 임시 파일들을 삭제한다.
③ 사용하지 않는 앱을 삭제한다.
④ 드라이브 조각 모음 및 최적화를 수행한다.

'드라이브 조각 모음 및 최적화'는 드라이브의 접근 속도를 향상시키기 위해 드라이브를 최적화하는 기능으로, 하드디스크의 용량 증가와는 관계가 없습니다.

핵심 032 시스템 복구를 해야 하는 경우

- 새 장치를 설치한 후 시스템이 불안정 할 때
- 로그온 화면이 나타나지 않으며, 운영체제를 시작할 수 없을 때
- 누락되거나 손상된 데이터 파일을 이전 버전으로 되돌릴 때

01. 다음 중 시스템 복구를 해야 하는 시기로 가장 적절하지 않은 것은? 23.상시, 22.상시, 21.상시, 19.2, 13.3

① 새 장치를 설치한 후 시스템이 불안정 할 때
② 로그온 화면이 나타나지 않으며, 운영체제를 시작할 수 없을 때
③ 누락되거나 손상된 데이터 파일을 이전 버전으로 되돌리고자 할 때
④ 파일의 단편화를 개선하여 디스크의 접근 속도를 향상 시키고자 할 때

④번의 경우 '드라이브 조각 모음 및 최적화'를 수행하여 해결할 수 있습니다.

핵심 033 | 컴퓨터의 분류

처리 능력	• 얼마나 많은 데이터를 얼마나 빠르게 처리할 수 있느냐를 기준으로 분류함 • 종류 : 슈퍼 컴퓨터, 메인 프레임, 미니 컴퓨터, 마이크로 컴퓨터 등
데이터 취급	• 컴퓨터에서 처리하는 데이터의 형태인 디지털형, 아나로그형, 혼합형을 기준으로 분류함 • 종류 : 디지털 컴퓨터, 아날로그 컴퓨터, 하이브리드 컴퓨터
사용 용도	• 컴퓨터를 어떠한 목적으로 사용하느냐를 기준으로 분류함 • 종류 : 범용 컴퓨터, 전용 컴퓨터

잠깐만요 범용/전용 컴퓨터
• 범용 컴퓨터 : 여러 분야에서 다양한 용도로 사용하기 위해 제작된 컴퓨터로, 디지털 컴퓨터가 여기에 해당됨
• 전용 컴퓨터 : 특수한 목적에만 사용하기 위해 제작된 컴퓨터로, 아날로그 컴퓨터가 여기에 해당됨

01. 다음 중 컴퓨터의 분류에 대한 설명으로 옳지 않은 것은?
23.상시

① 컴퓨터는 처리 능력에 따른 분류, 데이터 취급에 따른 분류, 사용 용도에 따른 분류로 나눌 수 있다.
② 하이브리드 컴퓨터는 디지털 컴퓨터와 아날로그 컴퓨터의 장점을 혼합하여 만든 컴퓨터이다.
③ 컴퓨터를 데이터 취급 형태에 따라 미니 컴퓨터, 마이크로 컴퓨터, 슈퍼 컴퓨터 등으로 구분할 수 있다.
④ 컴퓨터를 어떠한 목적으로 사용하느냐에 따라 범용 컴퓨터와 전용 컴퓨터로 분류할 수 있다.

컴퓨터는 데이터 취급에 따라 디지털 컴퓨터, 아날로그 컴퓨터, 하이브리드 컴퓨터로 구분할 수 있습니다. 미니 컴퓨터, 마이크로 컴퓨터, 슈퍼 컴퓨터 등은 처리 능력에 따른 분류에 해당합니다.

02. 다음 중 아날로그 신호와 디지털 신호에 대한 설명으로 잘못된 것은?
23.상시, 11.3, 08.4, 07.4, 07.3, 05.2, 03.1

① 범용 컴퓨터는 아날로그 신호를 취급하기 때문에 정밀도가 제한적이다.
② 아날로그 신호는 시간에 따라 크기가 연속적으로 변하는 정보를 말한다.
③ 디지털 신호는 시간에 따라 이산적으로 변하는 정보를 말한다.
④ 디지털화된 신호는 복호화(Decode) 과정을 통해 원래의 아날로그 신호로 변환된다.

범용 컴퓨터는 여러 분야에서 다양한 용도로 사용되는 디지털 컴퓨터를 말합니다. 아날로그 신호를 취급하기 때문에 정밀도가 제한적인 것은 아날로그 컴퓨터입니다.

핵심 034 | 컴퓨터의 분류 - 데이터 취급

디지털 컴퓨터와 아날로그 컴퓨터의 비교

항목	디지털 컴퓨터	아날로그 컴퓨터
입력 형태	숫자, 문자	전류, 전압, 온도
출력 형태	숫자, 문자	곡선, 그래프
연산 형식	산술·논리 연산	미·적분 연산
연산 속도	느림	빠름
구성 회로	논리 회로	증폭 회로
프로그래밍	필요함	중요하지 않음
정밀도	필요한 한도까지	제한적임
기억 기능	있음	없음
적용성	범용	특수 목적용

• 디지털 데이터 : 시간에 따라 이산적(비연속적)으로 변하는 정보로, 결과를 숫자나 문자를 조합하여 표시
• 아날로그 데이터 : 시간에 따라 크기가 연속적으로 변하는 정보로, 결과를 곡선이나 그래프로 표시
• 디지털 데이터는 복호화(Decoding) 과정을 통해 아날로그 데이터로, 아날로그 데이터는 부호화(Encoding) 과정을 통해 디지털 데이터로 변환할 수 있다.

하이브리드 컴퓨터

디지털 컴퓨터와 아날로그 컴퓨터의 장점을 혼합하여 만든 컴퓨터이다.

01. 다음 중 아날로그 컴퓨터와 비교하여 디지털 컴퓨터에 대한 설명으로 옳지 않은 것은?
25.상시, 24.상시, 23.상시

① 이산적인 데이터를 처리한다.
② 논리 회로를 사용한다.
③ 연산 속도가 빠르다.
④ 문자와 숫자를 사용하여 처리한다.

디지털 컴퓨터는 아날로그 컴퓨터에 비해 연산 속도가 느립니다.

02. 다음 중 아날로그 컴퓨터와 비교하여 디지털 컴퓨터의 특징으로 옳지 않은 것은?
22.상시, 21.상시, 17.1

① 데이터의 각 자리마다 0 혹은 1의 비트로 표현한 이산적인 데이터를 처리한다.
② 데이터 처리를 위한 명령어들로 구성된 프로그램에 의해 동작된다.
③ 온도, 전압, 진동 등과 같이 연속적으로 변하는 데이터를 효율적으로 처리할 수 있다.
④ 산술 및 논리 연산을 처리하는 회로에 기반을 둔 범용 컴퓨터로 사용된다.

③번의 내용은 아날로그 컴퓨터의 특징입니다.

핵심 035 자료 구성의 단위

- 비트(Bit) : 자료(정보) 표현의 최소 단위로, 2가지 상태를 표시하는 2진수 1자리
- 니블(Nibble) : 4개의 비트가 모여 1개의 니블을 구성함
- 바이트(Byte) : 문자를 표현하는 최소 단위로, 8개의 비트가 모여 1Byte를 구성
- 워드(Word) : CPU가 한 번에 처리할 수 있는 명령 단위로, 하프워드(2Byte), 풀워드(4Byte), 더블워드(8Byte)로 분류
- 필드(Field) : 파일 구성의 최소 단위로, 의미 있는 정보를 표현하는 최소 단위
- 레코드(Record) : 하나 이상의 관련된 필드가 모여서 구성되며, 컴퓨터 내부의 자료 처리 단위됨
- 파일(File) : 프로그램 구성의 기본 단위로, 여러 레코드가 모여서 구성됨
- 데이터베이스(Database) : 여러 개의 관련된 파일의 집합

01. 다음 중 니블(Nibble)에 대한 설명으로 옳은 것은?

① 자료 표현의 최소 단위이다.
② 1바이트를 반으로 나눈 4비트로 구성된 단위이다.
③ 문자를 표현하는 최소 단위이다.
④ CPU가 한 번에 처리할 수 있는 명령 단위이다.

①번은 비트(Bit), ③번은 바이트(Byte), ④번은 워드(Word)에 대한 설명입니다.

02. 다음 중 자료 구성 단위에 대한 설명으로 옳지 않은 것은?

① 워드(Word)는 문자를 표현하는 최소 단위이다.
② 니블(Nibble)은 4개의 비트(Bit)가 모여 1개의 니블을 구성한다.
③ 레코드(Record)는 하나 이상의 관련된 필드가 모여서 구성되는 자료 처리 단위이다.
④ 필드(Field)는 파일 구성의 최소 단위이며, 여러 개의 필드가 모여 레코드(Record)가 된다.

워드(Word)는 CPU가 한 번에 처리할 수 있는 명령 단위입니다. 문자를 표현하는 최소 단위는 바이트(Byte)입니다.

핵심 036 자료의 표현 방식 – 숫자

10진 연산	• 언팩(Unpack) 연산 : 1Byte로 10진수 1자리를 표현함 • 팩(Pack) 연산 : 1Byte로 10진수 2자리를 표현함
2진 연산	• 2진 정수 데이터의 표현에 사용됨 • 표현할 수 있는 범위가 작지만 연산 속도가 빠름
부동 소수점 연산	• 실수 데이터 표현과 연산에 사용됨 • 숫자를 부호(1Bit), 지수부(7Bit), 가수부(소수부)로 나누어 표현함 • 고정 소수점 연산에 비해 실행 시간이 많이 걸리나 매우 큰 수나 매우 작은 수를 표현하는 데 적합함

01. 다음 중 컴퓨터에서 사용하는 자료의 표현에 관한 설명으로 옳지 않은 것은?

① 실수형 데이터는 정해진 크기에 부호(1bit)와 가수부(7bit)로 구분하여 표현한다.
② 2진 정수 데이터는 실수 데이터 보다 표현할 수 있는 범위가 작으며 연산 속도는 빠르다.
③ 숫자 데이터 표현 중 10진 연산을 위하여 "팩(Pack)과 언팩(Unpack)" 표현 방식이 사용된다.
④ 컴퓨터에서 뺄셈을 수행하기 위해서는 보수와 덧셈 연산을 이용한다.

실수형 데이터는 정해진 크기에 부호(1비트), 지수부(7비트), 가수부(소수부)로 구분하여 표현합니다.

핵심 037 자료의 표현 방식 – 문자

BCD 코드 (2진화 10진)	• 하나의 문자를 2개의 Zone 비트와 4개의 Digit 비트로 표현 • 2^6 = 64가지의 문자를 표현할 수 있음 • 영문 소문자를 표현하지 못함
ASCII 코드 (미국 표준)	• 하나의 문자를 3개의 Zone 비트와 4개의 Digit 비트로 표현 • 2^7 = 128가지의 문자를 표현할 수 있음 • 데이터 통신용으로 사용함 • 확장 ASCII는 8비트를 사용하여 2^8 = 256 가지의 문자를 표현함
EBCDIC 코드 (확장 2진화 10진)	• BCD 코드를 확장한 것으로 하나의 문자를 4개의 Zone 비트와 4개의 Digit 비트로 표현함 • 2^8 = 256가지의 문자를 표현할 수 있음 • 대형 컴퓨터에서 사용함
유니코드(Unicode)	• 전 세계의 모든 문자를 2바이트로 표현할 수 있는 국제 표준 코드로, 정보 처리/정보 교환용으로 사용함 • KS X 1001 완성형 코드에 조합형 코드를 반영하여 개발되었음 • 데이터의 교환을 원활하게 하기 위하여 문자 1개에 부여되는 값을 2바이트(16비트)로 통일함 • 최대 65,536자의 글자를 코드화할 수 있음 • 한글은 조합형, 완성형, 옛글자 모두를 표현할 수 있음

01. 다음 중 컴퓨터에서 문자를 표현하는 코드 체계에 대한 설명으로 옳지 않은 것은? 23.상시, 21.상시, 20.상시, 16.3, 16.2, 16.1, 12.1, 06.2, 06.1

① BCD 코드 : 64가지의 문자를 표현할 수 있으나 영문 소문자는 표현 불가능하다.
② Unicode : 세계 각국의 언어를 4바이트 체계로 통일한 국제 표준 코드이다.
③ ASCII 코드 : 128가지의 문자를 표현할 수 있으며, 주로 데이터 통신용이나 PC에서 많이 사용된다.
④ EBCDIC 코드 : BCD 코드를 확장한 코드체계로 256가지의 문자를 표현할 수 있다.

> 유니코드(Unicode)는 세계 각 국의 언어를 4바이트가 아니라 2바이트 체계로 통일한 국제 표준 코드입니다.

02. 다음 중 컴퓨터에서 사용하는 ASCII 코드에 관한 설명으로 옳지 않은 것은? 24.상시, 23.상시, 22.상시, 21.상시, 19.2

① 데이터 처리 및 통신 시스템 상호 간의 정보 교환을 위해 사용된다.
② 각 나라별 언어를 표현할 수 있다.
③ 각 문자를 7비트로 표현하며, 총 128개의 문자 표현이 가능하다.
④ 확장 ASCII 코드는 8비트를 사용한다.

> 각 나라별 언어를 표현할 수 있는 자료 표현 방식은 유니코드(Unicode)입니다.

01. 다음 중 CPU의 제어장치를 구성하는 레지스터에 관한 설명으로 옳지 않은 것은? 23.상시, 22.상시, 20.1, 13.3, 11.1, 05.3

① 프로그램 카운터 : 프로그램의 실행된 명령어의 개수를 계산한다.
② 명령 레지스터 : 현재 실행 중인 명령을 기억한다.
③ 부호기 : 해독된 명령에 따라 각 장치로 보낼 제어 신호를 생성한다.
④ 메모리 주소 레지스터 : 기억장치에 입출력되는 데이터의 번지를 기억한다.

> 프로그램 카운터는 다음에 실행할 명령어의 번지를 기억하는 레지스터입니다.

25.상시, 22.상시, 21.상시, 20.상시, 18.상시, 18.2, 13.1, 12.1   1203603

핵심 039 연산장치(ALU; Arithmetic & Logic Unit)

제어장치의 명령에 따라 실제로 연산을 수행하는 장치이다.

가산기(Adder)	2진수의 덧셈을 수행하는 회로
보수기(Complementor)	뺄셈을 위해 입력된 값을 보수로 변환하는 회로
누산기(Accumulator)	연산 결과를 일시적으로 저장하는 레지스터
데이터 레지스터	연산에 사용될 데이터를 기억하는 레지스터
상태 레지스터	연산중에 발생하는 여러 가지 상태값을 기억하는 레지스터
인덱스 레지스터	주소 변경을 위해 사용되는 레지스터

24.상시, 23.상시, 22.상시, 20.2, 20.1, 17.1, 13.3, 11.1, 05.3   1203602

핵심 038 제어장치(Control Unit)

컴퓨터에 있는 모든 장치들의 동작을 지시하고 제어하는 장치이다.

프로그램 카운터(PC)	다음 번에 실행할 명령어의 번지를 기억하는 레지스터
명령 레지스터(IR)	현재 실행중인 명령의 내용을 기억하는 레지스터
명령 해독기(Decoder)	명령 레지스터에 있는 명령어를 해독하는 회로
부호기(Encoder)	해독된 명령에 따라 각 장치로 보낼 제어 신호를 생성하는 회로
메모리 주소 레지스터 (MAR)	기억장치를 출입하는 데이터의 번지를 기억하는 레지스터
메모리 버퍼 레지스터 (MBR)	기억장치를 출입하는 데이터가 잠시 기억되는 레지스터

01. 다음 중 컴퓨터의 연산장치에 있는 레지스터에 관한 설명으로 옳지 않은 것은? 25.상시, 21.상시, 18.2

① 2진수 덧셈을 수행하는 가산기(Adder)가 있다.
② 뺄셈을 수행하기 위해 입력된 값을 보수로 변환하는 보수기(Complementor)가 있다.
③ 연산 결과를 일시적으로 저장하는 누산기(Accumulator)가 있다.
④ 연산에 사용될 데이터를 기억하는 상태 레지스터(Status Register)가 있다.

> 상태 레지스터(Status Register)는 연산중에 발생하는 여러 가지 상태값을 기억하는 레지스터입니다. 연산에 사용될 데이터를 기억하는 레지스터는 데이터 레지스터(Data Register)입니다.

핵심 040 레지스터(Register)

- CPU 내부에서 처리할 명령어나 연산의 중간 결과값 등을 일시적으로 기억하는 임시 기억장소이다.
- 레지스터는 플립플롭(Flip-Flop)이나 래치(Latch)들을 연결한다.
- 레지스터는 메모리 중에서 가장 속도가 빠르다.
- 레지스터의 크기는 컴퓨터가 한 번에 처리할 수 있는 데이터의 크기를 의미한다.

01. 다음 중 컴퓨터의 구성과 관련하여 레지스터(Register)에 관한 설명으로 옳지 않은 것은?

① 메모리 중에서 액세스 속도가 가장 빠르다.
② 일반적으로 플립플롭(Flip-Flop)이나 래치(Latch) 등을 연결하여 구성된다.
③ CPU 내부에서 처리할 명령어나 연산의 중간 값 등을 일시적으로 저장하는 기억장치이다.
④ 레지스터에 저장된 내용을 펌웨어라고 한다.

> 레지스터에 저장된 내용을 별도로 부르는 용어는 없습니다. 펌웨어는 롬(ROM)에 저장된 마이크로 프로그램을 말합니다.

핵심 041 ROM(Read Only Memory)

- 기억된 내용을 읽을 수만 있는 기억장치로서 일반적으로 쓰기는 불가능하다.
- 전원이 꺼져도 기억된 내용이 지워지지 않는 비휘발성 메모리이다.
- ROM에는 주로 기본 입·출력 시스템(BIOS), 글자 폰트, 자가진단 프로그램(POST) 등이 저장되어 있다.

01. 다음 중 컴퓨터의 내부 기억장치에 관한 설명으로 옳은 것은?

① 주기억장치의 접근 속도 개선을 위하여 가상 메모리가 사용된다.
② SRAM이 DRAM 보다 접근 속도가 느리다.
③ ROM에는 BIOS, 기본 글꼴, POST 시스템 등이 저장되어 있다.
④ RAM은 일시적으로 전원 공급이 없더라도 내용은 계속 기억된다.

> ① 주기억장치의 접근 속도 개선을 위하여 사용되는 메모리는 캐시 메모리입니다. 가상 메모리는 보조기억장치의 일부를 주기억장치처럼 사용하는 메모리입니다.
> ② SRAM이 DRAM 보다 접근 속도가 빠릅니다.
> ④ RAM은 전원이 꺼지면 기억된 내용이 모두 사라지는 휘발성 메모리입니다.

핵심 042 RAM(Random Access Memory)

- 자유롭게 읽고 쓸 수 있는 기억장치이다.
- RAM에는 현재 사용중인 프로그램이나 데이터가 저장되어 있다.
- 전원이 꺼지면 기억된 내용이 모두 사라지는 휘발성 메모리이다.
- 일반적으로 '주기억장치'라고 하면 '램(RAM)'을 의미한다.
- DRAM과 SRAM의 비교

구분	동적 램(DRAM)	정적 램(SRAM)
구성 소자	콘덴서	플립플롭
재충전 여부	필요함	필요하지 않음
전력 소모	적음	많음
접근 속도	느림	빠름
집적도(밀도)	높음	낮음
가격	저가	고가
용도	주기억장치	캐시 메모리

01. 다음 중 RAM(Random Access Memory)에 대한 설명으로 옳은 것은?

① 주로 펌웨어(Firmware)를 저장한다.
② 주기적으로 재충전(Refresh)이 필요한 DRAM은 주기억장치로 사용된다.
③ 전원이 꺼져도 기억된 내용이 사라지지 않는 비휘발성 메모리로 읽기만 가능하다.
④ 컴퓨터의 기본적인 입출력 프로그램, 자가진단 프로그램 등이 저장되어 있어 부팅 시 실행된다.

> ①, ③, ④번은 ROM(Read Only Memory)에 대한 설명입니다.

핵심 043 기타 메모리

- 캐시 메모리(Cache Memory)
  - CPU와 주기억장치 사이에서 컴퓨터의 처리 속도를 향상시키는 역할을 한다.
  - 캐시 메모리로는 접근 속도가 빠른 정적 램(SRAM)을 사용하며 용량이 주기억장치보다 작게 구성된다.
  - 캐시 메모리의 적중률(Hit Ratio)이 높을수록 시스템의 전체적인 속도가 향상된다.
- 가상 메모리(Virtual Memory) : 보조기억장치(하드디스크)의 일부를 주기억장치처럼 사용하는 메모리 기법으로, 주기억장치보다 큰 프로그램을 불러와 실행해야 할 때 유용하게 사용됨
- 버퍼 메모리(Buffer Memory) : 두 장치 간에 데이터를 주고받을 때 속도 차이를 해결하기 위한 임시 저장 공간임

- 연관 메모리(Associative Memory) : 기억장치에 저장된 정보에 접근할 때 주소 대신 기억된 내용의 일부를 이용하여 접근하는 장치로, 정보 검색이 신속함
- 플래시 메모리(Flash Memory) : EEPROM의 일종으로, 개인용 정보 단말기, 스마트폰, 디지털 카메라 등에 사용함

01. 다음 중 컴퓨터에서 사용하는 기억장치에 관한 설명으로 옳지 않은 것은? _{24.상시, 23.상시, 21.상시, 20.2, 16.2}

① 플래시(Flash) 메모리는 비휘발성 기억장치로 주로 디지털 카메라나 MP3, 개인용 정보 단말기, USB 드라이브 등 휴대용 기기에서 대용량 정보를 저장하는 용도로 사용된다.
② 하드디스크 인터페이스 방식은 EIDE, SATA, SCSI 방식 등이 있다.
③ 캐시(Cache) 메모리는 CPU와 주기억장치 사이에 위치하여 두 장치간의 속도 차이를 줄여 컴퓨터의 처리 속도를 빠르게 하기 위한 메모리이다.
④ 연관(Associative) 메모리는 보조기억장치를 마치 주기억장치와 같이 사용하여 실제 주기억장치 용량보다 기억용량을 확대하여 사용하는 방법이다.

> 연관 메모리는 기억장치에 저장된 정보에 접근할 때 주소 대신 기억된 내용의 일부를 이용하여 접근하는 기억장치입니다. ④번은 가상 메모리(Virtual Memory)에 대한 설명입니다.

02. 다음 중 컴퓨터 시스템에서 사용하는 가상 기억장치(Virtual Memory)에 대한 설명으로 옳지 않은 것은? _{25.상시, 24.상시, 23.상시, …}

① 보조기억장치 같은 큰 용량의 기억장치를 주기억장치처럼 사용하는 개념이다.
② 주기억장치의 용량보다 큰 프로그램의 실행을 가능하게 한다.
③ 주소 매핑(mapping)이라는 작업이 필요하다.
④ 주기억장치의 접근 시간을 최소화하여 시스템의 처리 속도가 빨라진다.

> ④번은 캐시 메모리(Cache Memory)에 대한 설명입니다.

_{23.상시, 22.상시, 21.상시, 20.1, 19.2, 16.3, 15.3, 14.2}

핵심 044 SSD(Solid State Drive)

- 하드디스크 드라이브(HDD)와 비슷하게 동작하면서 HDD와는 달리 기계적 장치가 없는 반도체를 이용하여 정보를 저장한다.
- 고속으로 데이터를 입·출력 할 수 있고, 기계적인 지연이나 실패율이 거의 없다.
- 디스크가 아닌 메모리에 데이터를 기록하므로 배드 섹터가 발생하지 않는다.
- 발열·소음과 전력 소모가 적다.
- 소형화·경량화 할 수 있다.
- 하드디스크에 비해 외부 충격에 강하나 저장 용량당 가격은 더 비싸다.

01. 다음 중 HDD와 비교할 때 SSD에 대한 특징으로 옳지 않은 것은? _{22.상시, 21.상시, 20.1, 16.3, 15.3}

① 초고속 메모리 칩(chip)에 데이터를 저장한다.
② 속도가 빠르나 외부의 충격에는 매우 약하다.
③ 발열, 소음, 전력 소모가 적다.
④ 소형화, 경량화 할 수 있다는 장점이 있다.

> SSD는 HDD에 비해 속도가 빠르고 외부의 충격에 강합니다.

_{25.상시, 24.상시}

핵심 045 입력장치

- 광학 마크 판독기(OMR) : 컴퓨터용 수성 사인펜으로 표시(Mark)한 OMR 카드에 빛(Optical)을 비추어 표시 여부를 판독(Reader)하는 장치
- 광학 문자 판독기(OCR) : 특정 글꼴로 인쇄된 문자(Character)에 빛(Optical)을 비추어 반사된 빛의 차이를 이용하여 문자를 판독(Reader)하는 장치
- 자기 잉크 문자 판독기(MICR) : 자성을 띤 특수 잉크(Magnetic Ink)로 인쇄된 문자(Character)나 기호를 판독(Reader)하는 장치
- 바코드 판독기(BCR) : 굵기가 서로 다른 선(Bar Code)에 빛을 비추어 반사된 값을 코드화하여 판독(Reader)하는 장치

> **잠깐만요** 키오스크(KIOSK)
> - 터치 스크린, 사운드 시스템, 통신 카드 등 멀티미디어 기기를 활용하여 음성·동영상 등으로 이용자에게 효율적인 정보를 제공하는 무인 종합정보안내 시스템입니다.
> - 버스 터미널 등 공공장소에 설치되어 시설물의 이용 방법 등을 알려줍니다.

01. 다음 중 입력장치에 대한 설명으로 옳은 것은? _{25.상시, 24.상시}

① OMR – 특정 글꼴로 인쇄된 문자에 빛을 비추어 반사된 빛의 차이를 이용하여 문자를 판독하는 장치이다.
② OCR – 굵기가 서로 다른 선에 빛을 비추어 반사된 값을 코드화하여 판독하는 장치이다.
③ BCR – 컴퓨터용 수성 사인펜으로 표시한 카드에 빛을 비추어 표시 여부를 판독하는 장치이다.
④ MICR – 자성을 띤 특수 잉크로 인쇄된 문자나 기호를 판독하는 장치이다.

> ① OMR : 컴퓨터용 수성 사인펜으로 표시한 OMR 카드에 빛을 비추어 표시 여부를 판독하는 장치
> ② OCR : 특정 글꼴로 인쇄된 문자에 빛을 비추어 반사된 빛의 차이를 이용하여 문자를 판독하는 장치
> ③ BCR : 굵기가 서로 다른 선에 빛을 비추어 반사된 값을 코드화하여 판독하는 장치

핵심 046 OLED(Organic Light Emitting Diodes)

- 전류가 흐르면 스스로 빛을 내는 자체 발광형 유기물질을 이용하여 화면을 표시한다.
- 백라이트(Back Light)를 사용하지 않는다.
- 저전력이 사용되고 색재현율이 뛰어나다.
- 구분 방식에 따라 수동형 구동 방식과 능동형 구동 방식으로 구분한다.

01. 다음 중 OLED(Organic Light Emitting Diodes)에 대한 설명으로 옳지 않은 것은?

① 전류가 흐르면 스스로 빛을 내는 자체 발광형 유기물질을 이용하여 화면을 표시한다.
② 고전력이 사용되나 색재현율이 뛰어나다.
③ OLED는 백라이트를 사용하지 않는다.
④ 구분 방식에 따라 수동형 구동 방식과 능동형 구동 방식으로 구분한다.

> OLED는 전력이 적게 사용됩니다.

핵심 047 3D 프린터

- 3차원의 입체적인 물품을 만드는 프린터이다.
- 인쇄 원리는 잉크를 종이 표면에 분사하여 2D 이미지를 인쇄하는 잉크젯 프린터와 같다.
- 인쇄 방식은 레이어로 쌓아 입체 형상을 만드는 적층형과 큰 덩어리를 조각하듯이 깎아서 만드는 절삭형이 있다.
- 의료, 기계, 건축, 예술, 우주 등 많은 분야에서 활용되고 있다.
- 출력 속도 단위는 MMS(MilliMeters per Second)이다.

01. 다음 중 3D 프린터에 관한 설명으로 옳지 않은 것은?

① 입력한 도면을 바탕으로 3차원 입체 물품을 만들어 내는 프린터이다.
② 인쇄 원리는 잉크를 종이 표면에 분사하여 2D 이미지를 인쇄하는 잉크젯 프린터의 원리와 같다.
③ 출력 단위로는 IPM, PPM 등이 사용된다.
④ 기계, 건축, 예술, 우주 등 많은 분야에서 응용되고 있으며, 의료 분야에서도 활발히 활용되고 있다.

> 3D 프린터의 출력 단위는 MMS입니다. IPM, PPM은 잉크젯 및 레이저 프린터의 출력 단위입니다.

핵심 048 프린터 관련 단위

- CPS(Character Per Second) : 1초에 출력되는 글자 수, 도트 매트릭스 및 시리얼 프린터의 속도 단위
- LPM(Line Per Minute) : 1분에 출력되는 줄(Line) 수, 라인 프린터의 속도 단위
- PPM(Page Per Minute) : 1분에 출력되는 페이지 수, 잉크젯 및 레이저 프린터의 속도 단위
- MMS(MilliMeters per Second) : 1초에 이동하는 노즐의 거리, 3D 프린터의 속도 단위
- DPI(Dot Per Inch) : 1인치에 출력되는 점(Dot)의 수, 출력물의 인쇄 품질(해상도)을 나타내는 단위

01. 다음 중 프린터에서 출력할 파일의 해상도를 조절하거나 스캐너를 이용해 스캔한 파일의 해상도를 조절하기 위해 쓰는 단위는?

① CPS(Character Per Second)
② BPS(Bits Per Second)
③ PPM(Paper Per Minute)
④ DPI(Dots Per Inch)

핵심 049 인터럽트(Interrupt)

- 프로그램 실행 도중 예기치 않은 상황이 발생할 경우 현재 작업을 일시 중단하고 발생된 상황을 우선 처리한 후 실행중인 작업으로 복귀하여 계속 처리하는 것이다.
- 인터럽트가 발생했을 때 인터럽트를 요청한 장치를 식별하기 위해 실행하는 프로그램을 인터럽트 처리 루틴이라 하고, 실질적으로 인터럽트를 처리하기 위해 실행하는 프로그램을 인터럽트 서비스 루틴이라 한다.

외부 인터럽트	다음과 같이 입·출력장치, 타이밍 장치, 전원 등의 외부적인 요인에 의해 발생함 • 정전이 되거나 전원 이상이 있는 경우 • 입·출력장치가 데이터의 전송을 요구하거나 전송이 끝났음을 알릴 경우 • CPU의 기능적인 오류 동작이 발생한 경우 • 타이머에 의해 규정된 시간(Time Slice)을 알리는 경우
내부 인터럽트	다음과 같이 잘못된 명령이나 데이터를 사용할 때 발생함 • 명령 처리 중 오버플로(Overflow) 또는 언더플로(Underflow)가 발생했을 경우 • 0으로 나누는 명령(Divide by Zero)이 수행될 경우
소프트웨어 인터럽트	• 프로그램 처리중 명령의 요청에 의해 발생함 • 운영체제의 감시 프로그램을 호출하는 SVC 인터럽트가 대표적임

01. 다음 중 컴퓨터에서 정상적인 프로그램을 처리하고 있는 도중에 특수한 상태가 발생했을 때 현재 실행하고 있는 프로그램을 일시 중단하고, 그 특수한 상태를 처리한 후 다시 원래의 프로그램을 처리하는 과정을 무엇이라 하는가?

① 채널(Channel)
② 인터럽트(Interrupt)
③ 데드락(Deadlock)
④ 스풀(Spool)

24.상시, 22.상시, 21.상시, 20.상시, 19.1, 17.2, 12.2, 11.3, 11.2, 09.1, 08.1, …

핵심 050 채널(Channel)

- 주변장치에 대한 제어 권한을 CPU(중앙처리장치)로부터 넘겨받아 CPU 대신 입·출력을 관리한다.
- 채널은 중앙처리장치와 입·출력장치 사이의 속도 차이로 인한 문제점을 해결하기 위해 사용된다.
- 채널은 입·출력만을 목적으로 만든 처리기로, IOP(Input Output Processor)라고도 불린다.
- 채널은 입·출력 작업이 끝나면 CPU에게 인터럽트 신호를 보낸다.
- 채널의 종류

셀렉터(Selector) 채널	고속의 입·출력장치를 제어하는 채널
멀티플렉서(Multiplexer) 채널	저속의 입·출력장치를 제어하는 채널
블록 멀티플렉서 (Block Multiplexer) 채널	셀렉터와 멀티플렉서 채널의 기능이 혼합된 채널

01. 다음 중 컴퓨터에서 중앙처리장치와 입출력장치 사이의 속도 차이로 인한 문제점을 해결해 주는 것은? 24.상시, 22.상시, 21.상시, …

① 범용 레지스터 ② 콘솔
③ 인터럽트 ④ 채널

25.상시, 24.상시, 23.상시, 18.2, 16.3, 14.2, 09.2, 08.3, 08.1, 07.2, …

핵심 051 마이크로프로세서(Microprocessor)

- 제어장치, 연산장치, 레지스터가 한 개의 반도체 칩(IC)에 내장된 프로세서로, 개인용 컴퓨터(PC)에서 중앙처리장치로 사용되고 있다.
- 마이크로프로세서는 클럭 주파수와 내부 버스의 폭(Bandwidth)으로 수로 성능을 평가한다.
- 마이크로프로세서의 기본적인 처리 속도는 트랜지스터의 집적도에 따라 결정된다.
- 마이크로프로세서는 작은 규모의 임베디드 시스템이나 휴대용 기기에서부터 메인 프레임이나 슈퍼 컴퓨터까지 사용된다.
- 마이크로프로세서는 설계 방식에 따라 RISC와 CISC로 구분된다.
- RISC와 CISC의 차이점

구분	RISC	CISC
명령어	적음	많음
명령 방식	하드웨어적	소프트웨어적
주소 지정	간단	복잡
레지스터	많음	적음
전력 소모	적음	많음
처리 속도	빠름	느림
가격	저가	고가
프로그래밍	복잡함	간단함
용도	서버, 워크스테이션	개인용 컴퓨터(PC)

01. 다음 중 CISC와 RISC에 대한 설명으로 옳은 것은? 25.상시, 24.상시

① RISC는 명령어의 종류가 많아 복잡한 회로를 이용한다.
② RISC는 명령어 집합이 복잡하고, 가변 길이의 다양한 명령어를 가진다.
③ CISC는 생산가가 비싸고 전력 소모가 많아 열이 많이 발생한다.
④ CISC는 RISC 프로세서 보다 수행 속도가 빠르다.

①, ②번은 CISC에 대한 설명입니다.
④ CISC는 RISC 프로세서 보다 수행 속도가 느립니다.

25.상시, 24.상시, 22.상시, 21.상시, 18.1

핵심 052 버스(Bus)

- 컴퓨터에서 데이터를 주고받는 통로로, 사용 용도에 따라 내부 버스, 외부 버스, 확장 버스로 구분한다.
- 내부 버스 : CPU 내부에서 레지스터 간의 데이터 전송에 사용되는 통로
- 외부 버스(시스템 버스) : CPU와 주변장치 간의 데이터 전송에 사용되는 통로

제어 버스	제어장치의 제어 신호가 각 장치로 전달되는 통로로, 양방향임
주소 버스	주기억장치의 주소가 각 장치로 전달되는 통로로, 단방향임
데이터 버스	각 장치별로 필요한 데이터가 전달되는 통로로, 양방향임

- 확장 버스 : 메인보드에서 지원하는 기능 외에 다른 기능을 지원하는 장치를 연결하는 부분으로, 끼울 수 있는 슬롯 형태이기 때문에 확장 슬롯이라고도 함

01. 다음 중 컴퓨터 메인보드의 버스(Bus)에 관한 설명으로 옳지 않은 것은? 24.상시, 22.상시, 21.상시, 18.1

① 컴퓨터에서 데이터를 주고받는 통로로 사용 용도에 따라 내부 버스, 외부 버스, 확장 버스로 구분된다.
② 내부 버스는 CPU와 주변장치 간의 데이터 전송에 사용되는 통로이다.
③ 외부 버스는 전달하는 신호의 형태에 따라 데이터 버스, 주소 버스, 제어 버스로 구분된다.
④ 확장 버스는 메인보드에서 지원하는 기능 외에 다른 기능을 지원하는 장치를 연결하는 부분으로 끼울 수 있는 형태이기에 확장 슬롯이라고도 한다.

내부 버스는 CPU 내부에서 레지스터 간의 데이터 전송에 사용되는 통로입니다. ②번은 외부 버스에 대한 설명입니다.

정답 050 1.④ 051 1.③ 052 1.②

25.상시, 24.상시, 23.상시, 22.상시, 21.상시, 18.상시, 16.2, 16.1, 14.3, … 3204705

핵심 053 포트(Port)

USB (범용 직렬 버스)	• 기존의 직렬, 병렬, PS/2 포트를 통합한 직렬 포트의 일종임 • 마우스, 키보드, 모니터, PC 카메라, 프린터, 디지털 카메라와 같은 주변장치를 최대 127개까지 연결함 • USB를 지원하는 일부 주변기기는 별도의 전원이 필요함 • 핫 플러그인(Hot Plug In)과 플러그 앤 플레이(Plug & Play)를 지원함 • 전송 속도 : USB 1.0(1.5Mbps), USB 1.1(12Mbps), USB 2.0(480Mbps), USB 3.0(5Gbps), USB 3.1(10Gbps) • 연결 단자 색상 : USB 2.0 이하(검정색 또는 흰색), USB 3.0(파란색), USB 3.1(하늘색 또는 빨간색)
블루투스 (Bluetooth)	• 스웨덴의 에릭슨에 의하여 최초로 개발된 근거리 무선 통신을 가능하게 해주는 통신 방식 • IEEE 802.15.1 규격을 사용하는 PANs(Personal Area Networks)의 산업 표준임 • 핸드폰, 노트북과 같은 휴대 가능한 장치들 간의 양방향 정보 전송이 가능함
HDMI (High Definition Multimedia Interface)	• 영상과 음향 신호를 압축하지 않고 통합하여 전송하는 고선명 멀티미디어 인터페이스임 • S-비디오, 컴포지트 등의 아날로그 케이블보다 고품질의 음향 및 영상을 제공함
DP (Display Port)	• VESA(비디오전자표준위원회)에서 제정한 디지털 디스플레이 인터페이스임 • 대역폭이 넓고 확장성이 뛰어나 여러 기기에 고품질의 영상 및 음향 신호를 동시 전송할 수 있어 HDMI를 대체할 인터페이스로 각광받고 있음

> **잠깐만요** 핫 플러그인(Hot Plug In)
> PC의 전원이 켜져 있는 상태에서도 장치의 설치/제거가 가능한 것으로, 핫 스왑(Hot Swap)이라고도 합니다.

01. 다음 중 Windows에서 사용하는 USB(Universal Serial Bus)에 대한 설명으로 옳은 것은? 25.상시, 24.상시, 23.상시, 22.상시, …

① USB는 범용 병렬 장치를 연결할 수 있게 해주는 컴퓨터 인터페이스이다.
② USB 3.0은 이론적으로 최대 5Gbps의 전송 속도를 가지며, PC 및 연결기기, 케이블 등의 모든 USB 3.0 단자는 파랑색으로 되어 있어 이전 버전과 구분이 된다.
③ 허브를 이용하여 하나의 USB 포트에 여러 개의 주변기기를 연결할 수 있으며, 최대 256개까지 연결할 수 있다.
④ 핫 플러그인(Hot Plug In) 기능은 지원하지 않으나 플러그 앤 플레이(Plug & Play) 기능은 지원한다.

> ① USB는 범용 직렬 장치를 연결할 수 있게 해주는 컴퓨터 인터페이스입니다.
> ③ USB는 주변장치를 최대 127개까지 연결할 수 있습니다.
> ④ USB는 핫 플러그인(Hot Plug In)과 플러그 앤 플레이(Plug&Play) 기능을 모두 지원합니다.

02. 핸드폰, 노트북과 같은 휴대기기를 서로 연결하여 정보를 교환할 수 있도록 하는 근거리 무선 통신 기술은? 23.상시

① 블루투스　　② 와이파이
③ 와이브로　　④ 테더링

25.상시, 24.상시, 23.상시, 22.상시, 21.상시, 20.1, 19.1, 16.2, 14.3, 13.2, … 1204306

핵심 054 바이오스(BIOS)

• 컴퓨터의 기본 입·출력 장치나 메모리 등 하드웨어 작동에 필요한 명령을 모아 놓은 프로그램이다.
• 전원이 켜지면 POST(Power On Self Test)를 통해 컴퓨터를 점검한 후 사용 가능한 장치들을 초기화하며, 윈도우가 시작될 때까지 부팅 과정을 이끈다.
• ROM에 저장되어 있어 ROM-BIOS라고도 한다.
• 하드웨어와 소프트웨어의 중간 형태인 펌웨어(Firmware)이다.
• 최근의 바이오스는 플래시 롬(Flash ROM)에 저장되므로 칩을 교환하지 않고도 바이오스를 업그레이드할 수 있다.
• 바이오스는 CMOS 셋업 프로그램을 이용하여 일부 BIOS 정보를 설정할 수 있다.

> **잠깐만요** CMOS에서 설정 가능한 항목
> 시스템의 날짜와 시간, 하드디스크 타입, 부팅 순서, 칩셋, 전원 관리, PnP, 시스템 암호, Anti-Virus 등

01. 다음 중 개인용 컴퓨터의 바이오스(BIOS)에 관한 설명으로 옳지 않은 것은? 24.상시, 22.상시

① 컴퓨터의 기본 입출력장치나 메모리 등 하드웨어 작동에 필요한 명령들을 모아 놓은 프로그램이다.
② BIOS 프로그램은 부팅되면 SRAM에 저장되어 처리한다.
③ 칩을 교환하지 않고 업그레이드를 할 수 있다.
④ 바이오스는 하드웨어와 소프트웨어의 중간 형태인 펌웨어(Firmware)이다.

> 바이오스는 ROM에 저장되어 있어 ROM-BIOS라고 합니다.

02. 다음 중 컴퓨터의 CMOS에서 설정할 수 있는 항목으로 옳지 않은 것은? 24.상시, 23.상시, 22.상시, 21.상시, 19.1

① 시스템 날짜와 시간
② 칩셋 설정
③ 부팅 순서
④ Windows 로그인 암호 변경

25.상시, 24.상시, 22.상시, 20.2, 19.2, 15.2, 13.1, 09.3, 09.1, 08.2 3204802

핵심 055 펌웨어(Firmware)

• 하드웨어의 동작을 지시하는 소프트웨어이지만 하드웨어적으로 구성되어 하드웨어의 일부분으로도 볼 수 있는 제품을 말한다.
• 펌웨어는 하드웨어 교체없이 소프트웨어 업그레이드만으로 시스템의 성능을 높이기 위한 목적으로 사용되며, 하드웨어와 소프트웨어의 중간적인 성격을 갖는다.
• 주로 ROM에 반영구적으로 저장되어 하드웨어를 제어·관리하는 역할을 수행한다.

- 펌웨어는 기계어 처리, 데이터 전송, 부동 소수점 연산, 채널 제어 등의 처리 루틴을 가지고 있다.
- 읽기/쓰기가 가능한 플래시 롬(Flash ROM)에 저장되기 때문에 내용을 쉽게 변경하거나 추가·삭제할 수 있다.
- 펌웨어로 만들어져 있는 프로그램을 마이크로 프로그램이라고 한다.

> **01.** 다음 중 컴퓨터에서 사용되는 펌웨어(Firmware)에 대한 설명으로 옳지 않은 것은? 25.상시, 23.상시, 22.상시, 20.2, 15.2, 09.1
>
> ① 하드웨어의 동작을 지시하는 소프트웨어이지만 하드웨어적으로 구성되어 하드웨어의 일부분으로도 볼 수 있는 제품을 말한다.
> ② 하드웨어 교체 없이 소프트웨어 업그레이드만으로 시스템의 성능을 높이기 위한 목적으로 사용된다.
> ③ 시스템의 효율을 높이기 위해 RAM에 저장되어 관리된다.
> ④ 기계어 처리, 데이터 전송, 부동 소수점 연산, 채널 제어 등의 처리 루틴을 가지고 있다.
>
> 펌웨어(Firmware)는 주로 ROM에 저장되어 하드웨어를 제어·관리하는 역할을 수행합니다.

25.상시, 24.상시, 23.상시, 22.상시, 21.상시, 17.1, 14.1, 08.3, 07.4

핵심 057 RAID(Redundant Array Of Inexpensive Disk)

- 여러 개의 하드디스크를 한 개의 하드디스크처럼 관리하는 관리 기술로, 중요한 자료를 다루는 서버(Server)에서 주로 사용되는 방식이다.
- RAID는 하드디스크의 모음뿐만 아니라 자동으로 복제해 백업 정책도 구현한다.
- RAID를 이용하면 데이터의 안정성이 높아지고, 데이터 복구가 용이하며, 전송 속도도 빨라진다.
- RAID Level은 하드디스크에서 데이터를 저장하는 방식을 의미하며, 숫자가 클수록 저장장치의 신뢰성이 높고 효율성이 좋다.
- RAID는 시스템 장애 시 컴퓨터를 끄지 않고 디스크를 교체할 수도 있다.
- RAID는 미러링과 스트라이핑 기술을 융합해서 사용한다.
  - 미러링(Mirroring) 방식 : 데이터를 두 개의 디스크에 동일하게 기록하는 방법으로 한쪽 디스크의 데이터 손상 시 다른 한쪽 디스크를 이용하여 복구하는 방식
  - 스트라이핑(Striping) 방식 : 데이터를 여러 개의 디스크에 나눠서 기록하는 방법으로 자료를 읽고 쓰는 시간을 단축할 수는 있으나, 디스크가 한 개라도 손상되면 데이터를 사용할 수 없게 됨

> **01.** 다음 중 RAID(Redundant Array Of Inexpensive Disk)에 대한 설명으로 옳지 않은 것은? 25.상시, 24.상시, 23.상시, 21.상시
>
> ① 여러 개의 하드디스크를 하나의 저장장치처럼 관리하는 기술이다.
> ② 미러링(Mirroring) 방식은 데이터를 두 개의 하드디스크에 동일하게 기록하는 방법으로 한쪽 하드디스크의 데이터 손상 시 다른 한쪽 하드디스크를 이용하여 복구한다.
> ③ 스트라이핑(Striping) 방식은 데이터를 여러 개의 하드디스크에 나누어 저장하므로 장애 시 복구가 용이하나 데이터 입출력이 느리다.
> ④ RAID는 RAID 컨트롤러를 이용하여 하드웨어적인 방법으로 구성하거나 OS나 RAID 소프트웨어를 사용하여 구성한다.
>
> 스트라이핑(Striping) 방식은 데이터를 여러 개의 하드디스크에 나눠서 기록하는 방법으로, 데이터 입출력 속도가 빠지만 하드디스크가 한 개라도 손상되면 데이터를 사용할 수 없고 장애 시 복구가 어렵습니다.

25.상시

핵심 056 하드디스크 연결 방식

IDE	• 2개의 장치 연결이 가능함 • 최대 504MB의 용량을 인식함

EIDE (ATA)	• IDE를 확장하여 전송 속도를 높인 규격
	• 4개의 장치 연결이 가능함
	• 최대 8.4GB의 용량을 인식함
	• PATA(Parallel ATA)
	  - 병렬 인터페이스 방식
	  - EIDE는 일반적으로 PATA를 의미함
	• SATA(Serial ATA)
	  - 직렬(Serial) 인터페이스 방식
	  - 데이터 전송 속도가 빠르며, 안정성이 높음
	  - CMOS에서 지정하면 자동으로 Master/Slave가 설정됨

SCSI	• 7개의 장치 연결이 가능함 • 여러 장치를 한 케이블에 연결하므로 마지막 장치는 반드시 터미네이션 되어야 함 • 데이지 체인(Daisy Chain) 연결 방식을 사용함

> **01.** 다음 중 하드디스크 연결 방식에 대한 설명으로 옳은 것은? 25.상시
>
> ① IDE 방식은 용량을 256GB까지 인식할 수 있다.
> ② SCSI 방식은 마스터/슬레이브 연결 방식을 사용한다.
> ③ SATA 방식은 PATA 방식에 비해 전송 속도와 안정성이 높다.
> ④ EIDE 방식은 2개 장치까지 연결이 가능하다.
>
> ① IDE 방식은 용량을 504MB까지 인식할 수 있습니다.
> ② SCSI 방식은 데이지 체인(Daisy Chain) 연결 방식을 사용합니다.
> ④ EIDE 방식은 4개 장치까지 연결이 가능합니다.

핵심 058 업그레이드(Upgrade)

- **소프트웨어적 업그레이드** : 향상된 기능을 가진 새 버전으로 교체
  예 Windows 10 운영체제를 Windows 11로 변경
- **하드웨어적 업그레이드** : 컴퓨터 처리 성능의 개선

CPU 업그레이드	• 시스템의 성능을 향상시킬 수 있는 가장 확실한 방법으로 주로 메인보드와 함께 교체하여 등급을 높임 • CPU의 핀 수나 크기를 확인한 후 교체
RAM 업그레이드	• 높은 사양의 시스템을 요구하는 소프트웨어들이 출시되면서 처리 속도가 느려지거나 제대로 동작하지 않을 경우, 가장 먼저 고려하는 것임 • 램을 추가할 때는 현재 설치되어 있는 램과 핀 수가 같은 램으로 추가해야 함
HDD/SSD 업그레이드	부족한 하드디스크 공간을 확보하기 위해서 하드디스크를 추가하거나 용량이 큰 것으로 교체하는 것

- 업그레이드 시 고려 사항

수치가 클수록 좋은 것	수치가 작을수록 좋은 것
• CPU 클럭 속도 : MHz 또는 GHz • CPU 성능 : MIPS • 모뎀의 전송 속도 : bps 또는 cps • DVD-ROM 드라이브 전송 속도 : 배속 • HDD/SSD 용량 : GB, TB • HDD 회전수 : RPM • HDD/SSD 전송 속도 : MB/s, IOPS • 모니터, 프린터 해상도 : DPI	• RAM 접근 속도 : ns

01. 다음 중 컴퓨터의 장치를 교체할 때 고려해야 할 사항으로 옳지 않은 것은?

① 하드디스크의 용량(gb)은 클수록 좋다.
② 모니터가 지원하는 해상도(dpi)는 클수록 좋다.
③ CPU 코어의 수는 많을 수록 좋다.
④ DRAM의 데이터 접근 속도(ns)는 클수록 좋다.

> DRAM의 데이터 접근 속도(ns)는 작을수록 좋습니다.

02. 다음 중 시스템의 성능을 향상시킬 수 있는 가장 확실한 하드웨어 업그레이드 방법으로, 주로 메인보드와 함께 교체해야 하는 것은?

① AGP 그래픽 카드로 교체한다.
② 하드디스크의 용량이 큰 것으로 교체한다.
③ DRAM의 용량이 큰 것으로 교체한다.
④ 코어와 스레드의 수가 많은 CPU로 교체한다.

핵심 059 소프트웨어의 개요

소프트웨어는 컴퓨터 전체를 작동시키거나 사용자가 컴퓨터를 이용하여 특정 업무를 처리할 수 있게 개발된 프로그램을 말한다.

시스템 소프트웨어	• 컴퓨터 전체를 작동시키는 프로그램으로, 기능에 따라 제어 프로그램과 처리 프로그램으로 구분함 • 종류 : 운영체제(OS), 각종 언어의 컴파일러, 어셈블러, 라이브러리 프로그램 등
응용 소프트웨어	사용자가 컴퓨터를 이용하여 특정 업무를 처리할 수 있게 개발된 프로그램

01. 다음 중 시스템 소프트웨어에 대한 설명으로 옳지 않은 것은?

① 사용자가 컴퓨터를 이용하여 특정 업무를 처리할 수 있게 개발된 프로그램이다.
② 시스템 소프트웨어는 제어 프로그램과 처리 프로그램으로 구분된다.
③ 컴퓨터 시스템을 효율적으로 운영해 주는 소프트웨어이다.
④ 대표적인 시스템 소프트웨어로는 운영체제가 있다.

> ①번은 응용 소프트웨어에 대한 설명입니다.

핵심 060 사용권에 따른 소프트웨어 분류

- **상용 소프트웨어** : 정식으로 대가를 지불하고 사용해야 하는 소프트웨어
- **셰어웨어(Shareware)** : 기능 혹은 사용 기간에 제한을 두어 배포하는 소프트웨어로, 무료로 사용할 수 있으며, 일정 기간 사용해 보고 정식 프로그램을 구입할 수 있음
- **프리웨어(Freeware)** : 무료로 사용 또는 배포가 가능한 소프트웨어로, 배포는 주로 인터넷을 통해 이루어짐
- **공개 소프트웨어(Open Software)** : 개발자가 소스를 공개한 소프트웨어로, 누구나 자유롭게 사용하고 수정 및 재배포할 수 있음
- **데모(Demo) 버전** : 정식 프로그램의 기능을 홍보하기 위해 사용 기간이나 기능을 제한하여 배포하는 소프트웨어
- **알파(Alpha) 버전** : 베타테스트를 하기 전, 제작 회사 내에서 테스트할 목적으로 제작하는 소프트웨어
- **베타(Beta) 버전** : 정식 프로그램을 출시하기 전, 테스트를 목적으로 일반인에게 공개하는 소프트웨어
- **패치(Patch) 버전** : 이미 제작하여 배포된 프로그램의 오류 수정이나 성능 향상을 위해 프로그램의 일부 파일을 변경해 주는 소프트웨어
- **애드웨어(Adware)** : 프리웨어나 셰어웨어 등에서 광고를 보는 대가로 사용이 허용되는 소프트웨어
- **번들(Bundle)** : 특정 하드웨어나 소프트웨어를 구입하였을 때 무료로 끼워주는 소프트웨어

01. 다음 중 저작권에 따른 컴퓨터 소프트웨어의 분류에 관한 설명으로 옳지 않은 것은? 23.상시, 22.상시, 21.상시, 17.2, 15.2, 14.3, 14.1, 12.2, …

① 애드웨어 : 광고를 보는 대가로 무료로 사용하는 소프트웨어이다.
② 셰어웨어 : 정식 버전이 출시되기 전에 프로그램에 대한 일반인의 평가를 받기 위해 제작된 소프트웨어이다.
③ 번들 : 특정한 하드웨어나 소프트웨어를 구매하였을 때 끼워주는 소프트웨어이다.
④ 프리웨어 : 개발자가 무료로 사용을 허가한 소프트웨어이다.

> 셰어웨어는 정식 프로그램의 구입을 유도하기 위해 기능 혹은 사용 기간에 제한을 두어 무료로 배포하는 프로그램입니다. ②번은 베타 버전에 대한 설명입니다.

02. 다음 중 컴퓨터의 소프트웨어 관련 용어에 대한 설명으로 옳은 것은? 22.상시, 21.상시

① 베타(Beta) 버전은 제작 회사 내에서 테스트할 목적으로 제작하는 소프트웨어이다.
② 셰어웨어(Shareware)는 기능과 사용 기간에 제한 없이 무료로 사용할 수 있는 소프트웨어이다.
③ 패치(Patch) 버전은 이미 제작하여 배포된 프로그램의 오류 수정이나 성능 향상을 위해 프로그램 일부를 변경해 주는 소프트웨어이다.
④ 알파(Alpha) 버전은 프로그램을 출시하기 전에 테스트를 목적으로 일반인에게 공개하는 소프트웨어이다.

> ① 베타(Beta) 버전은 정식 프로그램을 출시하기 전, 테스트를 목적으로 일반인에게 공개하는 소프트웨어입니다.
> ② 셰어웨어(Shareware)는 기능 혹은 사용 기간에 제한을 두어 배포하는 소프트웨어로, 무료로 사용할 수 있으며, 일정 기간 사용해 보고 정식 프로그램을 구입할 수 있습니다.
> ④ 알파(Alpha) 버전은 베타테스트를 하기 전, 제작 회사 내에서 테스트할 목적으로 제작하는 소프트웨어입니다.

25.상시, 24.상시, 23.상시, 22.상시, 21.상시, 18.상시, 15.3, 15.2, 15.1, … 4205181

핵심 061 운영체제(OS; Operating System)

- 사용자의 편의를 도모함과 동시에 시스템의 생산성을 높이기 위한 프로그램의 모임으로 사용자와 컴퓨터 사이에서 중계자 역할을 한다.
- 운영체제는 가장 대표적인 시스템 소프트웨어이다.
- 운영체제는 컴퓨터를 사용하기 위해 기본적으로 필요한 소프트웨어로 반드시 설치해야 한다.
- 운영체제는 컴퓨터가 동작하는 동안 주기억장치에 위치한다.
- 운영체제의 주요 기능
  - 프로세스, 기억장치, 주변장치, 입·출력장치, 파일 등을 관리한다.
  - 사용자들 간의 하드웨어 공동 사용 및 자원의 스케줄링 등을 수행한다.
  - 사용자와 시스템 간의 편리한 인터페이스를 제공한다.
  - 데이터를 관리하고, 데이터 및 자원의 공유 기능을 제공한다.

- 운영체제의 종류 : Unix, Linux, Windows, MS-DOS 등
- 운영체제의 구성 : 제어 프로그램과 처리 프로그램으로 구성됨
  - 제어 프로그램

감시 프로그램	제어 프로그램 중 가장 핵심적인 역할을 하는 것으로, 자원의 할당 및 시스템 전체의 작동 상태를 감시하는 프로그램
작업 관리 프로그램	작업이 정상적으로 처리될 수 있도록 작업의 순서와 방법을 관리하는 프로그램
데이터 관리 프로그램	작업에 사용되는 데이터와 파일의 표준적인 처리 및 전송을 관리하는 프로그램

  - 처리 프로그램

언어 번역 프로그램	사용자가 고급언어로 작성한 원시 프로그램(Source Program)을 기계어 형태의 목적 프로그램(Object Program)으로 변환시킴
서비스 프로그램	• 사용자가 컴퓨터를 더욱 효율적으로 사용할 수 있도록 제작된 프로그램 • 연계 편집, 정렬/병합(Sort/Merge), 유틸리티 프로그램 등이 여기에 해당됨

01. 다음 중 컴퓨터 운영체제(OS)에 대한 설명으로 옳지 않은 것은? 24.상시, 23.상시

① 컴퓨터 하드웨어와 응용 프로그램을 사용하고자 하는 사용자 사이에 위치하여 인터페이스 역할을 해주는 소프트웨어이다.
② 운영체제는 컴퓨터가 동작하는 동안 주기억장치에 위치하며, 프로세스, 기억장치, 입·출력장치, 파일 등의 자원을 관리한다.
③ 운영체제의 목적에는 처리 능력의 향상, 응답 시간의 단축, 사용 가능도의 향상, 신뢰도 향상 등이 있다.
④ 운영체제의 종류에는 어셈블러, 컴파일러, 인터프리터 등이 있다.

> 운영체제의 종류에는 Windows, UNIX, LINUX, MS-DOS 등이 있습니다. 어셈블러, 컴파일러, 인터프리터는 언어 번역 프로그램입니다.

02. 다음 중 운영체제의 구성인 제어 프로그램에 대한 설명으로 옳지 않은 것은? 25.상시, 24.상시, 21.상시

① 자원의 할당 및 시스템 전체의 작동 상태를 감시한다.
② 작업이 정상적으로 처리될 수 있도록 작업의 순서와 방법을 관리한다.
③ 작업에 사용되는 데이터와 파일의 표준적인 처리 및 전송을 관리한다.
④ 사용자가 고급언어로 작성한 원시 프로그램을 기계어 형태의 목적 프로그램으로 변환시킨다.

> ④번은 처리 프로그램 중 언어 번역 프로그램에 대한 설명입니다.

25.상시, 23.상시, 21.상시, 18.2, 18.1, 15.3, 13.2, 11.3, 10.3, 07.3, 06.4, …   1204902

핵심 062 　운영체제의 목적

운영체제의 목적은 응답 시간 단축, 처리 능력 증대, 신뢰도 향상, 사용 가능도 증대에 있다.

처리 능력(Throughput)	일정 시간 내에 시스템이 처리하는 일의 양
응답 시간 (Turn Around Time)	시스템에 작업을 의뢰한 시간부터 처리가 완료될 때까지 걸린 시간
사용 가능도(Availability)	시스템을 사용할 필요가 있을 때 즉시 사용 가능한 정도
신뢰도(Reliability)	시스템이 주어진 문제를 정확하게 해결하는 정도

01. 다음 중 컴퓨터 운영체제의 성능 평가 기준에 해당하지 않는 것은?
　　　　　　　　　　　　　　　　　　　　　　25.상시, 21.상시, 18.1

① 중앙처리장치의 사용 정도를 측정하는 사용 가능도(Availability)
② 주어진 문제를 정확하게 해결하는 정도를 의미하는 신뢰도(Reliability)
③ 일정 시간 내에 시스템이 처리하는 양을 의미하는 처리 능력(Throughput)
④ 작업을 의뢰한 시간부터 처리가 완료된 시간까지의 반환 시간(Turn Around Time)

> 사용 가능도(Availability)는 시스템을 사용할 필요가 있을 때 즉시 사용 가능한 정도를 의미합니다.

25.상시, 24.상시, 23.상시, 22.상시, 21.상시, 20.상시, 20.1, 18.2, 18.1, …   1260055

핵심 063 　운영체제의 운영 방식

일괄 처리 시스템 (Batch Processing System)	• 처리할 데이터를 일정량 또는 일정 기간 동안 모았다가 한꺼번에 처리하는 방식 • 급여 계산, 공공요금 계산 등에 사용됨
실시간 처리 시스템 (Real Time Processing System)	• 처리할 데이터가 생겨날 때마다 바로 처리하는 방식으로, 일반적으로 온라인 실시간 시스템을 의미함 • 항공기나 열차의 좌석 예약, 은행 업무 등에 사용됨
다중 프로그래밍 시스템 (Multi Programming System)	한대의 CPU로 여러 개의 프로그램을 동시에 처리하는 방식
시분할 시스템 (Time Sharing System)	• 한 대의 시스템을 여러 사용자가 동시에 사용하는 방식 • 일정 시간 단위로 CPU 사용권을 신속하게 전환함으로써 각 사용자들은 자신만이 컴퓨터를 사용하고 있는 것처럼 느끼게 됨
다중 처리 시스템 (Multi Processing System)	• 처리 속도를 향상시킬 목적으로 하나의 컴퓨터에 여러 개의 CPU를 설치하여 프로그램을 처리하는 방식 • Load Balancing : 다중 처리 시스템에서 특정 처리기에 과부하가 걸리지 않도록 시간을 조정하여 부하의 균형을 잡아주는 것
분산 처리 시스템 (Distributed System)	지역적으로 분산된 여러 대의 컴퓨터를 연결하여 작업을 분담하여 처리하는 방식
임베디드 시스템 (Embedded System)	• 마이크로프로세서에 특정 기능을 수행하는 응용 프로그램을 탑재하여 컴퓨터의 기능을 수행하는 것으로 컴퓨터의 하드웨어와 소프트웨어가 하나로 조합된 전자 제어 시스템 • 임베디드 운영체제 : 디지털 TV, 전기밥솥, 냉장고, PDA 등 해당 제품의 특정 기능에 맞게 특화되어서 제품 자체에 포함된 운영체제로 Windows CE가 여기에 속함
듀얼 시스템 (Dual System)	두 개의 컴퓨터가 같은 업무를 동시에 처리하므로 한쪽 컴퓨터가 고장나면 다른 컴퓨터가 계속해서 업무를 처리하여 업무가 중단되는 것을 방지하는 시스템
듀플렉스 시스템 (Duplex System)	두 대의 컴퓨터를 설치하여 한쪽의 컴퓨터가 가동중일 때는 다른 한 컴퓨터는 대기하고 있다가 가동중인 컴퓨터가 고장이 나면 즉시 대기중인 컴퓨터가 가동되어 시스템이 안전하게 작동되도록 운영하는 시스템

01. 다음 중 컴퓨터 운영체제의 운영방식에 대한 설명으로 옳지 않은 것은?
　　　　　　　　　　　　　　　　　　　　　　23.상시, 22.상시, 21.상시

① 일괄 처리는 컴퓨터에 입력하는 데이터를 일정량 또는 일정 시간 동안 모았다가 한꺼번에 처리하는 방식이다.
② 실시간 처리는 오프라인에서 처리할 데이터가 입력될 때 마다 즉시 처리하는 방식이다.
③ 시분할 시스템은 한 대의 시스템을 여러 사용자가 동시에 사용하는 방식이다.
④ 분산 처리 시스템은 여러 대의 컴퓨터들에 의해 작업한 결과를 통신망을 이용하여 상호 교환할 수 있도록 연결되어 있는 방식이다.

> 실시간 처리는 일반적으로 온라인에서 처리할 데이터가 입력될 때마다 즉시 처리하는 방식을 의미합니다.

02. 다음 중 컴퓨터 운영체제의 운영방식에 대한 설명으로 옳은 것은?
　　　　　　　　　　　　　　　　　　　　　　25.상시, 24.상시

① 실시간 처리 시스템 : 컴퓨터에 입력하는 데이터를 일정량 또는 일정시간 동안 모았다가 한꺼번에 처리하는 방식이다.
② 다중 처리 시스템 : 여러 개의 중앙처리장치와 하나의 주기억장치를 이용하여 여러 프로그램을 동시에 처리하는 방식이다.
③ 시분할 시스템 : 여러 대의 컴퓨터들에 의해 작업한 결과를 통신망을 이용하여 상호 교환할 수 있도록 연결되어 있는 시스템이다.
④ 다중 프로그램 시스템 : 처리할 데이터가 입력될 때 마다 즉시 처리하는 방식이다.

> ① 실시간 처리 시스템은 처리할 데이터가 생겨날 때마다 바로 처리하는 방식입니다. ①번은 일괄 처리 시스템에 대한 설명입니다.
> ③ 시분할 시스템은 한 대의 시스템을 여러 사용자가 동시에 사용하는 방식으로, 일정 시간 단위로 CPU 사용권을 신속하게 전환함으로써, 모든 사용자들은 자신만 혼자 컴퓨터를 사용하고 있는 것처럼 느낍니다. ③번은 분산 처리 시스템에 대한 설명입니다.
> ④ 다중 프로그램 시스템은 한 개의 CPU(중앙처리장치)로 여러 개의 프로그램을 동시에 처리하는 방식입니다.

핵심 064 프로그래밍 기법

구조적 프로그래밍
- 입력과 출력이 각각 하나씩 이루어진 구조로, GOTO문을 사용하지 않으며, 순서, 선택, 반복의 3가지 논리 구조를 사용하는 기법이다.
- 종류 : PASCAL

절차적 프로그래밍
- 지정된 문법 규칙에 따라 일련의 처리 절차를 순서대로 기술해 나가는 프로그래밍 기법이다.
- 종류 : C, COBOL, FORTRAN, BASIC 등

객체 지향 프로그래밍
- 객체를 중심으로 한 프로그래밍 기법이다.
- 절차적 프로그래밍의 문제점을 해결하기 위해 개발되었다.
- 코드의 재사용과 유지 보수가 용이하여 프로그램의 개발 시간을 단축할 수 있다.
- 시스템의 확장성이 높고 정보 은폐가 용이하다.
- 추상화, 캡슐화, 상속성, 다형성 등의 특징을 갖고 있다.
- 종류 : Smalltalk, C++, JAVA, C#, Python, Ruby 등

비주얼 프로그래밍
- 기존 문자 방식의 명령어 전달 방식을 기호화된 아이콘의 형태로 바꿔 사용자가 대화형으로 좀 더 쉽게 프로그래밍할 수 있는 기법이다.
- 종류 : Visual BASIC, Visual C++, Delphi, Power Builder 등

01. 다음 중 프로그래밍 기법에 대한 설명으로 옳지 않은 것은? 21.상시
① 구조적 프로그래밍 : 입력과 출력이 각각 하나씩 이루어진 구조로, 순서, 선택, 반복의 3가지 논리 구조를 사용하는 기법이다.
② 절차적 프로그래밍 : 지정된 문법 규칙에 따라 일련의 처리 절차를 순서대로 기술해 나가는 프로그래밍 기법이다.
③ 객체 지향 프로그래밍 : 객체를 중심으로 한 프로그래밍 기법으로, 소프트웨어의 재사용과 유지보수가 용이하다.
④ 비주얼 프로그래밍 : 기호화된 아이콘 형태를 문자 방식의 명령어로 바꿔 프로그래밍 하는 기법이다.

> 비주얼 프로그래밍은 기존 문자 방식의 명령어 전달 방식을 기호화된 아이콘의 형태로 바꿔 사용자가 대화형으로 좀더 쉽게 프로그래밍할 수 있는 기법입니다.

02. 다음 중 객체 지향 프로그래밍 언어에 대한 설명으로 옳지 않은 것은? 25.상시, 24.상시, 23.상시, 22.상시, 19.2, 09.1
① 소프트웨어의 재사용으로 프로그램의 개발 시간을 단축할 수 있다.
② 대표적인 객체 지향 언어로 C++, Java 등이 있다.
③ 상속성, 캡슐화, 추상화, 다형성 등의 특징이 있다.
④ 순차적인 처리가 중요시되며 프로그램 전체가 유기적으로 연결되도록 작성한다.

> '순차적인 처리'와 '프로그램의 유기적 연결'은 절차적 프로그래밍 언어의 특징입니다.

핵심 065 웹 프로그래밍 언어

- **HTML(Hyper Text Markup Language)** : 인터넷 표준 문서인 하이퍼텍스트 문서를 만들기 위해 사용되는 언어
- **XML(eXtensible Markup Language)**
  - 웹에서 구조화된 폭넓고 다양한 문서들을 상호 교환할 수 있도록 설계된 다목적 마크업 언어
  - SGML에서 파생된 간단하고 유연한 텍스트 형식으로, 기존 HTML의 단점을 보완하였음
  - HTML에 사용자가 새로운 태그(Tag)를 정의할 수 있음
  - 서로 다른 시스템 간 데이터 교환에 적합함
- **ASP(Active Server Page)**
  - 서버 측에서 동적으로 수행되는 페이지를 만들기 위한 언어
  - Windows 계열에서만 수행 가능함
- **JSP(Java Server Page)**
  - 자바(JAVA)로 만들어진 서버 스크립트 언어
  - 서버 측에서 동적으로 수행되며, Linux, Unix, Windows 등의 다양한 운영체제에서 사용할 수 있음
- **PHP(Professional Hypertext Preprocessor)**
  - 초기에는 아주 간단한 유틸리티들로만 구성되어 개인용 홈페이지 제작 도구로 사용되었으나, PHP 4.0 버전 이후 가장 각광받는 웹 스크립트 언어
  - 서버 측에서 동적으로 수행되며, Linux, Unix, Windows 등의 다양한 운영체제에서 사용할 수 있음
- **자바 스크립트(Java Script)**
  - 일반 사용자가 프로그래밍하기 힘든 자바 애플릿의 단점을 극복하고자 개발되었음
  - 서버에 데이터를 전송할 때 아이디, 비밀번호, 수량 등의 입력 사항을 확인할 때 주로 사용함

01. 다음 중 XML(eXtensible Markup Language)에 대한 설명으로 옳지 않은 것은? 25.상시
① 별도의 프로그램을 설치하지 않아도 웹 브라우저 상에서 다양한 멀티미디어 콘텐츠 및 웹 등을 제공한다.
② SGML에서 파생된 간단하고 유연한 텍스트 형식이다.
③ HTML의 한계를 극복하기 위한 목적으로 W3C에서 개발한 다목적 마크업 언어이다.
④ 주로 서로 다른 시스템, 특히 인터넷에 연결된 시스템끼리 데이터를 쉽게 주고받을 수 있다.

> ①번은 HTML5(HyperText Markup Language 5)에 대한 설명입니다.

핵심 066 망의 구성 형태

성형(Star, 중앙 집중형)
- 모든 노드가 중앙 노드에 1:1(Point-to-Point)로 연결되어 있는 형태이다.
- 고장 발견이 쉽고 유지 보수 및 확장이 용이하다.

> **잠깐만요** Point-To-Point
> 1개의 입·출력장치와 1개의 통신회선망을 연결하는 회선망 구성 방식으로, 전송할 데이터의 양과 회선 사용 시간이 많을 때 효율적입니다.

링형(Ring, 루프형)
- 인접한 컴퓨터와 단말기들을 서로 연결하여 양방향으로, 데이터 전송이 가능한 통신망 형태이다.
- 통신 회선 중 어느 하나라도 고장나면 전체 통신망에 영향을 미친다.

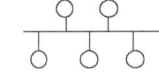

버스형(Bus)
- 한 개의 통신 회선에 여러 대의 단말장치가 연결되어 있는 형태이다.
- 설치 및 제거가 용이하고 단말장치가 고장나더라도 통신망 전체에 영향을 주지 않기 때문에 신뢰성을 높일 수 있다.
- 둘 이상의 단말장치에서 데이터를 동시에 전송하면 데이터 충돌이 발생할 수 있다.
- 주로 근거리 통신망에서 사용한다.

계층형(Tree, 분산형)
- 중앙 컴퓨터와 일정 지역의 단말장치까지는 하나의 통신 회선으로 연결시키고, 이웃하는 단말장치는 일정 지역 내에 설치된 중간 단말장치로부터 다시 연결시키는 형태이다.
- 분산 처리 시스템을 구성하는 방식이다.

망형(Mesh)
- 모든 지점의 컴퓨터와 단말장치를 서로 연결한 형태이다.
- 응답시간이 빠르고 노드의 연결성이 높다.
- 단말장치의 추가·제거가 어려운 반면 보안성과 안정성이 높다.

01. 다음 중 네트워크 통신망의 구성 형태에 관한 설명으로 옳은 것은?

① 계층(Tree)형 : 한 개의 통신 회선에 여러 대의 단말장치가 연결되어 있는 형태로 설치가 용이하고 통신망의 가용성이 높다.
② 버스(Bus)형 : 인접한 컴퓨터와 단말기를 서로 연결하여 양방향으로 데이터 전송이 가능한 형태로 단말기의 추가·제거 및 기밀 보호가 어렵다.
③ 성(Star)형 : 모든 단말기가 중앙 컴퓨터에 연결되어 있는 형태로 고장 발견이 쉽고 유지 보수가 용이하다.
④ 링(Ring)형 : 모든 지점의 컴퓨터와 단말장치를 서로 연결한 상태로 응답 시간이 빠르고 노드의 연결성이 높다.

①은 버스형, ②는 링형, ④는 망형에 대한 설명입니다.

핵심 067 네트워크 관련 장비

허브(Hub)	• 네트워크를 구성할 때 한꺼번에 여러 대의 컴퓨터를 연결하는 장치로, 각 회선을 통합적으로 관리함 • OSI 7 계층 중 물리 계층(Physical Layer)의 장비임
리피터(Repeater)	• 거리가 증가할수록 감쇠하는 디지털 신호의 장거리 전송을 위해서 수신한 신호를 재생시키거나 출력 전압을 높여 전송하는 장치 • OSI 7 계층 중 물리 계층(Physical Layer)의 장비임
브리지(Bridge)	• 리피터와 동일한 기능을 수행하지만, 단순 신호 증폭뿐만 아니라 네트워크 분할을 통해 트래픽을 감소시키며, 물리적으로 다른 네트워크를 연결할 때 사용함 • 네트워크 프로토콜과는 독립적으로 작용하므로 네트워크에 연결된 여러 단말들의 통신 프로토콜을 바꾸지 않고도 네트워크를 확장할 수 있음 • OSI 7 계층 중 데이터 링크 계층(Data Link Layer)의 장비임
라우터(Router)	• 인터넷 환경에서 네트워크와 네트워크 간을 연결할 때 반드시 필요한 장비로, 데이터 전송 시 최적의 경로를 설정하여 전송함 • 각 데이터들이 효율적인 속도로 전송될 수 있도록 데이터의 흐름을 제어함 • OSI 7 계층 중 네트워크 계층(Network Layer)의 장비임
게이트웨이(Gateway)	• 주로 LAN에서 다른 네트워크에 데이터를 보내거나 다른 네트워크로부터 데이터를 받아들이는 출입구 역할을 함 • OSI 7 계층 중 전송 계층(Transport Layer)의 장비임

01. 다음 중 네트워크 관련 장비로 라우터(Router)에 관한 설명으로 옳지 않은 것은?

① 인터넷 신호를 증폭하거나 중계하는 역할을 하는 네트워크 장비이다.
② 인터넷 환경에서 네트워크와 네트워크 간을 연결할 때 사용하는 장비이다.
③ 데이터 전송을 위해 가장 최적의 경로를 설정한다.
④ 데이터의 흐름을 제어하여 각 데이터들이 효율적으로 전송한다.

①번은 리피터(Repeater)에 대한 설명입니다.

02. 다음 중 네트워크 관련 장비로 브리지(Bridge)에 관한 설명으로 옳지 않은 것은?

① 두 개의 근거리 통신망을 상호 접속할 수 있도록 하는 통신망 연결 장치이다.
② 통신량을 조절하여 데이터가 다른 곳으로 가지 않도록 한다.
③ OSI 참조 모델의 물리 계층에 속한다.
④ 통신 프로토콜을 변환하지 않고도 네트워크를 확장한다.

브리지(Bridge)는 OSI 참조 모델의 데이터 링크 계층에 속합니다.

핵심 068 인트라넷 / 엑스트라넷

인트라넷(Intranet)
인터넷의 기술을 기업내 정보 시스템에 적용한 것으로, 전자 우편 시스템, 전자결재 시스템 등을 인터넷 환경으로 통합하여 사용하는 것을 의미한다.

엑스트라넷(Extranet)
기업과 기업 간에 인트라넷을 서로 연결한 것으로, 납품업체나 고객업체 등 자기 회사와 관련 있는 기업체와의 원활한 통신을 위해 인트라넷의 이용 범위를 확대한 것이다.

01. 다음 중 인트라넷(Intranet)에 대한 설명으로 옳은 것은?

① 여러 대의 컴퓨터를 연결하여 하나의 서버로 사용하는 기술이다.
② 인터넷 기술을 이용하여 조직 내의 각종 업무를 수행할 수 있도록 만든 네트워크 환경이다.
③ 이동 전화 단말기에서 개인용 컴퓨터의 운영체제와 같은 역할을 하는 소프트웨어이다.
④ 기업체가 협력업체와 고객 간의 정보 공유를 목적으로 구성한 네트워크이다.

01. 다음 중 IPv6 주소에 관한 설명으로 옳지 않은 것은?

① 16비트씩 8부분으로 총 128비트로 구성된다.
② 각 부분은 10진수로 표현되며, 세미콜론(;)으로 구분한다.
③ 주소 체계는 유니캐스트, 멀티캐스트, 애니캐스트로 나누어진다.
④ 실시간 흐름 제어로 향상된 멀티미디어 기능을 지원한다.

> IPv6의 각 부분은 4자리의 16진수를 콜론(:)으로 구분하여 표현합니다.

02. 다음 중 인터넷 주소 체계에서 IPv6에 관한 설명으로 옳은 것은?

① 주소 체계는 Unicast, Anycast, Broadcast 등 세 가지로 나뉜다.
② 16비트씩 8부분으로 총 128비트로 구성되며, 주소의 각 부분은 세미콜론(;)으로 구분한다.
③ 인증성, 기밀성, 데이터 무결성의 지원으로 보안성이 강화되었다.
④ IPv4와 비교하였을 때 자료 전송 속도가 늦지만, 주소의 확장성과 융통성이 우수하다.

> ① IPv6의 주소 체계는 유니캐스트(Unicast), 애니캐스트(Anycast), 멀티캐스트(Multicast)로 나눕니다.
> ② IPv6는 16비트씩 8부분으로 총 128비트로 구성되며, 주소의 각 부분은 콜론(:)으로 구분합니다.
> ④ IPv6는 IPv4와 비교하여 자료 전송 속도가 빠르고 주소의 확장성과 융통성이 우수합니다.

핵심 069 IPv6

- 현재 사용하고 있는 IP 주소 체계인 IPv4의 주소 부족 문제를 해결하기 위해 개발되었다.
- 16비트씩 8부분, 총 128비트로 구성되어 있다.
- 주소의 각 부분은 4자리의 16진수를 콜론(:)으로 구분하여 표현한다.
- 주소의 각 부분이 0으로 연속된 경우 0을 생략하여 '::'와 같이 표시하고, 주소의 한 부분이 0으로 연속된 경우 0을 생략하고 ':'만 표시할 수 있다.
- IPv4와의 호환성이 뛰어나다.
- 인증성, 기밀성, 데이터 무결성의 지원으로 보안 문제를 해결할 수 있다.
- 주소의 확장성, 융통성, 연동성이 뛰어나다.
- IPv4에 비하여 자료 전송 속도가 빠르다.
- 실시간 흐름 제어로 향상된 멀티미디어 기능을 지원한다.
- 모바일 IP나 웹 캐스팅이 용이하며, 등급별, 서비스별로 패킷을 구분할 수 있어 품질 보장도 용이하다.
- 유니캐스트, 멀티캐스트, 애니캐스트의 3가지 종류의 주소 체계로 분류되기 때문에 주소의 낭비 요인을 줄이고 간단하게 주소를 결정할 수 있다.

핵심 070 DNS / 도메인 네임

DNS (Domain Name System)	• 문자로 된 도메인 네임을 숫자로 된 IP 주소로 바꾸어 주는 역할을 하는 시스템 • DNS에 등록된 모든 호스트들을 도메인별로 계층화 시켜 관리함
도메인 네임 (Domain Name)	숫자로 된 IP 주소를 사람이 이해하기 쉬운 문자 형태로 표현한 것

01. 다음 중 인터넷에서 사용하는 DNS에 관한 설명으로 옳지 않은 것은?

① 문자로 만들어진 도메인 이름을 숫자로 된 IP 주소로 바꾸는 시스템이다.
② DNS는 Domain Name Server 또는 Domain Name System의 약자로 쓰인다.
③ DNS 서버는 IP 주소를 이용하여 패킷의 최단 전송 경로를 설정한다.
④ DNS에서는 모든 호스트들을 각 도메인별로 계층화시켜서 관리한다.

> ③번은 라우터에 대한 설명입니다.

핵심 071 URL(Uniform Resource Locator)

- 인터넷 상에 존재하는 각종 자원이 있는 위치를 나타내는 표준 주소 체계이다.
- 형식 : 프로토콜://호스트(서버) 주소[:포트 번호][/파일 경로]
  - 프로토콜 : 인터넷 서비스의 종류로 http(WWW), ftp(FTP), telnet(Telnet), news(Usenet), mailto(E-Mail) 등을 기입함
  - 서버 주소 : 검색할 정보가 위치한 서버의 호스트 주소
  - 포트 번호 : TCP 접속에 사용되는 포트 번호
  - 파일 경로 : 서비스에 접속한 후 실제 정보가 있는 경로

01. 다음 중 인터넷에서 사용하는 표준 주소 체계인 URL(Uniform Resource Locator)의 4가지 구성 요소를 순서대로 옳게 나열한 것은?

① 프로토콜, 서버 주소, 포트 번호, 파일 경로
② 서버 주소, 프로토콜, 포트 번호, 파일 경로
③ 프로토콜, 서버 주소, 파일 경로, 포트 번호
④ 포트 번호, 프로토콜, 서버 주소, 파일 경로

핵심 072 프로토콜(Protocol)

- 네트워크에서 서로 다른 컴퓨터들 간에 정보 교환을 할 수 있게 해주는 통신 규약이다.
- 프로토콜의 기능

흐름 제어	통신망에 흐르는 패킷 수를 조절하는 등의 흐름 제어(Flow Control) 기능이 있어 시스템 전체의 안정성을 유지할 수 있음
동기화	정보를 전송하기 위하여 송·수신기가 같은 상태를 유지하도록 하는 동기화(Synchronization) 기능을 수행함
오류 검출	데이터의 전송 도중에 발생하는 오류를 검출함

01. 다음 중 컴퓨터 통신에서 사용하는 프로토콜 기능에 관한 설명으로 옳지 않은 것은?

① 통신망에 전송되는 패킷의 흐름을 제어해서 시스템 전체의 안전성을 유지한다.
② 정보를 전송하기 위해 송·수신기 사이에 같은 상태를 유지하도록 동기화 기능을 수행한다.
③ 데이터 전송 도중에 발생하는 오류를 검출한다.
④ 네트워크에 접속된 다양한 단말장치를 자동으로 인식하여 호환성을 제공한다.

> 네트워크에 접속된 단말장치를 자동으로 인식하고 호환성을 제공하는 경우는 동일한 프로토콜을 사용하는 경우입니다. 운영체제가 서로 다를 경우에는 서로 호환되는 프로토콜을 설치해 주어야 인식하고 호환성을 제공합니다.

핵심 073 OSI 7계층

기종이 서로 다른 컴퓨터 간의 정보 교환을 원활히 하기 위해 국제표준화기구(OSI)에서 제정한 것으로, 네트워크를 이루고 있는 구성 요소들을 계층적 구조로 나누고 각 계층의 표준을 정한 것이다.

물리 계층 (Physical Layer)	전송에 필요한 두 장치 간의 실제 접속과 절단 등 기계적, 전기적, 기능적, 절차적 특성을 정의함
데이터 링크 계층 (Data Link Layer)	• 두 개의 인접한 개방 시스템들 간에 신뢰성 있고 효율적인 정보 전송을 할 수 있도록 함 • 흐름 제어, 프레임 동기화, 오류 제어, 순서 제어 기능 • 링크의 확립, 유지, 단절의 수단을 제공함
네트워크 계층 (Network Layer, 망 계층)	• 개방 시스템들 간의 네트워크 연결 관리(네트워크 연결을 설정, 유지, 해제), 데이터 교환 및 중계 • 경로 설정(Routing), 트래픽 제어, 패킷 정보 전송
전송 계층 (Transport Layer)	• 종단 시스템(End-to-End) 간의 신뢰성 있고 투명한 데이터 전송을 가능하게 함 • 전송 연결 설정, 데이터 전송, 연결 해제 기능
세션 계층 (Session Layer)	• 송수신측간의 관련성을 유지하고 대화 제어를 담당함 • 대화(회화) 구성 및 동기 제어, 데이터 교환 관리 기능
표현 계층 (Presentation Layer)	• 응용 계층으로부터 받은 데이터를 세션 계층에 맞게, 세션 계층에서 받은 데이터는 응용 계층에 맞게 변환하는 기능 • 코드 변환, 데이터 암호화, 데이터 압축, 구문 검색, 정보 형식(포맷) 변환 기능
응용 계층 (Application Layer)	• 사용자(응용 프로그램)가 OSI 환경에 접근할 수 있도록 서비스를 제공함 • 응용 프로세스 간의 정보 교환, 파일 전송 등의 전송 제어 기능

01. 다음 중 OSI 7계층에서 각 계층의 기능에 관한 설명으로 옳지 않은 것은?

① 세션 계층 : 송수신측 간의 관련성을 유지하고 대화 제어를 담당한다.
② 응용 계층 : 코드 변환, 데이터 암호화, 데이터 압축 기능을 제공한다.
③ 네트워크 계층 : 정보 교환 및 중계 기능, 경로 설정 기능을 제공한다
④ 물리 계층 : 전송에 필요한 두 장치 간의 실제 접속과 절단 등 기계적, 전기적, 기능적, 절차적 특성을 정의한다.

> 응용 계층은 사용자가 OSI 환경에 접근할 수 있도록 서비스를 제공합니다. 코드 변환, 데이터 암호화, 데이터 압축 기능을 제공하는 계층은 표현 계층입니다.

정답 071 1.① 072 1.④ 073 1.②

핵심 074 OSI 7계층에서 사용하는 대표적인 주소

MAC 주소	NIC(Network Interface Card)에 대한 식별자로, 데이터 링크 계층에서 사용함
IP 주소	호스트에 대한 식별자로, 네트워크 계층에서 사용함
포트 번호	호스트에서 실행되는 프로세스를 구분해 주며, 전송 계층에서 사용함
메일 주소	메일 시스템에서 사용자를 구분해 주며, 응용 계층에서 사용함

01. 다음 중 OSI 참조 모델의 7계층에서 사용하는 주소에 대한 설명으로 옳지 않은 것은?

① IP 주소는 호스트에 대한 식별자로, 네트워크 계층의 IP 프로토콜에서 사용하며, 송신자 IP 주소와 수신자 IP 주소로 구분한다.
② MAC 주소(물리적 주소)는 NIC(Network Interface Card)에 대한 식별자로 물리 계층에서 사용한다.
③ 메일 주소는 응용 계층의 메일 시스템에서 사용자를 구분하려고 사용한다.
④ 포트(Port) 번호는 전송 계층에서 사용하며, 호스트에서 실행되는 프로세스를 구분해 주고 TCP와 UDP가 독립적으로 포트 주소를 관리한다.

> MAC 주소는 NIC에 대한 식별자로 데이터 링크 계층에서 사용합니다.

01. 다음 중 인터넷에서 사용하는 TCP/IP에 대한 설명으로 옳지 않은 것은?

① 서로 다른 기종의 컴퓨터들 간 데이터를 송/수신하기 위한 표준 프로토콜이다.
② 일부 망에 장애가 있어도 다른 망으로 통신이 가능한 신뢰성을 제공한다.
③ TCP는 패킷 주소를 해석하고 최적의 경로를 결정하여 전송하는 역할을 한다.
④ IP는 OSI 7계층 중 네트워크 계층에 해당하는 프로토콜이다.

> TCP는 메시지를 송·수신자의 주소와 정보로 묶어 패킷 단위로 나누는 역할을 합니다. ③번은 IP의 역할입니다.

핵심 075 TCP/IP

인터넷에 연결된 서로 다른 기종의 컴퓨터들 간에 데이터를 주고받을 수 있도록 하는 표준 프로토콜이다.

TCP	• 메시지를 송·수신자의 주소와 정보로 묶어 패킷 단위로 나눔 • 전송 데이터의 흐름을 제어하고 데이터의 에러 유무를 검사함 • OSI 7계층 중 전송(Transport) 계층에 해당함
IP	• 패킷 주소를 해석하고 경로를 결정하여 다음 호스트로 전송함 • OSI 7계층 중 네트워크(Network) 계층에 해당함

잠깐만요 TCP/IP의 구조

OSI	TCP/IP	기능
응용 계층 표현 계층 세션 계층	응용 계층	• 응용 프로그램 간의 데이터 송·수신 제공 • TELNET, FTP, SMTP, SNMP 등
전송 계층	전송 계층	• 호스트들 간의 신뢰성 있는 통신 제공 • TCP, UDP
네트워크 계층	인터넷 계층	• 데이터 전송을 위한 주소 지정, 경로 설정 제공 • IP, ICMP, IGMP, ARP, RARP
데이터 링크 계층 물리 계층	링크 계층	• 실제 데이터를 송·수신하는 역할 • Ethernet, IEEE 802, HDLC, X.25 등

핵심 076 HTTP / ARP / RARP

HTTP	• 하이퍼텍스트 문서를 전송하기 위해 사용하는 프로토콜 • 서비스를 요청하거나 응답하는 프로토콜 구조를 가짐 • 보안이 강화된 버전을 HTTPS라고 함
ARP	IP 주소를 이용하여 물리적인 MAC 주소를 찾아주는 프로토콜
RARP	ARP와 반대로 물리적 MAC 주소를 IP 주소로 변환하는 프로토콜

01. 다음 중 HTTP 프로토콜에 대한 설명으로 옳지 않은 것은?

① 하이퍼텍스트 문서를 전송하기 위해 사용하는 프로토콜이다.
② HTTP는 서비스를 제공하거나 응답하는 프로토콜 구조를 가진다.
③ HTTP의 보안이 강화된 버전이 HTTPS이다.
④ HTTP 프로토콜에는 FTP, DNS, TELNET 등이 포함된다.

> FTP, DNS, TELNET은 HTTP 프로토콜에 포함된 것이 아니라 독립된 형태로 각각의 역할을 수행하는 프로토콜입니다.

핵심 077 전자우편

- 인터넷을 통해 다른 사람과 편지뿐만 아니라 그림, 동영상 등 다양한 형식의 데이터를 주고받을 수 있도록 해주는 서비스이다.
- 전자우편은 보내는 즉시 수신자에게 도착하므로 빠른 의견 교환이 가능하다.
- 한 사람이 동시에 여러 사람에게 동일한 전자우편을 보낼 수 있다.
- 전자우편을 보내거나 받기 위해서는 메일 서버에 사용자 계정이 있어야 한다.
- 전자우편은 기본적으로 7Bit의 ASCII 코드를 사용하여 메시지를 주고 받는다.
- 형식 : 사용자ID@메일서버_주소(도메인 이름)
- 전자우편 프로토콜

SMTP	사용자의 컴퓨터에서 작성된 메일을 다른 사람의 계정이 있는 곳으로 전송하는 프로토콜
POP3	메일 서버에 도착한 E-Mail을 사용자 컴퓨터로 가져오는 프로토콜
MIME	웹 브라우저가 지원하지 않는 각종 멀티미디어 파일의 내용을 확인하고, 실행시켜 주는 프로토콜
IMAP	로컬 서버에서 프로그램을 이용하여 전자우편을 액세스하기 위한 표준 프로토콜

01. 전자우편(E-mail) 사용에 관한 설명으로 옳지 않은 것은?

① 그림, 동영상 등 다양한 형식의 데이터를 주고 받을 수 있다.
② 동일한 내용을 여러 사람에게 보낼 수 있다.
③ 전자우편에 사용하는 프로토콜은 SMTP, POP3, MIME 등이 있다.
④ 기본적으로 16진수 Unicode를 사용하여 메시지를 전송한다.

> 전자우편은 기본적으로 7Bit의 ASCII 코드를 사용합니다.

02. 다음 중 전자우편(E-mail)에 대한 설명으로 옳지 않은 것은?

① 한 사람이 동시에 여러 사람에게 전자우편을 보낼 수 있다.
② 전체 회신은 받은 메일에 대한 답장을 발송자는 물론 참조인들에게도 전송하는 기능이다.
③ IMAP는 로컬 서버에서 프로그램을 이용하여 전자우편을 액세스하기 위한 표준 프로토콜이다.
④ SMTP는 메일 서버에 도착한 이메일을 사용자 컴퓨터로 가져올 수 있도록 메일 서버에서 제공하는 프로토콜이다.

> 이메일을 보낼 때는 SMTP, 받을 때는 POP3 프로토콜을 사용합니다.

핵심 078 FTP(파일 전송 프로토콜)

- 컴퓨터와 컴퓨터 또는 컴퓨터와 인터넷 사이에서 파일을 주고받을 수 있도록 하는 원격 파일 전송 프로토콜이다.
- FTP를 이용하여 파일의 전송(Upload)과 수신(Download), 삭제, 이름 변경 등의 작업을 할 수 있다.
- 파일의 업로드나 다운로드 서비스를 제공하는 컴퓨터를 FTP 서버, 파일을 제공받는 컴퓨터를 FTP 클라이언트라고 한다.
- FTP 서버에 있는 프로그램은 다운로드 후에만 실행이 가능하다.
- 그림 파일, 동영상 파일, 압축된 형태의 파일을 전송할 때에는 Binary 모드를, 텍스트 파일을 전송할 때에는 ASCII 모드를 사용한다.
- Anonymous FTP(익명 FTP) : 계정(Account)이 없는 사용자도 접근하여 사용할 수 있는 FTP 서비스

01. 다음 중 인터넷 서비스와 관련하여 FTP(File Transfer Protocol)에 관한 설명으로 옳지 않은 것은?

① 컴퓨터와 컴퓨터 사이에 파일을 주거나 받을 수 있는 원격 파일 전송 프로토콜이다.
② 웹 브라우저에서 FTP를 사용할 수 있다.
③ 기본적으로 그림 파일은 Binary 모드로, 텍스트 파일은 ASCII 모드로 전송한다.
④ FTP 서버에 있는 프로그램은 접속 후에 서버에서 바로 실행시킬 수 있다.

> FTP 서버에 있는 프로그램을 서버에서 바로 실행시킬 수는 없고, 다운로드 후에만 실행할 수 있습니다.

핵심 079 기타 인터넷 서비스

WWW	• 텍스트, 그림, 동영상 등 인터넷에 존재하는 다양한 멀티미디어 형식의 정보를 거미줄처럼 연결해 놓은 종합 정보 서비스 • HTTP 프로토콜을 사용하는 하이퍼텍스트 기반으로 되어 있음 • 송 · 수신 에러의 제어를 위해 HTTP 프로토콜을 사용함 • WWW를 효과적으로 검색할 수 있도록 도와주는 프로그램을 웹 브라우저라고함
Tracert	• 인터넷 서버까지의 경로를 추적하는 명령어로, IP 주소, 목적지까지 거치는 경로의 수, 각 구간 사이의 데이터 왕복 속도를 확인할 수 있음 • 특정 사이트가 열리지 않을 때 해당 서버가 문제인지 인터넷 망이 문제인지를 알아볼 수 있음 • 인터넷 속도가 느릴 때 어느 구간에서 정체를 일으키는지를 알아볼 수 있음 • 예 Tracert 211.31.119.151(도스 창에 입력)
WAIS	여러 곳에 흩어져 있는 방대한 데이터베이스로부터 정보를 검색할 수 있도록 하는 서비스
Nslookup (Name Server lookup)	도메인 네임 서버 검색 서비스로, 도메인 네임을 이용하여 IP 주소를 찾을 수 있음

01. 다음 중 인터넷과 관련하여 WWW(World Wide Web)에 관한 설명으로 옳지 않은 것은? 23.상시, 10.3, 08.2

① 멀티미디어 형식의 정보를 제공하여 줄 수 있다.
② 하이퍼텍스트를 기반으로 하는 HTTP 프로토콜을 사용한다.
③ 웹페이지는 서버에서 정보를 제공하여 주고 클라이언트에서는 웹 브라우저를 통해 정보를 검색하고 제공받는다.
④ 멀티미디어 정보의 송수신 에러를 제어하기 위해 SMTP 프로토콜을 사용한다.

> WWW는 멀티미디어 정보의 송·수신 에러를 제어하기 위해 HTTP 프로토콜을 사용합니다. SMTP(Simple Mail Transfer Protocol)는 작성한 메일을 전송할 때 사용하는 프로토콜입니다.

02. 다음 중 인터넷 서버까지의 경로를 추적하는 명령어인 'Tracert'의 실행 결과에 관한 설명으로 옳지 않은 것은? 22.상시, 20.1, 16.3, 14.2, 13.2

① IP 주소, 목적지까지 거치는 경로의 수, 각 구간 사이의 데이터 왕복 속도를 확인할 수 있다.
② 특정 사이트가 열리지 않을 때 해당 서버가 문제인지 인터넷 망이 문제인지 확인할 수 있다.
③ 인터넷 속도가 느릴 때 어느 구간에서 정체를 일으키는지 확인할 수 있다.
④ 현재 자신의 컴퓨터에 연결된 다른 컴퓨터의 IP 주소나 포트 정보를 확인할 수 있다.

> ④번은 Netstat에 대한 설명입니다.

25.상시, 24.상시, 23.상시, 22.상시, 21.상시, 20.상시, 20.2, 20.1, 19.2, ...

핵심 080 ICT 신기술 관련 용어

- **클라우드 컴퓨팅(Cloud Computing)**
  - 하드웨어·소프트웨어 등의 컴퓨팅 자원을 자신이 필요한 만큼 빌려 쓰고 이에 대한 사용요금을 지급하는 방식의 컴퓨팅 서비스
  - 웹 기반 애플리케이션을 활용하여 인터넷 개인 서버에서 대용량 데이터베이스를 처리하고 저장한 데이터를 PC, 스마트폰, Pad 등의 단말기에서 불러오거나 가공할 수 있음

- **사물 인터넷(IoT; Internet of Things)**
  - 세상에 존재하는 모든 사물을 네트워크로 연결해 인간과 사물, 사물과 사물 간 언제 어디서나 서로 소통할 수 있게 하는 새로운 정보 통신 환경으로, 개인 맞춤형 스마트 서비스를 지향함
  - 스마트 센싱 기술과 무선 통신 기술을 융합하여 실시간으로 데이터를 주고받음

- **위치 기반 서비스(LBS)** : 통신 기술과 GPS, 그리고 컴퓨터에 저장된 데이터베이스를 이용하여 위치와 부가 서비스를 제공하는 기술로, 현재 위치 정보, 실시간 교통 정보 등 다양한 서비스를 제공함

- **테더링(Tethering)** : 인터넷에 연결된 기기를 이용하여 다른 기기도 인터넷 사용이 가능하도록 해주는 기술로, 노트북과 같은 IT 기기를 휴대폰에 연결하여 무선 인터넷을 사용할 수 있음

- **텔레매틱스(Telematics)** : 통신(Telecommunication)과 정보과학(Informatics)의 합성어로, 자동차에 정보 통신 기술과 정보 처리기술을 융합하여 운전자에게 다양한 멀티미디어 서비스를 제공하는 것

- **핀테크(FinTech)**
  - 금융(Finance)과 기술(Technology)의 합성어로, 금융과 기술의 융합을 통한 금융 서비스 및 산업의 변화를 통칭함
  - 모바일, SNS, 빅 데이터 등 새로운 IT 기술 등을 활용하여 간편 결제 및 송금, 자산 관리, 크라우드 펀딩, 로보 어드바이저 등의 서비스를 제공함

- **LPWA(Low Power Wide Area, 저전력 광역 통신망)**
  - 저전력, 저비용을 기반으로 소량의 데이터의 장거리 전송과 안정적인 통신을 지원하는 통신망
  - 사물 인터넷(IoT)에서 무선 광역 네트워크로 사용됨

- **메타버스(Metaverse)**
  - 가공(Meta)과 현실 세계(Universe)의 합성어로, 현실 세계와 같은 사회·경제·문화 활동이 이뤄지는 3차원 가상 세계를 가리킴
  - 1992년 미국 SF 작가 닐 스티븐슨의 소설 '스노 크래시'에 처음 등장하였음

- **와이파이(WiFi; Wireless-Fidelity)**
  - 2.4GHz대를 사용하는 무선 랜(WLAN) 규격(IEEE 802.11b)에서 정한 제반 규정에 적합한 제품에 주어지는 인증 마크
  - 무선 신호를 전달하는 AP를 중심으로 데이터를 주고받는 인프라스트럭쳐(Infrastructure) 모드와 AP 없이 데이터를 주고받는 애드혹(Ad Hoc) 모드가 있음
  - 유선 랜을 무선화한 것으로 사용 거리에 제한이 있음
  - 3G 이동통신에 비해 전송 속도가 빠르고 전송 비용이 저렴함

- **RFID(Radio Frequency IDentification)**
  - 사물에 전자 태그를 부착하고 주파수를 이용해 ID를 식별하는 방식으로 전파를 이용해 정보를 인식하는 기술
  - 태그의 종류에 따라 데이터를 반복적으로 기록할 수 있으며, 물리적 손상이 없는 한 반영구적으로 사용할 수 있음
  - 주파수의 종류나 환경에 따라 적용 범위나 대상에 제약이 있음

- **USN(Ubiquitous Sensor Network)**
  - 모든 사물에 부착된 RFID 태그 또는 센서를 통해 탐지된 사물의 인식 정보는 물론 주변의 온도, 습도, 위치정보, 압력, 오염 및 균열 정도 등과 같은 환경 정보를 네트워크와 연결하여 실시간으로 수집하고 관리하는 네트워크 시스템
  - 텔레매틱스, 동물관리, 교통관리, 공해감시, 유통분야, 물류분야, 홈 네트워크 등 거의 모든 분야에 응용할 수 있음

- **지그비(Zigbee)** : 저전력, 저비용, 저속도와 2.4GHz를 기반으로 하는 홈 자동화 및 데이터 전송을 위한 무선 네트워크 규격으로, 전력 소모를 최소화 하는 대신 반경 30m 내에서만 데이터 전송이 가능함

- **빅 데이터(Big Data)** : 기존의 관리 방법이나 분석 체계로는 처리하기 어려운 막대한 양의 데이터 집합으로, 스마트 단말의 빠른 확산, 소셜 네트워크 서비스의 활성화 등으로 데이터 폭발이 더욱 가속화되고 있음

- **데이터 마이닝(Data Mining)** : 통계 기법, 수학적 기법이나 인공지능 등을 이용하여 대량의 데이터에 숨어 있는 유용한 정보를 추출해내는 기술
- **블록체인(Blockchain)** : P2P 네트워크를 이용하여 온라인 금융 거래 정보를 온라인 네트워크 참여자(Peer)의 디지털 장비에 분산 저장하는 기술로, 공공 거래 장부라고도 불림

01. 다음 중 스마트폰을 모뎀처럼 활용하는 방법으로, 컴퓨터나 노트북 등의 IT 기기를 스마트폰에 연결하여 무선 인터넷을 사용할 수 있게 하는 기능은? 24.상시, 22.상시, 21.상시, 20.2, 19.1, 15.3

① 와이파이(WiFi)
② 블루투스(Bluetooth)
③ 테더링(Tethering)
④ 와이브로(WiBro)

02. 다음 중 사물 인터넷에 대한 설명으로 옳지 않은 것은? 23.상시, 22.상시, 21.상시, 17.1

① IoT(Internet of Things)라고도 하며 개인 맞춤형 스마트 서비스를 지향한다.
② 사람을 제외한 사물과 공간, 데이터 등을 이더넷으로 서로 연결시켜주는 무선 통신 기술을 의미한다.
③ 스마트 센싱 기술과 무선 통신 기술을 융합하여 실시간으로 데이터를 주고받는 기술이다.
④ 사물 인터넷 기반 서비스는 개방형 아키텍처를 필요로 하기 때문에 정보 공유에 대한 부작용을 최소화하기 위한 정보보안기술의 적용이 중요하다.

> 사물 인터넷은 사람, 사물, 공간, 데이터 등 세상에 존재하는 모든 사물을 이더넷으로 서로 연결시켜주는 무선 통신 기술입니다.

01. 다음 중 컴퓨터에서 사용하는 멀티미디어의 특징에 관한 설명으로 옳지 않은 것은? 22.상시, 21.상시, 18.상시, 16.3, 12.2, 11.3, 10.3, …

① 다양한 아날로그 데이터를 디지털 데이터로 변화하여 통합 처리 하는 디지털화 특징이 있다.
② 정보 제공자와 사용자 간의 의견을 통한 상호 작용에 의해 데이터가 전달되는 쌍방향성의 특징이 있다.
③ 데이터가 사용자의 선택에 따라 다양하게 처리되는 것이 아니라 일정한 방향으로 순차적으로 처리되는 선형성의 특징이 있다.
④ 텍스트, 그래픽, 사운드, 동영상, 애니메이션 등의 여러 미디어를 통합하는 정보의 통합성 특징이 있다.

> 멀티미디어 데이터는 일정한 방향으로 순차적으로 처리되는 것이 아니라 사용자의 선택에 따라 다양한 방향으로 처리됩니다.

24.상시, 22.상시, 21.상시, 18.1, 07.2, 06.3, 06.1, 03.4, 03.3, 03.2, 02.3

핵심 082 사운드 카드 관련 용어

사운드 카드는 컴퓨터에서 소리를 재생하거나 녹음하는 데 사용되는 장치이다.

- **샘플링(Sampling)** : 음성, 영상 등의 아날로그 신호를 일정 시간 간격으로 검출하는 단계로, 아날로그 신호를 디지털 신호로 변환하는 과정 중 한 단계임
- **샘플링률(Sampling Rate)**
  - 아날로그 신호를 디지털 신호로 변환하는 횟수를 의미함
  - 샘플링률이 높을수록 원음에 가까움
- **샘플링 주파수(Sampling Frequency)**
  - 1초 동안 샘플링되는 횟수를 의미함
  - 샘플링 주파수가 클수록 고음역대의 소리까지 폭넓게 샘플링할 수 있지만 많은 기억 용량이 필요하므로 원래 신호 주파수의 2배 정도가 적당함
- **샘플링 비트(Sampling Bit) 수**
  - 표현할 수 있는 서로 다른 음의 종류를 의미함
  - 비트 수가 많을수록 자연음에 가까운 음이 출력됨

01. 다음 중 사운드 카드 관련 용어에 대한 설명으로 옳지 않은 것은? 24.상시, 22.상시, 21.상시, 18.1

① 샘플링(Sampling)은 아날로그 신호를 디지털 신호로 변환하는 과정 중 한 단계이다.
② 샘플링률(Sampling Rate)이 높으면 높을수록 원음에 보다 가깝다.
③ 샘플링 주파수(Sampling Frequency)는 낮으면 낮을수록 좋다.
④ 샘플링 비트(Sampling Bit) 수는 음질에 영향을 미친다.

> 샘플링 주파수는 높을수록 좋습니다. 다만 많은 기억 용량이 필요하므로 원래 신호 주파수의 2배 정도가 적당합니다.

22.상시, 21.상시, 20.1, 18.상시, 16.3, 16.1, 14.3, 13.3, 12.2, 11.3, 10.3, 09.3, …

핵심 081 멀티미디어

- Multi(다중)와 Media(매체)의 합성어로 텍스트, 그래픽, 사운드 등의 매체를 디지털로 통합하여 전달한다.
- **특징**
  - **디지털화(Digitalization)** : 다양한 아날로그 데이터를 디지털 데이터로 변환하여 통합 처리함
  - **상호 작용성(Interaction) : 쌍방향성** : 정보 제공자의 선택에 의해 일방적으로 데이터가 전달되는 것이 아니라 정보 제공자와 사용자 간의 의견을 통한 상호 작용에 의해 데이터가 전달됨
  - **비선형성(Non-Linear)** : 데이터가 일정한 방향으로 순차적으로 처리되는 것이 아니라 사용자의 선택에 따라 다양한 방향으로 처리됨
  - **정보의 통합성(Integration)** : 텍스트, 그래픽, 사운드, 동영상, 애니메이션 등의 여러 미디어를 통합하여 처리함

25.상시, 22.상시, 21.상시, 19.상시, 10.3, 09.3, 08.2, 07.4, 07.1, 05.1

핵심 083 스트리밍 기술

- 웹에서 오디오, 비디오 등의 멀티미디어 데이터를 다운로드하면서 동시에 재생해 주는 기술을 말한다.
- 수신한 데이터는 일반적으로 컴퓨터에 저장할 수 없다.
- 재생 가능한 데이터 형식 : *.ram, *.asf, *.wmv, *.asx, *.wmp, *.wma 등

01. 동영상 파일을 다운로드한 후 이를 재생하기 위해 많은 시간을 기다려야하는 문제점이 있다. 다음 중 이 문제를 해결하기 위해 별도의 다운로드 절차없이 실시간으로 재생해 주는 리얼 네트워크사의 개발 기술은? 25.상시, 22.상시, 21.상시, 09.3, 08.2, 07.4, 05.1

① 필터링(Filtering)
② 모핑(Morphing)
③ 스트리밍(Streaming)
④ 랜더링(Rendering)

23.상시, 22.상시, 21.상시, 20.2

핵심 084 압축 프로그램

- 압축 프로그램은 중복되는 데이터를 이용하여 파일의 크기를 줄이는 것이다.
- 디스크 공간을 효율적으로 사용할 수 있다.
- 여러 개의 파일을 하나의 파일로 압축하면 파일 관리가 용이하다.
- 파일 전송 시 시간 및 비용의 절감 효과를 얻을 수 있다.
- 파일 압축 시 암호를 지정하거나 분할 압축이 가능하다.
- 이미 압축한 파일을 재압축해도 파일 크기는 변화가 없다.

01. 다음 중 컴퓨터에서 사용하는 압축 프로그램에 관한 설명으로 옳지 않은 것은? 23.상시, 22.상시, 21.상시, 20.2

① 압축한 파일을 모아 재압축을 반복하면 파일 크기를 계속 줄일 수 있다.
② 여러 개의 파일을 압축하면 하나의 파일로 생성되어 파일 관리가 용이하다.
③ 대부분의 압축 프로그램에는 분할 압축이나 암호 설정 기능이 있다.
④ 파일의 전송시간과 비용을 절약하고, 디스크 공간을 효율적으로 사용할 수 있다.

> 같은 파일을 다시 압축한다고 해서 압축 알고리즘이 바뀌는 것이 아니기 때문에 추가적인 압축 효과를 기대할 수는 없습니다.

24.상시, 23.상시, 22.상시, 21.상시, 20.상시, 19.2, 19.1, 18.2, 17.1, 15.1, …

핵심 085 그래픽 기법

- 디더링(Dithering) : 제한된 색상을 조합하여 복잡한 색이나 새로운 색을 만드는 작업
- 렌더링(Rendering) : 3차원 애니메이션을 만드는 과정 중의 하나로 물체의 모형에 명암과 색상을 입혀 사실감을 더해 주는 작업
- 모델링(Modeling) : 렌더링을 하기 전에 수행되는 작업으로, 표현될 물체의 3차원 그래픽 형상을 정하는 작업
- 모핑(Morphing) : 두 개의 이미지를 부드럽게 연결하여 변환·통합하는 것으로, 컴퓨터 그래픽, 영화 등에서 많이 응용함
- 필터링(Filtering) : 이미 작성된 그림을 필터 기능을 이용하여 여러 가지 형태의 새로운 이미지로 바꿔주는 작업
- 리터칭(Retouching) : 기존의 이미지를 다른 형태로 새롭게 변형·수정하는 작업
- 인터레이싱(Interlacing) : 그림 파일을 표시하는 데 있어서 이미지의 대략적인 모습을 먼저 보여준 다음 점차 자세한 모습을 보여주는 기법
- 안티앨리어싱(Anti-Aliasing) : 이미지의 가장자리가 톱니 모양으로 표현되는 계단 현상(Aliasing)을 없애기 위하여 경계선을 부드럽게 해주는 필터링 기술

01. 다음 중 멀티미디어와 관련된 그래픽 기법에 관한 설명으로 옳은 것은? 23.상시, 22.상시, 15.1

① 안티앨리어싱(Anti-Aliasing)은 제한된 색상을 조합하여 복잡한 색이나 새로운 색을 만드는 작업이다.
② 모델링(Modeling)은 3차원 애니메이션을 만드는 과정 중의 하나로 물체의 모형에 명암과 색상을 입혀 사실감을 더해 주는 작업이다.
③ 모핑(Morphing)은 2개의 이미지를 부드럽게 연결하여 변환 또는 통합하는 것으로 컴퓨터 그래픽, 영화 등에서 많이 사용된다.
④ 랜더링(Rendering)은 이미지 가장자리의 톱니 모양 같은 계단 현상을 제거하여 경계선을 부드럽게 하는 필터링 기술이다.

> ① 안티앨리어싱은 이미지의 가장자리가 톱니 모양으로 표현되는 계단 현상을 없애기 위하여 경계선을 부드럽게 해주는 필터링 기술을 의미합니다. ①번은 디더링에 대한 설명입니다.
> ② 모델링은 렌더링을 하기 전에 수행되는 작업으로, 물체의 형상을 3차원 그래픽으로 어떻게 표현할 것인지를 정하는 것입니다. ②번은 랜더링에 대한 설명입니다.

정답 083 1.③ 084 1.① 085 1.③

핵심 086 그래픽 데이터의 표현 방식

비트맵 (Bitmap)	• 점(Pixel, 화소)으로 이미지를 표현하는 방식으로, 래스터(Raster) 이미지라고도 함 • 이미지를 확대하면 테두리가 거칠게 표현되는 계단 현상(Aliasing)이 발생하기 때문에 이를 제거하는 안티앨리어싱(Anti-Aliasing) 처리를 해야 함 • 다양한 색상을 사용하므로 사진과 같은 사실적인 이미지를 표현할 수 있음 • 화면 표시 속도가 빠르지만 이미지 저장 시 벡터 방식에 비해 많은 용량을 차지함 • 파일 형식 : BMP, TIF, GIF, JPEG, PCX, PNG 등 • 프로그램 : 그림판, 포토샵, 페인트샵 등
벡터 (Vector)	• 점과 점을 연결하는 직선이나 곡선을 이용하여 이미지를 표현하는 방식 • 이미지를 확대해도 테두리가 거칠어지지 않고, 매끄럽게 표현됨 • 단순한 도형과 같은 개체를 표현하기에 적합함 • 파일 형식 : DXF, AI, WMF 등 • 프로그램 : 일러스트레이터, 코렐드로우, 플래시 등

01. 다음 중 이미지와 그래픽에서 사용되는 비트맵 방식의 파일 형식에 관한 설명으로 옳지 않은 것은?

① 래스터 방식이라고도 하며 다양한 색상을 사용하므로 사실 같은 이미지를 표현할 수 있다.
② 베지어, 스플라인 등의 곡선을 이용하여 이미지를 표현하므로 확대/축소 시 화질의 손상이 거의 없다.
③ 이미지를 확대하면 테두리가 거칠게 표현된다.
④ 비트맵 파일 형식으로는 BMP, GIF, JPEG 등이 있다.

②번은 벡터(Vector) 방식에 대한 설명입니다.

02. 다음 중 컴퓨터 그래픽과 관련하여 벡터(Vector) 이미지에 관한 설명으로 옳지 않은 것은?

① 픽셀로 이미지를 표현하며, 래스터(Raster) 이미지라고도 한다.
② 점을 연결하는 직선이나 곡선을 이용하여 이미지를 구성한다.
③ 대표적인 파일 형식에는 AI, WMF 등이 있다.
④ 이미지의 크기를 확대하여도 화질에 손상이 없다.

①번은 비트맵(Bitmap) 이미지에 대한 설명입니다.

핵심 087 그래픽 파일 형식

BMP	• Windows의 표준 비트맵 파일 형식 • 고해상도의 이미지를 표현할 수 있지만 압축을 하지 않으므로 파일의 크기가 큼
JPEG (JPG)	• 사진과 같은 선명한 정지 영상을 표현하기 위한 국제 표준 압축 방식 • 파일 크기가 작아 전송 시간을 단축할 수 있으므로 주로 인터넷에서 그림 전송에 사용함 • 24비트 컬러 사용으로 16,777,216(2^{24})가지의 색을 표현할 수 있음 • 손실 압축 기법과 무손실 압축 기법을 사용함 • 평균 25:1의 압축률을 가지며, 사용자가 임의로 압축률을 지정할 수 있음
GIF	• 인터넷 표준 그래픽 형식 • 8비트 컬러를 사용하여 256(2^8)가지로 색의 표현이 제한됨 • 애니메이션 표현이 가능함 • 무손실 압축 기법을 사용하여 선명한 화질을 제공함
PNG	• 웹에서 최상의 이미지를 표현하기 위해 제정한 그래픽 형식 • GIF를 대체하여 인터넷에서 사용할 수 있는 형식이지만 애니메이션은 표현할 수 없음 • 8비트 알파 채널을 이용하여 부드러운 투명층을 표현할 수 있음 • 무손실 압축 기법을 사용하며, 트루 컬러를 지원함
WMF	Windows에서 기본적으로 사용하는 벡터 파일 형식

01. 다음 중 멀티미디어와 관련하여 그래픽 파일 형식에 관한 설명으로 옳지 않은 것은?

① BMP 파일 형식은 Windows 표준 비트맵 파일 형식으로 고해상도 이미지를 표현하지만 무손실 압축을 사용하기 때문에 파일의 크기가 작다.
② GIF 파일 형식은 인터넷 표준 그래픽 형식으로 8비트 컬러를 사용하여 256가지의 색을 표현할 수 있다.
③ JPEG 파일 형식은 사진과 같은 정지영상을 표현하기 위한 국제 표준 압축 방식으로 주로 인터넷에서 사용한다.
④ WMF 파일 형식은 점과 점을 연결하는 직선이나 곡선을 이용하여 이미지를 표현하는 벡터 파일 형식이다.

BMP는 압축을 하지 않으므로 파일의 크기가 큽니다.

02. 다음 중 멀티미디어와 관련하여 JPEG 파일 형식에 관한 설명으로 옳지 않은 것은?

① 사진과 같은 정지 영상을 표현하기 위한 국제 표준 압축 방식이다.
② 24비트 컬러를 사용하여 트루 컬러로 이미지를 표현한다.
③ 사용자가 압축률을 지정해서 이미지를 압축하는 압축 기법을 사용할 수 있다.
④ 이미지를 확대해도 테두리가 거칠어지지 않고 매끄럽게 표현된다.

JPEG는 점(Pixel)으로 이미지를 표현하기 때문에 이미지를 확대하면 테두리가 거칠게 표현되는 비트맵 방식의 파일입니다.

24.상시, 22.상시, 21.상시, 19.1, 06.4, 05.1 3207031

핵심 088 : 시퀀싱 / P2P

시퀀싱 (Sequencing)	• 컴퓨터를 이용하여 음악을 제작, 녹음, 편집하는 것 • 시퀀싱 작업에 필요한 소프트웨어를 시퀀서라고 함
P2P	• Peer To Peer의 약자로서 개인 대 개인이라는 의미를 가짐 • 네트워크에서 개인 대 개인이 PC를 이용하여 서로 데이터를 공유하는 방식을 의미함

01. 다음 중 시퀀싱(Sequencing)에 대한 설명으로 옳은 것은?

24.상시, 22.상시, 21.상시

① 컴퓨터를 이용하여 음악을 제작, 녹음, 편집하는 작업을 의미한다.
② 멀티미디어 데이터를 다운로드하면서 동시에 재생해 주는 기술이다.
③ 음성, 영상 등의 아날로그 신호를 디지털 신호로 변환하는 과정이다.
④ 전자악기 간의 디지털 신호에 의한 통신이나 컴퓨터와 전자악기 간의 통신규약이다.

②번은 스트리밍(Streaming), ③번은 샘플링(Sampling), ④번은 MIDI에 대한 설명입니다.

02. 다음 중 컴퓨터 통신과 관련하여 P2P 방식에 관한 설명으로 옳은 것은?

21.상시, 19.1, 06.4, 05.1

① 인터넷에서 이루어지는 개인 대 개인의 파일 공유를 위한 기술이다.
② 인터넷을 통해 MP3를 제공해 주는 기술 및 서비스이다.
③ 인터넷을 통해 동영상을 상영해 주는 기술 및 서비스이다.
④ 여러 사용자가 동시에 온라인 게임을 할 수 있도록 제공해 주는 기술이다.

25.상시, 21.상시, 19.1, 17.1, 16.2, 15.2, 14.2, 13.3, 12.1, 09.2, 09.1, 08.4, ... 1260081

핵심 089 : 비디오 데이터

MPEG	• 동영상 전문가 그룹에서 제정한 동영상 압축 기술에 대한 국제 표준 규격 • 동영상 뿐만 아니라 오디오도 압축할 수 있음 • 프레임 간의 연관성을 고려하여 중복 데이터를 제거함으로써 압축률을 높이는 손실 압축 기법을 사용함
AVI	• 마이크로소프트(MS) 사가 개발한 Windows의 표준 동영상 파일 형식 • Windows에서 기본적으로 지원하므로 별도의 하드웨어 장치 없이 재생할 수 있음
ASF /WMV	• 인터넷을 통해 오디오, 비디오 및 생방송 수신 등을 지원하는 마이크로소프트 사의 통합 멀티미디어 형식으로, 스트리밍을 위한 표준 기술 규격 • 용량이 작고, 음질이 뛰어나 주로 스트리밍 서비스를 하는 인터넷 방송국에서 사용됨 • WMV는 ASF보다 최신 버전으로, ASF와 사용하는 코덱이 다름

01. 다음 중 멀티미디어와 관련하여 MPEG(Moving Picture Experts Group)에 관한 설명으로 옳지 않은 것은?

25.상시, 21.상시, 08.4, 04.4

① 동영상 전문가 그룹에서 제정한 동영상 압축 기술에 대한 국제 표준 기술이다.
② MPEG1, MPEG4, MPEG7, MPEG21 등의 규격이 있다.
③ 프레임 간의 연관성을 고려하여 중복 데이터를 제거하는 비손실 압축 기법을 사용한다.
④ 동영상뿐만 아니라 오디오 데이터도 압축할 수 있다.

MPEG는 프레임 간의 연속성을 고려하여 중복 데이터를 제거함으로써 압축률을 높이는 손실 압축 기법을 사용합니다.

23.상시, 21.상시, 20.2, 13.1, 12.3, 09.4, 06.1, 04.2, 03.2, 03.1 1260082

핵심 090 : MPEG 규격

MPEG-1	CD와 같은 고용량 매체에서 동영상을 재생 하기 위한 것으로, CD나 CD-I에서 사용함
MPEG-2	• ISO 13818로 규격화된 영상 압축 기술 • MPEG-1의 화질 개선을 위한 것으로 HDTV, 디지털 위성방송, DVD 등에서 사용함
MPEG-4	통신·PC·방송 등을 결합하는 양방향 멀티미디어 서비스의 구별을 통해 화상 통신이 가능한 것으로, MPEG-2의 압축률을 개선하였음
MPEG-7	멀티미디어 정보 검색이 가능한 동영상, 데이터 검색 및 전자상거래 등에 사용하도록 개발되었음
MPEG-21	위의 MPEG 기술들을 통합해 디지털 콘텐츠의 제작·유통·보안 등 전 과정을 관리할 수 있는 기술

01. 다음 중 디지털 콘텐츠의 생성·거래·전달·관리 등 전체 과정을 관리할 수 있는 기술로 멀티미디어 프레임워크의 MPEG 표준은?

23.상시, 21.상시, 20.2

① MPEG-1 ② MPEG-3
③ MPEG-7 ④ MPEG-21

핵심 091 멀티미디어 활용

VOD(Video On Demand, 주문형 비디오)
- 다양한 정보의 데이터베이스를 구축하여 사용자가 요구하는 정보를 원하는 시간에 볼 수 있도록 전송하는 멀티미디어 서비스이다.
- 정보 제공자의 선택에 의해 정보를 서비스하는 것이 아니라 사용자의 선택에 의해 정보를 서비스해 준다.

OTT(Over The Top)
- 영화 등의 영상 콘텐츠를 인터넷을 통해 제공하는 서비스이다.
- 스트리밍 기술을 기반으로 하기 때문에 셋톱박스나 PC, 스마트폰 등 인터넷이 연결된 각종 전자기기를 통해 영상을 시청할 수 있다.
- 사용자는 자신이 선호하는 콘텐츠를 검색하거나 알고리즘을 통해 콘텐츠를 추천받을 수 있다.

증강현실(AR; Augmented Reality)
사용자가 눈으로 보는 현실 세계의 모습이나 실제 영상에 문자나 그래픽과 같은 가상의 3차원 정보를 실시간으로 겹쳐 보여주는 새로운 멀티미디어 기술을 말한다.

01. 다음 중 컴퓨터에서 사용하는 멀티미디어 활용과 관련하여 VOD(Video On Demand) 서비스에 관한 설명으로 옳은 것은?

① 초고속 통신망을 이용하여 먼거리에 있는 사람들과 비디오와 오디오를 통해 회의를 할 수 있도록 하는 서비스이다.
② 다양한 영상 정보 데이터베이스를 구축하여 사용자가 요구하는 영상 정보를 원하는 시간에 볼 수 있도록 하는 서비스이다.
③ 다양한 장치를 통해 컴퓨터가 만들어낸 가상 세계에서 여러 다른 경험을 체험할 수 있게 하는 서비스이다.
④ 초고속 통신망을 이용하여 의료 활동 등을 할 수 있는 서비스이다.

> ①번은 VCS(화상회의 시스템), ③번은 가상현실(Virtual Reality), ④번은 원격진료에 대한 설명입니다.

02. 다음 중 OTT(Over The Top) 서비스에 대한 설명으로 옳지 않은 것은?

① Over The Top에서 Top는 TV의 셋톱박스를 의미하며, 현재도 셋톱박스를 사용해야 서비스 이용이 가능하다.
② 전파나 케이블이 아닌 범용 인터넷망으로 방송 프로그램, 영화 등의 영상 콘텐츠를 제공한다.
③ 기존 방송 콘텐츠와 달리 사용자가 자신이 선호하는 콘텐츠를 검색하거나 알고리즘을 통해 콘텐츠를 추천받을 수 있다.
④ 실시간으로 재생되는 스트리밍 기술을 기반으로 한다.

> Over The Top에서 Top은 TV의 셋톱박스를 의미하며, 초기에는 셋톱박스를 통해 각종 영상을 시청할 수 있었지만 현재는 셋톱박스를 비롯하여 PC, 스마트폰 등 인터넷이 연결된 각종 전자기기를 통해 영상을 시청할 수 있습니다.

핵심 092 저작권법

- 저작자의 권리와 이에 인접하는 권리를 보호하고 저작물의 공정한 이용을 도모함으로써 문화의 발전에 이바지함을 목적으로 한다.
- 저작권은 프로그램을 작성하기 위하여 사용하고 있는 프로그램 언어, 규약 및 해법에는 적용하지 않는다.
- 원저작물을 번역, 편곡, 변형, 각색, 영상제작 그 밖의 방법으로 작성한 2차적 창작물도 독자적인 저작물로서 보호된다.
- 저작 재산권이 있는 소프트웨어를 복사하여 판매하였을 경우 저작권법에 저촉된다.

01. 다음 중 저작권법에 대한 설명으로 가장 적절하지 않은 것은?

① 저작권법은 저작자의 권리를 보호함을 목적으로 한다.
② 원저작물을 번역, 편곡, 변형 등의 방법으로 작성한 2차적 저작물도 독자적인 저작물로서 보호된다.
③ 프로그램을 작성하기 위하여 사용하고 있는 프로그램 언어와 해법에도 적용된다.
④ 저작 재산권이 있는 소프트웨어를 복사하여 판매한 경우 저작권법에 저촉된다.

> 저작권법은 프로그램을 작성하기 위하여 사용하는 프로그램 언어, 규약, 해법에는 적용되지 않습니다.

핵심 093 바이러스

- 컴퓨터의 정상적인 작동을 방해하기 위해 운영체제나 저장된 데이터에 손상을 입히는 프로그램이다.
- 바이러스는 디스크의 부트 영역이나 프로그램 영역에 숨어 있다.
- 바이러스는 주로 복제품을 사용하거나 인터넷과 같은 통신매체를 통해 다운받은 프로그램에 의해 감염된다.
- 바이러스는 소프트웨어뿐만 아니라 하드웨어의 성능에도 영향을 미칠 수 있다.
- 바이러스 감염 증상
  - 시스템 파일이 손상되어 부팅(Booting)이 정상적으로 수행되지 않음
  - 파일의 크기가 커지고, 프로그램의 속도가 느려짐
  - 디스크를 인식하지 못하거나, 디스크 볼륨명이 변경될 수도 있음
  - 특정 날짜가 되면 화면에 이상한 메시지가 표시됨
- 연결형 바이러스 : 프로그램을 직접 감염시키지 않고 디렉터리 영역에 저장된 프로그램의 시작 위치를 바이러스의 시작 위치로 변경하는 바이러스

01. 다음 중 바이러스 감염 증상에 대한 설명으로 옳지 않은 것은?
23.상시, 21.상시

① 특정 날짜가 되면 화면에 이상한 메시지가 표시된다.
② 디스크를 인식하지 못하거나, 디스크 볼륨명이 변경될 수도 있다.
③ 파일의 크기가 작아지고, 프로그램의 실행 속도가 빨라진다.
④ 시스템 파일이 손상되어 부팅(Booting)이 정상적으로 수행되지 않는다.

> 바이러스에 감염되면 파일의 크기가 커지고, 프로그램은 실행되지 않거나 속도가 느려집니다.

02. 다음 중 바이러스에 대한 설명으로 옳지 않은 것은?
24.상시, 22.상시, 19.2

① 감염 부위에 따라 부트 바이러스와 파일 바이러스로 구분한다.
② 사용자 몰래 스스로 복제하여 다른 프로그램을 감염시키고, 정상적인 프로그램이나 다른 데이터 파일 등을 파괴한다.
③ 주로 복제품을 사용하거나 통신 매체를 통하여 다운받은 프로그램에 의해 감염된다.
④ 컴퓨터 하드웨어와 무관하게 소프트웨어에만 영향을 미친다.

> 바이러스는 하드웨어, 소프트웨어를 가리지 않고 성능에 영향을 미칩니다.

핵심 094 정보 보안 요건
22.상시, 21.상시, 20.상시, 20.1, 19.상시, 19.1, 18.상시, 18.2, 16.2, 15.3, 15.1, …

기밀성	시스템 내의 정보와 자원은 인가된 사용자에게만 접근이 허용됨
무결성	시스템 내의 정보는 인가된 사용자만 수정할 수 있음
가용성	인가받은 사용자는 언제라도 사용할 수 있음
인증	정보를 보내오는 사람의 신원을 확인함
부인 방지	데이터를 송·수신한 자가 송·수신 사실을 부인할 수 없도록 송·수신 증거를 제공함

01. 다음 중 시스템의 정보 보안을 위한 기본 충족 요건에 대한 설명으로 옳지 않은 것은?
23.상시, 21.상시, 06.3

① 무결성 : 시스템 내의 정보는 인가된 사용자만 수정할 수 있다.
② 부인 방지 : 정보를 보내오는 사람의 신원을 확인한다.
③ 가용성 : 인가받은 사용자는 언제라도 사용할 수 있다.
④ 기밀성 : 시스템 내의 정보와 자원은 인가된 사용자에게만 접근이 허용된다.

> 부인 방지는 데이터를 송·수신한 자가 송·수신 사실을 부인할 수 없도록 송·수신 증거를 제공하는 것을 의미합니다. ②번은 인증에 대한 설명입니다.

핵심 095 보안 위협의 유형
25.상시, 24.상시, 23.상시, 21.상시, 19.상시, 11.1, 08.4

가로막기 (Interruption)	데이터의 정상적인 전달을 가로막아서 흐름을 방해하는 행위로, 가용성을 저해함
가로채기 (Interception)	송신된 데이터가 수신지까지 가는 도중에 몰래 보거나 도청하여 정보를 유출하는 행위로, 기밀성을 저해함
수정 (Modification)	전송된 데이터를 원래의 데이터가 아닌 다른 내용으로 바꾸는 행위로, 무결성을 저해함
위조 (Fabrication)	마치 다른 송신자로부터 데이터가 송신된 것처럼 꾸미는 행위로, 무결성을 저해함

01. 다음 중 외부로부터의 데이터 침입행위에 관한 유형의 위조(Fabrication)에 대한 설명으로 옳은 것은?
23.상시, 21.상시, 19.상시, 11.1

① 자료가 수신측으로 전달되는 것을 방해하는 행위
② 전송한 자료가 수신지로 가는 도중에 몰래 보거나 도청하는 행위
③ 원래의 자료를 다른 내용으로 바꾸는 행위
④ 자료가 다른 송신자로부터 전송된 것처럼 꾸미는 행위

> ①번은 가로막기(Interruption), ②번은 가로채기(Interception), ③번은 수정(Modification)에 대한 설명입니다.

02. 다음 중 보안 위협의 유형 중 위협 보안 요건으로 옳은 것은?
25.상시, 24.상시

① 수정(Modification) - 무결성 저해
② 가로채기(Interception) - 무결성 저해
③ 가로막기(Interruption) - 기밀성 저해
④ 위조(Fabrication) - 가용성 저해

> • 가로채기(Interception) : 기밀성 저해
> • 가로막기(Interruption) : 가용성 저해
> • 위조(Fabrication) : 무결성 저해

핵심 096 보안 위협의 구체적인 형태
25.상시, 24.상시, 22.상시, 21.상시, 20.상시, 20.1, 19.상시, 19.1, 18.상시, …

분산 서비스 거부 공격 (DDOS; Distributed Denial of Service)	여러 대의 장비를 이용하여 대량의 데이터를 특정 서버에 집중적으로 전송하여 특정 서버가 정상적으로 작동하지 못하게 하는 것
스니핑(Sniffing)	네트워크 주변을 지나다니는 패킷을 엿보면서 계정과 패스워드 등의 정보를 가로채는 행위로, 이때 사용하는 프로그램을 스니퍼라고 함
스푸핑(Spoofing)	눈속임에서 파생된 것으로, 검증된 사람이 네트워크를 통해 데이터를 보낸 것처럼 데이터를 변조하여 접속을 시도하는 침입 형태

정답 093 1.③, 2.④ 094 1.② 095 1.④, 2.①

피싱(Phishing)	거짓 메일을 발송하여 특정 금융기관 등의 가짜 웹 사이트로 유인한 후 관련 금융기관과 관련된 ID, 암호, 계좌번호 등의 정보를 빼내는 기법
키로거(Key Logger)	키보드상의 키 입력 캐치 프로그램을 이용하여 ID나 암호와 같은 개인 정보를 빼내어 악용하는 기법
백도어(Back Door; Trap Door)	서비스 기술자나 유지보수 프로그래머들의 액세스 편의를 위해 보안을 제거하여 만든 비밀통로를 이르는 말로, 시스템에 무단 접근하기 위한 일종의 비상구로 사용
크래킹(Cracking)	어떤 목적을 가지고 타인의 시스템에 불법으로 침입하여 정보를 파괴하거나 정보의 내용을 자신의 이익에 맞게 변경하는 행위
트로이 목마(Trojan Horse)	정상적인 기능을 하는 프로그램으로 가장하여 프로그램 내에 숨어 있다가 해당 프로그램이 동작할 때 활성화되어 부작용을 일으키는 것으로, 자기 복제 능력은 없음
혹스(Hoax)	실제로는 악성코드로 행동하지 않으면서 겉으로는 악성코드인 것처럼 가장하여 행동하는 소프트웨어

01. 다음 중 시스템 보안과 관련한 불법적인 형태에 대한 설명으로 옳지 않은 것은?
25.상시, 24.상시, 22.상시, 21.상시, 15.3

① 피싱(Phishing)은 거짓 메일을 보내서 가짜 금융기관 등의 가짜 웹 사이트로 유인하여 정보를 빼내는 행위이다.
② 스푸핑(Spoofing)은 검증된 사람이 네트워크를 통해 데이터를 보낸 것처럼 데이터를 변조하여 접속을 시도하는 행위이다.
③ 분산 서비스 거부 공격(DDoS)은 마이크로소프트 사의 MS-DOS를 운영체제로 사용하는 컴퓨터에 네트워크를 통해 불법적으로 접속하는 행위이다.
④ 키로거(Key Logger)는 키 입력 캐치 프로그램을 사용하여 ID나 암호를 알아내는 행위이다.

> 분산 서비스 거부 공격(DDoS)은 여러 대의 컴퓨터를 이용하여 대량의 데이터를 한 곳의 서버에 집중적으로 전송함으로써 특정 서버의 정상적인 기능을 방해하는 형태의 공격을 말합니다.

02. 다음 중 분산 서비스 거부 공격(DDos)에 관한 설명으로 옳은 것은?
21.상시, 20.1, 19.1

① 네트워크 주변을 돌아다니는 패킷을 엿보면서 계정과 패스워드를 알아내는 행위
② 검증된 사람이 네트워크를 통해 데이터를 보낸 것처럼 데이터를 변조하여 접속을 시도하는 행위
③ 여러 대의 장비를 이용하여 특정 서버에 대량의 데이터를 집중적으로 전송함으로써 서버의 정상적인 동작을 방해하는 행위
④ 키보드의 키 입력시 캐치 프로그램을 사용하여 ID나 암호 정보를 빼내는 행위

> ①번은 스니핑(Sniffing), ②번은 스푸핑(Spoofing), ④번은 키로거(Key Logger)에 대한 설명입니다.

25.상시, 24.상시, 23.상시, 22.상시, 21.상시, 20.상시, 20.2, 19.2, 19.1, … 1207002

핵심 097 방화벽

- 보안이 필요한 네트워크의 통로를 단일화하여 관리함으로써 외부의 불법 침입으로부터 내부의 정보 자산을 보호하기 위한 시스템이다.
- 내부 네트워크에서 외부로 나가는 패킷은 그대로 통과시키고, 외부에서 내부 네트워크로 들어오는 패킷은 내용을 엄밀히 체크하여 인증된 패킷만 통과시키는 구조로, 해킹 등에 의한 외부로의 정보 유출을 막기 위해 사용하는 보안 시스템이다.
- 방화벽은 역추적 기능이 있어서 외부의 침입자를 역추적하여 흔적을 찾을 수 있다.
- 방화벽 시스템을 이용하여도 보안에 완벽한 것은 아니며, 특히 내부로부터의 불법적인 해킹은 막지 못한다.
- 방화벽을 운영하면 네트워크의 부하가 증가되며, 네트워크 트래픽이 게이트웨이로 집중된다.
- 방화벽의 기능에는 인증(Authentication), 데이터 암호화, 접근 제어(Access Control), 로깅(Logging)과 감사 추적(Audit Trail) 등이 있다.

> **잠깐만요** 프록시 서버(Proxy Server)
> - PC 사용자와 인터넷 사이에서 중계자 역할을 하는 서버입니다.
> - 프록시 서버의 기능 : 방화벽 기능, 캐시 기능

01. 다음 중 방화벽에 대한 설명으로 적절하지 않은 것은?
25.상시, 22.상시, 21.상시, 20.2, 18.2, 18.1, 17.2, 16.3, 15.1, 07.2

① 보안이 필요한 네트워크의 통로를 단일화하여 관리한다.
② 방화벽 시스템은 내부와 외부로부터 불법적인 해킹을 완전히 차단할 수 있다.
③ 권한이 없는 사용자가 네트워크를 통해 컴퓨터에 액세스하는 것을 방지한다.
④ 역추적 기능으로 외부 침입자의 흔적을 찾을 수 있다.

> 방화벽 시스템은 내부로부터의 불법적인 해킹은 막지 못합니다.

02. 다음 중 컴퓨터 통신에서 사용하는 프록시(Proxy) 서버의 기능으로 옳은 것은?
21.상시, 19.2, 16.2

① 네트워크 병목현상 해결 기능
② FTP 프로토콜 연결 해제 기능
③ 방화벽 기능과 캐시 기능
④ 내부 불법 해킹 차단 기능

핵심 098 비밀키 / 공개키 암호화 기법

23.상시, 22.상시, 21.상시, 20.2, 20.1, 18.2, 16.3, 16.1, 15.2, 13.2, 12.3, …

비밀키 암호화 기법	• 동일한 키로 데이터를 암호화하고 복호화함 • 대칭 암호화 기법 또는 단일키 암호화 기법이라고도 함 • 복호화 키를 아는 사람은 누구든지 암호문을 복호화할 수 있으므로 복호화 키의 비밀성을 유지하는 것이 중요함 • 대표적으로 DES(Data Encryption Standard)가 있음 • 장점 : 암호화/복호화 속도가 빠르며, 알고리즘이 단순하고 파일 크기가 작음 • 단점 : 사용자의 증가에 따라 관리해야 할 키의 수가 상대적으로 많아짐
공개키 암호화 기법	• 서로 다른 키로 데이터를 암호화하고 복호화함 • 비대칭 암호화 기법이라고도 함 • 데이터를 암호화할 때 사용하는 키(공개키, Public key)는 공개하고, 복호화할 때의 키(비밀키, Secret key)는 비밀로 함 • 대표적으로 RSA(Rivest Shamir Adleman)가 있음 • 장점 : 키의 분배가 용이하고, 관리해야 할 키의 개수가 적음 • 단점 : 암호화/복호화 속도가 느리며, 알고리즘이 복잡하고 파일 크기가 큼

01. 다음은 인터넷 보안을 위한 해결책으로 사용되는 암호화 기법에 대한 설명이다. 다음 설명 중 옳지 않은 것은?

21.상시, 15.2, 13.2, 12.3, 10.2, 05.3

① 비밀키 암호화 기법은 동일한 키로 데이터를 암호화하고 복호화 한다.
② 비밀키 암호화 기법은 대칭키 기법 또는 단일키 암호화 기법이라고도 하며, 대표적으로 DES(Data Encryption Standard)가 있다.
③ 공개키 암호화 기법은 비대칭 암호화 기법이라고도 하며, 대표적인 암호화 방식으로 RSA(Rivest Shamir Adleman)가 있다.
④ 공개키 암호화 기법에서는 암호화할 때 사용하는 키는 비밀로 하고, 복호화 할 때 사용하는 키는 공개하는 방식을 사용하여, 키의 분배가 용이하고 관리해야 하는 키의 개수가 적다는 장점을 가진다.

> 공개키 암호화 기법에서는 암호화할 때 사용하는 키는 공개하고, 복호화할 때 사용하는 키는 비밀로 하는 방식을 사용합니다.

02. 다음 중 정보 보안을 위한 비밀키 암호화 기법에 대한 설명으로 옳지 않은 것은?

23.상시, 22.상시, 21.상시, 20.1, 16.1

① 비밀키 암호화 기법의 안전성은 키의 길이 및 키의 비밀성 유지 여부에 영향을 많이 받는다.
② 암호화와 복호화 시 사용하는 키가 동일한 암호화 기법이다.
③ 복잡한 알고리즘으로 인해 암호화와 복호화 속도가 느리다.
④ 사용자가 증가할 경우 상대적으로 관리해야 할 키의 수가 많아진다.

> 비밀키 암호화 기법은 알고리즘이 단순하여 암호화나 복호화 속도가 빠릅니다. 복잡한 알고리즘으로 인해 암호화와 복호화 속도가 느린 기법은 공개키 암호화 기법입니다.

핵심요약 & 대표기출문제 | 2과목 스프레드시트 일반 |

25.상시, 24.상시, 22.상시, 21.상시, 20.2, 20.1, 18.2, 15.3, 15.1, 14.3, …

핵심 099 엑셀의 주요 화면 구성

리본 메뉴
- 엑셀에서 제공하는 다양한 기능을 실행할 수 있는 명령들이 용도에 맞게 탭으로 분류되어 있음
- 리본 메뉴는 탭, 그룹, 명령으로 구성되어 있음
  - 탭 종류 : 홈, 삽입, 페이지 레이아웃, 수식, 데이터, 검토, 보기, 개발 도구 등
- Alt 나 F10 을 누르면 리본 메뉴에 바로 가기 키가 표시됨
- 리본 메뉴를 감추거나 표시하는 방법
  - **방법 1** 리본 메뉴를 마우스 오른쪽 버튼으로 클릭하면 표시되는 바로 가기 메뉴에서 [리본 메뉴 축소] 선택
  - **방법 2** Ctrl + F1 누름
  - **방법 3** 활성 탭의 이름을 더블클릭

이름 상자
- 현재 작업중인 셀의 이름이나 주소를 표시하는 부분
- 차트 항목이나 그리기 개체를 선택하면 개체의 이름이 표시됨

상태 표시줄
- 현재의 작업 상태나 선택한 명령에 대한 기본적인 정보가 표시되는 곳
- 상태 표시줄에는 [상태 표시줄 사용자 지정], '매크로 기록(🔴)' 아이콘, '보기 바로 가기(▦ ▤ ▥)' 아이콘, '확대/축소 슬라이더 (━━━━━ + 100%)' 등이 있음
- [상태 표시줄 사용자 지정] : 평균, 개수(데이터가 입력된 셀), 숫자 셀 수, 최소값, 최대값, 합계를 선택하여 자동 계산할 수 있음
- 매크로 기록 : 매크로를 기록할 수 있는 아이콘으로, 기본적으로 '매크로 기록(🔴)' 아이콘으로 표시되지만, 매크로 기록 중에는 '기록 중지(□)' 아이콘으로 변경됨
- 보기 바로 가기 : 워크시트의 보기 상태를 변경할 수 있는 아이콘
  - ▦ : 기본
  - ▤ : 페이지 레이아웃
  - ▥ : 페이지 나누기 미리 보기
- 확대/축소 슬라이더 : 화면을 10%~400%로 확대/축소할 수 있는 컨트롤

01. 다음 중 셀 영역을 선택한 후 상태 표시줄의 바로 가기 메뉴인 [상태 표시줄 사용자 지정]에서 선택할 수 있는 자동 계산에 해당되지 않는 것은? 24.상시, 22.상시, 21.상시, 20.1, 15.3

① 선택한 영역 중 숫자 데이터가 입력된 셀의 수
② 선택한 영역 중 문자 데이터가 입력된 셀의 수
③ 선택한 영역 중 데이터가 입력된 셀의 수
④ 선택한 영역의 합계, 평균, 최소값, 최대값

[상태 표시줄 사용자 지정]을 이용하여 데이터가 입력된 셀의 수나 숫자가 입력된 셀의 수는 계산할 수 있지만 문자 데이터가 입력된 셀의 수는 계산할 수 없습니다.

02. 다음 중 이름 상자에 대한 설명으로 옳지 않은 것은? 25.상시, 21.상시, 20.1, 14.2

① Ctrl 을 누르고 여러 개의 셀을 선택한 경우 마지막 선택한 셀 주소가 표시된다.
② 셀이나 셀 범위에 이름을 정의해 놓은 경우 이름이 표시된다.
③ 차트가 선택되어 있는 경우 차트의 종류가 표시된다.
④ 수식을 작성 중인 경우 최근 사용한 함수 목록이 표시된다.

차트를 선택하면 이름 상자에 차트 이름이 표시됩니다. 차트 이름은 기본적으로 차트가 만들어진 순서대로 '차트1', '차트2'로 지정되며, 사용자가 변경할 수 있습니다.

25.상시, 24.상시, 23.상시, 21.상시, 19.1, 18.상시, 18.2, 17.2, 16.3, 16.1, …

핵심 100 워크시트 편집

워크시트 선택
- 연속적인 여러 개의 시트 선택 : Shift 를 누른 채 마지막 시트 선택
- 비연속적인 여러 개의 시트 선택 : Ctrl 을 누른 채 원하는 시트를 차례로 클릭
- 여러 개의 시트를 선택하면 제목 표시줄에 '그룹'이라고 표시됨
- 여러 개의 시트를 선택하고 데이터를 입력하면 선택한 모든 시트에 동일한 데이터가 입력됨
- 그룹 상태에서는 도형, 차트 등의 그래픽 개체를 삽입하거나 정렬, 필터 등의 데이터 관리 작업을 수행할 수 없음
- 여러 개의 시트가 선택된 그룹 상태를 해제하려면 시트 탭의 바로 가기 메뉴에서 [시트 그룹 해제]를 선택하거나 임의의 시트를 클릭함

워크시트 이름 변경
- 바꿀 시트 이름을 더블클릭한 후 원하는 이름을 입력하고 Enter 를 누름
- 시트 이름은 공백을 포함하여 최대 31자까지 지정할 수 있으나 * / : ? [ ] 등의 문자는 사용할 수 없음

워크시트 삽입
- 하나의 통합 문서에는 기본적으로 1개의 워크시트가 포함되어 있으나 메모리 한도까지 워크시트를 추가할 수 있음
- 삽입된 시트는 활성 시트의 왼쪽에 삽입됨
- 시트 삽입 바로 가기 키 : Shift + F11

워크시트 이동
이동할 시트를 선택한 후 원하는 위치까지 드래그함

워크시트 복사
- 복사할 시트를 선택한 후 Ctrl 을 누른 채 원하는 위치까지 드래그
- 시트를 복사할 때마다 시트 이름은 원래의 시트 이름 뒤에 ( )가 삽입되면서 (2), (3), … 등으로 일련번호가 붙음
- 예 Sheet1 (2), Sheet1 (3)

워크시트 삭제
- **방법 1** 삭제할 시트를 선택하고 [홈] → [셀] → [삭제] → [시트 삭제] 선택
- **방법 2** 시트 탭의 바로 가기 메뉴에서 [삭제] 선택
- 삭제된 시트는 되살릴 수 없으므로 신중하게 실행해야 함
- 여러 개의 시트를 선택하여 한꺼번에 삭제할 수 있음

01. 다음 중 여러 워크시트를 선택하여 그룹으로 설정한 경우에 대한 설명으로 옳지 않은 것은? 25.상시, 21.상시, 15.2

① 엑셀 창의 맨 위 제목 표시줄에 '그룹'이라고 표시된다.
② 그룹으로 설정된 임의의 시트에서 데이터를 입력하면 그룹으로 설정된 모든 시트에 반영된다.
③ 그룹으로 설정된 임의의 시트에서 셀 서식을 지정하면 그룹으로 설정된 모든 시트에 반영된다.
④ 그룹을 해제하려면 Esc 를 누른다.

그룹 상태를 해제하려면 시트 탭의 바로 가기 메뉴에서 [시트 그룹 해제]를 선택하거나 임의의 시트를 클릭합니다.

02. 현재 작업 중인 다음과 같은 통합 문서에서 화면 하단의 시트 탭에 표시된 Sheet2를 Ctrl 을 누른 상태로 Sheet1 앞으로 드래그 했을 경우 시트 탭의 맨 처음에 표시되는 워크시트의 이름으로 옳은 것은? 24.상시, 23.상시

① Sheet2 ② Sheet4
③ Sheet2 (2) ④ Sheet1 (2)

워크시트에서 시트를 복사하면 복사된 시트의 이름은 원래의 이름 뒤에 (2), (3), … 등으로 일련번호가 붙습니다.

핵심 101 데이터 입력

- 셀 안에서 줄을 바꿔 계속 입력하려면 Alt + Enter 를 누른다.
- 여러 셀에 동일한 내용을 입력하려면 해당 셀을 범위로 지정한 후 데이터를 입력하고 Ctrl + Enter 를 누른다.
- 범위를 지정하고 Enter 를 누르면 지정한 범위 안에서만 셀 포인터가 이동한다.
- 셀을 선택하고 Alt + ↓ 를 누르면 같은 열에 입력된 문자열 목록이 표시된다.
- 셀 내용 자동 완성
  - 데이터 입력 중 처음 몇 자가 같은 열에 이미 입력된 내용과 동일하면 자동으로 나머지 내용이 채워진다.
  - 문자 데이터에만 적용되고, 숫자, 날짜, 시간 형식의 데이터에는 적용되지 않는다.
  - 자동 완성 기능을 사용하려면 [파일] → [옵션] → [고급] → '편집 옵션' 항목에서 '셀 내용을 자동 완성'을 선택한다.

01. 다음 중 아래 워크시트에서 [B1:B3] 영역의 문자열을 [B4] 셀에 목록으로 표시하여 입력하기 위한 키 조작으로 옳은 것은?

	A	B
1	A	오름세
2	B	보합세
3	C	내림세
4	D	
5	E	내림세 보합세 오름세
6	F	
7	G	

① Tab + ↓
② Shift + ↓
③ Ctrl + ↓
④ Alt + ↓

핵심 102 데이터 형식

문자 데이터	• 기본적으로 셀의 왼쪽에 정렬됨 • 숫자 데이터 앞에 문자 접두어(')를 입력하면 문자 데이터로 인식됨
수치 데이터	• 기본적으로 셀의 오른쪽에 정렬됨 • 분수는 0을 입력하고, 한 칸 띄운 다음에 입력함 예 0 1/2 • 셀의 너비보다 긴 경우 지수 형식으로 표시됨
날짜 데이터	• 기본적으로 셀의 오른쪽에 정렬됨 • 하이픈(-)이나 슬래시(/)를 이용하여 연, 월, 일을 구분함 • 오늘 날짜 입력 : Ctrl + ; • 날짜 데이터를 수식에서 인수로 사용하려면 큰따옴표("")로 묶어줌
시간 데이터	• 기본적으로 셀의 오른쪽에 정렬됨 • 콜론(:)을 이용하여 시, 분, 초를 구분함 • 오늘 시간 입력 : Ctrl + Shift + ; • 시간 데이터를 수식에서 인수로 사용하려면 큰따옴표("")로 묶어줌
윗주	• 셀에 입력된 데이터의 위쪽에 추가하는 주석문으로 문자 데이터에만 삽입할 수 있음 • 윗주가 삽입된 셀의 데이터를 삭제하면 윗주도 함께 삭제됨 • 셀에 수치 데이터, 날짜/시간 데이터가 입력되어 있거나 아무것도 입력되어 있지 않으면 윗주를 삽입할 수 없음 • 윗주 서식은 윗주 전체에 대해서만 적용하거나 변경할 수 있음

01. 다음 중 워크시트에 데이터를 입력하는 방법에 대한 설명으로 옳지 않은 것은?

① 숫자 데이터를 입력하면 기본적으로 셀의 오른쪽에 정렬된다.
② '3과 같이 숫자 앞에 작은따옴표(')를 입력하면 기본적으로 셀의 오른쪽에 정렬된다.
③ 수식 또는 함수 식을 입력할 때는 = 기호를 붙여 입력한다.
④ Ctrl + Enter 를 이용하여 여러 개의 셀에 동일한 데이터를 한 번에 입력할 때, 범위는 연속적으로 지정하지 않아도 된다.

숫자 데이터를 입력하면 기본적으로 셀의 오른쪽에 정렬되지만 숫자 앞에 작은따옴표(')를 붙여 입력하면 문자 데이터로 인식하므로 셀의 왼쪽에 정렬됩니다.

02. 다음 중 윗주에 대한 설명으로 옳지 않은 것은?

① 셀의 데이터를 삭제하면 윗주도 함께 삭제된다.
② 데이터가 입력되지 않은 셀에 윗주를 삽입할 수 없다.
③ 숫자가 입력된 셀에 윗주를 삽입하면 화면에 윗주가 표시된다.
④ 윗주는 셀에 대한 주석을 설정하는 것이다.

윗주는 문자 데이터에만 삽입할 수 있으므로 숫자가 입력된 셀에는 윗주를 삽입할 수 없습니다.

25.상시, 24.상시, 23.상시, 22.상시, 21.상시, 20.1, 19.2, 18.1, 17.2, 17.1, 16.3, 11.2, 10.1, …

핵심 103 : 채우기 핸들을 이용한 연속 데이터 입력

숫자 데이터	• 한 셀 : 드래그할 경우 동일한 데이터가 복사되고, Ctrl을 누르고 드래그하면 값이 1씩 증가하며 입력됨 • 두 셀 : 첫 셀과 두 번째 셀의 차이만큼 증가/감소함
사용자 지정 목록	• 사용자 지정 목록에 등록된 문자 데이터 중 하나를 입력하고 드래그하면 사용자 지정 목록에 등록된 순서대로 반복되어 입력됨 • [파일] → [옵션]을 클릭한 후 'Excel 옵션' 대화상자의 '고급' 탭에서 '일반' 항목의 〈사용자 지정 목록 편집〉을 클릭하여 사용자 지정 목록을 추가/삭제할 수 있음
문자 데이터	• 한 셀 : 드래그하면 동일한 데이터가 입력됨 • 두 셀 : 드래그하면 두 개의 문자가 반복하여 입력됨
혼합 데이터 (문자 + 숫자)	• 한 셀 : 가장 오른쪽에 있는 숫자는 1씩 증가하고, 나머지는 그대로 입력됨 • 두 셀 : 숫자 데이터는 차이만큼 증가/감소하고, 문자는 그대로 입력됨
날짜 데이터	• 한 셀 : 1일 단위로 증가함 • 두 셀 : 두 셀의 차이만큼 연, 월, 일 단위로 증가함

01. 다음 중 아래 워크시트의 [A1] 셀에서 10.1을 입력한 후 Ctrl을 누르고 자동 채우기 핸들을 아래로 드래그한 경우 [A4] 셀에 입력되는 값은?
25.상시, 24.상시, 21.상시, 17.2, 10.1, 06.1

① 10.1 ② 10.4
③ 13.1 ④ 13.4

> Ctrl을 누른 채 숫자가 들어 있는 셀의 채우기 핸들을 드래그하면 값이 1씩 증가하며 입력됩니다.
> 〈실행 결과〉
>

02. 다음 중 데이터가 입력된 셀에서 채우기 핸들을 드래그하여 데이터를 채우는 경우에 대한 설명으로 옳은 것은? 25.상시, 22.상시, 21.상시, …

① 일반적인 문자 데이터나 날짜 데이터는 그대로 복사되어 채워진다.
② 1개의 숫자와 문자가 조합된 텍스트 데이터는 숫자만 1씩 증가하고 문자는 그대로 복사되어 채워진다.
③ 숫자 데이터는 1씩 증가하면서 채워진다.
④ 숫자가 입력된 두 셀을 블록 설정하여 채우기 핸들을 드래그하면 두 숫자가 반복하여 채워진다.

> ① 문자 데이터는 그대로 복사되지만, 날짜 데이터는 1일씩 증가합니다.
> ③ 숫자 데이터는 그대로 복사됩니다. 1씩 증가하며 채우려면 Ctrl을 누르고 드래그해야 합니다.
> ④ 숫자가 입력된 두 셀을 블록으로 설정하여 채우기 핸들을 드래그하면 두 셀의 차이만큼 증가/감소하며 채워집니다.

25.상시, 24.상시, 23.상시, 22.상시, 21.상시, 20.상시, 20.2, 17.2, 17.1, …

핵심 104 : 찾기

• 워크시트에 입력되어 있는 데이터 중에서 특정 내용을 찾는 기능으로, 숫자, 특수문자, 한자 등도 찾을 수 있다.
• 워크시트 전체를 대상으로 찾거나 범위를 지정하여 범위 안에서만 찾을 수 있다.
• 여러 개의 워크시트를 선택하고 찾기를 실행하면 하나의 워크시트에 있는 것처럼 연속적으로 찾기를 실행한다.
• '찾기 및 바꾸기' 대화상자
 – 범위 : 찾을 범위로, 시트나 통합 문서를 지정함
 – 검색 : 찾을 방향으로, 행이나 열로 지정함
 – 찾는 위치 : 찾을 정보가 들어 있는 워크시트의 요소로, 수식, 값, 슬라이드 노트, 메모를 지정함
 – 대/소문자 구분 : 대문자와 소문자를 구분하여 찾음
 – 전체 셀 내용 일치 : 찾을 내용과 완전히 일치하는 셀만 찾음
※ '찾기' 탭에서는 '찾는 위치'를 '수식, 값, 슬라이드 노트, 메모'로 지정할 수 있지만 '바꾸기' 탭에서는 '수식'으로만 지정할 수 있음
• 특정한 서식이 지정되어 있는 데이터를 찾을 수 있다.
• 데이터를 뒤에서부터 앞으로, 즉 역순으로 검색하려면 Shift를 누른 상태에서 〈다음 찾기〉를 클릭한다.
• 찾을 내용을 입력하고 〈다음 찾기〉를 한 번이라도 수행한 후에는 '찾기 및 바꾸기' 대화상자를 닫아도 F4를 눌러 입력한 내용을 계속하여 찾을 수 있다.
• *, ? 등의 만능문자를 사용할 수 있으며, 만능문자 자체를 검색하려면 ~* 또는 ~?와 같이 기호 앞에 ~를 입력한다.

01. 다음 중 [찾기 및 바꾸기] 대화상자에 대한 설명으로 옳지 않은 것은? 25.상시, 23.상시, 22.상시, 21.상시, 12.3

① ?가 포함된 내용을 찾으려면 ??로 지정한다.
② '찾기' 탭에서는 찾는 위치를 수식, 값, 슬라이드 노트, 메모 중에서 선택할 수 있지만 '바꾸기' 탭에서는 수식으로만 지정할 수 있다.
③ 서식을 사용하면 서식 조건에 맞는 셀을 검색할 수 있다.
④ '검색'에서 행 방향을 우선하여 찾을 것인지 열 방향을 우선하여 찾을 것인지를 지정할 수 있다.

> ?, *, ~ 등의 문자가 포함된 내용을 찾으려면 ~?, ~*, ~~와 같이 찾으려는 문자 앞에 ~ 기호를 입력하면 됩니다.

핵심 105 셀 포인터 이동

키	기능
↑, ↓, ←, →	상·하·좌·우 이동
Shift+Tab, Tab	좌·우로 이동
Shift+Enter, Enter	상·하로 이동
Home	해당 행의 A열로 이동
Ctrl+Home	A1 셀로 이동
Ctrl+End	데이터 범위의 맨 오른쪽 아래의 셀로 이동
Ctrl+↑, ↓, ←, →	데이터 범위의 상·하·좌·우의 끝으로 이동
PgUp, PgDn	한 화면 위, 아래로 이동
Alt+PgUp, Alt+PgDn	한 화면 좌, 우로 이동
Ctrl+PgUp, Ctrl+PgDn	현재 시트의 앞, 뒤 시트로 이동
F5	이동하고자 하는 셀 주소를 직접 입력하여 이동

01. 다음 중 셀 포인터의 이동 작업에 대한 설명으로 옳은 것은?
25.상시, 23.상시, 22.상시, 21.상시

① Ctrl+PgDn을 누르면 한 화면을 오른쪽으로 이동한다.
② Shift+Tab을 누르면 셀 포인터가 왼쪽으로 이동한다.
③ Alt+PgDn을 누르면 다음 시트로 이동한다.
④ Ctrl+Shift+Home을 누르면 [A1] 셀로 이동한다.

> ① Ctrl+PgDn을 누르면 다음 시트로 이동합니다.
> ③ Alt+PgDn을 누르면 한 화면 오른쪽으로 이동합니다.
> ④ Ctrl+Shift+Home을 누르면 현재 셀 포인터가 있는 위치부터 [A1] 셀까지 블록으로 지정됩니다. 예를들어 셀 포인터가 [C3] 셀에 있다면 [A1:C3] 영역이 블록으로 지정됩니다.

02. 다음 중 아래의 워크시트에서 [B3] 셀이 선택되어 있는 경우 각 키의 사용 결과로 옳지 않은 것은?
23.상시, 18.1

	A	B	C
1		물품명	수량
2	Fruit_01	사과	12
3	Fruit_02	배	22
4	Fruit_03	감귤	19
5	Fruit_04	포도	24
6	Fruit_05	메론	11

① Home을 눌러서 현재 열의 첫 행인 [B1] 셀로 이동한다.
② Ctrl+Home을 눌러서 [A1] 셀로 이동한다.
③ Ctrl+End를 눌러서 데이터가 포함된 마지막 행/열에 해당하는 [C6] 셀로 이동한다.
④ Shift+Enter를 눌러서 한 행 위인 [B2] 셀로 이동한다.

> [B3] 셀이 선택된 상태에서 Home을 누르면 해당 행의 첫 번째 열인 [A3] 셀로 이동합니다.

핵심 106 [파일] → [옵션]의 '고급' 탭

• 편집 옵션

항목	설명
〈Enter〉 키를 누른 후 다음 셀로 이동	Enter를 누를 때 셀 포인터의 이동 방향을 아래쪽, 위쪽, 오른쪽, 왼쪽으로 지정함
소수점 자동 삽입	• 입력한 숫자 데이터의 소수점 위치를 '소수점 위치'에 입력된 숫자만큼 이동하여 설정함 • '소수점 위치'에 입력한 숫자가 양수면 소수점 이하(오른쪽)의 자릿수를 늘리고, 음수면 소수점 이상(왼쪽)의 자릿수를 늘림 | 입력 | 소수점 위치 | 결과 | 입력 | 소수점 위치 | 결과 | | 1 | 2 | 0.01 | 1 | -2 | 100 | | 10 | 2 | 0.1 | 10 | -2 | 1000 | | 100 | 2 | 1 | 100 | -2 | 10000 | • 소수점 위치 옵션을 무시하고 숫자를 입력하려면 숫자 뒤에 소수점을 입력하면 됨 예 5.
셀에서 직접 편집 허용	셀을 더블클릭하여 데이터의 수정이 가능하도록 설정함
셀 내용을 자동 완성	셀에 입력한 처음 몇 자가 같은 열에 입력된 항목과 일치하면 자동으로 나머지 문자가 채워지도록 설정함
IntelliMouse로 화면 확대/축소	Ctrl을 누르지 않은 상태에서 마우스 휠의 스크롤만으로 화면이 확대/축소되도록 설정함

• 이 워크시트의 표시 옵션

항목	설명
행 및 열 머리글 표시	행 및 열 머리글의 표시 여부 지정
페이지 나누기 표시	자동으로 표시되는 페이지 나누기 선의 표시 여부 지정
0 값이 있는 셀에 0 표시	셀에 입력된 0값의 표시 여부 지정
눈금선 표시	눈금선의 표시 여부 지정

01. 다음 워크시트에서 [파일] → [옵션]을 선택하여 'Excel 옵션' 대화상자에서 소수점 위치를 '-2'로 지정한 후 셀에 1을 입력할 경우 화면에 표시되는 값은?
25.상시, 24.상시, 23.상시, 22.상시, 16.2, 13.1, …

① 0.01 ② 1
③ 100 ④ 10000

> 'Excel 옵션' 대화상자의 '고급' 탭에 있는 '소수점 자동 삽입'을 이용하여 소수점 위치를 양수로 입력하면 소수점 이하(오른쪽)의 자릿수를 늘리고, 음수로 입력하면 소수점 이상(왼쪽)의 자릿수를 늘립니다. 소수점 위치를 '-2'로 설정하면 소수점 이상의 자릿수를 2자리 늘리므로 1을 입력하면 100으로 입력됩니다.

02. 다음 중 데이터 입력에 대한 설명으로 옳지 않은 것은?
23.상시, 22.상시

① 3e9를 입력하면 자동으로 지수 형식으로 입력된다.
② 현재 날짜와 시간을 입력하려면 Ctrl + ;을 누른 다음 한 칸 띄우고 Ctrl + Shift + ;을 누른다.
③ 분수를 입력하려면 0 1/2과 같이 분수 앞에 0을 입력한 뒤 한 칸 띄고 분수를 입력한다.
④ 고정 소수점 옵션을 무시하고 숫자를 입력하려면 숫자 앞에 느낌표(!)를 입력한다.

> 고정 소수점 옵션을 무시하고 숫자를 입력하려면 숫자 뒤에 소수점을 입력하면 됩니다. 예 50.
> ※ 3e9를 입력하면 3.00E+09와 같이 지수 형식으로 입력됩니다.

02. [B1] 셀을 삭제하기 위해 다음과 같은 대화상자를 표시하는 방법으로 옳은 것은?
24.상시, 22.상시

① Ctrl + +를 누른다.　② Ctrl + −를 누른다.
③ Alt + −를 누른다.　④ Alt + −를 누른다.

> 셀을 삽입하려면 Ctrl + +, 셀을 삭제하려면 Ctrl + −를 누르면 됩니다.

24.상시, 22.상시, 21.상시, 06.4, 06.1, 03.3

핵심 107　셀 삽입/삭제/병합

셀 삽입	• 기존에 있던 셀을 오른쪽이나 아래쪽으로 밀어내고, 지정한 범위만큼 새로운 셀을 삽입하는 기능 • 삽입할 셀 범위를 지정한 다음 Ctrl + +를 누른 후 '삽입' 대화상자가 나타나면, 기존에 있던 데이터의 이동 방향을 선택하고 〈확인〉을 클릭함
셀 삭제	• 범위로 지정한 셀을 삭제하고, 아래쪽이나 오른쪽에 있는 셀을 삭제한 자리로 이동하는 기능 • 삭제할 셀 범위를 지정한 다음 Ctrl + −를 누른 후 '삭제' 대화상자가 나타나면, 기존에 있던 데이터의 이동 방향을 선택하고 〈확인〉을 클릭함
셀 병합	• 여러 개의 셀을 하나로 합치는 기능 • [홈] → [맞춤] → [병합하고 가운데 맞춤] 클릭 • 데이터가 입력되어 있는 여러 개의 셀을 셀 병합할 경우 가장 위쪽 또는 왼쪽의 데이터만 남고 나머지 셀의 데이터는 모두 지워짐

01. 다음 중 연속적인 위치에 있고, 데이터가 입력되어 있는 여러 개의 셀을 범위로 설정한 후, 셀 병합을 실행하였을 때의 결과에 대한 설명으로 올바른 것은?
22.상시, 21.상시, 06.4, 06.1, 03.3

① 기존에 입력되어 있던 데이터들이 한 셀에 모두 표시된다.
② 데이터가 들어 있는 여러 셀을 병합할 수 없다.
③ 가장 아래쪽 또는 오른쪽의 셀 데이터만 남고 나머지 셀 데이터는 모두 지워진다.
④ 가장 위쪽 또는 왼쪽의 셀 데이터만 남고 나머지 셀 데이터는 모두 지워진다.

> 예를들어 데이터가 입력되어 있는 [A1:C2] 영역을 범위로 지정한 후 셀 병합을 실행하면 가장 왼쪽 상단에 있는 [A1] 셀의 데이터만 남고 나머지는 모두 지워집니다.

24.상시, 22.상시, 21.상시, 20.상시, 19.상시, 17.1, 16.3, 15.2, 14.3, 11.3, …

핵심 108　통합 문서 공유

- 네트워크로 연결된 환경에서 하나의 통합 문서를 여러 사람이 공동으로 작업할 수 있게 하는 기능이다.
- **실행** [검토] → [새 그룹] → [통합 문서 공유(레거시)]를 클릭한 후 '편집' 탭에서 '새로운 공동 작성 환경 대신 기존의 공유 통합 문서 기능을 사용합니다.' 항목 선택
- 통합 문서를 공유한 후 불가능한 작업 : 셀 병합, 조건부 서식, 차트, 시나리오, 부분합, 데이터 표, 피벗 테이블 보고서 등의 추가 및 변경
- 공유된 통합 문서는 제목 표시줄에 '공유됨'이라고 표시된다.
- 공유 통합 문서의 변경 내용을 추적하여 변경 내용만을 모아 새로운 시트에 작성할 수 있다.
- 공유된 통합 문서는 여러 사용자가 동시에 변경 및 병합할 수 있다.
- 공유 통합 문서를 보호하기 위해 암호를 설정할 수 있다.
- 암호로 보호된 공유 통합 문서의 보호를 해제하려면 먼저 통합 문서의 공유를 해제해야 한다.
- 공유 통합 문서 파일을 다른 위치에 복사해도 공유 설정 값은 유지된다.
- 공유 통합 문서가 저장된 네트워크 위치를 액세스하는 모든 사용자는 공유 통합 문서를 액세스할 수 있다.
- 공유 통합 문서의 변경 내용을 일정 기간 동안 보관할 수 있으며, 그 여부를 지정할 수도 있다.
- 변경 내용을 저장하면 공유 통합 문서의 복사본이 만들어져 변경한 내용들을 병합할 수도 있다.
- 공유 통합 문서를 사용하는 여러 사용자들의 변경 내용이 충돌할 경우 저장할 내용을 선택하거나, 자신이 변경한 내용이 무조건 저장되도록 지정할 수 있다.

01. 다음 중 공유 통합 문서에 대한 설명으로 옳지 않은 것은?
22.상시, 21.상시

① 여러 사용자가 동시에 동일한 셀을 변경하려면 충돌이 발생한다.
② 통합 문서를 공유한 후 셀을 삽입하거나 삭제할 수 있다.
③ 통합 문서를 공유한 후 여러 셀을 하나로 병합할 수 있다.
④ 공유 통합 문서를 네트워크 위치에 복사해도 다른 통합 문서나 문서의 연결은 그대로 유지된다.

> 공유 통합 문서에서는 셀을 삽입하거나 삭제할 수는 있어도 병합할 수는 없습니다.

02. 다음 중 통합 문서 공유에 대한 설명으로 옳지 않은 것은?
21.상시, 20.상시, 19.상시, 17.1, 16.3

① 병합된 셀, 조건부 서식, 데이터 유효성 검사, 차트, 그림과 같은 일부 기능은 공유 통합 문서에서 추가하거나 변경할 수 없다.
② 공유된 통합 문서는 여러 사용자가 동시에 변경할 수 없다.
③ 통합 문서를 공유하는 경우 저장 위치는 웹 서버가 아니라 공유 네트워크 폴더를 사용해야 한다.
④ 셀을 잠그고 워크시트를 보호하여 액세스를 제한하지 않으면 네트워크 공유에 액세스할 수 있는 모든 사용자가 공유 통합 문서에 대한 모든 액세스 권한을 갖게 된다.

> 공유된 통합 문서는 여러 사용자가 동시에 변경할 수 있습니다.

01. 다음 중 시트 보호 시 '워크시트에서 허용할 내용'으로 지정할 수 있는 내용이 아닌 것은?
25.상시, 24.상시, 23.상시, 22.상시, 21.상시, …

① 시나리오 편집
② 개체 편집
③ 시트 이름 바꾸기
④ 자동 필터 사용

> 시트 이름은 시트 보호와 상관없이 변경할 수 있습니다.

25.상시, 24.상시, 23.상시, 22.상시, 21.상시, 20.2, 18.상시, 18.1, 16.2, … 1207606

핵심 110   통합 문서 보호

- 통합 문서의 시트 삽입·삭제·이동·숨기기·이름 바꾸기 등을 할 수 없도록 보호한다.
- **실행** [검토] → [보호] → [통합 문서 보호] 클릭
- **해제** [검토] → [보호] → [통합 문서 보호]를 다시 한 번 클릭
- 통합 문서에 '시트 보호'가 설정되지 않은 경우 워크시트에 데이터를 입력, 수정, 삭제하거나 피벗 테이블 보고서, 부분합과 같은 데이터 분석 작업을 할 수 있다.
- 암호를 지정할 수 있다.

25.상시, 24.상시, 23.상시, 22.상시, 21.상시, 20.2, 18.1, 15.3, 15.1, … 1207605

핵심 109   시트 보호

- 특정 워크시트에 입력된 데이터나 차트 등을 변경할 수 없도록 보호하는 것으로, 보호된 시트에서는 기본적으로 셀을 선택하는 것만 가능하다.
- **실행** [검토] → [보호] → [시트 보호] 클릭
- **해제** [검토] → [보호] → [시트 보호 해제] 클릭
- 통합 문서 중 특정 시트만을 보호하는 것으로, 나머지 시트는 변경이 가능하다.
- 모든 요소를 모든 사용자가 액세스하지 못하도록 보호할 수 있으며, 지정한 범위에 대해 개별적으로 사용자의 수정을 허용할 수도 있다.
- 셀/행/열의 서식, 하이퍼링크 삽입, 자동 필터 사용, 피벗 테이블 및 피벗 차트 사용, 개체 편집, 시나리오 편집 등 특정 항목을 제외하고 시트 보호를 지정할 수 있다.
- '셀 서식' 대화상자의 '보호' 탭에서 '잠금'이 해제된 셀은 보호되지 않는다.

01. 아래와 같이 통합 문서 보호를 설정했을 경우에 대한 설명으로 옳지 않은 것은?
25.상시, 24.상시, 23.상시, 22.상시

① 암호를 모르면 엑셀에서도 복구할 수 없다.
② 워크시트에 데이터를 입력하거나 수정할 수 없다.
③ 워크시트의 이동, 삭제, 숨기기, 워크시트의 이름 변경 등의 기능을 실행할 수 없다.
④ 암호를 입력해야 통합 문서 보호를 해제할 수 있다.

> 통합 문서 보호를 지정해도 워크시트에 데이터를 입력하거나 수정, 삭제 등을 할 수 있습니다.

25.상시, 24.상시, 23.상시, 22.상시, 21.상시, 20.상시, 20.2, 20.1, …

핵심 111 사용자 지정 서식

엑셀 실습 01 ☞ 16쪽

- 조건이 없을 때는 양수, 음수, 0, 텍스트 순으로 표시 형식이 지정되지만, 조건이 있을 때는 조건이 지정된 순으로 표시 형식을 나타낸다.
- 조건이나 글꼴색을 지정할 때는 대괄호([ ]) 안에 입력한다.
- 조건이 없을 때

#,### ; [빨강](#,###) ; 0.00 ; @"님"
양수　　음수　　0값　　텍스트

- 조건이 있을 때

[>0](#,###) ; [<0][빨강](#,###) ; 0.00 ; @"님"
조건1　　조건2　　　텍스트
두 조건을 만족하지 않을 경우

- 사용자 지정 서식 코드

숫자 서식	• # : 유효한 자릿수만 표시하고, 유효하지 않은 0은 표시하지 않음 • 0 : 유효하지 않은 자릿수를 0으로 표시함 • ? : 유효하지 않은 자릿수에 0 대신 공백을 입력하고, 소수점을 기준으로 정렬함 • , : 천 단위 구분 기호를 표시하며, 표시형식 맨 끝에 표시하면 할 때마다 3자리씩 생략함 ※ 천 단위(3자리) 생략은 천 단위 미만의 값을 삭제한다는 의미가 아니라 천 단위 미만의 값을 화면에만 표시되지 않게 숨긴다는 의미이다. 이때 천 단위 미만의 값은 반올림 되어 표시된다. 예를 들어 44600이 입력된 셀에 표시 형식을 #,로 지정하면 천 단위 미만의 값이 표시되지 않고 백의 자리에서 반올림되므로 45가 표시된다. • % : 숫자에 100을 곱한 다음 %를 붙임 • [DBNUM1] : 숫자를 한자 및 한글, 한자/한글로 표시하며, [DBNUM1]~[DBNUM4]가 있음
문자 서식	• @ : 문자 데이터의 표시 위치 지정 • * : * 기호 다음에 있는 특정 문자를 셀의 너비만큼 반복하여 채움 • _ : 셀에 입력된 데이터의 오른쪽 끝에 하나의 공백이 생김
날짜 서식	월	• mmm : Jan~Dec로 표시 • mmmm : January~December로 표시
	요일	• ddd : Sun~Sat로 표시 • dddd : Sunday~Saturday로 표시
시간 서식	시간	• hh : 00~23으로 표시 • [h] : 경과된 시간 표시
	분	• mm : 00~59로 표시 • [m] : 경과된 분 표시
	초	• ss : 00~59로 표시 • [s] : 경과된 초 표시

01. 셀의 값이 100 이상이면 "▲", -100 이하이면 "▼", 그 외는 값이 그대로 표시되는 사용자 지정 표시 형식으로 옳은 것은?

24.상시, 23.상시, 22.상시, 21.상시

[표시 예]
- 150 : ▲
- 0 : 0
- -50 : -50
- -122 : ▼

① [>=100]"▲";#;[<=-100]"▼"
② [>=100]"▲";0;[<=-100]"▼"
③ [>=100]"▲";[<=-100]"▼";#
④ [>=100]"▲";[<=-100]"▼";0

- 100 이상이면 "▲" : [>=100]"▲"
- -100 이하이면 "▼" : [<=-100]"▼"
- 그 외는 값이 그대로 표시 : 0
※ 셀의 값이 0일 때 0이 표시되게 하려면 표시 형식을 반드시 0으로 지정해야 합니다.

02. 다음 조건을 이용하여 사용자 지정 표시 형식을 설정할 경우 옳은 것은?

24.상시, 22.상시, 21.상시, 16.1, 10.1

셀의 값이 200 이상이면 '빨강', 200 미만 100 이상이면 '파랑', 100 미만이면 색을 지정하지 않고, 천 단위 구분 기호와 소수 이하 첫째 자리까지 표시할 것

① [빨강][>=200]#,###.#;[파랑][>=100]#,###.#;#,###.#;
② [빨강][>=200]#,###;[파랑][>=100]#,###;#,###;
③ [빨강][>=200]#,##0.0;[파랑][>=100]#,##0.0;#,##0.0
④ [빨강][>=200]#,##0;[파랑][>=100]#,##0;#,##0

- 사용자 지정 표시 형식에 조건이 있을 경우 '조건1;조건2;두 조건을 만족하지 않을 경우' 순으로 지정하며, 조건이나 글꼴색은 대괄호([ ]) 안에 입력합니다.
- 천 단위 구분 기호와 소수 이하 첫째 자리까지 표시 : #,##0.0
- 셀의 값이 200 이상이면 '빨강' : [빨강][>=200]#,##0.0
- 200 미만 100 이상이면 '파랑' : [파랑][>=100]#,##0.0
- 100 미만이면 색을 지정하지 않음 : #,##0.0

03. 다음 중 사용자 지정 표시 형식에 대한 설명으로 틀린 것은?

25.상시, 24.상시, 23.상시, 22.상시

① 소수점 오른쪽의 자리 표시자 보다 더 긴 숫자가 소수점 이하의 숫자로 셀에 입력될 경우 자리 표시자 만큼 소수 자릿수로 내림된다.
② 양수, 음수, 0, 텍스트 순으로 한 번에 네 가지의 표시 형식을 지정할 수 있다.
③ 각 섹션에 대한 색은 섹션의 맨 앞에 8개의 색 중 하나를 대괄호로 묶어 입력해야 한다.
④ 두 개의 섹션을 지정하면 첫 번째 섹션은 양수 또는 0, 두 번째 섹션은 음수에 대한 표시 형식이다.

소수점 오른쪽의 자리 표시자보다 더 긴 소수 이하의 숫자가 셀에 입력될 경우 자리 표시자만큼 소수 자릿수로 내림이 아니라 반올림됩니다.
예 5.67이 입력된 셀에 사용자 지정 표시 형식을 0.0으로 지정하면 반올림되어 5.7이 표시됩니다.

25.상시, 24.상시, 23.상시, 22.상시, 21.상시, 18.상시, 18.2, 16.3, 15.3, …

핵심 112 조건부 서식

엑셀 실습 02 ☞ 17쪽

- 규칙에 만족하는 셀에만 셀 서식을 적용한다.
- 조건부 서식의 규칙을 수식으로 입력할 경우 수식 앞에 반드시 등호(=)를 입력해야 하고, 수식의 결과는 참(TRUE) 또는 거짓(FALSE)이 나오도록 작성해야 한다.
- 워크시트의 특정 셀을 이용하여 규칙을 작성할 수 있고, 규칙 작성 시 마우스로 셀을 클릭하면 절대 참조로 지정된다.
- 셀의 값이 변경되어 규칙을 만족하지 않으면 적용된 서식이 해제된다.
- 셀에 입력된 값에 따라 데이터 막대, 색조, 아이콘 등을 표시할 수 있다.
- 규칙별로 다른 서식을 적용할 수 있다.
- 둘 이상의 조건부 서식이 참일 경우 두 규칙에 지정된 서식이 모두 적용되지만, 서식이 충돌할 경우 우선 순위가 높은 규칙의 서식이 적용된다.
  - 예 글꼴 색과 채우기 색을 지정하는 두 규칙이 모두 참일 경우 두 서식이 모두 적용되나, 글꼴 색을 빨강과 파랑으로 지정하는 두 규칙이 모두 참일 경우에는 우선 순위가 높은 규칙의 글꼴 색만 적용된다.
- 규칙에 맞는 데이터가 있는 행 전체에 서식을 지정할 때는 수식 입력 시 열 이름 앞에 $를, 열 전체에 서식을 지정할 때는 행 번호 앞에 $를 붙인다.
- 다른 통합 문서를 참조하여 조건을 지정할 수 없다.
- 실행 [홈] → [스타일] → [조건부 서식] → [새 규칙] 선택
- 조건부 서식 규칙 관리자
  - 지정된 모든 조건부 서식을 확인하거나 수정, 삭제, 추가, 우선 순위 등을 변경할 수 있다.
  - 실행 [홈] → [스타일] → [조건부 서식] → [규칙 관리] 선택

01. 다음 중 아래의 [A1:E5] 영역에서 B열과 D열에만 배경색을 설정하기 위한 조건부 서식의 규칙으로 옳은 것은? 22.상시, 18.2, 15.3, 15.1

▲	A	B	C	D	E
1	자산코드	L47C	S22C	N71E	S34G
2	비품명	디스크	디스크	디스크	모니터
3	내용연수	4	3	3	5
4	경과연수	2	1	2	3
5	취득원가	550,000	66,000	132,000	33,000

① =MOD(COLUMNS($A1), 2)=1
② =MOD(COLUMNS(A$1), 2)=0
③ =MOD(COLUMN($A1), 2)=0
④ =MOD(COLUMN(A$1), 2)=0

- COLUMN(셀) 함수는 주어진 셀의 열 번호를, COLUMNS(셀 범위) 함수는 주어진 셀 범위의 열 개수를 구합니다. 열 번호가 짝수인 열에 서식을 지정해야 하므로, COLUMN 함수를 이용하여 각 셀의 열 번호를 구합니다.
- [A1:E5] 영역에 있는 각 셀을 모두 비교하여 셀 단위로 서식을 지정할 때는 =MOD(COLUMN(A1), 2)=0으로, 조건에 맞는 데이터가 있는 열 전체에 서식을 지정하려면 행 번호 앞에 $를 붙여 =MOD(COLUMN(A$1), 2)=0으로 입력합니다. 두 경우의 결과는 동일합니다.
- [A1:E5] 영역을 범위로 지정한 후 조건부 서식의 규칙을 =MOD(COLUMN(A$1), 2)=0으로 지정하면 열별로 수식이 아래와 같이 변경되어 각 열을 비교합니다.
  =MOD(COLUMN(A$1), 2)=0
  =MOD(COLUMN(B$1), 2)=0
  =MOD(COLUMN(C$1), 2)=0
  =MOD(COLUMN(D$1), 2)=0
  =MOD(COLUMN(E$1), 2)=0

02. 다음 중 조건부 서식에 대한 설명으로 옳지 않은 것은?
25.상시, 24.상시, 23.상시, 21.상시

① 조건부 서식의 조건은 결과가 TRUE(1) 또는 FALSE(0)가 나오도록 작성한다.
② 같은 통합 문서의 특정 셀을 이용하여 조건을 지정할 수 있다.
③ 수식을 이용하여 조건을 지정할 경우, 워크시트의 특정 셀을 클릭하면 상대 참조로 작성된다.
④ 이동 옵션을 이용하여 조건부 서식이 지정된 셀을 찾을 수 있다.

조건부 서식에서 조건 지정 시 마우스로 특정 셀을 클릭하면 절대 참조로 작성됩니다.

25.상시, 23.상시, 22.상시, 21.상시, 20.2, 17.1, 16.1, 12.3, 09.2, …

핵심 113 수식의 개념

- 워크시트에 입력된 데이터를 계산하거나 분석하기 위한 식을 말한다.
- 수식은 등호(=)나 '+', '−' 기호로 시작한다.
- 문자열이 수식에 사용될 때에는 큰따옴표(" ")로 묶어야 한다.
- 수식을 선택한 영역 전체에 한 번에 입력하려면 수식을 입력한 후 Ctrl + Enter 를 누른다.
- Ctrl + ~ 를 누르면 워크시트에 입력된 수식을 모두 볼 수 있다.
- 수식을 입력한 후 F9 를 누르면 화면에 표시되는 값이 상수로 변환되어 수식 대신 셀에 입력된다.

잠깐만요 공백( ), 교점 연산자
- 셀 참조 범위를 설정하기 위해 사용하는 연산자로, 주로 함수 안에서 사용합니다.
- 두 개의 참조 영역에서 공통인 셀을 참조 영역으로 지정합니다.
  예 A1:A5 A3:E3 : 두 영역의 공통 영역인 [A3] 셀을 참조 영역으로 지정함

01. 다음 중 아래 시트에 대한 수식의 결과로 옳은 것은?

23.상시, 22.상시

	A	B	C	D
1		2019	2020	2021
2	1사분기	1	1	1
3	2사분기	2	2	2
4	3사분기	3	3	3
5	4사분기	4	4	4

=SUM(B2:C5 C2:D5 B3:D4)

① 30 ② #N/A
③ 5   ④ 0

- 'B2:C5 C2:D5 B3:D4'와 같이 세 개의 참조 영역을 공백으로 연결하면 공통 영역([C3:C4])을 참조 영역으로 지정합니다.
- =SUM(C3:C4)의 결과는 5입니다.

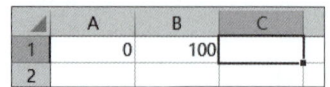

02. 다음 중 셀에 수식을 입력하는 방법에 대한 설명으로 옳지 않은 것은?

25.상시, 22.상시, 21.상시, 20.2, 19.1

① 통합 문서의 여러 워크시트에 있는 동일한 셀 범위 데이터를 이용하려면 수식에서 3차원 참조를 사용한다.
② 계산할 셀 범위를 선택하여 수식을 입력한 후 Ctrl + Enter 를 누르면 선택한 영역에 수식을 한 번에 채울 수 있다.
③ 수식을 입력한 후 결과 값이 상수로 입력되게 하려면 수식을 입력한 후 바로 Alt + F9 를 누른다.
④ 배열 상수에는 숫자나 텍스트 외에 'TRUE', 'FALSE' 등의 논리값 또는 '#N/A'와 같은 오류 값도 포함될 수 있다.

수식을 상수로 입력하려면 F9 를 눌러야 합니다.

잠깐만요 순환 참조 경고

수식에서 직접 또는 간접적으로 수식이 입력된 그 셀을 그 수식에서 참조하는 경우를 순환 참조라고 하고, 순환 참조인 경우 아래와 같은 메시지가 표시됩니다.

01. 다음 중 아래의 워크시트에서 [C1] 셀에 수식 '=A1+B1+C1'을 입력할 경우 발생하는 상황으로 옳은 것은?

25.상시, 21.상시, 15.3, 13.1

	A	B	C
1	0	100	
2			

① [C1] 셀에 '#REF!' 오류 표시
② [C1] 셀에 '#NUM!' 오류 표시
③ 데이터 유효성 오류 메시지 창 표시
④ 순환 참조 경고 메시지 창 표시

수식에서 해당 수식이 입력된 [C1] 셀을 참조하기 때문에 아래와 같은 순환 참조 경고 메시지가 표시됩니다.

02. 다음 중 수식에서 발생하는 각 오류에 대한 원인으로 옳지 않은 것은?

23.상시, 19.상시, 17.1

① #NULL! – 배열 수식이 들어 있는 범위와 행 또는 열 수가 같지 않은 배열 수식의 인수를 사용하는 경우
② #VALUE! – 수식에서 잘못된 인수나 피연산자를 사용한 경우
③ #NUM! – 수식이나 함수에 잘못된 숫자 값이 포함된 경우
④ #NAME? – 수식에서 이름으로 정의되지 않은 텍스트를 큰따옴표로 묶지 않고 입력한 경우

#NULL!은 교차하지 않는 두 영역의 교점을 지정하였을 때 표시되는 오류입니다.

25.상시, 24.상시, 23.상시, 22.상시, 21.상시, 19.상시, 17.1, 15.3, 13.1, …

핵심 114 오류 메시지

#####	셀에 셀 너비보다 큰 수치 데이터나 음수의 날짜나 시간이 있을 때
#DIV/0!	• 피제수가 빈 셀이나 0이 있는 셀을 참조할 때 • 피연산자가 빈 셀이면 0으로 간주됨
#N/A	함수나 수식에 사용할 수 없는 값을 지정했을 때
#NAME?	인식할 수 없는 텍스트를 수식에 사용했을 때
#NULL!	교차하지 않는 두 영역의 교점을 지정하였을 때
#NUM!	표현할 수 있는 숫자의 범위를 벗어났을 때
#REF!	셀 참조가 유효하지 않을 때
#VALUE!	• 잘못된 인수나 피연산자를 사용할 때 • 수식 자동 고침 기능으로 수식을 고칠 수 없을 때

25.상시, 23.상시, 21.상시, 20.2, 19.1, 18.1, 16.3, 16.1, 14.3, 14.2, 12.2, …

핵심 115 셀 참조

상대 참조	• 수식을 입력한 셀의 위치가 변동되면 참조가 상대적으로 변경됨 • 표기 예 A1
절대 참조	• 수식을 입력한 셀의 위치와 관계없이 고정된 주소로, 참조가 변경되지 않음 • 표기 예 $A$1

혼합 참조	• 열 고정 혼합 참조 : 열만 절대 참조가 적용됨($A1) • 행 고정 혼합 참조 : 행만 절대 참조가 적용됨(A$1)
다른 워크시트의 셀 참조	• 다른 워크시트에 있는 셀의 데이터를 참조할 경우 시트 이름과 셀 주소 사이에 느낌표(!)로 구분함 • 표기 예 =Sheet!A5 • 시트 이름에 한글, 영어 외의 문자가 있을 경우 작은따옴표(' ')로 묶음
3차원 참조	• 여러 개 시트의 동일한 셀 주소, 또는 동일한 셀 범위에 대한 참조를 3차원 참조라고 함 • 참조하는 시트가 연속적으로 나열되어 있고, 셀 주소가 모두 동일할 때는 첫 번째 시트와 마지막 시트의 이름을 콜론(:)으로 연결하고 셀 주소를 한 번만 지정함 • 표기 예 =SUM(Sheet1:Sheet3!B2) • SUM, AVERAGE, AVERAGEA, COUNT, COUNTA, MAX, MAXA, MIN, MINA, PRODUCT, STDEV.S, VAR.S 함수를 사용할 수 있음 • 배열 수식에는 3차원 참조를 사용할 수 없음
다른 통합 문서의 셀 참조	• 다른 통합 문서에 있는 셀의 데이터를 참조할 경우 통합 문서의 이름을 대괄호([ ])로 묶음 • 표기 예 ='C:\[매출현황]Sheet4' • 경로명은 작은따옴표(' ')로 묶음

01. 다음 중 3차원 참조에 대한 설명으로 옳지 않은 것은?
25.상시, 21.상시, 20.2, 16.3, 16.1, 14.3

① 여러 워크시트에 있는 동일한 셀 데이터나 셀 범위 데이터에 대한 참조를 뜻한다.
② 'Sheet2'부터 'Sheet4'까지의 [A2] 셀을 모두 더하라는 식을 '=SUM(Sheet2:Sheet4!A2)'와 같이 3차원 참조로 표현할 수 있다.
③ SUM, AVERAGE, COUNTA, STDEV.S 등의 함수를 사용할 수 있다.
④ 배열 수식에 3차원 참조를 사용할 수 있다.

> 배열 수식에는 3차원 참조를 사용할 수 없습니다.

24.상시, 21.상시, 11.3, 11.1, 10.2, 09.4, 06.2, 03.4   1260105

핵심 116 이름 정의

• 자주 사용하는 셀이나 셀 범위에 이름을 지정하는 것으로, 수식이나 함수에서 주소 대신 이름을 참조하여 사용한다.
• 정의된 이름은 참조 시 절대 참조 방식으로 사용된다.
• 이름 상자의 화살표 단추를 누르고 정의된 이름 중 하나를 클릭하면 해당 셀 또는 셀 범위가 선택된다.
• 이름 작성 규칙
 - 첫 문자는 반드시 문자(영문, 한글)나 밑줄(_) 또는 역슬래시(\)로 시작해야 한다.
 - 통합 문서내에서 동일한 이름을 중복하여 사용할 수 없다.
 - 대·소문자는 구분하지 않으며 최대 255자까지 지정할 수 있다.
 - 같은 통합 문서 내에서 동일한 이름을 중복하여 사용할 수 없다.
 - 셀 주소 형식으로 이름을 지정할 수 없다.

01. 다음 중 엑셀에서 사용하는 이름에 대한 설명으로 옳지 않은 것은?
24.상시, 21.상시, 11.1, 10.2

① 'A1'처럼 셀 주소와 같은 형태의 이름을 사용할 수 있다.
② 이름의 첫 글자는 문자나 밑줄(_)을 쓸 수 있고, 나머지 글자는 문자, 숫자, 밑줄(_), 마침표(.)를 사용할 수 있다.
③ 같은 통합 문서에서 동일한 이름을 중복하여 사용할 수 없다.
④ 이름 상자의 화살표 단추를 누르고 정의된 이름 중 하나를 클릭하면 해당 셀 또는 셀 범위가 선택된다.

> 셀 주소와 같은 형태의 이름은 지정할 수 없습니다.

25.상시, 24.상시, 23.상시, 22.상시, 21.상시, 20.상시, 20.2, 20.1, 18.상시, …   3260107

핵심 117 통계 함수

AVERAGE(인수1, 인수2, …)	인수들의 평균을 반환함
AVERAGEA(인수1, 인수2, …)	• 인수들의 평균을 반환함 • AVERAGE와 다른 점은 숫자가 아닌 셀도 인수로 사용함
AVERAGEIF(조건이 적용될 범위, 조건, 평균을 구할 범위)	'조건이 적용될 범위'에서 '조건'에 맞는 셀을 찾아 '평균을 구할 범위' 중 같은 행에 있는 값들의 평균값을 반환함
AVERAGEIFS(평균을 구할 범위, 조건1이 적용될 범위, 조건1, 조건2가 적용될 범위, 조건2, …)	여러 개의 조건이 적용될 범위에서 여러 개의 조건에 맞는 셀을 찾아 '평균을 구할 범위' 중 같은 행에 있는 값들의 평균값을 반환함
MAX(인수1, 인수2, …)	인수들 중에서 가장 큰 값을 반환함
MAXA(인수1, 인수2, …)	• 인수 중에서 가장 큰 값을 반환함 • MAX와 다른 점은 숫자는 물론 빈 셀, 논리값, 숫자로 표시된 텍스트 등도 인수로 사용함
MIN(인수1, 인수2, …)	인수들 중에서 가장 작은 값을 반환함
MINA(인수1, 인수2, …)	• 인수 중에서 가장 작은 값을 반환함 • MIN과 다른 점은 숫자는 물론 빈 셀, 논리값, 숫자로 표시된 텍스트 등도 인수로 사용함
COUNT(인수1, 인수2, …)	인수들 중에서 숫자가 있는 셀의 개수를 반환함
COUNTA(인수1, 인수2, …)	인수들 중에서 자료가 입력되어 있는 셀의 개수를 반환함
COUNTBLANK(범위)	범위 중 자료가 없는 셀의 개수를 반환함
COUNTIF(범위, 조건)	지정된 범위에서 조건에 맞는 셀의 개수를 반환함
COUNTIFS(조건1이 적용될 범위, 조건1, 조건2가 적용될 범위, 조건2, …)	여러 개의 조건이 적용될 범위에서 여러 개의 조건에 맞는 셀을 찾아 개수를 반환함
LARGE(범위, n번째)	범위 중 n번째로 큰 값을 반환함
SMALL(범위, n번째)	범위 중 n번째로 작은 값을 반환함
RANK.EQ(인수, 범위, 옵션)	• 지정된 범위 안에서 인수의 순위를 반환하는데, 동일한 값들은 동일하지 않을 경우 나올 수 있는 순위들 중 가장 높은 순위를 동일하게 반환함 • 옵션 - 0 또는 생략 : 내림차순을 기준으로 순위 부여 - 0 이외의 값 : 오름차순을 기준으로 순위 부여

VAR.S(인수1, 인수2, …)	인수로 주어진 숫자들의 표본 분산값을 반환함
STDEV.S(인수1, 인수2, …)	인수로 주어진 숫자들의 표본 표준편차값을 반환함
MEDIAN(인수1, 인수2, …)	인수들의 중간값을 반환함
MODE.SNGL(인수1, 인수2, …)	인수 중 가장 빈도수가 높은 값을 반환함
FREQUENCY(배열1, 배열2)	배열2의 범위에 대한 배열1 요소들의 빈도수를 반환함
GEOMEAN(인수1, 인수2, …)	인수로 주어진 숫자들의 기하 평균을 반환함
HARMEAN(인수1, 인수2, …)	인수로 주어진 숫자들의 조화 평균을 반환함
PERCENTILE.INC(범위, 인수)	범위에서 인수 번째 백분위수 값을 반환함

01. 다음 중 아래의 워크시트에서 작성한 수식으로 결과 값이 다른 것은?

23.상시, 22.상시, 20.2, 20.1

	A	B	C
1	10	30	50
2	40	60	80
3	20	70	90

① =SMALL(B1:B3, COLUMN(C3))
② =SMALL(A1:B3, AVERAGE({1;2;3;4;5}))
③ =LARGE(A1:B3, ROW(A1))
④ =LARGE(A1:C3, AVERAGE({1;2;3;4;5}))

> ① =SMALL(B1:B3, COLUMN(C3))
> ❶ COLUMN(C3) : [C3] 셀의 열 번호인 3을 반환합니다.
> ❷ =SMALL(B1:B3, ❶) → =SMALL(B1:B3, 3) : [B1:B3] 영역에서 세 번째로 작은 값인 70을 반환합니다.
> ② =SMALL(A1:B3, AVERAGE({1;2;3;4;5}))
> ❶ AVERAGE({1;2;3;4;5}) : 1, 2, 3, 4, 5의 평균인 3을 반환합니다.
> ❷ =SMALL(A1:B3, ❶) → =SMALL(A1:B3, 3) : [A1:B3] 영역에서 세 번째로 작은 값인 30을 반환합니다.
> ③ =LARGE(A1:B3, ROW(A1))
> ❶ ROW(A1) : [A1] 셀의 행 번호인 1을 반환합니다.
> ❷ =LARGE(A1:B3, ❶) → =LARGE(A1:B3, 1) : [A1:B3] 영역에서 첫 번째로 큰 값인 70을 반환합니다.
> ④ =LARGE(A1:C3, AVERAGE({1;2;3;4;5}))
> ❶ AVERAGE({1;2;3;4;5}) : 3을 반환합니다.
> ❷ =LARGE(A1:C3, ❶) → =LARGE(A1:C3, 3) : [A1:C3] 영역에서 세 번째로 큰 값인 70을 반환합니다.

02. 아래 워크시트에서 매출액[B3:B9]을 이용하여 매출 구간별 빈도수를 [F3:F6] 영역에 계산하고자 한다. 다음 중 이를 위한 배열 수식으로 옳은 것은?

24.상시, 21.상시, 18.1, 09.4, 06.3, 04.1

	A	B	C	D	E	F
1						
2		매출액		매출구간		빈도수
3		75		0	50	1
4		93		51	100	2
5		130		101	200	3
6		32		201	300	1
7		123				
8		257				
9		169				

① {=PERCENTILE.INC(B3:B9, E3:E6)}
② {=PERCENTILE.INC(E3:E6, B3:B9)}
③ {=FREQUENCY(B3:B9, E3:E6)}
④ {=FREQUENCY(E3:E6, B3:B9)}

> • [B3:B9] 영역의 데이터를 대상으로 [E3:E6] 영역의 구간별 빈도수를 계산하려면 [F3:F6] 영역을 블록으로 지정한 후 =FREQUENCY(B3:B9, E3:E6)을 입력한 다음 Ctrl + Shift + Enter를 누르면 됩니다.
> • Ctrl + Shift + Enter를 눌러 입력하면 수식 앞뒤에 중괄호({ })가 자동으로 입력되어 {=FREQUENCY(B3:B9, E3:E6)}과 같이 표시됩니다.

25.상시, 24.상시, 23.상시, 22.상시, 21.상시, 20.상시, 19.상시, 19.2, 19.1, …

핵심 118 수학/삼각 함수

엑셀 실습 04 ☞ 18쪽

SUM(인수1, 인수2, …)	인수들의 합계를 반환함
SUMIF(조건이 적용될 범위, 조건, 합계 를 구할 범위)	조건에 맞는 셀을 찾아 합계를 반환함
SUMIFS(합계를 구할 범위, 조건1이 적용될 범위, 조건1, 조건2가 적용될 범위, 조건2, …)	여러 개의 조건이 적용될 범위에서 여러 개의 조건에 맞는 셀을 찾아 '합계를 구할 범위' 중 같은 행에 있는 값들의 합계값을 반환함
ROUND(인수, 반올림 자릿수)	인수에 대하여 지정한 '반올림 자릿수'로 반올림함
ROUNDUP(인수, 올림 자릿수)	인수에 대하여 지정한 '올림 자릿수'로 올림함
ROUNDDOWN(인수, 내림 자릿수)	인수에 대하여 지정한 '내림 자릿수'로 내림함
SUMPRODUCT(배열1, 배열2, …)	배열1과 배열2의 개별 요소들끼리 곱한 결과를 모두 더한 값을 반환함
MDETERM(배열)	배열의 행렬식을 반환함
MINVERSE(배열)	배열의 역행렬을 반환함
MMULT(배열1, 배열2)	배열1과 배열2의 행렬 곱을 반환함
RAND( )	0과 1 사이의 난수를 반환함
RANDBETWEEN(인수1, 인수2)	지정한 두 수 사이의 난수를 반환함
ABS(인수)	인수의 절대값을 반환함
INT(인수)	인수보다 크지 않은 정수값을 반환함
MOD(인수1, 인수2)	인수1을 인수2로 나눈 나머지값을 반환함
FACT(인수)	인수의 계승 값을 반환함
SQRT(인수)	• 인수의 양의 제곱근을 반환함 • 인수가 음수면 에러가 발생함
POWER(인수, 제곱값)	인수를 '제곱값'만큼 거듭 곱한 값을 반환함
TRUNC(인수, 자릿수)	인수에 대해 자릿수 미만의 수치를 버린 값을 반환함
PRODUCT(인수1, 인수2, …)	인수를 모두 곱한 값을 반환함
SIGN(인수)	• 인수의 부호값을 반환함 • 양수면 1, 0이면 0, 음수면 −1을 반환함
PI( )	수치 상수 파이(π)를 15자리까지를 계산함
EXP(인수)	e를 인수만큼 거듭제곱한 값을 반환함
QUOTIENT(인수1, 인수2)	인수1을 인수2로 나누어 몫에 해당하는 정수 부분만을 반환함

01. 다음과 같이 [A1:A6]의 이름이 SCORES일 때 [A7] 셀에 아래의 함수를 입력하였다. 그 결과 값으로 옳지 않은 것은?

23.상시, 22.상시, 08.1

	A
1	2
2	2
3	0
4	1
5	TRUE
6	사용불가

① =ROUNDUP(AVERAGE(SCORES), 0) → 2
② =TRUNC(SUM(SCORES)/COUNT(SCORES), 0) → 2
③ =ROUND(SUM(SCORES)/COUNTA(SCORES), 0) → 1
④ =AVERAGEA(A1:A6) → 1

① =ROUNDUP(AVERAGE(SCORES), 0)
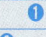

❶ AVERAGE(SCORES) : SCORES로 이름 정의된 영역(A1:A6)의 평균인 5/4 = 1.25를 반환합니다.
 ※ 논리값 TRUE가 숫자로 처리되지 않아 계산 시 제외됩니다.
❷ =ROUNDUP(❶, 0) → =ROUNDUP(1.25, 0) : 1.25를 올림하여 정수인 2를 반환합니다.

② =TRUNC(SUM(SCORES) / COUNT(SCORES), 0)

❶ SUM(SCORES) : SCORES로 이름 정의된 영역(A1:A6)의 합계인 5를 반환합니다.
❷ COUNT(SCORES) : SCORES로 이름 정의된 영역(A1:A6)에서 숫자가 들어 있는 셀의 개수인 4를 반환합니다.
❸ =TRUNC(❶/❷, 0) → =TRUNC(5/4, 0) : 5를 4로 나눈 값 1.25에서 소수점 이하를 버린 1을 반환합니다.

③ =ROUND(SUM(SCORES) / COUNTA(SCORES), 0)

❶ SUM(SCORES) : 5입니다.
❷ COUNTA(SCORES) : SCORES로 이름 정의된 영역(A1:A6)에서 데이터가 들어 있는 셀의 개수인 6을 반환합니다.
❸ =ROUND(❶/❷, 0) → =ROUND(5/6, 0) : 5를 6으로 나눈 값 0.83…에서 반올림하여 정수인 1을 반환합니다.

④ =AVERAGEA(A1:A6) : 수치가 아닌 셀을 포함하여 평균인 6/6 = 1을 반환합니다.
 ※ 논리값 TRUE가 숫자 1로 처리되어 계산 시 포함됩니다.

02. 다음 중 수식과 그 실행 결과 값의 연결이 옳지 않은 것은?

25.상시, 24.상시, 21.상시

① =DAYS("2020-11-1", "2020-10-1") → 31
② =ROUNDDOWN(45.6789, 2) → 45.67
③ =SUMPRODUCT({1,2,3}, {5,6,7}) → 32
④ =SQRT(4)*(INT(-2)+POWER(2, 3)) → 12

① =DAYS("2020-11-1", "2020-10-1") : 2020-11-1에서 2020-10-1을 뺀 일수인 31을 반환합니다.
② =ROUNDDOWN(45.6789,2) : 45.6789를 내림하여 소수점 이하 둘째자리까지 표시한 45.67을 반환합니다.
③ =SUMPRODUCT({1,2,3}, {5,6,7}) : SUMPRODUCT(배열1, 배열2, …)는 배열에서 대응하는 요소를 모두 곱하고 그 곱의 합을 구하는 함수이므로 SUMPRODUCT({1,2,3}, {5,6,7})에서 대응하는 요소를 계산하면 (1×5) + (2×6) + (3×7) = 38이 됩니다.

④ =SQRT(4)*(INT(-2)+POWER(2, 3))

❶ SQRT(4) : 4의 양의 제곱근인 2를 반환합니다.
❷ INT(-2) : -2보다 크지 않은 정수인 -2를 반환합니다.
❸ POWER(2, 3) : 2³, 즉 2×2×2 = 8을 반환합니다.
∴ =❶*(❷+❸) = 2*(-2+8) = 12

25.상시, 24.상시, 23.상시, 22.상시, 21.상시, 19.2, 19.1, 18.상시, 18.2, … 4209081

핵심 119 텍스트 함수

함수	설명
LOWER(텍스트)	텍스트를 모두 소문자로 변환하여 반환함
UPPER(텍스트)	텍스트를 모두 대문자로 변환하여 반환함
PROPER(텍스트)	텍스트의 첫 문자만 대문자로 변환하여 반환함
VALUE(텍스트)	텍스트를 숫자로 변환하여 반환함
REPLACE(텍스트1, 시작 위치, 개수, 텍스트2)	텍스트1의 시작 위치에서 개수만큼 텍스트2로 변환하여 반환함
SUBSTITUTE(텍스트, 인수1, 인수2, n번째)	텍스트에서 인수1을 찾아, n번째에 있는 인수1을 인수2로 변환하여 반환함
TEXT(인수, 형식)	인수를 지정한 형식의 텍스트로 변환하여 반환함
FIXED(인수, 자릿수, 논리값)	• 인수를 반올림하여 지정된 자릿수까지 텍스트로 반환함 • 자릿수가 지정되지 않으면 2로 인식됨 • 논리값 – TRUE : 쉼표를 표시하지 않음 – FALSE 또는 생략 : 쉼표를 표시함
LEFT(텍스트, 개수)	텍스트의 왼쪽부터 지정한 개수만큼 반환함
MID(텍스트, 시작 위치, 개수)	텍스트의 시작 위치부터 지정한 개수만큼 반환함
RIGHT(텍스트, 개수)	텍스트의 오른쪽부터 지정한 개수만큼 반환함
TRIM(텍스트)	텍스트의 양쪽 공백을 제거함
LEN(텍스트)	텍스트의 길이(개수)를 반환함
EXACT(텍스트1, 텍스트2)	두 텍스트를 비교하여 일치하면 TRUE, 다르면 FALSE 반환함
REPT(텍스트, 개수)	텍스트를 개수만큼 반복하여 반환함
CONCAT(텍스트1, 텍스트2, …)	인수로 주어진 텍스트들을 연결하여 1개의 문자열로 반환함
FIND(찾을 텍스트, 문자열, 시작 위치)	• 문자열의 시작 위치에서부터 찾을 텍스트를 찾아 그 위치 값을 반환함 • 문자를 모두 한 글자로 계산함 • 대/소문자를 구분하며, 와일드카드(*,?) 문자를 사용할 수 없음
SEARCH(찾을 텍스트, 문자열, 시작 위치)	• 문자열의 시작 위치에서부터 찾을 텍스트를 찾아 그 위치 값을 반환함 • 문자를 모두 한 글자로 계산함 • 대/소문자를 구분할 수 없고, 와일드카드(*,?) 문자를 사용할 수 있음

01. 다음 중 수식의 결과가 옳지 않은 것은? 24.상시, 23.상시, 22.상시

	A
1	바나나
2	사과
3	오렌지
4	PEAR
5	3.14659
6	

① =FIXED(A5, , FALSE) → 3.14
② =REPT("◆", LEN(A4)) → ◆◆◆◆
③ {=TEXT(SUM(IF(ISTEXT(A1:A5), 1, 0)), "과일의 수는 0개")} → 과일의 수는 4개
④ =REPLACE(A3, 2, 2, "가피나무") → 오가피나무

> ① =FIXED(A5, , FALSE) : FIXED(인수, 자릿수, 논리값)는 '인수'를 반올림하여 지정된 '자릿수'까지 텍스트로 표시하는 함수인데, '자릿수'를 생략하면 2로 지정되고, '논리값'을 FALSE 또는 생략하면 쉼표를 포함하므로 3.14659를 소수점 둘째 자리로 반올림한 3.15를 반환합니다.
> ※ [A5] 셀의 값 3.14659는 정수 부분이 한 자리이므로 쉼표, 즉 천 단위 구분 기호는 표시되지 않습니다. 예를 들어 [A5] 셀의 값이 1234.14659라면 1,234.15로 표시됩니다.
> ② =REPT("◆", LEN(A4)) : REPT(텍스트, 개수)는 '텍스트'를 '개수'만큼 반복하여 입력하는 함수이므로 "◆"를 [A4] 셀의 글자수인 4번 반복한 ◆◆◆◆를 반환합니다.
> ※ LEN(텍스트) : 문자의 길이를 반환함
> ③ {=TEXT(SUM(IF(ISTEXT(A1:A5), 1, 0)), "과일의 수는 0개")}
>
> ❶ SUM(IF(ISTEXT(A1:A5), 1, 0)) : 조건에 만족하는 셀의 개수를 구하는 배열 수식으로, [A1:A5] 영역에서 인수가 텍스트인 셀의 개수인 4를 반환합니다.
> ※ ISTEXT(인수) : 인수가 텍스트이면 'TRUE'를 출력함
> ❷ {=TEXT(❶, "과일의 수는 0개")} → {=TEXT(4, "과일의 수는 0개")} : TEXT(인수, 형식)는 '인수'를 지정한 '형식'의 텍스트로 바꾸는 함수이므로 4를 "과일의 수는 0개" 형식으로 표시한 "과일의 수는 4개"를 반환합니다.
> ④ =REPLACE(A3, 2, 2, "가피나무") : REPLACE(텍스트1, 시작 위치, 개수, 텍스트2)는 '텍스트1'의 '시작 위치'에서 '개수'로 지정된 문자를 '텍스트2'로 변경하는 함수이므로 [A3] 셀의 값 "오렌지"의 2번째부터 2글자를 "가피나무"로 변경한 "오가피나무"를 반환합니다.

02. 워크시트의 [A1] 셀에 "가나다라마바사"가 입력되어 있고, [A2] 셀에 수식 =MID(CONCAT(LEFT(A1, 3), RIGHT(A1, 3)), FIND("다", A1), 3)을 입력한 결과는? 24.상시

① 가나다   ② 마바사
③ 다마바   ④ 다라마

> =MID(CONCAT(LEFT(A1, 3), RIGHT(A1, 3)), FIND("다", A1), 3)
>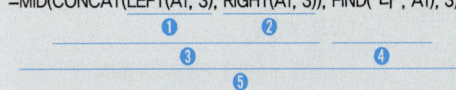
> ❶ LEFT(A1, 3) : [A1] 셀에 입력된 "가나다라마바사"의 왼쪽에서 세 글자를 추출한 "가나다"를 반환합니다.
> ❷ RIGHT(A1, 3) : "가나다라마바사"의 오른쪽에서 세 글자를 추출한 "마바사"를 반환합니다.
> ❸ CONCAT(❶, ❷) → CONCAT("가나다", "마바사") : 주어진 텍스트를 모두 연결한 "가나다마바사"를 반환합니다.
> ❹ FIND("다", A1) : "가나다라마바사"에서 "다"의 위치인 3을 반환합니다.
> ❺ MID(❸, ❹, 3) → =MID("가나다마바사", 3, 3) : "가나다마바사"의 3번째 자리에서부터 세 글자를 추출한 "다마바"를 반환합니다.

25.상시, 24.상시, 23.상시, 22.상시, 21.상시, 19.1, 18.상시, 17.2, 17.1, 16.3, … 3260110

핵심 120 | 날짜/시간 함수

함수	설명
YEAR(날짜)	날짜에서 연도만 추출하여 반환함
MONTH(날짜)	날짜에서 월만 추출하여 반환함
DAY(날짜)	날짜에서 일만 추출하여 반환함
WEEKDAY(날짜, 옵션)	• 날짜에 해당하는 요일번호를 반환함 • 옵션 – 1 또는 생략 : 1(일요일) ~ 7(토요일) – 2 : 1(월요일) ~ 7(일요일) – 3 : 0(월요일) ~ 6(일요일)
DAYS(마지막 날짜, 시작 날짜)	마지막 날짜에서 시작 날짜를 뺀 일 수를 계산하여 반환함
DATE(년, 월, 일)	년, 월, 일에 대한 날짜의 일련번호 반환함
TODAY( )	현재 날짜를 반환함
DATEVALUE(날짜)	날짜의 일련번호를 반환함
EDATE(시작 날짜, 월수)	• 시작 날짜에서 월수를 더한 날짜를 반환함 • 월수 – 양수 : 이후 날짜를 대상으로 구함 – 음수 : 이전 날짜를 대상으로 구함
EOMONTH(날짜, 월수)	• 지정한 날짜를 기준으로 몇 개월 이전 또는 이후 달의 마지막 날짜를 반환함 • 월수 – 양수 : 이후 날짜를 대상으로 구함 – 음수 : 이전 날짜를 대상으로 구함
NETWORKDAYS(날짜1, 날짜2, 휴일날짜)	주말(토, 일)과 지정한 휴일날짜를 제외한 날짜1과 날짜2 사이의 작업 일 수를 반환함
WORKDAY(시작날짜, 일수, 휴일날짜)	시작날짜에 주말과 휴일날짜를 제외하고 일수만큼 지난 날짜를 반환함
WEEKNUM(날짜, 옵션)	• 날짜의 일년 중 주 일련번호를 반환함 • 옵션 – 1 : 일요일부터 주가 시작 – 2 : 월요일부터 주가 시작
HOUR(시간)	시간에서 시만 추출하여 반환함
MINUTE(시간)	시간에서 분만 추출하여 반환함
SECOND(시간)	시간에서 초만 추출하여 반환함
TIME(시, 분, 초)	시, 분, 초에 대한 시간의 일련번호 반환함
NOW( )	현재 날짜와 시간을 반환함

01. 다음 중 아래 시트에서 각 수식을 실행했을 때의 결과 값으로 옳지 않은 것은? 23.상시, 22.상시, 17.1, 12.2

	A
1	2023년 3월 5일 일요일
2	2023년 3월 20일 월요일
3	2023년 4월 10일 월요일
4	

① =EOMONTH(A1, -3) → 2022-12-31
② =DAYS(A1, A3) → 36
③ =NETWORKDAYS(A1, A2) → 11
④ =WORKDAY(A1, 10) → 2023-03-17

① 2023-03-05를 기준으로 3개월 이전 달의 마지막 날짜인 2022-12-31을 반환합니다.
② 앞의 인수가 마지막 날짜이므로 2023-04-10에서 2023-03-05까지의 일수인 -36을 반환합니다.
③ 두 날짜 사이의 일수는 16이고, 휴일 날짜는 생략되었으므로 주말 날짜만 뺀 11을 반환합니다.
  ※ 주말 날짜는 2023-03-05(일요일), 2023-03-11(토요일), 2023-03-12(일요일), 2023-03-18(토요일), 2023-03-19(일요일)로 총 5일입니다.
④ 2023-03-05에 주말 날짜를 제외하고 10일을 더한 2023-03-17을 반환합니다.

=REPT(IF(B2)70%, "■", "□"), QUOTIENT(B2, 10%))
　　　　　①　　　　　　　　　②
　　　　　　　　③

❶ IF(B2)70%, "■", "□") : IF(조건, 인수1, 인수2) 함수는 조건을 비교하여 '참'이면 인수1, '거짓'이면 인수2를 반환하므로 [B2] 셀의 값 98%가 70%보다 크므로 "■"를 반환합니다.
❷ QUOTIENT(B2, 10%) : QUOTIENT(인수1, 인수2) 함수는 인수1을 인수2로 나눈 값에서 정수 부분만 반환하므로, [B2] 셀의 값 98%를 10%로 나눈 값 9를 반환합니다.
❸ =REPT(❶, ❷) → =REPT("■", 9) : REPT(텍스트, 개수) 함수는 '텍스트'를 '개수'만큼 반복하여 표시하므로 "■"를 9번 반복하여 표시합니다.

02. 다음 워크시트에서 [G3:G6] 영역에 월요일부터 금요일까지 모두 출석(√)하면 "우수", 그렇지 않으면 빈칸을 표시하려고 할 때 옳은 수식은?　　　　　24.상시, 23.상시, 22.상시, 21.상시

	A	B	C	D	E	F	G
1				출석			
2	이름	월	화	수	목	금	비고
3	홍길동	√	√	√	√	√	우수
4	이대한	√	√		√		
5	김우리	√	√	√	√		우수
6	이석경	√		√	√	√	
7							

① =IF(COUNT(B3:F3)=5, "우수", "")
② =IF(COUNTA(B3:F3)=5, "우수", "")
③ =IF(NOT(COUNTBLANK(B3:F3)=5), "우수", "")
④ =IF(COUNTIF(B3:F3, "")=5, "", "우수")

=IF(COUNTA(B3:F3)=5, "우수", " ")
　　　　❶
　　❷

❶ COUNTA(B3:F3) : [B3:F3] 영역에서 자료(√)가 입력되어 있는 셀의 개수인 5를 반환합니다.
❷ =IF(❶=5, "우수", "") → =IF(5=5, "우수", "") : 조건이 참이므로 "우수"를 반환합니다.

25.상시, 24.상시, 23.상시, 22.상시, 21.상시, 20.상시, 20.2, 20.1, 17.2, …　　　4309201

핵심 121　논리 함수　　엑셀 실습 05 ☞ 19쪽

IF(조건, 인수1, 인수2)	조건을 비교하여 '참'이면 인수1, '거짓'이면 인수2를 반환함
IFS(조건1, 인수1, 조건2, 인수2, …)	조건1이 '참'이면 인수1을, 조건2가 '참'이면 인수2를, … 조건n이 '참'이면 인수n을 반환함
IFERROR(인수, 오류 시 표시할 값)	인수로 지정한 수식이나 셀에서 오류가 발생하면 오류 시 표시할 값을 반환하고, 그렇지 않으면 결과값을 반환함
SWITCH(변환할 값, 인수1, 결과1, 인수2, 결과2, …, 일치하는 인수가 없을 때 결과)	'변환할 값'이 인수1이면 결과1, 인수2이면 결과2를, … 변환할 값과 일치하는 인수가 없을 경우 '일치하는 인수가 없을 때 결과'를 반환함
NOT(인수)	인수의 반대 논리값을 반환함
AND(인수1, 인수2, …)	주어진 인수가 모두 참이면 참을 반환함
OR(인수1, 인수2, …)	인수 중 하나라도 참이면 참을 반환함
FALSE( )	논리값 'FALSE'를 반환함
TRUE( )	논리값 'TRUE'를 반환함

01. 아래 워크시트에서 성취도[C2:C6]는 성취율[B2:B6]을 10%로 나눈 값만큼 표시한 것으로, 성취율이 70%를 초과하면 "■"를, 그 외는 "□"을 반복하여 표시하였다. 다음 중 이를 위한 수식으로 옳은 것은?　　　　　25.상시, 24.상시, 23.상시, 22.상시

	A	B	C
1	성명	성취율	성취도
2	김양호	98%	■■■■■■■■■
3	이숙경	75%	■■■■■■■
4	양미진	65%	□□□□□□
5	이형도	85%	■■■■■■■■
6	김인경	50%	□□□□□

① =REPLACE(QUOTIENT(B2, 10%), IF(B2)70%, "■", "□"))
② =REPT(QUOTIENT(B2, 10%), IF(B2)70%, "■", "□"))
③ =REPLACE(IF(B2)70%, "■", "□"), QUOTIENT(B2, 10%))
④ =REPT(IF(B2)70%, "■", "□"), QUOTIENT(B2, 10%))

25.상시, 24.상시, 23.상시, 22.상시, 21.상시, 20.상시, 20.2, 20.1, 19.2, …　　　4209381

핵심 122　찾기/참조 함수　　엑셀 실습 06 ☞ 19쪽

• VLOOKUP(찾을값, 범위, 열 번호, 옵션) : 범위의 첫 번째 열에서 옵션에 맞게 찾을값과 같은 데이터를 찾은 후 찾을값이 있는 행에서 지정된 열 번호 위치에 있는 값을 반환함

• HLOOKUP(찾을값, 범위, 행 번호, 옵션) : 범위의 첫 번째 행에서 옵션에 맞게 찾을값과 같은 데이터를 찾은 후 찾을값이 있는 열에서 지정된 행 번호 위치에 있는 값을 반환함

> **잠깐만요** VLOOKUP/HLOOKUP 옵션
> • TRUE : 기준값보다 작거나 같은 값 중에서 가장 근접한 값을 찾음
> • FALSE : 기준값과 정확히 일치하는 값을 찾음

• LOOKUP(찾을값, 범위) : 범위의 첫째 행 또는 열에서 찾을값과 같은 데이터를 찾은 후 범위의 마지막 행이나 열의 같은 위치에 있는 값을 반환함

- XLOOKUP(찾을값, 찾을값 범위, 반환값 범위, 찾을값이 없을 때 반환할 값, 옵션1, 옵션2) : 찾을값 범위의 첫 번째 행/열에서 옵션에 맞게 찾을값과 같은 데이터를 찾은 후 반환값 범위에서 같은 행/열에 있는 값을 반환하고, 찾을값을 못 찾은 경우 '찾을값이 없을 때 반환할 값'을 반환함

> **잠깐만요** XLOOKUP 옵션
> • 옵션1
> - -1 : 기준값보다 작거나 같은 값 중에서 가장 근접한 값
> - 0 또는 생략 : 기준값과 정확하게 일치하는 값
> - 1 : 기준값보다 크거나 같은 값 중에서 가장 근접한 값
> - 2 : 기준값과 부분적으로 일치하는 값
> • 옵션2
> - 1 또는 생략 : 첫 번째 항목부터 검색함
> - -1 : 마지막 항목부터 검색함
> - 2 : 오름차순으로 정렬된 범위에서 검색함
> - -2 : 내림차순으로 정렬된 범위에서 검색함

- CHOOSE(인수, 첫 번째, 두 번째, …) : 인수가 1이면 1번째, 인수가 2이면 2번째, … 인수가 n이면 n번째를 반환함
- INDEX(범위, 행 번호, 열 번호) : 지정된 범위에서 행 번호와 열 번호의 위치에 있는 데이터를 반환함
- INDEX(범위, 행 번호, 열 번호, 범위 번호) : 지정된 범위에서 행 번호와 열 번호 위치의 셀 주소를 반환함
  - 범위 : 한 개 이상의 셀 범위를 지정함
  - 범위 번호 : 범위가 두 개 이상 지정된 경우 사용할 범위를 지정함
- MATCH(찾을값, 범위, 옵션) : 범위에서 찾을값과 같은 데이터를 찾아 옵션을 적용하여 그 위치를 일련번호로 반환함

> **잠깐만요** MATCH 옵션
> • -1 : 찾을값보다 크거나 같은 값 중 가장 작은 값(내림차순 정렬)
> • 0 : 찾을값과 정확하게 일치하는 값
> • 1 : 찾을값보다 작거나 같은 값 중 가장 큰 값(오름차순 정렬)

- XMATCH(찾을값, 범위, 옵션1, 옵션2) : 범위에서 찾을값과 같은 데이터를 찾아 옵션을 적용하여 그 위치를 일련번호로 반환함

> **잠깐만요** XMATCH 옵션
> • 옵션1
> - -1 : 찾을값보다 작거나 같은 값 중 가장 큰 값
> - 0 또는 생략 : 찾을값과 정확하게 일치하는 값
> - 1 : 찾을값보다 크거나 같은 값 중 가장 작은 값
> - 2 : 찾을값과 부분적으로 일치하는 값
> • 옵션2
> - 1 또는 생략 : 첫 번째 항목부터 검색함
> - -1 : 마지막 항목부터 검색함
> - 2 : 오름차순으로 정렬된 범위에서 검색함
> - -2 : 내림차순으로 정렬된 범위에서 검색함

- OFFSET(범위, 행, 열, 높이, 너비) : 선택한 범위에서 지정한 행과 열만큼 떨어진 위치에 있는 데이터 영역의 데이터를 반환함
- COLUMN(셀) : 주어진 셀의 열 번호를 반환함
- COLUMNS(셀 범위) : 주어진 셀 범위의 열 개수를 반환함
- ROW(셀) : 주어진 셀의 행 번호를 반환함
- ROWS(셀 범위) : 주어진 셀 범위의 행 개수를 반환함
- TRANSPOSE(범위) : 범위에 입력된 값을 행/열을 바꾸어 현재 셀 범위에 반환함

- ADDRESS(행 번호, 열 번호, 참조유형) : 행 번호와 열 번호에 해당하는 셀 주소를 반환함
  - 참조유형
    - ▶ 1 : 절대참조
    - ▶ 2 : 행만 절대참조
    - ▶ 3 : 열만 절대참조
    - ▶ 4 : 상대참조
- INDIRECT(텍스트) : 주소 형식을 갖춘 텍스트를 셀 주소로 변환하여 해당 주소에 있는 값을 반환함
- AREAS(범위) : 범위 안에서의 영역 수를 반환함

> **01.** 다음 중 아래의 워크시트를 이용한 수식에 대해서 그 결과가 옳지 않은 것은? 25.상시, 24.상시, 23.상시, 21.상시
>
> | | A | B | C | D |
> |---|---|---|---|---|
> | 1 | 이름 | 국어 | 영어 | 수학 |
> | 2 | 김원 | 87 | 97 | 72 |
> | 3 | 정영희 | 74 | 98 | 100 |
> | 4 | 남궁정훈 | 85 | 91 | 70 |
> | 5 | 이수 | 80 | 80 | 88 |
> | 6 | 김용훈 | 81 | 87 | 70 |
> | 7 | 김근태 | 84 | 82 | 80 |
> | 8 | | | | |
>
> 수식   결과
> ① =HLOOKUP("영어", B1:D7, 2)   97
> ② =OFFSET(B2, 3, 2)   88
> ③ =INDEX(A1:D7, 3, 2)   74
> ④ =AREAS(A1:D7)   28
>
> ① =HLOOKUP("영어", B1:D7, 2) : [B1:D7] 영역의 첫 번째 행에서 "영어"를 찾은 후 이 값이 있는 열의 2행에 있는 값인 97을 반환합니다.
> ② =OFFSET(B2, 3, 2) : [B2] 셀을 기준으로 3행 2열이 떨어진 [D5] 셀의 값인 88을 반환합니다.
> ③ =INDEX(A1:D7, 3, 2) : [A1:D7] 영역에서 3행 2열, 즉 [B3] 셀의 값인 74를 반환합니다.
> ④ =AREAS(A1:D7) : AREAS(범위)는 '범위' 안에 있는 영역의 수를 계산하는 함수입니다. [A1:D7]은 영역이 하나이므로 1을 반환합니다.

> **02.** 아래의 시트에서 [A8] 셀에 '=INDEX(A1:C6, MATCH(LARGE(C2:C6, 3), C1:C6, 0), 2)' 수식을 입력했을 때의 계산 결과로 올바른 것은? 24.상시, 23.상시, 22.상시, 21.상시
>
> | | A | B | C |
> |---|---|---|---|
> | 1 | 코너 | 담당 | 판매금액 |
> | 2 | 잡화 | 김남희 | 5,122,000 |
> | 3 | 식료품 | 남궁민 | 450,000 |
> | 4 | 잡화 | 이수진 | 5,328,000 |
> | 5 | 식료품 | 서수남 | 6,544,000 |
> | 6 | 식료품 | 김정미 | 6,024,500 |
>
> ① 남궁민   ② 이수진
> ③ 서수남   ④ 김정미
>
> =INDEX(A1:C6, MATCH(LARGE(C2:C6, 3), C1:C6, 0), 2)
>   ❶
>   ❷
>   ❸
>
> ❶ LARGE(C2:C6, 3) : [C2:C6] 영역에서 3번째로 큰 값인 5328000을 반환합니다.

❷ MATCH(❶, C1:C6, 0) → MATCH(5328000, C1:C6, 0) : [C1:C6] 영역에서 5328000과 정확히 일치하는 값을 찾은 후 상대 위치 4를 반환합니다.
※ MATCH(찾을값, 범위, 옵션) 함수에서 옵션을 0으로 지정하면 찾을값과 정확히 일치하는 값을 찾습니다.
❸ =INDEX(A1:C6, ❷, 2) → =INDEX(A1:C6, 4, 2) : [A1:C6] 영역에서 4행 2열 즉, [B4] 셀의 값 "이수진"을 반환합니다.

① =DSUM(A1:C15, 3, E1:E2) : DSUM(범위, 열 번호, 조건)은 지정된 범위에서 조건에 맞는 자료를 대상으로 지정된 열에서 합계를 계산하는 함수입니다.
• A1:C15 : 데이터가 있는 영역을 입력합니다(데이터베이스 함수는 반드시 데이터 필드명이 있는 부분(여기서는 1행)을 범위에 포함시켜야 함).
• 3 : 합계를 구할 데이터가 있는 열 번호인 3을 입력하거나 필드명이 있는 [C1] 셀을 입력합니다.
• E1:E2 : 조건이 입력되어 있는 영역을 입력합니다.
∴ [A1:C15] 영역에서 소속이 "영업1부"인 데이터의 '총매출액'의 합계를 구합니다.
② =DSUM(A1:C15, C1, E1:E2) : 열 번호 대신 필드명이 있는 [C1] 셀을 지정하였으므로 정상적으로 결과가 표시됩니다.
③ =SUMIF(B2:B15, E2, C2:C15) : SUMIF(조건이 적용될 범위, 조건, 합계를 구할 범위) 함수는 조건에 맞는 셀들의 합계를 구합니다. [B2:B15] 영역에서 [E2] 셀("영업1부")과 동일한 데이터를 찾은 후 [C2:C15] 영역에서 같은 행에 있는 데이터들의 합계를 구합니다.
④ =SUMIF(A1:C15, E2, C1:C15) : [A1:C15] 영역의 첫 번째 열(A열)에서 [E2] 셀("영업1부")과 동일한 데이터를 찾는데, 동일한 데이터가 없으므로 결과는 0입니다.
※ SUMIF 함수에서 조건이 적용될 범위를 여러 열로 구성된 범위를 지정하면 범위의 첫 번째 열에 조건을 적용합니다.

25.상시, 24.상시, 21.상시, 20.상시, 19.상시, 19.1, 18.상시, 17.2, 16.1, 15.3, … 3209801

핵심 123 데이터베이스 함수   엑셀 실습 07 ☞ 20쪽

DSUM(데이터 범위, 필드 번호, 조건)	해당 데이터 범위에서 조건에 맞는 자료를 대상으로 지정된 필드 번호에서 합계값을 반환함
DAVERAGE(데이터 범위, 필드 번호, 조건)	해당 데이터 범위에서 조건에 맞는 자료를 대상으로 지정된 필드 번호에서 평균값을 반환함
DCOUNT(데이터 범위, 필드 번호, 조건)	해당 데이터 범위에서 조건에 맞는 자료를 대상으로 지정된 필드 번호에서 숫자가 있는 셀의 개수를 반환함
DCOUNTA(데이터 범위, 필드 번호, 조건)	해당 데이터 범위에서 조건에 맞는 자료를 대상으로 지정된 필드 번호에서 자료가 있는 셀의 개수를 반환함
DMAX(데이터 범위, 필드 번호, 조건)	해당 데이터 범위에서 조건에 맞는 자료를 대상으로 지정된 필드 번호에서 가장 큰 값을 반환함
DMIN(데이터 범위, 필드 번호, 조건)	해당 데이터 범위에서 조건에 맞는 자료를 대상으로 지정된 필드 번호에서 가장 작은 값을 반환함
DPRODUCT(데이터 범위, 필드 번호, 조건)	해당 데이터 범위에서 조건에 맞는 자료를 대상으로 지정된 필드 번호에서 값들의 곱을 반환함
DVAR(데이터 범위, 필드 번호, 조건)	해당 데이터 범위에서 조건에 맞는 자료를 대상으로 지정된 필드 번호에서 분산값을 반환함
DSTDEV(데이터 범위, 필드 번호, 조건)	해당 데이터 범위에서 조건에 맞는 자료를 대상으로 지정된 필드 번호에서 표준편차값을 반환함
DGET(데이터 범위, 필드 번호, 조건)	해당 데이터 범위에서 조건에 맞는 자료를 대상으로 지정된 필드 번호에서 일치하는 값을 반환함

01. 다음 중 아래의 워크시트에서 [F2] 셀에 소속이 '영업1부'인 총매출액의 합계를 계산하기 위한 수식으로 옳지 않은 것은?

21.상시, 16.1, 15.3

▲	A	B	C	D	E	F	G
1	성명	소속	총매출액		소속	총매출액	평균매출액
2	이민우	영업1부	8,819		영업1부	28,581	7,145
3	차소라	영업2부	8,072				
4	진희경	영업3부	6,983		소속별 총매출액의 합계		
5	장용	영업1부	7,499				
6	최병철	영업1부	7,343				
7	김철수	영업3부	4,875				
8	정진수	영업2부	5,605				
9	고희수	영업3부	8,689				
10	조민희	영업3부	7,060				
11	추소영	영업2부	6,772				
12	홍수아	영업3부	6,185				
13	이경식	영업1부	4,920				
14	유동근	영업2부	7,590				
15	이혁재	영업2부	6,437				

① =DSUM(A1:C15, 3, E1:E2)
② =DSUM(A1:C15, C1, E1:E2)
③ =SUMIF(B2:B15, E2, C2:C15)
④ =SUMIF(A1:C15, E2, C1:C15)

25.상시, 24.상시, 22.상시, 21.상시, 18.상시, 15.2, 15.1, 14.2, 13.1, 11.3, … 3209901

핵심 124 재무 함수   엑셀 실습 07 ☞ 20쪽

FV(이자, 기간, 금액, 현재가치, 납입시점)	• 미래가치 반환, 매월 일정한 금액을 불입했을 때 만기일에 받을 원금과 이자를 반환함 • 납입시점 : 0 또는 생략하면 기말, 1은 기초
PV(이자, 기간, 금액, 미래가치, 납입시점)	• 현재가치를 반환함 • 미래가치는 생략할 수 있음 • 납입시점 : 0 또는 생략하면 기말, 1은 기초
NPV(할인율, 금액1, 금액2, …)	할인율과 앞으로의 지출과 수입을 사용하여 투자의 현재가치를 반환함
PMT(이자, 기간, 현재가치, 미래가치, 납입시점)	정기적으로 지급(상환)할 금액 반환, 일정 금액을 대출 받았을 경우 이자를 포함하여 매월 상환해야 하는 금액을 반환함 • 납입시점 : 0 또는 생략하면 기말, 1은 기초 • 현재가치(PV) : 대출금 • 미래가치(FV) : 최종 불입 후 잔금, 생략하면 0
SLN(취득액, 잔존가치, 수명년수)	단위 기간 동안 정액법에 의한 자산의 감가상각액을 반환함

01. 연이율 5%로 3년 만기 저축을 매월 초 50,000원씩 저축, 복리 이자율로 계산하여 만기에 찾을 수 있는 금액을 구하기 위한 수식으로 적당한 것은?   25.상시, 22.상시, 15.2, 11.3, 11.1, 05.4

① =FV(5%, 3, −50000, ,1)
② =FV(5%, 3, 50000)
③ =FV(5%/12, 3*12, −50000, ,1)
④ =FV(5%/12, 3*12, 50000)

FV(이자, 기간, 금액, 현재가치, 납입 시점) 함수에서 이자와 기간은 월 단위이므로 5%/12, 3*12로 변경해야 하고, 금액은 매월 불입할 금액으로 결과 값이 양수로 나오도록 음수로, 현재 가치는 없으므로 생략, 납입 시점은 매월 초이므로 1로 지정하면 '=FV(5%/12, 3*12, −50000, , 1)'이 됩니다.

정답 123 1.④   124 1.③

02. 대출원금 3천 만 원을 년 이자율 6.5%로 3년 동안 매월 말 상환하려고 한다. 매월 불입 금액을 계산하는 함수식으로 옳은 것은?
24.상시, 21.상시, 14.2, 13.1, 11.2, 09.3, 09.2, 07.4, 07.3, 05.3

① =PMT(6.5%/12, 3*12, -30000000)
② =PMT(6.5%, 3*12, -30000000)
③ =IPMT(6.5%/12, 3*12, 30000000)
④ =IPMT(6.5%, 3*12, -30000000)

> PMT(이자, 기간, 현재가치, 미래가치, 납입시점) 함수에서 이자와 기간은 월 단위이므로 6.5%/12, 3*12, 현재가치(받은 금액(대출금액))는 30000000인데, 결과값이 양수로 나오도록 음수로, 미래가치는 0이므로 생략, 납입시점은 매월 말이므로 생략하면 '=PMT(6.5%/12, 3*12, -30000000)'입니다.

01. 다음 중 아래의 워크시트에서 수식의 결과로 "부사장"을 출력하지 않는 것은?
23.상시, 22.상시, 21.상시, 20.상시, 20.2

	A	B	C	D
1	사원번호	성명	직함	생년월일
2	101	구민정	영업 과장	1980-12-08
3	102	강수영	부사장	1965-02-19
4	103	김진수	영업 사원	1991-08-30
5	104	박용만	영업 사원	1990-09-19
6	105	이순신	영업 부장	1917-09-20

① =CHOOSE(CELL("row", B3), C2, C3, C4, C5, C6)
② =CHOOSE(TYPE(B4), C2, C3, C4, C5, C6)
③ =OFFSET(A1:A6, 2, 2, 1, 1)
④ =INDEX(A2:D6, MATCH(A3, A2:A6, 0), 3)

> ① =CHOOSE(CELL("row", B3), C2, C3, C4, C5, C6)
> ❶ CELL("row",B3) : 'row'는 행을 의미하므로 CELL 함수는 B3 셀의 행 번호인 3을 반환합니다.
> ❷ =CHOOSE(❶, C2, C3, C4, C5, C6) → =CHOOSE(3, C2, C3, C4, C5, C6) : 세 번째에 있는 [C4] 셀의 값인 "영업 사원"을 반환합니다.
> ② =CHOOSE(TYPE(B4), C2, C3, C4, C5, C6)
> ❶ TYPE(B4) : [B4] 셀에 입력된 값이 텍스트이므로 2를 반환합니다.
> ※ TYPE(인수) 함수는 인수가 숫자면 1, 텍스트이면 2, 논리값이면 4 등을 반환합니다.
> ❷ =CHOOSE(❶, C2, C3, C4, C5, C6) → =CHOOSE(2, C2, C3, C4, C5, C6) : 두 번째에 있는 [C3] 셀의 값인 "부사장"을 반환합니다.
> ③ =OFFSET(A1:A6, 2, 2, 1, 1) : [A1:A6] 영역의 첫 번째 셀인 [A1] 셀을 기준으로 2행 2열 떨어진 셀 주소(C3)를 찾습니다. 이 주소를 기준으로 1행 1열인 셀, 즉 [C3] 셀의 값인 "부사장"을 반환합니다.
> ④ =INDEX(A2:D6, MATCH(A3, A2:A6, 0), 3)
> ❶ MATCH(A3, A2:A6, 0) : [A2:A6] 영역에서 [A3] 셀의 값과 동일한 값을 찾은 후 상대 위치인 2를 반환합니다.
> ❷ =INDEX(A2:D6, ❶, 3) → =INDEX(A2:D6, 2, 3) : [A2:D6] 영역에서 2행 3열, 즉 [C3] 셀의 값인 "부사장"을 반환합니다.

23.상시, 22.상시, 21.상시, 20.상시, 20.2, 18.2, 17.2, 16.2, 14.3, 12.1, 10.1, ... 3210001

핵심 125 정보 함수

함수	설명
ISBLANK(인수)	인수가 빈 셀이면 'TRUE', 그렇지 않으면 'FALSE'를 반환함
ISERROR(인수)	인수가 오류 값이면 'TRUE', 그렇지 않으면 'FALSE'를 반환함
ISERR(인수)	인수가 #N/A를 제외한 오류 값이면 'TRUE', 그렇지 않으면 'FALSE'를 반환함
ISEVEN(인수)	인수가 짝수면 'TRUE', 그렇지 않으면 'FALSE'를 반환함
ISODD(인수)	인수가 홀수면 'TRUE', 그렇지 않으면 'FALSE'를 반환함
ISNUMBER(인수)	인수가 숫자면 'TRUE', 그렇지 않으면 'FALSE'를 반환함
ISTEXT(인수)	인수가 텍스트면 'TRUE', 그렇지 않으면 'FALSE'를 반환함
ISNONTEXT(인수)	인수가 텍스트가 아니면 'TRUE', 텍스트면 'FALSE'를 반환함
ISLOGICAL(인수)	인수가 논리값이면 'TRUE', 그렇지 않으면 'FALSE'를 반환함
N(인수)	• 인수를 숫자로 변환하여 반환함 • 숫자는 숫자, 날짜는 일련번호로, 'TRUE'는 1로, 그 외의 값은 0으로 반환함
TYPE(인수)	• 인수의 데이터 형식을 숫자로 반환함 • 1 : 숫자, 2 : 텍스트, 4 : 논리값, 16 : 오류값
CELL (정보유형, 셀주소)	셀의 서식 지정이나 위치, 내용 등에 대한 정보를 반환함

> 잠깐만요 CELL 함수의 정보유형
> • address : 절대 주소를 반환함
> • col : 셀의 열 번호를 숫자로 반환함
> • color : 셀의 값이 '-' 기호 대신 빨강색 등으로 음수를 표시할 경우에는 1, 그 외는 0을 반환함
> • contents : 셀의 값을 반환함
> • filename : 현재 작업 대상 셀이 들어 있는 파일의 이름을 반환함
> • format : 숫자 서식에 적용된 서식을 텍스트로 반환함
> • parentheses : 셀의 숫자에 괄호 서식이 적용된 경우에는 1, 그렇지 않은 경우에는 0을 반환함
> • prefix : 셀의 값이 왼쪽 맞춤이면 작은따옴표('), 오른쪽 맞춤이면 큰따옴표("), 가운데 맞춤이면 캐럿(^)을 반환함
> • protect : 셀이 잠겨 있으면 1, 그렇지 않으면 0을 반환함
> • row : 셀의 행 번호를 반환함
> • type : 셀이 비어 있으면 'b', 텍스트 상수를 포함하면 'l', 그 밖의 경우는 'v'를 반환함
> • width : 열의 너비를 정수로 반올림하여 반환함

25.상시, 24.상시, 23.상시, 22.상시, 21.상시, 20.상시, 20.2, 19.1, 16.3, ... 4209781

핵심 126 배열 수식 / 배열 상수

배열 수식

• 배열 수식은 배열 인수라는 2개 이상의 값에 의해 이루어진다.
• 배열 수식에 사용되는 배열 인수 각각은 동일한 개수의 행과 열을 가져야 한다.
• 배열 수식은 수식을 입력할 때 Ctrl + Shift + Enter를 누르는 것 외에는 다른 수식을 만들 때와 같다.
• Ctrl + Shift + Enter를 누르면 수식의 앞뒤에 중괄호({ })가 자동으로 입력된다.
• 수식 입력줄이 활성화 되면 배열 수식의 { }는 나타나지 않는다.

배열 상수

- 배열 수식에 사용되는 배열 인수를 배열 상수라고 한다.
- 종류 : 숫자, 텍스트, TRUE나 FALSE 등의 논리 값, #N/A 등의 오류 값 등
- 배열 상수에 정수, 실수, 5E+3 같은 지수형 숫자를 사용할 수 있다.
- 다른 종류의 값을 같은 배열의 상수로 사용할 수 있다.
- 배열 상수로 사용할 수 없는 값 : $, 괄호, %, 길이가 다른 행이나 열, 셀 참조 등
- 배열 상수 값은 수식이 아닌 상수이어야 한다.
- 배열 상수로 사용하는 범위에 포함된 빈 칸은 0으로 취급된다.
- 배열 상수를 입력할 때 열은 쉼표(,)로, 행은 세미콜론(;)으로 구분한다.
- 배열 상수를 입력할 때는 상수들을 중괄호 { }로 묶는다.

01. 다음 중 배열 상수의 특징에 대한 설명으로 잘못된 것은?

① 배열 상수로 텍스트를 입력하려면 큰따옴표(")로 묶어서 입력한다.
② 배열 상수에는 숫자나 텍스트 외에 'TRUE', 'FALSE' 등의 논리 값 또는 '#N/A'와 같은 오류 값도 포함될 수 있다.
③ 배열 상수 값은 수식이 아닌 상수이어야 한다.
④ $, 괄호, %, 길이가 다른 행이나 열, 셀 참조는 배열 상수로 사용될 수 있다.

> $, 괄호, %, 길이가 다른 행이나 열, 셀 참조는 배열 상수로 사용될 수 없습니다.

02. 아래 그림과 같이 워크시트에 배열 상수 형태로 배열 수식을 입력한 후 수식이 보이게 설정하였을 때, [A5] 셀에서 수식 =MAX(B1:B3)을 실행하였다. 다음 중 그 결과로 옳은 것은?

	A	B	C
1	={1,4,7;2,5,8;3,6,9}	={1,4,7;2,5,8;3,6,9}	={1,4,7;2,5,8;3,6,9}
2	={1,4,7;2,5,8;3,6,9}	={1,4,7;2,5,8;3,6,9}	={1,4,7;2,5,8;3,6,9}
3	={1,4,7;2,5,8;3,6,9}	={1,4,7;2,5,8;3,6,9}	={1,4,7;2,5,8;3,6,9}
4			

① 6   ② 7
③ 8   ④ 9

> 배열 수식에서 열은 쉼표(,), 행은 세미콜론(;)으로 구분하므로 [A1:C3] 영역을 블록으로 지정한 후 ={1,4,7;2,5,8;3,6,9}를 입력하고 Ctrl + Shift + Enter를 누르면 다음과 같이 입력됩니다.
>
> | | A | B | C |
> |---|---|---|---|
> | 1 | 1 | 4 | 7 |
> | 2 | 2 | 5 | 8 |
> | 3 | 3 | 6 | 9 |
> | 4 | | | |
>
> • =MAX(B1:B3) : 4, 5, 6 중 가장 큰 값인 6을 반환합니다.

핵심 127 배열 수식의 활용 엑셀 실습 08 ☞ 20쪽

1. 조건이 한 개일 때 배열 수식을 이용하여 개수 구하는 방법

- **방법1** : {=SUM((조건) * 1)}
- **방법2** : {=SUM(IF(조건, 1))}
- **방법3** : {=COUNT(IF(조건, 1))}

> **잠깐만요**
> 조건의 개수에 따라 조건을 지정하는 부분만 아래와 같이 늘어납니다.
> - **방법1** : {=SUM((조건1) * (조건2) * 1)}
> - **방법2** : {=SUM(IF(조건1, IF(조건2, 1)))}
> - **방법3** : {=COUNT(IF(조건1, IF(조건2, 1)))}

2. 조건이 한 개일 때 배열 수식을 이용하여 합계 구하는 방법

- **방법1** : {=SUM((조건) * (합계를_구할_범위))}
- **방법2** : {=SUM(IF(조건, 합계를_구할_범위))}

3. 조건이 한 개일 때 배열 수식을 이용하여 평균 구하는 방법

- **방법** : {=AVERAGE(IF(조건, 평균을_구할_범위))}

01. 다음 시트에서 "판매1부"의 평균수량을 배열 수식을 이용하여 계산하였다. [D10] 셀에 표시되는 수식으로 옳은 것은?

	A	B	C	D
1	사번	부서명	직위	수량
2	A001	판매1부	부장	150
3	A002	판매2부	과장	135
4	A003	판매3부	대리	105
5	A004	판매1부	과장	130
6	A005	판매2부	대리	115
7	A006	판매3부	부장	138
8	A007	판매1부	대리	119
9				
10	판매1부의 평균수량 :			133

① {=IF(AVERAGE(C2:D8="판매1부", D2:D8))}
② {=IF(AVERAGE(B2:B8=A10, D2:D8))}
③ {=AVERAGE(IF(C2:D8="판매1부", D2:D8))}
④ {=AVERAGE(IF(B2:B8=LEFT(A10, 4), D2:D8))}

> 조건이 한 개일 때 배열 수식을 이용하여 평균을 구하는 방법은 다음의 한 가지 방법이 있습니다.
>
> {=AVERAGE(IF(조건, 평균을_구할_범위))}
>
> 1. 조건과 범위 찾기
> • 조건
>   - 부서명이 "판매1부"란 조건은, 비교 대상이 될 부서명이 있는 범위(B2:B8)와 비교할 기준이 되는 "판매1부"를 '='으로 연결하여 입력합니다(B2:B8="판매1부").
>   - LEFT(A10, 4)의 결과값이 "판매1부"이므로 "판매1부" 대신 'LEFT(A10, 4)'를 입력합니다.
>   ※ LEFT(A10, 4) : [A10] 셀 데이터의 왼쪽에서부터 네 글자를 표시합니다("판매1부").
> • 평균을_구할_범위 : 수량이므로 [D2:D8]이 됩니다.
>
> 2. 위의 조건과 범위를 평균 구하기 배열 수식에 대입하면 다음과 같습니다.
>
> =AVERAGE(IF(B2:B8=LEFT(A10, 4), D2:D8))
>
> 수식을 입력한 후 Ctrl + Shift + Enter를 누르면 중괄호 { }가 자동으로 붙여져 {=AVERAGE(IF(B2:B8=LEFT(A10, 4), D2:D8))}로 표시됩니다.

02. 아래 시트에서 각 부서마다 직위별로 종합점수의 합계를 구하려고 한다. 다음 중 [B17] 셀에 입력된 수식으로 옳은 것은?

25.상시, 23.상시, 21.상시, 20.2, 15.2, 07.1

	A	B	C	D	E
1	부서명	직위	업무평가	구술평가	총점점수
2	영업부	사원	35	30	65
3	총무부	대리	38	33	71
4	총무부	과장	45	36	81
5	총무부	대리	35	40	75
6	영업부	과장	46	39	85
7	홍보부	과장	30	37	67
8	홍보부	부장	41	38	79
9	총무부	사원	33	29	62
10	영업부	대리	36	34	70
11	홍보부	대리	27	36	63
12	영업부	과장	42	39	81
13	영업부	부장	40	39	79

	A	B	C	D
16	부서명	부장	과장	대리
17	영업부			
18	총무부			
19	홍보부			

① {=SUMIFS($E$2:$E$13, $A$2:$A$13, $A17, $B$2:$B$13, $B16)}

② {=SUM(($A$2:$A$13=A17) * ($B$2:$B$13=B16) * $E$2:$E$13)}

③ {=SUM(($A$2:$A$13=$A17) * ($B$2:$B$13=B$16) * $E$2:$E$13)}

④ {=SUM(($A$2:$A$13=A17) * ($B$2:$B$13=B16) * $E$2:$E$13)}

> 합계를 구하는 배열 수식은 다음의 두 가지 식이 있으며, 조건의 개수에 따라 조건을 지정하는 부분만 늘어납니다. 이 문제는 조건이 두 개이므로 조건이 두 개일 때의 조건 지정 방법을 알아보겠습니다.
>
> - 방법 1 : {=SUM((조건1)*(조건2)*합계를_구할_범위) }
> - 방법 2 : {=SUM(IF((조건1)*(조건2), 합계를_구할_범위))}
>
> 1. 조건과 범위 찾기
> - **조건1** : 부서마다란 조건은, 비교 대상이 될 부서명 범위 [A2:A13]과 비교할 기준이 되는 "영업부"가 들어있는 [A17] 셀을 "="으로 연결하여 입력합니다 (A2:A13=A17).
> - **조건2** : 직위별이란 조건은, 비교 대상이 될 직위 범위 [B2:B13]과 비교할 기준이 되는 "부장"이 들어있는 [B16] 셀을 "="으로 연결하여 입력합니다 (B2:B13=B16).
> - **합계를_구할_범위** : 총점점수이므로 [E2:E13]이 됩니다.
>
> 2. 위의 조건과 범위를 합계 구하기 배열 수식에 대입하면 다음과 같습니다.
> - 방법 1 : =SUM((A2:A13=A17) * (B2:B13=B16) * E2:E13)
> - 방법 2 : =SUM(IF((A2:A13=A17) * (B2:B13=B16), E2:E13))
>
> 이 문제는 여러 셀에 결과값을 구하는 수식으로, 범위는 절대 참조로 지정해야 하지만, A17 셀의 경우는 A18, A19와 같이 열은 고정되고 행만 변경되어야 하므로 $A17로 지정하고, B16 셀의 경우는 C16, D16과 같이 행은 고정되고 열만 변경되어야 하므로 B$16으로 지정해야 합니다. =SUM(($A$2:$A$13=$A17) * ($B$2:$B$13=B$16) * $E$2:$E$13)으로 입력한 후 Ctrl + Shift + Enter를 누르면 중괄호 { }가 표시되어 {=SUM(($A$2:$A$13= $A17) * ($B$2:$B$13=B$16) * $E$2:$E$13)}으로 표시됩니다.

03. 아래 시트에서 국적별 영화 장르의 편수를 계산하기 위해 [B12] 셀에 작성해야 할 배열 수식으로 옳지 않은 것은?

24.상시, 23.상시, 22.상시, 21.상시, 20.1, 19.1, 18.2, 08.1, 07.3, 04.2

	A	B	C	D	E
1					
2	NO.	영화명	관객수	국적	장르
3	1	럭키	66,962	한국	코미디
4	2	허드슨강의 기적	33,317	미국	드라마
5	3	그물	9,103	한국	드라마
6	4	프리즘☆투어즈	2,778	한국	애니메이션
7	5	드림 쏭	1,723	미국	애니메이션
8	6	춘몽	382	한국	드라마
9	7	파수꾼	106	한국	드라마
10					
11		코미디	드라마	애니메이션	
12	한국	1	3	1	
13	미국	0	1	1	

① {=SUM(($D$3:$D$9=$A12) * ($E$3:$E$9=B$11))}

② {=SUM(IF($D$3:$D$9=$A12, IF($E$3:$E$9=B$11, 1)))}

③ {=COUNT(($D$3:$D$9=$A12) * ($E$3:$E$9=B$11))}

④ {=COUNT(IF(($D$3:$D$9=$A12) * ($E$3:$E$9=B$11), 1))}

> 개수를 구하는 배열 수식은 다음의 세 가지 식이 있으며, 조건의 개수에 따라 조건을 지정하는 부분만 늘어납니다. 이 문제는 조건이 두 개이므로 조건이 두 개일 때의 조건 지정 방법은 다음과 같습니다.
>
> - 방법 1 : {=SUM((조건1) * (조건2))}
> - 방법 2 : {=SUM(IF(조건1, IF(조건2, 1)))}
> - 방법 3 : {=COUNT(IF((조건1) * (조건2), 1))}
>
> 1. 문제의 조건 두 개는 다음과 같습니다.
> - **조건1** : '국적별'이란 조건은, 비교 대상이 될 국적이 있는 범위(D3:D9)와 비교할 기준이 되는 [A12] 셀을 "="으로 연결하여 입력합니다(D3:D9=A12).
> - **조건2** : '장르'라는 조건은, 비교 대상이 될 장르가 있는 범위(E3:E9)와 비교할 기준이 되는 [B11] 셀을 "="으로 연결하여 입력합니다(E3:E9=B11).
>
> 2. 위의 조건을 개수 구하기 배열 수식의 '조건' 부분에 대입하면 다음과 같습니다.
> - 방법 1 : =SUM((D3:D9=A12)*(E3:E9=B11))
> - 방법 2 : =SUM(IF(D3:D9=A12, IF(E3:E9=B11, 1)))
> - 방법 3 : =COUNT(IF((D3:D9=A12)*(E3:E9=B11), 1))
>
> 이 문제는 여러 셀에 결과값을 구하는 수식으로, 범위는 절대 참조로 지정해야 하지만, A12 셀의 경우는 A13과 같이 열은 고정되고 행만 변경되어야 하므로 $A12로 지정하고, B11 셀의 경우는 C11, D11과 같이 행은 고정되고 열만 변경되어야 하므로 B$11로 지정해야 합니다. =COUNT(($D$3:$D$9=$A12) * ($E$3:$E$9=B$11))으로 입력한 후 Ctrl + Shift + Enter를 누르면 중괄호 { }가 표시되어 {=COUNT(($D$3:$D$9=$A12) * ($E$3:$E$9=B$11))}으로 표시됩니다.

24.상시, 23.상시, 22.상시, 21.상시, 18.1, 14.2, 12.3, 12.1, 10.3, 10.1, 08.1, ⋯ 1208801

핵심 128 차트의 개요

- 차트를 이용하면 데이터의 추세나 유형 등을 쉽게 이해할 수 있을 뿐만 아니라, 많은 양의 데이터를 간결하게 요약할 수도 있다.
- 차트를 작성하기 위해서는 반드시 원본 데이터가 있어야 한다.
- 원본 데이터가 바뀌면 차트의 모양도 바뀐다.
- 데이터가 입력된 셀 중 하나를 선택한 상태에서 차트를 만들면 해당 셀을 둘러싼 모든 셀의 데이터가 차트에 표시된다.
- 차트는 2차원과 3차원 차트로 구분된다.

> **잠깐만요** 3차원 차트로 작성할 수 없는 차트
> 도넛형, 분산형, 주식형, 방사형, 트리맵, 선버스트, 히스토그램 차트 등

- 차트만 별도로 표시할 수 있는 차트(Chart) 시트를 만들 수 있다.
- 기본적으로 기본 차트는 묶은 세로 막대형이지만 사용자가 다른 차트로 변경할 수 있다.
- 데이터 범위를 지정한 후 F11을 누르면 별도의 차트 시트에 기본 차트가 작성되고, Alt + F1을 누르면 데이터가 있는 워크시트에 기본 차트가 작성된다.

01. 다음 중 차트에 대한 설명으로 옳은 것은? 23.상시, 22.상시, 21.상시

① 워크시트에서 차트에 사용될 데이터를 범위로 지정한 후 Ctrl + F1 을 누르면 별도의 차트 시트에 기본 차트가 작성된다.
② 원형 차트에 축을 표시할 수 있다.
③ 추세선은 기본적으로 '선형' 추세선으로 표시되고, 사용자가 다른 추세선으로 변경할 수 없다.
④ 트리맵, 히스토그램 차트는 3차원 차트로 작성할 수 없다.

> ① 별도의 차트 시트에 기본 차트를 작성하려면 F11 을, 데이터가 있는 시트에 기본 차트를 작성하려면 Alt + F1 을 누르면 됩니다.
> ② 원형 차트는 항상 한 개의 데이터 계열만 가질 수 있으므로 축이 없습니다.
> ③ 차트에 추세선을 추가하면 기본적으로 '선형' 추세선이 표시되지만 사용자가 추세선의 종류를 변경할 수 있습니다.

24.상시, 21.상시, 20.2, 19.상시, 15.3, 15.2, 13.3, 13.2, 12.1, 10.3, 10.2, ⋯ 1208802

핵심 129 차트의 구성 요소

01. 다음 중 아래 차트에 대한 설명으로 옳지 않은 것은? 24.상시, 21.상시

① '판매 현황'이라는 차트 제목이 표시되어 있다.
② '수량' 계열을 보조 축으로 지정하였다.
③ 데이터 테이블에 범례 표지가 표시되어 있다.
④ '수량' 계열에 데이터 레이블이 '가운데'로 표시되어 있다.

> 문제에 제시된 그림은 데이터 레이블이 '가운데'가 아니라 '위쪽'으로 설정되어 있습니다. 데이터 레이블을 '가운데'로 설정하면 다음과 같이 표시됩니다.

25.상시, 24.상시, 23.상시, 22.상시, 21.상시, 20.상시, 20.2, 20.1, 19.상시, …   4209981

핵심 130 차트의 편집

엑셀 실습 10 ☞ 22쪽

- **원본 데이터 변경**: 데이터 범위를 변경하거나, 데이터 계열의 추가·제거 및 계열의 방향을 변경하려면 차트의 바로 가기 메뉴에서 [데이터 선택]을 선택하면 나타나는 '데이터 원본 선택' 대화상자에서 지정함
- **데이터 추가**: 기존 데이터의 변경이 아닌 새로운 데이터를 차트에 추가하려면 추가할 데이터 범위를 복사하여 차트 영역을 선택한 후 붙여넣기함
- **특정 셀의 텍스트를 차트 제목으로 연결하는 방법**
  - 차트 제목을 클릭한 후 수식 입력줄에 등호(=)를 입력하고 해당 셀을 클릭한 다음 Enter를 누른다.
  - 셀에 연결된 차트 제목을 선택하면 수식 입력줄에 **=시트이름!셀주소** 형태로 표시된다.
- **데이터 표식 항목의 간격 너비 및 계열 겹치기 변경**
  - 데이터 계열의 바로 가기 메뉴에서 [데이터 계열 서식]을 선택한 후 '데이터 계열 서식' 창의 [계열 옵션] → [(계열 옵션)] → [계열 옵션]에서 변경한다.
  - 계열 겹치기
    ▶ 데이터 계열의 항목들이 겹치도록 지정하는 것
    ▶ −100% ~ 100% 사이의 값을 지정함
    ▶ 양수로 지정하면 데이터 계열이 겹쳐져 표시되고, 음수로 지정하면 데이터 계열 사이가 벌어져 표시됨
  - 간격 너비
    ▶ 막대와 막대 사이의 간격을 지정하는 것
    ▶ 0% ~ 500% 사이의 값을 지정함
    ▶ 수치가 클수록 막대와 막대 사이의 간격은 넓어지고 막대의 너비는 줄어듦
- **데이터 레이블 추가**
  - 전체 데이터 또는 하나의 데이터 계열, 하나의 데이터 요소에 대해 데이터의 값이나 항목 이름, 계열 이름 등을 표시한다.
  - 레이블 위치, 표시 형식, 채우기 등의 서식을 변경할 수 있다.
- **차트 위치 변경**: 차트를 선택한 후 [차트 디자인] → [위치] → [차트 이동]을 클릭하거나 차트 영역의 바로 가기 메뉴의 [차트 이동]을 선택하여 차트를 새 워크시트나 기존의 다른 워크시트로 이동할 수 있음

01. 다음 워크시트에서 차트 제목을 [A1] 셀의 텍스트와 연결하여 표시하고자 할 때, 차트 제목이 선택된 상태에서 수식 입력줄에 입력할 내용은?

25.상시, 23.상시, 22.상시, 21.상시

① ='Sheet1'!$A$1
② =Sheet1!$A$1
③ ='$A$1'
④ =$A$1

차트 제목을 선택한 상태에서 수식 입력줄에 =을 입력하고 [A1] 셀을 클릭하면 수식 입력줄에 =시트이름!셀주소 형태로 표시됩니다.

02. 다음 중 아래 차트에 대한 설명으로 옳지 않은 것은?

23.상시, 22.상시, 20.2

① 계열 옵션에서 '간격 너비'가 0%로 설정되어 있다.
② 범례 표지 없이 데이터 테이블이 표시되어 있다.
③ '1월', '2월', '3월' 계열에 오차 막대가 표시되어 있다.
④ '1분기 합계' 계열은 '보조 축'으로 지정되어 있다.

문제에 제시된 그림은 '간격 너비'가 아니라 '계열 겹치기'가 0%로 설정되어 있습니다. '간격 너비'를 0%로 설정하면 다음과 같이 표시됩니다.

25.상시, 21.상시, 19.1, 17.1, 16.2, 14.1, 11.3   4209982

핵심 131 추세선

- 특정한 데이터 계열의 변화 추이를 파악하기 위해 표시하는 선이다.
- **추세선 표시**: 추세선을 표시할 데이터 계열을 선택한 후 [차트 디자인] → [차트 레이아웃] → [차트 요소 추가] → [추세선]에서 적용할 추세선을 선택
- 추세선의 종류에는 선형, 로그, 다항식, 거듭제곱, 지수, 이동 평균으로 총 6가지가 있다.
- 3차원, 방사형, 원형, 도넛형, 표면형 차트에는 추세선을 추가할 수 없다.
- 추세선이 추가된 계열의 차트를 3차원으로 변경하면 추세선이 제거된다.
- 하나의 데이터 계열에 두 개 이상의 추세선을 표시할 수 있다.

01. 다음 중 엑셀 차트의 추세선에 관한 설명으로 옳지 않은 것은?
25.상시, 21.상시, 19.1, 16.2, 14.1, 11.3

① 추세선은 지수, 선형, 로그, 다항식, 거듭제곱, 이동 평균 등 6가지의 종류가 있다.
② 3차원, 방사형, 원형, 도넛형, 표면형 차트에는 추세선을 사용할 수 없다.
③ 추세선에 사용된 수식을 추세선과 함께 나타나게 할 수 있다.
④ 하나의 데이터 계열에 두 개 이상의 추세선을 동시에 표시할 수는 없다.

하나의 데이터 계열에 두 개 이상의 추세선을 동시에 표시할 수도 있습니다.

25.상시, 23.상시, 16.3, 16.1, 13.3, 11.1
핵심 132 오차 막대

- 데이터 계열의 오차량을 그림으로 나타낸 것이다.
- **실행** [차트 디자인] → [차트 레이아웃] → [차트 요소 추가] → [오차 막대]에서 적용할 오차 막대를 선택
- 고정값, 백분율, 표준 편차, 표준 오차 등으로 표시할 수 있다.
- 3차원 차트에는 오차 막대를 표시할 수 없다.
- 세로 오차 막대 적용 가능 차트 : 영역형, 세로 막대형, 꺾은선형, 분산형, 거품형 차트 등
- 세로 오차 막대, 가로 오차 막대 적용 가능 차트 : 분산형, 거품형 차트

01. 다음 중 엑셀의 오차 막대에 대한 설명으로 옳지 않은 것은?
25.상시, 23.상시, 13.3, 11.1

① 세로 막대형 차트, 꺾은선형 차트, 분산형 차트, 거품형 차트, 3차원 세로 막대형 차트, 3차원 꺾은선형 차트에 오차 막대를 표시할 수 있다.
② 차트에 고정 값, 백분율, 표준 편차, 표준 및 오차, 사용자 지정 중 하나를 선택하여 오차량을 표시할 수 있다.
③ 데이터 계열의 각 데이터 표식에 대한 오류 가능성이나 불확실성의 정도를 표시한다.
④ 분산형과 거품형 차트에는 세로 오차 막대, 가로 오차 막대를 적용할 수 있다.

3차원 차트에는 오차 막대를 표시할 수 없습니다.

25.상시, 24.상시, 23.상시, 22.상시, 21.상시, 20.1, 19.2, 18.2, 17.2, 17.1, ...
핵심 133 용도별 차트의 종류

세로/가로 막대형	• 각 항목 간의 값을 막대의 길이로 비교·분석함 • 세로 막대형 차트에서는 가로(항목) 축을 수평, 세로(값) 축을 수직으로 나타내고, 가로 막대형 차트에서는 가로(항목) 축을 수직, 세로(값) 축을 수평으로 나타냄
꺾은선형	일정 기간 동안의 데이터 변화 추이를 확인함
원형	• 전체 항목의 합에 대한 각 항목의 비율을 나타냄 • 중요한 요소를 강조할 때 사용함 • 항상 한 개의 데이터 계열만을 사용하므로 축이 없음
분산형	• X·Y 좌표로 이루어진 한 개의 계열로 두 개의 숫자 그룹을 나타냄 • 데이터의 불규칙한 간격이나 묶음을 보여 주며, 주로 과학·공학용 데이터 분석에 사용됨 • 데이터 요소 수가 많아 데이터 요소 간의 차이점보다는 큰 데이터 집합 간의 유사점을 표시하기 위해 사용됨
영역형	• 시간에 따른 각 값의 변화량을 비교할 때 사용함 • 전체 영역과 특정 값의 영역을 비교해 전체와 부분 간의 관계를 나타낼 수 있음
도넛형	• 전체에 대한 각 부분의 관계를 비율로 나타내어 각 부분을 비교할 때 사용함 • 원형 차트와는 달리 여러 개의 데이터 계열을 갖음
방사형	• 많은 데이터 계열의 집합적인 값을 나타낼 때 사용함 • 기본 세로 축만 표시됨
표면형	두 개의 데이터 집합에서 최적의 조합을 찾을 때 사용함
거품형	• 분산형 차트의 한 종류로 데이터 계열값이 세 개인 경우에 사용함 • 데이터 값이 세 개인 경우에만 사용할 수 있으며, 첫 번째 값은 X축, 두 번째 값은 Y축, 세 번째 값은 데이터 표식의 크기로 사용됨
주식형	• 주식의 거래량과 같은 주가의 흐름을 파악하고자 할 때 사용함 • 거래량, 시가, 고가, 저가, 종가 등을 나타내기 위해 5개의 계열이 필요함
트리맵	• 계층 간의 상대적 크기를 비교할 때 사용함 • 계층 간의 비율을 사각형으로 표시함
선버스트	• 계층 간의 관계를 비교할 때 사용함 • 계층 간의 비율을 고리 또는 원으로 표시함 • 가장 안쪽에 있는 원이 계층의 가장 높은 수준을 나타냄
히스토그램	특정 범위를 그룹화하여 그룹별 데이터의 분포를 표시할 때 사용함

잠깐만요 혼합형(콤보) 차트
- 두 개 이상의 데이터 계열을 갖는 차트에서 특정 데이터 계열을 강조하고자 할 경우 해당 데이터 계열을 다른 차트로 표시하는 것입니다.
- 3차원 차트는 혼합형 차트로 구현할 수 없습니다.

01. 다음 중 차트에서 사용하는 축에 대한 설명으로 옳지 않은 것은?
23.상시, 22.상시, 16.1

① 방사형 차트와 거품형 차트에서는 기본 가로 축만 표시된다.
② 가로(항목) 축에서 [축 위치] 옵션은 데이터 표시와 레이블이 축에 표시되는 방식에 영향을 주며 2차원 영역형 차트, 세로 막대형 차트 및 꺾은선형 차트에 사용할 수 있다.
③ 가로(항목) 축이 날짜 값인 경우 [축 종류]에서 '날짜 축'을 선택하여 [단위]를 '일', '월', '년' 중 선택하여 지정할 수 있다.
④ 3차원 꺾은선형 차트는 세 개의 축(가로, 세로, 깊이 축)에 따라 데이터 요소를 비교한다.

방사형 차트는 기본 세로 축만 표시되고, 거품형 차트는 기본 가로 축과 기본 세로 축이 모두 표시됩니다.

02. 다음 중 아래의 데이터를 이용하여 각 데이터 간 값을 비교하는 차트를 작성하려고 할 때 가장 적절하지 않은 차트는?

25.상시, 23.상시, 22.상시, 19.2, 07.2, 06.4, 06.1, 03.3

	A	B	C	D	E
1	성명	1사분기	2사분기	3사분기	4사분기
2	홍길동	83	90	95	70
3	성춘향	91	70	70	88
4	이몽룡	93	98	91	93
5					

① 세로 막대형 ② 꺾은선형
③ 원형 ④ 방사형

> 한 개의 데이터 계열만 표시할 수 있는 원형 차트로는 4개의 계열로 구성된 표의 데이터를 표시할 수 없습니다.

03. 다음 중 아래 설명에 해당하는 차트 종류는?

24.상시, 23.상시, 22.상시, 21.상시, 17.1, 16.2

- 항목의 값을 점으로 표시하여 여러 데이터 값들의 관계를 보여주며 주로 과학 데이터의 차트 작성에 사용된다.
- 가로 축의 값이 일정한 간격이 아닌 경우나 데이터 요소의 수가 많은 경우 사용된다.
- 기본적으로 5개의 하위 차트 종류가 제공되며, 3차원 차트로 작성할 수 없다.

① 분산형 차트 ② 도넛형 차트
③ 방사형 차트 ④ 혼합형 차트

---

01. 다음 중 워크시트의 화면 [확대/축소]에 관한 설명으로 옳지 않은 것은?

25.상시, 22.상시, 20.1

① [선택 영역 확대/축소] 명령은 선택된 영역으로 전체 창을 채우도록 워크시트를 확대하거나 축소한다.
② 설정한 확대/축소 배율은 통합 문서의 모든 시트에 자동으로 적용된다.
③ 문서의 확대/축소는 10%에서 400%까지 설정할 수 있다.
④ 화면의 확대/축소는 단지 화면에서 보이는 상태만을 확대/축소하는 것으로 인쇄 시 적용되지 않는다.

> 화면의 확대/축소는 해당 시트에만 적용됩니다.

25.상시, 23.상시, 22.상시, 20.1, 16.2, 15.3, 13.3, 11.1, 10.3

핵심 134 확대/축소

- 작업 화면의 크기를 10~400%까지 확대하거나 축소하는 기능이다.
- 실행 방법 : 다음과 같이 수행한 후 확대/축소 배율을 지정함
  - **방법1** [보기] → [확대/축소] → [확대/축소] 클릭
  - **방법2** 상태 표시줄의 '확대/축소 비율()' 클릭
- 영역을 선택한 후 [보기] → [확대/축소] → [선택 영역 확대/축소]를 클릭하면 선택된 영역이 전체 화면에 맞춰 확대 또는 축소된다.
- 확대/축소 배율은 지정한 시트에만 적용된다.
- '확대/축소' 대화상자의 사용자 지정 입력 상자에 직접 배율을 입력할 수 있다.
- Ctrl을 누른 채 마우스의 휠 버튼을 위로 굴리면 화면이 확대되고, 아래로 굴리면 화면이 축소된다.
- 화면의 확대/축소는 인쇄 시 적용되지 않는다.

25.상시, 24.상시, 23.상시, 22.상시, 21.상시, 20.상시, 19.1, 18.상시, 18.2, … 1260121

핵심 135 틀 고정 / 창 나누기

틀 고정	• 데이터의 양이 많은 경우, 열이나 행을 고정시켜 셀 포인터의 이동과 상관없이 특정 영역을 항상 표시하기 위해 사용함 • 화면에 표시되는 틀 고정 형태는 인쇄 시 적용되지 않음 • 틀 고정을 수행하면 셀 포인터의 왼쪽과 위쪽으로 고정선이 표시됨 • 틀 고정선의 위치를 마우스로 조정할 수 없음
창 나누기	• 데이터의 양이 많아 데이터를 한 화면으로 보기 어려운 경우, 창 나누기를 이용하면 서로 떨어져 있는 데이터를 한 화면에 표시할 수 있음 • 화면에 표시되는 창 나누기 형태는 인쇄 시 적용되지 않음 • 창 나누기를 수행하면 셀 포인터의 왼쪽과 위쪽으로 창 구분선이 표시됨 • 하나의 시트를 2개 혹은 4개의 영역으로 나눔 • 창 나누기 구분선의 위치를 마우스로 이동시킬 수 있음 • 창 나누기 기준선을 더블클릭하면 창 나누기 구분선이 제거됨

01. 다음 중 엑셀의 틀 고정에 대한 기능 설명으로 옳지 않은 것은?

25.상시, 24.상시, 23.상시, 22.상시, 21.상시, 16.2, 16.1, 15.2, 14.1, 11.3, 08.4, …

① 틀 고정은 특정 행 또는 열을 고정할 때 사용하는 기능으로 주로 표의 제목 행 또는 제목 열을 고정한 후 작업할 때 유용하다.
② 선택된 셀의 왼쪽 열과 바로 위의 행이 고정된다.
③ 틀 고정 구분선을 마우스로 잡아끌어 틀 고정 구분선을 이동시킬 수 있다.
④ 틀 고정 방법으로 첫 행 고정을 실행하면 선택된 셀의 위치와 상관없이 첫 행이 고정된다.

> 창 나누기 구분선은 마우스를 통해 위치를 변경할 수 있으나 틀 고정선은 마우스를 이용하여 위치를 변경할 수 없습니다.

02. 다음 중 화면 제어에 관한 설명으로 옳은 것은?

23.상시, 22.상시, 19.1, 18.2

① 틀 고정은 행 또는 열, 열과 행으로 모두 고정이 가능하다.
② 창 나누기는 항상 4개로 분할되며 분할된 창의 크기는 마우스를 드래그하여 변경 가능하다.
③ 틀 고정선은 마우스를 드래그하여 위치를 변경할 수 있다.
④ 창 나누기는 [실행 취소] 명령으로 나누기를 해제할 수 있다.

② 창 나누기는 셀 포인터의 위치에 따라 4개 또는 2개로 분할할 수 있습니다.
③ 창 나누기 구분선은 마우스로 위치를 조정할 수 있으나 틀 고정 구분선은 마우스로 위치를 조정할 수 없습니다.
④ 창 나누기는 [실행 취소] 명령으로 나누기를 해제할 수 없습니다.

25.상시, 24.상시, 23.상시, 22.상시, 21.상시, 20.상시, 20.2, 20.1, 19.상시, … 1260122

핵심 136 페이지 설정

- 인쇄할 문서에 페이지, 여백, 머리글/바닥글, 시트에 관한 여러 사항을 설정한다.
- **실행** [페이지 레이아웃] → [페이지 설정의 □] 클릭
- '페이지 설정' 대화상자의 탭별 기능

페이지	• 용지 방향, 확대/축소 배율, 자동 맞춤, 용지 크기, 인쇄 품질, 시작 페이지 번호 등을 설정함 • 확대/축소 배율 : 워크시트 표준 크기의 10~400%까지 확대/축소하여 인쇄함 • 자동 맞춤 : 데이터 양에 관계없이 지정된 페이지 수에 맞게 인쇄되도록 자동으로 축소/확대 배율이 조정됨
여백	• 인쇄 용지의 상·하·좌·우 여백 및 머리글/바닥글의 여백을 조정함 • 여백의 기본 단위는 센티미터이며, 인치나 밀리미터로 변경할 수 있음 • 페이지 가운데 맞춤 : 데이터가 페이지의 수직/수평 가운데 출력되도록 정렬함
머리글/ 바닥글	• 문서 제목, 페이지 번호, 사용자 이름, 작성 날짜 등 출력물의 매 페이지에 고정적으로 표시되는 머리글이나 바닥글을 설정함 • 머리글/바닥글 영역에 앰퍼샌드(&)를 표시하려면 앰퍼샌드(&)를 두 번 입력함 • 문서에 맞게 배율 조정 : 머리글/바닥글 내용을 출력되는 워크시트의 실제 크기의 백분율에 따라 확대·축소함 ※ '머리글/바닥글'의 여백은 '여백' 탭에서 지정할 수 있음

시트	• 인쇄 영역, 인쇄 제목, 눈금선, 메모, 노트 등의 인쇄 여부 및 페이지 순서 등을 설정함
	• 인쇄 제목 : 모든 페이지에 제목으로 반복 인쇄할 행이나 열을 지정함
	  예1 1~3행 반복 : 인쇄 제목의 반복할 행을 $1:$3으로 지정
	  예2 A~B열 반복 : 인쇄 제목의 반복할 열을 $A:$B로 지정
	• 눈금선 : 시트에 표시된 셀 눈금선의 인쇄 여부를 지정함
	• 간단하게 인쇄 : 워크시트에 입력된 차트, 도형, 그림, 워드아트, 괘선 등 모든 그래픽 요소를 제외하고 텍스트만 빠르게 인쇄함
	• 흑백으로 : 컬러 서식이 지정된 데이터를 흑백으로 출력함
	• 행/열 머리글 : 행/열 머리글의 인쇄 여부를 지정함
	• 주석 및 메모 : 시트에 포함된 메모와 노트의 인쇄 여부 및 인쇄 위치(시트 끝, 시트에 표시된 대로(메모 전용))를 지정함

- 머리글/바닥글 편집 도구 모음

참깐만요 여러 페이지를 한 페이지에 출력하는 방법
- **방법1** : '페이지 설정' 대화상자의 '페이지' 탭에서 [자동 맞춤]의 '용지 너비'와 '용지 높이'를 1로 지정함
- **방법2** : [페이지 레이아웃] → [크기 조정]에서 '너비'와 '높이'를 '1페이지'로 지정함

01. 다음 중 [페이지 설정] 대화상자에 대한 설명으로 옳지 않은 것은?

24.상시, 23.상시, 22.상시, 21.상시

① [페이지] 탭에서 '자동 맞춤'의 용지 너비와 용지 높이를 각각 1로 지정하면 여러 페이지가 한 페이지에 인쇄된다.
② [머리글/바닥글]의 여백은 [머리글/바닥글] 탭에서 '머리글'과 '바닥글'의 여백을 mm 단위로 지정할 수 있다.
③ [여백] 탭에서 '페이지 가운데 맞춤'의 가로 및 세로를 체크하면 인쇄 내용이 용지의 가운데에 맞춰 인쇄된다.
④ [시트] 탭에서 '눈금선'의 표시 여부를 지정할 수 있다.

'머리글'과 '바닥글'의 여백은 '페이지 설정' 대화상자의 '여백' 탭에서 지정할 수 있습니다.

02. [A1:K20] 영역에 데이터가 입력되어 있고, 한 페이지에 인쇄되는 범위가 [A1:J12] 영역일 때 모든 내용을 한 페이지에 출력하도록 하기 위한 속성 설정으로 올바른 것은?

25.상시, 24.상시

① [축소 확대/배율]을 100%로 한다.
② [자동 맞춤]의 '용지 너비'를 1로 하고 '용지 높이'를 공백으로 한다.
③ [자동 맞춤]의 '용지 너비'를 공백으로 하고 '용지 높이'를 1로 한다.
④ [자동 맞춤]의 '용지 너비'와 '용지 높이'를 1로 한다.

모든 내용을 한 페이지에 출력하려면 '페이지 설정' 대화상자의 '페이지' 탭에서 [자동 맞춤]의 '용지 너비'와 '용지 높이'를 1로 지정하면 됩니다.

24.상시, 22.상시, 21.상시, 11.2, 09.2, 06.4, 05.1 4310331

핵심 137 차트의 '페이지 설정'

- 차트의 '페이지 설정' 대화상자에는 '시트' 탭 대신 '차트' 탭이 표시된다.
- 일반 시트의 인쇄 방법과 동일하게 머리글 및 바닥글을 지정할 수 있다.
- 차트를 선택한 상태에서는 인쇄 영역을 지정할 수 없으므로 차트의 일부분만 인쇄할 수 없다.
- '페이지' 탭에 '배율'이 비활성화되어 표시되므로 확대/축소 배율을 지정할 수 없다.
- '차트' 탭에서는 인쇄 품질(초안, 흑백으로 인쇄)를 지정할 수 있다.

01. 다음 중 선택된 차트의 페이지 설정에 관한 설명으로 옳지 않은 것은?
22.상시, 21.상시, 09.2

① 인쇄 품질을 '초안' 또는 '흑백으로 인쇄'를 선택하여 출력할 수 있다.
② 머리글/바닥글을 이용하여 일반 시트 인쇄 방법과 동일하게 머리글 및 바닥글을 인쇄할 수 있다.
③ 차트의 일부분을 인쇄하기 위해 인쇄 영역을 지정할 수 없다.
④ 차트를 축소하여 인쇄하기 위해 확대/축소 배율을 지정할 수 있다.

> 차트를 선택한 상태에서는 '확대/축소 배율'을 지정할 수 없습니다.

25.상시, 24.상시, 23.상시, 21.상시, 18.1, 17.1, 16.2, 14.2, 13.1, 10.1, …

핵심 138 페이지 나누기 미리 보기

- 작성한 문서가 출력될 때의 페이지 경계선을 한눈에 볼 수 있는 기능으로, 페이지 구분선, 인쇄 영역, 페이지 번호 등이 표시된다.
- **실행** [보기] → [통합 문서 보기] → [페이지 나누기 미리 보기] 클릭
- 페이지 구분선을 마우스로 드래그하여 구분선의 위치를 변경하거나 삭제할 수 있다.
- '페이지 나누기 미리 보기' 상태에서도 데이터 입력 및 편집을 할 수 있다.
- '페이지 나누기 미리 보기' 상태에서 '기본' 보기로 전환하여도 페이지 구분선을 표시할 수 있다.
- '페이지 나누기 미리 보기' 상태 해제 : [보기] → [통합 문서 보기] → [기본] 클릭
- 설정된 모든 페이지 나누기 해제 : 바로 가기 메뉴의 [페이지 나누기 모두 원래대로] 선택
- '페이지 나누기 미리 보기' 상태에서는 자동으로 표시된 페이지 구분선은 점선, 수동으로 삽입한 페이지 구분선은 실선으로 표시된다.

01. 다음 중 [보기] 탭의 [페이지 나누기 미리 보기]에 대한 설명으로 옳지 않은 것은?
25.상시, 21.상시, 16.2, 14.2, 09.3, 09.1, 08.1

① 페이지 나누기는 구분선을 이용하여 인쇄를 위한 페이지 나누기를 빠르게 조정하는 기능이다.
② 행 높이와 열 너비를 변경하면 자동 페이지 나누기의 위치도 변경된다.
③ [페이지 나누기 미리 보기]에서 수동으로 삽입된 페이지 나누기는 파선으로 표시되고 자동으로 추가된 페이지 나누기는 실선으로 표시된다.
④ 용지 크기, 여백 설정, 배율 옵션 등에 따라 자동 페이지 나누기가 삽입된다.

> [페이지 나누기 미리 보기]에서 수동으로 삽입된 페이지 나누기는 실선으로 표시되고 자동으로 추가된 페이지 나누기는 파선으로 표시됩니다.

23.상시, 22.상시, 18.2, 18.1

핵심 139 페이지 레이아웃 보기

- 작성한 문서가 종이로 출력될 때는 모습을 페이지 단위로 볼 수 있는 기능이다.
- **실행** [보기] → [통합 문서 보기] → [페이지 레이아웃] 클릭
- '페이지 레이아웃 보기' 상태에서는 기본 보기와 같이 데이터 입력은 물론 셀 서식, 레이아웃 등을 변경할 수 있다.
- 워크시트에 머리글과 바닥글 영역이 표시되므로 머리글/바닥글을 바로 입력하거나 수정할 수 있다.
- 행 높이, 열 너비, 페이지 여백, 머리글/바닥글 여백 등은 마우스로 드래그하여 조절할 수 있지만 페이지 구분선은 조절할 수 없다.
- 가로, 세로 눈금자가 화면에 표시되므로 출력물의 크기를 가늠할 수 있다.
- '페이지 레이아웃 보기' 상태에서 화면에 표시된 눈금자의 단위는 [Excel 옵션]의 '고급' 탭에서 변경할 수 있다.

01. 다음 중 [페이지 레이아웃] 보기 상태에서 설정 가능한 설명으로 옳지 않은 것은?
23.상시, 22.상시, 18.2, 18.1

① 눈금자, 눈금선, 머리글 등을 표시하거나 숨길 수 있다.
② 마우스로 페이지 구분선을 클릭하여 페이지 나누기 위치를 조정할 수 있다.
③ 기본 보기에서와 같이 셀 서식을 변경하거나 수식 작업을 할 수 있다.
④ 머리글과 바닥글을 짝수 페이지와 홀수 페이지에 각각 다르게 지정할 수 있다.

> 페이지 레이아웃 보기 상태에서는 페이지 나누기를 조정하는 페이지 구분선을 마우스로 드래그할 수 없습니다.

25.상시, 24.상시, 23.상시, 22.상시, 20.1, 19.2, 19.1, 17.2, 16.3, 11.3, …

핵심 140 인쇄 미리 보기

- 인쇄하기 전 인쇄될 모양을 미리 화면으로 확인하고, 프린터 종류, 인쇄 범위, 인쇄 대상, 인쇄 매수 등을 설정할 수 있다.
- 인쇄 영역이 설정된 경우 인쇄 미리 보기 화면에는 인쇄 영역으로 설정된 부분만 표시된다.
- 실행 방법 : [파일] → [인쇄]를 선택하거나 Ctrl + F2 누름
- '(여백 표시)'를 클릭하면 표시되는 선을 마우스로 드래그하여 여백의 크기나 열 너비를 조정할 수 있다.
- '인쇄 미리 보기' 상태에서 '페이지 설정'을 클릭하면 여백, 머리글/바닥글 등은 설정할 수 있지만 '시트' 탭의 인쇄 영역, 반복할 행, 반복할 열은 설정할 수 없다.

01. 다음 중 [파일] → [인쇄]를 선택하면 표시되는 미리 보기 화면과 인쇄 옵션에서 설정할 수 있는 것으로 틀린 것은?
24.상시, 23.상시, 22.상시, 17.2

① [머리글/바닥글]로 설정한 내용은 매 페이지 상단이나 하단의 별도 영역에, 인쇄 제목의 반복할 행/열은 매 페이지의 본문 영역에 반복 출력된다.
② [페이지 설정]에서 '인쇄 영역'을 변경하여 인쇄할 수 있다.
③ [페이지 설정]에서 확대/축소 배율을 10%에서 최대 400%까지 설정하여 인쇄할 수 있다.
④ '여백 표시'를 표시하여 워크시트의 열 너비를 조정할 수 있다.

> [파일] → [인쇄]를 선택한 후 '페이지 설정'을 클릭하면 '페이지 설정' 대화상자가 표시되지만 '시트' 탭의 인쇄 영역, 반복할 행, 반복할 열이 모두 비활성화 되어 있으므로 '인쇄 영역'을 변경할 수 없습니다.

02. 다음 중 워크시트의 인쇄 영역 설정에 대한 설명으로 옳지 않은 것은?
22.상시, 21.상시, 19.2

① 인쇄 영역은 리본 메뉴의 [페이지 레이아웃] 탭이나 [페이지 설정] 대화상자의 [시트] 탭에서 설정할 수 있다.
② 인쇄 영역을 설정했더라도 인쇄 시 활성 시트 전체가 인쇄되도록 설정할 수 있다.
③ 여러 시트에서 원하는 영역을 추가하여 인쇄 영역을 확대할 수 있다.
④ 여러 영역이 인쇄 영역으로 설정된 경우 설정한 순서대로 각기 다른 페이지에 인쇄된다.

> 하나의 시트에서는 원하는 영역을 기존 인쇄 영역에 추가하여 인쇄 영역을 확대할 수 있지만 여러 시트에 대해서는 불가능합니다.

25.상시, 24.상시, 22.상시, 21.상시, 19.2, 19.1, 16.3, 09.4, 06.2, 03.4

핵심 141 인쇄 영역

- 워크시트의 내용 중 특정 부분만을 인쇄 영역으로 설정하여 인쇄할 수 있다.
- 설정된 인쇄 영역은 통합 문서를 저장할 때 함께 저장된다.
- 하나의 시트에서는 원하는 영역을 기존 인쇄 영역에 추가하여 인쇄 영역을 확대할 수 있지만 여러 시트에서는 불가능하다.
- 서로 떨어져 있는 여러 개의 영역을 Ctrl을 누른 상태에서 범위를 지정한 후 인쇄하면 설정한 순서대로 각기 다른 페이지에 인쇄된다.
- **실행** 인쇄할 영역을 범위로 지정한 후 [페이지 레이아웃] → [페이지 설정] → [인쇄 영역] → [인쇄 영역 설정] 선택
- **해제** [페이지 레이아웃] → [페이지 설정] → [인쇄 영역] → [인쇄 영역 해제] 선택
- 인쇄 영역에 포함된 도형을 인쇄되지 않게 하려면 도형의 바로 가기 메뉴에서 [도형 서식] 또는 [크기 및 속성]을 선택한 후 '도형 서식' 창의 [도형 옵션] → (크기 및 속성)] → [속성]에서 '개체 인쇄' 옵션의 선택을 해제한다.

01. 다음 중 워크시트에 입력된 도형만 제외하고 인쇄하려고 할 때의 방법으로 알맞은 것은?
22.상시, 21.상시, 09.4

① [페이지 설정] 대화상자의 '시트' 탭에서 '흑백으로' 항목에 체크하고 〈확인〉을 클릭한다.
② [페이지 설정] 대화상자의 '시트' 탭에서 '간단하게 인쇄' 항목에 체크하고 〈확인〉을 클릭한다.
③ [페이지 설정] 대화상자의 '시트' 탭에서 '시험출력' 항목에 체크하고 〈확인〉을 클릭한다.
④ 입력된 도형을 선택하고 바로 가기 메뉴에서 [크기 및 속성]을 선택한 후 [도형 서식] 창에서 '개체 인쇄'를 해제한다.

> 인쇄 영역에 포함된 도형을 인쇄되지 않게 하려면 [도형 서식] 창에서 '개체 인쇄' 옵션의 선택을 해제하면 됩니다.

24.상시, 23.상시, 22.상시, 21.상시, 20.1, 18.상시, 18.1, 16.1, 15.3, 14.3, …

핵심 142 정렬

- 정렬 기준은 최대 64개까지 지정할 수 있으며, 기본적으로 행 단위로 정렬된다.
- 원칙적으로 숨겨진 행/열에 있는 데이터는 정렬에 포함되지 않는다.
- 영문자 대/소문자를 구분하여 정렬할 수 있는 기능을 제공하며, 오름차순 시 소문자가 우선순위를 갖는다.
- 오름차순은 '숫자 〉 문자 〉 논리값 〉 오류값 〉 빈 셀' 순, 내림차순은 '오류값 〉 논리값 〉 문자 〉 숫자 〉 빈 셀' 순이다.
- 사용자 지정 목록을 사용하여 사용자가 정의한 순서대로 정렬할 수 있다.

01. 다음 중 엑셀의 정렬 기능에 대한 설명으로 옳지 않은 것은?
24.상시, 21.상시

① 오름차순 정렬과 내림차순 정렬 모두 빈 셀은 항상 마지막으로 정렬된다.
② 숨겨진 행이나 열도 정렬에 포함되어 정렬된다.
③ 대/소문자를 구분하여 정렬할 수 있고, 오름차순으로 정렬하면 소문자 → 대문자 순으로 정렬된다.
④ 표 서식이 적용된 데이터 영역을 '왼쪽에서 오른쪽'으로 정렬하려면 정렬하기 전에 '범위로 변환'을 실행해야 한다.

> 숨겨진 행이나 열에 있는 데이터는 정렬에 포함되지 않습니다.

24.상시, 23.상시, 22.상시, 21.상시, 20.1, 18.1, 17.1, 16.1, 15.3, 14.3, 14.2, … 1209505

핵심 143 '정렬' 대화상자

- 정렬 기준에는 셀에 입력된 값이나 셀에 지정된 '셀 색, 글꼴 색, 조건부 서식 아이콘'이 있다.
- 정렬 기준을 '셀 값'으로 지정하면 오름차순이나 내림차순으로 정렬하지만 '셀 색', '글꼴 색', '조건부 서식 아이콘'을 선택하여 지정하면 선택한 색이나 아이콘 순서대로 목록의 위나 아래에 표시한다.
- 정렬 방식에는 오름차순, 내림차순, 사용자 지정 목록이 있다.
- 정렬 옵션
  - 대/소문자를 구분해 정렬할 것인지를 지정할 수 있다.
  - 정렬할 방향을 지정할 수 있다.
    - ▶ 위쪽에서 아래쪽 : 열을 기준으로 정렬(기본값)
    - ▶ 왼쪽에서 오른쪽 : 행을 기준으로 정렬
- ※ 표 스타일이 적용된 데이터 영역을 왼쪽에서 오른쪽 방향으로 정렬하려면 정렬하기 전에 '범위로 변환'을 실행해야 함

잠깐만요 '정렬 경고' 대화상자
- 데이터 목록 중 한 행이나 한 열만 정렬 범위로 지정한 경우 '정렬 경고' 대화상자가 표시됩니다.
- **선택 영역 확장** : 현재 셀 포인터와 인접한 영역에 있는 데이터 목록 전체가 정렬 범위로 확장되어 정렬이 수행됨
- **현재 선택 영역으로 정렬** : 현재 선택된 영역만을 기준으로 정렬이 수행됨

01. 다음 중 데이터 정렬에 관한 설명으로 옳지 않은 것은?
23.상시, 22.상시, 20.1

① 대/소문자를 구분하여 정렬할 수 있다.
② 표 안에서 다른 열에는 영향을 주지 않고 선택한 한 열 내에서만 정렬하도록 할 수 있다.
③ 정렬 기준으로 '조건부 서식 아이콘'을 선택한 경우 기본 정렬 순서는 '위에 표시'이다.
④ 행을 기준으로 정렬하려면 [정렬] 대화상자의 [옵션]에서 정렬 옵션의 방향을 '위쪽에서 아래쪽'으로 선택한다.

행을 기준으로 정렬하려면 '정렬' 대화상자의 '옵션'에서 정렬 옵션의 방향을 '왼쪽에서 오른쪽'으로 선택해야 합니다.

02. 엑셀에서 데이터를 정렬하려는데 다음과 같은 정렬 경고 대화상자가 표시되었다. 다음 중 옳지 않은 것은? 24.상시, 23.상시

① 이 정렬 경고 대화상자는 표 범위에서 하나의 열만 범위로 선택한 경우에 발생한다.
② 인접한 데이터를 포함하기 위해 선택 영역을 늘리려면 '선택 영역 확장'을 선택한다.
③ 이 정렬 경고 대화상자는 셀 포인터가 표 범위 내에 있지 않기 때문에 발생한다.
④ '현재 선택 영역으로 정렬'을 선택하면 현재 설정한 열만을 정렬 대상으로 선택한다.

셀 포인터가 표 범위 내에 있지 않을 때는 아래와 같은 대화상자가 표시됩니다.

20.1, 19.2, 19.1, 18.1, 16.2, 15.2, 14.1, 13.3, 12.1, 04.2 1260126

핵심 144 자동 필터

- 단순한 비교 조건을 사용하여 간단한 데이터 추출 작업에 사용되는 필터이다.
- **실행** [데이터] → [정렬 및 필터] → [필터] 클릭
- 두 개 이상의 필드(열)에 조건이 설정된 경우 AND 조건으로 결합된다.
- 자동 필터를 사용하면 목록 값, 서식, 조건을 이용하여 세 가지 유형의 필터를 만들 수 있지만, 한 번에 한 가지 필터만 적용할 수 있다.
- 필드(열)에 입력된 데이터에 따라 [숫자 필터], [텍스트 필터], [날짜 필터] 중 하나의 필터가 표시되는데, 하나의 필드에 날짜, 숫자, 텍스트 등의 데이터가 섞여 있으면 가장 많이 있는 데이터 형식에 대한 필터가 표시된다.
- **상위 10 자동 필터** : 항목이나 백분율을 기준으로 상위나 하위로 데이터의 범위를 지정하여 해당 범위에 포함된 레코드만 추출하는 기능으로, 숫자 필드에서만 사용할 수 있음
- **사용자 지정 자동 필터** : 하나의 필드에 1개나 2개의 조건을 지정하여 추출하는 기능

01. 다음 중 자동 필터에 관한 설명으로 옳지 않은 것은? 19.2, 16.2

① 날짜가 입력된 열에서 요일로 필터링하려면 '날짜 필터' 목록에서 필터링 기준으로 사용할 요일을 하나 이상 선택하거나 취소한다.
② 두 개 이상의 필드에 조건을 설정하는 경우 필드 간에는 AND 조건으로 결합되어 필터링된다.
③ 열 머리글에 표시되는 드롭다운 화살표에는 해당 열에서 가장 많이 나타나는 데이터 형식에 해당하는 필터 목록이 표시된다.
④ 자동 필터를 사용하면 목록 값, 서식 또는 조건 등 세 가지 유형의 필터를 만들 수 있으며, 각 셀의 범위나 표 열에 대해 한 번에 한 가지 유형의 필터만 사용할 수 있다.

- 날짜의 요일을 기준으로 필터링하려면 TEXT 함수를 사용하여 날짜를 요일로 변환한 열을 추가한 후 이 열을 기준으로 필터링해야 합니다.
- 날짜를 요일로 변환하는 수식 : =TEXT(셀주소, "aaaa") 또는 =TEXT(셀주소, "aaa")

24.상시, 23.상시, 22.상시, 21.상시, 20.2, 19.상시, 15.3, 11.2, 10.1, 09.4, 09.3, 08.1, 07.4, …

핵심 145 고급 필터의 기본 조건 지정 방법

- 조건을 지정할 범위의 첫 행에는 원본 데이터 목록의 필드명을 입력하고, 그 아래 행에 조건을 입력한다.
- 조건을 지정할 때 '?, *' 등의 만능 문자(와일드 카드)도 사용할 수 있다.
- 고급 필터의 조건으로 일반적인 수식이 아닌 값에 대한 비교 연산자로 등호(=)를 사용할 때는 ="=항목" 형식으로 입력한다.
- AND 조건
  - 지정한 모든 조건을 만족하는 데이터만 출력된다.
  - 조건을 모두 같은 행에 입력한다.
- OR 조건
  - 지정한 조건 중 하나의 조건이라도 만족하는 경우 데이터가 출력된다.
  - 조건을 모두 다른 행에 입력한다.
- AND와 OR 결합 조건 : AND와 OR 조건이 결합된 형태의 조건 지정 방식

01. 아래 시트와 같이 고급 필터를 실행했을 경우 추출되지 않는 이름은? 24.상시, 23.상시, 22.상시, 21.상시

	A	B	C
1	이름	직급	근무년수
2	김소리	과장	15
3	박진정	대리	20
4	이향진	부장	25
5	김민정	대리	23
6	이인호	차장	21
7			
8	이름	근무년수	
9	김*	<=20	
10	이*	>=20	

① 김소리　　② 이향진
③ 김민정　　④ 이인호

> 고급 필터의 조건을 같은 행에 입력하면 AND 조건, 다른 행에 입력하면 OR 조건으로 연결됩니다. '이름'이 '김'으로 시작하고 '근무년수'가 20 이하이거나, '이름'이 '이'로 시작하고 '근무년수'가 20 이상인 사원의 이름인 '김소리', '이향진', '이인호'만 표시됩니다.

25.상시, 24.상시, 23.상시, 22.상시, 21.상시, 20.2, 18.상시, 18.2, 17.2, 16.3, …

핵심 146 고급 필터의 고급 조건 지정 방법

- 함수나 식의 계산값을 고급 필터의 찾을 조건으로 지정하는 방식이다.
- 조건 지정 범위의 첫 행에 입력될 조건 필드명은 원본 데이터의 필드명과 다른 필드명을 입력하거나 생략하며, 그 아래 행에 조건을 입한다.
- 함수나 식을 사용하여 조건을 입력하면 셀에는 비교되는 현재 대상의 값에 따라 TRUE나 FALSE가 표시된다.
- 함수와 식을 혼합하여 조건을 지정할 수 있다.
- 함수나 식을 사용해도 AND나 OR 조건을 입력하는 방법은 동일하다.

01. 다음 중 아래 시트에서 사원명이 두 글자이면서 실적이 전체 실적의 평균을 초과하는 데이터를 검색할 때, 고급 필터의 조건으로 옳은 것은? 25.상시, 24.상시, 22.상시, 21.상시, 20.2

	A	B
1	사원명	실적
2	유민	15,030,000
3	오성준	35,000,000
4	김근태	18,000,000
5	김원	9,800,000
6	정영희	12,000,000
7	남궁정훈	25,000,000
8	이수	30,500,000
9	김용훈	8,000,000

① | 사원명 | 실적조건 |
|---|---|
| ="=??" | =$B2>AVERAGE($B$2:$B$9) |

② | 사원명 | 실적 |
|---|---|
| ="=??" | =$B2&">AVERAGE($B$2:$B$9)" |

③ | 사원명 | 실적 |
|---|---|
| =LEN($A2)=2 | =$B2>AVERAGE($B$2:$B$9) |

④ | 사원명 | 실적조건 |
|---|---|
| ="=**" | =$B2>AVERAGE($B$2:$B$9) |

> - 만능 문자(와일드 카드) *는 문자의 모든 자리를, ?는 문자의 한 자리만을 대신하는 문자입니다. 두 글자인 데이터를 찾는 조건은 ="=??"로 작성해야 합니다.
> ※ 고급 필터의 조건으로 일반적인 수식이 아닌 값에 대한 비교 연산자로 등호(=)를 사용할 때는 ="=항목" 형식으로 입력하고, 조건으로 지정될 범위의 첫 행에는 원본 데이터 목록의 필드명을 입력해야 합니다(사원명).
> - 고급 필터의 조건으로 수식을 입력할 경우, 조건으로 지정될 범위의 첫 행에는 아무것도 입력하지 않거나 원본 데이터의 필드명과 다른 필드명을 입력해야 합니다. "실적조건"처럼 필드명인 "실적"만 아니면 됩니다.

25.상시, 23.상시, 22.상시, 20.2, 19.상시, 18.2, 18.1, 17.2, 16.2, 16.1, 15.3, … 1209901

핵심 147 외부 데이터 가져오기 개요

엑셀 실습 14 ☞ 26쪽

- SQL, dBASE, Access 등에서 사용하는 데이터베이스 파일과 텍스트 파일 등을 워크시트로 가져오거나 데이터베이스 파일을 쿼리 형태로 변경하여 워크시트에서 사용할 수 있도록 하는 기능이다.
- 가져올 수 있는 외부 데이터 파일 : 데이터베이스 파일(SQL, Access, dBase), 웹(*.htm), XML, JSON, 텍스트 파일(txt, prn), 엑셀 파일(xlsx, xlsm), 쿼리(*.dqy), OLAP 큐브 파일(*.oqy) 등
- **실행** [데이터] → [데이터 가져오기 및 변환] 그룹에서 불러올 파일 형식 클릭
- 외부 데이터 가져오기를 사용하여 가져온 데이터는 기본적으로 새 워크시트에 표시되지만 사용자가 위치를 지정할 수 있다.
- 외부 데이터 가져오기를 사용하여 가져온 데이터는 원본 데이터가 변경될 경우 가져온 데이터에도 반영되도록 설정할 수 있다.
- 원본 데이터 변경 시 가져온 데이터에 반영되도록 설정하려면 [데이터] → [쿼리 및 연결] → [모두 새로 고침]에서 해당 메뉴를 선택하면 된다.
  ※ 원본 데이터와의 연결을 삭제할 경우 가져온 데이터는 삭제되지 않지만 데이터의 새로 고침은 불가능함
- [모두 새로 고침]의 하위 메뉴 : 모두 새로 고침, 새로 고침, 새로 고침 상태, 새로 고침 취소 등

> **잠깐만요** '연결 속성' 대화상자
> - **실행** [데이터] → [쿼리 및 연결] → [모두 새로 고침] → [연결 속성] 선택
> - 새로 고침 옵션
>   - 다른 작업하면서 새로 고침
>   - 지정한 시간 간격 단위로 새로 고침
>   - 파일을 열 때 데이터 새로 고침
> - 사용 위치 : 시트, 이름, 위치, 값, 수식 등이 연결이 통합 문서에서 사용되는 위치를 표시함

01. [데이터] → [쿼리 및 연결] 그룹에 있는 아이콘 중 다음 아이콘의 기능은 무엇인가? 22.상시

① 새로 고침 ② 모두 새로 고침
③ 새로 고침 상태 ④ 새로 고침 취소

[데이터] → [쿼리 및 연결] → 에서 선택할 수 있는 메뉴는 다음과 같습니다.
- 모두 새로 고침(A)
- 새로 고침(R)
- 새로 고침 상태(S)
- 새로 고침 취소(C)
- 연결 속성(O)...

02. 다음 중 외부 데이터의 [쿼리 및 연결] 설정 기능에 대한 설명으로 옳지 않은 것은? 22.상시, 16.1, 14.3

① [연결 속성] 대화상자에서 시트, 이름, 위치(셀, 범위, 개체에 대한 참조), 값, 수식 등 통합 문서에서 사용되는 연결 위치 정보가 제공된다.

② [연결 속성] 대화상자에서 일정한 시간 간격으로 외부 데이터를 자동으로 새로 고치도록 설정할 수 있다.

③ [연결 속성] 대화상자에서 통합 문서를 열 때 외부 데이터를 자동으로 새로 고치거나 외부 데이터를 새로 고치지 않고 즉시 통합 문서를 열도록 설정할 수 있다.

④ 연결을 제거하면 현재 통합 문서에 외부에서 연결하여 가져온 데이터도 함께 제거된다.

> 연결을 제거해도 현재 통합 문서에 가져온 데이터는 삭제되지 않지만 더 이상 데이터 새로 고침은 불가능합니다.

25.상시, 23.상시, 22.상시, 21.상시, 19.상시, 20.2, 18.1, 12.2, 11.3, 11.2, 10.3, 09.2, 09.1, … 4210981

핵심 148 Microsoft Query / 웹 쿼리

엑셀 실습 14 ☞ 26쪽

Microsoft Query

- 외부 데이터베이스에서 가져올 데이터의 추출 조건을 쿼리로 만들어 가져오거나 쿼리를 저장하여 반복 사용할 수 있다.
- 새 쿼리는 하나의 통합 문서에 대해서만 만들 수 있다.
- **실행** [데이터] → [데이터 가져오기 및 변환] → [데이터 가져오기] → [기타 원본에서] → [Microsoft Query에서] 선택
- 쿼리 마법사
  ❶ '쿼리 마법사 – 열 선택' : 불러올 필드 선택
  ❷ '쿼리 마법사 – 데이터 필터' : 선택한 테이블에서 필요한 레코드를 추출하기 위해 조건 지정
  ❸ '쿼리 마법사 – 정렬 순서' : 정렬 방식 지정
  ❹ '쿼리 마법사 – 마침' : 쿼리 결과 표시, 쿼리 편집 중 선택

웹 쿼리

- 웹 페이지에서 테이블(표)을 검색하여 워크시트에서 사용할 수 있도록 가져올 때 사용한다.
- **실행** [데이터] → [데이터 가져오기 및 변환] → [웹] 클릭

01. 다음 중 [데이터] 탭 [데이터 가져오기 및 변환] 그룹의 각 명령에 대한 설명으로 옳지 않은 것은? 23.상시, 22.상시, 19.상시, 18.1

① [데이터 가져오기] → [기타 원본에서] → [Microsoft Query에서]를 이용하면 여러 테이블을 조인(Join)한 결과를 워크시트로 가져올 수 있다.

② [기존 연결]을 이용하면 Microsoft Query에서 작성한 쿼리 파일(*.dqy)의 실행 결과를 워크시트로 가져올 수 있다.

③ [웹]을 이용하면 웹 페이지의 모든 데이터를 원본 그대로 가져올 수 있다.

④ [데이터 가져오기] → [데이터베이스에서] → [Microsoft Access 데이터베이스에서]를 이용하면 원본 데이터의 변경 사항이 워크시트에 반영되도록 설정할 수 있다.

> [웹]을 이용하면 웹 페이지에서 테이블만 가져올 수 있습니다.

25.상시, 24.상시, 23.상시, 22.상시, 21.상시, 19.2, 15.3, 14.3, 14.2, 13.2, …

핵심 149 부분합

엑셀 실습 12 ☞ 25쪽

- 많은 양의 데이터 목록을 그룹별로 분류하고, 각 그룹별로 계산을 수행하는 데이터 분석 도구이다.
- 부분합을 작성하려면 첫 행에는 열 이름표가 있어야 하며, 반드시 기준이 되는 필드를 기준으로 오름차순이나 내림차순으로 정렬되어 있어야 한다.
- 사용할 수 있는 함수 : 합계, 개수, 평균, 최대, 최소, 곱, 숫자 개수, 표준 편차, 표본 표준 편차, 표본 분산, 분산
- 부분합을 작성하면 워크시트 왼쪽에 부분합을 계산한 하위 그룹 단위로 개요가 설정되고, 개요 기호가 나타난다.
- 부분합을 제거하면 부분합과 함께 표에 삽입된 개요 및 페이지 나누기도 모두 제거된다.
- **실행** [데이터] → [개요] → [부분합] 클릭
- '부분합' 대화상자의 주요 항목
  - 그룹화할 항목 : 값을 구하는 기준이 되는 항목을 선택(정렬된 항목)
  - 사용할 함수 : 사용할 함수를 선택
  - 부분합 계산 항목 : 함수를 적용할 필드를 선택
  - 새로운 값으로 대치 : 이미 작성된 부분합을 지우고, 새 부분합으로 변경할 경우 선택함
  - 그룹 사이에서 페이지 나누기 : 부분합을 구한 뒤 각 그룹 다음에 페이지 나누기를 자동으로 삽입함
  - 데이터 아래에 요약 표시 : 선택하면 각 그룹의 아래쪽에 부분합 결과를 표시하고, 선택하지 않으면 그룹의 위쪽에 부분합 결과를 표시함
  - 모두 제거 : 부분합을 해제하고, 원래 데이터 목록을 표시함
- 중첩 부분합
  - 이미 작성된 부분합 그룹 내에 새로운 부분합 그룹을 추가하는 것이다.
  - 중첩 부분합을 작성하려면 '부분합' 대화상자에서 반드시 '새로운 값으로 대치'를 해제해야 한다.
  - 중첩 부분합을 수행하면 먼저 작성한 부분합의 결과가 아래쪽에 표시된다.

01. 다음의 [부분합] 실행 결과에 대한 설명으로 옳지 않은 것은?
25.상시, 24.상시, 23.상시

① 정렬할 데이터는 부서를 기준으로 정렬되어 있어야 한다.
② 이미 부분합이 설정되어 있는 경우에는 기존의 부분합 계산 항목은 모두 삭제된다.
③ 인쇄시 부서별로 다른 페이지에 인쇄된다.
④ 평균 아래에 그룹 데이터가 표시된다.

> '데이터 아래에 요약 표시'를 선택하면 그룹 데이터의 아래에 합계나 평균 등의 요약이 표시됩니다.

02. 다음 중 부분합에 대한 설명 중 옳지 않은 것은?
25.상시, 23.상시, 21.상시

① 그룹화할 항목으로 선택된 필드는 자동으로 오름차순 정렬하여 부분합이 계산된다.
② 부분합에서는 합계, 평균, 개수 등의 함수 이외에도 다양한 함수를 선택할 수 있다.
③ 부분합에서 데이터 아래에 요약을 표시할 수 있다.
④ 부분합에서 그룹 사이에 페이지를 나눌 수 있다.

> 부분합을 작성하려면 먼저 그룹화할 항목을 기준으로 반드시 오름차순이나 내림차순으로 정렬한 후 부분합을 실행해야 합니다.

25.상시, 24.상시, 23.상시, 22.상시, 21.상시, 20.상시, 20.2, 20.1, 19.상시, …

핵심 150 피벗 테이블

엑셀 실습 13 ☞ 25쪽

- 많은 양의 데이터를 한눈에 쉽게 파악할 수 있도록 요약·분석하여 보여주는 도구이다.
- 엑셀 목록, 데이터베이스, 외부 데이터, 다른 피벗 테이블 등의 데이터를 사용할 수 있다.
- 필드별로 다양한 조건을 지정할 수 있으며, 그룹별로 데이터 집계가 가능하다.
- 원본 데이터가 변경되면 [피벗 테이블 분석] → [데이터] → [새로 고침()]을 이용하여 피벗 테이블의 데이터도 변경할 수 있다.
- 사용자가 피벗 테이블에 새로운 필드를 추가할 수 있다.
- **실행** [삽입] → [표] → [피벗 테이블] 클릭
- 피벗 테이블의 구성 요소

정답 149 1.④, 2.①

01. 다음 중 피벗 테이블에 대한 설명으로 옳지 않은 것은?
25.상시, 23.상시, 22.상시, 20.1, 14.1

① 원본 데이터가 변경되면 피벗 테이블의 데이터도 자동으로 변경된다.
② 외부 데이터를 대상으로 피벗 테이블을 작성할 수 있다.
③ 피벗 테이블을 작성한 후에 사용자가 새로운 수식을 추가하여 표시할 수 있다.
④ 많의 양의 자료를 분석하여 다양한 형태로 요약하여 보여주는 기능이다.

> 피벗 테이블의 원본 데이터를 수정해도 피벗 테이블에 자동으로 반영되지 않습니다. 원본 데이터의 수정사항을 피벗 테이블에 반영하려면 [피벗 테이블 분석] → [데이터] → [새로 고침]을 실행해야 합니다.

02. 다음은 [A1:F29] 영역에 입력된 데이터의 일부다. [A1:F29] 영역의 데이터를 이용하여 작성한 다음 피벗 테이블에 대한 설명으로 옳지 않은 것은?
24.상시

	A	B	C	D	E	F
1	고객	담당	수량	단가	할인율	금액
2	제일 백화점	김승진	18	200	13%	3,132
3	제일 백화점	이소라	49	530	7%	24,152
4	제일 백화점	최승엽	30	530	13%	13,833
5	제일 백화점	이유리	95	760	3%	70,034

	A	B	C
1	고객	(다중 항목)	
2			
3	행 레이블	합계 : 금액	합계 : 부가세
4	강민석	52,452	5,245
5	김영식	80,966	8,097
6	박동수	10,814	1,081
7	박상민	45,192	4,519
8	이철호	70,157	7,016
9	총합계	259,581	25,958

① 필터 영역에 '고객'을 지정하고, 모든 데이터가 표시되도록 지정했다.
② 행 레이블에 '담당'을 지정하고 열 레이블에는 아무것도 지정하지 않았다.
③ '부가세' 필드는 금액의 10%인 계산 필드이다.
④ 피벗 테이블은 '새 워크시트'에 작성하였다.

> • [A1] 셀에는 '고객', [B1] 셀에는 '(다중 항목)'이 표시된 것으로 보아 필터 영역에 '고객'을 지정하고, 일부 데이터만 표시되도록 지정하였습니다.
> • 필터 영역에 모든 데이터가 표시되도록 지정하면 다음과 같이 표시됩니다.
>
> | | A | B | C |
> |---|---|---|---|
> | 1 | 고객 | (모두) | |
> | 2 | | | |
> | 3 | 행 레이블 | 합계 : 금액 | 합계 : 부가세 |
> | 4 | 강민석 | 52,452 | 5,245 |

22.상시, 21.상시, 20.1, 18.2, 17.1, 16.2, 13.3, 13.1, 11.2, 10.2, 09.2, 07.4, 04.3, ... 3211502

핵심 151 피벗 차트 보고서

• 피벗 테이블의 데이터를 이용하여 작성한 차트로, 피벗 테이블에서 항목이나 필드에 변화를 주면 피벗 차트도 변경되고, 반대로 피벗 차트에서 변화를 주면 피벗 테이블도 변경된다.
• 피벗 차트는 피벗 테이블을 작성할 때 함께 작성하거나, 이미 작성된 피벗 테이블을 이용하여 작성한다.
• 피벗 차트를 추가하면 피벗 테이블이 있는 워크시트에 삽입된다.
• 피벗 테이블을 삭제하면 피벗 차트가 일반 차트로 변경되지만, 피벗 차트를 삭제해도 피벗 테이블에는 아무 변화가 없다.
• 표준 차트의 항목, 계열, 데이터가 피벗 차트에서는 축 필드(항목), 범례 필드(계열), 값 필드에 해당한다.
• 분산형, 거품형, 주식형 차트는 피벗 차트로 만들 수 없다.

01. 다음 중 피벗 테이블 보고서와 피벗 차트 보고서에 대한 설명으로 옳지 않은 것은?
22.상시, 21.상시, 18.2

① 피벗 테이블 보고서에서는 값 영역에 표시된 데이터 일부를 삭제하거나 추가할 수 없다.
② 피벗 차트 보고서를 만들 때마다 동일한 데이터로 관련된 피벗 테이블 보고서가 자동으로 생성된다.
③ 피벗 차트 보고서는 분산형, 주식형, 거품형 등 다양한 차트 종류로 변경할 수 있다.
④ 행 또는 열 레이블에서의 데이터 정렬은 수동(항목을 끌어 다시 정렬), 오름차순, 내림차순 중 선택할 수 있다.

> 분산형, 거품형, 주식형의 차트 모양으로 피벗 차트 보고서를 만들 수 없습니다.

22.상시, 19.2, 18.상시, 09.4, 08.2, 07.3, 06.2, 04.1 1210107

핵심 152 피벗 테이블의 그룹화

• 그룹화는 특정 필드를 일정한 단위로 묶어 표현할 때 사용하는 것으로, 문자, 숫자, 날짜, 시간 등 모든 필드에서 사용할 수 있다.
• 숫자, 날짜, 시간 데이터 그룹 지정 : 그룹을 지정할 필드의 바로 가기 메뉴에서 [그룹]을 선택하고, '그룹화' 대화상자에서 시작, 끝, 단위를 지정함
• 문자 데이터 그룹 지정 : 그룹 지정할 셀을 블록으로 설정한 후 바로 가기 메뉴의 [그룹]을 선택하고, 그룹명을 변경함
• 그룹 해제 : 그룹으로 설정된 영역의 바로 가기 메뉴 중 [그룹 해제] 또는 [피벗 테이블 분석] → [그룹] → [그룹 해제]를 클릭함

01. 다음 중 피벗 테이블 필드의 그룹 설정에 대한 설명으로 옳지 않은 것은? 22.상시, 09.4, 07.3

① 그룹 만들기는 특정 필드를 일정한 단위로 묶어 표현할 때 사용하는 것으로 문자, 숫자, 날짜, 시간으로 된 필드에서 사용할 수 있다.
② 숫자 필드일 경우에는 '그룹화' 대화상자에서 시작, 끝, 단위를 지정해야 한다.
③ 문자 필드일 경우에는 '그룹화' 대화상자에서 그룹 이름을 반드시 지정해 주어야 한다.
④ 그룹을 해제하려면 그룹으로 설정된 영역의 바로 가기 메뉴에서 [그룹 해제]를 선택하여 실행할 수 있다.

> 피벗 테이블에서 문자 필드일 경우 그룹 이름은 '그룹화' 대화상자에서 지정하는 것이 아니라 피벗 테이블 화면에서 해당 그룹 이름을 직접 선택한 후 변경해야 합니다.

01. 다음 중 시나리오에 대한 설명으로 옳지 않은 것은? 23.상시, 22.상시, 21.상시, 20.1

① 시나리오 요약 보고서를 만들 때에는 결과 셀을 반드시 지정해야 하지만, 시나리오 피벗 테이블 보고서를 만들 때에는 결과 셀을 지정하지 않아도 된다.
② 여러 시나리오를 비교하여 하나의 테이블로 요약하는 보고서를 만들 수 있다.
③ 시나리오 요약 보고서를 생성하기 전에 변경 셀과 결과 셀에 이름을 정의하면 셀 참조 주소 대신 정의된 이름이 보고서에 표시된다.
④ 시나리오 요약 보고서는 자동으로 다시 갱신되지 않으므로 변경된 값을 요약 보고서에 표시하려면 새 요약 보고서를 만들어야 한다.

> 시나리오 요약 보고서나 시나리오 피벗 테이블 보고서를 만들 때에는 반드시 결과 셀을 지정해야 합니다.

02. 다음 중 아래 그림과 같은 시나리오 요약 보고서에 대한 설명으로 옳지 않은 것은? 23.상시, 22.상시, 21.상시, 20.2

시나리오 요약		현재 값:	호황	불황
변경 셀:				
	냉장고판매	2%	4%	-2%
	세탁기판매	3%	6%	-3%
	$C$5	5%	10%	-5%
결과 셀:				
	예상판매금액	516,600,000	1,033,200,000	- 516,600,000

① '호황'과 '불황' 두 개의 시나리오로 작성한 시나리오 요약 보고서는 새 워크시트에 표시된다.
② 원본 데이터에 '냉장고판매', '세탁기판매', '예상판매금액'으로 이름을 정의한 셀이 있다.
③ 원본 데이터에서 변경 셀의 현재 값을 수정하면 시나리오 요약 보고서가 자동으로 업데이트된다.
④ 시나리오 요약 보고서 내의 모든 내용은 수정 가능하며, 자동으로 설정된 개요도 지울 수 있다.

> 원본 데이터가 변경되어도 시나리오 요약 보고서는 자동으로 업데이트 되지 않으므로 시나리오 요약 보고서를 다시 작성해야 합니다.

25.상시, 24.상시, 23.상시, 22.상시, 21.상시, 20.2, 20.1, 19.상시, 19.1, … 1260133

핵심 153 시나리오 엑셀 실습 15 ☞ 27쪽

- 다양한 상황과 변수에 따른 여러 가지 결과값의 변화를 가상의 상황을 통해 예측하여 분석하는 도구이다.
- 이자율, 손익 분기점, 주가 분석 등에 많이 사용된다.
- 시나리오를 작성하면 현재 작업하는 워크시트의 왼쪽에 새 워크시트를 삽입하고 그 시트에 시나리오 보고서를 표시한다.
- 여러 시나리오를 서로 비교하기 위해 시나리오를 피벗 테이블로 요약할 수 있다.
- 시나리오 요약 보고서나 시나리오 피벗 테이블 보고서를 만들 때에는 반드시 결과 셀을 지정해야 한다.
- 시나리오 병합을 통하여 다른 통합 문서나 다른 워크시트에 저장된 시나리오를 가져올 수 있다.
- '시나리오 관리자' 대화상자에서 시나리오를 삭제해도 이미 작성된 시나리오 요약 보고서는 삭제되지 않고, 반대로 시나리오 요약 보고서를 삭제해도 시나리오는 삭제되지 않는다.
- 시나리오가 작성된 원본 데이터를 변경해도 이미 작성된 시나리오 보고서에는 반영되지 않는다.
- '변경 셀'과 '결과 셀'에 이름을 지정한 후 시나리오 요약 보고서를 작성하면 셀 주소 대신 지정한 이름이 표시된다.
- 실행 : [데이터] → [예측] → [가상 분석] → [시나리오 관리자] 선택

핵심 154 목표값 찾기

- 수식에서 원하는 결과(목표)값은 알고 있지만 그 결과값을 계산하기 위해 필요한 입력값을 모를 경우에 사용하는 도구이다.
- 목표값 찾기는 주어진 결과값에 대해 하나의 입력값만 변경할 수 있다.
- 결과값은 입력값을 참조하는 수식으로 작성되어야 한다.
- **실행** [데이터] → [예측] → [가상 분석] → [목표값 찾기] 선택
- '목표값 찾기' 대화상자

❶ 수식 셀 : 결과값이 출력되는 셀 주소로, 해당 셀에는 반드시 수식이 있어야 함

❷ 찾는 값 : 목표로 하는 값을 직접 입력해야 함

❸ 값을 바꿀 셀 : 목표값을 만들기 위해 변경되는 값이 들어 있는 셀 주소

---

01. 다음 중 아래 그림과 같이 목표값 찾기를 지정했을 때의 설명으로 옳은 것은?

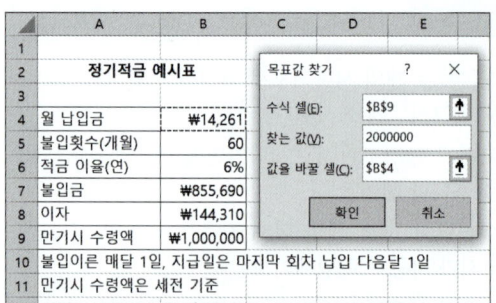

① 만기시 수령액이 2,000,000원이 되려면 월 납입금은 얼마가 되어야 하는가?
② 만기시 수령액이 2,000,000원이 되려면 적금 이율(연)이 얼마가 되어야 하는가?
③ 불입금이 2,000,000원이 되려면 만기시 수령액은 얼마가 되어야 하는가?
④ 월 납입금이 2,000,000원이 되려면 만기시 수령액은 얼마가 되어야 하는가?

핵심 155 데이터 표

- 특정 값의 변화에 따른 결과값의 변화 과정을 표의 형태로 표시해주는 도구이다.
- 결과값은 반드시 변화하는 특정 값을 포함한 수식으로 작성되어야 한다.
- 변화하는 값과 수식이 입력된 부분을 모두 포함하도록 범위를 설정한 후 데이터 표를 실행한다.
- 데이터 표 기능을 이용하여 계산된 결과는 참조하고 있는 셀의 데이터가 수정되면 자동으로 갱신된다.
- 데이터 표의 결과는 일부분만을 수정할 수 없다.
- **실행** [데이터] → [예측] → [가상 분석] → [데이터 표] 선택
- '데이터 테이블' 대화상자

❶ 행 입력 셀 : 변화되는 값이 한 행에 있을 때 변화되는 셀의 주소를 지정

❷ 열 입력 셀 : 변화되는 값이 한 열에 있을 때 변화되는 셀의 주소를 지정

---

01. 다음 중 아래 그림과 같이 기간과 이율의 변화에 따른 월불입액을 계산하려고 한다. 이때 실행하여야 할 작업 내용에 대한 설명으로 옳지 않은 것은? (월불입액 계산 수식은 '=PMT(B3/12, B2*12, -B4)'임)

	A	B	C	D	E	F
1						
2	기간	5				
3	이율	3%				
4	대출금액	₩10,000,000				
5	월불입액	₩179,687				
6					기간	
7			₩179,687	3	4	5
8			2%	₩ 286,426	₩ 216,951	₩ 175,278
9		이율	3%	₩ 290,812	₩ 221,343	₩ 179,687
10			4%	₩ 295,240	₩ 225,791	₩ 184,165
11			5%	₩ 299,709	₩ 230,293	₩ 188,712

① '데이터 표'를 실행하여 계산된 [D8:F11] 영역의 값은 자동으로 수정되지 않으므로 입력값이 변경되면 [새로 고침]을 해야 한다.
② [C7] 셀에 "=B5"를 입력하고 [C7:F11] 영역을 범위로 지정한 상태에서 '데이터 표'를 실행한다.
③ '데이터 테이블' 대화상자에서 '행 입력 셀'은 [B2] 셀, '열 입력 셀'은 [B3] 셀로 지정한 후 〈확인〉을 클릭한다.
④ 자동으로 결과가 구해진 셀을 하나 선택해서 살펴보면 '{=TABLE(B2,B3)}'과 같은 배열 수식이 들어 있다.

'데이터 표'를 실행하여 계산된 영역의 값은 입력값이 변경되면 자동으로 수정됩니다.

25.상시, 24.상시, 23.상시, 22.상시, 18.2, 15.1, 11.1, 10.3, 09.1, 08.4, …   1260136

핵심 156 데이터 통합   엑셀 실습 18 ☞ 30쪽

- 비슷한 형식의 여러 데이터를 하나의 표로 통합·요약하여 표시해주는 도구이다.
- 사용할 데이터의 형태가 다르더라도 같은 이름표를 사용하면 항목을 기준으로 통합할 수 있다.
- 통합 함수의 종류 : 합계, 개수, 평균, 최대, 최소, 곱, 숫자 개수, 표본 표준 편차, 표준 편차, 표본 분산, 분산
- 다른 워크시트나 통합 문서의 데이터를 사용할 수 있다.
- 지정한 항목이나 위치를 기준으로 통합하거나 영역의 이름을 정의하여 통합할 수도 있다.
- **실행** [데이터] → [데이터 도구] → [통합] 클릭
- '통합' 대화상자

❶ **함수** : 사용할 함수를 선택함
❷ **참조** : 통합할 데이터 범위를 지정함
❸ **추가** : 참조에서 지정한 데이터 범위를 추가함
❹ **삭제** : '모든 참조 영역'에 추가된 범위 중 선택하여 삭제함
❺ **첫 행** : 참조된 데이터 범위의 첫 행을 통합된 데이터의 첫 행(열 이름)으로 사용함
❻ **왼쪽 열** : 참조된 데이터 범위의 왼쪽 열을 통합된 데이터의 첫 열(행 이름)로 사용함
❼ **원본 데이터에 연결** : 원본 데이터가 변경될 경우 통합된 데이터에도 반영함

※ 통합할 데이터가 있는 워크시트와 통합 결과가 작성될 워크시트가 서로 다를 경우에만 '원본 데이터에 연결'을 적용할 수 있음

---

01. 다음 중 통합에 관한 설명으로 옳지 않은 것은? 25.상시, 24.상시, …

① 여러 시트에 있는 데이터나 다른 통합 문서에 입력되어 있는 데이터를 통합할 수 있다.
② 데이터 통합은 위치를 기준으로 통합할 수도 있고, 영역의 이름을 정의하여 통합할 수도 있다.
③ 통합 영역의 데이터 변경 시 원본 영역의 데이터도 자동으로 변경되도록 하려면 '원본 데이터에 연결'을 선택한다.
④ 통합할 데이터를 변경하려면 '모든 참조 영역'에 지정된 참조 영역을 삭제한 후 새로 지정한다.

'원본 데이터에 연결'은 원본 데이터가 변경될 경우 통합된 데이터에도 반영되도록 하는 것으로 반대의 경우는 적용되지 않습니다.

25.상시, 24.상시, 23.상시, 22.상시, 21.상시, 20.2, 19.상시, 19.2, 19.1, …   4211681

핵심 157 매크로 기록

- 매크로는 엑셀에서 사용되는 다양한 명령들을 일련의 순서대로 기록해 두었다가 필요할 때 실행하면 기록해 둔 처리 과정이 순서대로 수행되도록 하는 기능이다.
- 매크로 기록에 사용된 명령과 함수는 Visual Basic 모듈에 저장되므로 Visual Basic Editor를 사용하여 내용을 추가, 삭제, 변경할 수 있다.
- 매크로 기록 중에 선택된 셀의 주소는 기본적으로 절대 참조로 기록되지만 [개발 도구] → [코드] → [상대 참조로 기록]을 이용하여 상대 참조로 변경하여 기록할 수 있다.
- 매크로를 상대 참조로 기록하면 매크로를 실행할 때 셀 포인터의 위치에 따라 매크로가 적용되는 위치가 달라진다.
    - 예 [A1] 셀이 선택된 상태에서 [A2:A5] 영역에 배경색을 '노랑색'으로 지정하는 매크로를 작성한 경우 [C1] 셀을 선택하고 매크로를 실행하면 [A1] 셀에서 [C1] 셀, 즉 오른쪽으로 두 칸 이동한 [C2:C5] 영역에 배경색이 '노랑색'으로 지정됨

'매크로 기록' 대화상자

- **매크로 이름**
    - '매크로1, 매크로2 , …' 등과 같이 자동으로 부여되지만, 사용자가 원하는 이름을 임의로 지정할 수 있다.
    - 이름 지정 시 첫 글자는 반드시 문자로 지정해야 하고, 두 번째 글자부터 문자, 숫자, 밑줄 문자(_) 등을 사용할 수 있다.
    - / ? ' ' . - ※ 등과 같은 문자와 공백은 매크로의 이름으로 사용할 수 없다.

- **바로 가기 키**
    - 바로 가기 키에는 영문자만 사용할 수 있으며, 지정하지 않아도 매크로를 기록할 수 있다.
    - 기본적으로 [Ctrl]과 조합하여 사용하고, 대문자로 지정하면 [Shift]가 자동으로 덧붙여 지정된다.
    - 지정된 바로 가기 키를 다른 문자로 수정하여 지정할 수 있다.
    - 매크로에 지정된 바로 가기 키가 엑셀의 바로 가기 키보다 우선한다.

- **매크로가 저장되는 위치**
    - 개인용 매크로 통합 문서 : PERSONAL.XLSB는 개인용 매크로 통합 문서로, 이 문서에 저장된 매크로는 모든 통합 문서에서 실행할 수 있음
    - 새 통합 문서 : 새 통합 문서를 열어 매크로를 기록하고 적용함
    - 현재 통합 문서 : 현재 작업중인 통합 문서에 매크로를 기록하고 적용함

- **설명** : 해당 매크로에 대한 간략한 설명으로, 사용자가 임의로 지정할 수 있음

> **잠깐만요** 양식 컨트롤과 Activex 컨트롤
> - 양식 컨트롤의 '단추'를 삽입하면 '매크로 지정' 대화상자가 자동으로 표시되지만 ActiveX 컨트롤의 '단추'를 삽입하면 아무것도 표시되지 않습니다.
> - 양식 컨트롤은 [디자인 모드]에서도 해당 컨트롤에 지정된 기능을 실행할 수 있지만 ActiveX 컨트롤은 실행할 수 없습니다.

01. 다음 중 매크로를 작성하고 사용하는 방법에 대한 설명으로 옳지 않은 것은?
24.상시, 23.상시, 22.상시, 21.상시

① 매크로를 기록하는 경우 기본적으로 셀은 절대 참조로 기록되며, 상대 참조로 기록하고자 할 경우 '상대 참조로 기록'을 선택한 다음 매크로 기록을 실행한다.
② 매크로에 지정된 바로 가기 키가 엑셀 고유의 바로 가기 키와 중복될 경우 엑셀 고유의 바로 가기 키가 우선한다.
③ 매크로를 기록하는 경우 실행하려는 작업을 완료하는 데 필요한 모든 단계가 매크로 레코더에 기록되며, 리본 메뉴에서의 탐색은 기록에 포함되지 않는다.
④ 개인용 매크로 통합 문서에 저장한 매크로는 엑셀을 시작할 때마다 자동으로 로드되므로 다른 통합 문서에서도 실행할 수 있다.

> 매크로에 지정된 바로 가기 키가 엑셀 고유의 바로 가기 키와 중복될 경우 매크로에 지정된 바로 가기 키가 우선합니다.

02. 아래 그림과 같이 설정한 상태에서 [매크로 기록] 대화상자의 [확인] 단추를 누른다. [A2:A6] 범위를 선택한 후 글꼴 스타일을 '굵게'를 지정하고 [기록 중지]를 눌러 '서식' 매크로의 작성을 완료하였다. 다음 중 매크로 작성 후 [C1] 셀을 선택하고 '서식' 매크로를 실행한 결과로 옳은 것은?
23.상시, 20.2

① [A2:A6] 영역의 글꼴 스타일이 굵게 지정된다.
② [A1] 셀만 글꼴 스타일이 굵게 지정된다.
③ [C2:C6] 영역의 글꼴 스타일이 굵게 지정된다.
④ [C1] 셀만 글꼴 스타일이 굵게 지정된다.

> '상대 참조로 기록'이 선택된 상태에서 매크로를 기록했으므로 매크로 실행 시 셀 포인터의 위치에 따라 매크로가 적용되는 위치가 달라집니다. [A1] 셀이 선택된 상태에서 매크로 기록을 시작하여 [A2:A6] 영역에 '굵게'를 지정하는 매크로를 작성했으므로 [C1] 셀을 선택하고 매크로를 실행하면 [A1] 셀에서 [C1] 셀, 즉 오른쪽으로 두 칸 이동한 [C2:C6] 영역에 '굵게'가 지정됩니다.

핵심 158 | 매크로 실행
25.상시, 24.상시, 21.상시, 20.상시, 20.2, 18.1, 16.1, 12.3, 11.2, 08.3, … 1260138

- 다음과 같이 수행한 후 '매크로' 대화상자에서 매크로 이름을 선택하여 실행한다.
  - 방법1 [보기] → [매크로] → [매크로(▦)] 클릭
  - 방법2 [개발 도구] → [코드] → [매크로] 클릭
  - 방법3 Alt + F8 누름
- 매크로를 기록할 때 지정한 바로 가기 키를 누른다.
- 워크시트에 삽입된 도형, 그림, 차트, 명령 단추 컨트롤 등에 매크로를 지정하여 실행한다.
- Visual Basic Editor(Alt + F11)에서 매크로 실행
  - 방법1 F5 : 일반적인 실행
  - 방법2 F8 : 한 단계씩 코드 실행
  - 방법3 Ctrl + F8 : 모듈 창의 커서 위치까지 실행
- '매크로' 대화상자
  - 실행 : 선택한 매크로를 실행함
  - 한 단계씩 코드 실행 : 선택한 매크로를 한 줄씩 실행함(디버깅 용도)
  - 편집 : Visual Basic Editor를 이용해 선택한 매크로의 이름이나 명령들을 편집함
  - 만들기 : Visual Basic Editor를 이용해 매크로를 작성함
  - 삭제 : 선택한 매크로를 삭제함
  - 옵션 : 선택한 매크로의 바로 가기 키나 설명을 변경함

01. 다음 중 Visual Basic Editor에 대한 설명으로 틀린 것은?
25.상시, 24.상시, 21.상시

① Alt + F11 을 누르면 실행된다.
② Visual Basic Editor에서 F5 를 눌러 매크로를 실행할 수 있다.
③ 매크로의 코드는 전체가 한 번에 실행되어, 한 단계씩 실행할 수 없으나 중간에 중단할 수 있다.
④ 기록된 매크로의 내용을 수정할 수 있다.

> [매크로] 대화상자에서는 〈한 단계씩 코드 실행〉 단추를, Visual Basic Editor에서는 F8 을 이용하여 매크로를 단계별로 실행할 수 있습니다.

02. 다음 중 매크로를 실행하는 방법으로 옳지 않은 것은?
25.상시

① 양식 도구 모음의 단추 도구를 이용
② 매크로 기록 시에 지정된 바로 가기 키의 이용
③ 개체에 매크로를 지정하여 실행
④ Ctrl + F8 을 눌러 '매크로' 대화상자에서 실행할 매크로를 선택

> '매크로' 대화상자를 호출하는 바로 가기 키는 Alt + F8 입니다.

24.상시, 21.상시, 20.상시, 17.2, 16.3, 16.1, 14.1, 11.3, 11.2, 10.3, 10.1, 08.4, …   1260139

핵심 159 프로그래밍의 기본

모듈 (Module)	• 프로시저의 집합이며, 프로젝트를 구성하는 기본 단위 • 표준 모듈 : 워크시트 모듈과 ThisWorkbook 모듈, 공용 모듈이 있음 • 클래스 모듈 : 개체를 새롭게 정의해서 사용할 수 있도록 작성하는 모듈로, 개체의 속성, 메서드, 이벤트를 정의하는 모듈임
프로시저 (Procedure)	• 연산을 수행하거나 값을 계산하는 일련의 명령문과 메서드의 모임으로, 모듈(Module) 안에 작성됨 • Sub ~ End Sub : 프로시저 내에 작성된 코드를 실행하는 가장 일반적인 형태로 결과값을 반환하지 않음 • Function ~ End Function : 프로시저 내에 작성된 코드를 실행하고 실행된 결과값을 반환함 • Property ~ End Property : 개체의 속성을 새로 정의할 때 사용되는 것으로, 결과값을 반환함
개체 (Object)	프로그래밍 과정에서 작업한 내용이 실제 적용되는 독립된 대상을 말함
속성 (Property)	크기, 색, 화면 위치와 같은 개체의 특성이나 가능, 불가능과 같은 개체의 상태를 말함
메서드 (Method)	개체가 실행할 수 있는 동작으로, 특정 개체에서만 실행할 수 있는 프로시저를 의미함
이벤트 (Event)	• 프로그램 사용중에 일어나는 사건(마우스 클릭, 셀 이동 등)을 의미함 • 이벤트가 일어났을 때 실행되도록 작성된 프로시저를 이벤트 프로시저라고 함

01. 다음 중 VBA에서 프로시저(Procedure)에 대한 설명으로 옳지 않은 것은?   24.상시, 10.3

① 특정한 기능을 수행할 수 있는 명령문들의 집합이다.
② 사용자가 직접 기록한 매크로도 프로시저로 기록된다.
③ Sub ~ End Sub 프로시저는 명령문들의 실행 결과를 반환한다.
④ 하나 이상의 프로시저들을 이용하여 모듈을 구성할 수 있다.

• Sub ~ End Sub 프로시저는 결과값을 반환하지 않습니다.
• 결과값을 반환하는 것은 Function ~ End Function 프로시저입니다.

23.상시, 22.상시, 21.상시, 17.2, 12.3, 12.1, 07.2, 06.2, 05.3, 05.2, 05.1   4211981

핵심 160 VBA 문법 - 변수 / 배열

변수 (Variable)	• 컴퓨터가 명령을 처리하는 도중 발생하는 값을 저장하기 위한 공간으로 변할 수 있는 값을 의미함 • 변수의 선언에는 사용하기 전에 변수를 사용하겠다고 선언하는 명시적(Explicit) 선언과 변수를 선언하지 않고 명령문 안에서 사용하는 묵시적(Implicit) 선언으로 구분됨
배열 (Array)	• 동일한 데이터 유형을 여러 개 사용하는 경우, 모든 데이터를 하나의 변수 이름으로 정의해 사용하는 것을 말함 • 배열은 선언할 때 변수 이름 다음에 괄호를 만들어 배열의 크기를 지정함 • 배열의 위치(첨자)는 0부터 시작하지만 프로시저를 시작하기 전에 모듈의 처음에 'Option Base 1'을 선언하면 배열의 위치(첨자)는 1부터 시작함 • 1차원 배열은 행만으로, 2차원 배열은 행과 열로, 3차원 배열은 면, 행, 열로 이루어진 배열임

01. 다음 VBA의 배열에 대한 설명으로 옳지 않은 것은?   23.상시, 22.상시, 21.상시

① 배열은 모든 데이터를 하나의 변수 이름으로 정의해 사용하는 것이다.
② 배열은 선언할 때 변수 이름 다음에 괄호를 만들어 배열의 크기를 지정한다
③ 배열의 위치는 1부터 시작한다.
④ 1차원 배열은 행, 2차원 배열은 행과 열로, 3차원 배열은 면, 행, 열로 이루어진 배열이다.

배열의 위치는 0부터 시작합니다.

21.상시, 20.상시, 19.상시, 18.2, 15.3, 15.2, 13.1, 12.3, 12.2, 11.3, 11.2, 10.2, …   1210803

핵심 161 VBA 기본 문법 - For ~Next

• For문으로 지정된 횟수만큼 For문 안에 수록된 명령 코드를 반복 실행한다.
• Exit For를 이용하여 반복문이 최종값에 이르기 전에 For ~ Next 명령문을 빠져나올 수 있다.
• 형식

> For 반복변수 = 시작값 To 최종값 [Step 증가값]
>   실행문 ← 시작값에서 최종값이 될 때까지 증가값만큼씩 증가하면서 실행문을 반복 실행
> Next 반복변수

01. 다음과 같은 결과가 나오기 위한 프로그램으로 옳은 것은?   21.상시, 09.3

◢	A	B	C	D	E
1	1	3	6	10	15
2					

① Cells(1, 1) = 1
 For K = 2 To 5
  Cells(K, 1) = Cells(K − 1, 1) + K
 Next
② Cells(1, 1) = 1
 For K = 2 To 5
  Cells(1, K) = Cells(1, K − 1) + K
 Next
③ Cells(1, 1) = 1
 For K = 2 To 5
  Cells(K, 1) = Cells(K − 1, 1) + 2
 Next
④ Cells(1, 1) = 1
 For K = 2 To 5
  Cells(1, K) = Cells(1, K − 1) + 2
 Next

01. 다음 중 1부터 10까지의 합을 구하는 VBA 모듈로 옳지 않은 것은?
21.상시, 15.2

①
```
no = 0
sum = 0
Do While no <= 10
    sum = sum + no
    no = no + 1
Loop
MsgBox sum
```

②
```
no = 0
sum = 0
Do
    sum = sum + no
    no = no + 1
Loop While no <= 10
MsgBox sum
```

③
```
no = 0
sum = 0
Do While no < 10
    sum = sum + no
    no = no + 1
Loop
MsgBox sum
```

④
```
sum = 0
For no = 1 To 10
    sum = sum + no
Next
MsgBox sum
```

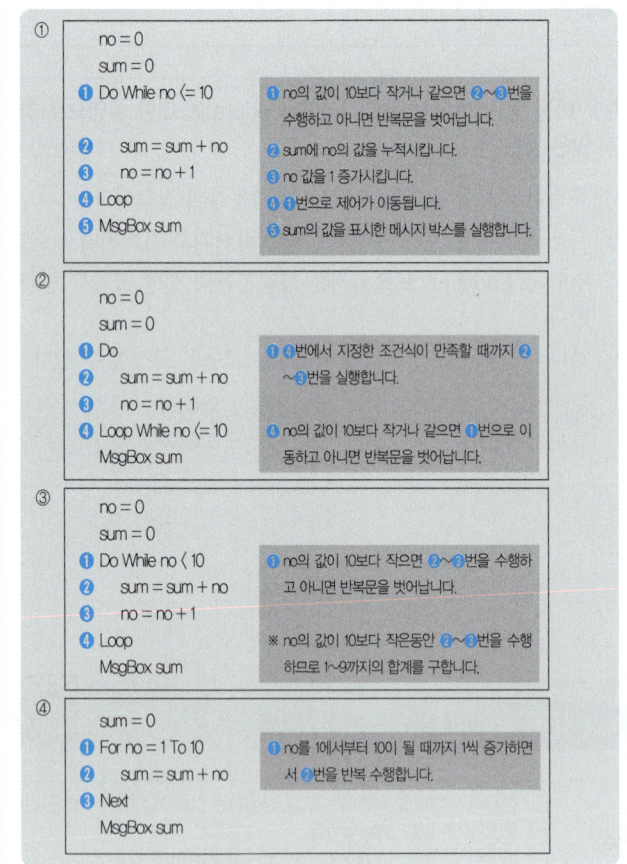

21.상시, 20.상시21.상시, 15.3, 15.2, 12.2, 10.1, 09.1, 08.4, 08.1, 07.2, 06.4, …　1210804

핵심 162　VBA 기본 문법 – Do While ~ Loop

- 조건을 만족하는 동안 실행문을 반복 실행한다.
- 조건을 먼저 검사하는 Do While ~ Loop와 조건을 나중에 검사하는 Do ~ Loop While로 구분된다.
- Do ~ Loop While은 무조건 한번은 실행된다.
- 형식 1

```
Do While 조건식
    실행문    ← 조건식의 결과가 참인 동안 실행문을 반복 실행
Loop
```

- 형식 2

```
Do
    실행문    ← 실행문을 실행한 후 조건식을 검사 조건식이 참인 동안
              실행문을 반복 실행
Loop While 조건식
```

20.1, 15.3, 10.3, 10.2, 07.2, 03.3, 03.2

핵심 163   VBA 기본 문법 – Do Until ~ Loop

- 조건을 만족할 때까지, 즉 만족하지 않는 동안 반복 실행한다.
- Do Loop ~ Until은 무조건 한번은 실행된다.
- 형식 1

```
Do Until 조건식
    실행문 ← 조건식의 결과가 거짓인 동안 실행문을 반복 실행
Loop
```

- 형식 2

```
Do
    실행문 ← 실행문을 실행한 후 조건식을 검사 조건식이 거짓인 동안
            반복 실행
Loop Until 조건식
```

01. 다음 중 아래의 프로시저가 실행된 후 [A1] 셀에 입력되는 값으로 옳은 것은?　　　　　　　　　　　　　20.1, 10.3

```
Sub 예제( )
    Test = 0
    Do Until Test > 10
        Test = Test + 1
    Loop
    Range("A1").Value = Test
End Sub
```

① 10　　　　　　　　② 11
③ 0　　　　　　　　　④ 55

문제의 코드를 설명하면 다음과 같습니다.

```
Sub 예제( )
❶   Test = 0
❷   Do Until Test > 10
❸       Test = Test + 1
❹   Loop
❺   Range("A1").Value = Test
End Sub
```

❶ Test 변수에 0을 치환합니다.
❷ Test가 10보다 클 때까지, 즉 Text가 11보다 작은 동안에는 ❸번을 수행하고, 아니면 반복문을 벗어납니다(DO Until~Loop는 조건식이 거짓인 동안 반복함).
❸ Test에 1을 증가 시킵니다.
❹ ❷번으로 이동합니다.
반복문 실행에 따른 변수의 변화는 아래와 같습니다.

실행 횟수	Test	Test > 10
실행전	0	
1	0	FALSE
2	1	FALSE
3	2	FALSE
4	3	FALSE
⋮	⋮	⋮
9	8	FALSE
10	9	FALSE
11	10	FALSE
12	11	TRUE

Test가 11이 되었을 때 10보다 크므로 반복문을 벗어납니다.
❺ [A1] 셀에 Test의 값을 저장합니다.

22.상시, 21.상시, 17.2, 08.2, 05.4, 05.3

핵심 164   VBA 기본 문법 – MsgBox

- 대화상자 안에 단순하게 메시지를 보여주거나 여러 단추를 표시해 클릭된 단추에 대한 번호를 정수형 데이터 유형으로 반환할 수 있다.
- 형식 : MsgBox(메시지[, 버튼종류] [, 대화상자 타이틀] [, 도움말 파일, 도움말 번호])
- 형식 예

AA = MsgBox ("계속할까요?", vbYesNoCancel + vbQuestion, "확인")

- 버튼의 종류와 상수

상수	값	설명
vbOKOnly	0 또는 생략	〈확인〉 단추만 나타냄
vbOKCancel	1	〈확인〉과 〈취소〉 단추를 나타냄
vbAbortRetryIgnore	2	〈중단〉, 〈다시 시도〉 및 〈무시〉 단추를 나타냄
vbYesNoCancel	3	〈예〉, 〈아니오〉 및 〈취소〉 단추를 나타냄

- 사용할 아이콘을 지정하는 상수

상수	값	설명	그림
vbCritical	16	'중대 메시지' 아이콘을 나타냄	✖
vbQuestion	32	'질의 경고' 아이콘을 나타냄	❓
vbExclamation	48	'메시지 경고' 아이콘을 나타냄	⚠
vbInformation	64	'메시지 정보' 아이콘을 나타냄	ℹ

정답 163 1.② 　　　　　　　　　　　　　　　　　　　2과목 스프레드시트 일반　125

01. 다음 중 [그림]과 같이 데이터가 입력된 워크시트에서 아래의 '테스트' VBA 코드를 실행했을 때 표시되는 메시지 박스로 옳은 것은?
22.상시, 21.상시

```
Sub 테스트( )
    Dim arg As Range
    Set arg = Range("A1").CurrentRegion.Cells
    MsgBox arg.Address & "입니다", 48, "주소는"
End Sub
```

[그림]

	A	B	C
1	학과명	성명	TOEIC
2	경영학과	김영민	790
3	영어영문학과	박찬진	940
4	컴퓨터학과	최우석	860
5	물리학과	황종규	750
6	역사교육과	서진동	880
7			

①

②

③

④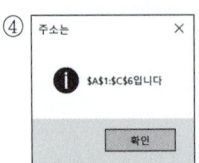

- 메시지 박스는 MsgBox 메시지, 버튼종류+아이콘, 대화상자 타이틀 형식으로 사용됩니다.
- 지문에서 '버튼종류'가 생략되었으므로 〈확인〉 단추만 표시되고, '아이콘'이 48 이므로 ' ⚠ (메시지 경고)' 아이콘이 표시됩니다.
- 나머지 보기에 제시된 대화상자를 표시하기 위한 코드는 다음과 같습니다.
① MsgBox arg.Address & "입니다", 1 + 48, "주소는"
③ MsgBox arg.Address & "입니다", 1 + 64, "주소는"
④ MsgBox arg.Address & "입니다", 64, "주소는"

25.상시, 21.상시, 18.상시, 17.2, 16.3, 15.1, 14.3, 13.2, 13.1, 11.2, 12.1, ⋯

핵심 165 Worksheet(Worksheets) 개체

- 워크시트를 나타내며 Worksheets 컬렉션의 구성원이다.
- 주요 속성

Add	새 워크시트 삽입
Cells	워크시트의 모든 셀
Columns	워크시트의 모든 열
Range	워크시트의 셀이나 셀 범위
Rows	워크시트의 모든 행
Entirecolumn	지정된 범위 내의 모든 열
Entirerow	지정된 범위 내의 모든 행
Name	워크시트의 이름
Visible	워크시트의 표시 여부 지정

- 주요 메서드

Activate	해당 워크시트를 활성화시킴
Copy	워크시트 복사함
Protect	워크시트 보호함
Select	워크시트 선택함

01. 다음 보기에서 A열의 글꼴 서식을 '굵게'로 설정하는 매크로 옳지 않은 것은?
25.상시, 21.상시, 17.2, 15.1

① Range("A:A").Font.Bold = True
② Columns(1).Font.Bold = True
③ Range("1:1").Font.Bold = True
④ Columns("A").Font.Bold = True

- Range는 워크시트의 셀이나 셀 범위를 선택하는 속성으로 'Range("A:A")'는 A열 전체를, 'Range("1:1")'은 1행 전체를 의미합니다.
- Columns는 워크시트의 열을 선택하는 속성으로 'Columns(1)' 또는 'Columns("A")'은 A열 전체를 의미합니다.

02. 통합 문서의 첫 번째 시트 뒤에 새로운 시트를 추가하는 프로시저를 작성하려고 한다. 다음 중 ( )에 해당하는 인수로 옳은 것은?
25.상시, 21.상시, 13.2

Worksheets.Add (   ):=Sheets(1)

① Left ② Right
③ After ④ Before

Add는 새로운 워크시트를 삽입하는 메서드이고, 'Sheets(1)'은 첫 번째 시트를 의미하므로, 'Worksheets.Add After:=Sheets(1)'로 지정하면 첫 번째 시트 뒤에 새로운 시트가 삽입되고, 'Worksheets.Add Before:=Sheets(1)'로 지정하면 첫 번째 시트 앞에 새로운 시트가 삽입됩니다.

핵심 166 : Range 개체

25.상시, 23.상시, 22.상시, 19.2, 17.1, 16.3, 16.2, 15.3, 14.2, 13.2, 12.3, 12.1, ···

- 셀, 행, 열, 연속 셀 블록이 하나 이상 들어 있는 셀 선택 영역을 나타낸다.
- 주요 속성

Address	참조하는 셀 주소
Cells	지정된 범위의 모든 셀
Count	지정된 범위의 셀 수
Currentregion	데이터가 있는 인접 영역의 범위
End	지정된 범위의 마지막 셀
Next	다음 시트나 셀
Offset	지정된 범위에서 떨어진 범위
Range	셀이나 영역 범위
Value	지정된 셀

- 주요 메서드

Select	선택
Clear	삭제
ClearContents	내용만 삭제
ClearFormats	서식만 삭제
Copy	복사

01. 아래의 프로시저를 이용하여 [A1:C3] 영역의 서식만 지우려고 한다. 다음 중 괄호 안에 들어갈 코드로 옳은 것은? 22.상시, 17.1

```
Sub Procedure( )
    Range("A1:C3").Select
    Selection.(    )
End Sub
```

① DeleteFormats ② FreeFormats
③ ClearFormats   ④ DeactivateFormats

선택한 영역에 지정된 서식만을 삭제하는 메서드는 ClearFormats, 내용만 삭제하는 메서드는 ClearContents입니다.

02. 다음 중 아래의 워크시트에서 〈보기〉의 프로시저 실행 결과로 옳은 것은? 22.상시, 16.2

	A	B	C
1	데이터1	데이터2	데이터3
2	사과	레몬	
3	바나나	배	
4			귤
5		배	
6	바나나		
7		2	
8			

〈보기〉

```
Sub B3선택( )
    Range("B3").CurrentRegion.Select
End Sub
```

① [B3] 셀이 선택된다.
② [A1:B3] 셀이 선택된다.
③ [A1:C3] 셀이 선택된다.
④ [A1:C7] 셀이 선택된다.

```
Sub B3선택( )
    ❶ Range("B3").CurrentRegion.Select
End Sub
```

❶ [B3] 셀이 포함된 데이터 범위를 모두 선택합니다.
– Range : 워크시트의 셀이나 셀 범위
– CurrentRegion : 데이터가 있는 인접 영역의 범위
– Select : 선택
∴ [B3] 셀을 기준으로 데이터가 입력된 셀들이 서로 인접하게 연결되어 있으므로 이 셀들을 모두 포함하는 영역인 [A1:C7] 영역이 모두 선택됩니다.

핵심요약 & 대표기출문제 | 3과목 데이터베이스 일반 |

핵심 167 데이터베이스의 정의

- 통합된 데이터(Integrated Data) : 자료의 중복을 배제한 데이터의 모임
- 저장된 데이터(Stored Data) : 컴퓨터가 접근할 수 있는 저장 매체에 저장된 자료
- 운영 데이터(Operational Data) : 조직의 고유한 업무를 수행하는 데 존재 가치가 확실하고 없어서는 안 될 반드시 필요한 자료
- 공용 데이터(Shared Data) : 여러 응용 시스템들이 공동으로 소유하고 유지하는 자료

01. 다음 중 데이터베이스에 대한 설명으로 옳지 않은 것은?

① 데이터베이스는 컴퓨터가 접근할 수 있는 저장 매체에 저장된 자료이다.
② 데이터베이스는 자료가 최소한으로 중복된 데이터의 모임이다.
③ 데이터베이스는 조직의 고유한 업무를 수행하는 데 존재 가치가 확실하고 없어서는 안 될 반드시 필요한 자료이다.
④ 데이터베이스는 여러 응용 시스템들이 공동으로 소유하고 유지하는 자료이다.

데이터베이스는 자료의 중복을 배제한 데이터의 모임입니다.

핵심 169 데이터베이스 설계 순서

요구 조건 분석 → 개념적 설계 → 논리적 설계 → 물리적 설계 → 구현

01. 다음 중 데이터베이스 설계 순서로 옳은 것은?

㉠ 요구 조건 분석   ㉡ 물리적 설계
㉢ 개념적 설계   ㉣ 구현
㉤ 논리적 설계

① ㉢ → ㉠ → ㉤ → ㉣ → ㉡
② ㉠ → ㉢ → ㉤ → ㉡ → ㉣
③ ㉢ → ㉤ → ㉡ → ㉠ → ㉣
④ ㉠ → ㉤ → ㉢ → ㉡ → ㉣

핵심 168 데이터베이스의 장·단점

장점	단점
• 데이터의 중복성 최소화 • 데이터의 공유 • 데이터의 일관성 유지 • 데이터의 무결성 유지 • 데이터의 보안성 유지 • 데이터의 실시간 처리로, 항상 최신의 데이터 유지 • 데이터의 논리적·물리적 독립성 유지 • 애플리케이션 개발 및 유지보수 용이	• 데이터베이스 전문가의 부족 • 전산화 비용 증가 • 데이터 유실 시 파일 회복이 어려움 • 시스템의 복잡화 • 처리 속도가 느림

01. 다음 중 데이터베이스의 구축 목적으로 적절하지 않은 것은?

① 데이터의 일괄 처리
② 데이터의 일관성 유지
③ 데이터의 무결성 유지
④ 데이터의 공유

데이터베이스의 장점 중 하나는 데이터의 일괄 처리가 아니라 데이터의 실시간 처리입니다. 이로 인해 항상 최신의 데이터를 유지할 수 있습니다.

핵심 170 스키마

- 데이터베이스의 구조와 제약 조건에 관한 전반적인 명세(Specification)를 기술(Description)한 메타 데이터(Meta-Data)의 집합이다.
- 스키마의 종류

외부 스키마 (=서브 스키마)	사용자나 응용 프로그래머가 각 개인의 입장에서 필요로 하는 데이터베이스의 논리적 구조를 정의한 것
개념 스키마	모든 응용 프로그램이나 사용자들이 필요로 하는 데이터를 종합한 조직 전체의 데이터베이스로, 하나만 존재함
내부 스키마	실제로 저장될 레코드의 형식, 저장 데이터 항목의 표현 방법, 내부 레코드의 물리적 순서 등을 나타냄

01. 다음 중 데이터베이스의 3단계 구조 중 하나로 각 개인의 입장에서 필요로 하는 데이터베이스 전체의 논리적인 구조를 보여주는 스키마로 서브 스키마라고도 불리는 것은?

① 외부 스키마   ② 개념 스키마
③ 내부 스키마   ④ 논리 스키마

핵심 171   데이터베이스 관리자

25.상시, 21.상시, 08.3

데이터베이스 관리자(DBA; Database Administrator)란 데이터베이스 시스템을 관리하고 운영에 관한 모든 것을 책임지는 사람이나 그룹이다.

- 데이터 정의어(DDL)를 사용하여 데이터베이스를 기술하고, 데이터 제어어(DCL)를 사용하여 저장된 데이터를 제어한다.
- 데이터베이스 관리자의 기능
  - 데이터베이스의 구성 요소를 결정한다.
  - 데이터베이스의 스키마를 정의한다.
  - 데이터베이스의 저장 구조와 접근 방법을 정의한다.
  - 데이터베이스의 보안 및 권한 부여 정책, 데이터의 유효성 검사 방법을 수립한다.

01. 다음 중 데이터베이스 관리자의 역할로 옳지 않은 것은?

25.상시, 21.상시

① COBOL, PASCAL, C와 같은 호스트 프로그래밍 언어와 DCL(Data Control Language)을 이용하여 데이터를 조작한다.
② 데이터베이스의 스키마를 정의한다.
③ 데이터베이스의 구성 요소를 결정한다.
④ 시스템의 성능 분석 및 감시를 한다.

일반 호스트 언어로 작성된 프로그램에 데이터 조작어(DML)를 삽입하여 만든 응용 프로그램을 통해서 데이터베이스에 접근하는 사람은 응용 프로그래머입니다.

핵심 172   관계형 데이터베이스의 Relation 구조

23.상시, 22.상시, 21.상시, 19.상시, 19.2, 18.상시, 16.3, 16.1, 13.1, 12.2, 11.2

테이블	데이터들을 행과 열로 표현한 것으로 튜플(레코드)의 집합(릴레이션)
튜플(Tuple)	테이블의 행을 구성하는 개체(레코드)로, 여러 속성들의 묶음
속성 (Attribute)	• 테이블의 열을 구성하는 항목(필드)으로, 데이터베이스의 가장 작은 논리적 단위 • 개체의 특성이나 상태를 기술함
도메인 (Domain)	하나의 속성에서 취할 수 있는 값의 범위(예를 들어 성별의 도메인은 '남', '여'임)
릴레이션 인스턴스	데이터 개체를 구성하고 있는 속성들에 데이터 타입이 정의되어 구체적인 데이터 값을 갖고 있는 것
차수 (Degree)	속성의 개수
기수 (Cardinality)	튜플의 개수

01. 다음 중 관계 데이터 모델에 대한 설명으로 옳지 않은 것은?

23.상시, 21.상시, 19.2

① 애트리뷰트가 취할 수 있는 같은 타입의 모든 원자 값들의 집합을 도메인이라 한다.
② 관계형 데이터베이스에서 릴레이션은 데이터들을 표(Table) 형태로 표현한 것이다.
③ 속성들로 구성된 튜플들 사이에는 순서가 없다.
④ 애트리뷰트는 널(Null) 값을 가질 수 없다.

속성(Attribute)이 기본키로 지정된 경우가 아니라면 널(Null) 값을 가질 수 있습니다.

핵심 173   키의 종류

23.상시, 22.상시, 21.상시, 19.1, 17.2, 16.3, 14.1, 13.2, 13.1, 12.2, 12.1, 11.1, …

후보키	• 테이블을 구성하는 속성들 중에서 튜플을 유일하게 식별하기 위해 사용하는 속성들의 부분집합, 즉 기본키로 사용할 수 있는 속성들을 말함
	• 릴레이션에 있는 모든 튜플에 대해서 유일성과 최소성을 만족해야 함
	  – 유일성(Unique) : 하나의 키로 하나의 레코드만을 유일하게 식별할 수 있어야 하는 것
	  – 최소성(Minimality) : 모든 레코드들을 유일하게 식별하는 데 꼭 필요한 속성으로만 구성되어야 하는 것

기본키	• 후보키 중에서 선택한 주키 • 한 릴레이션에서 특정 레코드를 유일하게 구별할 수 있는 속성 • Null 값으로 둘 수 없음 • 기본키로 정의된 필드(속성)에는 동일한 값이 중복되어 저장될 수 없음 • 두 개 이상의 필드를 묶어서 기본키로 설정할 수 있음
외래키 (외부키)	• 관계를 맺고 있는 테이블 R1, R2에서 테이블 R1이 참조하고 있는 테이블 R2의 기본키와 같은 R1 테이블의 속성을 외래키라고 함 • 하나의 테이블에는 여러 개의 외래키가 존재할 수 있음 • 외래키로 지정된 필드에는 널(Null) 값이나 중복된 값을 입력할 수 있음
대체키	후보키 중 기본키를 제외한 나머지 속성을 말함
슈퍼키	• 한 릴레이션 내에 있는 속성들의 집합으로 구성된 키로서 릴레이션을 구성하는 모든 튜플들 중 슈퍼키로 구성된 속성의 집합과 동일한 값은 나타나지 않음 • 릴레이션을 구성하는 모든 튜플에 대해 유일성은 만족시키지만, 최소성은 만족시키지 못함

01. 다른 테이블을 참조하는 외래키(FK)에 대한 다음 설명 중 가장 옳은 것은?

23.상시, 21.상시, 11.1, 09.2, 07.1

① 외래키 필드의 값은 유일해야 하므로 중복된 값이 입력될 수 없다.
② 외래키 필드의 값은 널 값일 수 없으므로, 값이 반드시 입력되어야 한다.
③ 하나의 테이블에는 여러 개의 외래키가 존재할 수 있다.
④ 한 테이블에서 특정 레코드를 유일하게 구별할 수 있는 속성이다.

①, ②, ④번은 기본키에 대한 설명입니다.

정답 171 1.①   172 1.④   173 1.③

핵심 174 정규화

- 테이블 조작 시 애트리뷰트들 간의 종속성 및 중복성으로 인해 예기치 못한 곤란한 현상이 발생하는데, 이를 이상(Anomaly)이라고 한다. 정규화란 이 이상 현상이 발생하지 않도록 중복성 및 종속성을 배제하는 원칙을 공식화한 이론이다.
- 정규화는 중복되는 값을 일정한 규칙에 의해 보다 단순한 형태를 가지는 다수의 테이블로 분리한다.
- 데이터베이스의 논리적 설계 단계에서 수행한다.
- 속성(Attribute) 수가 적은 릴레이션(테이블)으로 분할하는 과정이다.
- 릴레이션(테이블) 속성들 사이의 종속성 개념에 기반을 두고 이들 종속성을 제거하는 과정이라고 할 수 있다.
- 정규화를 수행해도 데이터의 중복을 완전히 제거할 수는 없다.
- 이해하기 쉽고 확장하기 쉽도록 테이블을 구성하며, 무결성 제약 조건의 구현을 용이하게 한다.
- 정규형에는 제 1 정규형에서부터 제 5 정규형까지 있으며, 단계가 높아질수록 만족시켜야 할 제약조건이 늘어나 높은 수준으로 간주된다.
- 지나치게 높은 정규화는 테이블 간의 조인이 많이 발생하므로 데이터베이스의 성능을 저하할 수 있다.
- 정규화 과정
  - 1NF(제1정규형) : 모든 도메인이 원자값만으로 된 릴레이션
  - 2NF(제2정규형) : 부분 함수적 종속이 제거된 릴레이션
  - 3NF(제3정규형) : 이행적 함수 종속이 제거된 릴레이션
  - BCNF(Boyce-Cpdd 정규형) : 결정자가 모두 후보키인 릴레이션

01. 정규화 과정 중 릴레이션에 속한 모든 도메인이 원자값(Atomic Value)만으로 되어 있는 릴레이션은 어떤 정규형의 릴레이션인가?

① 제1정규형
② BCNF 정규형
③ 제2정규형
④ 제3정규형

02. 다음 중 정규화에 대한 설명으로 옳지 않은 것은?

① 대체로 더 작은 필드를 갖는 테이블로 분해하는 과정이다.
② 데이터 중복을 최소화하기 위한 작업이다.
③ 정규화를 통해 테이블 간의 종속성을 높이기 위한 것이다.
④ 추가, 갱신, 삭제 등 작업 시의 이상(Anomaly) 현상이 발생하지 않도록 하기 위한 것이다.

> 정규화는 릴레이션(테이블)의 속성들 사이의 종속성 개념에 기반으로 두고 이들 종속성을 제거하는 과정입니다.

핵심 175 개체-관계(E-R) 모델

- 개체-관계 모델은 개념적 데이터 모델의 가장 대표적인 것으로, 1976년 피터 첸(Peter Chen)에 의해 제안되었다.
- 개체와 개체 간의 관계를 개념적으로 표시하는 방식으로, 특정 데이터베이스 관리 시스템(DBMS)을 고려한 것은 아니다.
- 개체-관계 모델은 개체와 개체 간의 관계를 기본 요소로 하여 현실 세계를 개념적인 논리 데이터로 표현하는 방법이다.
- 실세계 데이터에 관해 일반 사용자, 프로그래머, 관리자 등의 서로 다른 인식을 하나로 통합하기 위해 설계한다.
- 개체(Entity), 관계(Relationship), 속성(Attribute) 등으로 구성된다.

개체	현실 세계에 존재하는 객체에 대해 사람이 생각하는 개념이나 정보 단위로서, 파일 구성 측면에서 보면 레코드(Record)에 해당됨
속성	개체를 구성하는 요소로, 파일 구성 측면에서 보면 필드(Field)에 해당됨
관계	개체 간의 관계 또는 속성 간의 관계를 말하며, 관계의 형태에는 1:1, 1:N, N:M이 있음

01. 다음 중 개체 관계(Entity Relationship) 모델링에 관한 것으로 옳지 않은 것은?

① 기본적으로 개체 타입(Entity Type)과 이들 간의 관계 타입(Relationship Type)을 이용해서 현실 세계를 개념적으로 표현하는 방법이다.
② 속성은 사람, 교수, 학생, 차량처럼 현실 세계에서 인간이 인식할 수 있는 실체를 말한다.
③ 개체와 개체 간의 관계를 기본 요소로 하여 현실 세계를 개념적인 논리 데이터로 표현하는 방법이다.
④ E-R 다이어그램의 개체 타입은 사각형, 관계 타입은 다이아몬드, 속성은 타원, 그리고 이들을 연결하는 링크로 구성된다.

> 속성은 개체의 성질이나 상태를 나타냅니다. ②번은 개체(Entity)에 대한 설명입니다.

핵심 176 E-R 다이어그램

- E-R 다이어그램은 E-R 모델을 시각적으로 표현하기 위한 도구로, 개념적 설계 단계에서 작성한다.
- 다음과 같은 기호를 이용하여 그래프 방식으로 표현한다.

기호	의미	
	사각형	개체(Entity) 타입
	다이아몬드, 마름모	관계(Relationship) 타입
	타원	속성(Attribute) 타입
	밑줄 타원	기본키 속성
	복수 타원	복합 속성 예 날짜는 연, 월, 일로 구성됨
	관계	1:1, 1:N, N:M 등의 개체 관계를 표시함

01. 다음 중 E-R 다이어그램 표기법의 기호와 의미가 바르게 연결된 것은? 21.상시, 18.1, 14.1

① 사각형 – 속성(Attribute) 타입
② 마름모 – 관계(Relationship) 타입
③ 타원 – 개체(Entity) 타입
④ 밑줄 타원 – 의존 개체 타입

사각형은 개체 타입, 타원은 속성 타입, 밑줄 타원은 기본키 속성을 의미합니다.

핵심 177 액세스의 구성 요소

- **테이블** : 데이터를 저장하고 관리하는 것으로, 데이터베이스에서 가장 기본이 되는 개체임
- **쿼리** : 테이블의 데이터를 다양한 조건으로 검색·추출하거나 내용을 변경하는 개체임
- **폼** : 테이블이나 쿼리 데이터의 입·출력 화면을 작성하는 개체임
- **매크로** : 반복적이고, 단순한 작업을 자동화하는 개체임
- **모듈** : 복잡한 작업을 위해 VBA(Visual Basic for Applications)로 실제 프로그램을 작성하는 개체임

01. 다음 중 Access의 개체에 대한 설명으로 옳지 않은 것은? 25.상시, 24.상시, 23.상시, 21.상시, 19.1

① 쿼리는 폼이나 보고서의 원본 데이터로 사용할 수 있다.
② 폼은 테이블이나 쿼리 데이터의 입출력 화면을 작성한다.
③ 매크로는 모듈에 비해 복잡한 작업을 처리하기 위해 프로그램을 직접 작성하는 것이다.
④ 테이블은 데이터를 저장하는 데 사용하는 데이터베이스 개체로, 레코드 및 필드로 구성된다.

매크로는 단순한 작업을 자동화하는 개체이고, 모듈은 매크로에 비해 복잡한 작업을 처리하기 위해 VBA로 실제 프로그램을 작성하는 개체입니다.

핵심 178 테이블 작성

- 테이블 작성은 데이터를 입력할 수 있도록 테이블의 구조를 설계하는 것이다.
- 각 필드와 입력될 데이터의 형식 및 속성 등을 지정할 수 있다.
- 디자인 보기, 데이터시트 보기, 테이블 서식 파일, 테이블 가져오기, 테이블 연결 등을 이용하여 작성할 수 있다.
- '데이터시트 보기'에서는 데이터를 입력하면 입력한 데이터에 맞게 필드의 개수 및 데이터 형식이 자동으로 지정된다.

01. 테이블을 만드는 방법으로 옳지 않은 것은? 25.상시, 22.상시

① [만들기] 탭에서 [테이블 디자인]을 클릭하면 필드와 형식을 만들고 데이터시트 보기에서 데이터를 입력하면서 테이블을 만들 수 있다.
② [외부 데이터] 탭에서 다양한 형식의 데이터를 가져오거나 테이블에 연결하여 만들 수 있다.
③ [테이블 마법사]를 이용하면 데이터 구조가 이미 정의된 테이블에 데이터를 입력하면서 테이블을 만들 수 있다.
④ [만들기] 탭에서 [테이블]을 클릭하면 필드와 데이터를 입력하면서 테이블을 만들 수 있다.

테이블을 만드는 방법 중에 [테이블 마법사]를 이용하는 방법은 없습니다.

핵심 179 테이블과 필드의 이름 작성 규칙

- 최대 64자까지 입력할 수 있다.
- . ! ` [ ]를 제외한 특수 기호, 공백, 숫자, 문자를 조합한 모든 기호를 사용할 수 있으나 공백을 이름의 첫 문자로 사용할 수 없다.
- 테이블 이름과 필드 이름이 같을 수는 있지만 하나의 테이블 내에서 필드 이름이 중복될 수는 없다.
- 테이블 이름과 쿼리 이름은 동일하게 설정할 수 없다.

01. 다음 중 테이블에서의 필드 이름 지정 규칙에 대한 설명으로 옳은 것은? 25.상시, 24.상시, 22.상시, 21.상시, 19.상시, 15.3

① 필드 이름의 첫 글자는 숫자로 시작할 수 없다.
② 테이블 이름과 동일한 이름을 필드 이름으로 지정할 수 없다.
③ 한 테이블 내에 동일한 이름의 필드를 2개 이상 지정할 수 없다.
④ 필드 이름에 문자, 숫자, 공백, 특수문자를 조합한 모든 기호를 포함할 수 있다.

① 필드 이름의 첫 글자를 숫자로 시작할 수 있습니다.
② 테이블 이름과 동일한 이름을 필드 이름으로 지정할 수 있습니다.
④ 특수 문자 중 . ! ` [ ]는 필드 이름에 포함할 수 없습니다.

25.상시, 24.상시, 23.상시, 22.상시, 21.상시, 20.상시, 19.1, 18.1, 17.2, 16.2, …   1260155

핵심 180   데이터 형식   액세스 실습 01 ☞ 32쪽

- 필드에 입력할 수 있는 데이터의 종류와 크기 등을 나타낸다.
- 데이터 형식에 따라 필드가 갖는 속성이 달라진다.
- 데이터 형식을 기존 크기보다 작게 지정하면 데이터가 손실될 수 있다.
- 테이블 '디자인 보기' 상태에서 데이터의 형식을 지정하거나 확인할 수 있다.

짧은 텍스트 형식	텍스트나 텍스트와 숫자가 모두 들어 있는 데이터를 입력할 수 있는 형식, 최대 255자까지 저장할 수 있음
긴 텍스트 형식	짧은 텍스트 형식과 비슷한 기능을 제공하며, 최대 64,000자까지 입력할 수 있는 형식

숫자 형식	• 산술 계산에 사용되는 각종 크기의 숫자를 입력할 수 있는 형식
	• 숫자 형식을 선택하면 기본적으로 정수형(Long)이 지정됨
	• 숫자 형식의 종류
	  – 바이트형(Byte) : 1Byte
	  – 정수형(Integer) : 2Byte
	  – 정수형(Long) : 4Byte
	  – 실수형(Single) : 소수점 이하 7자리까지 표현, 4Byte
	  – 실수형(Double) : 소수점 이하 15자리까지 표현, 8Byte

큰 번호 형식	• 숫자 형식 보다 큰 숫자를 입력할 수 있는 형식으로, 필드 크기는 8바이트임 • 이전 버전의 Access와 호환되지 않음
통화 형식	화폐 계산에 사용될 자료를 저장할 때 사용하는 형식으로, 기본 필드 크기는 8바이트이며, 소수점 이하 4자리까지 표현할 수 있음

날짜/시간 형식	• 날짜/시간을 입력할 수 있는 형식으로, 기본 필드 크기는 8바이트임
	• 미리 정의된 형식이나 사용자 지정 형식을 사용할 수 있음
	• 주요 날짜 형식
	  – 기본 날짜 : 2015-11-12 오후 5:34:23
	  – 자세한 날짜 : 2015년 11월 12일 목요일
	  – 간단한 날짜 : 2015-11-12

날짜/시간 연장됨 형식	• 날짜/시간 형식보다 더 넓은 날짜 범위를 입력할 수 있는 형식으로, 필드 크기는 8바이트임 • 날짜/시간 형식보다 더 큰 소수 정밀도를 갖음 • 0001–01–01 00:00:00부터 9999–12–31 23:59:59.9999999까지의 날짜와 시간 값을 저장할 수 있음 • 이전 버전의 Access와 호환되지 않음
일련 번호 형식	• 레코드가 추가될 때마다 일률적으로 번호를 하나씩 증가시켜 주는 형식으로 한번 부여된 번호는 다시 부여되지 않으며, 업데이트나 수정이 불가능함 • 이미 데이터가 입력된 필드의 데이터 형식을 일련 번호 형식으로 변경할 수 없음 • 기본 필드의 크기는 4바이트임
Yes/No	• Yes/No, True/False, On/Off 등 두 값 중 하나만 입력하는 경우에 사용하는 형식으로, 기본 필드 크기는 1비트임 • '예' 값에는 –1이, '아니요' 값에는 0이 저장됨
OLE 개체 형식	Microsoft Word 문서나 Microsoft Excel 스프레드시트, 그래픽, 사운드, 기타 이진 데이터 등 다른 프로그램에서 만들어진 개체를 입력할 수 있는 형식으로, 기본 필드 크기는 1GB임
첨부 파일	• 전자 우편에서와 같이 파일을 첨부하기 위한 형식임 • 첨부되는 파일 형식은 지정할 수 없음

01. 다음 중 데이터의 형식에 관한 설명으로 옳지 않은 것은?

24.상시, 23.상시, 22.상시

① 짧은 데이터 형식의 필드 크기를 기존 크기보다 작게 지정할 경우 데이터가 손실될 수 있다.
② 숫자가 입력된 필드를 짧은 텍스트 형식으로 변경할 수 있다.
③ 정수가 입력된 필드를 일련 번호 형식으로 변경할 수 있다.
④ 날짜가 입력된 필드에 자세한 날짜 유형을 지정할 수 있다.

> 이미 데이터가 입력된 필드의 데이터 형식을 일련 번호 형식으로 변경할 수 없습니다.

02. 다음 중 데이터 형식에 대한 설명으로 옳지 않은 것은?

25.상시, 24.상시, 23.상시, 22.상시

① '첨부 파일'은 jpg, xlsx 등 원하는 파일 형식으로 첨부되도록 할 수 있다.
② 'Yes/No'는 성별이나 결혼 여부 등 두 값 중 하나만 입력하는 경우에 사용한다.
③ '짧은 텍스트'는 최대 255자까지 저장할 수 있다.
④ '일련 번호'는 레코드가 추가될 때마다 1씩 증가하는 값이 자동으로 입력되며, 필드 크기는 정수(Long)이다.

> '첨부 파일' 형식은 다양한 형식의 파일을 첨부할 수 있지만 원하는 파일 형식만 첨부되도록 설정할 수는 없습니다.

25.상시, 21.상시   5213703

핵심 181   사용자 지정 기호 - 텍스트

짧은 텍스트와 긴 텍스트 형식은 미리 정의된 형식이 제공되지 않으므로, 다음과 같은 사용자 지정 기호를 이용하여 사용자 지정 형식을 작성할 수 있다.

@	• 입력된 텍스트의 뒤쪽을 기준으로 텍스트 한 자리를 나타냄 • @ 기호의 개수보다 입력된 값이 많은 경우에는 입력된 값을 모두 표시함
&	빈 자릿수를 지정함
\	\ 다음 문자가 사용자 지정 기호라도 일반 문자처럼 해당 자리에 그대로 표시함
〈	모든 문자를 소문자로 변경함
〉	모든 문자를 대문자로 변경함

01. 데이터 형식이 텍스트인 필드에 다음과 같이 형식을 지정한 후 값을 입력했을 때의 표시 결과가 틀리게 표시된 것은?

25.상시, 21.상시

① @_@   1234   123_4
② 〉@@@@   abcd   ABCD
③ @   1234   1234
④ @\-@@   abcde   ab-de

> ④번의 표시 결과는 abc-de입니다.
> • @는 입력된 텍스트의 뒤쪽을 기준으로 텍스트 한 자리를 나타내며, @ 기호의 개수보다 입력된 값이 많은 경우에는 입력된 값을 모두 표시합니다.
> • _는 밑줄(_)을 해당 자리에 그대로 표시합니다.
> • 〉는 모든 문자를 대문자로 변경합니다.
> • \는 \ 다음 문자가 사용자 지정 기호라도 일반 문자처럼 해당 자리에 그대로 표시합니다.

24.상시, 23.상시, 22.상시, 20.상시, 16.1, 15.3, 13.3

핵심 182 사용자 지정 기호 – 날짜/시간

m	• m : 필요에 따라 한 자리 또는 두 자리 숫자로 1~12까지의 월을 표시함 • mm : 01~12까지 두 자리 숫자로 월을 표시함 • mmm : Jan~Dec까지 월의 처음 세 자리를 표시함 • mmmm : January에서 December까지 완전한 월 이름을 표시함
h	• h : 한 자리 또는 두 자리 숫자로 0~23까지 시간을 표시함 • hh : 두 자리 숫자로 00~23까지 시간을 표시함
n	• n : 한 자리 또는 두 자리 숫자로 0~59까지 분을 표시함 • nn : 두 자리 숫자로 00~59까지 분을 표시함
AM/PM	• AMPM(ampm) : "오전"이나 "오후" 글자를 포함한 12시간제로 표시함 • AM/PM : 대문자 AM이나 PM을 포함한 12시간제로 표시함 • am/pm : 소문자 am이나 pm을 포함한 12시간제로 표시함 • A/P : 대문자 A나 P를 포함한 12시간제로 표시함 • a/p : 소문자 a나 p를 포함한 12시간제로 표시함

01. 보고서 머리글의 텍스트 박스 컨트롤에 다음과 같이 컨트롤 원본을 지정하였다. 보고서 미리 보기를 하는 경우 어떠한 결과가 나타나는가? (단, 현재 날짜와 시간이 2021년 1월 2일 오후 3시 4분 5초라고 가정한다.)
24.상시, 23.상시, 22.상시

=Format(Now( ), "mmmm ampm h:n")

① Jan 3:4
② January 오후 3:4
③ Jan pm 3:4:5
④ January pm 3:4:5

• Format(식, 형식)은 계산 결과에 표시 형식을 지정하는 함수입니다.
• 날짜 형식을 mmmm으로 지정하였고, 날짜가 2021-01-02이므로 January로 표시됩니다.
• 시간 형식을 ampm h:n으로 지정하였고, 시간이 오후 3시 4분 5초이므로 오후 3:4로 표시됩니다.
∴ Format 함수가 적용된 결과는 January 오후 3:4입니다.

02. 다음과 같은 식을 입력하였을 때의 설명으로 틀린 것은?
24.상시, 23.상시

=Format(Now( ), "m/d")

① Format은 계산 결과에 표시 형식을 지정하는 함수이다.
② Now는 현재 날짜와 시간을 표시해 주는 함수이다.
③ 컨트롤에 입력되는 식은 =로 시작해야 한다.
④ 오늘 날짜가 '2024-06-03'이면 06/03으로 표시된다.

Format 함수의 표시 형식이 m/d와 같이 월과 일이 모두 한 자리로 지정되었으므로 오늘 날짜가 2024-06-03인 경우 6/3으로 표시됩니다.

25.상시, 24.상시, 23.상시, 22.상시, 21.상시, 20.상시, 20.2, 20.1, 18.상시, …

핵심 183 필드 속성 – 입력 마스크

• 데이터 입력 시 데이터를 신속하고 정확하게 입력할 수 있도록 입력되는 데이터 형식에 맞게 입력틀을 만들어 주는 속성이다.
• 사용자 지정 기호

기호	설명	입력 여부
0	• 0~9까지의 숫자만 입력 가능함 • 더하기, 빼기 기호를 사용할 수 없음	필수
9	• 숫자나 공백의 입력이 가능함 • 더하기, 빼기 기호를 사용할 수 없음	선택
#	• 숫자나 공백의 입력이 가능하지만 공백은 저장되지 않음 • 더하기, 빼기 기호를 사용할 수 있음	선택
L	영문자와 한글만 입력할 수 있음	필수
?	영문자와 한글만 입력할 수 있음	선택
A	영문자, 숫자, 한글만 입력할 수 있음	필수
a	영문자, 숫자, 한글만 입력할 수 있음	선택
&	모든 문자나 공백을 입력할 수 있음	필수
C	모든 문자나 공백을 입력할 수 있음	선택
〈	모든 문자를 소문자로 변환	
〉	모든 문자를 대문자로 변환	

01. 다음의 입력 데이터에 대한 입력 마스크 적용 결과가 옳지 않은 것은?
25.상시, 22.상시

① 입력 데이터 : greeNgr388m3
   입력 마스크 : 〉L????L?000L0
   화면 표시 : GREENgr388m3

② 입력 데이터 : MARIA
   입력 마스크 : 〉L〈????
   화면 표시 : Maria

③ 입력 데이터 : ABCD
   입력 마스크 : !CCC-CCCC
   화면 표시 : A-BCD

④ 입력 데이터 : 1419422187
   입력 마스크 : (000)000-0000
   화면 표시 : (141)942-2187

'〉'는 모든 문자를 대문자로 변환하는 기호이므로 ①번은 GRRENGR388M3이 출력됩니다.

02. 다음 중 입력 마스크 설정에 사용하는 사용자 정의 입력 마스크 기호에 대한 설명으로 옳은 것은?
24.상시, 23.상시, 20.2, 14.1, 13.3, 08.2

① 9 : 소문자로 변환
② 〉 : 숫자나 공백을 입력받도록 설정
③ 〈 : 영문 대문자로 변환하여 입력받도록 설정
④ L : 영문자와 한글만 입력받도록 설정

① 9 : 선택 요소로 숫자나 공백을 입력
② 〉 : 영문 대문자로 변환하여 입력받도록 설정
③ 〈 : 영문 소문자로 변환하여 입력받도록 설정

24.상시, 22.상시, 21.상시, 20.상시, 19.상시, 18.상시, 18.2, 18.1, 17.2, 17.1, … 1260158

핵심 184 필드 속성 - 기타 액세스 실습 02 ☞ 33쪽

기본값	새 레코드가 만들어질 때 필드에 자동으로 입력되는 값을 지정하는 속성
유효성 검사 규칙	• 필드에 입력할 데이터의 종류나 범위를 지정하여 입력 데이터를 제한할 때 사용하는 속성 • 일련번호와 OLE 개체 데이터 형식에서는 사용할 수 없음 • 유효성 검사 규칙 예 - 〈 〉0 : 0이 아닌 값을 입력함 - 0 Or 〉=100 : 0 또는 100 이상인 값을 입력함 - 〉=1 And 〈=99 : 1 이상이고 99 이하, 즉 1부터 99까지의 숫자만 입력함 - Between 1 And 99 : 1부터 99까지의 숫자만 입력함 - Like "*@*" : 입력되는 자료 중에 반드시 "@" 문자가 포함되어 있어야 함 - Like "A-???" : 반드시 "A-"로 시작하는 5개의 문자를 입력함 - In("상","중","하") : "상", "중", "하" 중에서 입력함
유효성 검사 텍스트	데이터가 유효성 검사 규칙에 어긋날 경우 오류 메시지를 표시하기 위한 속성

01. 다음 중 아래 〈학과〉 테이블의 '학과코드' 필드에 대한 설명으로 옳지 않은 것은? 24.상시

필드 이름	데이터 형식
학과코드	숫자

일반 조회	
필드 크기	바이트
형식	
소수 자릿수	자동
입력 마스크	999;0;0
캡션	
기본값	10
유효성 검사 규칙	<=200
유효성 검사 텍스트	
필수	예
인덱스	예(중복 불가능)
텍스트 맞춤	일반

① 학과코드는 반드시 입력되어야 한다.
② 필드의 값은 최대 255까지 입력할 수 있다.
③ 동일한 학과코드는 입력될 수 없다.
④ 레코드가 새로 생성되는 경우, 10이 자동으로 입력된다.

필드의 형식이 바이트이므로 255까지 입력할 수 있지만 유효성 검사 규칙(<=200)으로 인해 200을 초과하는 값은 입력할 수 없습니다.

25.상시, 24.상시, 23.상시, 22.상시, 21.상시, 18.2, 16.2, 12.2, 09.2, 09.1, … 1260159

핵심 185 필드 속성 - 조회

• 콤보 상자나 목록 상자 컨트롤에 값을 미리 지정한 후 입력 시 지정한 값을 선택하여 신속하고 정확하게 입력할 수 있도록 설정하는 기능이다.
• 숫자, 큰 번호, Yes/No, 짧은 텍스트 형식에서 지정하여 사용할 수 있다.
• 조회 속성

일반 조회	
컨트롤 표시	콤보 상자
행 원본 유형	테이블/쿼리
행 원본	
바운드 열	1
열 개수	1
열 이름	아니요
열 너비	
행 수	16
목록 너비	자동
목록 값만 허용	아니요
여러 값 허용	아니요
값 목록 편집 허용	아니요
목록 항목 편집 폼	
행 원본 값만 표시	아니요

컨트롤 표시	조회 속성을 설정하려면 콤보 상자나 목록 상자를 선택해야 함
행 원본 유형	사용할 행 원본의 유형을 지정하는 것 • 테이블/쿼리 : 테이블이나 쿼리의 데이터를 원본으로 사용할 때 • 값 목록 : 직접 입력한 값을 원본으로 사용할 때 • 필드 목록 : 테이블이나 쿼리 등의 필드명을 원본으로 사용할 때
행 원본	• 행 원본 유형에서 선택된 값에 따라 설정 사항이 달라짐 • 테이블/쿼리 선택 : 테이블 이름, 쿼리 이름, SQL 문을 지정함 • 값 목록 선택 : 사용할 데이터를 세미콜론(;)으로 구분하여 입력함 • 필드 목록 선택 : 테이블 이름, 쿼리 이름, SQL 문을 지정함
바운드 열	선택한 목록의 여러 열 중 해당 컨트롤에 저장되는 열을 지정함
열 개수	표시되는 열의 개수를 지정함
열 이름	열 이름의 표시 여부를 지정함
열 너비	• 열의 너비를 지정하며, 열이 여러 개일 경우 세미콜론(;)으로 구분함 • 열 너비를 0으로 지정하면 해당 필드를 숨길 수 있음
행 수	행의 개수를 지정하는 것으로, 콤보 상자에서만 설정할 수 있음
목록 너비	상자의 목록 너비를 지정하는 것으로, 콤보 상자에서만 설정할 수 있음
목록 값만 허용	지정한 목록 값 이외의 데이터 입력 여부를 지정하는 것으로, 콤보 상자에서만 설정할 수 있음

01. 테이블 디자인의 조회 표시에서 콤보 상자나 목록 상자를 선택하면 여러 가지 속성이 표시된다. 속성에 대한 설명 중 옳지 않은 것은? 25.상시, 24.상시, 23.상시, 22.상시, 07.1, 05.3, 03.2, 02.3

① 행 원본 : 목록으로 제공할 데이터를 지정한다.
② 바운드 열 : 표시되는 열의 개수를 지정한다.
③ 컨트롤 표시 : 콤보 상자나 목록 상자를 선택한다.
④ 목록 값만 허용 : '예'로 설정하면 목록에 제공된 데이터 이외의 값을 추가할 수 없다.

②번은 '열 개수' 속성에 대한 설명입니다. '바운드 열'은 선택한 목록의 여러 열 중 해당 컨트롤에 저장되는 열을 지정하는 속성입니다.

02. 다음 중 액세스에서 테이블을 디자인 할 때 사용되는 조회 속성에 대한 설명으로 가장 옳지 않은 것은? 23.상시, 21.상시, 08.3

① 조회 속성은 데이터 형식이 짧은 텍스트, 숫자, 큰 번호, Yes/No인 경우에만 사용한다.
② 콤보 상자나 목록 상자 등의 컨트롤을 사용할 수 있다.
③ 조회 속성을 이용하면 목록 중에서 선택하여 데이터를 입력할 수 있다.
④ 콤보 상자나 목록 상자의 목록 값을 직접 입력하여 지정하려면 행 원본 유형을 필드 목록으로 선택해야 한다.

> 콤보 상자나 목록 상자의 목록 값을 직접 입력하여 지정하려면 행 원본 유형을 '값 목록'으로 선택해야 합니다. '필드 목록'은 테이블이나 쿼리 등의 필드명을 원본으로 사용할 때 사용합니다.

01. 다음 중 회사의 사원 정보를 데이터베이스로 구축할 때 가장 적합한 기본키에 대한 설명으로 옳바른 것은? 25.상시, 24.상시, 23.상시

① 대부분의 자료를 검색할 때 성명을 사용하므로 성명을 기본키로 사용한다.
② 대부분의 사원들이 핸드폰을 사용하므로 핸드폰 번호를 기본키로 사용한다.
③ 성명은 중복 가능성이 있으므로 성명과 부서명을 함께 기본키로 사용한다.
④ 회사에서 사원들에게 지급한 사원코드를 기본키로 사용한다.

> 기본키는 테이블 내 모든 레코드들을 고유하게 식별할 수 있는 필드에 지정해야 하는데, '사원코드'는 사원 개개인을 구분할 수 있도록 부여한 코드이므로 기본키로 사용하기에 가장 적합합니다.

02. 다음 중 기본키(Primary Key)에 대한 설명으로 옳은 것은? 25.상시, 24.상시, 23.상시, 22.상시, 21.상시, 19.1

① 모든 테이블에는 기본키를 반드시 설정해야 한다.
② 액세스에서는 단일 필드 기본키와 일련 번호 기본키만 정의 가능하다.
③ 데이터가 이미 입력된 필드도 기본키로 지정할 수 있다.
④ OLE 개체나 첨부 파일 형식의 필드에도 기본키를 지정할 수 있다.

> ① 테이블에 기본키를 설정하지 않을 수 있습니다.
> ② 액세스에서는 일련 번호 기본키, 단일 필드 기본키, 다중 필드 기본키를 정의할 수 있습니다.
> ④ OLE 개체나 첨부 파일 형식의 필드에는 기본키를 설정할 수 없습니다.

25.상시, 24.상시, 23.상시, 22.상시, 21.상시, 20.상시, 19.2, 19.1, 18.1, 17.1, …　1260160

핵심 186　기본키

- 테이블에서 각 레코드를 고유하게 정의하는 필드나 필드의 집합을 의미한다.
- 기본키로 지정된 필드에는 중복된 값이나 Null 값을 입력할 수 없고, Null 값이나 중복된 값이 입력된 필드는 기본키로 지정할 수 없다.
- OLE 개체, 첨부 파일, 계산 형식의 필드에는 기본키를 설정할 수 없다.
- 특정 필드를 기본키로 지정하면 해당 필드의 인덱스 속성이 '예(중복 불가능)'로 설정된다.
- 기본키로 지정하면 자동으로 인덱스가 설정되어 신속하게 정보를 찾거나 정렬할 수 있다.
- 여러 개의 필드를 합쳐 기본키로 지정할 수 있지만 기본키는 한 개만 지정할 수 있다.
- 자동으로 설정된 기본키 필드의 인덱스 속성인 '예(중복 불가능)'를 변경하려면 먼저 설정된 기본키를 해제해야 한다.
- 기본키를 설정하지 않아도 다른 테이블과 관계를 설정할 수 있다.
- 관계가 설정된 테이블은 기본키를 해제할 수 없으므로 기본키를 해제하려면 먼저 설정된 관계를 제거해야 한다.
- 데이터가 이미 입력된 필드도 기본키로 지정할 수 있지만, 중복된 데이터가 입력된 경우에는 오류 메시지가 표시된다.
- 기본키로 지정하면 해당 필드 앞에 열쇠 모양의 아이콘이 붙여진 걸 디자인 모드에서 확인할 수 있다.
- 액세스에서 정의할 수 있는 기본키의 종류에는 일련 번호 기본키, 단일 필드 기본키, 다중 필드 기본키가 있다.

25.상시, 24.상시, 23.상시, 22.상시, 21.상시, 20.상시, 20.2, 19.상시, 16.2, …　1260161

핵심 187　색인(Index)

- 데이터의 검색이나 그룹화 등의 작업 속도를 향상시키기 위해 데이터를 일정한 기준에 맞게 정렬되도록 설정하는 기능으로, 검색을 자주하는 필드에 대해 설정하는 것이 바람직하다.
- 인덱스는 기본적으로 오름차순으로 정렬된다.
- 중복되는 값이 적은 필드를 인덱스로 지정하면 검색 속도가 향상된다.
- 하나의 테이블에 32개까지 인덱스를 만들 수 있으며, 하나의 인덱스에서는 10개의 필드를 사용할 수 있다.
- 인덱스에서 설정할 수 있는 옵션에는 아니요, 예(중복 가능), 예(중복 불가능)가 있다.
 - 아니요 : 인덱스를 설정하지 않음
 - 예(중복 가능) : 중복된 값을 입력할 수 있음
 - 예(중복 불가능) : 중복된 값을 입력할 수 없음
- OLE 개체, 첨부 파일, 계산 형식의 필드에는 인덱스를 설정할 수 없다.
- 인덱스는 테이블을 저장할 때 만들어지고, 레코드를 변경하거나 추가할 때 인덱스 설정에 맞게 자동으로 업데이트된다.

- 데이터 검색, 정렬 등의 작업 시간은 빨라지지만 데이터 추가나 변경 시 속도가 느려진다.
- 데이터의 양이 많아질수록 인덱스를 이용한 검색의 효과를 느낄 수 있다.
- 테이블 디자인 보기 상태에서 인덱스를 설정할 수 있다.

> **01.** 다음 중 데이터베이스에서 인덱스를 사용하는 목적으로 가장 적절한 것은? 25.상시, 23.상시, 22.상시, 16.2, 15.1
>
> ① 데이터 검색 및 정렬 작업 속도 향상
> ② 데이터의 추가, 수정, 삭제 속도 향상
> ③ 데이터의 일관성 유지
> ④ 최소 중복성 유지
>
> **02.** 〈제품〉 테이블의 "제품명" 필드는 기본키가 아니지만 중복된 값이 입력될 수 없도록 관련 속성을 설정하려고 한다. 이를 위한 방법으로 옳은 것은? 24.상시, 23.상시
>
> ① 인덱스 속성을 '예(중복 불가능)'으로 설정한다.
> ② 인덱스 속성을 '예(중복 가능)'으로 설정한다.
> ③ 인덱스 속성을 '예(Null 허용)'으로 설정한다.
> ④ 필수 속성을 '예'로 설정한다.

25.상시, 24.상시, 22.상시, 20.2, 19.상시, 18.2, 17.1, 16.3, 16.2, 12.2, 12.1, 11.3, … 1260162

핵심 188 관계 설정   액세스 실습 03 ☞ 34쪽

- 테이블에 데이터를 저장할 때 잘못된 데이터의 입력을 사전에 방지하고, 여러 테이블에 저장된 정보들은 연결하여 가져올 수 있도록 테이블 간의 관계를 정의하는 것이다.
- '관계 편집' 대화상자

❶ 기본(과목) 테이블에 존재하지 않는 과목코드를 연결 테이블(성적)에 생성할 수 없도록 하고, 기본 테이블의 레코드를 실수로 삭제하거나 변경되지 않도록 규정한다.
❷ 기본 테이블에서 기본키 값이 바뀔 때마다 연결된 테이블의 해당 필드의 값이 자동으로 변경되도록 설정한다.
❸ 기본 테이블에서 레코드를 삭제할 때마다 연결된 테이블의 관련 레코드들이 자동으로 삭제되도록 설정한다.
※ '관계 편집' 대화상자에 표시된 관계의 종류는 자동으로 설정되는 것이며, 임의로 변경할 수 없습니다.

> **01.** 〈제품〉 테이블과 〈주문상세내역〉 테이블의 관계 설정에 관한 내용으로 옳지 않은 것은? 25.상시, 24.상시
>
>
>
>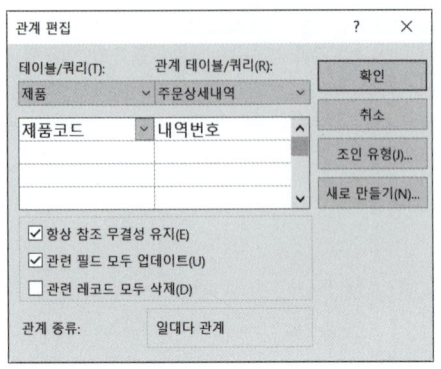
>
> ① 〈제품〉 테이블의 레코드를 수정하거나 삭제할 때 참조 무결성이 위배될 수 있다.
> ② 〈주문상세내역〉 테이블에 레코드를 추가할 때 참조 무결성이 위배될 수 있다.
> ③ 〈주문상세내역〉 테이블에 레코드를 삭제할 때는 어떠한 경우라도 참조 무결성이 위배되지 않는다.
> ④ 〈제품〉 테이블의 '제품코드' 데이터를 추가할 때는 참조 무결성이 위배될 수 있다.
>
> 〈제품〉 테이블에 새롭게 추가되는 '제품코드'는 〈주문상세내역〉 테이블에서 참조하는 자료가 아니므로 참조 무결성에 위배되지 않습니다.

25.상시, 24.상시, 23.상시, 22.상시, 21.상시, 20.1, 19.1, 16.2, 10.1, … 1260163

핵심 189 참조 무결성

- 관련된 테이블 간의 관계를 유지하고, 사용자가 실수로 관련 데이터를 삭제하거나 변경하지 않도록 하기 위해서 Microsoft Access가 사용하는 규칙을 말한다.
- 외래키 필드 값을 기본 테이블의 기본키 필드 값과 동일하게 유지해 주는 제약 조건이다.
- 참조 무결성을 지정하려면 관계를 설정할 때 '관계 편집'의 '항상 참조 무결성 유지'를 선택한다.
- 참조 무결성의 강화 규칙
  - 기본 테이블의 기본키 필드에 존재하지 않는 데이터는 관계가 설정된 테이블의 외래키 필드 값으로 입력할 수 없다.
  - 기본 테이블과 관계가 설정된 테이블에 일치하는 레코드가 존재할 때는 기본 테이블에서 레코드를 삭제할 수 없다.

- 기본 테이블과 관계가 설정된 테이블에 일치하는 레코드가 존재할 때는 기본 테이블에서 기본키를 바꿀 수 없다.
- 기본 테이블의 기본키 필드 값이 바뀌면 자동으로 관계가 설정된 테이블의 관련 필드의 값이 모두 수정되도록 설정할 수 있다.
- 기본 테이블에서 레코드를 삭제하면 자동으로 관계가 설정된 테이블의 관련 레코드가 모두 삭제되도록 설정할 수 있다.

01. 다음 중 참조 무결성에 대한 설명으로 옳지 않은 것은?
24.상시, 23.상시, 21.상시, 19.1, 07.1

① 참조 무결성은 참조하고 참조되는 테이블 간의 참조 관계에 아무런 문제가 없는 상태를 의미한다.
② 다른 테이블을 참조하는 테이블 즉, 외래 키 값이 있는 테이블의 레코드 삭제 시에는 참조 무결성이 위배될 수 있다.
③ 다른 테이블을 참조하는 테이블의 레코드 추가 시 외래 키 값이 널(Null)인 경우에는 참조 무결성이 유지된다.
④ 다른 테이블에 의해 참조되는 테이블에서 레코드를 추가하는 경우에는 참조 무결성이 유지된다.

> 레코드 삭제 시 참조 무결성이 깨질 수 있는 경우는 다른 테이블에 의해 참조되는 테이블의 레코드를 삭제할 때입니다. 다른 테이블을 참조하는 테이블의 레코드를 삭제하는 것은 참조 무결성에 영향을 주지 못합니다.

02. 다음 중 아래 〈고객〉과 〈구매리스트〉 테이블 관계에 참조 무결성이 항상 유지되도록 설정할 수 없는 경우는? 23.상시, 21.상시, 20.1

① 〈고객〉 테이블의 '고객번호' 필드 값이 〈구매리스트〉 테이블의 '고객번호' 필드에 없는 경우
② 〈고객〉 테이블의 '고객번호' 필드 값이 〈구매리스트〉 테이블의 '고객번호' 필드에 하나만 있는 경우
③ 〈구매리스트〉 테이블의 '고객번호' 필드 값이 〈고객〉 테이블의 '고객번호' 필드에 없는 경우
④ 〈고객〉 테이블의 '고객번호' 필드 값이 〈구매리스트〉 테이블의 '고객번호' 필드에 두 개 이상 있는 경우

> 〈고객〉 테이블의 '고객번호' 필드는 기본키이고 〈구매리스트〉 테이블의 '고객번호' 필드는 〈고객〉 테이블의 '고객번호' 필드를 참조하는 외래키입니다. 〈고객〉 테이블의 '고객번호' 필드에 없는 값은 〈구매리스트〉 테이블의 '고객번호' 필드에 입력할 수 없습니다.

21.상시, 10.3, 08.4, 05.3

핵심 190 | 레코드 추가/삭제

레코드 추가

- 새로운 레코드를 추가하는 것으로, 항상 마지막에 추가할 수 있다.
- 레코드를 추가할 때는 지정된 필드 속성에 맞게 데이터를 입력해야 한다.
- 특정 필드나 레코드 선택기를 클릭한 후 다음과 같은 방법을 이용하면 레코드를 추가할 수 있도록 커서가 마지막에 있는 빈 레코드로 이동한다.

리본 메뉴 이용	[홈] → [레코드] → [새로 만들기]를 클릭함
바로 가기 메뉴 이용	[새 레코드]를 선택함
키 이용	Ctrl + + 를 누름
탐색 단추 이용	▶* 를 누름

레코드 삭제

리본 메뉴 이용	[홈] → [레코드] → [삭제]를 클릭함
바로 가기 메뉴 이용	[레코드 삭제]를 선택함
키 이용	Ctrl + - 나 Delete 를 누름

- 여러 레코드를 한꺼번에 삭제하려면 레코드 선택기를 드래그하여 여러 개의 레코드를 선택한 후 수행한다.
- 레코드를 삭제하면 삭제 여부를 묻는 대화상자가 표시되며, 〈예〉를 클릭하면 삭제된다.
- 삭제된 레코드는 복원할 수 없다.

01. 다음 중 데이터시트 보기 상태에서의 레코드 추가/삭제에 대한 설명으로 옳은 것은? 21.상시, 10.3

① 레코드를 여러 번 복사한 경우 첫 번째 복사한 레코드만 사용 가능하다.
② 새로운 레코드는 항상 테이블의 마지막 행에서만 추가되며 중간에 삽입될 수 없다.
③ 레코드를 추가하는 단축키는 Ctrl + Insert 이다.
④ 여러 레코드를 선택하여 한 번에 삭제할 수 있으며, 삭제된 레코드는 복원할 수 있다.

> ① 레코드를 여러 번 복사한 경우 마지막 복사한 레코드만 사용 가능합니다.
> ③ 레코드를 추가하는 단축키는 Ctrl + + 입니다.
> ④ 여러 레코드를 선택하여 한 번에 삭제할 수는 있지만, 삭제된 레코드는 복원할 수 없습니다.

22.상시, 20.1, 18.상시, 15.3, 13.1, 10.3, 08.3, 08.1, 07.4, 06.3, 06.1, 05.2, ···   3215501

핵심 191   외부 데이터 가져오기

- 텍스트 파일이나 스프레드시트, 데이터베이스 등의 데이터를 Microsoft Access 테이블로 만드는 작업을 말한다.
- 가져온 데이터를 사용해서 새 테이블을 만들 수 있으며, 데이터 구조가 일치할 경우 기존 테이블에 가져온 데이터를 추가할 수 있다.
- 데이터를 가져와도 원본 데이터는 변경되지 않으며, 가져온 데이터를 변경해도 원본 데이터에 영향을 미치지 않는다.
- 액세스에서는 Access '데이터베이스'의 각 개체(테이블, 쿼리, 폼, 보고서, 매크로 등), Excel, 텍스트 파일, XML 파일, ODBC 데이터베이스, HTML 문서, dBASE 파일, Sharepoint 목록, Outlook 폴더 등의 데이터 파일을 가져올 수 있다.
- Excel, 텍스트 파일, HTML 문서 등은 가져오기할 때 제외할 필드를 지정할 수 있다.
- 실행 방법
  - **방법 1** [외부 데이터] → [가져오기 및 연결]에서 가져올 파일 형식 선택
  - **방법 2** '탐색' 창의 바로 가기 메뉴의 [가져오기]에서 가져올 파일 형식 선택

01. 외부 데이터를 테이블로 가져오는 작업에 대한 설명으로 옳은 것은?   22.상시

① 엑셀 시트가 여러 개인 경우 가져올 수 없다.
② 일부 필드를 제외하고 가져올 수 있다.
③ 데이터가 이미 들어있는 테이블에는 가져올 수 없다.
④ 가져올 데이터의 행 머리글에는 반드시 필드 이름이 있어야 한다.

① 엑셀 시트가 여러 개인 경우 가져올 시트를 선택해서 가져올 수 있습니다.
③ 데이터가 이미 들어있는 테이블에 외부에서 가져온 데이터를 추가할 수 있습니다.
④ 가져올 데이터의 행 머리글에 필드 이름이 없어도 가져올 수 있습니다.

25.상시, 24.상시, 23.상시, 21.상시, 13.2, 12.1, 09.4, 07.1   3215505

핵심 192   외부 데이터 연결하기

- 다른 응용 프로그램의 데이터를 Microsoft Access에 연결하는 것으로, 연결된 프로그램과 Microsoft Access 양쪽에서 데이터를 입력하거나 편집할 수 있다.
- 연결된 테이블의 데이터를 변경하면 원본 데이터도 자동으로 변경된다.
- 연결된 테이블을 삭제할 수 있으며, 연결된 테이블을 삭제하더라도 원본 데이터베이스의 테이블에는 아무런 영향을 주지 않는다.
- 원본 데이터베이스의 데이터(레코드)를 삭제하면 연결된 테이블의 데이터도 삭제된다.
- ODBC를 이용하면 오라클이나 SQL 서버와 같은 외부 데이터베이스에 연결할 수 있다.
- 액세스에서 연결할 수 있는 형태에는 Access 데이터베이스, dBASE 파일, Excel, 텍스트 파일, Outlook 폴더, Sharepoint 목록, HTML 문서, ODBC 데이터베이스 등이 있다.
- 가져오거나 연결된 테이블을 원본으로 하여 폼이나 보고서를 생성할 수 있다.
- **실행** [외부 데이터] → [가져오기 및 연결] → [새 데이터 원본] → [파일 형식 선택] → '외부 데이터 가져오기' 창에서 '연결 테이블을 만들어 데이터 원본에 연결' 옵션을 선택하여 수행함

01. 다음 중 다른 데이터베이스의 원본 데이터를 연결 테이블로 가져온 테이블과 새 테이블로 가져온 테이블에 대한 설명으로 옳지 않은 것은?   25.상시, 24.상시, 23.상시, 21.상시, 13.2, 12.1, 09.4, 07.1

① 연결 테이블로 가져온 테이블을 삭제하면 연결되어 있는 원본 데이터베이스 테이블도 삭제된다.
② 연결 테이블로 가져온 테이블을 삭제해도 원본 테이블은 삭제되지 않고 연결만 삭제된다.
③ 새 테이블로 가져온 테이블을 삭제해도 원본 테이블은 삭제되지 않는다.
④ 새 테이블로 가져온 테이블을 이용하여 폼이나 보고서를 생성할 수 있다.

연결 테이블(Linked Table) 기능을 이용하여 연결한 테이블을 삭제하더라도 원본 데이터에는 아무런 영향을 주지 않습니다.

25.상시, 24.상시, 22.상시, 21.상시, 17.2, 14.2, 14.1, 13.3, 11.1, 10.2, ···   1260166

핵심 193   데이터 내보내기

- 데이터베이스 개체를 다른 응용 프로그램에서 사용할 수 있도록 형식을 변경하여 출력하는 것을 말한다.
- Access, Excel, Word RTF 파일, 텍스트 파일, XML 파일, ODBC 데이터베이스, HTML 문서, dBASE 파일, SharePoint 목록, PDF/XPS 등의 형식으로 내보낼 수 있다.
- 테이블에 대한 데이터, 구조, 서식 등은 내보낼 수 있지만 제약조건, 관계, 인덱스 같은 속성은 내보낼 수 없다.
- 쿼리를 내보낼 경우 실행 결과가 저장되며, 폼이나 보고서를 서식 있는 텍스트 파일로 내보낼 경우 각 개체와 연결된 데이터가 표시된다.
- 개체별 내보내기할 수 있는 형식

테이블/쿼리	Excel, Access, 텍스트 파일, XML 파일, ODBC 데이터베이스, HTML 문서, dBASE 파일, Sharepoint 목록, Word RTF 파일, PDF/XPS, Word 병합
폼	Access, Excel, 텍스트 파일, XML 파일, HTML 문서, Word RTF 파일, PDF/XPS
보고서	Excel, Access, 텍스트 파일, XML 파일, HTML 문서, Word RTF 파일, PDF/XPS

- 실행 방법 : 개체를 선택한 후 다음과 같이 수행함
  - **방법 1** [외부 데이터] → [내보내기]에서 내보낼 파일 형식 선택
  - **방법 2** '탐색' 창의 바로 가기 메뉴의 [내보내기]에서 내보낼 파일 형식 선택

01. 다음 중 특정 폼을 [내보내기]를 통해 다른 형식으로 바꾸어 저장하려고 할 때 지정할 수 없는 형식은? 24.상시, 22.상시, 10.2, 08.2, 04.4

① HTML ② 텍스트
③ Excel ④ JPEG

> 폼을 BMP, JPEG 등의 그림 파일 형식으로는 내보낼 수 없습니다.

02. 다음 중 액세스의 내보내기(Export)에 대한 설명으로 가장 옳지 않은 것은? 25.상시, 24.상시

① 테이블이나 쿼리, 폼이나 보고서 등을 다른 형식으로 바꾸어 파일로 저장할 수 있다.
② 테이블의 데이터, 구조, 서식 등은 내보낼 수 있지만 제약 조건, 관계, 인덱스 같은 속성은 내보낼 수 없다.
③ 테이블은 내보내지 않고 보고서만 Word RTF 파일로 내보내는 경우 원본 테이블이 없으므로 자료가 표시되지 않는다.
④ 쿼리를 내보낼 경우 실행 결과가 저장된다.

> 폼이나 보고서를 내보낼 경우 폼이나 보고서와 연결된 데이터가 저장되므로, 원본 테이블과 관계 없이 자료가 표시됩니다.

25.상시, 24.상시, 21.상시, 19.상시, 16.2, 15.2, 11.3, 11.2, 10.2, 08.4, ···   1260167

핵심 194 단순 조회 질의 - 기본 구문   액세스 실습 04 ☞ 35쪽

```
SELECT [DISTINCT] 필드이름
FROM 테이블이름
[WHERE 조건식];
```

- SQL문에서는 대·소문자를 구분하지 않으며, 마지막에 ';'을 입력해 SQL문의 끝임을 알린다.
- SELECT문에 'DISTINCT'를 입력하면 검색의 결과가 중복되는 레코드는 검색 시 한 번만 표시된다.
- 필드이름 : 테이블의 모든 필드를 검색할 경우에는 필드 이름 대신 '*' 또는 'All'을 입력하고, 특정 필드들만 검색할 경우 필드와 필드는 쉼표(,)로 구분하여 표시함
- WHERE 조건식 : 조건을 입력하여 특정 조건에 맞는 레코드만 검색할 때 사용함
- 두 개의 테이블을 지정하여 레코드를 검색하려면 두 테이블을 콤마(,)로 연결해야 한다.

01. 다음 중 각 쿼리문에 대한 설명으로 옳지 않은 것은? 25.상시, 24.상시

① insert into member(id, password, name, age) values ('a001', '1234', 'kim', 20);
② update member set age=17 where id='a001';
③ select * distinct from member where age=17;
④ delete from member where id='a001';

> DISTINCT는 검색 결과가 중복되는 레코드는 검색 시 한 번만 표시하는 것으로, 필드명 앞에 기술합니다.

02. 다음 중 SELECT 문의 선택된 필드에서 중복 데이터를 포함하는 레코드를 제외시키는 조건자로 옳은 것은? 21.상시, 15.2, 10.2

① DISTINCT ② UNIQUE
③ ONLY ④ *

25.상시, 24.상시, 23.상시, 22.상시, 21.상시, 20.1, 19.상시, 18.2, ···   1260168

핵심 195 정렬   액세스 실습 05 ☞ 36쪽

```
SELECT [DISTINCT] 필드이름
FROM 테이블이름
[WHERE 조건식]
[ORDER BY 필드이름 정렬방식, …];
```

- ORDER BY문 : 특정 필드를 기준으로 레코드를 정렬하여 검색할 때 사용함
- 정렬 방식
  - 'ASC'와 'DESC'가 있으며, 'ASC'는 오름차순, 'DESC'는 내림차순을 의미한다.
  - 정렬 방식을 지정하지 않으면 기본적으로 오름차순(ASC) 정렬이 수행된다.
  - 오름차순으로 정렬할 경우 숫자, 한글, 영문(소문자 → 대문자) 순으로 정렬된다.

01. 다음 중 아래와 같은 결과를 표시하는 SQL문은? 25.상시, 24.상시, 23.상시, 22.상시

도서명	저자	정가	출판사
월급쟁이대테크	우용표	₩17,500	길벗경영
차트분석	윤재수	₩25,000	길벗경영
워드프로세서	김종일	₩19,000	길벗수험
컴퓨터활용능력	김우경	₩28,000	길벗수험
코딩인공지능	강희숙	₩18,000	길벗IT
포토샵CC	김선길	₩20,000	길벗IT

① select * from 도서 order by 출판사 asc, 정가 asc;
② select * from 도서 order by 저자 asc, 출판사 desc;
③ select * from 도서 order by 정가 desc, 저자 asc;
④ select * from 도서 order by 도서명 asc, 정가 desc;

> 문제의 그림은 '출판사'를 기준으로 오름차순 정렬하고 '출판사'가 같은 경우에는 '정가'를 기준으로 오름차순 정렬한 결과입니다.

정답 193 1.④, 2.③ 194 1.③, 2.① 195 1.①

02. 직원(사원번호, 부서명, 이름, 나이, 근무년수, 급여) 테이블에서 근무년수가 3년 이상인 직원들을 나이가 많은 순서대로 조회하되, 같은 나이일 경우 급여의 오름차순으로 모든 필드를 나타내는 질의문으로 옳은 것은?

21.상시, 19.상시, 19.1, 17.1, 16.3, 14.3, 11.3, 09.3, 09.1, 08.2, 08.1, 07.3, 07.2, 06.2, 04.4

① SELECT * FROM 직원 WHERE 근무년수 >= 3 ORDER BY 나이, 급여;
② SELECT * FROM 직원 ORDER BY 나이, 급여 WHERE 근무년수>= 3;
③ SELECT * FROM 직원 ORDER BY 나이 DESC, 급여 ASC WHERE 근무년수 >= 3;
④ SELECT * FROM 직원 WHERE 근무년수 >= 3 ORDER BY 나이 DESC, 급여 ASC;

- 모든 필드를 검색하므로 'SELECT *'입니다.
- 〈직원〉 테이블에서 검색하므로 'FROM 직원'입니다.
- 근무년수가 3년 이상인 레코드를 검색하므로 'WHERE 근무년수 >= 3'입니다.
- 나이가 많은 순(내림차순)으로 검색하되, 같은 나이일 경우 급여의 오름차순으로 검색하므로 'ORDER BY 나이 DESC, 급여 ASC'입니다.
- 합치면 다음과 같이 됩니다.

```
SELECT *
FROM 직원
WHERE 근무년수 >= 3
ORDER BY 나이 DESC, 급여 ASC;
```

---

01. 다음 중 HAVING 절과 WHERE 절에 대한 설명으로 옳지 않은 것은? 25.상시, 24.상시

① WHERE 절에는 ORDER BY 절을 사용할 수 없다.
② WHERE 절에는 그룹 함수를 사용할 수 없다.
③ WHERE 절은 검색될 레코드에 대한 조건을 지정할 때 사용한다.
④ 그룹에 대한 조건을 지정할 때는 HAVING 절을 사용한다.

WHERE 절에는 ORDER BY 절을 사용할 수 있습니다.

02. 다음 중 아래 〈학생〉 테이블에 대한 SQL문의 실행 결과로 옳은 것은? 25.상시, 24.상시, 23.상시, 22.상시, 21.상시, 20.1

학번	전공	학년	나이
1002	영문	SO	19
1004	통계	SN	23
1005	영문	SN	21
1008	수학	JR	20
1009	영문	FR	18
1010	통계	SN	25

```
SELECT AVG([나이]) FROM 학생
WHERE 학년="SN" GROUP BY 전공
HAVING COUNT(*) >= 2;
```

① 21
② 22
③ 23
④ 24

질의문은 각 절을 분리하여 이해하면 쉽습니다.
- SELECT AVG([나이]) FROM 학생 : '학생' 테이블에서 〈나이〉 필드의 평균을 검색합니다.
- WHERE 학년="SN" : '학년' 필드의 값이 "SN"인 레코드만을 대상으로 검색합니다.

학번	전공	학년	나이
1004	통계	SN	23
1005	영문	SN	21
1010	통계	SN	25

- GROUP BY 전공 : '전공' 필드를 기준으로 그룹을 지정합니다.

학번	전공	학년	나이
1004	통계	SN	23
1010	통계	SN	25
1005	영문	SN	21

- HAVING COUNT(*)>=2 : 그룹별로 레코드의 개수가 2개 이상인 그룹만을 대상으로 검색합니다.

학번	전공	학년	나이
1004	통계	SN	23
1010	통계	SN	25

※ 질의문의 수행 결과 나이의 평균은 (23+25)/2 = 24입니다.

25.상시, 24.상시, 23.상시, 22.상시, 21.상시, 20.1, 18.2, 18.1, 15.3, 15.1, …

핵심 196 그룹 지정

```
SELECT [DISTINCT] 필드이름
FROM 테이블이름
[WHERE 조건식]
[GROUP BY 필드이름]
[HAVING 그룹조건식];
```

- GROUP BY절
  - 특정 필드를 기준으로 그룹화하여 검색할 때 사용한다.
  - 일반적으로 GROUP BY는 SUM, AVG, COUNT 같은 그룹 함수와 함께 사용한다.
- HAVING 절
  - 그룹에 대한 조건을 지정할 때 사용한다.
  - 개개의 레코드에 조건을 지정할 때는 WHERE절을 사용한다.
- WHERE절과 HAVING절의 차이를 보면 WHERE는 개개의 레코드에 조건을 지정하는 것이고, HAVING은 그룹에 대해 조건을 지정하는 것이다.

핵심 197 주요 함수

함수	설명
AVG(필드 이름)	해당 필드를 기준으로 비어있지 않은 필드를 대상으로 평균을 구함
SUM(필드 이름)	필드의 합계를 구함
COUNT(필드 이름)	해당 필드를 기준으로 비어있지 않은 레코드 수를 구함
MIN(필드 이름)	필드에서의 최소값을 구함
MAX(필드 이름)	필드에서의 최대값을 구함
NOW( )	현재 날짜와 시간을 표시함
LEN(필드 이름)	필드에 저장된 문자열의 길이를 반환함
ROUND(필드 이름, 소수자릿수)	필드의 숫자를 지정한 자릿수로 반올림함
LEFT(문자열, 자릿수)	문자열의 왼쪽에서 주어진 자릿수만큼 추출함
MID(문자열, 시작값, 자릿수)	문자열의 시작 위치에서 주어진 자릿수만큼 추출함
RIGHT(문자열, 자릿수)	문자열의 오른쪽에서 주어진 자릿수만큼 추출함
STRCOMP(문자열1, 문자열2)	문자열1과 문자열2를 비교하여 같으면 0, 다르면 -1을 반환함
LCASE(문자열)	문자열을 모두 소문자로 변환함
UCASE(문자열)	문자열을 모두 대문자로 변환함
INSTR(문자열, 찾는 문자)	• 문자열에서 찾는 문자 또는 문자열의 위치를 구함 • 문자열에서 찾는 문자나 문자열이 없는 경우에는 0을 반환함
ISNULL(필드 이름)	필드의 값이 NULL인지를 확인함
IIF(조건, 실행1, 실행2)	조건이 참이면 실행1을, 거짓이면 실행2를 수행함
DATEPART(형식, 날짜)	• 지정된 날짜에서 형식에 제시된 값만 표시함 • 형식은 연(year), 월(month), 일(day)로 구분됨
DATEADD(형식, 값, 날짜)	지정된 날짜에서 형식(연, 월, 일)을 지정한 값만큼 증가함
DATEDIFF(형식, 날짜1, 날짜2)	두 날짜 사이의 형식(연, 월, 일)의 경과값을 표시함
VAL(문자열)	문자열로 표시된 숫자를 숫자 값으로 반환함
DATE( )	현재 날짜를 표시함
TIME( )	현재 시간을 표시함
WEEKDAY(날짜, 형식)	• 지정된 날짜의 요일에 해당하는 숫자를 표시함 • 반환 형식 - 1 또는 생략 : 1(일요일)에서 7(토요일)까지의 숫자로 표시 - 2 : 1(월요일)에서 7(일요일)까지의 숫자로 표시 - 3 : 0(월요일)에서 6(일요일)까지의 숫자로 표시
DATEVALUE(날짜)	텍스트 형식의 날짜를 일련번호로 변환함
YEAR(날짜)	지정된 날짜에서 연도만 표시함
MONTH(날짜)	지정된 날짜에서 월만 표시함
DAY(날짜)	지정된 날짜에서 일만 표시함
HOUR(시간)	지정된 시간에서 시만 표시함
MINUTE(시간)	지정된 시간에서 분만 표시함
SECOND(시간)	지정된 시간에서 초만 표시함

> **잠깐만요** DATEADD, DATEDIFF, DATEPART 함수의 형식
> • yyyy : 연 • q : 분기 • m : 월 • d : 일 • y : 일(일년 기준)
> • w : 요일 • ww : 주(일년 기준) • h : 시 • n : 분 • s : 초

01. 다음 중 문자열 함수에 대한 결과로 옳지 않은 것은?

① Len("Blossom") = 7
② Mid("Blossom", 3, 2) = os
③ Left("Blossom", 3) = Blo
④ Instr("Blossom", "son") = Null

> InStr(문자열, 찾는 문자)는 문자열에서 찾는 문자 또는 문자열의 위치를 구하는 함수로, 문자열에서 찾는 문자나 문자열이 없는 경우에는 0을 반환합니다.

02. 다음 중 아래의 〈급여〉 테이블에 대한 SQL 명령과 실행 결과로 옳지 않은 것은? (단, 빈 칸은 Null임)

사원번호	성명	가족수
1	가	2
2	나	3
3	다	

① SELECT COUNT(성명) FROM 급여; 를 실행한 결과는 3이다.
② SELECT COUNT(가족수) FROM 급여; 를 실행한 결과는 3이다.
③ SELECT COUNT(*) FROM 급여; 를 실행한 결과는 3이다.
④ SELECT COUNT(*) FROM 급여 WHERE 가족수 Is Null; 을 실행한 결과는 1이다.

> COUNT( ) 함수의 인수로 필드명을 지정하면 해당 필드만을 대상으로 비어있지 않은 데이터의 개수를 구합니다. ②번의 실행 결과는 2입니다.

03. 다음 중 날짜 함수를 적용한 결과가 다르게 표시되는 것은?

① =DateDiff("yyyy", "2025-3-1", "2028-3-1")
② =Day("2025-3-1")+2
③ =DatePart("m", "2025-3-1")
④ =DateAdd("m", 1, "2025-2-1")

> ① =DateDiff("yyyy", "2025-3-1", "2028-3-1") : 날짜1(2025-3-1)부터 날짜2(2028-3-1)까지 경과한 값을 형식(yyyy, 년)에 맞게 표시합니다. → 3
> ② =Day("2025-3-1")+2 : 지정된 날짜(2025-3-1)에서 일(1)을 추출한 후 2를 더한 값을 표시합니다. → 3
> ③ =DatePart("m", "2025-3-1") : 지정된 날짜(2025-3-1)에서 형식(m, 월)에 제시된 값을 표시합니다. → 3
> ④ =DateAdd("m", 1, "2025-2-1") : 지정된 날짜(2025-2-1)로부터 지정한 값(1)만큼의 형식(m, 월)이 증가된 날짜를 표시합니다. → 2025-03-01

핵심 198 특수 연산자를 이용한 질의

연산자	• 산술 연산자 : +, -, *, /, ₩, mod, &, ^ • 관계 연산자 : >, <, =, >=, <=, <> • 논리 연산자 : NOT, AND, OR
IN	• 필드의 값이 IN 연산자의 인수로 지정된 값과 같은 레코드만 검색하는 것으로, OR 연산자를 수행한 결과와 같음 • 문법 : WHERE 필드 또는 필드를 나타내는 식 IN(값1, 값2, …)
Between	• 필드의 값이 Between 연산자의 범위로 지정된 값 이내에 포함되는 레코드만 검색하는 것으로, AND 연산자를 수행한 결과와 같음 • 문법 : WHERE 필드 또는 필드를 나타내는 식 BETWEEN 값1 AND 값2
LIKE	• 대표 문자를 이용해 필드의 값이 패턴과 일치하는 레코드만 검색함 • 문법 : WHERE 필드 또는 필드를 나타내는 식 LIKE '문자 패턴'
NOT	• 필드의 값이 NOT 다음에 기술한 연산자의 결과에 포함되지 않는 레코드만 검색함 • 문법 : WHERE 필드 또는 필드를 나타내는 식 NOT 다른 연산

잠깐만요 대표 문자
- * 또는 % : 모든 문자를 대표합니다.
- ? 또는 _ : 한 자리 문자를 대표합니다.
- # : 한 자리 숫자를 대표합니다.

01. 다음 중 연산자 사용에 대한 설명으로 옳지 않은 것은?

① Like "김?" : "김"으로 시작하거나 "김"을 포함하는 모든 자료를 표시한다.
② Between 20 and 60 : 20에서 60 사이인 자료를 표시한다.
③ Not "0" : 널 문자가 아닌 자료를 표시한다.
④ 3<>3 Or 2<1 : 화면에 표시되는 내용이 없다.

만능 문자는 모든 문자를 대신하여 사용하는 문자로, *는 문자의 모든 자리를 대신할 수 있지만, ?는 문자의 한 자리만 대신할 수 있습니다. Like "김?"은 "김"으로 시작하는 두 글자인 자료만 표시합니다.

02. 다음 질의문에 대한 설명으로 옳은 것은?

```
SELECT 학과번호, 학과명
FROM 학과
WHERE 학과번호 LIKE "C*";
```

① 학과번호가 C로 시작하는 학과번호 두 글자와 학과명을 표시한다.
② 학과번호가 C를 포함하는 학과번호와 학과명을 표시한다.
③ 학과번호가 C로 시작하는 한 글자 이상의 학과번호와 학과명을 표시한다.
④ 학과번호가 C로 끝나는 학과번호와 학과명을 표시한다.

질의문을 각 절별로 살펴보면 다음과 같습니다.
- SELECT 학과번호, 학과명 : '학과번호'와 '학과명' 속성을 표시합니다.
- FROM 학과 : <학과> 테이블에서 검색합니다.
- WHERE 학과번호 LIKE "C*"; : '학과번호'가 "C"로 시작하는 레코드만 대상으로 검색합니다.

핵심 199 하위 질의

- 선택 질의(SELECT) 혹은 실행 질의(INSERT, UPDATE, DELETE) 안에 작성하는 SELECT문이다.
- 하위 질의 내에 또 다른 하위 질의를 만들 수 있다.
- 하위 질의를 기본 질의에 IN 연산자로 연결하면, 하위 질의의 결과가 기본 질의의 조건으로 사용된다.
- SELECT문의 필드 목록이나 WHERE절 또는 HAVING절에서 식 대신에 하위 쿼리를 사용할 수 있다.

01. <상품>과 <주문> 테이블을 대상으로 SQL문을 실행했을 때 결과로 표시되는 상품번호로 옳은 것은?

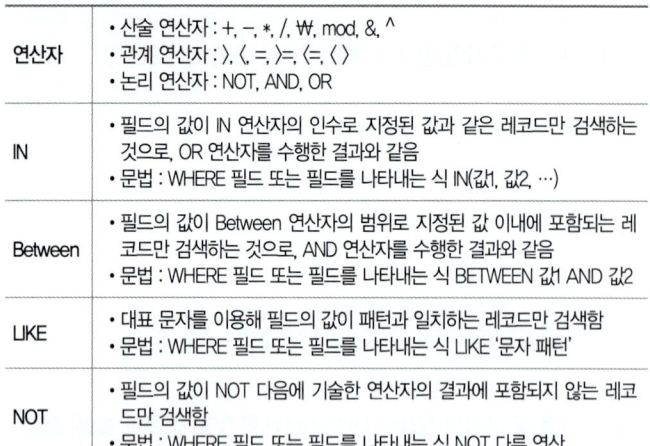

<SQL문>

```
Select 상품번호
From 상품
Where 상품번호 In (Select 상품번호
From 주문 Where 거래처번호 Between 30 And 50);
```

① 1, 2   ② 2, 3, 4
③ 1, 2, 3, 4, 5   ④ 1, 3, 5

하위 질의의 결과가 기본 질의의 조건으로 사용되므로 다음과 같은 순서로 질의문을 수행하면 됩니다.

❶ Select 상품번호 From 주문 Where 거래처번호 Between 30 And 50 : <주문> 테이블에서 '상품번호' 필드를 추출하되, 거래처번호가 30에서 50 사이인 레코드만을 대상으로 합니다.

주문번호	상품번호	거래처번호
1	1	10
2	2	10
3	1	20
4	3	30
5	4	30
6	2	40
7	4	50

❷ Select 상품번호 From 상품 Where 상품번호 In (❶) : <상품> 테이블에서 상품번호가 ❶에서 추출한 상품번호와 같은 레코드의 상품번호를 표시합니다.

상품번호	상품명
1	Wing
2	Arena
3	Transfer
4	ReadMe
5	Access

※ 질의문의 수행 결과 표시되는 '상품번호'는 2, 3, 4입니다.

02. 다음 중 하위 쿼리(Sub Query)의 설명으로 옳지 않은 것은?

24.상시, 23.상시, 22.상시, 21.상시, 12.3, 11.2

① 하위 폼이나 하위 보고서는 반드시 하위 쿼리를 사용해야 한다.
② 주 쿼리에서 IN 조건부를 사용하여 하위 쿼리의 일부 레코드에 동일한 값이 있는 레코드만 검색할 수 있다.
③ SELECT문의 필드 목록이나 WHERE 또는 HAVING절에서 식 대신에 하위 쿼리를 사용할 수 있다.
④ 주 쿼리에서 ALL 조건부를 사용하여 하위 쿼리에서 검색된 모든 레코드와 비교를 만족시키는 레코드만 검색할 수 있다.

> 하위 폼이나 하위 보고서는 테이블, 쿼리, 폼, 다른 보고서를 이용하여 작성할 수 있습니다.

25.상시, 24.상시, 23.상시, 22.상시, 21.상시, 20.1, 17.2, 15.2, 14.1, 13.2, …

핵심 200 : 조인

- 두 개 이상의 테이블에 나누어져 저장된 정보를 한 개의 테이블처럼 사용하기 위해 연결하는 방법을 정의하는 것이다.
- 조인에 사용되는 기준 필드의 데이터 형식은 동일하거나 호환되어야 한다.
- 여러 개의 테이블을 조인할 경우 접근 속도의 향상을 위해 필드 이름 앞에 테이블 이름을 마침표(.)로 구분하여 사용한다.
- 보통 연결될 양 테이블 간에 관계가 설정되어 있어야 하지만, 관계가 설정되지 않아도 조인을 수행할 수는 있다.

내부 조인(Inner Join)

```
SELECT 필드이름
FROM 테이블이름1 INNER JOIN 테이블이름2
ON 테이블이름1.필드이름=테이블이름2.필드이름
WHERE 조건;
```

- 가장 일반적인 조인의 형태이다.
- 관계가 설정된 두 테이블에서 조인된 필드가 일치하는 행만 질의에 포함된다.

왼쪽 외부 조인(Left Join)

```
SELECT 필드이름
FROM 테이블이름1 LEFT JOIN 테이블이름2
ON 테이블이름1.필드이름=테이블이름2.필드이름
WHERE 조건;
```

- 왼쪽 테이블에서는 모든 레코드를 포함하고, 오른쪽 테이블에서는 조인된 필드가 일치하는 레코드만 질의에 포함된다.

오른쪽 외부 조인(Right Join)

```
SELECT 필드이름
FROM 테이블이름1 RIGHT JOIN 테이블이름2
ON 테이블이름1.필드이름=테이블이름2.필드이름
WHERE 조건;
```

- 오른쪽 테이블에서는 모든 레코드를 포함하고, 왼쪽 테이블에서는 조인된 필드가 일치하는 레코드만 질의에 포함된다.

01. 다음과 같이 〈제품〉 테이블의 레코드는 모두 표시되고, 〈구매〉 테이블에서는 '제품번호' 필드가 일치하는 레코드만 표시하는 조인 형식은 무엇인가?

25.상시, 24.상시, 23.상시, 22.상시

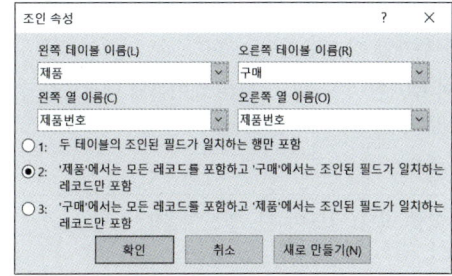

① 내부 조인(Inner Join)
② 왼쪽 외부 조인(Left Join)
③ 오른쪽 외부 조인(Right Join)
④ 카테션 곱(Cartesian Project Join)

> "왼쪽 테이블의 데이터가 모두 표시되면 왼쪽 외부 조인, 오른쪽 테이블의 데이터가 모두 표시되면 오른쪽 외부 조인"입니다.

02. 아래의 두 테이블을 다음과 같이 조인하여 질의를 수행한 경우의 결과에 대한 설명으로 가장 옳지 않은 것은?

22.상시, 21.상시, 17.2, 14.1, 13.2, 11.2, 09.1, 02.3

〈거래처〉 테이블

거래처번호	거래처명
1	갑을상사
2	영광상회
3	갑자무역

〈매출〉 테이블

번호	매출거래처	매출일
1	1	5월 1일
2	2	5월 3일
3	1	5월 3일
4	NULL	5월 4일

```
SELECT * FROM 거래처 INNER JOIN 매출 ON 거래처.거래처번호 = 매출.매출거래처;
```

① 조회 결과의 필드 수는 5개이다.
② 조회 결과의 레코드 수는 4개이다.
③ 3번 거래처에 대한 정보는 나타나지 않는다.
④ 4번 매출에 대한 정보는 나타나지 않는다.

내부 조인(Inner Join)은 조인된 필드가 일치하는 행만 추출되는 것으로, 결과는 다음과 같습니다.

거래처번호	거래처명	번호	매출거래처	매출일
1	갑을상사	3	1	5월 3일
1	갑을상사	1	1	5월 1일
2	영광상회	2	2	5월 3일

③ Insert Into 학생(학번, 이름, 학과) Values(300, 김상공, 경영학과);
④ Insert 학생(학번, 이름, 학과) Values(300, 김상공, 경영학과);

- 〈학생〉 테이블에 학번, 이름, 학과를 삽입하므로 Insert Into 학생(학번, 이름, 학과)입니다.
- 삽입되는 속성과 값이 학번은 300, 이름은 '김상공', 학과는 '경영학과'이므로 Value(300, '김상공', '경영학과')입니다.
※ 삽입되는 값이 문자인 경우 작은따옴표(' ')로 묶어줍니다.

핵심 201 삽입(INSERT)문

- 테이블에 레코드를 추가할 때 사용한다.
- 값을 직접 지정하여 추가할 수도 있고, 다른 테이블의 레코드를 추출하여 추가할 수도 있다.
- 직접 입력하여 추가하기

```
INSERT INTO 테이블 이름(필드이름1, 필드이름2, …)
VALUES (필드값1, 필드값2, …) ;
```

- 테이블로부터 추가하기

```
INSERT INTO 테이블 이름(필드이름1, 필드이름2, …)
SELECT 필드 이름
FROM 테이블 이름
WHERE 조건;
```

- 여러 개의 레코드를 동시에 추가할 수 있지만 한 번에 하나의 테이블에만 추가할 수 있다.
- 레코드의 전체 필드를 추가할 경우에는 필드 이름을 생략할 수 있다.

01. 다음 중 실행 쿼리의 삽입(INSERT)문에 대한 설명으로 옳지 않은 것은?

① 한 개의 INSERT문으로 여러 개의 레코드를 여러 개의 테이블에 동일하게 추가할 수 있다.
② 필드 값을 직접 지정하거나 다른 테이블의 레코드를 추출하여 추가할 수 있다.
③ 레코드의 전체 필드를 추가할 경우 필드 이름을 생략할 수 있다.
④ 하나의 INSERT문을 이용해 여러 개의 레코드와 필드를 삽입할 수 있다.

여러 개의 레코드를 하나의 테이블에 추가할 수는 있지만 여러 개의 테이블에 동시에 추가할 수는 없습니다.

02. 다음 중 학생(학번, 이름, 학과) 테이블에 학과가 '경영학과', 학번이 300, 이름이 '김상공'인 학생의 정보를 추가하는 SQL 문으로 올바른 것은?

① Insert Into 학생(학번, 이름, 학과) Values(300, '김상공', '경영학과');
② Insert 학생(학번, 이름, 학과) Values(300, '김상공', '경영학과');

핵심 202 수정(UPDATE)문

```
UPDATE 테이블 이름
SET 필드이름1=값1, 필드이름2=값2, …
WHERE 조건;
```

- 테이블의 필드 값을 변경할 때 사용한다.
- 조건을 지정하여 한 번에 여러 레코드의 필드 값을 변경할 수 있다.
- 조건을 지정하지 않으면 테이블 내의 전체 레코드에 대해 변경이 이루어진다.

01. 다음 중 아래 SQL 문에 대한 설명으로 옳은 것은?

UPDATE 학생 SET 주소='서울' WHERE 학번=100;

① [학생] 테이블에 주소가 '서울'이고 학번이 100인 레코드를 추가한다.
② [학생] 테이블에서 주소가 '서울'이고 학번이 100인 레코드를 검색한다.
③ [학생] 테이블에서 학번이 100인 레코드의 주소를 '서울'로 갱신한다.
④ [학생] 테이블에서 주소가 '서울'인 레코드의 학번을 100으로 갱신한다.

질의문은 각 절을 분리하여 이해하면 쉽습니다.
- Update 학생 : 〈학생〉 테이블의 레코드를 수정합니다.
- Set 주소 = '서울' : '주소' 필드의 값을 "서울"로 변경합니다.
- Where 학번 = '100' : '학번' 필드의 값이 "100"인 레코드만을 대상으로 합니다.

02. 다음 중 업데이트 쿼리에 대한 설명으로 옳지 않은 것은?

① 하나 이상의 테이블에 데이터를 추가할 수 있다.
② 여러 필드의 값을 한 번에 변경할 수 있다.
③ 기존 데이터의 값을 널(Null) 값으로 변경할 수 있다.
④ 레코드의 모든 데이터를 변경할 수 있다.

테이블에 데이터를 추가하는 쿼리는 추가(INSERT) 쿼리입니다. 또한 추가 쿼리를 이용해도 한 번에 하나의 테이블에만 데이터를 추가할 수 있습니다.

핵심 203 기타 질의

크로스탭 질의	• 테이블의 특정 필드의 요약값(합계, 개수, 평균 등)을 표시하고 그 값들을 그룹별로 한 집합은 데이터시트의 왼쪽에, 또 한 집합은 데이터 시트의 위쪽에 나열함 • 열과 행 방향의 표 형태로 숫자 데이터의 집계를 구함 • 스프레드시트 프로그램의 피벗 테이블과 유사함 • 행 머리글로 사용될 필드는 여러 개를 지정할 수 있지만 열 머리글로 사용될 필드는 하나만 지정할 수 있음
매개변수 질의	• 쿼리를 실행하면 매개 변수를 입력받을 수 있는 대화상자가 나타나는 질의 • 매개 변수 입력 대화상자에 검색조건으로 사용할 값이나 필드에 삽입할 정보를 입력받아 질의를 수행함 • 입력 받은 매개 변수 값은 조건으로 찾을 데이터 형식과 일치해야 함 • 2가지 이상의 정보를 입력받는 매개 변수 질의문을 작성할 수 있음 • 매개 변수 대화상자에 표시할 텍스트는 매개 변수를 적용할 필드의 조건 행에 대괄호([ ])로 묶어 입력함
통합(Union) 질의	• 성격이 유사한 두 개의 테이블이나 질의의 내용을 합쳐서 하나의 테이블을 만들기 위한 질의 • 같은 레코드는 한 번만 기록 • 두 테이블의 열(필드)의 개수가 다르면 통합되지 않음 • 형식 SELECT 필드이름 FROM 테이블 이름 UNION SELECT 필드이름 FROM 테이블 이름;

01. 다음 중 크로스탭 쿼리에 관한 설명으로 옳지 않은 것은?

① 레코드의 요약 결과를 열과 행 방향으로 그룹화하여 표시할 때 사용한다.
② 쿼리 데이터시트에서 데이터를 직접 편집할 수 없다.
③ 2개 이상의 열 머리글 옵션과 행 머리글 옵션, 값 옵션 등을 지정해야 한다.
④ 행과 열이 교차하는 곳의 숫자 필드는 합계, 평균, 분산, 표준 편차 등을 계산할 수 있다.

> 열 머리글은 하나의 필드만 지정할 수 있습니다.

02. 다음 중 매개 변수 쿼리에 대한 설명으로 옳지 않은 것은?

① 매개 변수 쿼리는 쿼리 실행 시 조건을 입력받아 조건에 맞는 레코드만 반환하는 쿼리이다.
② 매개 변수를 적용할 필드의 조건 행에서 매개 변수 대화상자에 표시할 텍스트를 [ ] 대괄호로 묶어 입력한다.
③ 매개 변수 대화상자에 입력된 매개 변수 값은 조건으로 찾을 필드의 데이터 형식과 일치하지 않아도 된다.
④ 매개 변수 대화상자에 표시할 텍스트에 . !와 같은 문자는 포함할 수 없다.

> 매개 변수 대화상자에 입력된 매개 변수 값은 조건으로 찾을 데이터 형식과 일치해야 합니다. 일치하지 않으면 오류 메시지가 표시됩니다.

03. 다음 중 '학번', '이름', '전화번호' 필드로 동일하게 구성되어 있는 [재학생] 테이블과 [졸업생] 테이블을 통합하여 나타내는 쿼리문으로 옳은 것은?

① Select 학번, 이름, 전화번호 From 재학생, 졸업생 Where 재학생.학번 = 졸업생.학번;
② Select 학번, 이름, 전화번호 From 재학생 JOIN Select 학번, 이름, 전화번호 From 졸업생;
③ Select 학번, 이름, 전화번호 From 재학생 OR Select 학번, 이름, 전화번호 From 졸업생;
④ Select 학번, 이름, 전화번호 From 재학생 UNION Select 학번, 이름, 전화번호 From 졸업생;

> 성격이 유사한 두 개의 테이블 데이터를 통합하여 하나로 나타낼 때는 통합(UNION) 쿼리를 사용합니다.

핵심 204 폼(Form)의 개요

• 테이블이나 질의(쿼리)를 원본으로 하여 데이터의 입력, 수정, 삭제, 조회 등의 작업을 편리하게 수행할 수 있도록 환경을 제공하는 개체이다.
• 폼에서 데이터를 입력하거나 수정하면 연결된 원본 테이블/쿼리에 반영된다.
• 폼과 컨트롤의 여러 가지 이벤트 속성을 이용하여 원하는 작업을 자동화할 수 있다.
• '레코드 원본' 속성을 이용하여 테이블이나 쿼리를 폼의 원본 데이터로 지정한다.
• Dlookup 함수를 이용하면 폼의 '레코드 원본'으로 설정되지 않은 테이블의 필드 값을 표시할 수 있다.
• 테이블의 특정 레코드만을 폼에 표시하려면 조건을 설정한 쿼리를 만든 후, 이 쿼리를 폼의 원본 데이터로 지정하면 된다.
• 폼에는 원하는 데이터만 표시할 수 있으므로 데이터베이스의 보안성을 높일 수 있다.
• 폼은 폼 머리글, 폼 바닥글, 세부 구역(본문), 페이지 머리글, 페이지 바닥글 구역과 컨트롤, 각 구역의 선택기 등으로 구성되지만 모든 구역을 구성할 필요는 없다.

01. 다음 중 폼에 대한 설명으로 가장 옳지 않은 것은?

① 컨트롤 원본에 식을 입력한 경우에는 값을 입력할 수 없다.
② 바운드 폼은 일반적으로 테이블의 내용을 표시하며 이를 수정할 수 있다.
③ 폼의 레코드 원본으로 설정된 테이블의 필드 값만 컨트롤 원본으로 설정하여 표시할 수 있다.
④ 폼을 사용하여 데이터베이스의 보안성과 사용자의 편의성을 높일 수 있다.

> 폼의 레코드 원본으로 설정된 테이블의 필드를 컨트롤 원본으로 설정하여 표시할 수 있습니다. 폼의 레코드 원본으로 설정되지 않은 테이블의 필드는 Dlookup 함수를 컨트롤 원본으로 설정하여 표시할 수 있습니다.

핵심 205 폼의 모양에 따른 분류

25.상시, 21.상시, 17.1, 15.3, 14.3

- **열 형식** : 각 필드가 왼쪽의 레이블과 함께 각각의 행에 표시되고 레이아웃이 자동으로 설정됨
- **테이블 형식** : 각 레코드의 필드들이 한 줄에 나타나며, 레이블은 폼의 맨 위에 한 번 표시됨
- **데이터시트** : 레코드는 행으로, 필드는 열로 각각 나타나는 행/열 형식임
- **맞춤** : 필드 내용의 분량에 따라 각 필드를 균형 있게 배치하는 형식임

01. 다음 중 폼 마법사에서 선택 가능한 폼의 모양으로 각 필드가 왼쪽의 레이블과 함께 각 행에 나타나며, 폼이 생성된 직후에는 컨트롤 레이아웃이 설정되어 있어 각각의 컨트롤을 다른 크기로 변경할 수 없는 것은? 21.상시, 17.1, 15.3, 14.3

① 열 형식 ② 테이블 형식
③ 데이터시트 ④ 맞춤

핵심 206 테이블/쿼리와의 연결 여부에 따른 분류

25.상시, 24.상시, 23.상시, 21.상시, 19.2, 11.1, 10.3, 07.4, 07.1, 04.1

- **바운드(Bound) 폼**
  - 테이블이나 쿼리의 레코드와 연결된 폼이다.
  - 테이블이나 쿼리의 데이터를 표시하거나 입력, 수정, 삭제 등의 편집 작업이 가능하다.
  - '레코드 원본' 속성을 이용하여 바운드시킨다.
- **언바운드(Unbound) 폼**
  - 테이블이나 쿼리의 레코드와 연결되지 않은 폼이다.
  - 폼을 작성하면 기본적으로 언바운드 폼이 작성된다.
  - 주로 프로그램의 초기 화면, 검색 화면, 확인 화면 등을 위한 명령 단추로 이루어진 화면에 많이 사용된다.

01. 다음 중 폼에 대한 설명으로 옳지 않은 것은? 23.상시, 21.상시, 19.2

① 모든 폼은 기본적으로 테이블이나 쿼리와 연결되어 표시되는 바운드 폼이다.
② 폼 내에서 단추를 눌렀을 때 매크로와 모듈이 특정 기능을 수행하도록 할 수 있다.
③ 일 대 다 관계에 있는 테이블이나 쿼리는 폼 안에 하위 폼을 작성할 수 있다.
④ 폼과 컨트롤의 속성은 [디자인 보기] 형식에서 [속성 시트]를 이용하여 설정한다.

> 폼을 작성하면 기본적으로 테이블이나 쿼리가 연결되지 않은 언바운드 폼이 만들어 집니다. 폼의 '레코드 원본' 속성에 테이블이나 쿼리를 지정해야 비로소 바운드 폼이 됩니다.

02. 다음 중 폼에 대한 설명으로 옳지 않은 것은? 25.상시, 24.상시

① 폼 내에서 단추를 눌렀을 때 매크로와 모듈이 특정 기능을 수행하도록 할 수 있다.
② 일 대 다 관계에 있는 테이블이나 쿼리는 폼 안에 하위 폼을 작성할 수 있다.
③ 폼과 컨트롤의 속성은 [디자인 보기] 형식에서 [속성 시트]를 이용하여 설정한다.
④ 폼은 레코드 원본에 연결된 대상이 테이블인지 쿼리인지에 따라 바운드 폼과 언바운드 폼으로 구분된다.

> 바운드 폼과 언바운드 폼을 구분하는 기준은 연결 대상의 종류가 아니라 테이블이나 쿼리의 레코드와 연결되어 있는지 여부입니다. 즉 테이블이나 쿼리의 레코드와 연결되어 있으면 바운드 폼, 그렇지 않으면 언바운드 폼입니다.

핵심 207 폼의 구성 요소

25.상시, 22.상시, 20.1, 14.1, 10.1, 09.3, 07.2, 07.1, 04.2

- 폼은 폼 머리글, 폼 바닥글, 세부 구역(본문), 페이지 머리글, 페이지 바닥글 구역과 컨트롤, 각 구역의 선택기 등으로 구성된다.
- 폼에는 기본적으로 세부 구역(본문)이 표시되며, 폼 머리글/바닥글, 페이지 머리글/바닥글 구역을 표시하거나 숨길 수 있다.

폼 머리글	• 폼 제목 등과 같이 모든 레코드에 동일하게 적용될 정보가 입력되는 구역 • 폼 보기(단일 폼)에서는 상단에 매번 표시되고, 인쇄 미리 보기에서는 첫 페이지의 상단에 한 번만 표시됨
페이지 머리글	• 모든 페이지의 상단에 동일하게 표시될 정보가 입력되는 구역으로, 제목이나 날짜 등을 입력함 • 페이지마다 페이지 상단에 표시되며, 첫 페이지에는 폼 머리글 아래에 표시됨 • 인쇄 미리 보기 상태에서만 확인할 수 있음
세부 구역 (본문)	• 사용할 실제 내용을 입력하는 구역 • 단일 폼에서는 한 화면에 하나의 레코드가 표시되고, 연속 폼과 데이터시트 폼에서는 한 화면에 여러 개의 레코드가 표시됨
폼 바닥글	• 폼 요약 정보 등과 같이 모든 레코드에 동일하게 적용될 정보가 입력되는 구역 • 폼 보기(단일 폼)에서는 하단에 매번 표시되고, 인쇄 미리 보기에서는 마지막 페이지 세부 구역 다음에 한번만 표시됨
페이지 바닥글	• 모든 페이지의 하단에 동일하게 표시될 정보가 입력되는 구역으로, 날짜나 페이지 번호 등을 입력함 • 매 페이지마다 페이지 하단에 표시됨 • 인쇄 미리 보기 상태에서만 확인할 수 있음

01. 다음 중 폼 영역에 대한 설명으로 틀린 것은? 22.상시

① 연속 폼으로 설정하면 폼의 모든 영역이 반복되어 표시된다.
② 폼에는 기본적으로 세부 구역(본문)이 표시되며, 폼 머리글/바닥글, 페이지 머리글/바닥글 구역을 표시하거나 숨길 수 있다.
③ 페이지 머리글과 바닥글은 인쇄를 위해 사용된다.
④ 폼은 기본적으로 본문, 폼 머리글/바닥글, 페이지 머리글/바닥글 구역으로 구분된다.

> 연속 폼으로 설정하면 폼의 모든 영역이 아니라 폼의 본문 영역이 반복되어 표시됩니다.

핵심 208 폼 만들기

- 하나의 폼에 여러 개의 컨트롤을 만들 수 있다.
- 폼은 자동 폼 생성 도구, 폼 마법사를 이용하여 만들거나 디자인 보기에서 사용자가 직접 만들 수 있다.
- 폼 디자인 보기(필드 목록) 이용하기
  - 필드 목록을 이용하여 연결된 원본 데이터의 필드를 폼에 배치하여 표시할 수 있다.
  - 필드 목록의 필드를 폼에 배치하면 연결된 필드의 레코드와 레이블이 표시된다.
  - 동일한 필드를 여러 번 표시할 수 있으며, 추가나 수정 등이 가능하다.
  - 필드 목록 창에서 필드를 드래그하면, 데이터 형식이 'Yes/No'인 컨트롤은 확인란으로, 'OLE 개체'인 컨트롤은 바운드 개체틀로, 나머지 형식은 텍스트 상자로 변환된다.
- 모달 대화상자
  - 사용자가 어떤 동작을 수행해야만 다음 작업이 가능한 대화상자로 모달 대화상자가 실행된 상태에서는 다른 폼이나 개체를 선택할 수 없다.
  - 모달 대화상자 도구를 사용하여 폼을 만들면 〈확인〉과 〈취소〉 버튼이 자동으로 생성된다.

01. 다음과 같은 폼을 만드는 폼 작성 도구는? 24.상시, 23.상시, 22.상시

① 여러 항목　　② 폼 분할
③ 새 폼　　　　④ 모달 대화상자

02. 필드 목록 창에서 필드를 드래그 했을 때 텍스트 상자로 변환되지 않는 데이터 형식은 무엇인가? 24.상시, 23.상시

① 짧은 텍스트　　② Yes/No
③ 날짜/시간　　　④ 하이퍼링크

> 데이터 형식이 'Yes/No'인 컨트롤을 필드 목록 창에서 드래그하면 확인란으로 변환됩니다.

핵심 209 폼 분할(분할 표시 폼)

- 하나의 원본 데이터를 하나의 폼에서 [폼 보기(열 형식)]와 [데이터시트 보기]로 볼 수 있도록 폼을 작성한다.
- 두 보기는 하나의 원본 데이터를 사용하므로 서로 연결되어 있어 항상 동기화 되며, 두 보기 중 하나에서 필드를 선택하면 다른 보기에서도 동일한 필드가 선택된다.
- 폼 보기나 데이터시트 보기 상태 모두 데이터의 변경이 가능하다.
- 폼 분할 도구로 분할 표시 폼을 만든 직후에는 위쪽은 레이아웃 보기 형태로 표시되고 아래쪽은 데이터시트 보기 형태로 표시된다.
- 레이아웃 보기에서는 컨트롤의 크기 조정이나 이동이 가능하고 레코드 원본에 있는 필드를 추가할 수 있다.
- 폼 분할 도구로 분할 표시 폼을 만든 직후 표시되는 레이아웃 보기는 폼 보기 상태로 전환이 가능하다.
- [디자인 보기] 상태로 열면 열 형식의 형태로 컨트롤들이 표시된다.
- 폼 속성 창의 '분할 표시 폼 방향' 항목을 이용하여 데이터시트가 표시되는 위치를 폼의 위쪽, 아래쪽, 왼쪽, 오른쪽으로 설정할 수 있다.
- **실행** [만들기] → [폼] → [기타 폼] → [폼 분할] 클릭

01. 다음 중 분할 표시 폼에 대한 설명으로 옳지 않은 것은? 24.상시

① 상단의 단일 폼에서만 데이터의 변경이 가능하며, 하단의 데이터시트에서는 변경된 내용을 바로 확인할 수 있다.
② 분할 표시 폼은 데이터시트 보기와 폼 보기를 동시에 표시하는 기능이며, 이 두 보기는 같은 데이터 원본에 연결되어 있어 항상 상호 동기화된다.
③ 레이아웃 보기에서는 컨트롤의 크기 조정이나 이동이 가능하다.
④ 분할 표시 폼은 [만들기] 탭의 [폼] 그룹에서 [기타 폼] → [폼 분할]을 클릭하여 만들 수 있다.

> 분할 표시 폼은 상단의 단일 폼(폼 보기)이나 하단의 데이터시트 보기 상태 모두에서 데이터 변경이 가능합니다.

핵심 210 폼의 주요 속성 - 형식

캡션	제목 표시줄에 표시될 텍스트를 지정함
기본 보기	폼 보기 형식을 지정하는 것으로 단일 폼, 연속 폼, 데이터시트 등이 제공됨 • 단일 폼 : 레코드를 한 번에 하나만 표시 • 연속 폼 : 현재 창을 채울 만큼 여러 레코드를 표시 • 데이터시트 : 행과 열로 구성된 형태로 표시 • 분할 표시 폼 : 한 화면에 폼 보기와 데이터시트 보기 두 형태로 분할하여 표시
스크롤 막대	스크롤 막대의 표시 여부를 지정함

탐색 단추	탐색 단추의 표시 여부를 지정함
레코드 선택기	레코드 선택기의 표시 여부를 지정함
자동 크기 조정	레코드를 모두 표시할 수 있도록 폼 창의 크기를 자동으로 조정할 지의 여부를 지정함
테두리 스타일	폼의 테두리 스타일을 지정하는 것으로 없음, 가늘게, 조정 가능, 대화상자가 제공됨
그림	폼의 배경으로 사용할 그림을 지정함

01. 다음 중 기본 보기 속성을 통해 설정하는 폼의 종류에 대한 설명으로 가장 옳지 않은 것은? 25.상시, 24.상시, 23.상시, 22.상시, 11.3, …

① 단일 폼은 한 번에 한 개의 레코드만을 표시한다.
② 연속 폼은 현재 창을 채울 만큼 여러 개의 레코드를 표시한다.
③ 연속 폼은 매 레코드마다 폼 머리글과 폼 바닥글이 표시된다.
④ 데이터시트 형식은 스프레드시트처럼 행과 열로 정렬된 폼 필드를 표시한다.

> 단일 폼을 사용할 경우 매 레코드마다 폼 머리글과 폼 바닥글이 표시되지만, 연속 폼은 맨 처음에 폼 머리글, 맨 마지막에 폼 바닥글이 한 번씩만 표시됩니다.

02. 다음 화면에서 설정되어 있는 폼의 속성 값으로 옳지 않은 것은? 25.상시, 24.상시, 23.상시, 22.상시, 21.상시, 15.3, 10.2, 10.1, 09.1, 08.1, 07.2

① 레코드 선택기 – 예
② 탐색 단추 – 예
③ 기본 보기 – 단일 폼
④ 캡션 – 주문현황

> 단일 폼은 레코드를 한 번에 하나만 표시하는 보기 형식입니다. 문제의 그림은 한 화면에 2개의 레코드가 표시되어 있으므로 기본 보기 속성은 '연속 폼'으로 지정된 것입니다.

25.상시, 24.상시, 23.상시, 21.상시, 20.2, 18.2, 18.1, 15.1, 13.3, 13.1, 12.1, 09.4, …

핵심 211 폼의 주요 속성 – 데이터/기타

액세스 실습 09 ☞ 40쪽

레코드 원본	• 폼에서 사용할 원본 데이터를 지정함 • 테이블이나 쿼리(질의), SQL문을 레코드 원본으로 지정함
편집·추가·삭제 가능	폼 내용의 편집, 추가, 삭제 가능 여부를 지정함
레코드 잠금	• 두 명 이상의 사용자가 동시에 같은 레코드를 편집하려고 할 때 레코드를 잠그는 방법을 설정함 • 잠그지 않음 : 기본 값이며 여러 사용자가 동시에 레코드를 편집할 수 있음 • 모든 레코드 : 모든 레코드를 다른 사용자가 편집할 수 없도록 잠금 • 편집한 레코드 : 한 번에 한 사람만 레코드를 편집할 수 있음

01. 다음 중 하위 폼에서 새로운 레코드를 추가하려고 할 때 설정해야 할 폼 속성은? 25.상시, 24.상시, 23.상시, 21.상시, 13.1

① '필터 사용'을 예로 설정한다.
② '추가 가능'을 예로 설정한다.
③ '편집 가능'을 예로 설정한다.
④ '삭제 가능'을 예로 설정한다.

23.상시, 22.상시, 21.상시, 20.2, 19.2, 17.1, 15.1, 14.1, 12.2, 10.3, 10.1, 09.4, …

핵심 212 컨트롤의 개요

- 컨트롤은 폼이나 보고서에서 데이터를 표시하고, 매크로나 함수 등의 명령을 실행하는 데 사용되는 그래픽 개체이다.
- 폼이나 보고서 안에서 동일한 이름의 컨트롤은 사용할 수 없다.
- 컨트롤은 바운드 컨트롤, 언바운드 컨트롤, 계산 컨트롤로 분류할 수 있다.

바운드 컨트롤	• 테이블이나 쿼리의 필드가 컨트롤의 원본 데이터로 연결된 컨트롤 • 테이블의 데이터를 표시하고, 입력, 수정할 수 있음 • 바운드 컨트롤에는 텍스트 상자, 옵션 그룹, 토글 단추, 옵션 단추, 확인란, 콤보 상자, 목록 상자 등이 있음 • 하나의 필드를 여러 개의 컨트롤에 바운드 시킬 수 있음 • 폼 디자인 보기 상태에서 '필드 목록' 창에 표시된 필드를 폼으로 드래그하면 해당 필드가 바운드된 컨트롤이 생성됨
언바운드 컨트롤	• 테이블이나 쿼리의 필드가 컨트롤의 원본 데이터로 연결되지 않은 컨트롤 • 언바운드 컨트롤에는 레이블, 명령 단추가 있음 • 언바운드 컨트롤을 작성한 후 바운드 컨트롤로 변경할 수 있음
계산 컨트롤	• 데이터의 원본 데이터로 식을 사용하는 컨트롤 • 계산 컨트롤을 작성하려면 '컨트롤 원본' 속성에 '='을 입력한 후 식을 지정함 • 값을 직접 입력할 수 없음

01. 계산 컨트롤을 만들 때 반드시 필요한 속성은 무엇인가?
22.상시, 09.3

① 수식 컨트롤
② 행 원본
③ 레코드 원본
④ 컨트롤 원본

> 계산 컨트롤을 작성하려면 해당 컨트롤의 '컨트롤 원본' 속성에 = 을 입력한 후 식을 지정합니다.

25.상시, 24.상시, 23.상시, 22.상시, 21.상시, 20.상시, 19.상시, 19.2, 17.1, …　3217402

핵심 213　컨트롤의 종류

레이블	제목이나 캡션, 설명 등과 같은 텍스트를 표시하는 컨트롤로 다른 컨트롤에 덧붙일 수 있음
텍스트 상자	• 폼이나 보고서의 데이터나 계산 결과를 표시하는 컨트롤 • 계산 결과를 표시하려면 컨트롤 원본에 '='로 시작하는 수식을 입력하면 됨 • 필드에 바운드되었을 경우 컨트롤의 값을 수정하면 필드의 값도 수정됨
옵션 그룹	• 그룹 틀, 확인란, 옵션 단추, 토글 단추를 하나의 그룹으로 묶어 표시할 때 사용하는 컨트롤 • 필드 크기가 정수인 숫자 데이터 형식이나 'Yes/No'로 설정된 필드에 설정함 • 한 그룹에서는 한 번에 하나의 옵션만 선택할 수 있음
토글 단추	Yes나 No 중 하나를 선택할 수 있는 컨트롤
옵션 단추	여러 개의 값 중 하나를 선택할 수 있는 컨트롤
확인란	• 여러 개의 값 중 하나 이상을 선택할 수 있는 컨트롤 • 폼이나 보고서에 'Yes/No' 필드를 추가하면 '확인란' 컨트롤이 삽입됨
콤보 상자	• 텍스트 상자와 목록 상자가 결합된 형태로, 좁은 공간에서 유용하게 사용되는 컨트롤 • 데이터를 목록에서 선택하거나 직접 입력할 수 있음 • 테이블/쿼리, 값 목록, 필드 목록 등을 콤보 상자의 값으로 사용함 • 여러 개의 값 중 하나만 선택할 수 있음
목록 상자	• 콤보 상자와 비슷한 컨트롤인데 목록의 데이터만 사용할 수 있음 • 하나 이상의 값을 선택할 수 있지만 값을 직접 입력할 수는 없음
명령 단추	레코드의 검색, 인쇄 등 특정 기능을 실행할 때 사용하는 컨트롤로, 실행할 기능은 매크로나 이벤트 프로시저로 작성함
하위 폼/ 하위 보고서	• 폼이나 보고서 안에 또 다른 폼이나 보고서를 작성하는 컨트롤 • 일 대 다 관계에 있는 테이블이나 쿼리를 효과적으로 표시할 수 있음

01. 다음 중 폼 작성 시 사용하는 컨트롤에 대한 설명으로 옳지 않은 것은?
25.상시, 24.상시, 23.상시, 22.상시, 21.상시

① 탭 컨트롤 : 탭 형식의 대화상자를 작성하는 컨트롤로, 다른 컨트롤을 탭 컨트롤로 복사하거나 추가할 수 있다.
② 바운드 컨트롤 : 폼이나 보고서에서 테이블이나 쿼리의 필드를 컨트롤 원본으로 사용하는 컨트롤이다.
③ 레이블 컨트롤 : 필드나 식의 값을 표시하는 컨트롤이다.
④ 계산 컨트롤 : 원본 데이터로 필드를 사용하지 않고 식을 사용하는 컨트롤이다.

> 레이블은 제목이나 캡션, 설명 등과 같은 텍스트를 표시하는 컨트롤로, 필드나 식의 값을 표시할 수 없습니다.

25.상시, 24.상시, 23.상시, 22.상시, 21.상시, 20.2, 19.1, 18.상시, 16.3, …　1260181

핵심 214　하위 폼
액세스 실습 10 ☞ 41쪽

• 폼 안에 있는 또 하나의 폼을 의미하며, 기본이 되는 폼을 상위(기본) 폼이라 하고, 상위(기본) 폼 안에 있는 폼을 하위 폼이라 한다.
• 테이블, 쿼리, 다른 폼을 이용하여 하위 폼을 작성할 수 있다.
• 기본 폼과 하위 폼이 관련된 필드로 연결되어 있어서 하위 폼에는 기본 폼의 현재 레코드와 관련된 레코드만 표시된다.
• 일 대 다 관계에 있는 테이블이나 쿼리를 효과적으로 표시할 수 있으며, '일'은 기본 폼, '다'는 하위 폼에 해당된다.
• 하위 폼은 단일 폼, 연속 폼, 데이터시트, 분할 표시 폼 형태로 표시할 수 있다.
• 기본 폼은 단일 폼 형태로만 표시할 수 있다.
• 사용할 수 있는 하위 폼의 개수에는 제한이 없으며, 하위 폼을 7개의 수준까지 중첩시킬 수 있다.
• 기본 폼이 기본키를 가진 테이블을 사용하고, 하위 폼이 기본 폼의 기본키 필드와 같거나 호환되는 필드가 포함된 테이블을 사용할 경우에는 관계가 설정되어 있지 않아도 하위 폼을 설정할 수 있다.
• 하위 폼은 폼 마법사, 하위 폼/하위 보고서 컨트롤을 이용하여 만들 수도 있고, '탐색' 창에서 테이블, 쿼리, 폼 등을 기본 폼으로 드래그하여 만들 수도 있다.

01. 아래 내용 중 하위 폼에 대한 옳은 설명만을 나열한 것은?
25.상시, 24.상시, 23.상시, 22.상시, 21.상시, 16.2, 13.2, 13.1, 08.4, 07.1, 05.4, 05.3

ⓐ 하위 폼에는 기본 폼의 현재 레코드와 관련된 레코드만 표시된다.
ⓑ 하위 폼은 단일 폼으로 표시되며 연속 폼으로는 표시될 수 없다.
ⓒ 기본 폼과 하위 폼을 연결할 필드의 데이터 형식은 같거나 호환되어야 한다.
ⓓ 여러 개의 연결 필드를 지정하려면 콜론(:)으로 필드명을 구분하여 입력한다.

① ⓐ, ⓑ, ⓒ
② ⓐ, ⓒ
③ ⓑ, ⓒ, ⓓ
④ ⓑ, ⓓ

> ⓑ 하위 폼은 주로 연속 폼으로 표시합니다.
> ⓓ 여러 개의 연결 필드를 지정하려면 세미콜론(;)으로 필드명을 구분하여 입력해야 합니다.

02. 다음 중 하위 폼에 대한 설명으로 옳지 않은 것은?
25.상시, 23.상시, 22.상시, 21.상시, 16.3, 13.2, 11.1, 09.3, 09.2, 08.3

① 기본 폼과 하위 폼을 연결할 필드의 데이터 형식은 같거나 호환되어야 한다.
② 하위 폼이란 특정한 폼 내에 들어 있는 또 하나의 폼을 말한다.
③ 두 개 이상의 연결 필드를 지정할 때는 필드 이름을 세미콜론(;)으로 구분하여야 한다.
④ 기본 폼과 하위 폼에서 사용되는 테이블간에는 관계가 설정되어 있어야 한다.

> 기본 폼이 기본키를 가진 테이블을 사용하고, 하위 폼이 기본키 필드와 같거나 호환되는 데이터 형식의 필드가 포함된 테이블을 사용할 경우에는 관계가 설정되어 있지 않아도 하위 폼을 설정할 수 있습니다.

25.상시, 24.상시, 23.상시, 22.상시, 16.3, 14.3, 13.2, 11.2, 08.4, 06.4, ...

핵심 215 기본 폼과 하위 폼 연결 필드
액세스 실습 10 ☞ 41쪽

- 연결 필드의 데이터 종류는 반드시 같아야 하며, 데이터 형식이나 필드 크기도 같거나 호환되어야 한다.
- 기본 폼과 하위 폼의 연결 필드 변경 : '하위 폼' 컨트롤의 속성 → '데이터' 탭 → '하위 필드 연결'과 '기본 필드 연결'에서 변경할 수 있음
- 하위 폼/하위 보고서 속성 중에서 '원본 개체' 속성에는 하위 폼으로 사용될 폼을 지정한다.
- '하위 필드 연결' 속성에는 하위 폼의 필드를, '기본 필드 연결' 속성에는 기본 폼의 필드를 지정한다.
- 연결 필드를 설정할 때, 속성란에 값을 직접 입력하거나, 속성란의 작성기 단추를 클릭한 다음 '하위 폼 필드 연결기' 창에서 지정할 수 있다.
- 여러 개의 연결 필드를 지정하려면 세미콜론(;)으로 필드 이름을 구분하여 입력하거나, '하위 폼 필드 연결기' 창에서 여러 필드를 선택한다.
- '하위 폼 필드 연결기' 창에서는 한꺼번에 기본 폼과 하위 폼의 연결 필드를 지정할 수 있다.

01. 다음 중 하위 폼에 대한 설명으로 옳지 않은 것은?
25.상시, 24.상시, 22.상시, 11.2, 08.4, 04.2, 03.2

① 하위 폼에서 여러 개의 연결 필드를 지정할 때에 사용되는 구분자는 세미콜론(;)이다.
② 기본 폼은 단일 폼, 연속 폼, 데이터 시트 형태로 표시할 수 있으며, 하위 폼은 단일 폼의 형태로만 표시할 수 있다.
③ 기본 폼과 하위 폼을 연결할 필드의 데이터 형식은 같거나 호환되어야 한다.
④ [하위 폼 필드 연결기]를 이용하여 간단히 기본 폼과 하위 폼의 연결 필드를 지정할 수 있다.

기본 폼과 하위 폼에서 기본 폼은 단일 폼 형식으로만, 하위 폼은 단일 폼, 연속 폼, 데이터시트 보기 등의 형식으로 표시할 수 있습니다.

크기 조정	• [크기] → [자동]을 선택하면 높이가 가장 높은 컨트롤과 낮은 컨트롤을 기준으로 나머지 컨트롤들의 높이와 너비를 자동으로 조정함 • Shift를 누른 채 방향키를 누르면, 컨트롤 크기를 세밀하게 조정할 수 있음
그룹화	• 여러 컨트롤이 그룹화되면 하나의 개체로 취급되어 선택, 복사, 이동, 삭제, 크기 조정, 서식 지정 등의 작업을 한꺼번에 수행할 수 있음 • 그룹 설정 : 여러 컨트롤을 선택한 후 [정렬] → [크기 및 순서 조정] → [크기/공간] → [그룹]을 선택함 • 그룹 해제 : 컨트롤을 선택한 후 [정렬] → [크기 및 순서 조정] → [크기/공간] → [그룹 해제]를 선택함

01. 다음 중 폼의 디자인 보기 상태에서 [정렬] → [크기 및 순서 조정] → [크기/공간]을 이용하여 수행할 수 있는 작업이 아닌 것은?
24.상시, 23.상시, 21.상시

① [간격] → [가로 간격 넓게] : 선택된 컨트롤의 가로 간격을 조금 더 넓게 넓히는 것으로 가장 왼쪽 컨트롤의 위치는 변함이 없다.
② [그룹화] → [그룹] : 선택된 여러 개의 컨트롤을 하나의 개체로 묶는다.
③ [눈금] → [눈금자] : 눈금자를 표시하거나 숨긴다.
④ [크기] → [자동] : 선택된 컨트롤의 크기를 동일하게 자동으로 조정한다.

[크기] → [자동]을 선택하면 선택된 컨트롤들의 크기를 모두 동일하게 조정하는 것이 아니라, 높이가 가장 높은 것과 낮은 것을 기준으로 나머지 컨트롤들의 높이를 자동으로 조정합니다.

24.상시, 23.상시, 22.상시, 21.상시, 15.3, 15.1, 08.4, 06.3, 05.2, 05.1, ...

핵심 216 컨트롤 다루기

선택	• 하나의 컨트롤 선택 : 해당 컨트롤이나 레이블을 클릭함 • 연속적인 컨트롤 선택 : 마우스로 선택할 컨트롤이 포함되도록 드래그함 • 비연속적인 컨트롤 선택 : Shift나 Ctrl을 누른 상태에서 컨트롤을 클릭함 • 모든 컨트롤 선택 : 마우스로 모든 컨트롤이 포함되도록 드래그하거나 Ctrl + A를 누름
간격 조정	• 컨트롤 간의 간격을 일정한 기준에 맞춰 조정하는 것으로, [정렬] → [크기 및 순서 조정] → [크기/공간]을 이용함 • 간격 같음 - 컨트롤의 간격을 동일하게 맞추는 것 - 가장 왼쪽과 오른쪽 또는 가장 위와 아래 컨트롤의 위치는 변함 없으며, 그 사이의 컨트롤 위치가 변경됨 • 간격 넓게 / 간격 좁게 - 컨트롤의 간격을 동등하게 맞추되 가장 넓은/좁은 컨트롤을 기준으로 지정함 - 가장 왼쪽 또는 가장 오른쪽 컨트롤의 위치만 변함 없음

25.상시, 24.상시, 23.상시, 22.상시, 17.2, 16.3, 12.2, 12.1, 09.1, 07.4, ...

핵심 217 컨트롤의 주요 속성 – 형식

형식	컨트롤에 표시되는 데이터의 표시 형식을 설정함
소수 자릿수	컨트롤의 데이터에 소수점 이하의 자릿수를 설정함
표시	화면에 컨트롤의 표시 여부를 지정함
중복 내용 숨기기	보고서에서 사용되는 것으로, 현재 컨트롤의 값이 이전 컨트롤 값과 동일한 경우 데이터를 숨길지의 여부를 지정함
확장 가능	컨트롤에 표시될 데이터를 모두 볼 수 있도록 컨트롤 세로 높이의 자동 확장 여부를 지정함

01. 다음 보고서에서 '거래처명'과 같이 컨트롤의 데이터가 이전 레코드와 동일한 경우에는 이를 표시(혹은 인쇄)되지 않도록 설정하고자 한다. 다음 중 설정 방법으로 옳은 것은?

25.상시, 23.상시, 22.상시, 17.2, 12.1, 07.3, 03.2

거래처별 제품목록				
거래처명	제품번호	제품이름	단가	재고량
광명㈜	3	안경테C	₩20,000	67
	6	무테C	₩35,000	33
	2	안경테B	₩15,000	50
총제품수:	3		총제고량:	

① 해당 컨트롤의 '확장 가능' 속성을 '예'로 설정한다.
② 해당 컨트롤의 '중복 내용 숨기기' 속성을 '예'로 설정한다.
③ 해당 컨트롤의 '표시' 속성을 '아니요'로 설정한다.
④ 해당 컨트롤의 '누적 합계' 속성을 '모두'로 설정한다.

01. 폼 작성 시 컨트롤의 주요 속성 중에서 데이터 속성에 관한 설명이다. 가장 잘못된 것은? 22.상시, 16.1, 15.3, 05.1

① 컨트롤 원본 : 컨트롤에 연결할 데이터를 지정한다.
② 입력 마스크 : 텍스트 상자 컨트롤에 입력할 값의 형식이나 서식을 설정한다.
③ 사용 가능 : 컨트롤의 데이터를 편집할 수 있는지 여부를 지정한다.
④ 기본값 : 새 레코드가 만들어질 때 컨트롤에 기본으로 입력될 값을 지정한다.

> 데이터 속성의 '사용 가능'은 컨트롤에 포커스를 이동시킬 수 있는지의 여부를 설정하는 것입니다. 컨트롤에 입력된 데이터의 편집 여부를 설정하는 것은 '잠금' 속성입니다.

02. 〈상품〉 폼에 있는 '재고' 필드를 참조하고자 한다. 참조 형식이 바르게 설정된 것은? 24.상시, 23.상시, 22.상시, 21.상시, 05.1

① [Forms]![상품]![재고]
② [Forms]@[상품]@[재고]
③ [Forms]![상품]@[재고]
④ [Forms]@[상품]![재고]

25.상시, 24.상시, 23.상시, 22.상시, 21.상시, 20.2, 16.3, 16.1, 15.3, 15.2, …

핵심 218 컨트롤의 주요 속성 - 데이터

컨트롤 원본	• 컨트롤에 연결할(바운드 할) 데이터를 설정함 • 계산 컨트롤을 만들려면 '='으로 시작하는 식을 입력하면 됨 • 함수나 수식 사용 시 문자는 큰따옴표(" ")로, 필드명은 대괄호([ ])로 묶어줌
기본값	새 레코드가 추가될 때 컨트롤에 기본적으로 입력될 값을 설정함
입력 마스크	데이터를 정확하게 입력할 수 있도록 입력되는 데이터 형식에 맞게 입력틀을 설정함
유효성 검사 규칙	컨트롤에 입력할 수 있는 데이터의 사양을 설정함
잠금	컨트롤에 입력된 데이터의 편집 여부를 설정함
사용 가능	컨트롤에 포커스를 이동시킬 수 있는지의 여부를 설정함
행 원본 유형	콤보 상자, 목록 상자 컨트롤에서 사용할 데이터를 제공하는 방법(테이블/쿼리, 필드 목록, 값 목록)을 지정함
행 원본	콤보 상자, 목록 상자 컨트롤에서 사용할 데이터를 설정함
바운드 열	콤보 상자, 목록 상자 컨트롤에 저장할 열을 설정함
목록 값만 허용	콤보 상자에서 지정된 목록 값만 사용할지의 여부를 지정함

> **잠깐만요** 컨트롤 원본 지정하기
> 컨트롤의 컨트롤 원본에는 일반적으로 테이블이나 쿼리의 필드를 지정하지만 다른 개체에 있는 컨트롤도 지정할 수 있습니다. 다음과 같은 형식으로 지정합니다.
> =개체!개체 이름!컨트롤 이름
> =forms!상품!txt현재날짜 : 〈상품〉 폼에 있는 'txt현재날짜' 컨트롤을 참조한다는 의미입니다.

24.상시, 23.상시, 19.2, 19.1, 18.상시, 18.2, 17.2, 16.3, 15.2, 15.1, 13.2, 13.1, …

핵심 219 컨트롤의 주요 속성 - 기타

이름	컨트롤의 이름을 설정함
IME 모드	컨트롤이 포커스를 가질 때 한글, 영문 등의 입력 모드를 설정함
상태 표시줄 텍스트	컨트롤이 포커스를 가질 때 상태 표시줄에 표시할 텍스트를 설정함
컨트롤 팁 텍스트	컨트롤에 마우스 포인터를 이동시켰을 때 스크린 팁으로 표시되는 텍스트를 설정함
탭 정지	• Tab 을 이용하여 포커스를 이동시킬 수 있는지의 여부를 지정함 • Tab 을 사용할 경우에는 '예'를, 사용하지 않을 경우에는 '아니요'를 선택함 • 기본 값은 '예'임 • 폼 컨트롤에만 적용되고 보고서 컨트롤에는 적용되지 않음

01. 폼에서 '성명' 컨트롤에 데이터를 입력하기 위해 입력 모드를 '한글' 또는 '영숫자 반자' 입력 상태로 지정할 때 사용하는 속성은? 23.상시, 19.1, 15.1, 13.1, 07.3

① 엔터키 기능(EnterKey Behavior)
② 상태 표시줄(StatusBar Text)
③ 탭 인덱스(Tab Index)
④ IME 모드(IME Mode)

정답 217 1.② 218 1.③, 2.① 219 1.④

핵심 220 탭 순서

- 탭 순서는 폼의 컨트롤에 적용하는 기능으로, Tab이나 Enter를 눌렀을 때 이동되는 컨트롤의 순서를 정하는 것이다.
- 기본적으로 컨트롤을 작성한 순서대로 탭 순서가 설정되지만 사용자가 변경할 수 있다.
- 레이블 컨트롤에는 탭 순서를 설정할 수 없다.
- 탭 정지 속성이 '아니요'로 설정된 컨트롤은 '탭 순서' 대화상자에 표시되지 않는다.
- 컨트롤 속성의 탭 인덱스를 지정하거나 [양식 디자인] → [도구] → [탭 순서]를 클릭하여 설정할 수 있다.
- '탭 순서' 대화상자에서 〈자동 순서〉 단추를 클릭하면 탭 이동 순서를 위쪽에서 아래쪽으로, 왼쪽에서 오른쪽 컨트롤로 자동 설정한다.

01. 다음 중 폼에서의 탭 순서(Tab Order) 지정에 관한 설명으로 옳지 않은 것은?

① 폼 보기에서 '탭' 키나 '엔터' 키를 눌렀을 때 포커스(Focus)의 이동 순서를 지정하는 것이다.
② 키보드를 이용하여 컨트롤 간 이동을 신속하게 할 수 있는 기능이다.
③ 레이블 컨트롤을 포함한 모든 컨트롤에 탭 순서를 지정할 수 있다.
④ 해당 컨트롤의 '탭 정지' 속성을 '아니오'로 지정하면 탭 순서에서 제외된다.

레이블에는 탭 순서를 설정할 수 없습니다.

- 조건은 50개까지 지정할 수 있으며, 조건별로 다른 서식을 적용할 수 있다.
- 지정한 조건 중 두 개 이상이 참이면, 첫 번째 조건에 대한 서식이 적용된다.
- 두 개 이상의 규칙이 설정되어 있는 경우 우선순위를 변경할 수 있다.
- 폼이나 보고서를 다른 파일 형식으로 변환하면 조건부 서식이 해제된 상태로 변환된다.
- **실행** [디자인 보기] 상태에서 컨트롤을 선택한 후 [서식] → [컨트롤 서식] → [조건부 서식]을 클릭

01. 다음 중 폼이나 보고서에서 조건에 맞는 특정 컨트롤에만 서식을 적용하는 조건부 서식에 대한 설명으로 옳은 것을 모두 고르면?

ⓐ 폼이나 보고서를 다른 파일 형식으로 변환하면 조건부 서식이 유지된 상태로 변환된다.
ⓑ 컨트롤 값이 변경되어 조건을 만족하지 않으면, 적용된 서식이 해제된다.
ⓒ 조건은 50개까지 지정할 수 있으며, 조건별로 다른 서식을 적용할 수 있다.
ⓓ 지정한 조건 중 2개 이상이 참이면, 조건이 참인 서식이 모두 적용된다.

① ⓐ, ⓑ ② ⓑ, ⓒ
③ ⓒ, ⓓ ④ ⓐ, ⓓ

ⓐ 폼이나 보고서를 다른 파일 형식으로 변환하면 조건부 서식이 해제된 상태로 변환됩니다.
ⓓ 지정한 조건 중 두 개 이상의 조건이 참이면, 첫 번째 조건의 서식이 적용됩니다.

핵심 221 조건부 서식

- 조건부 서식은 폼이나 보고서에서 조건에 맞는 특정 컨트롤 값에만 서식을 적용하는 것을 말한다.
- 텍스트 상자와 같이 값을 표시하는 컨트롤에 대해 설정할 수 있다.
- 컨트롤에 조건부 서식을 적용하면 컨트롤 값의 변경 사항을 쉽게 파악할 수 있다.
- 필드 값이나 식, 포커스를 가지고 있는 컨트롤을 기준으로 조건부 서식을 설정할 수 있다.
  - 필드 값 : 특정 컨트롤의 값을 조건으로 지정함
  - 식이 : 식을 이용하여 조건을 지정함
  - 필드에 포커스가 있음 : 해당 필드로 포커스가 이동될 때 적용할 서식을 지정함
- 컨트롤 값이 변경되어 조건에 만족하지 않으면 적용된 서식이 해제된다.

핵심 222 도메인 계산 함수

- 도메인 계산 함수는 레코드 집합에 대한 통계를 계산하는 함수로, 인수에는 필드 이름, 폼의 컨트롤, 상수, 함수, 도메인 등을 사용하며 도메인에는 테이블이나 쿼리가 포함된다.
- 도메인 함수에 사용되는 인수들은 각각을 큰따옴표(" ")로 묶어야 하며, 문자열을 연결할 때에는 &를 사용한다.
- 도메인 계산 함수 사용 형식
  - 기본 형식([ ]를 생략해도 됨)

=DLOOKUP("[필드]", "[도메인(테이블/쿼리)]", "조건")

예1 =DLOOKUP("거래처명", "거래처", "거래처코드='A1'")
→ 〈거래처〉 테이블에서 '거래처코드'가 "A1"인 레코드의 '거래처명'을 구한다.

예2 =DLOOKUP("거래처명", "거래처", "거래처코드=1")
→ 〈거래처〉 테이블에서 '거래처코드'가 1인 레코드의 '거래처명'을 구한다.

예3 =DLOOKUP("거래처명", "거래처", "거래처코드=txt거래처코드") 또는
=DLOOKUP("거래처명", "거래처", "거래처코드=" & [txt거래처코드])
→ 〈거래처〉 테이블에서 '거래처코드'가 'txt거래처코드' 컨트롤의 값(숫자 형식)과 같은 레코드의 '거래처명'을 구한다.

예4 =DLOOKUP("거래처명", "거래처", "거래처코드=[txt거래처코드]") 또는
=DLOOKUP("거래처명", "거래처", "거래처코드=' " & [txt거래처코드] & " ' ")
→ 〈거래처〉 테이블에서 '거래처코드'가 'txt거래처코드' 컨트롤의 값(문자 형식)과 같은 레코드의 '거래처명'을 구한다.

- 도메인 함수 종류

함수	설명
DAVG(인수, 도메인, 조건)	도메인에서 조건에 맞는 자료를 대상으로 지정된 인수의 평균을 계산함
DSUM(인수, 도메인, 조건)	도메인에서 조건에 맞는 자료를 대상으로 지정된 인수의 합계를 계산함
DCOUNT(인수, 도메인, 조건)	도메인에서 조건에 맞는 자료를 대상으로 지정된 인수의 개수를 계산함
DMIN(인수, 도메인, 조건)	도메인에서 조건에 맞는 자료를 대상으로 지정된 인수의 최소값을 계산함
DMAX(인수, 도메인, 조건)	도메인에서 조건에 맞는 자료를 대상으로 지정된 인수의 최대값을 계산함
DLOOKUP(인수, 도메인, 조건)	도메인에서 조건에 맞는 인수를 표시함

잠깐만요 SQL 함수
AVG/SUM/COUNT/MAX/MIN은 필드의 평균/합계/개수/최대값/최소값을 구합니다.

01. 다음 중 [학생] 테이블에서 '점수'가 60 이상인 학생들의 인원수를 구하는 식으로 옳은 것은? (단, '학번' 필드는 [학생] 테이블의 기본키이다.) 25.상시, 24.상시, 23.상시, 22.상시, 21.상시, 20.상시, 19.상시, …

① =DCount("[학생]", "[학번]", "[점수] >= 60")
② =DCount("[학번]", "[학생]", "[점수] >= 60")
③ =DLookUp("[학생]", "[학번]", "[점수] >= 60")
④ =DLookUp("*", "[학생]", "[점수] >= 60")

조건에 맞는 레코드의 개수를 구하는 'DCOUNT(인수, 도메인, 조건)' 함수는 도메인(학생 테이블)에서 조건(점수가 60 이상인)에 맞는 레코드 중 인수(학번)로 지정된 필드에 값이 들어 있는 레코드의 개수를 구합니다.

02. 다음 중 폼 바닥글의 텍스트 상자의 컨트롤 원본으로 〈사원〉 테이블에서 직급이 '부장'인 레코드들의 급여 평균을 구하는 함수식으로 옳은 것은? 22.상시, 21.상시, 20.1, 06.2

① =DAVG("[급여]", "[사원]", "[직급]='부장'")
② =DAVG("[사원]", "[급여]", "[직급]='부장'")
③ =AVG("[급여]", "[사원]", "[직급]='부장'")
④ =AVG("[사원]", "[급여]", "[직급]='부장'")

25.상시, 24.상시, 23.상시, 21.상시, 19.1, 15.2, 13.1, 12.3, 12.2, 11.3, … 1260189

핵심 223 | 보고서의 개요 액세스 실습 11 ☞ 43쪽

- 이미 만들어진 테이블이나 질의 등의 데이터를 요약하거나 그룹화하여 종이에 출력하기 위한 개체이다.
- 사용자는 보고서를 통해 데이터베이스 안의 데이터를 재조합하여 유용한 형태의 정보로 만들며, 이를 통해 어떤 사항에 대한 예측이나 결정 및 판단을 내릴수 있다.
- 폼과 동일하게 여러 유형의 컨트롤로 데이터를 표시하고, 이벤트 프로시저를 작성할 수 있으나 데이터 입력, 추가, 삭제 등의 작업은 불가능하다.
- 보고서의 레코드 원본으로 테이블, 쿼리, SQL문 등을 지정할 수 있으며, 자료별 평균, 합계, 개수 등의 통계 자료를 표시할 수 있다.
- 외부 데이터를 연결한 테이블을 이용하여 보고서를 작성할 수 있다.
- 보고서는 '디자인 보기' 상태에서 설정하거나 수정한 후 '인쇄 미리 보기'나 '레이아웃 보기' 상태에서 확인할 수 있다.
- 이미 작성된 보고서의 유형은 변경할 수 없으므로, 유형을 변경하려면 원본 개체를 이용하여 보고서를 다시 만들어야 한다.

01. 다음 중 액세스의 보고서에 대한 설명으로 옳은 것은?
25.상시, 24.상시, 23.상시, 21.상시, 19.1, 04.1, 03.4

① 보고서의 레코드 원본으로 테이블, 쿼리, 엑셀과 같은 외부 데이터, 매크로 등을 지정할 수 있다.
② 보고서 머리글과 보고서 바닥글의 내용은 모든 페이지에 출력된다.
③ 보고서에서도 폼에서와 같이 이벤트 프로시저를 작성할 수 있다.
④ 컨트롤을 이용하지 않고도 보고서에 테이블의 데이터를 표시할 수 있다.

① 보고서의 레코드 원본으로 테이블과 쿼리는 사용할 수 있으나 엑셀과 같은 외부 데이터나 매크로는 사용할 수 없습니다.
② 보고서 머리글은 보고서의 첫 페이지 상단에, 보고서 바닥글은 보고서의 맨 마지막 페이지에 한 번씩만 표시됩니다.
④ 보고서에 테이블의 데이터를 표시하려면, 반드시 컨트롤을 이용해야 합니다.

25.상시, 24.상시, 23.상시, 22.상시, 21.상시, 20.1, 18.상시, 17.2, 16.1, … 4316902

핵심 224 | 보고서 보기 형태 액세스 실습 11 ☞ 43쪽

- **인쇄 미리 보기** : 종이에 출력되는 모양 전체를 미리 볼 때 사용함
- **보고서 보기**
  - 출력될 보고서를 미리보는 기능으로, 종이가 아니라 화면 출력용이다.
  - '인쇄 미리 보기'와 비슷하지만 페이지 구분 없이 보고서를 모두 표시한다.
- **레이아웃 보기**
  - '보고서 보기'와 '디자인 보기'를 혼합한 형태이다.
  - 보고서로 출력될 실제 데이터와 함께 보고서의 레이아웃을 보여주는 기능으로, 데이터를 보면서 컨트롤의 크기 및 위치, 그룹 수준 및 합계를 변경하거나 추가할 수 있다.
- **디자인 보기** : 컨트롤 도구를 이용하여 보고서를 만들거나 수정할 수 있는 형태로, '레이아웃 보기' 보다 설정 가능한 속성은 더 많지만, 실제 데이터는 표시되지 않음

01. 다음은 보고서 보기 형태에 대한 내용이다. ㉠, ㉡에 알맞은 형태는 무엇인가? 24.상시, 23.상시, 22.상시, 21.상시

> - ㉠ : 보고서로 출력될 실제 데이터를 보면서 컨트롤의 크기 및 위치를 변경할 수 있다.
> - ㉡ : 컨트롤 도구를 이용하여 보고서를 만들거나 수정할 수 있는 형태로, 실제 데이터는 표시되지 않는다.

① ㉠ 레이아웃 보기, ㉡ 디자인 보기
② ㉠ 인쇄 미리 보기, ㉡ 레이아웃 보기
③ ㉠ 디자인 보기, ㉡ 보고서 보기
④ ㉠ 레이아웃 보기, ㉡ 보고서 보기

02. 보고서에 대한 설명으로 옳지 않은 것은? 25.상시, 23.상시, 22.상시, 20.1, 15.3

① 보고서는 데이터를 출력하기 위한 개체이다.
② '보고서 보기' 형식을 이용하면 페이지 별로 인쇄되는 형태를 확인할 수 있다.
③ 보고서를 PDF, XPS 형식으로 내보낼 수 있다.
④ 레코드 원본에 SQL 문장을 입력하면 질의 결과를 대상으로 하는 보고서를 작성할 수 있다.

> '보고서 보기' 형식은 보고서를 페이지 구분 없이 모두 표시합니다.

25.상시, 24.상시, 23.상시, 22.상시, 21.상시, 20.1, 19.상시, 19.1, 18.상시, ···   1260190

핵심 225 보고서의 구성 액세스 실습 12 ☞ 44쪽

- 보고서는 기본적으로 보고서 머리글, 보고서 바닥글, 본문, 페이지 머리글, 페이지 바닥글 구역과 컨트롤, 각 구역의 선택기 등으로 구성된다.
- 보고서 머리글/바닥글, 페이지 머리글/바닥글 구역은 표시하거나 숨길 수 있으며, 그룹을 설정한 경우 그룹 머리글과 그룹 바닥글을 설정할 수 있다.

보고서 머리글	• 보고서의 첫 페이지 상단에 한 번 표시됨 • 로고, 보고서 제목, 날짜 등을 삽입함
페이지 머리글	• 보고서 모든 페이지의 상단에 표시되며, 첫 페이지에는 보고서 머리글 다음에 표시됨 • 열 제목 등을 삽입함
그룹 머리글	• 그룹이 지정될 경우 그룹의 상단에 반복적으로 표시됨 • 그룹의 이름, 요약 정보 등을 삽입함 • '그룹, 정렬 및 요약' 창에서 설정함
본문	실제 데이터가 반복적으로 표시되는 부분
그룹 바닥글	• 그룹이 지정될 경우 그룹의 하단에 반복적으로 표시됨 • 그룹별 요약 정보 등을 삽입함 • '그룹, 정렬 및 요약' 창에서 설정함
페이지 바닥글	각 페이지 하단에 표시되며, 주로 날짜나 페이지 번호를 삽입함
보고서 바닥글	• 보고서의 맨 마지막 페이지에 표시됨 • 보고서 총계나 평균 또는 안내 문구 등을 삽입함 • 디자인 보기 상태에서는 가장 마지막 구역에 표시되고 인쇄 미리 보기 상태에서는 마지막 페이지의 페이지 바닥글 위쪽에 한 번만 표시됨

---

01. 다음 중 아래 보고서에 대한 설명으로 옳지 않은 것은? 단, 이 보고서는 전체 4페이지이며, 현재 페이지는 2페이지이다. 24.상시, 23.상시, 22.상시, 20.1, 14.3, 14.2, 13.1

거래처별 제품목록				
거래처명	제품번호	제품이름	단가	재고량
㈜맑은세상	20	C-BR렌즈	₩50,000	3
	14	바슈롬렌즈	₩35,000	15
	15	아쿠아렌즈	₩50,000	22
제품수:	3		총재고량:	40
거래처명	제품번호	제품이름	단가	재고량
참아이㈜	9	선글라스C	₩170,000	10
	8	선글라스B	₩120,000	46
	7	선글라스A	₩100,000	23

2 / 4

① '거래처명'을 표시하는 컨트롤은 '중복 내용 숨기기' 속성이 '예'로 설정되어 있다.
② '거래처명'에 대한 그룹 머리글 영역이 만들어져 있고, '반복 실행 구역' 속성이 '예'로 설정되어 있다.
③ '거래처명'에 대한 그룹 바닥글 영역이 설정되어 있고, 요약 정보를 표시하고 있다.
④ '거래처별 제품목록'이라는 제목은 '거래처명'에 대한 그룹 머리글 영역에 만들어져 있다.

> '거래처별 제품목록'이라는 제목은 현재 페이지가 2페이지라는 것과 페이지 맨 위에 한 번 표시된 것으로 보아 페이지 머리글에 삽입된 것을 알 수 있습니다.

02. 다음 〈보기〉와 같이 거래처별 수금액의 합계를 표시하려고 할 때 가장 적합한 보고서 영역은? 24.상시, 23.상시, 21.상시, 12.1, 08.3, 08.1

〈보기〉 | 수금액 합계 | =Sum([수금액]) |

① 보고서 머리글
② 페이지 바닥글
③ 거래처명 바닥글
④ 본문

> 거래처별 수금액의 합계와 같이 그룹별로 구분되는 자료는 그룹 머리글이나 그룹 바닥글에 표시합니다.

25.상시, 24.상시, 23.상시, 22.상시, 21.상시, 20.2, 18.상시, 17.2, 14.1, …

핵심 226 | 보고서 만들기

- 보고서에 표시될 필드나 컨트롤 등을 보고서에 배치하는 작업이다.
- 보고서는 테이블, 쿼리, SQL문을 레코드 원본으로 하여 작성한다.
- 마법사 이용하기
  - 정해진 절차에 따라 설정 사항을 지정하면 보고서를 자동으로 만들어 준다.
  - 레코드 원본, 필드, 레이아웃, 서식 등을 직접 선택하여 보고서를 작성할 수 있다.
  - 여러 개의 테이블이나 쿼리를 대상으로 필드를 선택하여 보고서를 작성할 수 있다.
  - 최대 4개의 필드를 대상으로 오름차순, 내림차순 기준으로 정렬을 설정할 수 있다.
  - 1단계(원본 데이터와 필드 선택) → 2단계(데이터 표시 형식 선택) → 3단계(그룹 수준 선택) → 4단계(요약 옵션 선택) → 5단계(보고서 모양 선택) → 6단계(보고서 이름 지정)
  - 보고서 마법사 도구 : 보고서 마법사, 레이블, 업무 문서 양식 마법사, 우편 엽서 마법사
- 그룹화 옵션
  - 그룹으로 지정할 필드의 그룹화 간격을 지정한다.
  - 그룹 수준을 지정한 후에만 그룹화 옵션을 선택할 수 있다.
- 요약 옵션
  - 숫자 필드를 요약하여 합계, 평균, 최소, 최대 값을 계산해 준다.
  - 요약한 그룹의 내용과 요약 결과를 모두 출력하거나 요약 결과만을 출력할 수 있다.
  - 전체 합계에 대한 그룹 합계의 비율을 계산한다.

01. 다음 중 [보고서 마법사]에 대한 설명으로 옳지 않은 것은?

25.상시, 24.상시, 23.상시

① 최대 4개의 필드를 대상으로 오름차순, 내림차순, 사용자 지정 목록으로 정렬을 설정할 수 있다.
② [요약 옵션]에서 합계에 대한 총계 비율 계산 여부를 지정할 수 있다.
③ [요약 옵션]은 한 개 이상의 숫자 필드가 있어야 활성화 된다.
④ [그룹화 옵션]을 이용하여 그룹 수준 필드와 그룹화 간격을 설정할 수 있다.

> '보고서 마법사'에서 정렬할 필드는 최대 4개까지 지정할 수 있으며, 정렬 기준은 오름차순이나 내림차순만 지정할 수 있습니다.

02. 다음 중 보고서에 대한 설명으로 옳지 않은 것은?

25.상시, 24.상시

① 보고서에 포함할 필드가 모두 한 테이블에 있는 경우 해당 테이블을 레코드 원본으로 사용한다.
② 둘 이상의 테이블을 이용하여 보고서를 작성하는 경우 쿼리를 만들어 레코드 원본으로 사용한다.
③ '보고서' 도구를 사용하면 정보를 입력하지 않아도 바로 보고서가 생성되므로 매우 쉽고 빠르게 보고서를 만들 수 있다.
④ '보고서 마법사'를 이용하는 경우 필드 선택은 여러 개의 테이블 또는 하나의 쿼리에서만 가능하며, 데이터 그룹화 및 정렬 방법을 지정할 수도 있다.

> '보고서 마법사'를 이용하는 경우에는 여러 개의 테이블 또는 여러 개의 쿼리에서 필드를 선택할 수 있습니다. 단 선택된 필드가 포함된 테이블들은 서로 관계가 설정되어 있어야 합니다.

25.상시, 24.상시, 22.상시, 15.2, 14.2, 13.3, 11.1, 10.2, 09.1, 08.2, 03.3

핵심 227 | 페이지 설정하기

- 페이지 설정은 쿼리나 폼, 보고서 등을 인쇄하기 위해 여백, 용지 방향 등을 설정하는 작업이다.
- 쿼리나 폼, 보고서마다 용지의 방향, 크기, 여백 등을 다르게 지정할 수 있다.
- 페이지 설정할 개체를 실행한 후 [파일] → [인쇄] → [인쇄 미리 보기]를 선택한 다음 [인쇄 미리 보기] → [페이지 레이아웃] → [페이지 설정]을 클릭하여 수행한다.
- '페이지 설정' 대화상자
  - '인쇄 옵션' 탭

여백	밀리미터 단위로 위쪽, 아래쪽, 왼쪽, 오른쪽의 여백을 설정함
보기	설정한 여백을 미리 볼 수 있음
데이터만 인쇄	• 인쇄시 레이블과 컨트롤 테두리, 눈금선 및 선이나 상자 같은 그래픽의 출력 여부를 지정함 • 데이터시트를 인쇄할 경우에는 '데이터만 인쇄' 옵션 대신 '머리글 인쇄' 옵션이 표시됨
분할 표시 폼	분할 표시 폼 인쇄시 폼만 인쇄할지, 데이터시트만 인쇄할지 여부를 지정함

  - '페이지' 탭

용지 방향	용지 방향을 세로 또는 가로로 선택함
용지	용지 크기와 용지 공급 방법을 선택함
프린터	프린터 유형을 선택함

  - '열' 탭

눈금 설정	• 여러 열로 구성된 보고서나 레이블을 인쇄할 때 눈금선 설정을 조절함 • 열 개수 − 한 페이지에 인쇄할 열의 개수를 의미함 − 지정한 값은 인쇄나 인쇄 미리 보기 상태에서만 확인할 수 있음 • 행 간격 : 레코드와 레코드 사이의 간격을 의미함 • 열 간격 : 열과 열 사이 공백의 간격을 의미함
열 크기	• 여러 열로 구성된 보고서나 레이블을 인쇄할 때 열의 크기를 조절함 • 본문과 같게 : 열의 너비와 높이를 본문의 너비와 높이에 맞춰 인쇄함
열 레이아웃	• 여러 열로 구성된 레코드의 배치 순서를 설정함 • 행 우선은 출력할 레코드를 왼쪽 열부터 다음 열로 이동하여 배치하고, 열 우선은 한 행의 열을 모두 배치한 후 다음 행으로 이동하여 배치하여 출력함

01. 다음 중 보고서의 레이아웃 보기와 디자인 보기에 대한 설명으로 옳지 않은 것은?
25.상시

① '디자인 보기'는 컨트롤 도구를 이용하여 보고서를 만들거나 수정할 수 있는 형태로, 실제 데이터는 표시되지 않는다.
② '레이아웃 보기'는 출력될 실제 데이터를 보면서 컨트롤의 크기 및 위치, 그룹 수준 및 합계를 변경하거나 추가할 수 있다.
③ '디자인 보기'가 '레이아웃 보기'보다 설정 가능한 속성이 더 많다.
④ [페이지 설정] 대화상자에서 열의 개수를 2로 지정하면 '레이아웃 보기' 상태에서 열이 표시된다.

'페이지 설정' 대화상자의 [열] 탭에서 지정하는 값은 인쇄나 인쇄 미리 보기 상태에서 확인할 수 있는 내용으로, '레이아웃 보기' 상태에서는 확인할 수 없습니다.

02. 다음 중 [페이지 설정] 대화상자에서 설정할 수 없는 것은?
24.상시

① 프린터 선택
② 머리글/바닥글
③ 인쇄 여백
④ 용지 방향

'페이지 설정' 대화상자에서 머리글/바닥글은 설정할 수 없습니다.

01. 다음 중 보고서에 대한 설명으로 옳지 않은 것은?
25.상시, 24.상시

① 보고서는 데이터를 출력하기 위한 개체이다.
② 보고서의 컨트롤에서는 컨트롤 원본을 사용하여 특정 필드에 바운드 시킬 수 있다.
③ 레코드 원본에 SQL문장을 입력하면 질의 결과를 대상으로 하는 보고서를 작성할 수 있다.
④ 보고서의 레코드 원본으로 테이블, 쿼리나 기존 보고서를 지정할 수 있다.

보고서의 레코드 원본으로 테이블, 쿼리, SQL문 등을 지정할 수 있지만 보고서를 지정할 수는 없습니다.

02. 다음 중 보고서의 레코드 원본에 대한 설명으로 옳지 않은 것은?
25.상시

① 필요한 필드가 하나의 테이블에 있는 경우 해당 테이블을 레코드 원본으로 지정할 수 있다.
② 쿼리를 레코드 원본으로 지정할 수 있다.
③ 여러 개의 테이블을 연결한 질의문을 만들어 레코드 원본으로 지정할 수 있다.
④ 식 작성기로 입력한 수식을 레코드 원본으로 지정할 수 있다.

식 작성기로 입력한 수식을 보고서의 레코드 원본으로 지정할 수 없습니다.

25.상시, 24.상시, 22.상시, 21.상시, 18.1, 15.3, 13.2, 12.2, 11.3, 10.3, 10.1, …

핵심 228 보고서의 주요 속성

레코드 원본	• 사용할 데이터의 원본을 설정함 • 테이블, 쿼리, SQL문 등을 지정함
필터	추출 조건으로 사용할 필터 설정
필터 사용	지정된 필터의 사용 여부 설정
정렬 기준	정렬할 기준 설정
반복 실행 구역	그룹 머리글의 속성으로 해당 머리글을 매 페이지마다 표시할지의 여부를 지정함
기본 보기	• 보고서 보기 형식을 지정하는 것으로, '보고서 보기'와 '인쇄 미리 보기' 중 하나를 선택할 수 있음 • 보고서 보기 : 인쇄 미리 보기와 비슷하지만 페이지의 구분 없이 화면에 보고서를 표시함 • 인쇄 미리 보기 : 보고서 전체를 종이에 출력되는 형태 그대로 화면에 보여줌

25.상시, 24.상시, 23.상시, 22.상시, 21.상시, 20.1, 19.2, 18.상시, 17.1, …

핵심 229 보고서의 정렬 및 그룹화

• 그룹화란 특정한 필드의 값을 기준으로 데이터를 구분하여 표시하는 기능이다.
• 그룹화의 기준이 되는 필드를 선택하면 기본적으로 정렬 순서가 오름차순으로 설정되어 표시되지만 사용자가 정렬 기준을 임의로 변경할 수 있다.
• 그룹을 만들려면 머리글 구역이나 바닥글 구역 중 하나 이상을 설정해야 한다.
• 그룹을 삭제하면 그룹 머리글이나 바닥글 구역에 삽입된 컨트롤들도 모두 삭제된다.
• 보고서에서는 필드나 식을 기준으로 10개까지 그룹화할 수 있다.
• 날짜 데이터는 연도별, 분기별, 월별, 주별, 일별로 그룹화할 수 있다.
• 문자열 데이터는 첫 문자, 처음 두 문자, 사용자 지정 문자 등을 기준으로 그룹화 할 수 있다.
• 숫자 데이터는 전체 값, 5/1/100/1000 단위, 사용자 지정 간격을 기준으로 그룹화할 수 있으며, 함수를 사용하면 첫 번째 숫자를 기준으로도 그룹화할 수 있다.
• 실행 방법 : 디자인 보기 상태에서 다음과 같이 수행한다.
  방법1 [보고서 디자인] → [그룹화 및 요약] → [그룹화 및 정렬] 클릭
  방법2 보고서의 바로 가기 메뉴에서 [정렬 및 그룹화] 선택

01. 다음 중 그룹화에 대한 설명으로 옳지 않은 것은?   24.상시

① 그룹으로 지정된 필드의 정렬 기준은 기본적으로 오름차순으로 정렬된다.
② 숫자 데이터는 첫 문자나 처음 두 문자를 기준으로 그룹화할 수 있다.
③ 그룹화 할 필드가 날짜 데이터이면 일·주·월·분기·연도를 기준으로 그룹화할 수 있다.
④ 그룹을 만들려면 머리글 구역 표시나 바닥글 구역 표시 중 하나 이상을 설정해야 한다.

> • 숫자 데이터는 전체 값, 5/1/100/1000 단위, 사용자 지정 간격을 기준으로 그룹화할 수 있습니다.
> • 첫 문자나 처음 두 문자를 기준으로 그룹화할 수 있는 데이터 형식은 문자열 데이터입니다.

02. 다음 중 보고서의 그룹화에 대한 설명으로 옳지 않은 것은?   24.상시, 23.상시, 22.상시, 21.상시, 19.2

① 그룹 머리글과 그룹 바닥글에는 그룹별 요약 정보를 삽입할 수 있다.
② 그룹화 기준이 되는 필드는 데이터가 정렬되어 표시된다.
③ 보고서 마법사를 이용하여 기본적인 그룹화 보고서를 작성할 수 있다.
④ 그룹화 기준은 한 개의 필드로만 지정할 수 있다.

> 두 개 이상의 필드로 그룹을 지정할 경우 첫 번째 기준에 대해 동일한 레코드가 나오면 두 번째 필드를 기준으로 다시 그룹이 지정됩니다.

01. 보고서 작성 시 사용되는 여러 종류의 마법사 중 다음과 같은 출력물 작성에 가장 적합한 것은?   25.상시, 24.상시

강남구 개포동 326-9호 가남경리부	서울시 강동구 천호3동 185-5호 개성전자경리부
용산구 한강로7가 12-17 골드아이경리부	용산구 한강로10가 18-13 동아후로킹경리부
용산구 한강로11가 12-31 리치경리부	용산구 한강로11가 13-19 멀티클럽경리부

① 업무 양식 마법사   ② 우편 엽서 마법사
③ 레이블 마법사   ④ 보고서 마법사

> 문제에 제시된 그림과 같이 주소가 반복되는 우편 발송용 레이블을 만드는 보고서는 레이블 보고서로, 레이블 마법사를 이용해서 작성할 수 있습니다.

02. 다음 중 하위 보고서에 대한 설명으로 옳지 않은 것은?   23.상시, 21.상시, 18.2, 18.1

① 관계 설정에 문제가 있을 경우, 하위 보고서가 제대로 표시되지 않을 수 있다.
② 디자인 보기 상태에서 하위 보고서의 크기 조절 및 이동이 가능하다.
③ 테이블, 쿼리, 폼 또는 다른 보고서를 이용하여 하위 보고서를 작성할 수 있다.
④ 하위 보고서에는 그룹화 및 정렬 기능을 설정할 수 없다.

> 주 보고서와 하위 보고서에 모두 그룹화 및 정렬 기능을 설정할 수 있습니다.

25.상시, 24.상시, 23.상시, 22.상시, 21.상시, 20.상시, 20.2, 19.상시, 18.2, …

핵심 230   보고서의 종류

레이블 보고서	• 우편 발송용 레이블을 만드는 기능 • 레이블 크기, 레이블 형식, 텍스트 모양, 사용 가능한 필드, 정렬 기준, 보고서 이름 등을 지정함 • 사용자가 크기와 형식을 지정하여 레이블을 만들 수 있음 • 우편물 레이블 마법사에서 한 줄에 추가 가능한 필드의 개수는 최대 10개임
업무 문서 양식 보고서	거래명세서, 세금계산서 등과 같은 표준으로 정의된 업무용 문서 양식에 맞게 출력하는 기능
크로스탭 보고서	• 보고서를 가로, 세로 방향으로 모두 그룹화하고, 그룹화한 데이터에 대해 합, 개수, 평균 등의 계산을 수행한 것 • 여러 개의 열로 이루어지고, 그룹 머리글과 그룹 바닥글, 세부 구역이 각 열마다 나타나는 형태임 • 크로스탭 쿼리를 레코드 원본으로 지정함
하위 보고서	• 보고서 안에 삽입되는 또 하나의 보고서를 의미하는 것으로, 일대다 관계에 있는 테이블이나 쿼리를 효과적으로 표시할 수 있음 • 하위 보고서가 포함된 보고서에서 '일'에 해당하는 보고서가 주(기본) 보고서이고, '다'에 해당하는 보고서가 하위 보고서임 • 주 보고서와 하위 보고서는 관련된 필드로 연결되어 있으므로 하위 보고서에는 주 보고서의 현재 레코드와 관련된 레코드만 표시됨 • 테이블, 쿼리, 폼, 다른 보고서를 이용하여 하위 보고서를 작성할 수 있음 • 보고서에 삽입된 하위 보고서도 일반 컨트롤과 동일하게 디자인 보기 상태에서 크기 조절 및 이동이 가능함 • 일반적으로 사용할 수 있는 하위 보고서의 개수에는 제한이 없고, 하위 보고서를 7개의 수준까지 중첩시킬 수 있음 • 그룹화 및 정렬 기능을 설정할 수 있음

25.상시, 24.상시, 23.상시, 22.상시, 21.상시, 20.상시, 20.2, 19.상시, 19.1, …

핵심 231   머리글/바닥글에 페이지 번호 표시

• 보고서에 현재 날짜와 시간, 인쇄 페이지 수를 표시하는 기능으로, 주로 페이지 머리글과 페이지 바닥글을 이용한다.

• [보고서 디자인] → [머리글/바닥글]의 '📅(날짜 및 시간)', '📄(페이지 번호)' 등을 이용하여 쉽고 간단하게 삽입할 수 있다.

• '페이지 번호' 대화상자

❶ 형식
- N 페이지 : 현재 페이지 번호만 표시한다.
  ="페이지 " & [Page] → 페이지 1
- N / M 페이지 : '현재 페이지 / 전체 페이지' 형식으로 표시한다.
  =[Page] & "/" & [Pages] & "페이지" → 1/10페이지
❷ 위치 : 페이지 번호가 표시될 위치를 지정함(위쪽, 아래쪽)
❸ 맞춤 : 페이지 번호의 정렬 방식을 지정함(왼쪽, 가운데, 오른쪽, 안쪽, 바깥쪽)
❹ 첫 페이지에 페이지 번호 표시 여부를 지정한다.

- 텍스트 상자 컨트롤을 페이지 머리글이나 바닥글에 생성한 후 컨트롤 원본에 페이지 번호 표시 형식을 직접 입력할 수도 있다.
  - 큰따옴표(" ") : 큰따옴표(" ") 안의 내용을 그대로 표시함
  - [Page] : 현재 페이지를 표시함
  - [Pages] : 전체 페이지를 표시함
  - & : 식이나 문자열을 연결함
- Format 함수를 사용하면 형식을 지정하여 표시할 수 있다.
  - Format(인수, 형식) : 인수를 형식에 맞게 표시함

---

01. 다음 중 보고서에서 '페이지 번호'를 표현하는 식과 그 결과의 연결이 옳은 것은? (단, 전체 페이지는 3이고, 현재 페이지는 1이다.) 24.상시, 23.상시, 21.상시, 20.상시, 19.상시, 19.1, 18.2, 16.2, 15.2, 15.1, 13.3, …

① =[Page] → 3
② =[Page]& "페이지" → 1& 페이지
③ =Format([Page], "000") → 1000
④ =[Page]& "/"& [Pages]& "페이지" → 1/3페이지

다른 보기들의 올바른 표시 결과를 확인하세요.
① 1
② 1페이지
③ 001

25.상시, 24.상시, 23.상시, 22.상시, 21.상시, 19.2, 19.1, 13.1, 11.2, 10.3   3218803

핵심 232 머리글/바닥글에 집계 정보 표시

- 텍스트 상자 컨트롤을 이용하여 합계, 평균, 레코드 개수 등과 같은 요약 정보를 표시할 수 있다.
- 집계 정보를 그룹 머리글/바닥글에 입력하면 각 그룹마다, 보고서 머리글/바닥글에 입력하면 보고서의 맨 앞/마지막 페이지에 집계 정보가 표시된다.
- 페이지 머리글/바닥글에는 함수를 이용하여 레코드의 개수, 합계, 평균 등의 요약 정보를 표시할 수 없다.
- NOW( ) : 현재 날짜와 시간을 표시함
- DATE( ) : 현재 날짜만 표시함
- TIME( ) : 현재 시간만 표시함
- COUNT(인수) : 인수의 개수를 계산함
- SUM(인수) : 인수의 합계를 계산함
- FORMAT(인수, 형식) : 인수를 형식에 맞게 표시함

---

01. 아래와 같이 보고서의 그룹 바닥글에 도서의 총 권수와 정가의 합계를 인쇄하고자 한다. 다음 중 총 권수와 정가 합계 두 컨트롤의 수식으로 옳은 것은? 25.상시, 22.상시, 21.상시, 19.1

출판사 : 다림[(02)860-2000]			
도서코드	도서명	저자	정가
A547	자전거 도둑	박완서	7000
A914	와인	김준철	25000
총 : 2권		정가합계 : 32000	

① =Count([정가]) & "권", =Total([정가])
② =CountA([정가]) & "권", =Sum([정가])
③ =CountA([도서명]) & "권", =Total([정가])
④ =Count(*) & "권", =Sum([정가])

개수를 구하는 함수는 COUNT, 합계를 구하는 함수는 SUM입니다.

25.상시, 24.상시, 23.상시, 22.상시, 14.1, 13.2, 12.3, 11.2, 07.4, 07.1, …   3218804

핵심 233 머리글/바닥글에 누적 합계 표시

- 보고서 텍스트 상자 컨트롤에만 적용되는 속성으로 보고서에서 레코드나 그룹별로 누적값을 계산하는 기능이다.
- 컨트롤 속성에서 '데이터' 탭의 '누적 합계' 속성을 이용한다.

아니요	기본값으로, 현재 레코드의 원본으로 사용하는 필드의 데이터를 텍스트 상자에 표시함
그룹	그룹별로 누적 합계를 계산하여 표시함
모두	그룹에 관계없이 보고서의 끝까지 값이 누적됨

- 컨트롤 원본을 =1로 설정하고 누적 합계 속성을 '그룹'으로 설정하면 그룹별로 일련번호가 입력되고, '모두'로 설정하면 전체에 대한 일련번호가 입력된다.

---

01. 다음 중 보고서에서 순번 항목과 같이 그룹 내의 데이터에 대한 일련번호를 표시하기 위해 텍스트 상자 컨트롤의 속성을 설정하는 방법으로 옳은 것은? 25.상시, 24.상시, 23.상시, 22.상시, 14.1, 13.2, …

제품정보			
삼성전자			
순번	제품번호	제품명	단가
1	P001	오디오	300
	총 제품수 :	1	
LG			
순번	제품번호	제품명	단가
1	P002	오디오	1440
2	P003	비디오	1700
3	P008	세탁기	3000
4	P011	김치냉장고	1200
	총 제품수 :	4	
대우전자			
순번	제품번호	제품명	단가

① 텍스트 상자의 컨트롤 원본을 '=1'로 지정하고, 누적 합계 속성을 '그룹'으로 지정한다.
② 텍스트 상자의 컨트롤 원본을 '+1'로 지정하고, 누적 합계 속성을 '그룹'으로 지정한다.
③ 텍스트 상자의 컨트롤 원본을 '+1'로 지정하고, 누적 합계 속성을 '모두'로 지정한다.
④ 텍스트 상자의 컨트롤 원본을 '=1'로 지정하고, 누적 합계 속성을 '모두'로 지정한다.

02. 다음 중 매크로에 대한 설명으로 옳지 않은 것은? 24.상시

① 매크로는 작업을 자동화하고 폼, 보고서 및 컨트롤에 기능을 추가하는 데 사용되는 도구이다.
② 매크로를 컨트롤의 이벤트 속성에 포함시킬 수 있다.
③ 컨트롤에 포함된 매크로를 포함하여 모든 매크로가 '탐색' 창의 매크로 개체에 표시된다.
④ 데이터베이스 파일이 열릴 때 자동으로 실행되는 매크로를 정의하려면, 매크로 이름을 AutoExec로 지정한다.

> 매크로 개체는 탐색 창의 '매크로'에 표시되지만 폼이나 보고서에 포함된 매크로는 표시되지 않습니다.

24.상시, 22.상시, 21.상시, 20.1, 19.상시, 19.2, 18.2, 18.1, 17.2, 16.1, 12.1, … 4317701

핵심 234 매크로

- 액세스에서 매크로란 테이블, 쿼리, 폼, 보고서 등 액세스 각 개체들을 효율적으로 자동화할 수 있도록 미리 정의된 기능을 사용하는 것이다.
- 매크로 함수는 주로 컨트롤의 이벤트에 연결하여 사용한다.
- 하나의 매크로 그룹에 여러 개의 매크로를 만들 수 있고, 하나의 매크로에 여러 개의 매크로 함수를 지정할 수 있다.
- 선택된 매크로 함수가 여러 개인 경우 실행 시 위에서 아래의 순서로 실행된다.
- 조건에 맞는 경우에만 실행되도록 하는 조건 매크로를 작성할 수 있다.
- 데이터베이스 파일이 열릴 때 자동으로 실행되는 자동 매크로를 정의하려면 매크로 이름 란에 **AutoExec**를 입력한다.
- 자동 실행 매크로가 실행되지 않게 하려면 Shift를 누른 채 데이터베이스 파일을 연다.
- 매크로 개체는 탐색 창의 '매크로'에 표시되지만 폼이나 보고서에 포함된 매크로는 표시되지 않는다.

01. 다음 중 매크로에 대한 설명으로 옳지 않은 것은?
22.상시, 21.상시, 19.2, 18.2

① 매크로는 작업을 자동화하고 폼, 보고서 및 컨트롤에 기능을 추가하는 데 사용되는 도구이다.
② 특정 조건이 참일 때에만 매크로 함수를 실행하도록 설정할 수 있다.
③ 하나의 매크로에는 하나의 매크로 함수만 포함될 수 있다.
④ 매크로를 컨트롤의 이벤트 속성에 포함시킬 수 있다.

> 매크로를 실행하여 메시지를 표시한 후 폼을 닫는 것과 같이 하나의 매크로에 여러 개의 매크로 함수를 포함할 수 있습니다.

25.상시, 24.상시, 23.상시, 22.상시, 21.상시, 20.2, 14.3, 12.1, 11.2, 05.4, … 3260199

핵심 235 폼과 보고서 관련 매크로 함수

매크로 함수	설명
ApplyFilter	테이블이나 쿼리로부터 레코드를 필터링함
FindNextRecord	특정 조건을 만족하는 레코드 중 현재 검색된 레코드의 다음 레코드를 검색함
FindRecord	특정 조건을 만족하는 레코드 중 첫 번째 레코드를 검색함
GoToControl	특정 컨트롤로 포커스를 이동시킴
GoToPage	현재 폼에서 커서를 지정한 페이지의 첫 번째 컨트롤로 이동시킴
GoToRecord	• 특정 레코드로 포인터를 이동시킴 • First, Last, Previous, Next 등의 인수가 사용됨

01. 활성화된 폼에서 옵션 단추의 선택 여부에 따라 해당 텍스트 상자 컨트롤로 포커스(Focus)를 자동 이동하려고 한다. 다음 중 이 작업을 위해 사용되는 매크로 함수로 옳은 것은? 25.상시, 24.상시

① OpenForm
② GoToControl
③ GoToRecord
④ SetValue

02. 다음 중 매크로 함수에 대한 설명으로 옳지 않은 것은?
25.상시, 23.상시, 22.상시, 20.2

① FindRecord : 조건에 맞는 모든 레코드를 검색한다.
② ApplyFilter : 테이블이나 쿼리로부터 레코드를 필터링한다.
③ OpenReport : 작성된 보고서를 호출하여 실행한다.
④ MessageBox : 메시지 상자를 통해 경고나 알림 등의 정보를 표시한다.

> FindRecord 함수는 현재 폼이나 데이터시트에서 지정한 조건에 맞는 첫 번째 레코드를 찾습니다.

핵심 236 실행 관련 매크로 함수

RunMenuCommand	액세스에서 제공하는 명령을 실행함
QuitAccess	액세스를 종료함
RunCode	프로시저를 실행함
RunMacro	매크로를 실행함
RunSQL	SQL문을 실행함
RunApplication	메모장, 엑셀 등의 응용 프로그램을 실행함
CancelEvent	• 이벤트를 취소함 • 인수가 없음
OpenQuery	쿼리를 데이터 시트 보기, 디자인 보기, 인쇄 미리 보기 등으로 엶
OpenForm	폼을 폼 보기, 디자인 보기, 인쇄 미리 보기, 데이터 시트 보기 등으로 엶
OpenReport	보고서를 데이터 시트 보기, 디자인 보기, 인쇄 미리 보기 등으로 엶
CopyObject	데이터베이스 개체를 복사함
Requery	개체의 컨트롤 원본을 갱신함
CloseWindow	폼이나 테이블, 쿼리 등 활성화되어 있는 데이터베이스 개체를 닫음
MessageBox	메시지 상자를 통해 경고나 알림 등의 정보를 표시함

01. 다음 매크로 함수에 대한 설명으로 옳지 않은 것은?

① FindRecord : 조건에 맞는 첫 번째 레코드를 검색한다.
② GoToControl : 특정 컨트롤로 포커스를 이동시킨다.
③ MessageBox : 메시지 상자를 통해 경고나 알림 등의 정보를 표시한다.
④ CloseWindow : Access를 종료한다.

CloseWindow는 폼, 테이블, 쿼리 등 활성화되어 있는 데이터베이스 개체를 닫는 매크로 함수입니다. Access를 종료하는 매크로 함수는 QuitAccess입니다.

02. 다음 중 매크로 함수에 대한 설명으로 옳지 않은 것은?

① FindRecord : 조건에 맞는 첫 번째 레코드를 검색한다.
② RunMacro : 매크로를 실행한다.
③ MessageBox : 매개 변수 쿼리를 실행한다.
④ OpenQuery : 쿼리를 실행한다.

MessageBox 함수는 경고 또는 정보 메시지가 포함된 메시지 상자를 표시합니다. 쿼리를 실행할 때 사용하는 매크로 함수는 OpenQuery입니다.

03. 다음 중 폼을 디자인 보기나 데이터 시트 보기로 열기 위해 사용하는 매크로 함수는?

① RunMenuCommand　② OpenForm
③ RunMacro　　　　④ RunSQL

핵심 237 이벤트 프로시저

• 이벤트는 마우스 클릭이나 키 누름과 같이 개체에 의해 인식되는 동작이며, 이벤트 프로시저는 특정 개체에 설정된 이벤트가 발생할 때 자동으로 수행되는 프로시저이다.

• 주요 이벤트

이벤트	이벤트 속성	발생 시기
AfterUpdate	After Update	컨트롤이나 레코드의 데이터가 업데이트된 후에 발생함
BeforeUpdate	Before Update	컨트롤이나 레코드의 변경된 데이터가 업데이트되기 전에 발생함
AfterInsert	After Insert	새 레코드가 추가된 후에 발생함
BeforeInsert	Before Insert	새 레코드에 첫 문자를 입력할 때(레코드가 실제로 만들어지기 전) 발생함
Current	On Current	포커스가 임의의 레코드로 이동되어 그 레코드가 현재 레코드가 되거나 폼이 새로 고쳐지거나 다시 질의될 때 발생함
Change	On Change	텍스트 상자의 내용이나 콤보 상자의 텍스트 부분이 바뀔 때, 탭 컨트롤에서 다른 페이지로 이동할 때 발생함
Click	On Click	컨트롤을 마우스 왼쪽 단추로 클릭할 때 발생함
DblClick	On Dbl Click	컨트롤을 마우스 왼쪽 단추로 두 번 클릭할 때 발생함
Activate	On Activate	폼이나 보고서가 활성화될 때 발생함
Deactivate	On Deactivate	Access의 활성 창이 다른 창으로 바뀔 때, 다른 창이 활성 창이 되기 전에 발생함
GotFocus	On Got Focus	컨트롤이나 사용 가능한 컨트롤이 없는 폼이 포커스를 받을 때 발생함
LostFocus	On Lost Focus	폼이나 컨트롤이 포커스를 잃을 때 발생함

01. 다음 중 이벤트의 발생 시기에 대한 설명으로 옳지 않은 것은?

① Deactivate : 폼이나 보고서가 활성화될 때 발생한다.
② AfterInsert : 새 레코드가 추가된 후에 발생한다.
③ AfterUpdate : 컨트롤이나 레코드의 데이터가 업데이트된 후에 발생한다.
④ LostFocus : 폼이나 컨트롤이 포커스를 잃을 때 발생한다.

①번은 Activate 이벤트의 발생 시기입니다. Deactivate 이벤트는 Access의 활성 창이 다른 창으로 바뀔 때, 다른 창이 활성 창이 되기 전에 발생합니다.

02. 다음 중 텍스트 상자의 내용이 변경될 때 발생하는 이벤트는 무엇인가?

① After Update　② Before Update
③ Click　　　　　④ Change

24.상시, 23.상시, 22.상시, 21.상시, 19.상시, 19.1, 14.2, 12.1, 11.1, 10.1, 08.1

핵심 238 ACCESS의 개체 – Form(Forms 컬렉션) 개체

- Forms 컬렉션은 Microsoft Access 데이터베이스에 현재 열려 있는 모든 폼을 의미한다.
- 이름이나 컬렉션 내의 인덱스를 참조하여 각 Form 개체를 참조한다.
- 주요 속성

RecordSource	폼의 데이터 원본을 지정함
Visible	폼, 보고서, 컨트롤 등의 표시 여부를 결정함

- 주요 메서드

Requery	데이터 원본을 다시 쿼리하여 데이터를 업데이트 함
Refresh	데이터 원본으로 사용하는 레코드를 즉시 업데이트함
SetFocus	포커스를 옮김

01. 다음 중 현재 폼에서 'cmd숨기기' 단추를 클릭하는 경우, DateDue 컨트롤이 표시되지 않도록 하기 위한 이벤트 프로시저로 옳은 것은? 24.상시, 23.상시, 21.상시, 19.상시, 19.1, 14.2, 11.1

① Private Sub cmd숨기기_Click( )
　　Me.[DateDue]!Visible = False
　End Sub
② Private Sub cmd숨기기_DblClick( )
　　Me!DateDue.Visible = True
　End Sub
③ Private Sub cmd숨기기_Click( )
　　Me![DateDue].Visible = False
　End Sub
④ Private Sub cmd숨기기_DblClick( )
　　Me.DateDue!Visible = True
　End Sub

- 컨트롤을 마우스로 클릭했을 때 발생하는 이벤트는 Click 이벤트입니다.
- 폼, 보고서 컨트롤 등의 표시 여부를 지정하는 속성은 Visible이며, 'Visible=True'와 같이 Visible 속성을 'True'로 설정하면 표시하고 'False'로 설정하면 표시하지 않습니다.
- 개체명과 컨트롤명은 느낌표(!)로 구분하고 컨트롤과 속성은 마침표(.)로 연결합니다.

25.상시, 24.상시, 23.상시, 22.상시, 21.상시, 19.상시, 18.상시, 17.1, 15.2, ...

핵심 239 ACCESS의 개체 – DoCmd 개체

- Microsoft Access 매크로 함수를 Visual Basic에서 실행하기 위한 개체이다.
- 주요 메서드

OpenReport	작성된 보고서를 호출하는 매크로 함수를 수행함
OpenForm	작성된 폼을 호출하는 매크로 함수를 수행함
OpenQuery	작성된 쿼리를 호출하는 매크로 함수를 수행함
RunSQL	SQL문을 실행하는 매크로 함수를 수행함
RunCommand	액세스 내부에서 제공하는 명령을 실행시키는 매크로 함수를 수행함
RunMacro	매크로를 실행하는 매크로 함수를 수행함
OutputTo	데이터베이스 개체를 엑셀, 텍스트 등으로 내보내는 매크로 함수를 수행함
GoToRecord	특정 레코드로 이동하는 매크로 함수를 수행함
Close	활성화되어 있는 데이터베이스 개체를 닫는 매크로 함수를 수행함
Quit	액세스 프로그램을 종료하는 매크로 함수를 수행함
Requery	개체의 데이터를 수정한 후 그 결과를 반영함

01. 다음 중 액세스에서 보고서를 출력(미리보기/인쇄)하기 위한 VBA 개체와 메서드로 옳은 것은? 23.상시, 22.상시, 12.2

① Docmd.OpenReport
② Report
③ Docmd.ReportPrint
④ Report.Open

02. 다음 중 아래와 같은 이벤트 프로시저를 실행하는 Command1 단추를 클릭했을 때 실행 결과로 옳은 것은? 21.상시, 17.1, 13.3, 06.3

```
Private Sub Command1_Click( )
   DoCmd.OpenForm "사원정보", acNormal
   DoCmd.GoToRecord , , acNewRec
End Sub
```

① 사원정보 테이블이 열리고 새 레코드를 입력할 수 있도록 비워진 테이블이 열린다.
② 사원정보 폼이 열리고 첫 번째 레코드의 가장 왼쪽 컨트롤에 포커스가 표시된다.
③ 사원정보 폼이 열리고 마지막 레코드의 가장 왼쪽 컨트롤에 포커스가 표시된다.
④ 사원정보 폼이 열리고 새 레코드를 입력할 수 있도록 비워진 폼이 표시된다.

지문의 프로시저 내용을 살펴보면 다음과 같습니다.
- DoCmd.OpenForm "사원정보", acNormal : '사원정보'라는 폼이 열립니다.
- DoCmd.GoToRecord , , acNewRec : 폼의 마지막에 추가되는 빈 레코드로 이동하여 새로운 데이터를 입력할 수 있도록 합니다.

03. 다음 중 Access의 DoCmd 개체의 메서드가 아닌 것은? 25.상시, 24.상시, 23.상시

① OpenReport　　② GoToRecord
③ RunSQL　　　 ④ SetValue

SetValue는 DoCmd 개체의 메서드가 아니라 필드, 컨트롤, 속성 등의 값을 설정하는 매크로 함수입니다.

정답 238 1.③　239 1.①, 2.④, 3.④

22.상시, 18.상시, 16.3, 14.1, 13.2, 09.1, 08.3, 08.1, 05.3, 04.1, 03.2

핵심 240 | 데이터 접근 개체 - Recordset 개체

- 기본 테이블이나 명령 실행 결과로 얻어진 데이터를 임시로 저장해 두는 레코드 집합이다.
- Recordset 개체는 레코드(행)와 필드(열)를 사용하여 구성된다.
- Recordset 개체는 언제나 현재 설정된 레코드 집합에서 단일 레코드만 참조한다.
- ADO를 사용할 때 Recordset 개체를 사용하여 거의 대부분의 데이터를 조작한다.
- 공급자가 지원하는 기능에 따라 Recordset 개체의 일부 속성이나 메소드를 사용할 수 없다.
- 주요 속성 / 메서드

BOF/EOF	현재 레코드 위치가 Recordset 개체의 첫째/마지막 레코드 앞/뒤에 온다는 것을 나타냄
Open	연결된 레코드셋을 엶
Close	열려 있는 개체와 관련된 종속 개체를 모두 닫음
Update	Recordset 개체의 변경 사항을 저장함
AddNew	업데이트 가능한 Recordset 개체를 위한 새 레코드를 만듦
Delete	현재 레코드나 레코드 그룹을 삭제함
Find	Recordset에서 특정 조건에 맞는 레코드를 검색함
Seek	• Recordset의 인덱스를 검색하여 특정 조건에 맞는 레코드를 검색하고, 현재 레코드 위치를 해당 레코드로 변경함 • Find에 비해 검색 속도가 빠름

01. RecordSet 개체 속성 중 현재 레코드 위치가 RecordSet 개체의 첫 번째 레코드 앞에 온다는 것을 나타내는 값을 반환하는 속성은 무엇인가? 22.상시, 05.3

① EOF ② BOF
③ RecordCount ④ Filter

02. 다음 중 Access 개체에 대한 설명으로 잘못된 것은? 22.상시

① Recordset 개체는 현재 Microsoft Access 응용 프로그램 자체를 의미한다.
② Form 개체의 refresh 메소드는 데이터 원본으로 사용하는 레코드를 즉시 업데이트한다.
③ Docmd 개체는 Microsoft Access 매크로 함수를 Visual Basic에서 실행하기 위한 개체이다.
④ Control 개체의 requery 메소드는 원본 데이터를 다시 읽어 갱신한다.

> Recordset 개체는 기본 테이블이나 실행된 명령 결과로부터 얻어진 데이터를 임시로 저장해 두는 레코드 집합입니다. ①번은 Application 개체에 대한 설명입니다.

기출문제 & 전문가의 조언

01회 2025년 상시01 컴퓨터활용능력 1급 필기
02회 2025년 상시02 컴퓨터활용능력 1급 필기
03회 2025년 상시03 컴퓨터활용능력 1급 필기
04회 2025년 상시04 컴퓨터활용능력 1급 필기
05회 2025년 상시05 컴퓨터활용능력 1급 필기
06회 2024년 상시01 컴퓨터활용능력 1급 필기
07회 2024년 상시02 컴퓨터활용능력 1급 필기
08회 2024년 상시03 컴퓨터활용능력 1급 필기
09회 2024년 상시04 컴퓨터활용능력 1급 필기
10회 2024년 상시05 컴퓨터활용능력 1급 필기
11회 2023년 상시01 컴퓨터활용능력 1급 필기
12회 2023년 상시02 컴퓨터활용능력 1급 필기
13회 2023년 상시03 컴퓨터활용능력 1급 필기
14회 2023년 상시04 컴퓨터활용능력 1급 필기
15회 2023년 상시05 컴퓨터활용능력 1급 필기

2025년 상시 01 시행
기출문제 & 전문가의 조언

1과목 컴퓨터 일반

01 다음 중 Windows의 [설정] → [접근성]에 대한 설명으로 옳지 않은 것은?
① 키보드의 숫자 키패드를 이용하여 마우스 포인터를 움직이도록 설정할 수 있다.
② 내레이터의 시작 및 중지 바로 가기 키는 ⊞ + Alt + Enter 이다.
③ 로그인 후 돋보기가 자동으로 실행되도록 설정할 수 있다.
④ 텍스트 크기나 마우스 포인터의 크기 및 색을 변경할 수 있다.

> 전문가의 조언 | 내레이터의 시작 및 중지 바로 가기 키는 ⊞ + Ctrl + Enter 입니다.

02 다음 중 네트워크 관련 장비로 브리지(Bridge)에 관한 설명으로 옳지 않은 것은?
① 두 개의 근거리 통신망을 상호 접속할 수 있도록 하는 통신망 연결 장치이다.
② 양쪽 방향으로 데이터의 전송만 해줄 뿐 프로토콜 변환 등 복잡한 처리는 불가능하다.
③ OSI 참조 모델의 물리 계층에 속한다.
④ 네트워크 분할을 통해 트래픽을 감소시킨다.

> 전문가의 조언 | 브리지(Bridge)는 OSI 참조 모델의 데이터 링크 계층(Data Link Layer)에 속합니다.

03 다음 중 시스템 보안을 위해 사용하는 방화벽(Firewall)의 기능에 대한 설명으로 옳지 않은 것은?
① 인증(Authentication) 및 데이터 암호화 기능 제공
② 모든 방식에 투명성 보장 및 규칙 검증 가능
③ 외부 네트워크 접근 제어
④ 로깅(Logging)과 감사 추적(Audit Trail) 기능

> 전문가의 조언 | 방화벽의 기능에는 인증(Authentication), 데이터 암호화, 접근 제어(Access Control), 로깅(Logging)과 감사 추적(Audit Trail) 등이 있습니다.

04 다음 중 한글 Windows의 '실행' 창을 이용하여 실행할 수 있는 프로그램으로 옳은 것은?
① taskmgr – 시스템 정보
② winver – 작업 관리자
③ msconfig – 시스템 구성 유틸리티
④ msinfo32 – 레지스트리 편집기

> 전문가의 조언 | '실행' 창에 msconfig를 입력한 후 〈확인〉을 클릭하면 '시스템 구성' 대화상자가 실행됩니다.
> • taskmgr : 작업 관리자
> • winver : Windows 정보
> • msinfo32 : 시스템 정보
> • regedit : 레지스트리 편집기

05 다음 중 한글 Windows 10의 '폴더 옵션' 대화상자에서 설정할 수 있는 작업으로 옳지 않은 것은?
① 알려진 파일 형식의 파일 확장명 숨기기를 설정할 수 있다.
② 숨김 파일이나 폴더의 표시 여부를 설정할 수 있다.
③ 공유 폴더에 액세스 할 때 필요한 계정과 암호를 설정할 수 있다.
④ 모든 폴더에 현재 보기(자세히 또는 아이콘)를 적용할 수 있다.

> 전문가의 조언 | '폴더 옵션' 대화상자에서는 공유 폴더에 액세스 할 때 필요한 계정과 암호는 설정할 수 없습니다.

06 다음 중 자료 구성 단위에 대한 설명으로 옳지 않은 것은?
① 8개의 비트(Bit)가 모여 1바이트(Byte)를 구성한다.
② 레코드(Record)는 하나 이상의 관련된 필드가 모여서 구성되는 자료 처리 단위이다.
③ 필드(Field)는 파일 구성의 최소 단위, 여러 개의 필드가 모여서 레코드(Record)가 된다.
④ 워드(Word)는 문자를 표현하는 최소 단위이다.

> 전문가의 조언 | • 워드(Word)는 CPU가 한 번에 처리할 수 있는 명령 단위입니다.
> • 문자를 표현하는 최소 단위는 바이트(Byte)입니다.

정답 1.② 2.③ 3.② 4.③ 5.③ 6.④

07 다음 중 컴퓨터를 이용한 정보처리 방식에서 분산 처리 시스템에 관한 설명으로 적절한 것은?

① 여러 개의 CPU와 하나의 주기억장치를 이용하여 여러 프로그램을 동시에 처리하는 방식이다.
② 여러 명의 사용자가 사용하는 시스템에서 시간을 분할하여 프로그램을 실행하는 시스템이다.
③ 여러 대의 컴퓨터들에 의해 작업한 결과를 통신망을 이용하여 상호 교환할 수 있도록 연결되어 있는 시스템이다.
④ 하나의 CPU와 주기억장치를 이용하여 여러 개의 프로그램을 동시에 처리하는 방식이다.

> 전문가의 조언 | 분산 처리 시스템(Distributed System)에 관한 설명으로 적절한 것은 ③번입니다.
> • ①번은 다중 처리 시스템(Multi-Processing System), ②번은 시분할 시스템(Time Sharing System), ④번은 다중 프로그래밍 시스템(Multi Programming System)에 대한 설명입니다.

08 다음 중 보안 위협의 유형 중 위협 보안 요건으로 옳은 것은?

① 수정(Modification) - 무결성 저해
② 가로채기(Interception) - 무결성 저해
③ 가로막기(Interruption) - 기밀성 저해
④ 위조(Fabrication) - 가용성 저해

> 전문가의 조언 | 수정(Modification)은 무결성을 저해하는 보안 위협의 유형입니다.
> • 가로채기(Interception) : 기밀성 저해
> • 가로막기(Interruption) : 가용성 저해
> • 위조(Fabrication) : 무결성 저해

09 다음 중 인터넷과 관련하여 스트리밍(Streaming) 기술에 관한 설명으로 옳은 것은?

① 정지 화상의 프레임에서 중복되는 정보를 삭제하여 데이터를 압축하는 기술이다.
② 네트워크를 통해 대용량의 멀티미디어 데이터 파일을 다운 받을 때 사용자가 전체 파일을 다운 받을 때까지 기다릴 필요 없이 전송되는 대로 재생시키는 기술이다.
③ 하이퍼텍스트와 멀티미디어를 통합한 개념으로 문자뿐만 아니라 그래픽, 사운드, 동영상 등의 정보를 연결해 놓은 미디어 통합 기술이다.
④ 카메라로 촬영한 아날로그 영상을 디지털 영상으로 변환, 캡처하여 편집, 저장시키는 기술이다.

> 전문가의 조언 | 스트리밍(Streaming)은 파일을 다운 받을 때 전체 파일을 다운 받을 때까지 기다릴 필요 없이 전송되는 대로 재생시키는 기술입니다.

10 다음 중 바탕 화면의 [개인 설정] 바로 가기 메뉴를 이용하여 설정할 수 있는 작업에 대한 설명으로 옳지 않은 것은?

① 화면 보호기를 설정할 수 있다.
② 디스플레이의 해상도를 설정할 수 있다.
③ 시작 메뉴에 표시되는 앱 목록, 최근에 추가된 앱, 가장 많이 사용하는 앱 등을 설정할 수 있다.
④ 바탕 화면의 배경, 색, 소리 등을 한 번에 변경할 수 있는 테마를 선택할 수 있다.

> 전문가의 조언 | 디스플레이의 해상도는 바탕 화면의 바로 가기 메뉴에서 [디스플레이 설정]을 선택하거나 [⊞(설정)] → [시스템] → [디스플레이]에서 설정할 수 있습니다.

11 다음 중 캐시 메모리(Cache Memory)에 관한 설명으로 옳은 것은?

① 중앙처리장치와 주기억장치 사이에 위치하여 컴퓨터의 처리 속도를 향상시킨다.
② 캐시 메모리는 주로 DRAM을 사용한다.
③ 보조기억장치의 일부를 주기억장치처럼 사용한다.
④ 주기억장치보다 큰 프로그램을 불러와 실행해야 할 때 유용하다.

> 전문가의 조언 | 캐시 메모리는 중앙처리장치와 주기억장치 사이에 위치하여 컴퓨터의 처리 속도를 향상시키는 역할을 합니다.
> • ② 캐시 메모리는 접근 속도가 빠른 정적 램(SRAM)을 사용합니다.
> • ③, ④ 가상 메모리(Virtual Memory)에 대한 설명입니다.

12 다음 중 시스템 버스에 대한 설명으로 옳지 않은 것은?

① 시스템 버스는 CPU와 주변장치 간의 데이터 전송에 사용되는 통로로, 전달하는 신호 형태에 따라 제어 버스, 주소 버스, 데이터 버스로 구분된다.
② 제어 버스는 CPU가 메모리와 주변장치에 제어 신호를 보내기 위해 사용한다.
③ 주소 버스는 메모리 주소 레지스터와 연결된 버스로, 메모리나 주변장치에 데이터를 읽거나 쓸 때 위치 정보를 보내기 위해 사용하는 양방향 통로이다.
④ 데이터 버스는 메모리 버퍼 레지스터와 연결된 버스로, 각 장치별로 필요한 데이터를 전달하기 위해 사용한다.

> 전문가의 조언 | 제어 버스와 데이터 버스는 양방향 통로이고, 주소 버스는 단방향 통로입니다.

정답 7.③ 8.① 9.② 10.② 11.① 12.③

13 다음 중 RAID(Redundant Array Of Inexpensive Disk)에 대한 설명으로 옳지 않은 것은?

① 여러 개의 하드디스크를 하나의 저장장치처럼 관리하는 기술이다.
② 미러링(Mirroring) 방식은 데이터를 두 개의 하드디스크에 동일하게 기록하는 방법으로 한쪽 하드디스크의 데이터 손상 시 다른 한쪽 하드디스크를 이용하여 복구한다.
③ 스트라이핑(Striping) 방식은 데이터를 여러 개의 하드디스크에 나누어 저장하므로 장애 시 복구가 용이하나 데이터 입출력이 느리다.
④ RAID는 RAID 컨트롤러를 이용하여 하드웨어적인 방법으로 구성하거나 OS나 RAID 소프트웨어를 사용하여 구성한다.

> 전문가의 조언 | 스트라이핑(Striping) 방식은 데이터를 여러 개의 하드디스크에 나눠서 기록하는 방법으로, 데이터 입출력 속도가 빠르지만 하드디스크가 한개라도 손상되면 데이터를 사용할 수 없고 장애 시 복구가 어렵습니다.

14 다음 중 [파일 탐색기]의 검색 도구에 대한 설명으로 옳지 않은 것은?

① 수정한 날짜를 이용하여 지난 주에 수정한 파일들을 검색할 수 있다.
② 파일의 크기를 선택하여 검색할 수 있다.
③ 파일의 종류를 선택하여 검색할 수 있다.
④ 파일 특성이 '읽기 전용'인 파일들을 검색할 수 있다.

> 전문가의 조언 | '파일 탐색기'의 [검색 도구] → [검색] 탭에는 읽기 전용, 숨김 등 파일 특성을 지정하여 검색할 수 있는 도구가 없습니다.

15 다음 중 인터넷 주소 체계인 IPv6(Internet Protocol version 6)에 관한 설명으로 옳지 않은 것은?

① 주소의 확장성, 융통성, 연동성이 뛰어나며 실시간 흐름 제어로 향상된 멀티미디어 서비스를 제공할 수 있다.
② 16비트씩 4부분, 총 64비트의 주소를 사용하여 IP 주소의 부족 문제를 해결할 수 있다.
③ 주소 체계는 유니캐스트(Unicast), 애니캐스트(Anycast), 멀티캐스트(Multicast) 등 세 가지로 나뉜다.
④ 인증 서비스, 비밀성 서비스, 데이터 무결성 서비스를 제공함으로써 보안 문제를 해결할 수 있다.

> 전문가의 조언 | IPv6은 16비트씩 8부분, 총 128비트의 주소를 사용합니다.

16 다음 중 객체 지향 프로그래밍 특징으로 옳은 것은?

① 객체에 대하여 절차적 프로그래밍의 장점을 사용할 수 있다.
② 객체 지향 프로그램은 코드의 재사용과 유지 보수가 용이하다.
③ 객체 지향 프로그램은 주로 인터프리터 번역 방식을 사용한다.
④ 프로그램의 구조와 절차에 중점을 두고 작업을 진행한다.

> 전문가의 조언 | 객체 지향 프로그램은 코드의 재사용과 유지 보수가 용이합니다.

17 다음 중 컴퓨터의 장치를 교체할 때 고려해야 할 사항으로 옳지 않은 것은?

① 하드디스크의 용량(Gb)은 클수록 좋다.
② 모니터가 지원하는 해상도(dpi)는 클수록 좋다.
③ CPU 코어의 수는 많을수록 좋다.
④ DRAM의 데이터 접근 속도(ns)는 클수록 좋다.

> 전문가의 조언 | DRAM의 데이터 접근 속도(ns)는 작을수록 좋습니다.

18 다음 중 니블(Nibble)에 대한 설명으로 옳은 것은?

① 자료 표현의 최소 단위이다.
② 1바이트를 반으로 나눈 4비트로 구성된 단위이다.
③ 문자를 표현하는 최소 단위이다.
④ CPU가 한 번에 처리할 수 있는 명령 단위이다.

> 전문가의 조언 |
> • 니블(Nibble)은 4비트로 구성된 단위입니다.
> • ①번은 비트(Bit), ③번은 바이트(Byte), ④번은 워드(Word)에 대한 설명입니다.

19 다음 중 빅 데이터에 대한 설명으로 옳지 않은 것은?

① 기존의 관리 방법이나 분석 체계로는 처리하기 어려운 막대한 양의 정형 또는 비정형 데이터 집합이다.
② 많은 데이터로부터 가치를 추출하고 분석하는 기술이다.
③ 스마트 단말의 확산, 소셜 네트워크 서비스의 활성화 등으로 인해 데이터 폭발이 가속화되고 있다.
④ 미래 예측의 활성화로 인해 빅 데이터에 대한 의존성을 강화할 필요가 있다.

> 전문가의 조언 | 빅 데이터를 기반으로 미래 예측의 활성화 방안을 모색하기는 하지만, 빅 데이터에 대한 의존성을 강화할 필요는 없습니다.

20 다음 중 사물 인터넷(IoT)에 대한 설명으로 옳지 않은 것은?

① 모든 사물을 네트워크로 연결하여 소통하는 정보통신 환경을 의미한다.
② 스마트 센싱 기술과 무선 통신 기술을 융합하여 실시간으로 데이터를 주고받는 기술이다.
③ 개방형 정보 공유에 대한 부작용을 최소화하기 위해 정보보안 기술의 적용이 필요하다.
④ 통계적 기법, 수학적 기법과 인공지능을 이용하여 방대한 양의 데이터들로부터 유용한 정보를 추출하는 기술이다.

전문가의 조언 | ④번은 데이터 마이닝(Data Mining)에 대한 설명입니다.

22 다음 중 화면 제어에 관한 설명으로 옳은 것은?

① 작업 중인 워크시트 화면의 축소/확대 비율은 10%에서 400%까지 설정할 수 있다.
② 창 나누기는 4개의 통합 문서를 4개로 분할하여 한 번에 보면서 작업할 수 있다.
③ 틀 고정선은 마우스를 드래그하여 위치를 변경할 수 있다.
④ 창 나누기는 [실행 취소] 명령으로 나누기를 해제할 수 있다.

전문가의 조언 | 화면 제어에 관한 설명으로 옳은 것은 ①번입니다.
② 창 나누기는 하나의 워크시트를 2개나 4개의 영역으로 나누는 기능으로, 여러 통합 문서를 나누지는 못합니다.
③ 창 나누기 기준선은 마우스로 위치를 조정할 수 있으나 틀 고정선은 마우스로 위치를 조정할 수 없습니다.
④ 창 나누기는 [실행 취소] 명령으로 나누기를 해제할 수 없습니다.

2과목 스프레드시트 일반

21 다음 중 '셀 서식' 대화상자의 '맞춤' 탭의 각 항목에 대한 설명으로 틀린 것은?

① 자동 줄 바꿈 : 텍스트의 길이가 셀의 너비보다 긴 경우 자동으로 셀의 높이를 변경하여 여러 줄로 나누어 표시한다.
② 셀 병합 : 여러 셀을 선택한 상태에서 '셀 병합'을 실행하면 맨 왼쪽 위 셀의 내용만 남기고 모두 지운다.
③ 방향 : 텍스트의 회전 각도를 지정할 수 있다.
④ 셀에 맞춤 : 입력된 데이터의 길이를 셀의 너비에 맞게 글자 크기를 확대하거나 축소하여 표시한다.

전문가의 조언 | '셀에 맞춤'은 입력된 데이터의 길이가 셀의 너비보다 긴 경우 셀의 너비에 맞게 글자 크기를 축소하여 표시하는 기능입니다. 데이터의 길이가 셀의 너비보다 넓다고 하여 글자 크기가 확대되지는 않습니다.

23 다음 시트에서 면적순위[D3:D12]는 '병원총면적'을 기준으로 순위를 구하되, '병원총면적'이 동일할 경우 '1인면적'을 기준으로 순위를 구하였다. [D3] 셀에 입력된 수식으로 옳은 것은? (큰 값이 1등임)

	A	B	C	D
1				
2	병원코드	병원총면적	1인면적	면적순위
3	H001	4,958	12	7
4	H002	4,958	5	8
5	H003	5,867	7	5
6	H004	6,607	10	3
7	H005	3,976	7	9
8	H006	7,458	8	2
9	H007	6,437	12	4
10	H008	7,458	20	1
11	H009	4,996	10	6
12	H010	3,847	11	10
13				

① =RANK.EQ(B3, $B$3:$B$12)+SUM(($B$3:$B$12=B3)*($C$3:$C$12>=C3))
② =RANK.EQ(B3, $B$3:$B$12)+SUM(($B$3:$B$12=B3)*($C$3:$C$12>C3))
③ =RANK.EQ(B3, $B$3:$B$12)+SUM(($B$3:$B$12=B3)*($C$3:$C$12<C3))
④ =RANK.EQ(B3, $B$3:$B$12)+SUM(($B$3:$B$12=B3)*($C$3:$C$12<=C3))

정답 20.④ 21.④ 22.① 23.②

전문가의 조언 | [D3] 셀에 입력된 수식으로 옳은 것은 ②번입니다.
- '병원총면적'으로 순위를 구한 후 동일한 순위에 대해 '1인면적'으로 순위를 구하려면, 우선 '병원총면적'을 기준으로 순위를 구한 다음 이 순위에 동일한 '병원총면적'들의 '1인면적'을 비교하여 기준이 되는 '1인면적' 보다 큰 면적의 개수를 구해 더해주면 됩니다.

=RANK.EQ(B3, $B$3:$B$12)+SUM(($B$3:$B$12=B3)*($C$3:$C$12)C3))
     ❶   ❷

❶ RANK.EQ(B3, B3:B12) : [B3:B12] 영역에서 [B3] 셀의 순위를 구합니다. 여러 셀에 결과를 구해야 하므로 범위는 절대 참조로 지정해야 하고, [B3] 셀은 B3 또는 $B3으로 지정하면 됩니다.

❷ SUM((B3:B12=B3)*(C3:C12)C3))
- 조건이 두 개일 때 배열 수식을 이용하여 개수를 구하는 방법은 다음의 3가지 방법이 있습니다.
  - 방법1 : =SUM((조건1) * (조건2))
  - 방법2 : =SUM(IF(조건1, IF(조건2, 1)))
  - 방법3 : =COUNT(IF(조건1, IF(조건2, 1)))

1. 조건 찾기
   - 조건1 : '병원총면적'이 동일한지를 비교해야 합니다. 비교 대상이 될 '병원총면적'이 있는 범위(B3:B12)와 비교할 기준이 되는 [B3] 셀을 "="으로 연결하여 적어주면 됩니다(B3:B12=B3).
   - 조건2 : 동일한 '병원총면적' 중 '1인면적'이 기준이 되는 '1인면적' 보다 큰 면적을 찾아야 합니다. 비교 대상이 될 '1인면적'이 있는 범위(C3:C12)와 비교할 기준이 되는 [C3] 셀을 ")"로 연결하여 적어주면 됩니다(C3:C12)C3).

2. 위의 조건을 개수 구하기 배열 수식에 대입하면 다음과 같습니다.
   - 방법1 : =SUM((B3:B12=B3) * C3:C12)C3))
   - 방법2 : =SUM(IF(B3:B12=B3, IF(C3:C12)C3, 1)))
   - 방법3 : =COUNT(IF(B3:B12=B3, IF(C3:C12)C3, 1)))

- 여러 셀에 결과를 구해야 하므로 범위는 절대 참조로 지정해야 하고, [B3]와 [C3] 셀은 B3 또는 $B3, C3 또는 $C3으로 지정하면 됩니다.

24. 다음 중 시나리오에 대한 설명으로 옳지 않은 것은?

① 시나리오는 별도의 파일로 저장하고 자동으로 바꿀 수 있는 값의 집합이다.
② 여러 시나리오를 비교하여 하나의 테이블로 요약하는 보고서를 만들 수 있다.
③ 시나리오 요약 보고서는 자동으로 다시 갱신되지 않으므로 변경된 값을 요약 보고서에 표시하려면 새 요약 보고서를 만들어야 한다.
④ '시나리오 관리자' 대화상자에서 [표시]를 선택하면 변경 셀의 값이 원본 데이터에 표시된다.

전문가의 조언 | 시나리오는 별도의 파일로 저장되는 것이 아니라 별도의 시트에 작성됩니다.

25. 다음 중 조건부 서식에 대한 설명으로 옳지 않은 것은?

① 조건부 서식의 조건은 결과가 TRUE(1) 또는 FALSE(0)가 나오도록 작성한다.
② 같은 통합 문서의 특정 셀을 이용하여 조건을 지정할 수 있다.
③ 수식을 이용하여 조건을 지정할 경우, 워크시트의 특정 셀을 클릭하면 상대 참조로 작성된다.
④ '이동 옵션'을 이용하여 조건부 서식이 적용된 셀을 찾을 수 있다.

전문가의 조언 | 조건부 서식에서 조건 지정 시 마우스로 특정 셀을 클릭하면 절대 참조로 작성됩니다.

26. 다음 중 매크로를 실행하는 방법으로 옳지 않은 것은?

① 양식 도구 모음의 단추 도구를 이용
② 매크로 기록 시에 지정된 바로 가기 키의 이용
③ 개체에 매크로를 지정하여 실행
④ Ctrl + F8 을 눌러 '매크로' 대화상자에서 실행할 매크로를 선택

전문가의 조언 | '매크로' 대화상자를 호출하는 바로 가기 키는 Alt + F8 입니다.

27. 다음 중 여러 워크시트를 선택하여 그룹으로 설정한 경우에 대한 설명으로 옳지 않은 것은?

① 엑셀 창의 맨 위 제목 표시줄에 [그룹]이라고 표시된다.
② 그룹으로 설정된 임의의 시트에서 데이터를 입력하면 그룹으로 설정된 모든 시트에 반영된다.
③ 그룹으로 설정된 임의의 시트에서 셀 서식을 지정하면 그룹으로 설정된 모든 시트에 반영된다.
④ 그룹을 해제하려면 Esc 를 누른다.

전문가의 조언 | 여러 개의 시트가 선택된 그룹 상태를 해제하려면 시트 탭의 바로 가기 메뉴에서 [시트 그룹 해제]를 선택하거나 그룹이 아닌 임의의 시트를 클릭하면 됩니다.

28 다음 중 엑셀의 인쇄에 관한 설명으로 옳지 않은 것은?

① [기본] 보기 상태에서 페이지 구분선을 드래그하여 위치를 조정할 수 있다.
② 인쇄되는 시작 페이지의 번호를 지정할 수 있다.
③ 워크시트의 일부만 인쇄 영역으로 설정할 수 있다.
④ 눈금선, 행/열 머리글 등을 인쇄하도록 설정할 수 있다.

전문가의 조언 | [기본] 보기 상태에서는 페이지 구분선을 마우스로 드래그하여 이동할 수 없습니다.

29 다음 프로시저를 실행한 결과에 대한 설명으로 옳은 것은?

```
Sub range연습( )
Range("B1", "B5").Value = 10
End Sub
```

① [B1] 셀에서 [B5] 셀까지 모든 셀에 10을 입력한다.
② [B1] 셀과 [B5] 셀에 10을 입력한다.
③ 1행에서 5행까지의 모든 셀에 10을 입력한다.
④ 오류가 발생한다.

전문가의 조언 | Range("B1", "B5")는 Range("B1:B5")와 마찬가지로 [B1:B5] 영역을 선택하므로 'Range("B1", "B5").Value = 10'을 지정하면 [B1] 셀에서 [B5] 셀까지 모든 셀에 10이 입력됩니다.
• [B1] 셀과 [B5] 셀에만 10을 입력하려면 'Range("B1, B5").Value = 10'으로 지정하면 됩니다.

30 다음 중 부분합에 대한 설명 중 옳지 않은 것은?

① 그룹화할 항목으로 선택된 필드는 자동으로 오름차순 정렬하여 부분합이 계산된다.
② 부분합에서는 합계, 평균, 개수 등의 함수 이외에도 다양한 함수를 선택할 수 있다.
③ 부분합에서 데이터 아래에 요약을 표시할 수 있다.
④ 부분합에서 그룹 사이에 페이지를 나눌 수 있다.

전문가의 조언 | 부분합을 작성하려면 먼저 그룹화할 항목을 기준으로 반드시 오름차순이나 내림차순으로 정렬한 후 부분합을 실행해야 합니다.

31 다음 그림과 같이 '성'과 '이름'을 합쳐서 '성명'으로 표시하고자 할 때, [C2] 셀에 들어갈 알맞은 수식은?

	A	B	C
1	성	이름	성명
2	이	덕환	이덕환
3	안	치연	안치연
4	강	청기	강청기
5	연	구현	연구현
6			

① =PROPER(A2, B2)
② =REPLACE(A2, B2)
③ =CONCAT(A2, B2)
④ =TEXT(A2, B2)

전문가의 조언 | 여러 개의 텍스트를 한 개의 텍스트로 합칠 때 사용하는 함수는 CONCAT입니다.

32 아래 워크시트에서 자격증 응시자에 대한 과목별 점수의 합계를 배열 수식으로 구하였다. 다음 중 [C10] 셀에 입력된 배열 수식으로 옳은 것은?

	A	B	C
1	응시자	과목	점수
2	김영호	1과목	60
3		2과목	85
4	강미진	1과목	90
5		2과목	75
6	최수영	1과목	80
7		2과목	95
8			
9		과목	합계
10		1과목	230
11		2과목	255
12			

① {=SUM(IF($B$2:$B$7=B10, $C$2:$C$7))}
② {=SUM(IF(MOD(ROW($C$2:$C$7), 2)=1, $C$2:$C$7))}
③ {=SUM(IF(C2:C7, B2:B7=B10))}
④ {=SUM(IF(MOD(ROWS(C2:C7), 2)=0, C2:C7))}

전문가의 조언 | [C10] 셀에 입력된 배열 수식으로 옳은 것은 ①번입니다.
• 합계를 구하는 배열 수식은 다음의 두 가지 방법이 있습니다.

  • 방법1 : =SUM((조건) * 합계를_구할_범위)
  • 방법2 : =SUM(IF((조건), 합계를_구할_범위))

1. 조건과 범위 찾기
  − 조건 : 과목별 점수란 조건은, 비교 대상이 될 지점 범위 [B2:B7]와 비교 기준이 되는 "1과목"이 들어있는 [B10] 셀을 "="으로 연결하여 적어주면 됩니다.
  − 합계를_구할_범위 : 점수이므로 [C2:C7]이 됩니다.
2. 위의 조건과 범위를 합계 구하기 배열 수식에 대입하면 다음과 같습니다.

  • 방법1 : =SUM((B2:B7=B10) * C2:C7)
  • 방법2 : =SUM(IF(B2:B7=B10, C2:C7))

• 이 문제는 [C10:C11] 영역에 결과값을 구해야 하므로 범위는 절대 참조로 지정해야 합니다.
• '방법2'로 수식을 입력한 후 Ctrl + Shift + Enter를 누르면 중괄호({ })가 자동으로 입력되어 {=SUM(IF($B$2:$B$7=B10, $C$2:$C$7))}과 같이 표시됩니다.

33. 다음 중 엑셀의 [페이지 설정] 대화상자에 대한 설명으로 옳은 것은?

① 인쇄 배율을 수동으로 설정할 수 있으며, 배율은 워크시트 표준 크기의 10%에서 200%까지 설정 가능하다.
② [시트] 탭에서 머리글/바닥글과 행/열 머리글이 인쇄되도록 설정할 수 있다.
③ [페이지] 탭에서 '자동 맞춤'의 용지 너비와 용지 높이를 각각 1로 지정하면 여러 페이지가 한 페이지에 인쇄된다.
④ 셀에 설정된 메모는 시트에 표시된 대로 인쇄할 수는 없으나 시트 끝에 인쇄되도록 설정할 수 있다.

> 전문가의 조언 | '페이지 설정' 대화상자에 대한 설명으로 옳은 것은 ③번입니다.
> ① 인쇄 배율은 워크시트 표준 크기의 10%에서 최대 400%까지 설정할 수 있습니다.
> ② 머리글/바닥글의 인쇄 여부는 '머리글/바닥글' 탭에서 설정할 수 있습니다.
> ④ 셀에 설정된 메모는 시트에 표시된 대로 인쇄하거나 시트 끝에 인쇄할 수 있습니다.

34. 다음 워크시트에서 '=SUM(B2:B5 B4:C4)'를 입력했을 때와 결과가 동일한 수식은?

	A	B	C
1	분기	1차	2차
2	1사분기	1	5
3	2사분기	2	6
4	3사분기	3	7
5	4사분기	4	8
6			

① =B2:B5+B4:C4
② =PRODUCT(B2:B5, B4:C4)
③ =B2:B5 B4:C4
④ =SUM(B2:B5, B4:C4)

> 전문가의 조언 | • 'B2:B5 B4:C4'와 같이 두 개의 참조 영역을 공백으로 연결하면 두 영역에서 공통인 [B4] 셀을 참조 영역으로 지정합니다.
>
> | | A | B | C |
> |---|---|---|---|
> | 1 | 분기 | 1차 | 2차 |
> | 2 | 1사분기 | 1 | 5 |
> | 3 | 2사분기 | 2 | 6 |
> | 4 | 3사분기 | 3 | 7 |
> | 5 | 4사분기 | 4 | 8 |
> | 6 | | | |
>
> • 'B2:B5 B4:C4'는 [B4] 셀 하나를 의미하므로 '=SUM(B2:B5 B4:C4)'와 '=B2:B5 B4:C4'의 결과는 3으로 동일합니다.

35. 다음 중 [찾기 및 바꾸기] 대화상자에서 '*' 문자 자체를 찾는 방법은?

① '찾을 내용'에 "%*"를 입력한다.
② '찾을 내용'에 "!*"를 입력한다.
③ '찾을 내용'에 "~*"를 입력한다.
④ '찾을 내용'에 "$*"를 입력한다.

> 전문가의 조언 | '찾기 및 바꾸기' 대화상자에서 만능 문자인 '?'나 '*' 문자 자체를 찾으려면, 만능 문자 앞에 물결표(~) 기호를 입력하면 됩니다.

36. 다음 중 아래의 데이터를 이용하여 각 데이터 간 값을 비교하는 차트를 작성하려고 할 때 가장 적절하지 않은 차트는?

	A	B	C	D	E
1	성명	1사분기	2사분기	3사분기	4사분기
2	홍길동	83	90	95	70
3	성춘향	91	70	70	88
4	이몽룡	93	98	91	93
5					

① 방사형
② 원형
③ 세로 막대형
④ 꺾은선형

> 전문가의 조언 | 한 개의 데이터 계열만 표시할 수 있는 원형 차트로는 4개의 계열로 구성된 표의 데이터를 표시할 수 없습니다.

37. 다음 중 수식과 그 실행 결과 값의 연결이 옳지 않은 것은?

① =DAYS("2023-11-1", "2023-10-1") → 31
② =ROUNDDOWN(45.6789, 2) → 45.67
③ =SUMPRODUCT({1,2,3}, {5,6,7}) → 32
④ =SQRT(4) * (INT(-2) + POWER(2, 3)) → 12

> 전문가의 조언 | ③번의 결과는 38입니다.
> ① 2023-11-1에서 2023-10-1을 뺀 일수인 31을 반환합니다.
> ② 45.6789를 소수점 이하 둘째 자리로 자리 내림한 45.67을 반환합니다.
> ③ 배열에서 대응하는 요소를 모두 곱하고 그 곱의 합을 구한 (1×5)+(2×6)+(3×7) = 38을 반환합니다.
>
>
>
> ④ ❶ SQRT(4) : 4의 양의 제곱근인 2를 반환합니다.
> ❷ INT(-2) : -2보다 크지 않은 정수인 -2를 반환합니다.
> ❸ POWER(2, 3) : 2를 3번 곱한 8을 반환합니다.
> ∴ = ❶*(❷+❸) = 2*(-2+8) = 12

38 다음 중 아래와 같이 워크시트에 데이터가 입력되어 있는 경우, 보기의 수식과 그 결과 값으로 옳지 않은 것은?

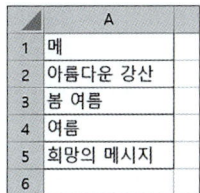

① =REPLACE(A3, SEARCH(A4, A3), 2, "여행") → 봄 여름여행

② =REPLACE(A5, SEARCH("아", A2), 4, " ") → 메시지

③ =MID(A5, SEARCH(A1, A5), 1) → 메

④ =MID(A2, SEARCH(A4, A3), 2) → 다운

> 전문가의 조언 | ①번 수식의 결과는 **봄 여행**입니다.
> ① =REPLACE(A3, SEARCH(A4, A3), 2, "여행")
> 　　　　　　　　　　❶
> 　　　❷
> 　❶ SEARCH(A4, A3) : [A3] 셀에 입력된 "봄 여름"에서 [A4] 셀에 입력된 "여름"을 찾아 위치인 3을 반환합니다.
> ❷ =REPLACE(A3, , 2, "여행") → =REPLACE(A3, 3, 2, "여행") : [A3] 셀에 입력된 "봄 여름"에서 3번째 글자부터 2글자를 "여행"으로 변경한 "봄 여행"을 반환합니다.
>
> ② =REPLACE(A5, SEARCH("아", A2), 4, " ")
> 　　　　　　　　　❶
> 　　❷
> ❶ SEARCH("아", A2) : [A2] 셀에 입력된 "아름다운 강산"에서 "아"를 찾아 위치인 1을 반환합니다.
> ❷ =REPLACE(A5, , 4, " ") → =REPLACE(A5, 1, 4, " ") : [A5] 셀에 입력된 "희망의 메시지"에서 1번째 글자부터 4글자를 공백(" ")으로 변경한 "메시지"를 반환합니다.
>
> ③ =MID(A5, SEARCH(A1, A5), 1)
> 　　　　　　　❶
> 　❷
> ❶ SEARCH(A1, A5) : [A5] 셀에 입력된 "희망의 메시지"에서 [A1] 셀에 입력된 "메"를 찾아 위치인 5를 반환합니다.
> ❷ =MID(A5, 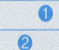, 1) → =MID(A5, 5, 1) : [A5] 셀에 입력된 "희망의 메시지"의 5번째 자리에서부터 1자리를 추출한 "메"를 반환합니다.
>
> ④ =MID(A2, SEARCH(A4, A3), 2)
> 　　　　　　　❶
> 　❷
> ❶ SEARCH(A4, A3) : [A3] 셀에 입력된 "봄 여름"에서 [A4] 셀에 입력된 "여름"을 찾아 위치인 3을 반환합니다.
> ❷ =MID(A2, 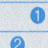, 2) → =MID(A2, 3, 2) : [A2] 셀에 입력된 "아름다운 강산"의 3번째 자리에서부터 2자리를 추출한 "다운"을 반환합니다.

39 다음 중 아래 그림과 같이 목표값 찾기를 지정했을 때의 설명으로 옳은 것은?

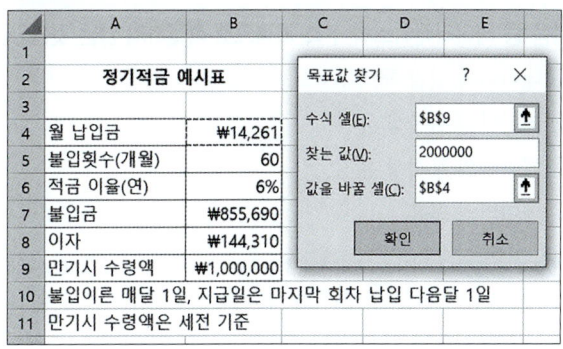

① 만기시 수령액이 2,000,000원이 되려면 월 납입금은 얼마가 되어야 하는가?

② 만기시 수령액이 2,000,000원이 되려면 적금 이율(연)이 얼마가 되어야 하는가?

③ 불입금이 2,000,000원이 되려면 만기시 수령액은 얼마가 되어야 하는가?

④ 월 납입금이 2,000,000원이 되려면 만기시 수령액은 얼마가 되어야 하는가?

> 전문가의 조언 | 그림은 만기시 수령액(B9)이 2,000,000원이 되려면 월 납입금(B4)이 얼마가 되어야 하는지를 구하는 목표값 찾기입니다.

40 숫자 -24600을 입력한 후 아래의 표시 형식을 적용했을 때 표시되는 결과로 옳은 것은?

#0.0,"천원";(#0.0,"천원");0.0;@"님"

① 24.6천원　　② 24,600

③ (-24.6천원)　　④ (24.6천원)

> 전문가의 조언 | 숫자 -24600을 입력한 후 지문의 사용자 지정 표시 형식을 지정하면 -24600이 음수이므로 (#0.0,"**천원**") 서식이 적용되어 **(24.6천원)**이 표시됩니다.
>
> | #0.0,"천원";(#0.0,"천원");0.0;@"님" |
> |---|
>
> • **#0.0,"천원"** : 양수일 때 적용되는 서식으로, **#0.0,"천원"** 형식으로 표시됩니다. 예 24600 → 24.6천원
> • **(#0.0,"천원")** : 음수일 때 적용되는 서식으로, **#0.0,"천원"** 형식으로 표시하되 음수 표시는 ( )로 나타냅니다. 예 -24600 → (24.6천원)
> • **0.0** : 0일 때 적용되는 서식으로, **0.0**으로 표시됩니다. 예 0 → 0.0
> • **@"님"** : 텍스트일 때 적용되는 서식으로, 해당 텍스트 다음에 **님**을 표시합니다. 예 합격 → 합격님
> ※ '#0.0' 다음에 표시되는 콤마(,)는 천 단위를 생략할 때 사용합니다.

정답 38.① 39.① 40.④

3과목 데이터베이스 일반

41 다음 중 데이터베이스의 구축 목적으로 적절하지 않은 것은?

① 데이터의 일괄 처리
② 데이터의 일관성 유지
③ 데이터의 무결성 유지
④ 데이터의 공유

> 전문가의 조언 | 데이터베이스의 장점 중 하나는 데이터의 일괄 처리가 아니라 데이터의 실시간 처리입니다. 이로 인해 항상 최신의 데이터를 유지할 수 있습니다.

42 다음 중 HAVING 절과 WHERE 절에 대한 설명으로 옳지 않은 것은?

① WHERE 절에는 ORDER BY 절을 사용할 수 없다.
② WHERE 절에는 그룹 함수를 사용할 수 없다.
③ WHERE 절은 검색될 레코드에 대한 조건을 지정할 때 사용한다.
④ 그룹에 대한 조건을 지정할 때는 HAVING 절을 사용한다.

> 전문가의 조언 | WHERE 절에는 ORDER BY 절을 사용할 수 있습니다. 레코드를 정렬하여 검색할 때의 기본 구문은 다음과 같습니다.
>
> SELECT [DISTINCT] 필드이름
> FROM 테이블(또는 쿼리)이름
> [WHERE 조건식]
> [ORDER BY 필드이름 정렬방식, …];

43 보고서 작성 시 사용되는 여러 종류의 마법사 중 다음과 같은 출력물 작성에 가장 적합한 것은?

강남구 개포동 326-9호 가남경리부	서울시 강동구 천호3동 185-5호 개성전자경리부
용산구 한강로7가 12-17 골드아이경리부	용산구 한강로10가 18-13 동아후로킹경리부
용산구 한강로11가 12-31 리치경리부	용산구 한강로11가 13-19 멀티클럽경리부

① 업무 문서 양식 마법사
② 우편 엽서 마법사
③ 우편물 레이블 마법사
④ 보고서 마법사

> 전문가의 조언 | 문제에 제시된 그림과 같이 주소가 반복되는 우편 발송용 레이블을 만드는 보고서는 레이블 보고서로, 레이블 마법사를 이용해서 작성할 수 있습니다.

44 다음 중 회사의 사원 정보를 데이터베이스로 구축할 때 가장 적합한 기본키에 대한 설명으로 올바른 것은?

① 대부분의 자료를 검색할 때 성명을 사용하므로 성명을 기본키로 사용한다.
② 대부분의 사원들이 핸드폰을 사용하므로 핸드폰 번호를 기본키로 사용한다.
③ 성명은 중복 가능성이 있으므로 성명과 부서명을 함께 기본키로 사용한다.
④ 회사에서 사원들에게 지급한 사원코드를 기본키로 사용한다.

> 전문가의 조언 | • 기본키는 테이블 내 모든 레코드들을 고유하게 식별할 수 있는 필드에 지정해야 합니다.
> • '사원코드'는 사원 개개인을 구분할 수 있도록 부여한 코드이므로 기본키로 사용하기에 가장 적합합니다.

45 다음 중 액세스의 내보내기(Export)에 대한 설명으로 가장 옳지 않은 것은?

① 테이블이나 쿼리, 폼이나 보고서 등을 다른 형식으로 바꾸어 파일로 저장할 수 있다.
② 테이블의 데이터, 구조, 서식 등은 내보낼 수 있지만 제약 조건, 관계, 인덱스 같은 속성은 내보낼 수 없다.
③ 테이블은 내보내지 않고 보고서만 Word RTF 파일로 내보내는 경우 원본 테이블이 없으므로 자료가 표시되지 않는다.
④ 쿼리를 내보낼 경우 실행 결과가 저장된다.

> 전문가의 조언 | 폼이나 보고서를 내보낼 경우 폼이나 보고서와 연결된 데이터가 사용되므로, 원본 테이블과 관계 없이 자료가 표시됩니다.

46 다음 중 폼에 대한 설명으로 옳지 않은 것은?

① 폼 내에서 단추를 눌렀을 때 매크로와 모듈이 특정 기능을 수행하도록 할 수 있다.
② 일 대 다 관계에 있는 테이블이나 쿼리는 폼 안에 하위 폼을 작성할 수 있다.
③ 폼과 컨트롤의 속성은 [디자인 보기] 형식에서 [속성 시트]를 이용하여 설정한다.
④ 폼은 레코드 원본에 연결된 대상이 테이블인지 쿼리인지에 따라 바운드 폼과 언바운드 폼으로 구분된다.

> 전문가의 조언 | 바운드 폼과 언바운드 폼을 구분하는 기준은 연결 대상의 종류가 아니라 테이블이나 쿼리의 레코드와 연결되어 있는지 여부입니다. 즉 테이블이나 쿼리의 레코드와 연결되어 있으면 바운드 폼, 그렇지 않으면 언바운드 폼입니다.

정답 41.① 42.① 43.③ 44.④ 45.③ 46.④

47 다음 중 보고서에 대한 설명으로 옳지 않은 것은?

① 보고서에 포함할 필드가 모두 한 테이블에 있는 경우 해당 테이블을 레코드 원본으로 사용한다.
② 둘 이상의 테이블을 이용하여 보고서를 작성하는 경우 쿼리를 만들어 레코드 원본으로 사용한다.
③ '보고서' 도구를 사용하면 정보를 입력하지 않아도 바로 보고서가 생성되므로 매우 쉽고 빠르게 보고서를 만들 수 있다.
④ '보고서 마법사'를 이용하는 경우 필드 선택은 여러 개의 테이블 또는 하나의 쿼리에서만 가능하며, 데이터 그룹화 및 정렬 방법을 지정할 수도 있다.

전문가의 조언 | '보고서 마법사'를 이용하는 경우에는 여러 개의 테이블 또는 여러 개의 쿼리에서 필드를 선택할 수 있습니다. 단 선택된 필드가 포함된 테이블들은 서로 관계가 설정되어 있어야 합니다.

48 활성화된 폼에서 옵션 단추의 선택 여부에 따라 해당 텍스트 상자 컨트롤로 포커스(Focus)를 자동 이동하려고 한다. 다음 중 이 작업을 위해 사용되는 매크로 함수로 옳은 것은?

① OpenForm ② GoToControl
③ GoToRecord ④ SetValue

전문가의 조언 | 특정 컨트롤로 포커스를 이동시키는 매크로 함수는 GoToControl입니다.
• OpenForm : 폼을 여는 매크로 함수
• GoToRecord : 레코드 포인터를 이동시키는 매크로 함수로, First, Last, Previous, Next 등의 인수가 사용됨
• SetValue : 필드, 컨트롤, 속성 등의 값을 설정하는 매크로 함수

49 다음 중 각 쿼리문에 대한 설명으로 옳지 않은 것은?

① insert into member(id, password, name, age) values ('a001', '1234', 'kim', 20);
② update member set age=17 where id='a001';
③ select * distinct from member where age=17;
④ delete from member where id='a001';

전문가의 조언 | DISTINCT는 검색 결과가 중복되는 레코드는 검색 시 한번 만 표시하는 것으로 필드명 앞에 기술합니다.

50 다음 중 데이터 형식에 대한 설명으로 옳지 않은 것은?

① '첨부 파일'은 jpg, xlsx 등 원하는 파일 형식으로 첨부되도록 할 수 있다.
② 'Yes/No'는 성별이나 결혼 여부 등 두 값 중 하나만 입력하는 경우에 사용한다.
③ '짧은 텍스트'는 최대 255자까지 저장할 수 있다.
④ '일련 번호'는 레코드가 추가될 때마다 1씩 증가하는 값이 자동으로 입력되며, 필드 크기는 정수(Long)이다.

전문가의 조언 | '첨부 파일' 형식은 다양한 형식의 파일을 첨부할 수 있지만 원하는 파일 형식만 첨부되도록 설정할 수는 없습니다.

51 테이블 디자인의 조회 표시에서 콤보 상자나 목록 상자를 선택하면 여러 가지 속성이 표시된다. 속성에 대한 설명 중 옳지 않은 것은?

① 행 원본 : 목록으로 제공할 데이터를 지정한다.
② 바운드 열 : 바운드되는 필드의 개수를 지정한다.
③ 컨트롤 표시 : 콤보 상자나 목록 상자를 선택한다.
④ 목록 값만 허용 : '예'로 설정하면 목록에 제공된 데이터 이외의 값을 추가할 수 없다.

전문가의 조언 | '바운드 열'은 선택한 목록의 여러 열 중 해당 컨트롤에 저장되는 열을 지정하는 속성입니다.

52 보고서 머리글의 텍스트 박스 컨트롤에 다음과 같이 컨트롤 원본을 지정하였다. 보고서 미리 보기를 하는 경우 어떠한 결과가 나타나는가? (단, 현재 날짜와 시간이 2024년 1월 2일 오후 3시 4분 5초라고 가정한다.)

=Format(Now( ), "mmmm ampm h:n")

① Jan 3:4 ② January 오후 3:4
③ Jan pm 3:4:5 ④ January pm 3:4:5

전문가의 조언 | 보고서 미리 보기의 결과는 **January 오후 3:4**입니다.
• Format(식, 형식)은 계산 결과에 표시 형식을 지정하는 함수입니다.
• 날짜 형식을 mmmm으로 지정하였고, 날짜가 2024-01-02이므로 **January**로 표시됩니다.
• 시간 형식을 ampm h:n으로 지정하였고, 시간이 오후 3시 4분 5초이므로 **오후 3:4**로 표시됩니다.

정답 47.④ 48.② 49.③ 50.① 51.② 52.②

53 다음 VBA에서 변수 선언(Option Explicit)에 대한 설명으로 옳지 않은 것은?

① Dim, Static, Private, Public 키워드로 변수를 선언한다.
② 변수는 반드시 Option Explicit문 이전에 선언해야 한다.
③ 변수를 선언하지 않고 사용하면 에러가 발생한다.
④ 'Option Base 1'을 선언하면 배열의 위치는 1부터 시작한다.

> 전문가의 조언 | Option Explicit는 변수를 선언하지 않고 사용하면 에러가 발생하도록 하는 명령문으로, 변수는 Option Explicit문 이후에 Dim, Static, Private, Public 명령문을 이용해 선언합니다.

54 다음 중 기본 보기 속성을 통해 설정하는 폼의 종류에 대한 설명으로 가장 옳지 않은 것은?

① 단일 폼은 한 번에 한 개의 레코드만을 표시한다.
② 연속 폼은 현재 창을 채울 만큼 여러 개의 레코드를 표시한다.
③ 연속 폼은 매 레코드마다 폼 머리글과 폼 바닥글이 표시된다.
④ 데이터시트 형식은 스프레드시트처럼 행과 열로 정렬된 폼 필드를 표시한다.

> 전문가의 조언 | 연속 폼은 매 레코드마다가 아닌 폼 창마다 폼 머리글과 폼 바닥글이 표시됩니다.

55 하위 폼을 이용하여 폼을 작성할 때의 설명으로 옳지 않은 것은?

① 연결 필드의 데이터 종류는 같아야 하며, 데이터 형식이나 필드 크기도 같거나 호환되어야 한다.
② 하위 폼은 폼 안에 있는 또 하나의 폼이며, 기본이 되는 폼을 기본 폼이라고 하고 기본 폼 안에 들어있는 폼을 하위 폼이라고 한다.
③ 하위 폼/하위 보고서 속성 중에서 원본 개체 속성은 기본 폼으로 사용될 폼만을 의미한다.
④ 하위 필드 연결이나 기본 필드 연결 속성에는 필드명을 사용할 수 있다.

> 전문가의 조언 | 하위 폼/하위 보고서 속성 중에서 원본 개체 속성에는 기본 폼이 아니라 하위 폼으로 사용될 폼을 지정해야 합니다.

56 다음 중 다른 데이터베이스의 원본 데이터를 연결 테이블로 가져온 테이블과 새 테이블로 가져온 테이블에 대한 설명으로 옳지 않은 것은?

① 새 테이블로 가져온 테이블을 삭제해도 원본 테이블은 삭제되지 않는다.
② 새 테이블로 가져온 테이블을 이용하여 폼이나 보고서를 생성할 수 있다.
③ 연결 테이블로 가져온 테이블을 삭제해도 원본 테이블은 삭제되지 않고 연결만 삭제된다.
④ 연결 테이블로 가져온 테이블을 삭제하면 연결되어 있는 원본 데이터베이스 테이블도 삭제된다.

> 전문가의 조언 | 연결 테이블(Linked Table) 기능을 이용하여 연결한 테이블을 삭제하더라도 원본 데이터에는 아무런 영향을 주지 않습니다.

57 다음의 〈학과〉 테이블에 대한 SQL문의 실행 결과로 표시되는 값은?

〈학과〉

학과코드	학과명	수강인원	강의실코드
1001	인공지능	40	C101
1002	빅데이터	20	C204
1003	데이터보안	30	C308
1004	반도체	10	C405

〈SQL문〉

```
Select Count(*)
From 학과
Where 수강인원 〉
    (Select Avg(수강인원) From 학과);
```

① 1　　② 2
③ 3　　④ 4

> 전문가의 조언 | SQL문을 실행한 결과로 표시되는 값은 2입니다. 하위 질의의 결과가 기본 질의의 조건으로 사용되므로 다음과 같은 순서로 질의문을 수행하면 됩니다.
> ❶ Select Avg(수강인원) From 학과 : 〈학과〉 테이블에서 '수강인원' 필드의 평균을 계산합니다. 평균=(40+20+30+10) / 4 = 25입니다.
> ❷ Select Count(*) From 학과 Where 수강인원 〉(❶) : 〈학과〉 테이블에서 수강인원이 ❶에서 계산된 평균, 즉 25를 초과하는 레코드의 개수를 표시합니다.

학과코드	학과명	수강인원	강의실코드
1001	인공지능	40	C101
1002	빅데이터	20	C204
1003	데이터보안	30	C308
1004	반도체	10	C405

정답 53.② 54.③ 55.③ 56.④ 57.②

58 다음 중 문자열 함수에 대한 결과로 옳지 않은 것은?

① Len("Blossom") = 7

② Mid("Blossom", 3, 2) = os

③ Left("Blossom", 3) = Blo

④ Instr("Blossom", "son") = Null

> 전문가의 조언 | InStr(문자열, 찾는 문자)는 문자열에서 찾는 문자 또는 문자열의 위치를 구하는 함수로, 문자열에서 찾는 문자나 문자열이 없는 경우에는 0을 반환합니다.

59 〈제품〉 테이블과 〈주문상세내역〉 테이블의 관계 설정에 관한 내용으로 옳지 않은 것은?

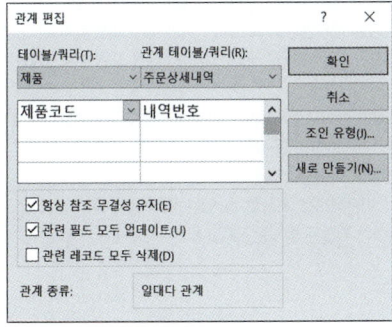

① 〈제품〉 테이블의 레코드를 수정하거나 삭제할 때 참조 무결성이 위배될 수 있다.

② 〈주문상세내역〉 테이블에 레코드를 추가할 때 참조 무결성이 위배될 수 있다.

③ 〈주문상세내역〉 테이블에 레코드를 삭제할 때는 어떠한 경우라도 참조 무결성이 위배되지 않는다.

④ 〈제품〉 테이블의 '제품코드' 데이터를 추가할 때는 참조 무결성이 위배될 수 있다.

> 전문가의 조언 | 〈제품〉 테이블에 새롭게 추가되는 '제품코드'는 〈주문상세내역〉 테이블에서 참조하는 자료가 아니므로 참조 무결성에 위배되지 않습니다.

60 〈회원〉 테이블의 '주소' 필드의 값이 다음과 같은 경우 SQL문의 실행 결과로 표시되는 값은?

〈SQL〉

```
Select Count(*)
From 회원
Where 주소 = Like "합정*"
```

① 1   ② 7

③ 3   ④ 4

> 전문가의 조언 | 지문에 제시된 SQL문의 실행 결과로 표시되는 값은 3입니다. 질의문은 각 절을 분리하여 이해하면 쉽습니다.
> • Select Count(*) From 회원 : 〈회원〉 테이블에서 조건에 맞는 레코드의 개수를 검색합니다.
> • Where 주소 = Like "합정*" : '주소' 필드의 값이 "합정"으로 시작하는 레코드만을 대상으로 검색합니다.

02회 2025년 상시 02 시행 기출문제 & 전문가의 조언

1과목 컴퓨터 일반

01 다음 중 [설정] → [개인 설정] → [잠금 화면]에서 설정할 수 있는 항목이 아닌 것은?

① 화면 보호기의 작동 여부를 설정할 수 있다.
② 로그인 화면에 잠금 화면 배경 그림이 표시되도록 설정할 수 있다.
③ 잠금 화면 배경을 즐겨찾는 사진이나 슬라이드 쇼로 변경할 수 있다.
④ 잠금 화면에 모든 알림의 표시 여부 및 알림 소리의 작동 여부를 설정할 수 있다.

> 전문가의 조언 | • '잠금 화면'에서는 알림에 관한 설정을 할 수 없습니다.
> • 알림의 표시 여부 및 알림 소리의 작동 여부는 [⚙(설정)] → [시스템] → [알림 및 작업]에서 설정할 수 있습니다.

02 다음 중 보안과 관련된 용어에 대한 설명으로 옳은 것은?

① SET(Secure Electronic Transaction)은 웹 보안 프로토콜로, 전자서명, 암호화 통신 등을 통해 보안을 구현한다.
② PGP(Pretty Good Privacy)는 EIT 사가 개발한 프로토콜로, 기존의 HTTP에 보안 요소를 추가함으로써 취약점을 보완한 것이다.
③ SSL(Secure Socket Layer)은 인터넷 상거래 시 필요한 개인 정보를 보호하기 위한 개인 정보 유지 프로토콜이다.
④ PEM(Privacy Enhanced Mail)은 신용카드를 사용하여 안전하게 상거래를 할 수 있도록 보장해 주는 지불 프로토콜이다.

> 전문가의 조언 | 보안과 관련된 용어에 대한 설명으로 옳은 것은 ③번입니다.
> ① SET(Secure Electronic Transaction)은 마스터 카드, 넷스케이프, 마이크로소프트 등이 연합하여 제정한 것으로, 신용카드를 사용하여 안전하게 상거래를 할 수 있도록 보장해 주는 지불 프로토콜입니다. ①번은 SEA(Security Extension Architecture)에 대한 설명입니다.
> ② PGP(Pretty Good Privacy)는 공개키 암호화 방식을 사용하여 전자우편을 암호화하는 프로토콜로, 전자우편 암호화에 보편적으로 사용되고 있습니다. ②번은 S-HTTP(Secure HTTP)에 대한 설명입니다.
> ④ PEM(Privacy Enhanced Mail)은 전자우편을 발송하기 전에 미리 암호화하여 전송 도중에 데이터의 유출이 발생해도 내용을 확인할 수 없도록 하는 프로토콜입니다.

03 다음 중 XML(eXtensible Markup Language)에 대한 설명으로 옳지 않은 것은?

① 별도의 프로그램을 설치하지 않아도 웹 브라우저 상에서 다양한 멀티미디어 콘텐츠 및 웹 등을 제공한다.
② SGML에서 파생된 간단하고 유연한 텍스트 형식이다.
③ HTML의 한계를 극복하기 위한 목적으로 W3C에서 개발한 다목적 마크업 언어이다.
④ 주로 서로 다른 시스템, 특히 인터넷에 연결된 시스템끼리 데이터를 쉽게 주고받을 수 있다.

> 전문가의 조언 | ①번은 HTML5(HyperText Markup Language 5)에 대한 설명입니다.

04 다음 중 컴퓨터에서 사용하는 그래픽 파일의 형식에 관한 설명으로 옳은 것은?

① BMP 파일은 Windows에서 기본적으로 지원하는 포맷으로 고해상도 이미지를 제공하지만 압축을 사용하지 않으므로 파일의 크기가 크다.
② JPG 파일은 인터넷 표준 그래픽 파일 형식으로 256가지 색을 표현하지만 애니메이션으로도 표현할 수 있다.
③ GIF는 손실과 무손실 압축 기법을 모두를 사용할 수 있으며 24비트를 사용하여 색을 표현하기 때문에 사진과 같은 선명한 사진을 표현할 수 있다.
④ WMF 방식은 데이터의 호환성을 위하여 개발된 방식으로 3D 그래픽 표현이 가능하다.

> 전문가의 조언 | 그래픽 파일의 형식에 관한 설명으로 옳은 것은 ①번입니다.
> ② JPG는 사진과 같은 선명한 정지영상을 표현하기 위한 국제 표준 압축 방식으로, 24비트 컬러를 사용하므로 16,777,216(2^{24})가지의 색을 표현할 수 있습니다.
> ③ GIF는 인터넷 표준 그래픽 형식으로, 8비트 컬러를 사용하여 256(2^8)가지로 색의 표현이 제한되지만 애니메이션도 표현할 수 있습니다. 또한 무손실 압축 기법을 사용하여 선명한 화질을 제공합니다.
> ④ WMF는 Windows에서 기본적으로 사용할 수 있는 벡터 파일 형식입니다. 데이터의 호환성을 위하여 개발된 방식은 TIF입니다.

05 다음 중 MIDI(Musical Instrument Digital Interface)에 대한 설명으로 옳지 않은 것은?

① 전자악기 간의 디지털 신호에 의한 통신이나 컴퓨터와 전자 악기 간의 통신 규약이다.
② 파형 정보를 저장하지 않으므로 미디 신호를 재생하려면 미디 신호를 재생할 수 있는 전자 악기를 사용해야 한다.
③ 조명 제어, 무대 회전 등과 다른 장비는 제어할 수 없다.
④ 게임 사운드 트랙과 스튜디어 녹음 등에 사용된다.

> 전문가의 조언 | MIDI 신호를 이용해 조명을 제어하거나 무대를 회전하는 것과 같이 전자악기 외의 다른 장비도 제어할 수 있습니다.

정답 1.④ 2.③ 3.① 4.① 5.③

06 다음 중 GPU에 대한 설명으로 옳지 않은 것은?

① GPU는 그래픽 처리를 위한 장치이다.
② GPU는 대량의 연산을 직렬로 처리하기 때문에 CPU보다 속도가 빠르며, CPU보다 저렴한 가격에 구현할 수 있다.
③ GPU는 메인보드에 장착된다.
④ GPU는 게임, 딥러닝, 블록체인 등의 다양한 분야에서 사용된다.

> 전문가의 조언 | GPU는 대량의 연산을 병렬로 처리하며, CPU보다 가격이 비쌉니다.

07 다음 중 네트워크 관련 장비로 브리지(Bridge)에 관한 설명으로 옳은 것은?

① 주로 LAN에서 다른 네트워크에 데이터를 보내거나 다른 네트워크로부터 데이터를 받아들이는데 사용되는 장치이다.
② 데이터 전송을 위해 가장 최적의 경로를 설정하는데 사용되는 장치이다.
③ 네트워크를 구성할 때 한꺼번에 여러 대의 컴퓨터를 연결하는 장치로, 각 회선을 통합적으로 관리한다.
④ 두 개의 근거리 통신망(LAN)을 상호 접속할 수 있도록 하는 통신망 연결 장치로, OSI 참조 모델의 데이터 링크 계층에 속한다.

> 전문가의 조언 | 브리지(Bridge)는 두 개의 근거리 통신망(LAN)을 상호 접속할 수 있도록 하는 통신망 연결 장치입니다.
> • ①번은 게이트웨이(Gateway), ②번은 라우터(Router), ③번은 허브(Hub)에 대한 설명입니다.

08 다음 중 하나의 컴퓨터에 여러 개의 중앙처리장치를 설치하여 주기억장치나 주변장치들을 공유하고, 신뢰성과 연산 능력을 향상시키는 시스템을 의미하는 것은?

① 시분할 처리 시스템(Time Sharing System)
② 다중 프로그래밍 시스템(Multi-Programming System)
③ 듀플렉스 시스템(Duplex System)
④ 다중 처리 시스템(Multi-Processing System)

> 전문가의 조언 | 하나의 컴퓨터에 여러 개의 중앙처리장치를 설치하여 프로그램을 처리하는 방식은 다중 처리 시스템(Multi-Processing System)입니다.
> • 시분할 처리 시스템(Time Sharing System) : 한 대의 시스템을 여러 사용자가 동시에 사용하는 방식으로, 일정 시간 단위로 CPU 사용권을 신속하게 전환함으로써, 각 사용자들은 자신만이 컴퓨터를 사용하고 있는 것처럼 느끼게 됨
> • 다중 프로그래밍 시스템(Multi-Programming System) : 한 대의 중앙처리장치(CPU)로 여러 개의 프로그램을 동시에 처리하는 방식
> • 듀플렉스 시스템(Duplex System) : 두 개의 컴퓨터를 설치하여 한쪽의 컴퓨터가 가동중일 때에는 다른 한 컴퓨터는 대기하게 되며, 가동중인 컴퓨터가 고장이 나면 즉시 대기중인 한쪽 컴퓨터가 가동되어 시스템이 안전하게 작동되도록 운영하는 시스템

09 실행 가능한 로드 모듈에 기억공간의 번지를 지정하여 메모리에 적재하고, 컴퓨터에서 실행해야 할 프로그램이나 파일을 메모리로 옮겨주는 프로그램은?

① 로더
② 링커
③ 컴파일러
④ 인터프리터

> 전문가의 조언 | 실행 가능한 로드 모듈에 기억공간의 번지를 지정하여 메모리에 적재하는 프로그램은 로더(Loader)입니다.
> • 링커(Linker) : 여러 개의 목적 프로그램에 시스템 라이브러리를 결합해 하나의 실행 가능한 로드 모듈로 만들어 주는 프로그램
> • 컴파일러(Compiler) : C, C++, Java, C# 등의 고급 언어로 작성된 프로그램을 기계어로 번역하는 프로그램
> • 인터프리터(Interpreter) : 원시 프로그램을 줄 단위로 번역하여 바로 실행해 주는 프로그램으로, 대화식 처리가 가능함

10 다음 중 RAID(Redundant Array Of Inexpensive Disk)에 대한 설명으로 옳지 않은 것은?

① RAID 0은 여분의 디스크가 포함되지 않지만 동일한 RAID 볼륨을 추가로 구성하며, 추가된 볼륨은 원래의 볼륨과 동일하기 때문에 미러링 모드라고 한다.
② 하드디스크의 모음뿐만 아니라 자동으로 복제해 백업 정책을 구현해 주는 기술이다.
③ RAID 5는 RAID 4의 패리티 볼륨에 대한 병목현상을 개선한 것이다.
④ RAID는 여러 개의 디스크를 하나로 묶어 하나의 논리적 디스크로 작동하게 하는데, 하드웨어적 방법과 소프트웨어적 방법이 있다.

> 전문가의 조언 | • RAID 0은 두 개 이상의 디스크를 사용하여 두 개 이상의 볼륨을 구성한 구조로, 하나의 데이터를 여러 디스크에 분산 저장하기 때문에 스트라이핑(Striping) 모드라고 합니다.
> • ①번은 RAID 1에 대한 설명입니다.

11 다음 중 전자우편(E-mail)에 대한 설명으로 옳지 않은 것은?

① 한 사람이 동시에 여러 사람에게 전자우편을 보낼 수 있다.
② 전체 회신은 받은 메일에 대한 답장을 발송자는 물론 참조인들에게도 전송하는 기능이다.
③ IMAP는 로컬 서버에서 프로그램을 이용하여 전자우편을 액세스하기 위한 표준 프로토콜이다.
④ SMTP는 메일 서버에 도착한 이메일을 사용자 컴퓨터로 가져올 수 있도록 메일 서버에서 제공하는 프로토콜이다.

> 전문가의 조언 | • SMTP(Simple Mail Transfer Protocol)는 사용자의 컴퓨터에서 작성한 메일을 다른 사람의 계정이 있는 곳으로 전송해 주는 프로토콜입니다.
> • ④번은 POP3(Post Office Protocol3)에 대한 설명입니다.

12 다음 중 아날로그 컴퓨터와 디지털 컴퓨터에 대한 설명으로 옳은 것은?

① 아날로그 컴퓨터는 숫자, 문자 등 이산적인 데이터를 처리한다.
② 디지털 컴퓨터는 전압, 온도 등 연속적으로 변하는 데이터를 처리한다.
③ 아날로그 컴퓨터는 정밀도가 제한적이고 프로그래밍을 필요로하지 않는다.
④ 디지털 컴퓨터의 주요 구성 회로는 증폭 회로이다.

> 전문가의 조언 | 아날로그 컴퓨터는 정밀도가 제한적이고 프로그래밍을 필요로하지 않습니다.
> ① 아날로그 컴퓨터는 전압, 온도 등 연속적으로 변하는 데이터를 처리합니다.
> ② 디지털 컴퓨터는 숫자, 문자 등 이산적인 데이터를 처리합니다.
> ④ 디지털 컴퓨터의 주요 구성 회로는 논리 회로, 아날로그 컴퓨터의 주요 구성 회로는 증폭 회로입니다.

13 다음 중 [드라이브 조각 모음 및 최적화]를 수행할 수 있는 대상으로 옳은 것은?

① 외장 하드디스크 드라이브
② 네트워크 드라이브
③ CD-ROM 드라이브
④ Windows가 지원하지 않는 형식의 압축 프로그램

> 전문가의 조언 | • 외장 하드디스크 드라이브는 '드라이브 조각 모음 및 최적화'를 수행할 수 있습니다.
> • 네트워크 드라이브, CD-ROM 드라이브, Windows가 지원하지 않는 형식으로 압축된 프로그램에 대해서는 '드라이브 조각 모음 및 최적화'를 수행할 수 없습니다.

14 다음 중 컴퓨터의 연산장치에 있는 레지스터에 관한 설명으로 옳지 않은 것은?

① 2진수 덧셈을 수행하는 가산기(Adder)가 있다.
② 뺄셈을 수행하기 위해 입력된 값을 보수로 변환하는 보수기(Complementor)가 있다.
③ 연산 결과를 일시적으로 저장하는 누산기(Accumulator)가 있다.
④ 연산에 사용될 데이터를 기억하는 상태 레지스터(Status Register)가 있다.

> 전문가의 조언 | • 상태 레지스터(Status Register)는 연산중에 발생하는 여러 가지 상태값을 기억하는 레지스터입니다.
> • 연산에 사용될 데이터를 기억하는 레지스터는 데이터 레지스터(Data Register)입니다.

15 다음 중 Windows에서 사용하는 USB(Universal Serial Bus)에 대한 설명으로 옳은 것은?

① USB는 범용 병렬 장치를 연결할 수 있게 해 주는 컴퓨터 인터페이스이다.
② USB 3.0은 이론적으로 최대 5Gbps의 전송속도를 가지며, PC 및 연결기기, 케이블 등의 모든 USB 3.0 단자는 파랑색으로 되어 있어 이전 버전과 구분이 된다.
③ 허브를 이용하여 하나의 USB 포트에 여러 개의 주변기기를 연결할 수 있으며, 최대 256개까지 연결할 수 있다.
④ 핫 플러그인(Hot Plug In) 기능은 지원하지 않으나 플러그 앤 플레이(Plug & Play) 기능은 지원한다.

> 전문가의 조언 | USB(Universal Serial Bus)에 대한 설명으로 옳은 것은 ②번입니다.
> ① USB는 범용 직렬 장치를 연결할 수 있게 해주는 컴퓨터 인터페이스입니다.
> ③ USB는 주변장치를 최대 127개까지 연결할 수 있습니다.
> ④ USB는 핫 플러그인(Hot Plug In)과 플러그 앤 플레이(Plug&Play) 기능을 모두 지원합니다.

16 다음 중 OSI 참조 모델의 7계층에서 사용하는 주소에 대한 설명으로 옳지 않은 것은?

① IP 주소는 호스트에 대한 식별자로, 네트워크 계층의 IP 프로토콜에서 사용하며, 송신자 IP 주소와 수신자 IP 주소로 구분한다.
② MAC 주소(물리적 주소)는 NIC(Network Interface Card)에 대한 식별자로 물리 계층에서 사용한다.
③ 메일 주소는 응용 계층의 메일 시스템에서 사용자를 구분하려고 사용한다.
④ 포트(Port) 번호는 전송 계층에서 사용하며, 호스트에서 실행되는 프로세스를 구분해 주고 TCP와 UDP가 독립적으로 포트 주소를 관리한다.

> 전문가의 조언 | MAC 주소는 NIC에 대한 식별자로 데이터 링크 계층에서 사용합니다.

17 다음 중 방화벽에 대한 설명으로 적절하지 않은 것은?

① 보안이 필요한 네트워크의 통로를 단일화하여 관리한다.
② 방화벽 시스템은 내부와 외부로부터 불법적인 해킹을 완전히 차단할 수 있다.
③ 권한이 없는 사용자가 네트워크를 통해 컴퓨터에 액세스 하는 것을 방지한다.
④ 역추적 기능으로 외부 침입자의 흔적을 찾을 수 있다.

전문가의 조언 | 방화벽 시스템은 내부로부터의 불법적인 해킹은 막지 못합니다.

18 다음 중 객체 지향 프로그래밍 언어에 대한 설명으로 옳지 않은 것은?

① 대표적인 객체 지향 언어로 C++, Java 등이 있다.
② 소프트웨어의 재사용으로 프로그램의 개발 시간을 단축할 수 있다.
③ 상속성, 캡슐화, 추상화, 다형성 등의 특징이 있다.
④ 순차적인 처리가 중요시되며 프로그램 전체가 유기적으로 연결되도록 작성한다.

전문가의 조언 | ④번은 절차적 프로그래밍 언어에 대한 설명입니다.

19 다음 중 한글 Windows 10의 시작 메뉴에 대한 설명으로 옳지 않은 것은?

① 시작 메뉴에 있는 앱의 바로 가기 메뉴에서 [제거]를 이용하면 해당 앱을 제거할 수 있다.
② 시작 화면에 있는 앱이 설치되어 있는 실제 위치를 확인하려면 앱의 바로 가기 메뉴에서 '파일 위치 열기'를 클릭한다.
③ 시작 화면에 있는 앱의 크기를 조절하거나 타일을 이동하고 앱을 그룹화 할 수 있다.
④ [시작] → [설정] → [개인 설정] → [시작]에서 '전체 시작 화면 사용'을 켜면 화면 전체에 시작 메뉴가 표시된다.

전문가의 조언 | • 시작 화면에 있는 앱의 바로 가기 메뉴에서 [자세히] → [파일 위치 열기]를 선택하면 앱이 실제 설치된 폴더가 아닌 바로 가기 아이콘이 설치되어 있는 폴더가 열립니다.
• 이 폴더에 있는 바로 가기 아이콘의 바로 가기 메뉴에서 [파일 위치 열기]를 선택하면 앱이 실제 설치되어 있는 폴더가 열려 확인할 수 있습니다.

20 다음 중 운영체제의 구성인 제어 프로그램에 대한 설명으로 옳지 않은 것은?

① 자원의 할당 및 시스템 전체의 작동 상태를 감시한다.
② 작업이 정상적으로 처리될 수 있도록 작업의 순서와 방법을 관리한다.
③ 작업에 사용되는 데이터와 파일의 표준적인 처리 및 전송을 관리한다.
④ 사용자가 고급언어로 작성한 원시 프로그램을 기계어 형태의 목적 프로그램으로 변환시킨다.

전문가의 조언 | ④번은 처리 프로그램 중 언어 번역 프로그램에 대한 설명입니다.

2과목 스프레드시트 일반

21 다음 엑셀 목록을 이용하여 피벗 테이블을 작성하였다. 다음 완성된 피벗 테이블에 대한 설명으로 옳지 않은 것은?

	A	B	C	D
1	판매일자	분류	품목	가격
2	2024-01-04	상의	블라우스	620,000
3	2024-07-14	모자	비니모자	814,000
4	2024-07-19	상의	면바지	794,000
5	2024-05-08	상의	청바지	750,000

	A	B	C	D	E
1					
2	평균 : 가격				
3			모자	상의	총합계
4	1사분기	1월		620,000	620,000
5		3월		926,000	926,000
6	2사분기	4월		786,000	786,000
7		5월		848,500	848,500
8	3사분기	7월	851,000	794,000	832,000
9		8월	706,000		706,000
10		9월	761,000		761,000
11	4사분기	10월		481,000	481,000
12		11월		833,000	833,000
13		12월	632,000	702,750	688,600
14	총합계		760,200	745,667	749,941
15					

① '피벗 테이블 분석' 탭의 '표시' 그룹에서 '필드 머리글'을 표시하였다.
② 피벗 테이블 옵션의 '레이블이 있는 셀 병합 및 가운데 맞춤'을 설정하였다.
③ '판매일자'를 이용하여 분기별, 월별 그룹을 설정하였다.
④ 보고서 레이아웃을 테이블 형식으로 표시하였다.

정답 17.② 18.④ 19.② 20.④ 21.①

전문가의 조언 | • 문제에 제시된 피벗 테이블은 '필드 머리글'을 해제한 것입니다.
• 피벗 테이블에 '필드 머리글'을 표시하면 다음과 같습니다.

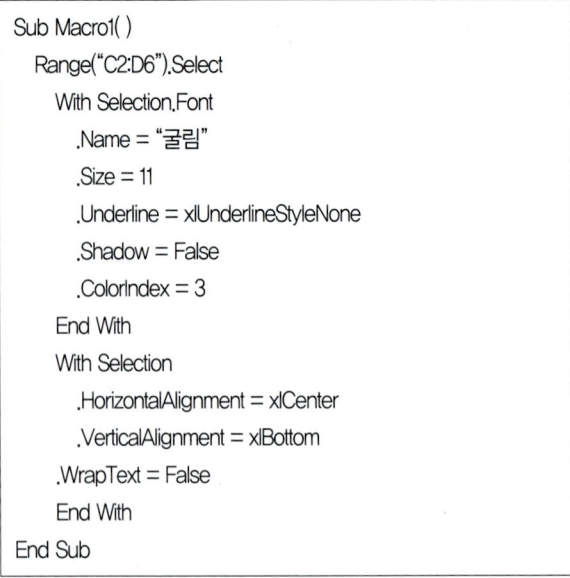

23 다음 매크로에 대한 설명으로 옳지 않은 것은?

```
Sub Macro1( )
    Range("C2:D6").Select
    With Selection.Font
        .Name = "굴림"
        .Size = 11
        .Underline = xlUnderlineStyleNone
        .Shadow = False
        .ColorIndex = 3
    End With
    With Selection
        .HorizontalAlignment = xlCenter
        .VerticalAlignment = xlBottom
        .WrapText = False
    End With
End Sub
```

① 글꼴을 '굴림'으로 지정한다.
② 폰트 크기를 11로 지정한다.
③ 밑줄을 해제한다.
④ 텍스트의 가로 정렬과 세로 정렬을 모두 가운데 맞춤으로 지정한다.

전문가의 조언 | 텍스트의 가로 정렬(HorizontalAlignment)은 가운데 맞춤(xlCenter), 세로 정렬(VerticalAlignment)은 아래쪽 맞춤(xlBottom)으로 지정합니다.

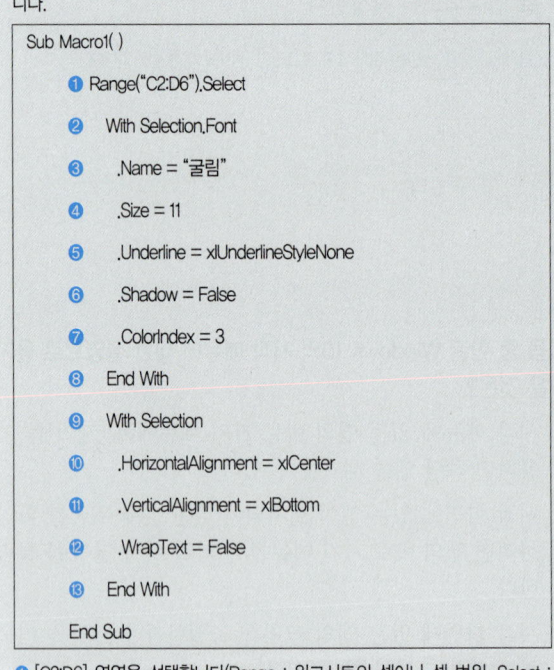

❶ [C2:D6] 영역을 선택합니다(Range : 워크시트의 셀이나 셀 범위, Select : 선택).
❷ 글꼴(Font) With문의 시작입니다.
❸ 글꼴을 '굴림'으로 지정합니다.
❹ 크기를 11로 지정합니다.
❺ 밑줄은 지정하지 않습니다.
❻ 그림자를 해제(False)합니다.
❼ 글꼴 색을 빨강(3)으로 지정합니다.
❽ With문의 끝입니다.

22 다음 중 아래의 〈수정 전〉 차트를 〈수정 후〉 차트로 변경하기 위한 작업으로 옳지 않은 것은?

〈수정 전〉

〈수정 후〉

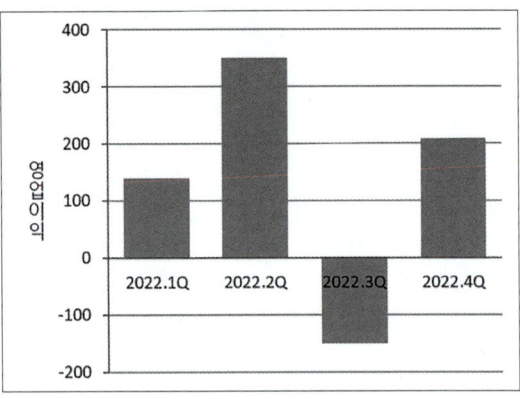

① 간격 너비를 넓혔다.
② 세로(값) 축의 주 눈금을 바깥쪽으로 표시했다.
③ 세로(값) 축의 제목을 '영업이익'으로 추가하고 텍스트 방향을 '세로'로 지정했다.
④ 가로(항목) 축의 레이블 위치를 '축의 옆'으로 지정했다.

전문가의 조언 | 간격 너비는 막대와 막대 사이의 간격을 말하는 것으로, 〈수정 후〉 차트는 간격 너비를 좁혔습니다.

❾ With문의 시작입니다.
❿ 가로 정렬(HorizontalAlignment)은 가운데 맞춤(xlCenter)으로 지정합니다.
⓫ 세로 정렬(VerticalAlignment)은 아래쪽 맞춤(xlBottom)으로 지정합니다.
⓬ 텍스트의 줄 바꾸기 기능(WrapText)을 해제(False)합니다.
⓭ With문의 끝입니다.

24. 아래 워크시트와 같이 시상내역[A13:D16] 표를 이용하여 시상내역[D2:D10]을 계산하였다. 다음 중 [D2] 셀에 입력된 배열 수식으로 옳은 것은?

	A	B	C	D
1	이름	공모대상	점수	시상내역
2	김남희	독창	91	대상
3	남궁민	창작동화	65	-
4	이수남	독창	75	-
5	서수남	독창	50	-
6	홍길동	독창	88	최우수상
7	이숙희	창작동화	69	-
8	양종국	창작동화	87	차상
9	김호명	독창	79	-
10	김영희	창작동화	93	장원
11				
12	시상내역			
13	점수	0	80	90
14		80	90	100
15	독창	-	최우수상	대상
16	창작동화	-	차상	장원
17				

① {=INDEX($B$15:$D$16, MATCH(B2, $A$15:$A$16, 0), MATCH(C2, $B$13:$D$13, −1))}

② {=INDEX($B$15:$D$16, MATCH(B2, $A$15:$A$16, 0), MATCH(C2, $B$13:$D$13, 1))}

③ {=INDEX($B$15:$D$16, MATCH(B2, $A$15:$A$16, 0), MATCH(C2, $B$14:$D$14, −1))}

④ {=INDEX($B$15:$D$16, MATCH(B2, $A$15:$A$16, 0), MATCH(C2, $B$14:$D$14, 1))}

전문가의 조언 | [D2] 셀에 입력된 배열 수식으로 옳은 것은 ②번입니다.
=INDEX($B$15:$D$16, MATCH(B2, $A$15:$A$16, 0), MATCH(C2, $B$13:$D$13, 1))
　　　　　　　　　　　　❶　　　　　　❷
　　　　　　　　❸

❶ MATCH(B2, $A$15:$A$16, 0) : [A15:A16] 영역에서 [B2] 셀, 즉 "독창"과 동일한 값을 찾은 후 상대 위치인 1을 반환합니다.
❷ MATCH(C2, $B$13:$D$13, 1) : [B13:D13] 영역에서 [C2] 셀, 즉 91보다 작거나 같은 값 중에서 가장 근접한 값(90)을 찾은 후 상대 위치인 3을 반환합니다.
❸ =INDEX($B$15:$D$16, ❶, ❷) → =INDEX($B$15:$D$16, 1, 3) : [B15:D16] 영역에서 1행 3열, 즉 [D15] 셀의 값 "대상"을 반환합니다.

25. 다음 중 각 차트 종류에 대한 설명으로 적절하지 않은 것은?

① 주식형 : 고가, 저가, 종가 등의 주식 거래 가격을 바탕으로 차트를 작성한다.
② 분산형 차트 : 여러 데이터 계열에 있는 숫자 값 사이의 관계를 보여 주거나 두 개의 숫자 그룹을 xy 좌표로 이루어진 하나의 계열로 표시할 때 사용된다.
③ 거품형 : 데이터 값이 두 개인 경우에만 사용할 수 있으며 첫 번째 값이 X축, 두 번째 값이 데이터 표식의 크기로 사용된다.
④ 표면형 차트 : 두 개의 데이터 집합에서 최적의 조합을 찾을 때 사용된다.

전문가의 조언 | 거품형은 데이터 값이 세 개인 경우에만 사용할 수 있으며 첫 번째 값이 X축, 두 번째 값이 Y축, 세 번째 값이 데이터 표식의 크기로 사용됩니다.

26. 아래 시트에서 각 부서마다 직위별로 총점점수의 합계를 구하려고 한다. 다음 중 [B17] 셀에 입력된 수식으로 옳은 것은?

	A	B	C	D	E
1	부서명	직위	업무평가	구술평가	총점점수
2	영업부	사원	35	30	65
3	총무부	대리	38	33	71
4	총무부	과장	45	36	81
5	총무부	대리	35	40	75
6	영업부	과장	46	39	85
7	홍보부	과장	30	37	67
8	홍보부	부장	41	38	79
9	총무부	사원	33	29	62
10	영업부	대리	36	34	70
11	홍보부	대리	27	36	63
12	영업부	과장	42	39	81
13	영업부	부장	40	39	79
14					
15					
16	부서명	부장	과장	대리	
17	영업부				
18	총무부				
19	홍보부				
20					

① {=SUMIFS($E$2:$E$13, $A$2:$A$13, $A$17, $B$2:$B$13, $B$16)}

② {=SUM(($A$2:$A$13=A17)*($B$2:$B$13=B16)*$E$2:$E$13)}

③ {=SUM(($A$2:$A$13=$A17)*($B$2:$B$13=B$16)*$E$2:$E$13)}

④ {=SUM(($A$2:$A$13=A$17)*($B$2:$B$13=$B16)*$E$2:$E$13)}

> 전문가의 조언 | 부서마다 직위별 총점점수의 합계를 구하는 배열 수식으로 옳은 것은 ③번입니다.
> - 조건이 두 개일 때 배열 수식을 이용하여 합계를 구하는 방법은 다음의 두 가지 방법이 있습니다.
>   - 방법1 : =SUM((조건1) * (조건2) * 합계를_구할_범위)
>   - 방법2 : =SUM(IF((조건1) * (조건2), 합계를_구할_범위))
> 1. 조건과 범위 찾기
>   - 조건1 : 부서마다란 조건은 A2:A13=A17
>   - 조건2 : 직위별이란 조건은 B2:B13=B16
>   - 합계를_구할_범위 : 총점점수이므로 [E2:E13]
> 2. 위의 조건과 범위를 합계 구하기 배열 수식에 대입하면 다음과 같습니다.
>   - 방법1 : =SUM((A2:A13=A17) * (B2:B13=B16) * E2:E13)
>   - 방법2 : =SUM(IF((A2:A13=A17) * ((B2:B13=B16), E2:E13))
> - 이 문제는 여러 셀에 결과값을 구해야 하므로 범위는 절대 참조로 지정해야 하지만, A17 셀의 경우는 A18, A19와 같이 열은 고정되고 행만 변경되어야 하므로 $A17로 지정하고, B16 셀의 경우는 C16, D16과 같이 행은 고정되고 열만 변경되어야 하므로 B$16으로 지정하여 =SUM(($A$2:$A$13=$A17)*($B$2:$B$13=B$16)*$E$2:$E$13)으로 입력해야 합니다.
> - 수식을 입력한 후 Ctrl + Shift + Enter를 누르면 중괄호({ })가 자동으로 표시됩니다.

27 다음과 같이 계층 구조와 계층 구조 내에 빈 셀이 있는 데이터를 표시하는데 적합한 차트로, 하나의 고리 또는 원이 계층 구조의 각 수준을 나타내며 가장 안쪽에 있는 원이 계층 구조의 가장 높은 수준을 나타내는 차트 종류는?

	A	B	C	D
1			판매 현황	
2				
3	대분류	중분류	품목	가격
4	의류	상의	맨투맨	35,000
5			남방	29,500
6			블라우스	37,500
7		하의	청바지	23,000
8			면바지	62,000
9			반바지	45,000
10	패션잡화	모자	캡모자	15,000
11			비니모자	21,500
12			벙거지모자	35,000
13				

① 히스토그램 차트 ② 선버스트 차트
③ 도넛형 차트 ④ 트리맵 차트

> 전문가의 조언 | • 계층 구조와 계층 구조 내에 빈 셀이 있는 데이터를 표시하는데 적합한 차트는 선버스트 차트입니다.
> • 문제에 제시된 데이터를 이용하여 선버스트 차트를 작성하면 다음과 같습니다.

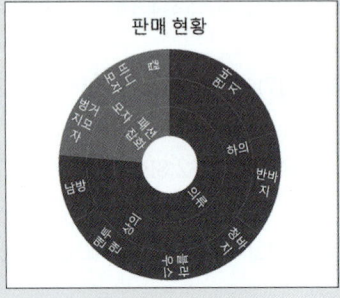

- 히스토그램 차트 : 특정 범위를 그룹화하여 그룹별 데이터의 분포를 표시할 때 사용됨
- 도넛형 차트 : 전체에 대한 각 부분의 관계를 비율로 나타내어 각 부분을 비교할 때 사용됨
- 트리맵 차트 : 계층 간의 상대적 크기를 비교할 때 사용하며, 계층 간의 비율을 사각형으로 표시함

28 다음 중 [매크로] 대화상자에 대한 설명으로 옳지 않은 것은?

① [편집] 단추를 클릭하면 선택한 매크로를 수정할 수 있도록 VBA가 실행된다.
② [삭제] 단추를 클릭하면 선택한 매크로를 삭제한다.
③ [한 단계씩 코드 실행] 단추를 클릭하면 선택한 매크로를 한 줄씩 실행한다.
④ [옵션] 단추를 클릭하면 선택한 매크로의 이름이나 바로 가기 키, 설명 등을 설정하거나 변경할 수 있다.

> 전문가의 조언 | • '매크로' 대화상자의 [옵션] 단추를 클릭하여 매크로 이름을 확인할 수 있지만 변경할 수는 없습니다.
> • 매크로 이름은 [편집] 단추를 클릭하면 실행되는 VBA 편집기에서 변경할 수 있습니다.

29 다음 중 아래 시트에서 고급 필터 기능을 이용하여 점수가 전체 평균 이상이면서 성별이 "남"인 데이터를 추출하려고 할 때, 고급 필터의 조건식으로 옳은 것은?

	A	B	C	D
1	번호	성명	성별	점수
2	1	이방주	남	86
3	2	황영희	여	45
4	3	손기중	남	78
5	4	김보라	여	92
6	5	엄이봉	남	76
7	6	김경삼	남	98
8	7	한우경	여	87
9	8	김상희	여	91
10	9	임선빈	남	64
11				

①

점수	성별
=D2>=AVERAGE($D$2:$D$10)	남

②

조건
=AND(D2>=AVERAGE($D$2:$D$10),C2="남")

③

평균	성별
=D2>=AVERAGE($D$2:$D$10)	
	남

④

조건
=OR(D2>=AVERAGE($D$2:$D$10),C2="남")

전문가의 조언 | 문제에 제시된 고급 필터의 조건식으로 옳은 것은 ②번입니다.
• 고급 필터의 조건으로 수식을 입력할 경우에는 조건으로 사용할 필드명을 원본 데이터의 필드명과 다르게 하거나 생략해야 합니다.
• 문제의 조건은 AND 조건(~이면서)이므로 AND 함수를 사용하여 수식을 작성해야 합니다.

30 다음 중 시트 보호 시 '워크시트에서 허용할 내용'으로 저정할 수 있는 내용이 아닌 것은?

① 시나리오 편집　② 개체 편집
③ 시트 이름 바꾸기　④ 자동 필터 사용

전문가의 조언 | 시트 이름은 시트 보호와 상관 없이 변경할 수 있습니다.

31 다음 중 아래의 워크시트를 이용한 수식에 대해서 그 결과가 옳지 않은 것은?

▲	A	B	C	D
1	이름	국어	영어	수학
2	김원	87	97	72
3	정영희	74	98	100
4	남궁정훈	85	91	70
5	이수	80	80	88
6	김용훈	81	87	70
7	김근태	84	82	80
8				

수식	결과
① =HLOOKUP("영어", A1:D7, 2)	97
② =OFFSET(B2, 3, 2)	88
③ =INDEX(A1:D7, 3, 2)	74
④ =AREAS(A1:D7)	28

전문가의 조언 | ④번 수식의 결과는 1입니다.
① =HLOOKUP("영어", A1:D7, 2) : [A1:D7] 영역의 첫 번째 행에서 "영어"를 찾은 후 이 값이 있는 열의 2행에 있는 값인 97을 반환합니다.
② =OFFSET(B2, 3, 2) : [B2] 셀을 기준으로 3행 2열이 떨어진 [D5] 셀의 값인 88을 반환합니다.
③ =INDEX(A1:D7, 3, 2) : [A1:D7] 영역에서 3행 2열, 즉 [B3] 셀의 값인 74를 반환합니다.
④ =AREAS(A1:D7) : AREAS는 인수로 지정된 범위 안에서 영역의 수를 계산하는 함수로, [A1:D7]은 영역이 하나이므로 1을 반환합니다.

32 다음 중 워크시트 이름으로 적절하지 않은 것은?

① _매출실적　② 매출실적?
③ 매출실적&　④ %매출실적

전문가의 조언 | 워크시트 이름에 * / : ? [ ] 등의 문자는 사용할 수 없습니다.

33 다음 중 수식의 결과가 옳지 않은 것은?

① =FIXED(3456.789, 1, FALSE) → 3,456.8
② =EOMONTH(DATE(2015, 2, 25), 1) → 2015-03-31
③ =CHOOSE(ROW(A3:A6), "동", "서", "남", 2015) → 남
④ =REPLACE("February", SEARCH("U", "Seoul-Unesco"), 5, " ") → Febru

전문가의 조언 | ④번의 결과는 "Feb"입니다.
① =FIXED(3456.789, 1, FALSE) : 3456.789를 소수점 첫째 자리로 반올림한 3,456.8을 반환합니다.
※ '논리값'이 FALSE이므로 텍스트에 쉼표가 포함됨
② =EOMONTH(DATE(2015, 2, 25), 1)
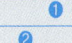

❶ DATE(2015, 2, 25) : 2015-02-25를 반환합니다.
❷ EOMONTH(❶) → EOMONTH(2015-02-25) : 2015-02-25를 기준으로 1개월 이후 달의 마지막 날짜인 2015-03-31을 반환합니다.
③ =CHOOSE(ROW(A3:A6), "동", "서", "남", 2015)

❶ ROW(A3:A6) : ROW 함수의 '인수'를 범위로 지정하면 범위의 첫 번째 셀인 'A3' 셀의 행 번호를 반환하므로 3을 반환합니다.
❷ =CHOOSE(❶, "동", "서", "남", 2015) → =CHOOSE(3, "동", "서", "남", 2015) : 세 번째에 있는 "남"을 반환합니다.
④ =REPLACE("February", SEARCH("U", "Seoul-Unesco"), 5, " ")

❶ SEARCH("U", "Seoul-Unesco") : "Seoul-Unesco"에서 "U"를 찾아 위치인 4를 반환합니다.
※ 시작 위치를 생략하면 첫 번째 글자부터 찾아 표시함
❷ =REPLACE("February", ❶, 5, " ") → =REPLACE("February", 4, 5, " ") : "February"에서 네 번째 글자부터 다섯 글자를 빈 칸으로 변경한 "Feb"을 반환합니다.

34. 다음 중 [찾기 및 바꾸기] 대화상자에 대한 설명으로 옳지 않은 것은?

① 문서에서 '찾을 내용'에 입력한 내용과 일치하는 이전 항목을 찾으려면 Shift를 누른 상태에서 [다음 찾기] 단추를 클릭한다.
② '찾을 내용'에 입력한 문자만 있는 셀을 검색하려면 '전체 셀 내용 일치'를 선택한다.
③ 별표(*), 물음표(?) 및 물결표(~) 등의 문자가 포함된 내용을 찾으려면 '찾을 내용'에 작은따옴표(') 뒤에 해당 문자를 붙여 입력한다.
④ 찾을 내용을 워크시트에서 검색할지 전체 통합 문서에서 검색할지 등을 선택하려면 '범위'에서 '시트' 또는 '통합 문서'를 선택한다.

> 전문가의 조언 | 별표(*), 물음표(?) 및 물결표(~) 등의 문자가 포함된 내용을 찾으려면 ~* 또는 ~? 등과 같이 찾으려는 문자 앞에 ~ 기호를 입력하면 됩니다.

35. 다음 중 엑셀의 오차 막대에 대한 설명으로 옳지 않은 것은?

① 가로 막대형 차트, 꺾은선형 차트, 분산형 차트, 거품형 차트, 3차원 세로 막대형 차트, 3차원 꺾은선형 차트에 오차 막대를 표시할 수 있다.
② 차트에 고정값, 백분율, 표준 편차, 표준 오차, 사용자 지정 중 하나를 선택하여 오차량을 표시할 수 있다.
③ 데이터 표식에 대한 오류 가능성이나 불확실성의 정도를 표시한다.
④ 분산형과 거품형 차트에는 세로 오차 막대, 가로 오차 막대를 적용할 수 있다.

> 전문가의 조언 | 3차원 차트에는 오차 막대를 표시할 수 없습니다.

36. 다음 워크시트에서 [A1] 셀에서 Ctrl을 누른 채 채우기 핸들을 이용하여 드래그 했을 때 [C1] 셀에 표시되는 값은?

	A	B	C	D
1	29.5			
2				

① 29.5　　② 31.5
③ 29.7　　④ 49.5

> 전문가의 조언 | Ctrl을 누른 채 숫자가 들어 있는 셀의 채우기 핸들을 드래그하면 값이 1씩 증가하며 입력되므로 [C1] 셀에 31.5가 표시됩니다.
>
> | | A | B | C | D |
> |---|---|---|---|---|
> | 1 | 29.5 | 30.5 | 31.5 | 32.5 |
> | 2 | | | | |

37. 다음 중 엑셀의 틀 고정에 대한 기능 설명으로 옳지 않은 것은?

① 틀 고정은 특정 행 또는 열을 고정할 때 사용하는 기능으로, 주로 표의 제목 행 또는 제목 열을 고정한 후 작업할 때 유용하다.
② 선택된 셀의 왼쪽 열과 바로 위의 행이 고정된다.
③ 틀 고정 구분선을 마우스로 잡아끌어 틀 고정 구분선을 이동시킬 수 있다.
④ 틀 고정 방법으로 첫 행 고정을 실행하면 선택된 셀의 위치와 상관없이 첫 행이 고정된다.

> 전문가의 조언 | 창 나누기 기준은 마우스로 위치를 조정할 수 있으나 틀 고정 기준은 마우스로 위치를 조정할 수 없습니다.

38. 다음 중 엑셀의 화면 제어에 관한 설명으로 옳지 않은 것은?

① 숨겨진 통합 문서를 표시하려면 [보기] → [창] → '숨기기 취소'를 실행한다.
② 틀 고정에 의해 분할된 왼쪽 또는 위쪽 부분은 인쇄 시 반복할 행과 반복할 열로 자동 설정된다.
③ [Excel 옵션]의 [고급] 탭에서 'IntelliMouse로 화면 확대/축소' 옵션을 설정하면 Ctrl을 누르지 않은 상태에서 마우스 휠의 스크롤만으로 화면의 축소 및 확대가 가능하다.
④ 확대/축소 배율은 선택된 시트에만 적용된다.

> 전문가의 조언 | 화면에 표시되는 틀 고정 형태는 인쇄에 영향을 주지 않습니다.

39 다음 중 [머리글/바닥글] 기능에 대한 설명으로 옳지 않은 것은?

① 머리글이나 바닥글의 텍스트에 앰퍼샌드(&) 문자 한 개를 포함시키려면 앰퍼샌드(&) 문자를 두 번 입력한다.
② 여러 워크시트에 동일한 [머리글/바닥글]을 한 번에 추가하려면 여러 워크시트를 선택하여 그룹화 한 후 설정한다.
③ [페이지 나누기 미리 보기] 상태에서는 워크시트에 머리글과 바닥글 영역이 함께 표시되어 간단히 머리글/바닥글을 추가할 수 있다.
④ 차트 시트인 경우 [페이지 설정] 대화상자의 [머리글/바닥글] 탭에서 머리글/바닥글을 추가할 수 있다.

> 전문가의 조언 | • '페이지 나누기 미리 보기' 상태에서는 머리글이나 바닥글을 추가할 수 없습니다.
> • 워크시트에 머리글과 바닥글 영역이 함께 표시되어 간단히 머리글/바닥글을 추가할 수 있는 보기 형태는 '페이지 레이아웃' 보기입니다.

40 다음 시트와 같이 [A2:D7] 영역에 조건부 서식을 지정하여 2, 4, 6행에 배경색을 지정하려고 할 때 옳지 않은 조건은?

	A	B	C	D
1	이름	국어	영어	수학
2	김원	87	97	72
3	정영희	74	98	100
4	남궁정훈	85	91	70
5	이수	80	80	88
6	김용훈	81	87	70
7	김근태	84	82	80
8				

① =ISEVEN(ROWS($A$2:$A2))
② =ISEVEN(ROW( ))
③ =MOD(ROWS($A$2:$A2), 2)=1
④ =MOD(ROW( ), 2)=0

> 전문가의 조언 | 조건부 서식의 조건을 ①번으로 지정할 경우 3, 5, 7행에 배경색이 지정됩니다.
> ① =ISEVEN(ROWS($A$2:$A2))
> • ISEVEN(인수) 함수는 '인수'가 짝수면 'TRUE', 그렇지 않으면 'FALSE'를 반환하고, ROWS(셀 범위) 함수는 '셀 범위'에서 행 개수를 구하므로 ROWS 함수의 결과가 짝수인 경우 지정한 서식이 적용됩니다.
> • [A2:D7] 영역을 범위로 지정한 후 조건부 서식의 조건을 '=ISEVEN(ROWS($A$2:$A2))'으로 지정하면 행별로 수식이 아래와 같이 변경되어 각 행을 비교합니다.
> – 2행 : =ISEVEN(ROWS($A$2:$A2)) → 행 개수 : 1
> – 3행 : =ISEVEN(ROWS($A$2:$A3)) → 행 개수 : 2
> ⋮
> – 7행 : =ISEVEN(ROWS($A$2:$A7)) → 행 개수 : 6
> ※ 실행 결과

	A	B	C	D
1	이름	국어	영어	수학
2	김원	87	97	72
3	정영희	74	98	100
4	남궁정훈	85	91	70
5	이수	80	80	88
6	김용훈	81	87	70
7	김근태	84	82	80
8				

② =ISEVEN(ROW( )) : ROW(인수) 함수는 '인수'의 행 번호를 반환하는데, '인수'를 지정하지 않으면 수식이 입력된 행을 의미하므로 행 번호가 짝수인 경우, 즉 2, 4, 6행에 지정한 서식이 적용됩니다.
③ =MOD(ROWS($A$2:$A2), 2)=1 : ROWS 함수의 결과를 2로 나눈 나머지가 1인 경우, 즉 2, 4, 6행에 지정한 서식이 적용됩니다.
④ =MOD(ROW( ), 2)=0 : 수식이 입력된 행 번호를 2로 나눈 나머지가 0인 경우, 즉 2, 4, 6행에 지정한 서식이 적용됩니다.

3과목 데이터베이스 일반

41 데이터 형식이 텍스트인 필드에 다음과 같이 형식을 지정한 후 값을 입력했을 때의 표시 결과가 틀리게 표시된 것은?

	형식	입력값	표시 결과
①	@_@	1234	123_4
②	>@@@@	abcd	ABCD
③	@	1234	1234
④	@₩-@@	abcde	ab-de

> 전문가의 조언 | ④번의 표시 결과는 abc-de입니다.
> • @는 입력된 텍스트의 뒤쪽을 기준으로 텍스트 한 자리를 나타내며, @ 기호의 개수보다 입력된 값이 많은 경우에는 입력된 값을 모두 표시합니다.
> • _는 밑줄(_)을 해당 자리에 그대로 표시합니다.
> • >는 모든 문자를 대문자로 변경합니다.
> • ₩는 ₩ 다음 문자가 사용자 지정 기호라도 일반 문자처럼 해당 자리에 그대로 표시합니다.
>
> | 형식 기호 | @ | ₩- | @ | @ |
> |---|---|---|---|---|
> | 입력 값 적용 대상 | abc | | d | e |
> | 표시 결과 | abc | - | d | e |

42 다음 중 보고서를 작성하는 방법으로 옳지 않은 것은?

① [새 보고서]는 디자인 보기 상태에서 필드를 추가하여 보고서를 작성한다.
② [보고서]는 탐색 창에서 선택한 테이블이나 쿼리에 포함된 필드를 모두 표시하는 보고서를 바로 생성하므로 쉽게 보고서를 작성할 수 있다.
③ [레이블]은 편지 봉투에 붙이는 우편번호 주소 레이블 인쇄용 보고서를 작성한다.
④ [보고서 디자인]은 디자인 보기 상태에서 컨트롤을 이용하여 사용자가 직접 보고서를 작성한다.

> 전문가의 조언 | • ①번은 '보고서 디자인'에 대한 설명입니다.
> • '새 보고서'를 이용하는 경우 레이아웃 보기 상태에서 필드를 추가하여 보고서를 작성할 수 있습니다.

43 다음 중 매개 변수 쿼리에 대한 설명으로 옳지 않은 것은?

① 매개 변수 쿼리는 쿼리 실행 시 조건을 입력받아 조건에 맞는 레코드만 반환하는 쿼리이다.

② 매개 변수를 적용할 필드의 조건 행에서 매개 변수 대화상자에 표시할 텍스트를 [ ] 대괄호로 묶어 입력한다.

③ 매개 변수 대화상자에 입력된 매개 변수 값은 조건으로 찾을 필드의 데이터 형식과 일치하지 않아도 된다.

④ 매개 변수 대화상자에 표시할 텍스트에 . !와 같은 문자는 포함할 수 없다.

> 전문가의 조언 | 매개 변수 대화상자에 입력된 매개 변수 값은 조건으로 찾을 데이터 형식과 일치해야 합니다. 일치하지 않으면 오류 메시지가 표시됩니다.

44 다음 중 이벤트의 발생 시기에 대한 설명으로 옳지 않은 것은?

① Print는 보고서가 인쇄되거나 미리 보기에 표시될 때 발생한다.

② Unload는 폼이 열린 후 레코드들이 표시될 때 발생한다.

③ BeforeUpdate는 컨트롤이나 레코드의 변경된 데이터가 업데이트되기 전에 발생한다.

④ Activate는 폼이나 보고서가 활성화될 때 발생한다.

> 전문가의 조언 | • Unload 이벤트는 폼이나 보고서가 닫히기 직전에 발생합니다.
> • 폼이 열린 후 레코드들이 표시될 때 발생하는 이벤트는 Load 이벤트입니다.

45 조회 속성에 대한 다음 설명 중 가장 옳지 않은 것은?

필드 속성	
일반 조회	
컨트롤 표시	콤보 상자
행 원본 유형	테이블/쿼리
행 원본	
바운드 열	1
열 개수	1
열 이름	아니요
열 너비	
행 수	16
목록 너비	자동
목록 값만 허용	아니요
여러 값 허용	아니요
값 목록 편집 허용	아니요
목록 항목 편집 폼	
행 원본 값만 표시	아니요

① 다른 테이블에 있는 내용을 목록으로 표시하려면 '행 원본 유형'을 '테이블/쿼리'로 설정한다.

② '서울', '부산', '대전', '광주'와 같은 목록을 직접 지정하려면 '행 원본 유형'을 '값 목록'으로 설정한다.

③ 데이터시트 보기 상태에서 행 목록에 2개의 필드를 표시하려면, '바운드 열'을 2로 지정한다.

④ '목록 값만 허용' 속성을 '예'로 지정하면, 목록 이외의 값은 입력할 수 없다.

> 전문가의 조언 | • 데이터시트 보기 상태에서 행 목록에 2개의 필드를 표시하려면, '바운드 열' 속성이 아니라 '열 개수' 속성을 2로 지정해야 합니다.
> • '바운드 열'은 선택한 목록의 여러 열 중 해당 컨트롤에 저장되는 열을 지정하는 속성입니다.

46 다음 중 보고서의 레코드 원본에 대한 설명으로 옳지 않은 것은?

① 필요한 필드가 하나의 테이블에 있는 경우 해당 테이블을 레코드 원본으로 지정할 수 있다.

② 쿼리를 레코드 원본으로 지정할 수 있다.

③ 여러 개의 테이블을 연결한 질의문을 만들어 레코드 원본으로 지정할 수 있다.

④ 식 작성기로 입력한 수식을 레코드 원본으로 지정할 수 있다.

> 전문가의 조언 | • 식 작성기로 입력한 수식을 보고서의 레코드 원본으로 지정할 수 없습니다.
> • 식 작성기로 입력한 수식은 컨트롤의 컨트롤 원본으로는 지정할 수 있습니다.

47 다음 중 [학생] 테이블에서 '점수'가 60 이상인 학생들의 인원수를 구하는 식으로 옳은 것은? (단, '학번' 필드는 [학생] 테이블의 기본 키이다.)

① =DCount("학생", "학번", "점수 >= 60")

② =DCount("*", "학생", "점수 >= 60")

③ =DCount(학생, 학번, 점수 >= 60)

④ =DCount(학번, 학생, 점수 >= 60)

> 전문가의 조언 | [학생] 테이블에서 '점수'가 60 이상인 학생들의 인원수를 구하는 식은 =DCount("*", "학생", "점수 >= 60") 또는 =DCount("학번", "학생", "점수 >= 60")이며, 도메인 함수에서 사용되는 인수는 각각을 큰따옴표(" ")로 묶어줘야 합니다.

정답 43.③ 44.② 45.③ 46.④ 47.②

48 다음 중 보고서에서 [페이지 번호] 대화상자를 이용한 페이지 번호 설정에 대한 설명으로 옳지 않은 것은?

① 첫 페이지에만 페이지 번호가 표시되거나 표시되지 않도록 설정할 수 있다.
② 페이지 번호의 표시 위치를 '페이지 위쪽', '페이지 아래쪽', '페이지 양쪽' 중 선택할 수 있다.
③ 페이지 번호의 형식을 'N 페이지'와 'N/M 페이지' 중 선택할 수 있다.
④ [페이지 번호] 대화상자를 열 때마다 페이지 번호 표시를 위한 수식이 입력된 텍스트 상자가 자동으로 삽입된다.

> 전문가의 조언 | '페이지 번호' 대화상자에서 페이지가 표시될 위치는 '페이지 위쪽[머리글]'과 '페이지 아래쪽[바닥글]' 중 하나를 선택하여 지정할 수 있습니다.

49 다음 중 관계 데이터베이스에 대한 설명으로 옳지 않은 것은?

① 관계 데이터베이스는 테이블의 형태로 데이터를 관리한다.
② 기본키는 레코드를 식별하는 유일한 값을 갖는 필드이다.
③ 외래키 필드는 다른 테이블의 기본키나 유일성(Unique) 속성을 갖는 필드를 참조한다.
④ 일종의 그래프 형태로 계층 데이터베이스 모델이 확장된 형태이다.

> 전문가의 조언 | 일종의 그래프 형태로 계층 데이터베이스 모델이 확장된 형태는 망(네트워크)형 데이터베이스입니다.

50 다음 중 하위 폼에서 새로운 레코드를 추가하려고 할 때 설정해야 할 폼 속성은?

① '필터 사용'을 예로 설정한다.
② '추가 가능'을 예로 설정한다.
③ '편집 가능'을 예로 설정한다.
④ '삭제 가능'을 예로 설정한다.

> 전문가의 조언 | 새로운 레코드를 추가할 수 있도록 하려면 '추가 가능' 속성을 "예"로 설정해야 합니다.

51 다음 중 액세스에서 색인(Index)에 대한 다음 설명으로 가장 옳지 않는 것은?

① 하나의 필드나 필드 조합에 인덱스를 만들어 레코드 찾기와 정렬을 효율적으로 수행할 수 있게 한다.
② OLE 개체 데이터 형식 필드는 인덱스를 설정할 수 없다.
③ 색인을 설정하면 자료의 갱신 속도가 빨라진다.
④ 중복 불가능(Unique) 색인을 설정하면 중복된 자료의 입력을 방지할 수 있다.

> 전문가의 조언 | 인덱스를 설정하면 데이터 검색, 정렬 등의 작업 시간은 빨라지지만 데이터 추가나 변경 시 갱신(업데이트) 속도는 느려집니다.

52 다음 중 쿼리 유형에 대한 설명으로 옳지 않은 것은?

① [테이블 만들기] 쿼리로 레코드를 기존 테이블에 추가할 수 있다.
② [업데이트] 쿼리로 기존 테이블의 데이터를 변경할 수 있다.
③ 실행 쿼리는 쿼리 디자인 그룹 왼쪽에 실행(!) 단추가 표시된다.
④ [삭제] 쿼리로 기존 테이블의 레코드를 삭제할 수 있다.

> 전문가의 조언 | • ①번은 추가 쿼리에 대한 설명입니다.
> • 테이블 만들기 쿼리는 테이블이나 쿼리에서 데이터를 검색한 후 검색된 결과를 새로운 테이블로 만드는 작업을 수행합니다.

53 다음 중 연산자 사용에 대한 설명으로 옳지 않은 것은?

① Like "김?" : "김"으로 시작하거나 "김"을 포함하는 모든 자료를 표시한다.
② Between 20 and 60 : 20에서 60 사이인 자료를 표시한다.
③ Not "0" : 널 문자가 아닌 자료를 표시한다.
④ 3<>3 Or 2<1 : 화면에 표시되는 내용이 없다.

> 전문가의 조언 | 만능 문자는 모든 문자를 대신하여 사용하는 문자로, *는 문자의 모든 자리를 대신할 수 있지만, ?는 문자의 한 자리만 대신할 수 있습니다. Like "김?"은 "김"으로 시작하는 두 글자인 자료만 표시합니다.

정답 48.② 49.④ 50.② 51.③ 52.① 53.①

54 다음 중 '학번', '이름', '전화번호' 필드로 동일하게 구성되어 있는 [재학생] 테이블과 [졸업생] 테이블을 통합하여 나타내는 쿼리문으로 옳은 것은?

① Select 학번, 이름, 전화번호 From 재학생, 졸업생
　Where 재학생.학번 = 졸업생.학번;
② Select 학번, 이름, 전화번호 From 재학생
　JOIN Select 학번, 이름, 전화번호 From 졸업생;
③ Select 학번, 이름, 전화번호 From 재학생
　OR Select 학번, 이름, 전화번호 From 졸업생;
④ Select 학번, 이름, 전화번호 From 재학생
　UNION Select 학번, 이름, 전화번호 From 졸업생;

> 전문가의 조언 | 성격이 유사한 두 개의 테이블 데이터를 통합하여 하나로 나타낼 때는 통합(Union) 쿼리를 사용합니다.

55 다음 중 이름이 'txt제목'인 텍스트 상자 컨트롤에 '매출내역' 이라는 내용을 입력하는 VBA 명령으로 옳지 않은 것은?

① txt제목 = "매출내역"
② txt제목.text = "매출내역"
③ txt제목.value = "매출내역"
④ txt제목.caption = "매출내역"

> 전문가의 조언 |
> • 컨트롤에 텍스트를 입력할 때는 value 혹은 text 속성을 이용하는데, 속성을 생략하고 ①번과 같이 지정하면 value나 text 속성이 생략된 것으로 간주됩니다.
> • 텍스트 상자 컨트롤에는 caption 속성이 없습니다. caption 속성은 언바운드 컨트롤에 텍스트를 표시할 때 사용합니다.

56 다음 중 데이터베이스 관리자의 역할로 옳지 않은 것은?

① COBOL, PASCAL, C와 같은 호스트 프로그래밍 언어와 DCL(Data Control Language)을 이용하여 데이터를 조작한다.
② 데이터베이스의 스키마를 정의한다.
③ 데이터베이스의 구성 요소를 결정한다.
④ 시스템의 성능 분석 및 감시를 한다.

> 전문가의 조언 | ①번은 응용 프로그래머의 역할입니다.

57 다음 중 정렬 및 그룹화를 사용하여 업체별 판매금액의 총합을 요약 보고서 형태로 작성하려고 하는 경우에 수행하는 작업으로 가장 옳지 않은 것은?

① 본문 영역에 아무런 컨트롤도 추가하지 않는다.
② 전체 업체의 총 판매금액에 대한 사항은 페이지 바닥글에서 구성한다.
③ 업체명이나 업체번호 필드를 이용하여 그룹화를 수행한다.
④ 그룹의 머리글에 =Sum([판매금액])을 삽입한다.

> 전문가의 조언 | 전체 업체의 총 판매금액에 대한 사항은 보고서 바닥글에서 구성해야 합니다.

58 다음이 설명하는 컨트롤은 무엇인가?

> • 좁은 공간에서 유용하게 사용하는 컨트롤이다.
> • 목록에서 선택하거나 직접 입력할 수 있다.
> • 목록에 있는 값만 입력할 수 있도록 설정할 수 있다.

① 텍스트 상자　　② 명령 단추
③ 콤보 상자　　　④ 확인란

> 전문가의 조언 | 문제의 지문에 제시된 내용은 콤보 상자 컨트롤의 특징입니다.
> • 텍스트 상자 : 폼이나 보고서의 원본으로 사용되는 데이터나 계산 결과를 표시하는 컨트롤
> • 명령 단추 : 레코드를 찾거나 레코드 인쇄 등의 특정 기능을 실행할 때 사용하는 컨트롤
> • 확인란 : 여러 개의 값 중 하나 이상을 선택할 수 있는 컨트롤

59 다음 괄호(㉠, ㉡)에 순서대로 들어갈 내용으로 알맞은 것은?

> 폼 안에 있는 또 하나의 폼을 (㉠)이라고 하며, (㉠)에서 여러 개의 연결 필드를 지정할 때에 사용되는 구분자는 (㉡) 이다.

① 하위 폼, 콤마(,)
② 하위 폼, 세미콜론(;)
③ 기본 폼, 콤마(,)
④ 연속 폼, 세미콜론(;)

> 전문가의 조언 | 폼 안에 있는 또 하나의 폼을 하위 폼, 하위 폼에서 여러 개의 연결 필드를 지정할 때에 사용되는 구분자는 세미콜론(;)입니다.

60 다음 중 아래 〈학생〉 테이블에 대한 SQL문의 실행 결과로 옳은 것은?

학번	전공	학년	나이
1002	영문	SO	19
1004	통계	SN	23
1005	영문	SN	21
1008	수학	JR	20
1009	영문	FR	18
1010	통계	SN	25

```
SELECT AVG([나이]) FROM 학생
WHERE 학년="SN" GROUP BY 전공
HAVING COUNT(*) >= 2;
```

① 21　　② 22
③ 23　　④ 24

전문가의 조언 | SQL문의 실행 결과는 24입니다. 질의문은 각 절을 분리하여 이해하면 쉽습니다.
- SELECT AVG([나이]) FROM 학생 : 〈학생〉 테이블에서 '나이' 필드의 평균을 검색합니다.
- WHERE 학년="SN" : '학년' 필드의 값이 "SN"인 레코드만을 대상으로 검색합니다.

학번	전공	학년	나이
1002	영문	SO	19
1004	통계	SN	23
1005	영문	SN	21
1008	수학	JR	20
1009	영문	FR	18
1010	통계	SN	25

- GROUP BY 전공 : '전공' 필드를 기준으로 그룹을 지정합니다.

학번	전공	학년	나이
1004	통계	SN	23
1010	통계	SN	25
1005	영문	SN	21

- HAVING COUNT(*)>=2 : 그룹별로 레코드의 개수가 2개 이상인 그룹만을 대상으로 검색합니다.

학번	전공	학년	나이
1004	통계	SN	23
1010	통계	SN	25

※ 질의문의 수행 결과 나이의 평균은 (23+25)/2 = 24입니다.

03회 2025년 상시 03 시행 기출문제 & 전문가의 조언

1과목 컴퓨터 일반

01 시스템의 전체적인 효율은 좋아지나 여러 사람이 사용함에 따라 개인별 사용자 입장에서는 반응 속도가 느릴 수 있는 시스템은?

① 다중 프로그래밍 시스템
② 다중 처리 시스템
③ 시분할 시스템
④ 일괄 처리 시스템

> 전문가의 조언 | 문제에 제시된 내용은 시분할 시스템(Time Sharing System)에 대한 설명입니다.
> - 다중 프로그래밍 시스템(Multi Programming System) : 한 개의 CPU(중앙처리장치)로 여러 개의 프로그램을 동시에 처리하는 방식
> - 다중 처리 시스템(Multi-Processing System) : 처리 속도를 향상시킬 목적으로 하나의 컴퓨터에 여러 개의 CPU(중앙처리장치)를 설치하여 프로그램을 처리하는 방식
> - 일괄 처리 시스템(Batch Processing System) : 처리할 데이터를 일정량 또는 일정 기간 모았다가 한꺼번에 처리하는 방식

02 다음 중 소프트웨어의 사용권에 따른 분류에 대한 설명으로 옳지 않은 것은?

① 셰어웨어(Shareware)는 라이선스 요금 없이 무료로 배포되는 소프트웨어로, 영리 목적으로 배포할 수 없다.
② 프리웨어(Freeware)는 누구나 자유롭게 사용할 수 있는 소프트웨어로 기간 및 기능에 제한이 없다.
③ 베타(Beta) 버전은 정식 프로그램을 발표하기 전에 프로그램의 문제 발견이나 기능 향상을 위해 무료로 배포하는 소프트웨어이다.
④ 패치(Patch) 버전은 오류 수정이나 성능 향상을 위해 프로그램 일부를 변경해주는 소프트웨어이다.

> 전문가의 조언 | ・셰어웨어(Shareware)는 기능 혹은 사용 기간에 제한을 두어 배포하는 소프트웨어로, 무료로 사용할 수 있으며, 일정 기간 사용해 보고 정식 프로그램을 구입할 수 있습니다.
> • ①번은 프리웨어(Freeware)에 대한 설명입니다.

03 다음 중 정보 통신망의 구성 형태 중 버스형에 대한 설명으로 옳지 않은 것은?

① 단말장치가 고장나더라도 통신망 전체에 영향을 주지 않는다.
② 둘 이상의 호스트에서 데이터를 동시에 전송하면 데이터 충돌이 발생할 가능성이 있다.
③ 많은 통신회선이 필요하므로 비용이 많이 들지만 신뢰성이 높다.
④ 주로 근거리 통신망에서 사용한다.

> 전문가의 조언 | ・버스형(Bus)은 한 개의 통신 회선에 여러 대의 단말장치가 연결되어 있는 형태로 비용이 적게 듭니다.
> • ③번은 망형(Mesh)에 대한 설명입니다.

04 다음 중 [설정] → [시스템] → [저장소]에 대한 설명으로 옳지 않은 것은?

① '임시 파일'에서 휴지통 콘텐츠나 다운로드 폴더의 항목을 확인할 수 있으며, 특별히 설정하지 않아도 일정 시간이 지나면 기본적으로 삭제된다.
② 저장소 공간을 관리하며 새 콘텐츠가 저장되는 위치를 변경할 수 있다.
③ 로컬 디스크뿐만 아니라 다른 드라이브의 저장소 사용량을 볼 수 있다.
④ 저장소 센스는 기본적으로 하드디스크 공간이 부족할 때 실행되지만 매일, 매주, 매월 단위로 저장소 센스가 실행되도록 설정할 수 있다.

> 전문가의 조언 | '임시 파일'에서 휴지통 콘텐츠나 다운로드 폴더의 항목을 확인할 수 있으며, 사용자가 직접 삭제할 수는 있지만 일정 시간이 지나면 삭제되도록 하는 기능은 없습니다.

05 다음 중 내부 인터럽트가 발생하는 경우에 해당하는 것은?

① 컴퓨터의 전원 공급이 중단되었을 경우
② 입·출력장치가 데이터의 전송을 요구하거나 전송이 끝났음을 알릴 경우
③ 타이머에 의해 의도적으로 프로그램이 중단된 경우
④ 0으로 나누는 명령이 수행될 경우

> 전문가의 조언 | 0으로 나누는 명령이 수행될 경우 내부 인터럽트가 발생합니다.
> • ①~③번의 경우 외부 인터럽트가 발생합니다.

06 다음 중 스니핑(Sniffing)에 관한 설명으로 옳은 것은?

① 거짓 메일을 보내서 가짜 금융기관 등의 가짜 웹 사이트로 유인하여 정보를 빼내는 행위이다.
② 정상적인 기능을 하는 프로그램으로 가장하여 프로그램 내에 숨어 있다가 해당 프로그램이 동작할 때 활성화되어 부작용을 일으킨다.
③ 일종의 도청 행위로, 네트워크 주변을 지나다니는 패킷을 엿보면서 계정과 패스워드 등의 정보를 가로채는 행위이다.
④ 대량의 데이터를 한 곳의 서버에 집중적으로 전송함으로써, 서버의 정상적인 기능을 방해하는 것이다.

전문가의 조언 | 스니핑(Sniffing)에 관한 설명으로 옳은 것은 ③번입니다.
• ①번은 피싱(Phishing), ②번은 트로이 목마(Trojan Horse), ④번은 분산 서비스 거부 공격(DDoS)에 대한 설명입니다.

07 다음 중 Windows 10의 바로 가기 키에 대한 설명으로 옳은 것은?

① ⊞ + A : 알림 센터 열기
② ⊞ + B : 설정 열기
③ ⊞ + . : 이모지 열기
④ ⊞ + , : 바탕 화면 임시 미리 보기

전문가의 조언 | ⊞ + A 는 알림 센터를 표시하는 바로 가기 키입니다.
• ⊞ + B : 알림 영역으로 포커스를 옮기기
• ⊞ + I : '설정' 창 열기
• ⊞ + . / ⊞ + ; : 이모지 열기
• ⊞ + , : 바탕 화면 임시 미리 보기

08 다음 중 방화벽(Firewall)에 대한 설명으로 옳지 않은 것은?

① 보안이 필요한 네트워크의 통로를 단일화하여 관리한다.
② 내부 네트워크에서 외부로 나가는 패킷을 체크하여 인증된 패킷만 통과시킨다.
③ 역추적 기능으로 외부 침입자의 흔적을 찾을 수 있다.
④ 방화벽은 외부 네트워크와 내부 네트워크 사이에 위치한다.

전문가의 조언 | 방화벽은 외부에서 내부 네트워크로 들어오는 패킷에 대해서는 내용을 엄밀히 체크하여 인증된 패킷만 통과시키지만 반대의 경우는 불가능합니다.

09 다음 중 OTT(Over The Top) 서비스에 대한 설명으로 옳지 않은 것은?

① Over The Top에서 Top는 TV의 셋톱박스를 의미하며, 현재도 셋톱박스를 사용해야 서비스 이용이 가능하다.
② 전파나 케이블이 아닌 범용 인터넷망으로 방송 프로그램, 영화 등의 영상 콘텐츠를 제공한다.
③ 기존 방송 콘텐츠와 달리 사용자가 자신이 선호하는 콘텐츠를 검색하거나 알고리즘을 통해 콘텐츠를 추천받을 수 있다.
④ 실시간으로 재생되는 스트리밍 기술을 기반으로 한다.

전문가의 조언 | OTT(Over The Top)는 드라마, 영화 등의 영상 콘텐츠를 인터넷을 통해 제공하는 서비스입니다. Over The Top에서 Top은 TV의 셋톱박스를 의미하며, 초기에는 셋톱박스를 통해 각종 영상을 시청할 수 있었지만 현재는 셋톱박스를 비롯하여 PC, 스마트폰 등 인터넷이 연결된 각종 전자기기를 통해 영상을 시청할 수 있습니다.

10 다음 중 컴퓨터 통신에서 사용하는 프로토콜 기능에 관한 설명으로 옳지 않은 것은?

① 통신망에 전송되는 패킷의 흐름을 제어해서 시스템 전체의 안전성을 유지한다.
② 정보를 전송하기 위해 송·수신기 사이에 같은 상태를 유지하도록 동기화 기능을 수행한다.
③ 데이터 전송 도중에 발생하는 오류를 검출한다.
④ 네트워크에 접속된 다양한 단말장치를 자동으로 인식하여 호환성을 제공한다.

전문가의 조언 | • 네트워크에 접속된 단말장치를 자동으로 인식하고 호환성을 제공하는 경우는 동일한 프로토콜을 사용하는 경우입니다.
• 운영체제가 서로 다를 경우에는 서로 호환되는 프로토콜을 설치해 주어야 인식하고 호환성을 제공합니다.

11 다음 중 컴퓨터에 설치된 프린터에서 인쇄가 수행되지 않을 경우의 문제 해결 방법으로 옳지 않은 것은?

① 프린터 케이블의 연결 상태가 정상인지 확인한다.
② 프린터의 기종과 프린터의 등록정보가 올바르게 설정되어 있는지 확인한다.
③ 프린터의 스풀 공간이 부족하여 에러가 발생한 경우에는 하드디스크에서 스풀 공간을 확보한다.
④ CMOS 셋업에서 프린터의 설정이 제대로 되어 있는지 시험 인쇄를 하여 확인한다.

전문가의 조언 | CMOS 셋업은 사용자의 컴퓨터에 장착된 하드웨어 사양을 CMOS RAM에 기록하는 작업으로, 프린터를 설정하는 메뉴는 없습니다.

정답 6.③ 7.① 8.② 9.① 10.④ 11.④

12 다음 중 작업 표시줄에 대한 설명으로 옳지 않은 것은?

① 작업 표시줄에 표시된 앱을 마우스 오른쪽 단추로 클릭하면 점프 목록이 표시된다.

② 작업 표시줄의 위치를 마우스를 이용하여 상하좌우 원하는 위치에 배치할 수 있다.

③ 작업 표시줄에 고정된 앱의 바로 가기 메뉴에서 '시작 화면에 고정'을 선택하여 시작 화면에 표시할 수 있다.

④ 작업 표시줄에서 현재 실행중인 앱 위에 마우스 포인터를 놓으면 해당 앱을 통해 열린 창들의 미리 보기가 표시되며 이 중 하나를 클릭하면 해당 창이 활성화된다.

전문가의 조언 | 작업 표시줄에 고정된 앱을 시작 메뉴에 표시하려면 작업 표시줄에 고정된 앱의 바로 가기 메뉴 중 앱의 바로 가기 메뉴에서 '시작 화면에 고정'을 선택해야 합니다.

13 다음 중 컴퓨터에서 사용하는 EBCDIC 코드에 대한 설명으로 옳지 않은 것은?

① 4비트의 존 부분과 4비트의 디지트 부분으로 구성된다.

② 특수 문자 및 소문자 표현이 가능하다.

③ 확장 이진화 10진 코드로 BCD 코드를 확장한 것이다.

④ 최대 64개의 문자 표현이 가능하다.

전문가의 조언 | EBCDIC 코드는 8비트이므로 최대 $256(2^8)$개의 문자 표현이 가능합니다.

14 다음 중 정보 통신에 사용되는 네트워크 장비인 라우터(Router)에 관한 설명으로 옳은 것은?

① 네트워크를 구성할 때 각 회선을 통합적으로 관리하여 한꺼번에 여러 대의 컴퓨터를 연결하는 장치이다.

② 디지털 신호의 장거리 전송을 위해 수신한 신호를 재생시키거나 출력 전압을 높여주는 장치이다.

③ 네트워크에서 통신을 위해 가장 최적의 경로를 설정하여 전송하고 데이터의 흐름을 제어하는 장치이다.

④ 다른 네트워크로 데이터를 보내거나 받아들이는 역할을 하는 장치이다.

전문가의 조언 | 라우터(Router)에 관한 설명으로 옳은 것은 ③번입니다.
• ①번은 허브(Hub), ②번은 리피터(Repeater), ④번은 게이트웨이(Gateway)에 대한 설명입니다.

15 다음 중 컴퓨터에서 사용되는 펌웨어(Firmware)에 대한 설명으로 옳지 않은 것은?

① 하드웨어의 동작을 지시하는 소프트웨어이지만 하드웨어적으로 구성되어 하드웨어의 일부분으로도 볼 수 있는 제품을 말한다.

② 하드웨어 교체 없이 소프트웨어 업그레이드 만으로 시스템의 성능을 높이기 위한 목적으로 사용된다.

③ 시스템의 효율을 높이기 위해 RAM에 저장되어 관리된다.

④ 기계어 처리, 데이터 전송, 부동 소수점 연산, 채널 제어 등의 처리 루틴을 가지고 있다.

전문가의 조언 | 펌웨어(Firmware)는 주로 ROM에 저장되어 하드웨어를 제어·관리하는 역할을 수행합니다.

16 다음 중 HTTP 프로토콜에 대한 설명으로 옳지 않은 것은?

① 하이퍼텍스트 문서를 전송하기 위해 사용하는 프로토콜이다.

② HTTP는 서비스를 제공하거나 응답하는 프로토콜 구조를 가진다.

③ HTTP의 보안이 강화된 버전이 HTTPS이다.

④ HTTP 프로토콜에는 FTP, DNS, TELNET 등이 포함된다.

전문가의 조언 | FTP, DNS, TELNET은 HTTP 프로토콜에 포함된 것이 아니라 독립된 형태로 각각의 역할을 수행하는 프로토콜입니다.

17 다음 중 OLED(Organic Light Emitting Diodes)에 대한 설명으로 옳지 않은 것은?

① 전류가 흐르면 스스로 빛을 내는 자체 발광형 유기물질을 이용하여 화면을 표시한다.

② 고전력이 사용되나 색재현율이 뛰어나다.

③ OLED는 백라이트를 사용하지 않는다.

④ 구분 방식에 따라 수동형 구동 방식과 능동형 구동 방식으로 구분한다.

전문가의 조언 | OLED는 전력이 적게 사용됩니다.

18 다음 중 CISC와 RISC에 대한 설명으로 옳은 것은?

① RISC는 명령어의 종류가 많아 복잡한 회로를 이용한다.
② RISC는 명령어 집합이 복잡하고, 가변 길이의 다양한 명령어를 가진다.
③ CISC는 생산가가 비싸고 전력 소모가 많아 열이 많이 발생한다.
④ CISC는 RISC 프로세서 보다 수행 속도가 빠르다.

> 전문가의 조언 | CISC는 생산가가 비싸고 전력 소모가 많아 열이 많이 발생합니다.
> ①, ②번은 CISC에 대한 설명입니다.
> ④ CISC는 RISC 프로세서 보다 수행 속도가 느립니다.

19 다음 중 [설정] → [시스템] → [디스플레이]에 대한 설명으로 옳지 않은 것은?

① 화면의 방향을 가로, 세로, 가로(대칭 이동), 세로(대칭 이동) 중에서 선택하여 변경할 수 있다.
② 청색광을 조절하는 야간 모드의 켜고 끄는 예약 시간을 설정할 수 있다.
③ 화면의 밝기 및 기타 전원 설정을 조정할 수 있다.
④ 화면에 표시되는 텍스트, 앱 및 기타 항목의 크기를 변경할 수 있다.

> 전문가의 조언 | 기타 전원 설정은 [⊞(설정)] → [시스템] → [전원 및 절전]이나 [제어판] → [전원 옵션]에서 조정할 수 있습니다.

20 다음 중 개인용 컴퓨터의 바이오스(BIOS)에 관한 설명으로 옳지 않은 것은?

① 컴퓨터의 기본 입출력장치나 메모리 등 하드웨어 작동에 필요한 명령들을 모아 놓은 프로그램이다.
② 바이오스는 하드디스크에 저장되어 있는 운영체제의 일부이다.
③ 바이오스는 부팅할 때 POST를 통해 컴퓨터를 점검한 후에 사용 가능한 장치를 초기화한다.
④ 하드디스크 타입이나 부팅 순서와 같이 바이오스에서 사용하는 일부 정보는 CMOS에서 설정이 가능하다.

> 전문가의 조언 | 바이오스는 ROM에 저장되어 있어 ROM-BIOS라고도 합니다.

2과목 스프레드시트 일반

21 다음 중 입력 데이터에 사용자 지정 표시 형식을 설정한 경우 그 표시 결과로 옳지 않은 것은?

	표시 형식	데이터	결과
①	# 0/0	0.5	1/2
②	0/0	1.5	1 1/2
③	0/0	0.5	1/2
④	# 0/0	1.5	1 1/2

> 전문가의 조언 | 1.5를 입력한 후 표시 형식으로 0/0을 지정하면 3/2로 표시됩니다.

22 다음 중 피벗 테이블에 대한 설명으로 옳지 않은 것은?

① 원본 데이터가 변경되면 피벗 테이블의 데이터도 자동으로 변경된다.
② 외부 데이터를 대상으로 피벗 테이블을 작성할 수 있다.
③ 피벗 테이블을 작성한 후에 사용자가 새로운 수식을 추가하여 표시할 수 있다.
④ 많의 양의 자료를 분석하여 다양한 형태로 요약하여 보여주는 기능이다.

> 전문가의 조언 | • 피벗 테이블의 원본 데이터를 수정해도 피벗 테이블에 자동으로 반영되지 않습니다.
> • 원본 데이터의 수정 사항을 피벗 테이블에 반영하려면 [피벗 테이블 분석] → [데이터] → [새로 고침]을 누르면 됩니다.

23 [A1:K20] 영역에 데이터가 입력되어 있고, 한 페이지에 인쇄되는 범위가 [A1:J12] 영역일 때 모든 내용을 한 페이지에 출력하도록 하기 위한 속성 설정으로 올바른 것은?

① [축소 확대/배율]을 100%로 한다.
② [자동 맞춤]의 '용지 너비'를 1로 하고 '용지 높이'를 공백으로 한다.
③ [자동 맞춤]의 '용지 너비'를 공백으로 하고 '용지 높이'를 1로 한다.
④ [자동 맞춤]의 '용지 너비'와 '용지 높이'를 1로 한다.

> 전문가의 조언 | 한 페이지에 인쇄되는 범위가 [A1:J12] 영역일 때 [A1:K20] 영역에 입력된 모든 내용을 한 페이지에 출력하려면, '페이지 설정' 대화상자의 '페이지' 탭에서 '자동 맞춤'의 '용지 너비'와 '용지 높이'를 1로 지정하면 됩니다.

24. 다음 중 아래 워크시트의 [B2] 셀에 〈보기〉의 사용자 지정 표시 형식을 적용했을 때 표시되는 값은?

	A	B	C	D	E
1					
2		354600			
3					

〈보기〉

[>=1000000]0.0,,"㎘";[>=1000]0.0," ℓ ";0.0"㎖"

① 345600㎖
② 345 ℓ
③ 345.6 ℓ
④ 0.4㎘

> **전문가의 조언** | 〈보기〉의 사용자 지정 표시 형식을 적용했을 때 표시되는 값은 345.6 ℓ 입니다.
>
> [>=1000000]0.0,,"㎘";[>=1000]0.0," ℓ ";0.0"㎖"
>
> • [>=1000000]0.0,,"㎘" : 셀에 입력된 값이 1,000,000 이상일 때 적용되는 서식으로, 0.0,,"㎘" 형식으로 표시하되, 백만 단위 이하를 생략합니다.
>   예 25000000 → 25.0㎘
> • [>=1000]0.0," ℓ " : 셀에 입력된 값이 1,000 이상일 때 적용되는 서식으로, 0.0," ℓ " 형식으로 표시하되, 천 단위 이하를 생략합니다.
>   예 354600 → 354.6 ℓ
> • 0.0"㎖" : 1,000 미만일 때 적용되는 서식으로, 0.0"㎖" 형식으로 표시합니다.
>   예 50 → 50.0㎖

25. 다음 중 Visual Basic Editor에 대한 설명으로 틀린 것은?

① Alt + F11을 누르면 Visual Basic Editor가 실행된다.
② Visual Basic Editor에서 F5를 눌러 매크로를 실행할 수 있다.
③ 매크로의 코드는 전체가 한 번에 실행되어, 한 단계씩 실행할 수 없으나 중간에 중단할 수 있다.
④ 기록된 매크로의 내용을 수정할 수 있다.

> **전문가의 조언** | '매크로' 대화상자에서 〈한 단계씩 코드 실행〉 단추를 이용하여 매크로를 단계별로 실행할 수 있습니다.

26. 다음과 같은 시트에서 [A8] 셀에 아래의 수식을 입력했을 때 계산 결과로 올바른 것은?

=COUNT(OFFSET(D6, -5, -3, 2, 2))

	A	B	C	D
1	성명	중간	기말	합계
2	김나희	100	80	180
3	금근석	90	95	185
4	배정희	80	63	143
5	탁지연	95	74	169
6	한정희	55	65	120
7				

① 4
② 1
③ 120
④ 74

> **전문가의 조언** | 지문에 제시된 수식의 계산 결과는 1입니다.
>
> =COUNT(OFFSET(D6, -5, -3, 2, 2))
>   ❶
>   ❷
>
> ❶ OFFSET(D6, -5, -3, 2, 2) : [D6] 셀을 기준으로 -5행, -3열 떨어진 셀 주소(A1)를 찾고, 이 주소를 기준으로 2행, 2열의 범위(A1:B2)를 지정합니다.
>   ※ OFFSET(범위, 행, 열, 높이, 너비) 함수에서 행과 열로 지정한 인수가 음수(-)일 경우에는 선택한 범위에서 위쪽(행) 또는 왼쪽(열)으로 이동합니다.
> ❷ =COUNT(❶) → COUNT(A1:B2) : [A1:B2] 영역에서 수치 데이터(B2)의 개수인 1을 반환합니다.

27. 다음 중 괄호 안에 해당하는 바로 가기 키로 옳은 것은?

통합 문서 내에서 (㉠) 키는 다음 워크시트로 이동, (㉡) 키는 이전 워크시트로 이동할 때 사용한다.

① ㉠ Shift + PgDn, ㉡ Shift + PgUp
② ㉠ Ctrl + PgDn, ㉡ Ctrl + PgUp
③ ㉠ Ctrl + ←, ㉡ Ctrl + ←
④ ㉠ Shift + ↑, ㉡ Shift + ↓

> **전문가의 조언** | 통합 문서 내에서 Ctrl + PgDn은 다음 워크시트로 이동, Ctrl + PgUp은 이전 워크시트로 이동하는 바로 가기 키입니다.

28. 아래의 시트에서 [I2:I5] 영역에 [B2:E14] 영역의 표를 참조하는 배열 수식을 사용하여 지점별 총대출금액을 구하였다. 다음 중 [I2:I5] 영역을 블록으로 지정한 후 수식을 입력할 경우 수식 입력줄에 표시된 함수식으로 옳은 것은?

	A	B	D	E	F	G	H	I
1		성명	지점	대출금액			지점	총대출금액
2		문정현	서울	7,500			서울	37,500
3		조일순	경기	5,000			경기	30,000
4		남태우	서울	10,000			부산	15,000
5		송현주	충남	8,000			충남	13,000
6		민병우	서울	5,000				
7		정백철	경기	10,000				
8		김주석	경기	10,000				
9		오창환	부산	15,000				
10		장정	서울	7,000				
11		원주연	서울	3,000				
12		강소라	충남	5,000				
13		김연	서울	5,000				
14		정민수	경기	5,000				
15								

① {=SUM(IF($D$2:$D$14=H2, $E$2:$E$14, 0))}
② {=SUMIF($D$2:$D$14=H2, $E$2:$E$14, 1))}
③ {=SUMIF(D2:D14, H2, E2:E14)}
④ {=SUMIF(D2:D14, H2:H5, E2:E14)}

> **전문가의 조언** | 지점별 총대출금액(I2:I5)을 구하는 수식으로 옳은 것은 ④번입니다.
> - SUMIF는 조건에 맞는 셀들의 합계를 구하는 함수로 'SUMIF(조건이 적용될 범위, 조건, 합계를 구할 범위)' 형식으로 사용됩니다.
> - [I2:I5] 영역, 즉 결과가 입력될 부분을 블록으로 지정하여 한 번에 배열 수식으로 입력할 경우에는 SUMIF 함수의 조건(지점)은 조건이 입력된 영역(H2:H5)을 모두 포함되도록 범위로 지정해야 합니다.
> - [I2:I5] 영역을 블록으로 지정하고 =SUMIF(D2:D14, H2:H5, E2:E14)를 입력한 후 Ctrl + Shift + Enter 를 누르면 {=SUMIF(D2:D14, H2:H5, E2:E14)}로 표시됩니다.

29 다음 중 고급 필터의 조건 범위를 [E1:F3] 영역으로 지정한 후 고급 필터를 실행했을 때 결과로 옳은 것은?

	A	B	C	D	E	F	G	H
	F3				fx	=C2>=AVERAGE($C$2:$C$5)		
1	코너	담당	판매금액		코너	식		
2	잡화	김남희	5,122,000		잡화			
3	식료품	남궁민	450,000		식료품	TRUE		
4	잡화	이수남	5,328,000					
5	식료품	서수남	6,544,000					
6								

① 코너가 "잡화"이거나, 코너가 "식료품"이거나 판매금액이 판매금액의 평균 이상인 데이터

② 코너가 "잡화"이거나, 코너가 "식료품"이고 판매금액이 판매금액의 평균 이상인 데이터

③ 코너가 "잡화"이고, 코너가 "식료품"이거나 판매금액이 판매금액의 평균 이상인 데이터

④ 코너가 "잡화"이고, 코너가 "식료품"이고 판매금액이 판매금액의 평균 이상인 데이터

> **전문가의 조언** | 고급 필터를 실행했을 때 결과로 옳은 것은 ②번입니다.
> - 고급 필터의 조건을 같은 행에 입력하면 AND 조건(~이고), 다른 행에 입력하면 OR 조건(~이거나)으로 연결되므로 코너가 "잡화"이거나, 코너가 "식료품"이고 판매금액(C2)이 판매금액의 평균 이상인 데이터가 추출됩니다.

30 다음 중 외부 데이터베이스의 데이터를 가져오기 위한 쿼리 마법사의 설명으로 옳지 않은 것은?

① 원본 데이터에서 쿼리에 포함시킬 데이터 열을 선택할 수 있다.

② 데이터를 필터할 때 포함할 행의 조건을 지정하여 필터할 수 있다.

③ 데이터의 정렬 방법도 기준을 지정하여 정렬할 수 있다.

④ 새 쿼리를 만들 때 통합 문서를 동시에 여러 개 선택하여 만들 수 있다.

> **전문가의 조언** | 새 쿼리는 하나의 통합 문서에 대해서만 만들 수 있습니다.

31 다음 중 아래의 워크시트에서 [F2] 셀에 소속이 '영업1부'인 총매출액의 합계를 계산하기 위한 수식으로 옳지 않은 것은?

	A	B	C	D	E	F	G
1	성명	소속	총매출액		소속	총매출액	평균매출액
2	이민우	영업1부	8,819		영업1부	28,581	7,145
3	차소라	영업2부	8,072				
4	진희경	영업3부	6,983		소속별 총매출액의 합계		
5	장용	영업1부	7,499				
6	최병철	영업1부	7,343				
7	김철수	영업3부	4,875				
8	정진수	영업2부	5,605				
9	고희수	영업3부	8,689				
10	조민희	영업3부	7,060				
11	추소영	영업2부	6,772				
12	홍수아	영업3부	6,185				
13	이경식	영업1부	4,920				
14	유동근	영업2부	7,590				
15	이혁재	영업2부	6,437				
16							

① =DSUM(A1:C15, 3, E1:E2)

② =DSUM(A1:C15, C1, E1:E2)

③ =SUMIF(B2:B15, E2, C2:C15)

④ =SUMIF(A1:C15, E2, C1:C15)

> **전문가의 조언** | 소속이 '영업1부'인 총 매출액의 합계를 계산하기 위한 수식으로 옳지 않은 것은 ④번입니다.
> ① =DSUM(A1:C15, 3, E1:E2) : [A1:C15] 영역에서 소속이 '영업1부'인 데이터의 '총매출액'의 합계를 반환합니다.
> ② =DSUM(A1:C15, C1, E1:E2) : 열 번호 대신 필드명이 있는 [C1] 셀을 지정하였으므로 ①번과 동일한 결과가 표시됩니다.
> ③ =SUMIF(B2:B15, E2, C2:C15) : [B2:B15] 영역에서 [E2] 셀(영업1부)과 동일한 데이터를 찾은 후 [C2:C15] 영역에서 같은 행에 있는 데이터들의 합계를 구합니다.
> ④ =SUMIF(A1:C15, E2, C1:C15) : [A1:C15] 영역의 첫 번째 열(A열)에서 [E2] 셀(영업1부)과 동일한 데이터를 찾는데, 동일한 데이터가 없으므로 결과는 0입니다.
> ※ SUMIF 함수에서 조건이 적용될 범위를 여러 열로 구성된 범위를 지정하면 범위의 첫 번째 열에 조건을 적용합니다.

32 통합 문서의 첫 번째 시트 뒤에 새로운 시트를 추가하는 프로시저를 작성하려고 한다. 다음 중 ( )에 해당하는 인수로 옳은 것은?

```
Worksheets.Add (      ):=Sheets(1)
```

① Left   ② Right

③ After   ④ Before

> **전문가의 조언** | 괄호에 해당하는 인수로 옳은 것은 After입니다.
> - Add는 새로운 워크시트를 삽입하는 메서드이고, 'Sheets(1)'은 첫 번째 시트를 의미하는 것으로, 'Worksheets.Add After:=Sheets(1)'로 지정하면 첫 번째 시트 뒤에 새로운 시트가 삽입되고, 'Worksheets.Add Before:=Sheets(1)'로 지정하면 첫 번째 시트 앞에 새로운 시트가 삽입됩니다.

33 다음 중 [보기] 탭의 [페이지 나누기 미리 보기]에 대한 설명으로 옳지 않은 것은?

① 페이지 나누기는 구분선을 이용하여 인쇄를 위한 페이지 나누기를 빠르게 조정하는 기능이다.
② 행 높이와 열 너비를 변경하면 자동 페이지 나누기의 위치도 변경된다.
③ [페이지 나누기 미리 보기]에서 수동으로 삽입된 페이지 나누기는 파선으로 표시되고 자동으로 추가된 페이지 나누기는 실선으로 표시된다.
④ 용지 크기, 여백 설정, 배율 옵션 등에 따라 자동 페이지 나누기가 삽입된다.

> 전문가의 조언 | [페이지 나누기 미리 보기]에서 수동으로 삽입된 페이지 나누기는 실선으로 표시되고 자동으로 추가된 페이지 나누기는 파선으로 표시됩니다.

34 다음 중 데이터가 입력된 셀에서 채우기 핸들을 드래그하여 데이터를 채우는 경우에 대한 설명으로 옳은 것은?

① 일반적인 문자 데이터나 날짜 데이터는 그대로 복사되어 채워진다.
② 1개의 숫자와 문자가 조합된 텍스트 데이터는 숫자만 1씩 증가하고 문자는 그대로 복사되어 채워진다.
③ 숫자 데이터는 1씩 증가하면서 채워진다.
④ 숫자가 입력된 두 셀을 블록 설정하여 채우기 핸들을 드래그하면 두 숫자가 반복하여 채워진다.

> 전문가의 조언 | 채우기 핸들에 대한 설명으로 옳은 것은 ②번입니다.
> ① 문자 데이터는 그대로 복사되지만, 날짜 데이터는 1일씩 증가합니다.
> ③ 숫자 데이터는 그대로 복사됩니다. 1씩 증가하면서 채우려면 Ctrl 을 누르고 드래그해야 합니다.
> ④ 숫자가 입력된 두 셀을 블록으로 설정하여 채우기 핸들을 드래그하면 두 셀의 차이만큼 증가/감소하며 채워집니다.

35 다음 중 [매크로 기록] 대화상자에서 설정할 수 있는 요소가 아닌 것은?

① 매크로 이름   ② 바로 가기 키
③ 매크로 보안   ④ 매크로 저장 위치

> 전문가의 조언 | 매크로 보안은 [개발 도구] → [코드] → [매크로 보안]을 클릭하면 실행되는 '보안 센터' 대화상자에서 설정할 수 있습니다.

36 다음 중 워크시트의 화면 [확대/축소]에 관한 설명으로 옳지 않은 것은?

① [선택 영역 확대/축소] 명령은 선택된 영역으로 전체 창을 채우도록 워크시트를 확대하거나 축소한다.
② 설정한 확대/축소 배율은 통합 문서의 모든 시트에 자동으로 적용된다.
③ 문서의 확대/축소는 10%에서 400%까지 설정할 수 있다.
④ 화면의 확대/축소는 단지 화면에서 보이는 상태만을 확대/축소하는 것으로 인쇄 시 적용되지 않는다.

> 전문가의 조언 | 화면의 확대/축소는 해당 시트에만 적용됩니다.

37 워크시트에서 [파일] → [옵션]을 선택하여 'Excel 옵션' 대화상자의 '고급' 탭에서 소수점 자동 삽입의 소수점 위치를 '-2'로 지정하였다. 워크시트의 셀에 1을 입력할 경우 화면에 표시되는 값은?

① 0.01   ② 1   ③ 100   ④ 10000

> 전문가의 조언 | '소수점 위치'에 입력한 숫자가 음수이므로 소수점 이상(왼쪽)의 자릿수를 2자리 늘립니다. 즉 셀에 1을 입력하면 100으로 표시됩니다.

38 다음 중 셀 포인터의 이동 작업에 대한 설명으로 옳지 않은 것은?

① Alt + PgDn 을 눌러 현재 시트를 기준으로 오른쪽에 있는 다음 시트로 이동한다.
② 이름 상자에 셀 주소를 입력한 후 Enter 를 눌러 원하는 셀의 위치로 이동한다.
③ Ctrl + Home 을 눌러 [A1] 셀로 이동한다.
④ Home 을 눌러 해당 행의 A 열로 이동한다.

> 전문가의 조언 | Alt + PgUp 과 Alt + PgDn 은 한 화면을 좌, 우로 이동하는 키이고, Ctrl + PgUp 과 Ctrl + PgDn 은 현재 시트의 앞, 뒤 시트로 이동하는 키입니다.

39 다음 중 시트의 특정 범위만 항상 인쇄하는 경우에 대한 설명으로 옳지 않은 것은?

① 인쇄할 영역을 블록 설정한 후 [페이지 레이아웃] 탭 [페이지 설정] 그룹의 [인쇄 영역] → [인쇄 영역 설정]을 클릭한다.
② 인쇄 영역으로 설정되면 페이지 나누기 미리 보기에서는 설정된 부분만 표시되고 나머지 행과 열은 숨겨진다.
③ 인쇄 영역을 설정하면 자동으로 Print_Area라는 이름이 작성되며, 이름은 Ctrl + F3 혹은 [수식] 탭 → [정의된 이름] 그룹 → [이름 관리자]에서 확인할 수 있다.
④ 인쇄 영역 설정은 [페이지 설정] 대화상자의 [시트] 탭에서 지정할 수도 있다.

전문가의 조언 | 페이지 나누기 미리 보기에서는 인쇄 영역으로 설정된 부분은 원래대로 표시되고, 설정되지 않은 부분은 배경이 회색으로 처리되어 표시됩니다.

40 워크시트에서 [A1:D2] 영역을 블록 설정하고, '={1, 2, 3, 4; 6, 7, 8, 9}'를 입력한 후 Ctrl + Shift + Enter를 눌렀다. 다음 중 [B2] 셀에 입력되는 값은?

① 0
② 4
③ 7
④ 없다.

전문가의 조언 | [B2] 셀에 입력되는 값은 7입니다. 배열 수식에서 열은 쉼표(,)로 구분되고 행은 세미콜론(;)으로 구분되므로 [A1:D2] 영역을 선택한 상태에서 ={1, 2, 3, 4; 6, 7, 8, 9}를 입력한 후 Ctrl + Shift + Enter를 누르면 다음과 같이 입력됩니다.

	A	B	C	D
1	1	2	3	4
2	6	7	8	9
3				

3과목 데이터베이스 일반

41 다음 중 VBA에서 On Click 이벤트의 적용 대상이 아닌 것은?

① Command Button 개체
② Form 개체
③ Textbox 개체
④ Query 개체

전문가의 조언 | 쿼리(Query) 개체에서는 Click 이벤트를 제공하지 않습니다.

42 다음 중 아래 〈학생〉 테이블에 대한 SQL문의 실행 결과로 옳은 것은?

〈학생〉

학번	과목	학년	나이
A0001	수학	1	23
A0002	과학	3	25
A0003	수학	3	26
A0004	수학	2	24
A0005	과학	1	21
A0006	수학	3	20

〈SQL문〉

```
SELECT AVG([나이])
FROM 학생
WHERE 학년=3
GROUP BY 과목
HAVING COUNT(*) )= 2;
```

① 21
② 22
③ 23
④ 24

전문가의 조언 | SQL문의 실행 결과는 23입니다. 질의문은 각 절을 분리하여 이해하면 쉽습니다.
• SELECT AVG([나이]) FROM 학생 : 〈학생〉 테이블에서 '나이' 필드의 평균을 검색합니다.
• WHERE 학년=3 : '학년' 필드의 값이 3인 레코드만을 대상으로 검색합니다.

학번	과목	학년	나이
A0001	수학	1	23
A0002	과학	3	25
A0003	수학	3	26
A0004	수학	2	24
A0005	과학	1	21
A0006	수학	3	20

• GROUP BY 과목 : '과목' 필드를 기준으로 그룹을 지정합니다.

학번	과목	학년	나이
A0002	과학	3	25
A0003	수학	3	26
A0006	수학	3	20

• HAVING COUNT(*)=2 : 그룹별로 레코드의 개수가 2개 이상인 그룹만을 대상으로 검색합니다.

학번	과목	학년	나이
A0003	수학	3	26
A0006	수학	3	20

※ 질의문의 수행 결과, 나이의 평균은 (26+20)/2 = 23입니다.

43 다음 매크로 함수에 대한 설명으로 옳지 않은 것은?

① GoToControl : 특정 컨트롤로 포커스 이동할 수 있으며, 인수로 개체 유형, 개체 이름, 오프셋 등이 사용된다.
② GoToRecord : 지정된 레코드를 열려 있는 테이블, 폼 또는 쿼리 결과 집합의 현재 레코드로 설정할 수 있다.
③ ApplyFilter : 폼 또는 보고서의 원본으로 사용하는 테이블 또는 쿼리에서 가져온 레코드를 제한하거나 정렬할 수 있다.
④ OpenQuery : 데이터시트 보기, 디자인 보기 또는 인쇄 미리 보기 형태로 쿼리를 열 수 있다.

> 전문가의 조언 | • GoToControl은 인수로 개체 이름만 지정할 수 있습니다.
> • 개체 유형, 개체 이름, 오프셋 등을 인수로 사용하는 매크로 함수는 GoToRecord입니다.

44 보고서에 대한 설명으로 옳지 않은 것은?

① 보고서를 PDF, XPS 형식으로 내보낼 수 있다.
② 보고서 보기 형태를 '보고서 보기'로 지정하면 페이지 별로 인쇄되는 형태를 확인할 수 있다.
③ 레코드 원본에 SQL 문장을 입력하면 질의 결과를 대상으로 하는 보고서를 작성할 수 있다.
④ 둘 이상의 테이블을 이용하여 보고서를 작성하는 경우 쿼리를 만들어 레코드 원본으로 사용한다.

> 전문가의 조언 | '보고서 보기' 형식은 보고서를 페이지 구분 없이 모두 표시합니다.

45 다음의 입력 데이터에 대한 입력 마스크 적용 결과가 옳지 않은 것은?

① 입력 데이터 : greeNgr388m3
  입력 마스크 : >L????L?000L0
  화면 표시 : GREENgr388m3
② 입력 데이터 : MARIA
  입력 마스크 : >L<????
  화면 표시 : Maria
③ 입력 데이터 : ABCD
  입력 마스크 : !CCC-CCCC
  화면 표시 : A-BCD
④ 입력 데이터 : 1419422187
  입력 마스크 : (000)000-0000
  화면 표시 : (141)942-2187

> 전문가의 조언 | '>'는 모든 문자를 대문자로 변환하는 기호이므로 ①번은 GRRENGR388M3이 출력됩니다.

46 다음 중 조건부 서식에 대한 설명으로 옳지 않은 것은?

① 첫 번째 조건을 만족하면 해당 조건의 서식이 적용되고, 이후 조건들은 무시된다.
② 폼이나 보고서를 다른 파일 형식으로 변환하면 조건부 서식이 유지된 상태로 변환된다.
③ 필드 값이나 식, 포커스를 가지고 있는 컨트롤을 기준으로 조건부 서식을 설정할 수 있다.
④ 조건을 만족하지 않으면 적용된 서식이 해제되고 기본 서식이 적용된다.

> 전문가의 조언 | 폼이나 보고서를 다른 파일 형식으로 변환하면 조건부 서식이 해제된 상태로 변환됩니다.

47 폼 보기에서 Tab을 누를 때마다 탭 순서에 따라 포커스가 들어온다. 다음 중 폼 보기 상태에서 포커스를 가질 수 없는 컨트롤은 무엇인가?

① 레이블
② 목록 상자
③ 입력란
④ 명령 단추

> 전문가의 조언 | 레이블 컨트롤에는 탭 순서를 설정할 수 없습니다.

48 다음 중 데이터베이스의 3단계 구조 중 하나로 각 개인의 입장에서 필요로 하는 데이터베이스 전체의 논리적인 구조를 보여주는 스키마로 서브 스키마라고도 불리는 것은?

① 외부 스키마
② 개념 스키마
③ 내부 스키마
④ 논리 스키마

> 전문가의 조언 | 문제에 제시된 내용은 외부 스키마의 개념입니다.
> • 개념 스키마 : 데이터베이스의 전체적인 논리적 구조로, 모든 응용 프로그램이나 사용자들이 필요로 하는 데이터를 종합한 조직 전체의 데이터베이스로, 하나만 존재함
> • 내부 스키마 : 물리적 저장장치의 입장에서 본 데이터베이스의 물리적 구조로, 실제로 저장될 레코드의 형식, 저장 데이터 항목의 표현 방법, 내부 레코드의 물리적 순서 등을 나타냄

정답 43.① 44.② 45.① 46.② 47.① 48.①

49 〈학생〉과 〈점수〉 테이블이 다음과 같은 경우 1학년 1반 학생의 학번, 이름, 점수를 표시하는 질의문으로 옳은 것은?

학생	
필드 이름	데이터 형식
학번	짧은 텍스트
이름	짧은 텍스트
학년	숫자
반	숫자
성별	짧은 텍스트

성적	
필드 이름	데이터 형식
학번	짧은 텍스트
이름	짧은 텍스트
점수	숫자

① Select 학번, 이름, 성적 From 학생;

② Select 학번, 이름, 성적 From 성적 WHERE 학번 In (Select 학번 From 학생 Where 학년 = 1 And 반 = 1);

③ Select 학번, 이름, 성적 From 성적;

④ Select 학번, 이름, 성적 From 학생 WHERE 학번 In (Select 학번 From 성적 Where 학년 = 1 And 반 = 1);

> 전문가의 조언 | 1학년 1반 학생의 학번, 이름, 점수를 표시하는 질의문으로 옳은 것은 ②번입니다. 문제에 제시된 내용을 만족하는 질의문의 코드를 살펴보면 다음과 같습니다.
>
> ❶ SELECT 학번, 이름, 점수
> ❷ FROM 성적
> ❸ WHERE 학번 IN (SELECT 학번 FROM 학생 WHERE 학년=1 AND 반=1)
>
> ❶ 학과, 이름, 점수를 검색합니다.
> ❷ 〈성적〉 테이블에서 검색합니다.
> ❸ 〈학생〉 테이블에서 학년이 1학년이고 반이 1반인 학생의 학번과 같은 학번을 갖고 있는 〈성적〉 테이블의 레코드만을 대상으로 검색합니다.

50 다음 중 아래의 이벤트 프로시저에 대한 설명으로 옳지 않은 것은?

```
Private Sub cmd재고_Click( )
    txt재고수량 = txt입고량 - txt총주문량
    DoCmd.OpenReport "제품별재고현황", _
        acViewDesign, , "제품번호 = '" & cmb조회 & "'"
End Sub
```

① 'cmd재고' 컨트롤을 클릭했을 때 실행된다.

② 'txt재고수량' 컨트롤에는 'txt입고량' 컨트롤에 표시되는 값에서 'txt총주문량' 컨트롤에 표시되는 값을 차감한 값으로 표시된다.

③ '제품별재고현황' 보고서가 즉시 프린터로 출력된다.

④ '제품별재고현황' 보고서가 출력될 때 '제품번호' 필드 값이 'cmb조회' 컨트롤 값과 일치하는 데이터만 표시된다.

> 전문가의 조언 | 지문의 프로시저를 실행하면 〈제품별재고현황〉 보고서는 프린터로 출력되는 것이 아니라 디자인 보기 상태로 열립니다. 지문에 제시된 코드의 의미는 다음과 같습니다.
>
> ❶ Private Sub cmd재고_Click( )
> ❷ txt재고수량 = txt입고량 - txt총주문량
> ❸ DoCmd.OpenReport "제품별재고현황", _
>   acViewDesign, , "제품번호 = '" & cmb조회 & "'"
> End Sub
>
> ❶ 'cmd재고' 컨트롤을 클릭하면 ❷~❸번을 실행합니다.
> ❷ 'txt입고량 - txt총주문량'의 결과를 'txt재고수량' 컨트롤의 값으로 지정합니다.
> ❸ '제품번호' 필드의 값과 'cmb조회' 컨트롤의 값이 같은 레코드를 대상으로 〈제품별재고현황〉 보고서를 디자인 보기(acViewDesign) 상태로 엽니다.

51 다음 중 테이블에서 사원들이 부모님과 함께 살고 있는 지의 여부를 입력받고자 할 때, 설정할 데이터 형식으로 가장 적절한 것은?

① 짧은 텍스트　　② Yes/No
③ 일련 번호　　　④ 하이퍼링크

> 전문가의 조언 | 문제에 제시된 내용과 같이 '예'나 '아니오' 두 값 중 하나만 입력하는 경우에 사용하는 형식은 'Yes/No'입니다.
> • 짧은 텍스트 : 텍스트나 텍스트와 숫자가 모두 들어 있는 데이터를 입력할 수 있는 형식
> • 일련 번호 : 레코드가 추가될 때마다 번호를 하나씩 증가시켜 주는 형식
> • 하이퍼링크 : 웹 사이트나 파일의 특정 위치로 바로 이동하는 하이퍼링크를 입력할 수 있는 형식

52 다음 중 Access의 개체에 대한 설명으로 옳지 않은 것은?

① 매크로는 모듈에 비해 복잡한 작업을 처리하기 위해 프로그램을 직접 작성하는 것이다.

② 쿼리는 폼이나 보고서의 원본 데이터로 사용할 수 있다.

③ 폼은 테이블이나 쿼리 데이터의 입출력 화면을 작성한다.

④ 테이블은 데이터를 저장하는 데 사용하는 데이터베이스 개체로, 레코드 및 필드로 구성된다.

> 전문가의 조언 | 모듈이 매크로에 비해 복잡한 작업을 처리하기 위해 프로그램을 직접 작성하는 것입니다.

53 테이블을 만드는 방법으로 옳지 않은 것은?

① [만들기] 탭에서 [테이블 디자인]을 클릭하면 필드와 형식을 만들고 데이터시트 보기에서 데이터를 입력하면서 테이블을 만들 수 있다.
② [외부 데이터] 탭에서 다양한 형식의 데이터를 가져오거나 테이블에 연결하여 만들 수 있다.
③ [테이블 마법사]를 이용하면 데이터 구조가 이미 정의된 테이블에 데이터를 입력하면서 테이블을 만들 수 있다.
④ [만들기] 탭에서 [테이블]을 클릭하면 필드와 데이터를 입력하면서 테이블을 만들 수 있다.

> 전문가의 조언 | 테이블을 만드는 방법 중에 [테이블 마법사]를 이용하는 방법은 없습니다.

54 다음 중 아래의 VBA 코드를 실행한 결과 메시지 상자에 표시되는 내용은 무엇인가?

```
Private Sub Form_Load( )
    Dim SampleString
    SampleString = "대한상공회의소"
    Mid(SampleString, 3, 2) = "활용"
    MsgBox (SampleString)
End Sub
```

① 대한상공회의소　　② 상공
③ 대한활용회의소　　④ 활용

> 전문가의 조언 | VBA 코드를 실행한 결과 메시지 상자에 표시되는 내용은 "대한활용회의소"입니다.
>
> ```
> Private Sub Form_Load( )
> ❶ Dim SampleString
> ❷ SampleString = "대한상공회의소"
> ❸ Mid(SampleString, 3, 2) = "활용"
> ❹ MsgBox (SampleString)
> End Sub
> ```
>
> ❶ SampleString을 문자열 변수로 선언합니다.
> ❷ SampleString 변수에 "대한상공회의소"를 저장합니다.
> ❸ SampleString 변수에 있는 텍스트 "대한상공회의소"의 세 번째 문자부터 2글자(상공) 대신 "활용"을 저장합니다(대한활용회의소).
> ❹ SampleString 변수에 있는 내용을 메시지 박스(MsgBox)로 표시합니다.

55 [매출 실적 관리] 폼의 'txt평가' 컨트롤에는 'txt매출수량' 컨트롤의 값이 1,000 이상이면 "우수", 500 이상이면 "보통", 그 미만이면 "저조"라고 표시하고자 한다. 다음 중 'txt평가'의 컨트롤 원본으로 옳지 않은 것은?

① =IIf([txt매출수량]<500, "저조", IIf(txt매출수량>=1000, "우수", "보통"))
② =IIf([txt매출수량]<500, "저조", IIf(txt매출수량>=500, "보통", "우수"))
③ =IIf([txt매출수량]>=1000, "우수", IIf([txt매출수량]>=500, "보통", "저조"))
④ =IIf([txt매출수량]>=500, IIf([txt매출수량]<1000, "보통", "우수"), "저조")

> 전문가의 조언 | 'txt평가'의 컨트롤 원본으로 옳지 않은 것은 ②번입니다. 각 수식을 살펴보면 다음과 같습니다.
> ① =IIf([txt매출수량]<500, "저조", IIf(txt매출수량>=1000, "우수", "보통")) → [txt매출수량]이 500 미만이면 "저조", 1000 이상이면 "우수", 나머지 즉 500 이상 1000 미만이면 "보통"을 표시합니다.
> ② =IIf([txt매출수량]<500, "저조", IIf(txt매출수량>=500, "보통", "우수")) → [txt매출수량]이 500 미만이면 "저조", 500 이상이면 "보통", 나머지는 "우수"를 표시합니다. 즉 [txt매출수량]이 1000 이상이거나 1000 미만인 값에 상관없이 무조건 500 이상일 경우 "보통"을 표시하므로 "우수"로 표시되는 값은 없습니다.
> ③ =IIf([txt매출수량]>=1000, "우수", IIf([txt매출수량]>= 500, "보통", "저조")) → [txt매출수량]이 1000 이상이면 "우수", 1000~5000이면 "보통", 나머지 즉 500 미만이면 "저조"를 표시합니다.
> ④ =IIf([txt매출수량]>=500, IIf([txt매출수량]<1000, "보통", "우수"), "저조")
> 　　　　　❶　　　　　　❷　　　　　　　❸
> ❶ [txt매출수량]이 500 이상이면 ❷를 수행하고, 500 미만이면 ❸(저조)를 표시합니다.
> ❷ IIf([txt매출수량]<1000, "보통", "우수") : [txt매출수량]이 1000 미만이면 "보통"을, 그렇지 않으면, 즉 1000 이상이면 "우수"를 표시합니다.

56 다음 보고서에 대한 설명으로 옳지 않은 것은?

수금 내역

거래처코드	제품명	수금일자	담당자	수금액
C345	침대	2021-04-28	박원중	4,516,000
	TV	2021-07-27	이선길	5,296,000
		2021-04-13	최종일	5,441,000
			개수 :	6건

거래처코드	제품명	수금일자	담당자	수금액
D456	냉장고	2021-05-03	김예중	5,928,000
		2021-05-28	최종일	6,886,000
	에어컨	2021-02-12	이선길	7,373,000
		2021-04-18	김예중	7,731,000
	인덕션	2021-03-24	최종일	8,477,000
		2021-06-17	이선길	8,622,000
		2021-01-18	김예중	8,980,000
		2021-07-12	박원중	9,338,000
			개수 :	8건

2/5

정답 53.③ 54.③ 55.②

① '수금 내역' 제목은 페이지 머리글에 작성되었다.
② 그룹 머리글과 그룹 바닥글이 모두 표시되어 있다.
③ "제품명"은 '중복 내용 숨기기' 속성이 "예"로 설정되어 있다.
④ 그룹 머리글은 '페이지 바꿈' 속성이 '구역 후'로 설정되어 있다.

> 전문가의 조언 | 문제에 제시된 보고서에 대한 설명으로 옳지 않은 것은 ④번입니다.
> ① 현재 페이지가 2페이지인데 페이지 상단에 '수금 내역' 제목이 표시된 것으로 보아 '수금 내역' 제목은 페이지 머리글에 작성되었음을 알 수 있습니다.
> ② 필드 제목이 표시된 그룹 머리글과 그룹 내 레코드 개수가 표시된 그룹 바닥글이 표시된 것을 확인할 수 있습니다.
> ③ 거래처코드가 'C345'인 그룹에서 세 번째 레코드의 제품명인 'TV'가 표시되지 않은 것으로 보아 '제품명' 필드의 '중복 내용 숨기기' 속성이 "예"로 설정되어 있음을 확인할 수 있습니다.
> ④ 거래처코드가 'C345'인 그룹의 바닥글에서 확인된 레코드 개수는 6개인데, 그림에는 3개의 레코드만 표시되었으므로, 나머지 레코드는 앞 페이지에 표시되었음을 알 수 있습니다. 이와 같이 그룹의 내용이 다음 페이지에 이어서 표시되려면 '페이지 바꿈' 속성이 "없음"으로 설정되어야 합니다. '페이지 바꿈' 속성이 '구역 전'으로 설정되면, 3페이지에 거래처코드가 'C345'인 그룹의 6개 레코드가 모두 표시되고, '구역 후'로 설정되면, 4페이지에 거래처코드가 'C345'인 그룹의 6개 레코드가 모두 표시됩니다.

57 다음 중 폼 영역에 대한 설명으로 틀린 것은?

① 연속 폼으로 설정하면 폼의 모든 영역이 반복되어 표시된다.
② 폼에는 기본적으로 세부 구역(본문)이 표시되며, 폼 머리글/바닥글, 페이지 머리글/바닥글 구역을 표시하거나 숨길 수 있다.
③ 페이지 머리글과 바닥글은 인쇄를 위해 사용된다.
④ 폼은 기본적으로 본문, 폼 머리글/바닥글, 페이지 머리글/바닥글 구역으로 구분된다.

> 전문가의 조언 | 연속 폼으로 설정하면 폼의 모든 영역이 아니라 폼의 본문 영역이 반복되어 표시됩니다.

58 다음 화면에서 설정되어 있는 폼의 속성 값으로 옳지 않은 것은?

① 캡션 : 주문현황
② 탐색 단추 : 예
③ 기본 보기 : 단일 폼
④ 레코드 선택기 : 예

> 전문가의 조언 | 한 화면에 여러 개의 레코드가 연속으로 표시된 것으로 보아 '기본 보기' 속성이 '연속 폼'으로 설정되었음을 알 수 있습니다.

59 아래와 같이 보고서의 그룹 바닥글에 도서의 총 권수와 정가의 합계를 인쇄하고자 한다. 다음 중 총 권수와 정가 합계 두 컨트롤의 수식으로 옳은 것은?

출판사 : 다림[(02)860-2000]			
도서코드	도서명	저자	정가
A547	자전거 도둑	박완서	7000
A914	와인	김준철	25000
총: 2권		정가합계: 32000	

① =Count([정가]) & "권", =Total([정가])
② =CountA([정가]) & "권", =Sum([정가])
③ =CountA([도서명]) & "권", =Total([정가])
④ =Count(*) & "권", =Sum([정가])

> 전문가의 조언 | 개수를 구하는 함수는 COUNT, 합계를 구하는 함수는 SUM입니다.

60 다음 중 보고서에 대한 설명으로 옳지 않은 것은?

① 보고서는 데이터를 출력하기 위한 개체이다.
② 보고서의 컨트롤에서는 컨트롤 원본을 사용하여 특정 필드에 바운드 시킬 수 있다.
③ 레코드 원본에 SQL문장을 입력하면 질의 결과를 대상으로 하는 보고서를 작성할 수 있다.
④ 보고서의 레코드 원본으로 테이블, 쿼리나 기존 보고서를 지정할 수 있다.

> 전문가의 조언 | 보고서의 레코드 원본으로 테이블, 쿼리, SQL문 등을 지정할 수 있지만 보고서를 지정할 수는 없습니다.

04회 2025년 상시 04 시행 기출문제 & 전문가의 조언

1과목 컴퓨터 일반

01 다음 중 RFID(Radio Frequency Identification)에 대한 설명으로 옳지 않은 것은?

① RFID는 전파의 적용 범위 및 대상에 제한이 없다.
② RFID는 태그의 종류에 따라 데이터를 반복적으로 기록할 수 있으며, 물리적 손상이 없는 한 반영구적으로 사용할 수 있다.
③ 기존의 바코드와는 달리 RFID는 데이터의 읽기와 쓰기가 가능하다.
④ RFID는 주파수를 이용해 ID를 식별하는 방식으로, 전파를 이용해 먼 거리에서도 정보를 인식할 수 있는 기술이다.

> 전문가의 조언 | RFID는 주파수의 종류나 환경에 따라 적용 범위나 대상에 제약이 있습니다.

02 다음 중 하드디스크 연결 방식에 대한 설명으로 옳은 것은?

① IDE 방식은 용량을 256GB까지 인식할 수 있다.
② SCSI 방식은 마스터/슬레이브 연결 방식을 사용한다.
③ SATA 방식은 PATA 방식에 비해 전송 속도와 안정성이 높다.
④ EIDE 방식은 2개 장치까지 연결이 가능하다.

> 전문가의 조언 | 하드디스크 연결 방식에 대한 설명으로 옳은 것은 ③번입니다.
> ① IDE 방식은 용량을 504MB까지 인식할 수 있습니다.
> ② SCSI 방식은 데이지 체인(Daisy Chain) 연결 방식을 사용합니다.
> ④ EIDE 방식은 4개 장치까지 연결이 가능합니다.

03 다음 중 스티커 메모의 아이콘 기능에 대한 설명으로 옳은 것은?

① ⊞ : 메모 연결
② ☰ : 목록 확인
③ ab : 메모 삭제
④ ⋯ : 메모 색상 변경, 노트 목록

> 전문가의 조언 | 스티커 메모의 아이콘 기능에 대한 설명으로 옳은 것은 ④번입니다.
> • ⊞ : 새 메모
> • ☰ : 글머리 기호 전환
> • ab : 취소선

04 다음 중 프로세서의 설계 방식인 RISC와 CISC에 대한 설명으로 옳지 않은 것은?

① 명령어가 S/W적인 방식을 RISC, H/W적인 방식을 CISC라고 한다.
② RISC 방식은 CISC 방식에 비해 효율성이 떨어지나 전력 소모가 적다.
③ RISC 방식은 CISC 방식에 비해 명령어 수가 적다.
④ RISC 방식은 CISC 방식에 비해 주소 지정이 간단하다.

> 전문가의 조언 | 명령어가 S/W적인 방식을 CISC, H/W적인 방식을 RISC라고 합니다.

05 다음 중 폴더의 [속성] 대화상자에 대한 설명으로 옳지 않은 것은?

① 폴더를 만든 날짜와 만든 사람을 확인할 수 있다.
② 폴더 공유를 위한 공유 설정 및 보안을 설정할 수 있다.
③ 폴더의 유형, 폴더 아이콘에 표시되는 사진을 설정하거나 폴더 아이콘을 변경할 수 있다.
④ 읽기 전용이나 숨김 속성을 지정할 수 있다.

> 전문가의 조언 | 폴더의 '속성' 대화상자에서 폴더를 만든 날짜는 확인할 수 있지만 만든 사람은 확인할 수 없습니다.

06 다음 중 [파일 탐색기]의 [즐겨찾기]에 대한 설명으로 옳지 않은 것은?

① 자주 사용하는 개체를 등록하여 해당 개체로 빠르게 이동하기 위해 사용하는 기능이다.
② 파일이나 폴더 또는 드라이브를 즐겨찾기에 추가하려면 탐색 창의 즐겨찾기 섹션으로 끌어다 놓는다.
③ [폴더 옵션]의 [보기] 탭에서 '즐겨찾기'에서 최근에 사용된 파일이나 폴더의 표시 여부를 지정한다.
④ 자주 사용하는 폴더나 최근에 사용한 파일이 자동으로 등록된다.

> 전문가의 조언 | [폴더 옵션]의 [보기] 탭이 아닌 [일반] 탭에서 '즐겨찾기'에서 최근에 사용된 파일이나 폴더의 표시 여부를 지정할 수 있습니다.

07 저전력, 저비용, 저속도와 2.4GHz를 기반으로 하는 홈 자동화 및 데이터 전송을 위한 무선 네트워크 규격은?

① 와이파이 ② 지그비
③ RFID ④ 와이브로

> 전문가의 조언 | 저전력, 저비용, 저속도와 2.4GHz를 기반으로 하는 무선 네트워크 규격은 지그비(Zigbee)입니다.
> • 와이파이(WiFi) : 2.4GHz대를 사용하는 무선 랜(WLAN) 규격(IEEE 802.11b)에서 정한 제반 규정에 적합한 제품에 주어지는 인증 마크
> • RFID(Radio Frequency IDentification) : 사물에 전자 태그를 부착하고 무선 통신을 이용하여 사물의 정보 및 주변 정보를 감지하는 센서 기술
> • 와이브로(Wibro) : 무선 광대역을 의미하는 것으로, 휴대폰, 노트북 등의 모바일 기기를 이용하여 언제 어디서나 이동하면서 고속으로 무선 인터넷 접속이 가능한 서비스

08 다음 중 Windows 10의 바로 가기 키에 대한 설명으로 옳은 것은?

① [Alt]+[Print Screen] : 전체 활성 창을 클립보드로 복사
② [Alt]+[F4] : 활성 창을 닫거나 활성 앱을 종료
③ [F3] : 파일 이름 바꾸기
④ [Shift]+[F4] : 활성 문서 닫기

> 전문가의 조언 | [Alt]+[F4]는 활성 창을 닫거나 활성 앱을 종료하는 바로 가기 키입니다.
> • [Alt]+[Print Screen] : 현재 작업 중인 활성 창을 클립보드로 복사함
> • [Print Screen] : 화면 전체를 클립보드로 복사함
> • [F2] : 폴더 및 파일의 이름을 변경함
> • [F3] : 파일 탐색기의 '검색 상자'를 선택함

09 다음 중 컴퓨터 그래픽과 관련하여 이미지를 표현하는 방식 중 비트맵(Bitmap) 방식에 관한 설명으로 옳지 않은 것은?

① 픽셀로 이미지를 표현하며, 래스터(Raster) 이미지라고도 한다.
② 점과 점을 연결하는 직선이나 곡선을 이용하여 이미지를 표현하는 방식이다.
③ 다양한 색상을 이용하기 때문에 사실적 표현이 용이하다.
④ 이미지 저장 시 벡터 방식에 비해 많은 용량을 차지한다.

> 전문가의 조언 | • 비트맵은 점(Pixel, 화소)으로 이미지를 표현하는 방식입니다.
> • ②번은 벡터 방식에 대한 설명입니다.

10 다음 중 시스템 보안과 관련한 불법적인 형태에 대한 설명으로 옳지 않은 것은?

① 피싱(Phishing)은 거짓 메일을 보내서 가짜 금융기관 등의 가짜 웹 사이트로 유인하여 정보를 빼내는 행위이다.
② 스푸핑(Spoofing)은 검증된 사람이 네트워크를 통해 데이터를 보낸 것처럼 데이터를 변조하여 접속을 시도하는 행위이다.
③ 분산 서비스 거부 공격(DDOS)은 마이크로소프트사의 MS-DOS를 운영체제로 사용하는 컴퓨터에 네트워크를 통해 불법적으로 접속하는 행위이다.
④ 키로거(Key Logger)는 키 입력 캐치 프로그램을 사용하여 ID나 암호를 알아내는 행위이다.

> 전문가의 조언 | 분산 서비스 거부 공격(DDOS)은 여러 대의 컴퓨터를 이용하여 대량의 데이터를 한 곳의 서버에 집중적으로 전송함으로써 특정 서버의 정상적인 기능을 방해하는 형태의 공격을 말합니다.

11 다음 중 인터넷에서 사용하는 IPv6에 관한 설명으로 옳지 않은 것은?

① IPv4와의 호환성이 우수하다.
② 128비트의 주소를 사용하며, 주소의 각 부분은 .(Period)로 구분한다.
③ 실시간 흐름제어로 향상된 멀티미디어 기능을 지원한다.
④ 인증성, 기밀성, 데이터 무결성의 지원으로 보안문제를 해결할 수 있다.

> 전문가의 조언 | IPv6은 128비트의 주소를 사용하며, 주소의 각 부분은 :(콜론)으로 구분합니다.

12 다음 중 인터넷 통신 장비인 게이트웨이(Gateway)의 기본적인 역할에 관한 설명으로 옳은 것은?

① 현재 위치한 네트워크에서 다른 네트워크로 연결할 때 사용된다.
② 인터넷 신호를 증폭하며 먼 거리로 정보를 전달할 때 사용된다.
③ 네트워크 계층의 연동장치로 경로 설정에 사용된다.
④ 문자로 된 도메인 이름을 숫자로 이루어진 실제 IP 주소로 변환하는데 사용된다.

> 전문가의 조언 | 게이트웨이(Gateway)는 현재 위치한 네트워크에서 다른 네트워크로 연결할 때 사용됩니다.
> • ②번은 리피터(Repeater), ③번은 라우터(Router), ④번은 DNS에 대한 설명입니다.

13 다음 중 인터넷에서 사용하는 DNS에 관한 설명으로 옳지 않은 것은?

① DNS는 Domain Name Server 또는 Domain Name System의 약자로 쓰인다.
② 문자로 만들어진 도메인 이름을 숫자로 된 IP 주소로 바꾸는 시스템이다.
③ DNS 서버는 IP 주소를 이용하여 패킷의 최단 전송 경로를 설정한다.
④ DNS에서는 모든 호스트들을 각 도메인별로 계층화 시켜서 관리한다.

전문가의 조언 | ③번은 라우터(Router)에 대한 설명입니다.

14 다음 중 아날로그 컴퓨터와 비교하여 디지털 컴퓨터에 대한 설명으로 옳지 않은 것은?

① 이산적인 데이터를 처리한다.
② 논리 회로를 사용한다.
③ 연산 속도가 빠르다.
④ 문자와 숫자를 사용하여 처리한다.

전문가의 조언 | 디지털 컴퓨터는 아날로그 컴퓨터에 비해 연산 속도가 느립니다.

15 다음 중 인터럽트에 대한 설명으로 옳지 않은 것은?

① 인터럽트는 프로그램을 실행하는 도중에 예기치 않은 상황이 발생할 경우 현재 실행중인 작업을 일시 중단하고, 발생된 상황을 우선 처리한 후 실행중이던 작업으로 복귀하여 계속 처리하는 것이다.
② 외부로부터 인터럽트 요청이 들어오면 인터럽트 서비스 루틴이 종료된다.
③ 입출력장치의 입출력 준비 완료를 알리는 경우 인터럽트가 발생한다.
④ 명령 처리 중 오버플로가 발생했을 경우 인터럽트가 발생한다.

전문가의 조언 | 외부로부터 인터럽트 요청이 들어오면 인터럽트 서비스 루틴이 실행됩니다.

16 다음 중 저작권법에 대한 설명으로 가장 적절하지 않은 것은?

① 저작권법은 저작자의 권리를 보호함을 목적으로 한다.
② 원저작물을 번역, 편곡, 변형 등의 방법으로 작성한 2차적 저작물도 독자적인 저작물로서 보호된다.
③ 프로그램을 작성하기 위하여 사용하고 있는 프로그램 언어와 해법에도 적용된다.
④ 저작 재산권이 있는 소프트웨어를 복사하여 판매한 경우 저작권법에 저촉된다.

전문가의 조언 | 저작권법은 프로그램을 작성하기 위하여 사용하는 프로그램 언어, 규약, 해법에는 적용되지 않습니다.

17 다음 중 멀티미디어와 관련하여 MPEG(Moving Picture Experts Group)에 관한 설명으로 옳지 않은 것은?

① 동영상 전문가 그룹에서 제정한 동영상 압축 기술에 대한 국제 표준 기술이다.
② 동영상뿐만 아니라 오디오 데이터도 압축할 수 있다.
③ MPEG1, MPEG4, MPEG7, MPEG21 등의 규격이 있다.
④ 프레임 간의 연관성을 고려하여 중복 데이터를 제거하는 비손실 압축 기법을 사용한다.

전문가의 조언 | MPEG는 프레임 간의 연속성을 고려하여 중복 데이터를 제거함으로써 압축률을 높이는 손실 압축 기법을 사용합니다.

18 다음 중 전자우편(E-mail)에서 메일을 주고 받는데 사용되는 프로토콜로 올바르게 짝지어진 것은?

① ARP, SNMP, POP3
② UDP, ICMP, SMTP
③ SMTP, POP3, MIME
④ MIME, ARP, UDP

전문가의 조언 | 전자우편에서 메일을 주고 받는데 사용되는 프로토콜에는 SMTP, POP3, MIME가 있습니다.

19 다음 중 PNG에 대한 설명으로 옳지 않은 것은?

① GIF를 대체하여 인터넷에서 사용할 수 있는 형식이다.
② 애니메이션은 표현할 수 없다.
③ 트루 컬러와 CMYK 색상 모드를 지원한다.
④ 무손실 압축 기법을 사용한다.

전문가의 조언 | PNG는 트루 컬러는 지원하지만 CMYK 색상 모드를 지원하지 않습니다.

20. 다음 중 한글 Windows 10의 [빠른 지원]에 대한 설명으로 옳지 않은 것은?

① [시작] → [빠른 지원]을 선택하여 실행할 수 있다.
② 다른 사용자의 컴퓨터에 접속하여 원격 지원을 하거나, 내 컴퓨터에 접속한 다른 사용자로부터 원격 지원을 받을 수 있도록 할 수 있다.
③ '공유 옵션'에는 '모든 권한 가지기'와 '화면 보기'가 있다.
④ 원격 지원을 하는 자는 마이크로소프트 계정으로 로그인 하지 않아도 되고, 지원 받는 자는 로그인 해야 한다.

전문가의 조언 | 원격 지원을 하는 자는 마이크로소프트 계정으로 로그인 해야 하고, 지원 받는 자는 로그인 하지 않아도 됩니다.

2과목 스프레드시트 일반

21. 다음의 피벗 테이블에 대한 설명으로 옳지 않은 것은?

	A	B	C	D	E	F
1	학과	(모두)				
2						
3			단과대학			
4	성별	값	공과대학	사범대학	인문대학	자연과학대학
5	여					
6		평균 : 취업자수	48	60	44	51
7		평균 : 취업률	60%	62%	72%	58%
8	남					
9		평균 : 취업자수	52	45	46	63
10		평균 : 취업률	67%	68%	49%	56%
11	전체 평균 : 취업자수		50	53	45	57
12	전체 평균 : 취업률		64%	65%	62%	57%
13						

① 피벗 차트를 추가하면 열 레이블에 표시된 항목은 범례(계열)로 표시된다.
② 값 영역에 '취업자수'와 '취업률'을 지정하여 생긴 'Σ 값' 필드가 행 레이블 영역에 표시되어 있다.
③ '성별' 필드를 기준으로 내림차순 정렬하고, 열의 총합계만 표시되어 있다.
④ 피벗 테이블이 선택된 상태에서 [삽입] → [차트] 그룹에서 [추천 차트]를 클릭하면 새로운 시트에 피벗 차트가 작성된다.

전문가의 조언 | 피벗 테이블을 선택된 상태에서 [삽입] → [차트] 그룹에서 '추천 차트'를 클릭하면 '차트 삽입' 대화상자가 나타나며, 삽입할 차트를 선택한 후 〈확인〉을 클릭하면 현재 시트에 피벗 차트가 작성됩니다.

22. 다음 중 같은 열에 입력된 문자열 목록을 표시하는 바로 가기 키는?

① Tab + ↓
② Shift + ↓
③ Ctrl + ↓
④ Alt + ↓

전문가의 조언 | 같은 열에 입력된 문자열 목록을 표시하는 바로 가기 키는 Alt + ↓입니다.

23. 다음 중 통합에 관한 설명으로 옳지 않은 것은?

① 통합된 데이터가 표시될 위치의 첫 행과 왼쪽 열을 기준으로 통합을 실행하려면 '통합' 대화상자에서 '첫 행'과 '왼쪽 열'을 선택한다.
② 데이터 통합은 위치를 기준으로 통합할 수도 있고, 영역의 이름을 정의하여 통합할 수도 있다.
③ 통합된 데이터가 기존 데이터에 덮어쓰기 되는 것을 방지하려면 '원본 데이터에 연결'을 선택한다.
④ 통합할 데이터를 변경하려면 '모든 참조 영역'에 지정된 참조 영역을 삭제한 후 새로 지정한다.

전문가의 조언 | • '통합'에서는 통합된 데이터가 기존 데이터에 덮어쓰기 되도록 하는 기능은 제공하지 않습니다.
• '원본 데이터에 연결'은 원본 데이터가 변경될 경우 통합된 데이터에도 반영되도록 하는 기능입니다.

24. 다음 중 중복된 항목 제거에 대한 설명으로 틀린 것은?

① 선택한 데이터 목록의 첫 번째 행이 필드명일 경우 '내 데이터에 머리글 표시'를 선택하여 중복 제거 대상에서 제외시킬 수 있다.
② 중복이 제거되면 목록의 첫 번째 값이 유지되고 나머지 동일한 값은 삭제된다.
③ 중복이 제거되면 제거된 만큼에 해당하는 목록 밖의 데이터가 이동된다.
④ 삭제된 데이터는 실행 취소로 되살릴 수 있다.

전문가의 조언 | 중복이 제거돼도 목록 밖의 데이터는 이동되지 않습니다.

25. 다음 중 부분합에 관한 설명으로 옳지 않은 것은?

① 부분합에서는 합계, 평균, 개수 등의 함수 이외에도 다양한 함수를 선택할 수 있다.
② [부분합 계산 항목]은 그룹으로 묶을 기준이 되는 항목으로, 오름차순 또는 내림차순으로 정렬되어 있어야 한다.
③ 이미 작성된 부분합 그룹 내에 새로운 부분합 그룹을 추가할 수 있다.
④ 부분합에서 그룹 사이에 페이지를 나눌 수 있다.

전문가의 조언 | • '부분합 계산 항목'은 함수를 적용할 필드를 선택하는 항목을 말합니다.
• 그룹으로 묶을 기준이 되는 항목은 '그룹화할 항목'입니다.

'부분합' 대화상자

26 다음 중 데이터의 양이 많아 기본적으로는 3장으로 인쇄되는 워크시트를 1장으로 인쇄하기 위한 방법으로 옳은 것은?

① [페이지 레이아웃] → [페이지 설정] 그룹에서 인쇄 영역을 '전체'로 지정한다.
② [페이지 레이아웃] → [크기 조정] 그룹에서 너비와 높이를 모두 '1페이지'로 지정한다.
③ [페이지 레이아웃] → [페이지 설정] 그룹에서 [너비] → [1페이지]를 선택한다.
④ [페이지 레이아웃] → [시트 옵션] 그룹에서 '자동 맞춤'을 선택한다.

전문가의 조언 | 여러 장으로 인쇄되는 워크시트를 한 장으로 인쇄하려면 [페이지 레이아웃] → [크기 조정] 그룹에서 너비와 높이를 모두 '1페이지'로 지정하면 됩니다.

27 다음 중 워크시트에 데이터를 입력하는 방법에 대한 설명으로 옳지 않은 것은?

① 날짜 데이터를 입력하면 기본적으로 셀의 오른쪽에 정렬된다.
② '3과 같이 입력하면 기본적으로 셀의 오른쪽에 정렬된다.
③ 수식 또는 함수 식을 입력할 때는 = 기호를 붙여 입력한다.
④ 여러 개의 셀에 동일한 데이터를 한번에 입력할 때 범위는 연속적으로 지정하지 않아도 된다.

전문가의 조언 | 숫자 데이터를 입력하면 기본적으로 셀의 오른쪽에 정렬되지만 숫자 앞에 작은따옴표(') 기호를 붙여 입력하면 문자 데이터로 인식하므로 셀의 왼쪽에 정렬됩니다.

28 다음 중 아래의 워크시트에서 [C1] 셀에 수식 '=A1+B1+C1'을 입력할 경우 발생하는 상황으로 옳은 것은?

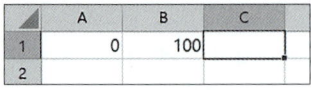

① [C1] 셀에 '#REF!' 오류 표시
② [C1] 셀에 '#NUM!' 오류 표시
③ 데이터 유효성 오류 메시지 창 표시
④ 순환 참조 경고 메시지 창 표시

전문가의 조언 | 수식에서 해당 수식이 입력된 [C1] 셀을 참조하기 때문에 아래와 같은 순환 참조 경고 메시지가 표시됩니다.

※ 수식에서 직접 또는 간접적으로 수식이 입력된 그 셀을 그 수식에서 참조하는 경우를 순환 참조라고 합니다.

29 다음 중 셀에 입력된 데이터에 사용자 지정 표시 형식을 설정한 후의 표시 결과로 옳은 것은?

① 0.25 → 0#.#% → 0.25%
② 0.57 → #.# → 0.6
③ 90.86 → #,##0.0 → 90.9
④ 100 → #,###;@"점" → 100점

전문가의 조언 | 사용자 지정 표시 형식의 표시 결과로 옳은 것은 ③번입니다.
① 0.25 → 0#.#% → 25.%
② 0.57 → #.# → .6
④ 100 → #,###@"점" → 100(@는 문자 데이터의 표시 위치를 지정할 때 사용하므로 "점"은 표시되지 않습니다.)

30 아래 워크시트에서 [A1:C2] 영역을 범위로 설정하고, 그림과 같이 입력하고 Ctrl + Shift + Enter를 눌렀다. [A5] 셀에 '=A1+B2'를 입력했을 때 결과는?

	A	B	C
1	={1,3,5;2,4,6}	={1,3,5;2,4,6}	={1,3,5;2,4,6}
2	={1,3,5;2,4,6}	={1,3,5;2,4,6}	={1,3,5;2,4,6}
3			

① 4   ② 5   ③ 6   ④ 7

전문가의 조언 | [A5] 셀에 =A1+B2를 입력했을 때 결과는 5입니다.
• 배열 상수를 입력할 때 열의 구분은 쉼표(,)로, 행의 구분은 세미콜론(;)으로 합니다.
• [A1:C2] 영역을 블록으로 지정한 후 ={1,2,3;4,5,6}을 입력하고 Ctrl + Shift + Enter를 누르면 다음과 같이 입력됩니다.

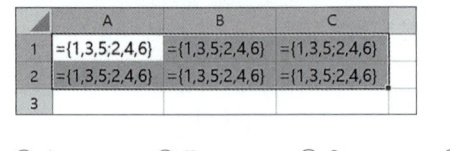

31 다음 중 3차원 참조에 대한 설명으로 옳지 않은 것은?

① 여러 워크시트에 있는 동일한 셀 데이터나 셀 범위 데이터에 대한 참조를 뜻한다.
② 'Sheet2'부터 'Sheet4'까지의 [A2] 셀을 모두 더하라는 식을 '=SUM(Sheet2:Sheet4!A2)'와 같이 3차원 참조로 표현할 수 있다.
③ SUM, AVERAGE, COUNTA, STDEV 등의 함수를 사용할 수 있다.
④ 배열 수식에 3차원 참조를 사용할 수 있다.

전문가의 조언 | 배열 수식에는 3차원 참조를 사용할 수 없습니다.

32 다음 중 아래 시트에서 각 수식을 실행했을 때의 결과 값으로 옳은 것은?

	A	B	C	D	E
1	이름	국어	영어	수학	평균
2	홍길동	83	90	73	82
3	이대한	65	87	91	81
4	한민국	80	75	100	85
5	평균	76	84	88	82.66667
6					

① =SUM(COUNTA(B2:D4), MAXA(B2:D4)) → 102
② =AVERAGE(SMALL(C2:C4, 2), LARGE(C2:C4, 2)) → 75
③ =SUM(LARGE(B3:D3, 2), SMALL(B3:D3, 2)) → 174
④ =SUM(COUNTA(B2, D4), MINA(B2, D4)) → 109

전문가의 조언 | 각 수식의 결과 값으로 옳은 것은 ③번입니다.
① =SUM(COUNTA(B2:D4), MAXA(B2:D4))

- ❶ COUNTA(B2:D4) : [B2:D4] 영역에서 비어 있지 않은 셀의 개수를 구하면 결과는 9입니다.
- ❷ MAXA(B2:D4) : [B2:D4] 영역에서 숫자, 빈 셀, 논리값(TRUE/FALSE), 숫자로 표시된 텍스트 등을 모두 포함하여 가장 큰 값을 구하면 결과는 100입니다.
- ❸ =SUM(❶, ❷) → =SUM(9, 100) : 두 값을 더하면 결과는 109입니다.

② =AVERAGE(SMALL(C2:C4, 2), LARGE(C2:C4, 2))

- ❶ SMALL(C2:C4, 2) : [C2:C4] 영역에서 두 번째로 작은 값을 구하면 결과는 87입니다.
- ❷ LARGE(C2:C4, 2) : [C2:C4] 영역에서 두 번째로 큰 값을 구하면 결과는 87입니다.
- ❸ =AVERAGE(❶, ❷) → =AVERAGE(87, 87) : 두 수의 평균을 구하면 결과는 87입니다.

③ =SUM(LARGE(B3:D3, 2), SMALL(B3:D3, 2))

- ❶ LARGE(B3:D3, 2) : [B3:D3] 영역에서 두 번째로 큰 값을 구하면 결과는 87입니다.
- ❷ SMALL(B3:D3, 2) : [B3:D3] 영역에서 두 번째로 작은 값을 구하면 결과는 87입니다.
- ❸ =SUM(❶, ❷) → =SUM(87, 87) : 두 수의 합계를 구하면 결과는 174입니다.

④ =SUM(COUNTA(B2, D4), MINA(B2, D4))
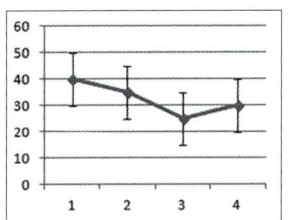
- ❶ COUNTA(B2, D4) : [B2] 셀과 [D4] 셀에서 비어 있지 않은 셀의 개수를 구하면 결과는 2입니다.
- ❷ MINA(B2, D4) : [B2] 셀과 [D4] 셀에서 숫자, 빈 셀, 논리값(TRUE/FALSE), 숫자로 표시된 텍스트 등을 모두 포함하여 가장 작은 값을 구하면 결과는 83입니다.
- ❸ =SUM(❶, ❷) → =SUM(2, 83) : 두 수의 합계를 구하면 85입니다.

33 다음 중 아래 차트와 같이 오차 막대를 표시하기 위한 오차 막대 서식 설정값으로 옳은 것은?

① 표시 방향(모두), 오차량(고정 값 10)
② 표시 방향(모두), 오차량(표준 편차 1.0)
③ 표시 방향(양의 값), 오차량(고정 값 10)
④ 표시 방향(양의 값), 오차량(표준 편차 1.0)

전문가의 조언 | 문제의 차트와 같이 오차 막대를 표시하려면 ①번과 같이 설정해야 합니다.
② 표시 방향(모두), 오차량(표준 편차 1.0)
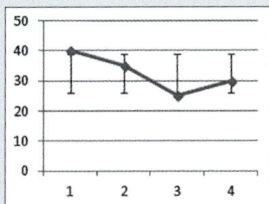
③ 표시 방향(양의 값), 오차량(고정 값 10)
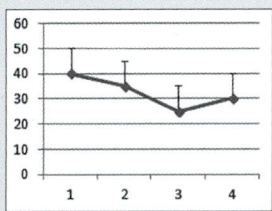
④ 표시 방향(양의 값), 오차량(표준 편차 1.0)
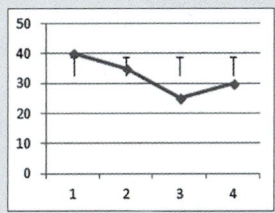

34 아래 워크시트에서 매출액[B3:B9]을 이용하여 매출 구간별 빈도수를 [F3:F6] 영역에 계산한 후 그 값만큼 "★"를 반복하여 표시하고자 한다. 다음 중 이를 위한 수식으로 옳은 것은?

	A	B	C	D	E	F
1						
2		매출액		매출구간		빈도수
3		75		0	50	★
4		93		51	100	★★
5		130		101	200	★★★
6		32		201	300	★
7		123				
8		257				
9		169				
10						
11						

① =REPT("★", FREQUENCY(E3:E6, B3:B9))
② =REPT("★", FREQUENCY(B3:B9, E3:E6))
③ {=REPT("★", FREQUENCY(E3:E6, B3:B9))}
④ {=REPT("★", FREQUENCY(B3:B9, E3:E6))}

> 전문가의 조언 | 매출 구간별 빈도수를 계산한 후 그 값만큼 "★"를 표시하는 수식으로 옳은 것은 ④번입니다.
> {=REPT("★", FREQUENCY(B3:B9, E3:E6))}
>   ❷   ❶
>
> ❶ FREQUENCY(B3:B9, E3:E6) : FREQUENCY(배열1, 배열2)는 '배열2'의 범위에 대한 '배열1' 요소들의 빈도수를 계산하는 함수로, [B3:B9] 영역의 데이터를 대상으로 [E3:E6] 영역의 구간별 빈도수를 계산합니다.
> ❷ =REPT("★", ❶) : REPT(텍스트, 개수)는 '텍스트'를 '개수'만큼 반복하여 입력하는 함수로, "★"를 ❶의 결과값만큼 반복하여 표시합니다.
> ※ FREQUENCY 함수는 결과가 여러 개의 값을 갖는 배열로 반환되므로 배열 수식으로 작성해야 합니다. 결과가 계산될 [F3:F6] 영역을 블록으로 지정한 후 =REPT("★", FREQUENCY(B3:B9, E3:E6))를 입력한 다음 Ctrl + Shift + Enter를 누르면 수식 앞뒤에 중괄호({ })가 자동으로 입력되어 {=REPT("★", FREQUENCY(B3:B9, E3:E6))}과 같이 표시됩니다.

35 다음과 같은 이벤트를 실행시켰을 때 나타나는 결과로 옳은 것은?

```
Private Sub
Range("B2:C3").Select
Selection.Delete Shift:=xlToLeft
End Sub
```

① [B2:C3] 영역을 셀의 왼쪽에 복사한다.
② [B2:C3] 영역을 삭제한 후 왼쪽에 있는 셀을 오른쪽으로 이동한다.
③ [B2:C3] 영역을 삭제한 후 오른쪽에 있는 셀을 왼쪽으로 이동한다.
④ [B2:C3] 영역을 셀의 오른쪽에 복사한다.

> 전문가의 조언 | 이벤트 실행의 결과로 옳은 것은 ③번입니다.
> Private Sub
> ❶ Range("B2:C3").Select
> ❷ Selection.Delete Shift:=xlToLeft
> End Sub
>
> ❶ [B2:C3] 영역을 선택합니다.
> ❷ 선택한 영역을 삭제한 후 오른쪽에 있는 셀을 왼쪽으로 이동합니다.

36 다음 중 시나리오에 대한 설명으로 옳지 않은 것은?

① 시나리오 관리자에서 시나리오를 삭제하면 시나리오 요약 보고서의 해당 시나리오도 자동으로 삭제된다.
② 특정 셀의 변경에 따라 연결된 결과 셀의 값이 자동으로 변경되어 결과값을 예측할 수 있다.
③ 여러 시나리오를 비교하기 위해 시나리오를 피벗 테이블로 요약할 수 있다.
④ 변경 셀과 결과 셀에 이름을 지정한 후 시나리오 요약 보고서를 작성하면 결과에 셀 주소 대신 지정한 이름이 표시된다.

> 전문가의 조언 | 시나리오 관리자에서 시나리오를 삭제해도 이미 작성된 시나리오 요약 보고서는 삭제되지 않습니다.

37 다음 중 이름 상자에 대한 설명으로 옳지 않은 것은?

① Ctrl을 누르고 여러 개의 셀을 선택한 경우 마지막 선택한 셀 주소가 표시된다.
② 셀이나 셀 범위에 이름을 정의해 놓은 경우 이름이 표시된다.
③ 차트가 선택되어 있는 경우 차트의 종류가 표시된다.
④ 수식을 작성 중인 경우 최근 사용한 함수 목록이 표시된다.

> 전문가의 조언 | 차트를 선택하면 이름 상자에 차트 이름이 표시됩니다.

38 다음 중 인쇄에 관한 설명으로 옳지 않은 것은?

① 차트만 인쇄하려면 차트가 선택된 상태에서 인쇄한다.
② 도형만 제외하고 인쇄하려면 입력된 도형을 선택하고 바로 가기 메뉴에서 [크기 및 속성]을 선택한 후 [도형 서식] 창에서 '개체 인쇄'를 해제한다.
③ 서로 떨어져 있는 영역을 인쇄 영역으로 지정하려면 Shift를 이용하여 지정한다.
④ 노트 인쇄 방법을 '시트 끝'으로 지정하면 인쇄물의 가장 마지막 페이지에 모아 인쇄한다.

> 전문가의 조언 | 서로 떨어져 있는 영역을 인쇄 영역으로 지정하려면 Ctrl을 이용하여 지정해야 합니다.

39. 다음 중 연이율 4.5%로 2년 만기로 매월 말 400,000원씩 저축할 경우, 복리 이자율로 계산하여 만기에 찾을 수 있는 금액을 구하기 위한 수식으로 옳은 것은?

① =FV(4.5%/12, 2*12, -400000)
② =FV(4.5%/12, 2*12, -400000, , 1)
③ =FV(4.5%, 2*12, -400000, , 1)
④ =FV(4.5%, 2*12, -400000)

> 전문가의 조언 | 만기 금액을 구하기 위한 수식으로 옳은 것은 ①번입니다.
> FV(이율, 기간, 금액, 현재가치, 납입시점)
> • 이율 : 이율이 연 단위이므로 12로 나눕니다(4.5%/12).
> • 기간 : 기간이 년 단위이므로 년에 12를 곱합니다(2*12).
> • 금액 : 결과값이 양수로 나오도록 음수로 입력합니다(-400000).
> • 납입시점 : 기말이므로 생략해도 됩니다.
> ∴ '=FV(4.5%/12, 2*12, -400000)'입니다.

40. 다음 중 원형 차트에 대한 설명으로 옳은 것은?

① 원형 차트는 하나의 축을 가진다.
② 원형 차트에 데이터 테이블을 표시할 수 있다.
③ 원형 차트는 쪼개진 원형으로 표시할 수 있다.
④ 원형 대 꺾은선형 차트에서는 비교적 작은 값을 원형 차트로 결합하여 표시한다.

> 전문가의 조언 | 원형 차트는 쪼개진 원형으로 표시할 수 있습니다.
> ① 원형 차트는 축이 없습니다.
> ② 원형 차트에는 데이터 테이블을 표시할 수 없습니다.
> ④ 원형 차트의 종류에는 '원형 대 원형'과 '원형 대 가로 막대형' 차트는 있지만 '원형 대 꺾은선형'이라는 차트는 없습니다.

3과목 데이터베이스 일반

41. 다음 중 보고서의 그룹 및 정렬 설정에 대한 설명으로 옳지 않은 것은?

① 그룹을 지정하면 보고서의 내용을 한눈에 쉽게 파악할 수 있다.
② 그룹 머리글 및 바닥글에 텍스트 상자 컨트롤을 생성하여 그룹별 요약 정보 등을 나타낼 수 있다.
③ 그룹화 기준이 되는 필드는 데이터가 정렬되어 표시된다.
④ 그룹 설정 시 특정한 값인 데이터 그룹만 보고서에 표시되도록 조건을 설정할 수 있다.

> 전문가의 조언 | '그룹, 정렬 및 요약' 창에서 그룹 설정 시 특정한 값인 데이터 그룹만 표시되도록 조건을 설정할 수는 없습니다.

42. 다음 매크로 함수에 대한 설명으로 옳지 않은 것은?

① ApplyFilter : 테이블이나 쿼리로부터 레코드를 필터링한다.
② MessageBox : 메시지 상자를 통해 경고나 알림 등의 정보를 표시한다.
③ OpenReport : 작성된 보고서를 호출하여 실행한다.
④ GoToPage : 현재 선택한 폼에서 지정한 페이지의 마지막 레코드로 이동한다.

> 전문가의 조언 | GoToPage는 현재 선택한 폼에서 지정한 페이지의 첫 번째 컨트롤로 이동시키는 매크로 함수입니다.

43. 〈제품〉 테이블의 데이터는 모두 표시되고 〈판매내역〉 테이블의 데이터는 '제품.제품코드' 필드와 일치하는 데이터만 표시되는 조인은?

① 왼쪽 외부 조인　　② 오른쪽 외부 조인
③ 카테션 조인　　　④ 내부 조인

> 전문가의 조언 | 문제의 그림을 보면 '관계 편집' 대화상자의 오른쪽에 있는 〈제품〉 테이블에서는 모든 레코드를 포함하고, 왼쪽에 있는 〈판매내역〉 테이블에서는 조인된 필드가 일치하는 레코드만 질의에 포함하도록 설정되어 있습니다. 이와 같이 오른쪽이 기준이면, '오른쪽 외부 조인'입니다.

44 다음 중 데이터베이스 설계 순서로 옳은 것은?

> ㉠ 요구 조건 분석   ㉡ 물리적 설계
> ㉢ 개념적 설계   ㉣ 구현
> ㉤ 논리적 설계

① ㉢ → ㉠ → ㉤ → ㉣ → ㉡
② ㉠ → ㉢ → ㉤ → ㉡ → ㉣
③ ㉢ → ㉤ → ㉡ → ㉠ → ㉣
④ ㉠ → ㉤ → ㉢ → ㉡ → ㉣

> 전문가의 조언 | 데이터베이스 설계는 '요구 조건 분석 → 개념적 설계 → 논리적 설계 → 물리적 설계 → 구현' 순으로 진행됩니다.

45 다음 중 아래의 〈급여〉 테이블에 대한 SQL 명령과 실행 결과로 옳지 않은 것은? (단, 빈 칸은 Null임)

사원번호	성명	가족수
1	가	2
2	나	4
3	다	

① SELECT COUNT(성명) FROM 급여; 를 실행한 결과는 3이다.
② SELECT COUNT(가족수) FROM 급여; 를 실행한 결과는 3이다.
③ SELECT COUNT(*) FROM 급여; 를 실행한 결과는 3이다.
④ SELECT COUNT(*) FROM 급여 WHERE 가족수 Is Null; 을 실행한 결과는 1이다.

> 전문가의 조언 | COUNT( ) 함수의 인수로 필드명을 지정하면 해당 필드를 대상으로 비어있지 않은 데이터의 개수를 구하므로 ②번의 실행 결과는 2입니다.
> ① SELECT COUNT(성명) FROM 급여; : '성명' 필드가 비어있지 않은 자료의 개수를 구하므로 결과는 3입니다.
> ③ SELECT COUNT(*) FROM 급여; : 전체 레코드의 개수를 구하므로 결과는 3입니다.
> ④ SELECT COUNT(*) FROM 급여 WHERE 가족수 Is Null; : '가족수 Is Null' 이라는 조건, 즉 '가족수 필드의 값이 비어있는' 조건에 맞는 자료의 개수를 구하므로 결과는 1입니다.

46 다음 중 폼에 대한 설명으로 옳지 않은 것은?

① 폼은 테이블이나 질의(쿼리)를 원본으로 하여 데이터의 입력, 수정, 삭제, 조회 등의 작업을 편리하게 수행할 수 있도록 환경을 제공하는 개체이다.
② 디자인 보기 상태에서 '필드 목록' 창을 이용하여 여러 개의 필드는 추가할 수 없으므로, 필드를 하나씩 더블클릭하여 추가한다.
③ 컨트롤과 여러 도구 모음을 이용하여 시각적으로 다양한 작업 화면을 작성할 수 있다.
④ 폼에 레이블이나 명령 단추만을 추가하여 언바운드 폼을 만들어 사용할 수 있다.

> 전문가의 조언 | '필드 목록' 창에서 여러 필드를 선택한 후 폼 영역으로 드래그하면 선택된 여러 필드를 한 번에 추가할 수 있습니다.

47 다음 중 Access의 DoCmd 개체의 메서드가 아닌 것은?

① OpenReport   ② GoToRecord
③ RunSQL   ④ SetValue

> 전문가의 조언 | SetValue는 필드, 컨트롤, 속성 등의 값을 설정하는 매크로 함수입니다.

48 다음 중 [보고서 마법사]에 대한 설명으로 옳지 않은 것은?

① 최대 4개의 필드를 대상으로 오름차순, 내림차순, 사용자 지정 목록으로 정렬을 설정할 수 있다.
② [요약 옵션]에서 합계에 대한 총계 비율 계산 여부를 지정할 수 있다.
③ [요약 옵션]은 한 개 이상의 숫자 필드가 있어야 활성화된다.
④ [그룹화 옵션]을 이용하여 그룹 수준 필드와 그룹화 간격을 설정할 수 있다.

> 전문가의 조언 | '보고서 마법사'에서 정렬할 필드는 최대 4개까지 지정할 수 있으며, 정렬 기준은 오름차순이나 내림차순만 지정할 수 있습니다.

49 다음 중 Access의 기본키(Primary Key)에 대한 설명으로 잘못된 것은?

① 기본키는 테이블의 [디자인 보기] 상태에서 설정할 수 있다.
② 기본키로 설정된 필드에는 널(NULL) 값이 허용되지 않는다.
③ 기본키로 설정된 필드에는 항상 고유한 값이 입력되도록 자동으로 확인된다.
④ 관계가 설정되어 있는 테이블에서 기본키 설정을 해제하면 해당 테이블에 설정된 관계도 삭제된다.

> 전문가의 조언 | 관계가 설정된 테이블의 기본키는 설정을 해제할 수 없으므로 기본키 설정을 해제하려면 먼저 설정된 관계를 제거해야 합니다.

50 다음 중 [학생] 테이블에서 '점수'가 60 이상인 학생들의 인원수를 구하는 식으로 옳은 것은? (단, '학번' 필드는 [학생] 테이블의 기본키이다.)

① =DCount("[학생]", "[학번]", "[점수] >= 60")
② =DCount("[학번]", "[학생]", "[점수] >= 60")
③ =DLookUp("[학생]", "[학번]", "[점수] >= 60")
④ =DLookUp("*", "[학생]", "[점수] >= 60")

> 전문가의 조언 | [학생] 테이블에서 '점수'가 60 이상인 학생들의 인원수를 구하는 식은 **=DCount("[학번]", "[학생]", "[점수] >= 60")**입니다.

51 다음 중 데이터베이스에서 인덱스를 사용하는 목적으로 가장 적절한 것은?

① 데이터 검색 및 정렬 작업 속도 향상
② 데이터의 추가, 수정, 삭제 속도 향상
③ 데이터의 일관성 유지
④ 최소 중복성 유지

> 전문가의 조언 | 인덱스는 데이터 검색 및 정렬 작업 속도를 향상시키기 위해 사용합니다.

52 다음 중 [홈] → 레코드 → Σ 요약에 대한 설명으로 옳지 않은 것은?

① 'Σ 요약' 기능이 설정된 상태에서 '텍스트' 데이터 형식의 필드에는 '개수' 집계 함수만 지정할 수 있다.
② 'Σ 요약' 기능은 데이터시트 형식으로 표시되는 테이블, 폼, 쿼리, 보고서 등에서 사용할 수 있다.
③ 'Σ 요약' 기능을 실행했을 때 생기는 요약 행을 통해 집계 함수를 좀 더 쉽고 빠르게 사용할 수 있다.
④ 'Σ 요약' 기능이 설정된 상태에서 'Yes/No' 데이터 형식의 필드에 '개수' 집계 함수를 지정하면 체크된 레코드의 총 개수가 표시된다.

> 전문가의 조언 | Σ 요약 기능은 테이블이나 폼에서는 사용할 수 없습니다.

53 다음 지문의 SQL문과 결과가 동일한 것은?

```
Select * From 고객
Where 고객.등급 = 'A'
UNION
Select * From 고객
Where 고객.등급 = 'B';
```

① Select * From 고객 Where 고객.등급 = 'A' Or 'B';
② Select * From 고객 Where 고객.등급 = 'A' And 'B';
③ Select * From 고객 Where 고객.등급 = 'A' Or 고객.등급 = 'B';
④ Select * From 고객 Where 고객.등급 = 'A' And 고객.등급 = 'B';

> 전문가의 조언 | UNION(통합) 질의는 두 개의 질의 내용을 합쳐서 하나의 테이블을 만드는 질의입니다. 지문의 SQL문은 〈고객〉 테이블의 '등급' 필드가 "A"이거나 "B"인 레코드를 모두 추출하는 질의문으로, 이는 Where 조건으로 '등급' 필드의 값 "A"와 "B"를 OR 연산자로 연결하여, **고객.등급 = 'A' Or 고객.등급 = 'B'**와 같이 적용한 결과와 동일합니다.

54 다음 중 정규화에 대한 설명으로 옳지 않은 것은?

① 한 테이블에 너무 많은 정보를 포함해서 발생하는 이상 현상을 제거한다.
② 정규화를 실행하면 모든 테이블의 필드 수가 동일해진다.
③ 정규화를 실행하면 테이블이 나누어져 최종적으로는 일관성을 유지하게 된다.
④ 정규화를 실행하는 목적 중 하나는 데이터 중복의 최소화이다.

> 전문가의 조언 | 정규화는 속성(필드)의 수가 적은 릴레이션(테이블)으로 분할하는 과정으로, 정규화를 실행하면 테이블이 늘어나고 필드 수가 줄어들 수는 있지만 모든 테이블의 필드 수가 동일해지지는 않습니다.

55 다음 중 아래 SQL 문에 대한 설명으로 옳은 것은?

```
UPDATE 학생
SET 주소 = '서울'
WHERE 학번 = 100;
```

① [학생] 테이블에 주소가 '서울'이고 학번이 100인 레코드를 추가한다.
② [학생] 테이블에서 주소가 '서울'이고 학번이 100인 레코드를 검색한다.
③ [학생] 테이블에서 학번이 100인 레코드의 주소를 '서울'로 갱신한다.
④ [학생] 테이블에서 주소가 '서울'인 레코드의 학번을 100으로 갱신한다.

> 전문가의 조언 | SQL 문에 대한 설명으로 옳은 것은 ③번입니다. 질의문은 각 절을 분리하여 이해하면 쉽습니다.
> • **Update 학생** : 〈학생〉 테이블의 레코드를 수정합니다.
> • **Set 주소 = '서울'** : '주소' 필드의 값을 "서울"로 변경합니다.
> • **Where 학번 = '100'** : '학번' 필드의 값이 "100"인 레코드만을 대상으로 합니다.

정답 50.② 51.① 52.② 53.③ 54.② 55.③

56 학생들은 여러 과목을 수강하며, 한 과목은 여러 학생들이 수강한다. 이러한 상황에 대한 다음의 테이블 설계 중에서 가장 적절한 것은? (단, 밑줄은 기본키를 의미함)

① 학생(<u>학번</u>, 이름, 연락처)
　 과목(<u>과목코드</u>, 과목명, 담당교수)
　 수강(<u>학번, 과목코드</u>, 성적)

② 수강(<u>학번</u>, 이름, 연락처, 수강과목코드)
　 과목(<u>과목코드</u>, 과목명, 담당교수)

③ 수강(<u>학번</u>, 이름, 연락처, 수강과목1, 수강과목2, 수강과목3)
　 과목(<u>과목코드</u>, 과목명, 담당교수)

④ 학생(<u>학번</u>, 이름, 연락처)
　 과목(<u>과목코드</u>, 과목명, 담당교수)
　 수강신청(<u>학번, 과목코드</u>, 이름, 과목명)

> **전문가의 조언** | 학생들은 여러 과목을 수행하며, 한 과목은 여러 학생들이 수강하는 관계는 다 대 다의 관계입니다. 이와 같은 경우에는 〈학생〉 테이블과 〈과목〉 테이블의 기본키를 외래키로 갖는 제 3의 테이블(〈수강〉 테이블)을 정의해야 합니다. 제 3의 테이블(수강)에는 '이름'이나 '과목명'처럼 '학번'이나 '과목코드'에 종속적인 속성이 없어야 합니다.

57 다음 중 하위 폼에 대한 설명으로 옳지 않은 것은?

① 하위 폼은 폼 안에 있는 또 하나의 폼을 의미한다.
② 기본 폼과 하위 폼을 연결할 필드의 데이터 형식은 같거나 호환되어야 한다.
③ 기본 폼과 하위 폼은 반드시 관계가 설정되어 있어야 한다.
④ 여러 개의 연결 필드를 지정하려면 세미콜론(;)으로 필드 이름을 구분하여 입력한다.

> **전문가의 조언** | 테이블 간에 관계가 설정되어 있지 않은 경우에도 하위 폼으로 연결할 수 있습니다.

58 다음 보고서에서 '거래처명'과 같이 제품번호 3, 6, 2에 대해 다음과 같이 표시되도록 설정하고자 한다. 다음 중 설정 방법으로 옳은 것은?

거래처별 제품목록

거래처명	제품번호	제품이름	단가	재고량
광명(주)	3	안경테C	₩20,000	67
	6	무테C	₩35,000	33
	2	안경테B	₩15,000	50
	총제품수:	3	총재고량:	

① 해당 컨트롤의 '확장 가능' 속성을 '예'로 설정한다.
② 해당 컨트롤의 '중복 내용 숨기기' 속성을 '예'로 설정한다.
③ 해당 컨트롤의 '화면 표시' 속성을 '아니오'로 설정한다.
④ 해당 컨트롤의 '누적 총계' 속성을 '전체'로 설정한다.

> **전문가의 조언** | '거래처명'과 같이 컨트롤의 데이터가 이전 레코드와 동일한 경우에는 이를 표시(혹은 인쇄)되지 않도록 설정하려면 해당 컨트롤의 '중복 내용 숨기기' 속성을 '예'로 설정하면 됩니다.

59 〈도서〉 테이블에 대해 다음과 같은 결과를 표시하는 SQL문은?

도서명	저자	출간년도	출판사
70세의 마음	이신호	2020	길벗
어른의 걸음으로	김용갑	2019	길벗
혼자 남는 기분	최미경	2020	오직북
성공의 법칙	김종일	2018	오직북
70세의 마음	김선길	2019	한마음
어른의 걸음으로	김용갑	2018	한마음

① select * from 도서 order by 출판사 asc, 저자 desc;
② select * from 도서 order by 출판사, 출간년도 desc;
③ select * from 도서 order by 도서명, 출간년도 desc;
④ select * from 도서 order by 저자, 출판사 desc;

> **전문가의 조언** | 문제의 그림은 '출판사'를 기준으로 오름차순 정렬(ASC 또는 생략)하고, '출판사'가 같은 경우에는 '출간년도'를 기준으로 내림차순 정렬(DESC)한 결과입니다.
> · 나머지 보기로 제시된 SQL문의 결과는 다음과 같습니다.

60 다음 중 보고서에서 순번 항목과 같이 그룹 내의 데이터에 대한 일련번호를 표시하기 위해 텍스트 상자 컨트롤의 속성을 설정하는 방법으로 옳은 것은?

① 텍스트 상자의 컨트롤 원본을 '=1'로 지정하고, 누적 합계 속성을 '그룹'으로 지정한다.
② 텍스트 상자의 컨트롤 원본을 '+1'로 지정하고, 누적 합계 속성을 '그룹'으로 지정한다.
③ 텍스트 상자의 컨트롤 원본을 '+1'로 지정하고, 누적 합계 속성을 '모두'로 지정한다.
④ 텍스트 상자의 컨트롤 원본을 '=1'로 지정하고, 누적 합계 속성을 '모두'로 지정한다.

> **전문가의 조언** | · 그룹별로 순번(일련번호)을 표시하려면, 컨트롤 원본을 '=1'로 설정하고 누적 합계 속성을 '그룹'으로 설정합니다.
> · 누적 합계 속성을 '모두'로 설정하면 그룹에 관계없이 보고서의 끝까지 값이 누적됩니다.

정답 56.① 57.③ 58.② 59.② 60.①

05회 2025년 상시 05 시행 기출문제 & 전문가의 조언

1과목 컴퓨터 일반

01 안전한 엑스트라넷을 구축하기 위한 기술 설명과 가장 거리가 먼 것은?

① 외부 파트너 사용자 인증을 통해 허용된 사람만 접근하도록 제어
② 안전하게 데이터를 주고받기 위해 FTP 프로토콜 사용
③ 엑스트라넷을 통해 전송되는 데이터를 암호화하여 데이터가 외부에 노출되는 것을 방지
④ VPN을 사용하여 기업 간에 안전하게 통신

> 전문가의 조언 | • FTP 프로토콜은 보안에 취약하므로 엑스트라넷에서 사용하기에 적절하지 않습니다.
> • 엑스트라넷을 통해 안전하게 데이터를 주고받기 위해서는 SSL/TLS와 같은 보안 프로토콜을 사용해야 합니다.

02 다음 중 디지털 이미지에 대한 설명으로 옳지 않은 것은?

① 해상도는 1인치당 표시되는 픽셀(Pixel)의 수를 의미한다.
② 트루 컬러는 24비트로 표현한다.
③ 벡터(Vector) 방식의 이미지는 화면을 확대하면 테두리가 매끄럽지 못하고 울퉁불퉁하게 표현된다.
④ 그래픽 데이터의 표현 방식에는 래스터(Raster) 방식과 벡터(Vector) 방식이 있다.

> 전문가의 조언 | • 벡터 방식의 이미지는 확대하면 테두리가 매끄럽게 표현됩니다.
> • 이미지를 확대하면 테두리가 매끄럽지 못하고 울퉁불퉁하게 표현되는 것은 비트맵 이미지입니다.

03 다음 중 윈도우의 저장소 설정에 대한 설명으로 옳은 것은?

① 새 콘텐츠가 저장되는 기본 위치는 '문서'이며, 변경할 수 있다.
② 시스템 히스토리를 사용하여 백업을 할 수 있다.
③ 디스크 정리 기능을 사용할 수 있다.
④ 저장 공간 센스는 임시 파일이나 휴지통 콘텐츠 등과 같은 필요하지 않은 파일을 제거함으로써 자동으로 공간을 확보한다.

> 전문가의 조언 | 윈도우의 저장소 설정에 대한 설명으로 옳은 것은 ④번입니다.
> ① 저장소 설정에서 새 콘텐츠가 저장되는 기본 위치는 '로컬 디스크 C'입니다.
> ② 저장소 설정에서는 시스템 히스토리가 아닌 파일 히스토리(파일 기록)를 사용하여 백업할 수 있습니다.
> ③ 저장소 설정에서는 디스크 정리 기능을 사용할 수 없습니다.

04 다음 중 네트워크의 구성(Topology)에서 망형(Mesh)에 관한 설명으로 옳지 않은 것은?

① 단말장치의 추가/제거 및 기밀 보호가 어렵다.
② 모든 지점의 컴퓨터와 단말장치를 서로 연결한 형태이다.
③ 응답시간이 빠르고 노드의 연결성이 높다.
④ 통신 회선 장애 시 다른 경로를 통하여 데이터 전송이 가능하다.

> 전문가의 조언 | 단말장치의 추가/제거 및 기밀 보호가 어려운 것은 링형(Ring)의 특징입니다.

05 다음 중 보수에 대한 설명으로 옳지 않은 것은?

① 보수는 각 자리의 숫자의 합이 어느 일정한 수가 되게하는 수를 말한다.
② 2진법에서 1의 보수는 0은 1로, 1은 0으로 변환하여 구한다.
③ 2진법에서 2의 보수는 1의 보수를 구한 뒤 결과값에 2를 더한다.
④ 컴퓨터에서는 덧셈 연산을 이용하여 뺄셈을 수행하기 위해 사용한다.

> 전문가의 조언 | 2진법에서 2의 보수는 1의 보수를 구한 뒤 결과값에 1을 더하면 됩니다.

06 다음 중 입력장치에 대한 설명으로 옳은 것은?

① OMR – 특정 글꼴로 인쇄된 문자에 빛을 비추어 반사된 빛의 차이를 이용하여 문자를 판독하는 장치이다.
② OCR – 굵기가 서로 다른 선에 빛을 비추어 반사된 값을 코드화하여 판독하는 장치이다.
③ BCR – 컴퓨터용 수성 사인펜으로 표시한 카드에 빛을 비추어 표시 여부를 판독하는 장치이다.
④ MICR – 자성을 띤 특수 잉크로 인쇄된 문자나 기호를 판독하는 장치이다.

> 전문가의 조언 | MICR(자기 잉크 문자 판독기)는 자성을 띤 특수 잉크로 인쇄된 문자나 기호를 판독하는 장치입니다.
> ① OMR(Optical Mark Reader, 광학 마크 판독기) : 컴퓨터용 수성 사인펜으로 표시한 OMR 카드에 빛을 비추어 표시 여부를 판독하는 장치
> ② OCR(Optical Character Reader, 광학 문자 판독기) : 특정 글꼴로 인쇄된 문자에 빛을 비추어 반사된 빛의 차이를 이용하여 문자를 판독하는 장치
> ③ BCR(Bar Code Reader, 바코드 판독기) : 굵기가 서로 다른 선에 빛을 비추어 반사된 값을 코드화하여 판독하는 장치

정답 1.② 2.③ 3.④ 4.① 5.③ 6.④

07 다음 중 한글 Windows 10에서 마우스의 끌어놓기(Drag & Drop)에 대한 설명으로 옳지 않은 것은?

① 같은 드라이브에서 파일을 Ctrl을 누른 채 다른 폴더로 끌어서 놓으면 복사가 된다.
② D 드라이브에서 파일을 C 드라이브로 끌어서 놓으면 복사가 된다.
③ 같은 드라이브에서 파일을 다른 폴더로 끌어서 놓으면 이동이 된다.
④ USB 드라이브에서 파일을 C 드라이브로 끌어서 놓으면 이동이 된다.

> 전문가의 조언 | • USB 드라이브에서 파일을 C 드라이브로 끌어서 놓으면 복사가 됩니다.
> • 파일을 이동시키려면 Shift를 누른 채 끌어서 놓아야 합니다.

08 다음 중 인터넷 상의 보안을 위협하는 행위에 대한 설명으로 옳지 않은 것은?

① 크래킹(Cracking)은 인터넷을 통한 서비스를 정상적으로 사용하지 못하도록 하는 것으로, 시스템을 파괴하지는 않지만 사용자에게 불편함을 준다.
② 해킹(Hacking)은 사용 권한이 없는 사람이 시스템에 침입하여 정보를 수정하거나 빼내는 행위이다.
③ 피싱(Phishing)은 거짓 메일을 발송하여 특정 금융기관 등의 가짜 웹 사이트로 유인한 후 관련 금융 기관의 정보 등을 빼내는 기법이다.
④ 혹스(Hoax)는 실제로는 악성코드로 행동하지 않으면서 겉으로는 악성코드인 것처럼 가장하여 행동하는 소프트웨어이다.

> 전문가의 조언 | 크래킹(Cracking)은 어떤 목적을 가지고 타인의 시스템에 불법으로 침입하여 정보를 파괴하거나 정보의 내용을 자신의 이익에 맞게 변경하는 행위를 의미합니다.

09 다음 중 인터넷 주소 체계에서 IPv6에 대한 설명으로 옳지 않은 것은?

① 16비트씩 8부분으로 구성되며 각 부분은 점(.)으로 구분된다.
② 각 부분은 4자리의 16진수로 표현하며 앞자리의 0은 생략할 수 있다.
③ IPv4에 비해 등급별, 서비스별로 패킷을 구분할 수 있어 품질보장이 용이하다.
④ 유니캐스트, 애니캐스트, 멀티캐스트 형태의 유형으로 할당하기 때문에 할당된 주소의 낭비 요인을 줄이고 간단하게 주소를 결정할 수 있다.

> 전문가의 조언 | IPv6은 16비트씩 8부분으로 구성되며 각 부분은 콜론(:)으로 구분됩니다.

10 다음 중 레지스터(Register)에 대한 설명 중 옳지 않은 것은?

① 레지스터는 CPU 내부에서 처리할 명령이나 연산 결과 값을 일시적으로 저장하는 기억장치이다.
② 전원공급이 없어도 저장 내용이 계속 유지된다.
③ 구조는 플립플롭(Flip-Flop)이나 래치(Latch)를 직렬 또는 병렬로 연결한다.
④ 레지스터는 메모리 중에서 가장 속도가 빠르다.

> 전문가의 조언 | 레지스터는 전원이 공급되지 않으면 저장된 내용이 지워집니다.

11 다음 중 컴퓨터 운영체제의 성능 평가 기준에 해당하지 않는 것은?

① 중앙처리장치의 사용 정도를 측정하는 사용 가능도(Availability)
② 주어진 문제를 정확하게 해결하는 정도를 의미하는 신뢰도(Reliability)
③ 일정 시간 내에 시스템이 처리하는 양을 의미하는 처리 능력(Throughput)
④ 작업을 의뢰한 시간부터 처리가 완료된 시간까지의 반환 시간(Turn Around Time)

> 전문가의 조언 | 사용 가능도(Availability)는 시스템을 사용할 필요가 있을 때 즉시 사용 가능한 정도를 의미합니다.

12 다음 중 컴퓨터에서 사용하는 가상 메모리에 관한 설명으로 옳은 것은?

① 중앙처리장치와 주기억장치 사이에 위치하여 컴퓨터의 처리 속도를 향상시키는 역할을 한다.
② 보조기억장치의 일부를 주기억장치처럼 사용하는 메모리 사용 기법으로, 주기억장치보다 큰 프로그램을 로드하여 실행할 경우에 유용하다.
③ CPU가 데이터를 처리하는 동안 미리 CPU가 필요로 하는 데이터를 저장해 두는 기억장치이다.
④ 디스크와 같은 보조기억장치의 기억 공간을 가상으로 확장하는 기억장치이다.

> 전문가의 조언 | 가상 메모리는 보조기억장치의 일부를 주기억장치처럼 사용하는 메모리 기법입니다.

13 다음 중 휴지통의 속성 대화상자에서 설정할 수 없는 것은?

① 각 드라이브마다 휴지통의 크기를 MB 단위로 다르게 설정할 수 있다.
② 파일을 삭제할 때 휴지통을 거치지 않고 바로 삭제하도록 설정할 수 있다.
③ 파일을 삭제할 때마다 확인 대화상자가 표시되도록 설정할 수 있다.
④ 휴지통에 지정된 최대 크기를 초과하면 자동으로 휴지통 비우기를 실행하도록 설정할 수 있다.

> 전문가의 조언 | 휴지통 설정 대화상자에서 휴지통을 자동으로 비우는 기능은 제공하지 않습니다.

14 다음 중 핀테크(FinTech)의 활용 분야에 대한 설명으로 옳지 않은 것은?

① 네트워크 등을 통해 다수의 개인으로부터 자금을 모으는 크라우드 펀딩(Crowd funding)
② 알고리즘이나 빅 데이터 등을 분석하여 고객에게 투자 자문을 수행하는 로보 어드바이저(Robo Advisor)
③ 비트코인, 이더리움 등의 가상화폐의 암호화를 위한 데이터 분산 처리
④ 사용자의 편의성에 맞춘 송금 및 간편 결제 기능

> 전문가의 조언 | ③번은 블록체인(Block Chain)에 대한 설명입니다.

15 프로그램을 실행하는 도중에 예기치 않은 상황이 발생할 경우 현재 실행중인 작업을 일시 중단하고, 발생된 상황을 우선 처리한 후 실행중이던 작업으로 복귀하여 계속 처리하는 것을 의미하는 용어는?

① 채널　　　　② 인터럽트
③ DMA　　　　④ 레지스터

> 전문가의 조언 | 문제에 제시된 내용은 인터럽트(Interrupt)에 대한 설명입니다.
> • **채널(Channel)** : 주변장치에 대한 제어 권한을 CPU(중앙처리장치)로부터 넘겨받아 CPU 대신 입·출력을 관리하는 것으로, 중앙처리장치와 입·출력장치 사이의 속도 차이로 인한 문제점을 해결하기 위해 사용됨
> • **DMA(Direct Memory Access)** : CPU의 참여 없이 입·출력장치와 메모리(주기억장치)가 직접 데이터를 주고받는 것
> • **레지스터(Register)** : CPU 내부에서 처리할 명령어나 연산의 중간 결과값 등을 일시적으로 기억하는 임시 기억장소

16 다음 중 컴퓨터에서 사용하는 그래픽 파일의 형식에 관한 설명으로 옳지 않은 것은?

① JPEG는 손실 압축 기법과 무손실 압축 기법을 사용하며, 사용자가 임의로 압축률을 지정할 수 있다.
② BMP는 Windows에서 기본적으로 지원하는 포맷으로 압축을 사용하여 파일의 크기가 작다.
③ GIF는 인터넷 표준 그래픽 형식으로, 무손실 압축 기법을 사용하여 선명한 화질을 제공한다.
④ PNG는 트루 컬러의 지원과 투명색 지정이 가능하다.

> 전문가의 조언 | Windows의 표준 비트맵 파일 형식으로, 압축을 하지 않으므로 파일의 크기가 큽니다.

17 다음 중 컴퓨터 보안 기법의 하나인 방화벽에 관한 설명으로 옳지 않은 것은?

① 전자 메일 바이러스나 온라인 피싱 등을 방지할 수 있다.
② 해킹 등에 의한 외부로의 정보 유출을 막기 위해 사용하는 보안 기법이다.
③ 외부 침입자의 역추적 기능이 있다.
④ 내부의 불법 해킹은 막지 못한다.

> 전문가의 조언 | 방화벽은 전자 메일 바이러스나 온라인 피싱 등을 방지할 수 없습니다.

18 다음 중 태블릿 설정에 대한 설명으로 옳은 것은?

① 로그인 시 '소프트웨어에 적절한 모드 사용'을 설정할 수 있다.
② 태블릿 설정 모드에는 '태블릿 모드로 전환 안 함'과 '항상 태블릿 모드로 전환' 두 가지가 있다.
③ 태블릿 모드를 지정하면 앱 실행 시 전체 화면으로 표시되고, 작업 표시줄과 바탕 화면 아이콘이 축소된다.
④ 태블릿 모드를 설정해도 키보드와 마우스를 사용할 수 있다.

> 전문가의 조언 | 태블릿 모드를 설정해도 키보드와 마우스를 사용할 수 있습니다.
> ① 로그인 시 '하드웨어에 적절한 모드 사용'을 설정할 수 있습니다.
> ② 태블릿 설정 모드에는 '태블릿 모드로 전환 안 함', '항상 태블릿 모드로 전환', '모드를 전환하기 전에 확인'이 있습니다.
> ③ 태블릿 모드를 지정해도 작업 표시줄은 축소되지 않습니다. 작업 표시줄을 축소하려면 '추가 태블릿 설정 변경' 항목에서 '작업 표시줄 자동 숨기기'를 지정해야 합니다.

정답 13.④ 14.③ 15.② 16.② 17.① 18.④

19 다음 중 프로그래밍 기법에 대한 설명으로 옳지 않은 것은?

① 객체지향 프로그래밍은 객체를 중심으로 한 기법으로, 소프트웨어의 재사용과 유지보수가 용이하다.
② 구조적 프로그래밍은 지정된 문법 규칙에 따라 일련의 처리 절차를 순서대로 기술해 나가는 기법이다.
③ 비주얼 프로그래밍은 Windows의 GUI 환경에서 아이콘과 마우스를 이용하여 대화형으로 좀 더 쉽게 프로그래밍할 수 있다.
④ 하향식 프로그래밍은 프로그램 구조의 상위 모듈에서 하위 모듈로 작성하는 기법이다.

> 전문가의 조언 | • 구조적 프로그래밍은 입력과 출력이 각각 하나씩 이루어진 구조로, GOTO문을 사용하지 않으며, 순서, 선택, 반복의 3가지 논리 구조를 사용하는 기법입니다.
> • ②번은 절차적 프로그래밍에 대한 설명입니다.

20 다음 중 3D 프린터에 관한 설명으로 옳지 않은 것은?

① 입력한 도면을 바탕으로 3차원 입체 물품을 만들어 내는 프린터이다.
② 인쇄 원리는 잉크젯 프린터의 인쇄 원리와 같다.
③ 출력 단위로는 IPM, PPM 등이 사용된다.
④ 기계, 건축, 예술, 의료 분야 등에서 활용되고 있다.

> 전문가의 조언 | • 3D 프린터의 출력 단위는 MMS(MilliMeters per Second)입니다.
> • IPM(Images Per Minute)과 PPM(Pages Per Minute)은 잉크젯 및 레이저 프린터의 출력 단위입니다.

2과목 스프레드시트 일반

21 다음 시트에서 [D2], [D3], [D5] 셀에는 '간단한 날짜' 표시 형식을, [D4] 셀에는 '일반' 표시 형식을 지정한 후 각 셀에 수식을 입력했을 때의 결과 값으로 옳지 않은 것은?

	A	B	C	D
1				
2		2025-01-01(수)		
3		2025-01-02(목)		
4		2025-01-03(금)		
5		2025-01-04(토)		
6		2025-01-05(일)		
7		2025-01-06(월)		
8		2025-01-07(화)		
9		2025-01-08(수)		
10		2025-01-09(목)		
11		2025-01-10(금)		
12				

① [D2] 셀 : =EDATE(B11, 5) → 2025-06-10
② [D3] 셀 : =EOMONTH(B2, -5) → 2024-08-31
③ [D5] 셀 : =WORKDAY(B4, 5) → 2025-01-08
④ [D4] 셀 : =NETWORKDAYS(B2, B11) → 8

> 전문가의 조언 | ③번 수식의 결과 값은 '2025-01-10'입니다.
> ① =EDATE(B11, 5) : 2025-01-10의 5개월 후인 2025-06-10을 반환합니다.
> ② =EOMONTH(B2, -5) : 2025-01-01의 5개월 이전 달 마지막 날짜인 2024-08-31을 반환합니다.
> ③ =WORKDAY(B4, 5) : 2025-01-03부터 주말(토, 일)을 제외하고 5일이 지난 2025-01-10을 반환합니다.
> ④ =NETWORKDAYS(B2, B11) : 두 날짜 사이의 작업 일수인 10에서 주말(토, 일)을 뺀 8을 반환합니다.

22 다음 중 아래 그림과 같이 기간과 이율의 변화에 따른 월 불입액을 계산하려고 한다. 이때 실행하여야 할 작업 내용에 대한 설명으로 옳지 않은 것은? (월불입액 계산 수식은 '=PMT(B3/12, B2*12, -B4)'임)

	A	B	C	D	E	F
1						
2	기간	5				
3	이율	3%				
4	대출금액	₩10,000,000				
5	월불입액	₩179,687				
6				기간		
7			₩179,687	3	4	5
8		이율	2%	₩ 286,426	₩ 216,951	₩ 175,278
9			3%	₩ 290,812	₩ 221,343	₩ 179,687
10			4%	₩ 295,240	₩ 225,791	₩ 184,165
11			5%	₩ 299,709	₩ 230,293	₩ 188,712
12						

① '데이터 표'를 실행하여 계산된 [D8:F11] 영역의 값은 자동으로 수정되지 않으므로 입력값이 변경되면 [새로 고침]을 해야 한다.
② [C7] 셀에 "=B5"를 입력하고 [C7:F11] 영역을 범위로 지정한 상태에서 '데이터 표'를 실행한다.
③ '데이터 테이블' 대화상자에서 '행 입력 셀'은 [B2] 셀, '열 입력 셀'은 [B3] 셀로 지정한 후 〈확인〉을 클릭한다.
④ 자동으로 결과가 구해진 셀을 하나 선택해서 살펴보면 '{=TABLE(B2,B3)}'과 같은 배열 수식이 들어 있다.

> 전문가의 조언 | '데이터 표'를 실행하여 계산된 영역의 값은 입력값이 변경되면 자동으로 수정됩니다.

23. 다음 워크시트에서 차트 제목을 [A1] 셀의 텍스트와 연결하여 표시하고자 할 때, 차트 제목이 선택된 상태에서 수식 입력줄에 입력할 내용은?

① ='Sheet1'!$A$1
② =Sheet1!$A$1
③ ='$A$1'
④ =$A$1

전문가의 조언 | 차트 제목을 선택한 후 수식 입력줄에 =을 입력하고 특정 셀을 클릭하면 수식 입력줄에 =시트이름!셀주소로 표시됩니다.

24. 다음 엑셀 목록을 이용하여 피벗 테이블을 작성하였다. 다음 완성된 피벗 테이블에 대한 설명으로 옳지 않은 것은?

	A	B	C	D
1	판매일자	분류	품목	가격
2	2024-01-04	상의	블라우스	620,000
3	2024-07-14	모자	비니모자	814,000
4	2024-07-19	상의	면바지	794,000
5	2024-05-08	상의	청바지	750,000

	A	B	C	D	E
1					
2	평균 : 가격		분류		
3	분기	판매일자	모자	상의	총합계
4	1사분기	1월		620,000	620,000
5		3월		926,000	926,000
6	2사분기	4월		786,000	786,000
7		5월		848,500	848,500
8	3사분기	7월	851,000	794,000	832,000
9		8월	706,000		706,000
10		9월	761,000		761,000
11	4사분기	10월		481,000	481,000
12		11월		833,000	833,000
13		12월	632,000	702,750	688,600
14	총합계		760,200	745,667	749,941

① '판매일자'를 이용하여 분기별, 월별 그룹을 설정하였다.
② 보고서 레이아웃을 개요 형식으로 표시하였다.
③ 필드 머리글을 표시하였다.
④ 피벗 테이블 옵션의 '레이블이 있는 셀 병합 및 가운데 맞춤'을 설정하였다.

전문가의 조언 | • 문제에 제시된 피벗 테이블은 테이블 형식으로 작성되었습니다.
• 개요 형식으로 작성하면 다음과 같습니다.

	A	B	C	D	E
1					
2	평균 : 가격		분류		
3	분기	판매일자	모자	상의	총합계
4	1사분기				
5		1월		620,000	620,000
6		3월		926,000	926,000
7	2사분기				
8		4월		786,000	786,000
9		5월		848,500	848,500
10	3사분기				
11		7월	851,000	794,000	832,000
12		8월	706,000		706,000
13		9월	761,000		761,000
14	4사분기				
15		10월		481,000	481,000
16		11월		833,000	833,000
17		12월	632,000	702,750	688,600
18	총합계		760,200	745,667	749,941

25. 다음 중 아래 [시나리오 관리자] 대화상자의 각 버튼에 대한 설명으로 옳지 않은 것은?

① 표시 : 선택한 시나리오에 대해 결과를 표시한다.
② 편집 : 선택한 시나리오를 변경한다.
③ 병합 : '시나리오 관리자'에 표시된 시나리오를 병합한다.
④ 요약 : 시나리오에 대한 요약 보고서나 피벗 테이블을 작성한다.

전문가의 조언 | '병합'은 다른 통합 문서나 워크시트에 저장된 시나리오를 가져와 통합하여 요약할 때 사용하는 기능입니다.

26. 다음의 [부분합] 실행 결과에 대한 설명으로 옳지 않은 것은?

① 정렬할 데이터는 부서를 기준으로 정렬되어 있어야 한다.
② 이미 부분합이 설정되어 있는 경우에는 기존의 부분합 계산 항목은 모두 삭제된다.
③ 인쇄시 부서별로 다른 페이지에 인쇄된다.
④ 평균 아래에 그룹 데이터가 표시된다.

> 전문가의 조언 | '데이터 아래에 요약 표시'를 선택하면 그룹 데이터의 아래에 합계나 평균 등의 요약이 표시됩니다.

27. 아래 워크시트에서 단가표[A10:D13]를 이용하여 단가[C2:C7]를 배열 수식으로 계산하고자 한다. 다음 중 [C2] 셀에 입력된 수식으로 옳은 것은?

	A	B	C	D
1	제품명	수량	단가	
2	허브차	35	2,500	
3	녹차	90	4,000	
4	허브차	15	3,000	
5	녹차	20	3,000	
6	허브차	80	3,000	
7	허브차	90	3,000	
8				
9	<단가표>			
10	제품명	0	30	50
11		29	49	
12	허브차	3,000	2,500	3,000
13	녹차	3,000	3,500	4,000
14				

① {=INDEX($B$12:$D$13, MATCH(A2, $A$12:$A$13, 0), MATCH(B2, $B$10:$D$10, 1))}
② {=INDEX($B$12:$D$13, MATCH(A2, $A$12:$A$13, 1), MATCH(B2, $B$10:$D$10, 0))}
③ {=INDEX(MATCH(A2, $A$12:$A$13, 0), MATCH(B2, $B$10:$D$10, 1), $B$12:$D$13)}
④ {=INDEX(MATCH(A2, $A$12:$A$13, 1), MATCH(B2, $B$10:$D$10, 0), $B$12:$D$13)}

> 전문가의 조언 | 단가표를 이용하여 단가를 구하는 배열 수식으로 옳은 것은 ①번입니다.
> {=INDEX($B$12:$D$13, MATCH(A2, $A$12:$A$13, 0), MATCH(B2, $B$10:$D$10, 1))}
> ❶ MATCH(A2, $A$12:$A$13, 0) : [A12:A13] 영역에서 [A2] 셀, 즉 "허브차"와 동일한 값을 찾은 후 상대 위치를 표시하면 결과는 1입니다.
> – MATCH(찾을값, 범위, 옵션) 함수에서 옵션을 0으로 지정하면 찾을값과 정확히 일치하는 값을 찾습니다.
> – 여러 셀에 결과를 구해야 하므로 범위는 절대 참조로 지정해야 합니다.
> ❷ MATCH(B2, $B$10:$D$10, 1) : [B10:D10] 영역에서 [B2] 셀, 즉 35보다 작거나 같은 값 중에서 가장 근접한 값(30)을 찾은 후 상대 위치를 표시하면 결과값은 2입니다.
> ❸ =INDEX($B$12:$D$13, ❶, ❷) → =INDEX($B$12:$D$13, 1, 2)) : [B12:D13] 영역에서 1행 2열 즉, [C12] 셀의 값 2500을 반환합니다.

28. 아래 워크시트에서 성취도[C2:C6]는 성취율[B2:B6]을 10%로 나눈 값만큼 표시한 것으로, 성취율이 70%를 초과하면 "■"를, 그 외는 "□"을 반복하여 표시하였다. 다음 중 이를 위한 수식으로 옳은 것은?

	A	B	C
1	성명	성취율	성취도
2	김양호	98%	■■■■■■■■■
3	이숙경	75%	■■■■■■■
4	양미진	65%	□□□□□□
5	이형도	85%	■■■■■■■■
6	김인경	50%	□□□□□
7			

① =REPLACE(QUOTIENT(B2, 10%), IF(B2>70%, "■", "□"))
② =REPT(QUOTIENT(B2, 10%), IF(B2>70%, "■", "□"))
③ =REPLACE(IF(B2>70%, "■", "□"), QUOTIENT(B2, 10%))
④ =REPT(IF(B2>70%, "■", "□"), QUOTIENT(B2, 10%))

> 전문가의 조언 | 성취도를 구하는 수식으로 옳은 것은 ④번입니다.
> =REPT(IF(B2>70%, "■", "□"), QUOTIENT(B2, 10%))
> ❶ IF(B2>70%, "■", "□") : [B2] 셀의 값 98%는 70%보다 크므로 "■"를 반환합니다.
> ❷ QUOTIENT(B2, 10%) : [B2] 셀의 값 98%를 10%로 나눈 값 9를 반환합니다.
> ❸ =REPT(❶, ❷) → =REPT("■", 9) : "■"를 9번 반복하여 표시합니다.

정답 26.④ 27.① 28.④

29 다음 중 김철수의 성적표에서 컴퓨터 과목들의 점수 변경에 따른 평균 점수의 변화를 한 번의 연산으로 빠르게 계산할 수 있는 도구는?

① 데이터 표
② 목표값 찾기
③ 시나리오
④ 피벗 테이블

> 전문가의 조언 | 특정값들(컴퓨터 과목들의 점수)의 변화에 따른 결과값(평균 점수)의 변화 과정을 한 번의 연산으로 빠르게 계산할 수 있는 도구는 데이터 표입니다.
> - 목표값 찾기 : 수식에서 원하는 결과(목표)값은 알고 있지만 그 결과값을 계산하기 위해 필요한 입력값을 모를 경우에 사용하는 도구
> - 시나리오 : 다양한 상황과 변수에 따른 여러 가지 결과값의 변화를 가상의 상황을 통해 예측하여 분석하는 도구
> - 피벗 테이블 : 많은 양의 데이터를 한눈에 쉽게 파악할 수 있도록 요약 · 분석하여 보여주는 도구

30 다음 중 데이터 통합에 대한 설명으로 옳지 않은 것은?

① 데이터 통합은 여러 셀 범위를 통합하여 합계, 평균, 최대, 최소, 표준 편차 등을 계산할 수 있는 기능이다.
② 행 레이블이나 열 레이블을 기준으로 통합할 때는 '첫 행'이나 '왼쪽 열'을 선택한다.
③ 참조 영역이 잘못되었을 때는 삭제하고 다시 지정한다.
④ 통합 영역의 데이터 변경 시 원본 영역의 데이터도 자동으로 변경되게 하려면 '원본 데이터에 연결'을 선택한다.

> 전문가의 조언 | '통합' 대화상자의 '원본 데이터에 연결'은 원본 데이터가 변경될 경우 통합된 데이터에도 반영되는 것을 의미합니다.

31 다음은 [C3] 셀부터 [F3] 셀의 평균을 [G3] 셀에, 최대값을 [H3] 셀에 계산한 후 [G3:H3] 영역을 블록으로 지정하고 채우기 핸들을 [G10:H10] 영역까지 드래그하여 계산하는 매크로이다. 다음 중 괄호( ) 안에 해당하는 값으로 틀린 것은?

```
Sub 매크로1( )
    Range("G3").Select
    Selection.FormulaR1C1 = "( ⓐ )"
    Range("H3").Select
    Selection.FormulaR1C1 = "( ⓑ )"
    Range("G3:H3").Select
    Selection.( ⓒ ) :( ⓓ ), Type:=xlFillDefault
    Range("G3:H10").Select
End Sub
```

① ⓑ =MAX(RC[-5]:RC[-2])
② ⓐ =AVERAGE(RC[-4]:RC[-1])
③ ⓓ =Range("G3:H10")
④ ⓒ Auto Destination

> 전문가의 조언 | 괄호 안에 해당하는 값으로 틀린 것은 ④번으로, 자동 채우기를 실행하는 메서드는 Auto가 아니라 AutoFill입니다. 문제의 매크로 코드를 설명하면 다음과 같습니다.
>
> Sub 매크로1( )
> ❶ Range("G3").Select
> ❷ Selection.FormulaR1C1 = "=AVERAGE(RC[-4]:RC[-1])"
> ❸ Range("H3").Select
> ❹ Selection.FormulaR1C1 = "=MAX(RC[-5]:RC[-2])"
> ❺ Range("G3:H3").Select
> ❻ Selection.AutoFill Destination:=Range("G3:H10"), Type:=xlFillDefault
> ❼ Range("G3:H10").Select
> End Sub
>
> ❶ [G3] 셀을 선택합니다.
> ❷ 현재 셀에 '=AVERAGE(RC[-4]:RC[-1])', 즉 =AVERAGE(C3:F3)을 입력합니다.
>   ※ FormulaR1C1 : R1C1 형식의 수식 입력하기
> ❸ [H3] 셀을 선택합니다.
> ❹ 현재 셀에 '=MAX(RC[-5]:RC[-2])', 즉 =MAX(C3:F3)을 입력합니다.
> ❺ [G3:H3] 영역을 선택합니다.
> ❻ 현재 셀의 채우기 핸들을 드래그하여 [G3:H10] 영역을 자동 채우기합니다.
>   ※ AutoFill : 자동 채우기
> ❼ [G3:H10] 영역을 선택합니다.

32 다음 중 [데이터 가져오기 및 변환] 기능을 이용하여 Access 파일을 불러오는 경우에 대한 설명으로 옳지 않은 것은?

① 가져온 데이터를 피벗 차트나 피벗 테이블 보고서로 표시할 수 있다.
② 가져온 데이터는 기본적으로 기존 워크시트에 표시된다.
③ 가져온 데이터를 표 형태로 표시할 수 있다.
④ 워크시트의 다른 작업이나 파일을 열 때 새로 고침이 실행되도록 설정할 수 있다.

> 전문가의 조언 | 가져온 데이터는 기본적으로 새 워크시트에 표시됩니다.

33 다음 중 엑셀 차트의 추세선에 관한 설명으로 옳지 않은 것은?

① 추세선은 지수, 선형, 로그, 다항식, 거듭제곱, 이동 평균 등 6가지의 종류가 있다.
② 3차원, 방사형, 원형, 도넛형, 표면형 차트에는 추세선을 사용할 수 없다.
③ 추세선에 사용된 수식을 추세선과 함께 나타나게 할 수 있다.
④ 하나의 데이터 계열에 두 개 이상의 추세선을 동시에 표시할 수는 없다.

> 전문가의 조언 | 하나의 데이터 계열에 두 개 이상의 추세선을 동시에 사용할 수도 있습니다.

정답 29.① 30.④ 31.④ 32.② 33.④

34 다음 중 아래 차트에 대한 설명으로 옳지 않은 것은?

① [데이터 계열 서식] 대화상자에서 '계열 겹치기' 값이 0보다 작게 설정되었다.
② 'A상표' 계열에 선형 추세선이 추가되었고, 'C상표' 계열에는 데이터 레이블이 추가되었다.
③ 세로(값) 축의 기본 단위는 20이고, 최소값과 최대값은 각각 20과 100으로 설정되었다.
④ 기본 세로 축 제목은 '모든 텍스트 270도 회전'으로 "비타민 함유량"이 입력되었다.

> 전문가의 조언 | • 문제에 제시된 차트는 '계열 겹치기' 값이 0으로 설정되었습니다.
> • '계열 겹치기' 값이 0보다 작으면 다음과 같이 계열 간 간격이 떨어져서 표시됩니다.
>
>
>
> [계열 겹치기 : -50%]

35 다음 중 사용자 지정 표시 형식에 대한 설명으로 틀린 것은?

① 양수, 음수, 0, 텍스트 순으로 한 번에 네 가지의 표시 형식을 지정할 수 있다.
② 입력한 데이터가 지정한 소수점 오른쪽의 자리 표시자보다 더 긴 경우 자리 표시자 만큼 소수 자릿수로 내림된다.
③ 각 섹션에 대한 색은 섹션의 맨 앞에 8개의 색 중 하나를 대괄호로 묶어 입력해야 한다.
④ 두 개의 섹션만을 지정하면 첫 번째 섹션은 양수 또는 0, 두 번째 섹션은 음수에 대한 표시 형식이 적용된다.

> 전문가의 조언 | 소수점 오른쪽의 자리 표시자 보다 더 긴 소수점 이하의 숫자가 셀에 입력될 경우 자리 표시자만큼 소수 자릿수로 내림이 아니라 반올림됩니다.
> 예 5.67이 입력된 셀에 사용자 지정 표시 형식을 0.0으로 지정하면 반올림되어 5.7이 표시됩니다.

36 다음 중 A열의 글꼴 서식을 '굵게'로 설정하는 매크로로 옳지 않은 것은?

① Range("A:A").Font.Bold = True
② Columns(1).Font.Bold = True
③ Range("1:1").Font.Bold = True
④ Columns("A").Font.Bold = True

> 전문가의 조언 | 글꼴 서식을 '굵게'로 설정하는 매크로로 옳지 않은 것은 ③번입니다.
> • Range는 워크시트의 셀이나 셀 범위를 선택하는 속성으로 'Range("A:A")'는 A열 전체를, 'Range("1:1")'은 1행 전체를 의미합니다.
> • Columns는 워크시트의 열을 선택하는 속성으로 'Columns(1)' 또는 'Columns("A")'는 A열 전체를 의미합니다.

37 다음 중 셀에 수식을 입력하는 방법에 대한 설명으로 옳지 않은 것은?

① 배열 상수에는 숫자나 텍스트 외에 'TRUE', 'FALSE' 등의 논리값 또는 '#N/A'와 같은 오류 값도 포함될 수 있다.
② 계산할 셀 범위를 선택하여 수식을 입력한 후 Ctrl + Enter를 누르면 선택한 영역에 수식을 한 번에 채울 수 있다.
③ 수식을 입력한 후 결과값이 수식이 아닌 상수로 입력되게 하려면 수식을 입력한 후 바로 Alt + F9를 누른다.
④ 수식에서 통합 문서의 여러 워크시트에 있는 동일한 셀 범위 데이터를 이용하려면 3차원 참조를 사용한다.

> 전문가의 조언 | 수식을 입력한 후 결과값이 수식이 아닌 상수로 입력되게 하려면 수식을 입력한 후 F9를 눌러야 합니다.

38 다음 중 통합 문서에 대한 설명으로 옳지 않은 것은?

① 시트 보호는 통합 문서 전체가 아닌 특정 시트만을 보호한다.
② 공유된 통합 문서는 여러 사용자가 동시에 변경 및 병합할 수 있다.
③ 통합 문서 보호 설정 시 암호를 지정하면 워크시트에 입력된 내용을 수정할 수 없다.
④ 사용자가 워크시트를 추가, 삭제하거나 숨겨진 워크시트를 표시하지 못하도록 통합 문서의 구조를 잠글 수 있다.

> 전문가의 조언 | 통합 문서 보호 설정 시 지정된 암호는 통합 문서 보호를 해제할 때 필요한 것으로, 통합 문서 보호 상태에서는 암호 지정 여부에 상관없이 워크시트에 데이터를 입력하거나 수정할 수 있습니다.

정답 34.① 35.② 36.③ 37.③ 38.③

39 다음 중 매크로 기록과 실행에 관련된 항목들의 설명으로 옳지 않은 것은?

① 매크로 기록 기능을 이용할 때 기본 저장 위치는 '현재 통합 문서'가 된다.
② [Alt]와 영문 문자를 조합하여 해당 매크로의 바로 가기 키를 지정할 수 있다.
③ 매크로 기록 기능을 통해 작성된 매크로는 'VBA 편집기'에서 실행할 수 있다.
④ 엑셀을 사용할 때마다 매크로를 사용할 수 있게 하려면 매크로 저장 위치를 '개인용 매크로 통합 문서'를 선택한다.

전문가의 조언 | 매크로의 바로 가기 키는 기본적으로 [Ctrl]과 영문자를 조합하여 지정할 수 있습니다.

40 다음 중 [인쇄 미리 보기 및 인쇄]에 관한 설명으로 옳지 않은 것은?

① [인쇄 미리 보기 및 인쇄] 화면에서 '여백 표시'를 선택한 경우 마우스로 여백을 변경할 수 있다.
② [인쇄 미리 보기 및 인쇄] 화면을 표시하는 바로 가기 키는 [Ctrl]+[F2]이다.
③ [인쇄 미리 보기 및 인쇄] 화면에서 인쇄 영역을 다시 설정할 수 있다.
④ 인쇄될 내용이 없는 상태에서 [인쇄 미리 보기 및 인쇄] 화면을 실행하면 인쇄할 내용이 없다는 메시지가 표시된다.

전문가의 조언 | [인쇄 미리 보기 및 인쇄] 화면에서는 지정된 인쇄 영역으로 인쇄 작업을 수행할 수는 있지만 인쇄 영역을 다시 설정할 수는 없습니다.

3과목 데이터베이스 일반

41 다음 중 VBA에서 변수를 선언하지 않고 사용할 경우 에러를 발생시키기 위한 예약어는?

① Dim
② Option Explicit
③ Function
④ Sub

전문가의 조언 | 변수를 선언하지 않고 사용할 경우 에러를 발생시키기 위해 사용하는 예약어는 Option Explicit로, 변수 선언 전에 기술합니다.

42 다음 중 테이블 인쇄와 관련된 설명으로 옳지 않은 것은?

① [인쇄] 대화상자에서 '선택한 레코드'를 선택하면 데이터시트 보기 상태에서 선택한 레코드만 인쇄할 수 있다.
② [페이지 설정] 대화상자에서 인쇄할 열의 개수와 레코드의 개수를 선택할 수 있다.
③ [인쇄] 대화상자에서 인쇄 매수를 2 이상으로 설정하면 '한 부씩 인쇄' 항목이 활성화된다.
④ [페이지 설정] 대화상자에서 '머리글 인쇄'를 선택하면 테이블 이름, 날짜, 페이지 번호를 포함하여 인쇄할 수 있다.

전문가의 조언 | 테이블에 대한 '페이지 설정' 대화상자에서는 인쇄할 열이나 레코드의 개수를 지정할 수 없습니다.

43 다음 중 데이터 형식에 대한 설명으로 옳지 않은 것은?

① 숫자 데이터에 소수 자리가 포함된 경우 필드 크기를 실수(Single)나 실수(Double)로 설정한다.
② 짧은 텍스트 형식은 최대 255자까지만 입력이 가능하므로 더 큰 자료를 입력해야 하는 경우 긴 텍스트 형식을 사용한다.
③ 만약의 경우를 대비하기 위해 데이터 형식은 가장 큰 데이터 형식으로 지정하는 것이 좋다.
④ 테이블에 데이터가 입력된 후에는 필드에 추가로 중복된 데이터가 입력되지 않았더라도 필드의 형식을 '일련 번호'로 지정할 수 없다.

전문가의 조언 | 데이터 형식에 따라 필드가 갖는 속성이 달라지므로, 입력될 데이터의 종류에 따라 알맞은 형식을 지정하는 것이 효과적입니다.

44 다음 중 보고서의 레이아웃 보기와 디자인 보기에 대한 설명으로 옳지 않은 것은?

① '디자인 보기'는 컨트롤 도구를 이용하여 보고서를 만들거나 수정할 수 있는 형태로, 실제 데이터는 표시되지 않는다.
② '레이아웃 보기'는 출력될 실제 데이터를 보면서 컨트롤의 크기 및 위치, 그룹 수준 및 합계를 변경하거나 추가할 수 있다.
③ '디자인 보기'가 '레이아웃 보기'보다 설정 가능한 속성이 더 많다.
④ [페이지 설정] 대화상자에서 열의 개수를 2로 지정하면 '레이아웃 보기' 상태에서 열이 표시된다.

전문가의 조언 | '페이지 설정' 대화상자의 [열] 탭에서 지정하는 값은 인쇄나 인쇄 미리 보기 상태에서 확인할 수 있는 내용으로, '레이아웃 보기' 상태에서는 확인할 수 없습니다.

정답 39.② 40.③ 41.② 42.② 43.③ 44.④

45 다음 중 날짜 함수를 적용한 결과가 다르게 표시되는 것은?

① =DateDiff("yyyy", "2025-3-1", "2028-3-1")
② =Day("2025-3-1")+2
③ =DatePart("m", "2025-3-1")
④ =DateAdd("m", 1, "2025-2-1")

> 전문가의 조언 | ④번을 적용하면, 2025-03-01이 표시됩니다.
> ① =DateDiff("yyyy", "2025-3-1", "2028-3-1") : 날짜1(2025-3-1)부터 날짜2(2028-3-1)까지 경과한 값을 형식(yyyy, 년)에 맞게 표시합니다.
> → 3
> ② =Day("2025-3-1")+2 : 지정된 날짜(2025-3-1)에서 일(1)을 추출한 후 2를 더한 값을 표시합니다.
> → 3
> ③ =DatePart("m", "2025-3-1") : 지정된 날짜(2025-3-1)에서 형식(m, 월)에 제시된 값을 표시합니다.
> → 3
> ④ =DateAdd("m", 1, "2025-2-1") : 지정된 날짜(2025-2-1)로부터 지정된 값(1)만큼의 형식(m, 월)이 증가된 날짜를 표시합니다.
> → 2025-03-01

46 다음 중 데이터베이스 정규화에 대한 설명으로 가장 옳지 않은 것은?

① 정규화 수준이 높아질수록 데이터베이스의 성능이 향상된다.
② 추가, 갱신, 삭제 등 작업 시의 이상(Anomaly) 현상이 발생하지 않도록 하기 위한 것이다.
③ 정규화를 수행해도 데이터의 중복을 완전히 제거할 수 있는 것은 아니다.
④ 릴레이션의 속성들 사이의 종속성 개념에 기반을 두고 이러한 종속성을 제거하는 과정이라고 할 수 있다.

> 전문가의 조언 | 지나치게 높은 정규화는 테이블 간의 조인이 많이 발생하므로 데이터베이스의 성능이 저하될 수 있습니다.

47 다음 중 하위 폼에 관한 설명으로 가장 옳지 않은 것은?

① 기본 폼 안에 여러 개의 하위 폼을 배치할 수 있다.
② 기본 폼은 단일 폼과 연속 폼으로 표시할 수 있으나 하위 폼은 단일 폼으로만 표시할 수 있다.
③ 기본 폼과 하위 폼은 서로 연결이 되어 있는 경우, 하위 폼에는 기본 폼의 현재 레코드와 관련된 레코드만 저장된다.
④ 하위 폼을 사용하면 일대다 관계에 있는 테이블을 효과적으로 표시할 수 있다.

> 전문가의 조언 | 기본 폼과 하위 폼에서 기본 폼은 단일 폼 형식으로만, 하위 폼은 단일 폼, 연속 폼, 데이터시트 보기 등의 형식으로 표시할 수 있습니다.

48 다음 중 액세스의 보고서에 대한 설명으로 옳은 것은?

① 보고서의 레코드 원본으로 테이블, 쿼리, 엑셀과 같은 외부 데이터, 매크로 등을 지정할 수 있다.
② 보고서 머리글과 보고서 바닥글의 내용은 모든 페이지에 출력된다.
③ 보고서에서도 폼에서와 같이 이벤트 프로시저를 작성할 수 있다.
④ 컨트롤을 이용하지 않고도 보고서에 테이블의 데이터를 표시할 수 있다.

> 전문가의 조언 | 보고서에서도 폼에서와 같이 이벤트 프로시저를 작성할 수 있습니다.
> ① 보고서의 레코드 원본으로 테이블과 쿼리는 사용할 수 있으나 엑셀과 같은 외부 데이터나 매크로는 사용할 수 없습니다.
> ② 보고서 머리글은 보고서의 첫 페이지 상단에, 보고서 바닥글은 보고서의 맨 마지막 페이지에 한 번씩만 표시됩니다.
> ④ 보고서에 테이블의 데이터를 표시하려면, 반드시 컨트롤을 이용해야 합니다.

49 다음 중 보고서에 대한 설명으로 옳지 않은 것은?

① 디자인 보기 상태에서 업무 양식 보고서나 우편 레이블 보고서로 변경이 용이하다.
② 보고서에 포함할 필드가 모두 한 테이블에 있는 경우 해당 테이블을 레코드 원본으로 사용한다.
③ 둘 이상의 테이블을 이용하여 보고서를 작성하는 경우 쿼리를 만들어 레코드 원본으로 사용한다.
④ '보고서' 도구를 사용하면 정보를 입력하지 않아도 바로 보고서가 생성되므로 매우 쉽고 빠르게 보고서를 만들 수 있다.

> 전문가의 조언 | 쿼리는 디자인 보기 상태에서 쿼리 유형을 변경할 수 있지만 보고서는 디자인 보기 상태에서 보고서 유형을 변경할 수 없습니다. 보고서 유형을 변경하려면 원본 개체를 이용하여 보고서를 다시 만들어야 합니다.

50 다음 중 조인(Join)에 대한 설명으로 옳지 못한 것은?

① 두 개 이상의 테이블로부터 원하는 데이터를 검색하는 방법이다.
② 조인에 사용되는 기준 필드는 동일하거나 호환되는 데이터 형식을 가져야 한다.
③ 조인되는 두 테이블의 필드 수가 동일할 필요는 없다.
④ 관계가 설정되지 않은 두 테이블은 조인을 수행할 수 없다.

> 전문가의 조언 | 조인을 수행하려면 일반적으로 관계를 설정해야 하지만, 관계가 설정되지 않은 두 테이블도 조인을 수행할 수 있습니다.

51 다음 중 아래의 설명에 해당하는 폼을 작성하기에 가장 용이한 방법은?

> - 하나의 폼에서 폼 보기와 데이터시트 보기로 동시에 같은 데이터를 볼 수 있다.
> - 같은 데이터 원본에 연결되어 있으며 항상 상호 동기화된다.
> - 폼의 두 보기 중 하나에서 필드를 선택하면 다른 보기에서도 동일한 필드가 선택된다.

① 폼 도구
② 폼 디자인
③ 폼 분할
④ 여러 항목

전문가의 조언 | 문제의 지문에 제시된 폼을 작성하기에 가장 용이한 방법은 폼 분할 도구를 사용하는 것입니다.

52 다음 중 학생(학번, 이름, 학과) 테이블에 학과가 '경영학과', 학번이 300, 이름이 '김상공'인 학생의 정보를 추가하는 SQL문으로 올바른 것은?

① Insert Into 학생(학번, 이름, 학과) Values(300, '김상공', '경영학과');
② Insert 학생(학번, 이름, 학과) Values(300, '김상공', '경영학과');
③ Insert Into 학생(학번, 이름, 학과) Values(300, 김상공, 경영학과);
④ Insert 학생(학번, 이름, 학과) Values(300, 김상공, 경영학과);

전문가의 조언 | 문제에 제시된 조건에 맞는 SQL문은 ①번입니다. 절단위로 구분하여 질의문을 작성하면 쉽습니다.
- 〈학생〉 테이블에 학번, 이름, 학과를 삽입하므로 **Insert Into 학생(학번, 이름, 학과)**입니다.
- 삽입되는 속성과 값이 학번은 300, 이름은 '김상공', 학과는 '경영학과'이므로 **Value(300, '김상공', '경영학과')**입니다.
- ※ '김상공'이나 '경영학과'와 같이 텍스트 형식을 입력할 때는 작은따옴표(' ')나 큰따옴표(" ")로 묶어야 합니다. 그렇지 않으면 해당 값을 필드로 인식하여 매개 변수 대화상자를 표시합니다.

53 다음 보고서에 대한 설명으로 옳지 않은 것은?

① 음영으로 표시된 "거래처별보고서"는 페이지 머리글에 작성되었다.
② 거래처별로 그룹이 설정되었고 날짜를 기준으로 내림차순 정렬이 설정되었다.
③ '순번'은 컨트롤 원본에 "=1"이 입력되고 '누적 합계' 속성이 "그룹"으로 설정되었다.
④ 보고서 바닥글에 표시된 페이지 번호는 전체 페이지 번호와 현재 페이지 번호가 레이블을 이용하여 작성되었다.

전문가의 조언 | 페이지 번호는 페이지 바닥글에 텍스트 상자를 이용하여 작성되었습니다.

54 데이터베이스 암호 설정에 대한 설명으로 옳은 것은?

① 데이터베이스를 MDE 형식으로 저장한 후 파일을 열어야 파일 암호를 설정할 수 있다.
② [데이터베이스 압축 및 복구] 도구에서 파일 암호를 설정할 수 있다.
③ [Access 옵션] 창의 보안 센터에서 파일 암호를 설정할 수 있다.
④ 데이터베이스를 단독 사용 모드로 열어야 암호를 설정할 수 있다.

전문가의 조언 | 액세스 파일에 암호를 설정하거나 해제하려면 [파일] → [열기] → [찾아보기]를 선택한 후 '열기' 대화상자에서 파일을 선택하고 〈열기〉 단추 옆의 화살표를 클릭한 다음 [단독으로 열기]를 선택해야 합니다. 그런 다음 [파일] → [정보] → [데이터베이스 암호 설정]에서 지정하면 됩니다.

정답 51.③ 52.① 53.④ 54.④

55 〈회원관리〉 폼에서 '가입일'의 내용을 수정할 수 없도록 설정하는 방법으로 올바른 것은?

기관코드	기관명	담당내용	가입일
ZV5	은혜시각장애인요양	빨래도우미	2020-02-22
UV3	무지개복지관	청소도우미	2020-02-23
UV3	무지개복지관	목욕도우미	2020-02-24
UV3	무지개복지관	급식도우미	2020-03-22
UV3	무지개복지관	빨래도우미	2020-03-23
UV3	무지개복지관	청소도우미	2020-03-24

① '탭 정지' 속성을 '아니요'로 설정한다.
② '잠금' 속성을 '예'로 설정한다.
③ '표시' 속성을 '아니요'로 설정한다.
④ '사용 가능' 속성을 '아니요'로 설정한다.

> 전문가의 조언 | 내용을 수정할 수 없도록 하려면 '잠금' 속성을 "예"로 설정하면 됩니다.

56 다음 중 매크로 함수에 대한 설명으로 옳지 않은 것은?

① FindRecord : 조건에 맞는 모든 레코드를 검색한다.
② ApplyFilter : 테이블이나 쿼리로부터 레코드를 필터링한다.
③ OpenReport : 작성된 보고서를 호출하여 실행한다.
④ MessageBox : 메시지 상자를 통해 경고나 알림 등의 정보를 표시한다.

> 전문가의 조언 | FindRecord 함수는 현재 폼이나 데이터시트에서 지정한 조건에 맞는 첫 번째 레코드를 찾습니다.

57 정규화 과정 중 릴레이션에 속한 모든 도메인이 원자값(Atomic Value)만으로 되어 있는 릴레이션은 어떤 정규형의 릴레이션인가?

① 제1정규형   ② BCNF 정규형
③ 제2정규형   ④ 제3정규형

> 전문가의 조언 | 릴레이션에 속한 모든 도메인이 원자값(Atomic Value)만으로 되어 있는 릴레이션은 제1정규형의 릴레이션입니다.
> • 2NF(제2정규형) : 릴레이션 R이 1NF이고, 키가 아닌 모든 속성이 기본키에 대하여 완전 함수적 종속 관계를 만족함
> • 3NF(제3정규형) : 릴레이션 R이 2NF이고, 키가 아닌 모든 속성이 기본키에 대해 이행적 종속 관계를 이루지 않도록 제한한 릴레이션
> • BCNF(Boyce-Codd 정규형) : 릴레이션 R에서 결정자가 모두 후보키인 릴레이션

58 다음의 입력 마스크 설정에 따른 화면 표시 내용이 잘못된 것은?

① 입력 데이터 : 1234567
  입력 마스크 : (99)999-9999
  화면 표시 : (12)345-6700

② 입력 데이터 : a1b2
  입력 마스크 : >L0L0
  화면 표시 : A1B2

③ 입력 데이터 : 1234
  입력 마스크 : ####
  화면 표시 : 1234

④ 입력 데이터 : 123456789
  입력 마스크 : (00)000-0000
  화면 표시 : (12)345-6789

> 전문가의 조언 | • ①번은 ( )123-4567로 화면에 표시됩니다.
> • 사용자 지정 기호 '9'는 선택 입력 기호이므로 '9'가 사용된 개수만큼 값이 입력되지 않으면 다음과 같이 입력된 값 만큼만 표시됩니다.
>
> 보기1
> ( )123-4567

59 다음 중 개체나 필드 이름 지정 규칙으로 옳지 않은 것은?

① 공백을 이름의 첫 문자로 사용할 수 없다.
② 최대 64자까지 입력할 수 있다.
③ 마침표(.), 느낌표(!), 대괄호([ ])를 포함한 모든 특수 문자를 사용할 수 없다.
④ 하나의 테이블 내에서 필드 이름이 중복될 수 없다.

> 전문가의 조언 | 마침표(.), 느낌표(!), 대괄호([ ])를 제외한 특수 문자를 사용할 수 있습니다.

60 다음 중 기본키(Primary Key)에 대한 설명으로 옳은 것은?

① 모든 테이블에는 기본키를 반드시 설정해야 한다.
② 액세스에서는 단일 필드 기본키와 일련 번호 기본키만 정의 가능하다.
③ 데이터가 이미 입력된 필드도 기본키로 지정할 수 있다.
④ OLE 개체나 첨부 파일 형식의 필드에도 기본키를 지정할 수 있다.

> 전문가의 조언 | 데이터가 이미 입력된 필드도 기본키로 지정할 수 있습니다.
> ① 테이블에 기본키를 설정하지 않을 수 있습니다.
> ② 액세스에서는 일련 번호 기본키, 단일 필드 기본키, 다중 필드 기본키를 정의할 수 있습니다.
> ④ OLE 개체나 첨부 파일 형식의 필드에는 기본키를 설정할 수 없습니다.

정답 55.② 56.① 57.① 58.① 59.③ 60.③

06회 2024년 상시 01 시행 기출문제 & 전문가의 조언

1과목 컴퓨터 일반

01 다음 중 GPU에 대한 설명으로 옳지 않은 것은?
① GPU는 그래픽 처리를 위한 장치이다.
② GPU는 대량의 연산을 직렬로 처리하기 때문에 CPU보다 속도가 빠르며, CPU보다 저렴한 가격에 구현할 수 있다.
③ GPU는 메인보드에 장착된다.
④ GPU는 게임, 딥러닝, 블록체인 등의 다양한 분야에서 사용된다.

전문가의 조언 | GPU는 대량의 연산을 병렬로 처리하며, CPU보다 가격이 비쌉니다.

02 다음 중 '캡처 및 스케치'에 대한 설명으로 옳지 않은 것은?
① 화면의 특정 부분 또는 전체를 캡처하여 JPG, PNG, GIF 파일로 저장할 수 있다.
② 눈금자 또는 각도기 도구를 이용하여 이미지에 직선이나 아치를 그릴 수 있다.
③ 캡처 유형에는 사각형 캡처, 원형 캡처, 자유형 캡처 세 가지가 있다.
④ 캡처한 이미지를 다른 프로그램으로 열기하여 추가 작업을 할 수 있다.

전문가의 조언 | '캡처 및 스케치'의 캡처 유형에는 사각형 캡처, 자유형 캡처, 창 캡처, 전체 화면 캡처 네 가지가 있습니다.

03 다음 중 빅 데이터에 대한 설명으로 옳지 않은 것은?
① 기존의 관리 방법이나 분석 체계로는 처리하기 어려운 막대한 양의 정형 또는 비정형 데이터 집합이다.
② 많은 데이터로부터 가치를 추출하고 분석하는 기술이다.
③ 스마트 단말의 확산, 소셜 네트워크 서비스의 활성화 등으로 인해 데이터 폭발이 가속화되고 있다.
④ 미래 예측의 활성화로 인해 빅 데이터에 대한 의존성을 강화할 필요가 있다.

전문가의 조언 | 빅 데이터를 기반으로 미래 예측의 활성화 방안을 모색하기는 하지만, 빅 데이터에 대한 의존성을 강화할 필요는 없습니다.

04 다음 중 IPv6에 대한 설명으로 옳지 않은 것은?
① IPv4 주소 체계의 주소 부족 문제를 해결하기 위해서 개발되었다.
② 16비트씩 8부분으로 총 128비트로 구성된다.
③ 모바일 IP나 웹 캐스팅용으로는 사용이 어렵지만 등급별, 서비스별로 패킷을 구분할 수 있어 품질 보장이 용이하다.
④ IPv6 주소는 16진수의 숫자를 콜론(:)으로 구분하여 표시한다.

전문가의 조언 | IPv6는 모바일 IP나 웹 캐스팅이 용이하며, 등급별, 서비스별로 패킷을 구분할 수 있어 품질 보장도 용이합니다.

05 다음 중 OLED(Organic Light Emitting Diodes)에 대한 설명으로 옳지 않은 것은?
① 전류가 흐르면 스스로 빛을 내는 자체 발광형 유기물질을 이용하여 화면을 표시한다.
② 고전력이 사용되나 색재현율이 뛰어나다.
③ OLED는 백라이트를 사용하지 않는다.
④ 구분 방식에 따라 수동형 구동 방식과 능동형 구동 방식으로 구분한다.

전문가의 조언 | OLED는 전력이 적게 사용됩니다.

06 다음 중 [설정] → [시스템] → [저장소]에 대한 설명으로 옳지 않은 것은?
① 하드디스크에서 불필요한 앱이나 임시 파일 등을 제거하여 사용 공간을 확보할 때 사용한다.
② 휴지통과 다운로드 폴더에 보관된 파일의 삭제 기준일을 지정할 수 있다.
③ 저장 공간 센스를 켜면 드라이브의 단편화 제거로 인해 컴퓨터를 효율적으로 사용할 수 있다.
④ 파일 정리를 바로 실행할 수 있다.

전문가의 조언 | 저장 공간 센스는 하드디스크 공간이 부족할 때 자동으로 실행되어 임시 파일이나 휴지통의 파일 등 불필요한 파일을 삭제하는 것으로, 드라이브의 단편화를 제거하지는 않습니다.

정답 1.② 2.③ 3.④ 4.③ 5.② 6.③

07 다음 중 한글 Windows 10의 [글꼴]에 관한 설명으로 옳지 않은 것은?

① [글꼴 설정]을 이용하여 글꼴을 설치 및 삭제할 수 있다.
② 글꼴이 설치되어 있는 폴더의 위치는 C:\Windows\Fonts이다.
③ 글꼴 파일은 .ttf 또는 .ttc의 확장자를 가지고 있다.
④ ClearType 텍스트 조정을 사용하면 가독성을 향상시켜 준다.

> 전문가의 조언 | • [제어판] → [글꼴] → [글꼴 설정]에서는 글꼴의 설치 및 삭제를 할 수 없습니다.
> • [제어판] → [글꼴] → [글꼴 설정]에서는 글꼴의 표시 및 숨기기를 지정하거나 공간 절약을 위해 글꼴 파일 대신 글꼴 파일에 대한 바로 가기 설치 여부를 지정할 수 있습니다.

08 다음 중 한글 Windows 탐색기에서 수행한 작업 결과가 다른 것은?

```
∨ 🖥 내 PC
  > ⬇ 다운로드
  > 🎬 동영상
  > 📄 문서
  > 🖥 바탕 화면
  > 🖼 사진
  > 🎵 음악
  ∨ 💽 로컬 디스크 (C:)
    > 📁 STUDY
  ∨ 💽 SYSTEM (D:)
    > 📁 COM
  ∨ 🔌 USB 드라이브 (E:)
    > 📁 DATA
  > 🌐 네트워크
```

① 'COM' 폴더에 있는 파일을 Shift를 누른 채 '바탕 화면'으로 드래그한다.
② 'STUDY' 폴더에 있는 파일을 '바탕 화면'으로 드래그한다.
③ '다운로드'에 있는 파일을 Shift를 누른 채 '문서'로 드래그한다.
④ 'DATA' 폴더에 있는 파일을 '사진'으로 드래그한다.

> 전문가의 조언 | ①, ②, ③번을 수행하면 파일이 이동되고, ④번을 수행하면 파일이 복사됩니다.

09 다음 중 컴퓨터 및 정보기기에서 사용하는 펌웨어(Firmware)에 관한 설명으로 옳은 것은?

① 주로 하드디스크의 부트 레코드 부분에 저장된다.
② 인터프리터 방식으로 번역되어 실행된다.
③ 운영체제의 일부로 입출력을 전담한다.
④ 소프트웨어의 업그레이드만으로도 기능을 향상시킬 수 있다.

> 전문가의 조언 | 펌웨어는 소프트웨어의 업그레이드만으로도 기능을 향상시킬 수 있습니다.

10 다음 중 컴퓨터에서 중앙처리장치와 입출력장치 사이의 속도 차이로 인한 문제점을 해결해 주는 것은?

① 범용 레지스터 ② 콘솔
③ 인터럽트 ④ 채널

> 전문가의 조언 | 중앙처리장치와 입출력장치 사이의 속도 차이로 인한 문제점을 해결해 주는 것은 채널(Chanel)입니다.

11 다음 중 JPEG 파일 형식에 대한 설명으로 옳지 않은 것은?

① 24비트 컬러를 사용하여 트루 컬러로 이미지를 표현한다.
② 사진과 같은 정지 영상을 표현하기 위한 국제 표준 압축 방식이다.
③ Windows에서 기본적으로 사용하는 벡터 파일 형식이다.
④ 사용자가 압축률을 지정해서 이미지를 압축하는 압축 기법을 사용할 수 있다.

> 전문가의 조언 | Windows에서 기본적으로 사용하는 벡터 파일 형식은 WMF입니다.

12 다음 중 한글 Windows 10의 [설정] → [네트워크 및 인터넷]에 대한 설명으로 옳지 않은 것은?

① 네트워크 문제를 진단하고 해결할 수 있다.
② 컴퓨터 이름과 작업 그룹의 이름을 변경할 수 있다.
③ 내 컴퓨터에서 사용 가능한 네트워크를 표시한다.
④ [어댑터 옵션 변경]을 통해 네트워크 어댑터의 연결 설정을 변경할 수 있다.

> 전문가의 조언 | 컴퓨터 이름과 작업 그룹의 이름은 [⚙(설정)] → [시스템] → [정보]에서 〈고급 시스템 설정〉을 클릭 → '시스템 속성' 대화상자의 '컴퓨터 이름' 탭에서 변경할 수 있습니다.

13 다음 중 스마트폰을 모뎀처럼 활용하는 방법으로, 컴퓨터나 노트북 등의 IT 기기를 스마트폰에 연결하여 무선 인터넷을 사용할 수 있게 하는 기능은?

① 와이파이(WiFi) ② 블루투스(Bluetooth)
③ 테더링(Tethering) ④ 와이브로(WiBro)

> 전문가의 조언 | 컴퓨터나 노트북 등의 IT 기기를 스마트폰에 연결하여 무선 인터넷을 사용할 수 있게 하는 기능은 테더링(Tethering)입니다.
> • 와이파이(Wi-Fi) : 무선접속장치(AP)가 설치된 곳을 중심으로 일정거리 이내에서 초고속 인터넷이 가능하게 하는 무선랜 기술
> • 블루투스(Bluetooth) : 근거리 무선 통신을 가능하게 해주는 통신 방식으로, 핸드폰, 노트북과 같은 휴대 가능한 장치들 간의 양방향 정보 전송이 가능함
> • 와이브로(Wibro) : 무선 광대역을 의미하는 것으로, 핸드폰, 노트북 등의 모바일 기기를 이용하여 언제 어디서나 이동하면서 고속으로 무선 인터넷 접속이 가능한 서비스

정답 7.① 8.④ 9.④ 10.④ 11.③ 12.② 13.③

14 한글 Windows 10에서 프린터 스풀(SPOOL) 기능에 대한 설명으로 올바른 것은?

① 스풀링 단위는 인쇄할 문서 전체 단위로만 스풀링이 가능하다.
② 프린터가 인쇄중이라도 다른 응용 프로그램 실행이 가능하다.
③ 스풀링은 인쇄할 내용을 프린터로 직접 전송한다.
④ 저속의 프린터 사용 시 컴퓨터 효율이 크게 저하된다.

> 전문가의 조언 | 스풀링에 대한 설명으로 올바른 것은 ②번입니다.
> ① 스풀링은 인쇄할 문서 전체 또는 한 페이지 단위로 스풀링할 수 있습니다.
> ③ 스풀링은 인쇄할 내용을 먼저 하드디스크에 저장합니다.
> ④ 스풀은 저속의 프린터와 고속의 중앙처리장치 사이에서 컴퓨터 효율을 증가시키기 위해 사용합니다.

15 다음 중 시스템 보안을 위해 사용하는 방화벽(Firewall)에 대한 설명으로 적절하지 않은 것은?

① IP 주소 및 포트 번호를 이용하거나 사용자 인증을 기반으로 접속을 차단하여 네트워크의 출입로를 단일화한다.
② '명백히 허용되지 않은 것은 금지한다'라는 적극적 방어 개념을 가지고 있다.
③ 방화벽을 운영하면 바이러스와 내/외부의 새로운 위험에 효과적으로 대처할 수 있다.
④ 로그 정보를 통해 외부 침입의 흔적을 찾아 역추적 할 수 있다.

> 전문가의 조언 | 방화벽은 외부의 불법적인 침입은 막을 수 있지만 내부로부터의 불법적인 위험은 막지 못합니다.

16 다음 중 바이러스에 대한 설명으로 옳지 않은 것은?

① 컴퓨터 하드웨어와 무관하게 소프트웨어에만 영향을 미친다.
② 감염 부위에 따라 부트 바이러스와 파일 바이러스로 구분한다.
③ 사용자 몰래 스스로 복제하여 다른 프로그램을 감염시키고, 정상적인 프로그램이나 다른 데이터 파일 등을 파괴한다.
④ 주로 복제품을 사용하거나 통신 매체를 통하여 다운받은 프로그램에 의해 감염된다.

> 전문가의 조언 | 바이러스는 소프트웨어뿐만 아니라 하드웨어의 성능에도 영향을 미칠 수 있습니다.

17 다음 중 한글 Windows 10에서 바로 가기 아이콘에 관한 설명으로 옳지 않은 것은?

① 바로 가기 아이콘을 실행하면 연결된 원본 파일이 실행된다.
② 파일, 폴더뿐만 아니라 디스크 드라이브나 프린터에도 바로 가기 아이콘을 만들 수 있다.
③ 일반 아이콘과 비교하여 왼쪽 아랫부분에 화살표가 포함되어 표시된다.
④ 하나의 바로 가기 아이콘에 여러 개의 원본 파일을 연결할 수 있다.

> 전문가의 조언 | 하나의 바로 가기 아이콘에는 하나의 원본 파일만 연결할 수 있습니다.

18 다음 중 시스템 소프트웨어에 대한 설명으로 옳지 않은 것은?

① 사용자가 컴퓨터를 이용하여 특정 업무를 처리할 수 있게 개발된 프로그램이다.
② 시스템 소프트웨어는 제어 프로그램과 처리 프로그램으로 구분된다.
③ 컴퓨터 시스템을 효율적으로 운영해 주는 소프트웨어이다.
④ 대표적인 시스템 소프트웨어로는 운영체제가 있다.

> 전문가의 조언 | ①번은 응용 소프트웨어에 대한 설명입니다.

19 다음 중 컴퓨터 메인보드의 버스(Bus)에 관한 설명으로 옳지 않은 것은?

① 내부 버스는 CPU와 주변장치 간의 데이터 전송에 사용되는 통로이다.
② 컴퓨터에서 데이터를 주고받는 통로로 사용 용도에 따라 내부 버스, 외부 버스, 확장 버스로 구분된다.
③ 외부 버스는 전달하는 신호의 형태에 따라 데이터 버스, 주소 버스, 제어 버스로 구분된다.
④ 확장 버스는 메인보드에서 지원하는 기능 외에 다른 기능을 지원하는 장치를 연결하는 부분으로 끼울 수 있는 형태이기에 확장 슬롯이라고도 한다.

> 전문가의 조언 |
> • 내부 버스는 CPU 내부에서 레지스터 간의 데이터 전송에 사용되는 통로입니다.
> • ①번은 외부 버스에 대한 설명입니다.

정답 14.② 15.③ 16.① 17.④ 18.① 19.①

20. 다음 중 컴퓨터에서 사용하는 자료의 표현에 관한 설명으로 옳지 않은 것은?

① 실수형 데이터는 정해진 크기에 부호(1bit)와 가수부(7bit)로 구분하여 표현한다.
② 2진 정수 데이터는 실수 데이터 보다 표현할 수 있는 범위가 작으며 연산 속도는 빠르다.
③ 숫자 데이터 표현 중 10진 연산을 위하여 "팩(Pack)과 언팩(Unpack)" 표현 방식이 사용된다.
④ 컴퓨터에서 뺄셈을 수행하기 위해서는 보수와 덧셈 연산을 이용한다.

> 전문가의 조언 | 실수형 데이터는 정해진 크기에 부호(1비트), 지수부(7비트), 가수부(소수부)로 구분하여 표현합니다.

2과목 스프레드시트 일반

21. 워크시트의 [A1] 셀에 "가나다라마바사"가 입력되어 있고, [A2] 셀에 수식 =MID(CONCAT(LEFT(A1, 3), RIGHT(A1, 3)), FIND("다", A1), 3)을 입력한 결과는?

① 가나다　　② 마바사
③ 다마바　　④ 다라마

> 전문가의 조언 | [A2] 셀에 입력된 수식의 결과는 **다마바**입니다.
> =MID(CONCAT(LEFT(A1, 3), RIGHT(A1, 3)), FIND("다", A1), 3)
>
> ❶ LEFT(A1, 3) : [A1] 셀에 입력된 "가나다라마바사"의 왼쪽에서 세 글자를 추출한 "가나다"를 반환합니다.
> ❷ RIGHT(A1, 3) : "가나다라마바사"의 오른쪽에서 세 글자를 추출한 "마바사"를 반환합니다.
> ❸ CONCAT(❶, ❷) → CONCAT("가나다", "마바사") : 주어진 텍스트를 모두 연결한 "가나다라마바사"를 반환합니다.
> ❹ FIND("다", A1) : "가나다라마바사"에서 "다"의 위치인 3을 반환합니다.
> ❺ =MID(❸, ❹, 3) → =MID("가나다라마바사", 3, 3) : "가나다라마바사"의 3번째 자리에서부터 세 글자를 추출한 "다마바"를 반환합니다.

22. 다음 중 데이터가 입력된 셀에서 채우기 핸들을 드래그하여 데이터를 채우는 경우에 대한 설명으로 옳지 않은 것은?

① 문자 데이터가 입력된 셀을 선택하고 채우기 핸들을 드래그하면 그대로 복사되어 채워진다.
② 숫자 데이터가 입력된 셀을 선택하고 Ctrl을 누른 채 채우기 핸들을 드래그하면 1씩 증가하면서 채워진다.
③ 1개의 숫자와 문자가 조합된 데이터가 입력된 셀을 선택하고 Ctrl을 누른 채 채우기 핸들을 드래그 하면 숫자만 1씩 증가하면서 채워진다.
④ 숫자가 입력된 두 개의 셀을 선택하고 채우기 핸들을 드래그하면 두 값의 차이만큼 증가/감소하며 채워진다.

> 전문가의 조언 | • 1개의 숫자와 문자가 조합된 데이터가 입력된 셀을 선택하고 Ctrl을 누른 채 채우기 핸들을 드래그하면 그대로 복사되어 채워집니다.
> • 숫자만 1씩 증가하면서 채우려면 아무것도 누르지 않은 채 채우기 핸들을 드래그하면 됩니다.

23. 고급 필터에서 다음과 같은 조건을 설정하였을 때, 이 조건에 의해 선택되는 데이터들로 옳은 것은?

	A	B	C
1	부서	직위	근속년수
2	홍보부	과장	
3	영업부		>=9
4		대리	<9
5			

① 부서가 홍보부이면서 직위가 과장이거나 부서가 영업부이면서 근속년수가 9년 이상이거나 직위가 대리이면서 근속년수가 9년 미만인 데이터
② 부서가 홍보부나 영업부이면서 직위가 과장이거나 대리이면서 근속년수가 9년 이상이거나 9년 미만인 데이터
③ 부서가 홍보부이면서 직위가 과장이고 부서가 영업부이면서 근속년수가 9년 이상이고 직위가 대리이면서 근속년수가 9년 미만인 데이터
④ 부서가 홍보부나 영업부이고 직위가 과장이거나 대리이고 근속년수가 9년 이상이거나 9년 미만인 데이터

> 전문가의 조언 | 고급 필터의 조건을 같은 행에 입력하면 AND 조건(~이고), 다른 행에 입력하면 OR 조건(~이거나)으로 연결되며, AND 조건을 먼저 처리하므로 고급 필터를 실행했을 때 결과로 옳은 것은 ①번입니다.

24. 아래의 시트에서 횟수에 따른 택배비를 계산하려고 한다. 횟수가 5 이하면 2000, 5 초과 9 이하면 3000, 9 초과면 무료로 표시하기 위해 [C2] 셀에 입력해야 할 수식으로 옳지 않은 것은?

	A	B	C
1	이름	횟수	택배비
2	홍길동	3	2000
3	이숙희	8	3000
4	양종국	10	무료
5	김호명	7	3000

① =IF(B2<=5, 2000, IF(B2<=9, 3000, "무료"))
② =IF(B2>9, "무료", IF(B2>5, 3000, 2000))
③ =IF(B2<=5, 2000, IF(OR(B2>5, B2<=9), 3000, "무료"))
④ =IF(B2<=5, 2000, IF(AND(B2>5, B2<=9), 3000, "무료"))

> 전문가의 조언 | [C2] 셀에 입력해야 할 수식으로 옳지 않은 것은 ③번입니다.
> ① [B2] 셀이 5 이하이면 2000, [B2] 셀이 9 이하이면 3000, 그 외는 "무료"를 반환합니다.
> ② [B2] 셀이 9 초과이면 "무료", [B2] 셀이 5 초과이면 3000, 그 외는 2000을 반환합니다.
> ③ [B2] 셀이 5 이하이면 2000, [B2] 셀이 5를 초과하거나 9 이하이면 3000, 그 외는 "무료"를 반환합니다. 즉 [B2] 셀이 5 이하이면 2000, 그 외는 모두 3000이 반환됩니다.
> ④ [B2] 셀이 5 이하이면 2000, [B2] 셀이 5 초과 9 이하이면 3000, 그 외는 "무료"를 반환합니다.

25 다음 중 조건부 서식에 대한 설명으로 옳지 않은 것은?

① 조건부 서식의 조건은 결과가 TRUE(1) 또는 FALSE(0)가 나오도록 작성한다.

② 같은 통합 문서의 특정 셀을 이용하여 조건을 지정할 수 있다.

③ 수식을 이용하여 조건을 지정할 경우, 워크시트의 특정 셀을 클릭하면 상대 참조로 작성된다.

④ 이동 옵션을 이용하여 조건부 서식이 지정된 셀을 찾을 수 있다.

> 전문가의 조언 | 조건부 서식에서 조건 지정 시 마우스로 특정 셀을 클릭하면 절대 참조로 작성됩니다.

26 다음 중 아래의 워크시트를 이용한 수식에 대해서 그 결과가 옳지 않은 것은?

	A	B	C	D
1	이름	국어	영어	수학
2	김원	87	97	72
3	정영희	74	98	100
4	남궁정훈	85	91	70
5	이수	80	80	88
6	김용훈	81	87	70
7	김근태	84	82	80
8				

수식	결과
① =HLOOKUP("영어", A1:D7, 2)	97
② =OFFSET(B2, 3, 2)	88
③ =INDEX(A1:D7, 3, 2)	74
④ =AREAS(A1:D7)	28

> 전문가의 조언 | ④번 수식의 결과는 1입니다.
> ① =HLOOKUP("영어", A1:D7, 2) : [A1:D7] 영역의 첫 번째 행에서 "영어"를 찾은 후 이 값이 있는 열의 2행에 있는 값인 97을 반환합니다.
> ② =OFFSET(B2, 3, 2) : [B2] 셀을 기준으로 3행 2열이 떨어진 [D5] 셀의 값인 88을 반환합니다.
> ③ =INDEX(A1:D7, 3, 2) : [A1:D7] 영역에서 3행 2열, 즉 [B3] 셀의 값인 74를 반환합니다.
> ④ =AREAS(A1:D7) : AREAS는 인수로 지정된 범위 안에서 영역의 수를 계산하는 함수로, [A1:D7]은 영역이 하나이므로 1을 반환합니다.

27 아래는 워크시트 [A1] 셀에서 [매크로 기록]을 클릭하고 작업을 수행한 과정을 VBA의 코드 창에서 확인한 결과이다. 다음 중 이에 대한 설명으로 옳지 않은 것은?

	A	B	C
1		성적현황	
2	학번	학과	이름
3			
4			

```
Sub 매크로2( )
' 매크로2 매크로
'
    ActiveCell.Offset(0, 1).Range("A1").Select
    ActiveCell.FormulaR1C1 = "성적현황"
    ActiveCell.Offset(1, -1).Range("A1").Select
    ActiveCell.FormulaR1C1 = "학번"
    ActiveCell.Offset(0, 1).Range("A1").Select
    ActiveCell.FormulaR1C1 = "학과"
    Range("C2").Select
    ActiveCell.FormulaR1C1 = "이름"
    Range("A3").Select
End Sub
```

① 매크로의 이름은 '매크로2'이다.

② '성적현황', '학번', '학과'는 상대 참조로 기록되었다.

③ [A3] 셀을 클릭하고 매크로를 실행한 후의 셀 포인터 위치는 [A5] 셀이다.

④ [B3] 셀을 클릭하고 매크로를 실행한 후의 [C3] 셀의 값은 '성적현황'이다.

> 전문가의 조언 | • 매크로의 가장 마지막에 있는 'Range("A3").Select'로 인해 현재 셀 포인터의 위치에 상관없이 매크로를 실행하면 셀 포인터는 [A3] 셀에 위치합니다.
> • [B3] 셀을 클릭하고 매크로를 실행하면 다음과 같이 실행됩니다.
>
> | | A | B | C |
> |---|---|---|---|
> | 1 | | | |
> | 2 | | | 이름 |
> | 3 | | | 성적현황 |
> | 4 | 학번 | 학과 | |
> | 5 | | | |
>
> • 매크로를 하나하나 살펴보면 아래와 같습니다.
>
> ```
> Sub 매크로2( )
> ❶ ' 매크로2 매크로
>
> ❷   ActiveCell.Offset(0, 1).Range("A1").Select
> ❸   ActiveCell.FormulaR1C1 = "성적현황"
> ❹   ActiveCell.Offset(1, -1).Range("A1").Select
> ❺   ActiveCell.FormulaR1C1 = "학번"
> ❻   ActiveCell.Offset(0, 1).Range("A1").Select
> ❼   ActiveCell.FormulaR1C1 = "학과"
> ❽   Range("C2").Select
> ❾   ActiveCell.FormulaR1C1 = "이름"
> ❿   Range("A3").Select
> End Sub
> ```
>
> ❶ 홑 따옴표(')가 있는 문장은 프로그램을 설명하는 주석문으로, 실행되지 않습니다. 매크로 이름이 '매크로2'임을 알려줍니다.

❷ 활성화된 셀에서 아래쪽으로 0칸, 오른쪽으로 1칸 이동한 후 그 셀을 기준으로 첫 번째 열(A), 첫 번째 행(1)을 선택합니다.
- Offset : 지정된 범위에서 떨어진 범위
- Range("A1") : [A1] 셀을 의미하는 것이 아니라 첫 번째 열(A), 첫 번째 행(1)을 의미합니다. 'Range("A2")'로 지정하면 첫 번째 열(A), 두 번째 행(2)을 의미합니다.
- ※ 'ActiveCell.Offset(0, 1).Select'로 작성해도 결과는 동일합니다.

❸ 활성화된 셀에 **성적현황**을 입력합니다.
❹ 활성화된 셀에서 아래쪽으로 1칸, 왼쪽으로 1칸 이동한 후 그 셀을 기준으로 첫 번째 열(A), 첫 번째 행(1)을 선택합니다.
❺ 활성화된 셀에 **학번**을 입력합니다.
❻ 활성화된 셀에서 아래쪽으로 0칸, 오른쪽으로 1칸 이동한 후 그 셀을 기준으로 첫 번째 열(A), 첫 번째 행(1)을 선택합니다.
❼ 활성화된 셀에 **학과**를 입력합니다.
❽ [C2] 셀을 선택합니다.
❾ 활성화된 셀에 **이름**을 입력합니다.
❿ [A3] 셀을 선택합니다.

28 다음 중 윗주에 대한 설명으로 옳지 않은 것은?

① 데이터를 삭제해도 윗주는 그대로 표시되어 있다.
② 윗주의 서식을 변경할 수 있다.
③ 문자열 데이터가 입력되어 있는 셀에만 윗주를 표시할 수 있다.
④ 윗주는 셀에 대한 주석을 설정하는 것이다.

> **전문가의 조언** | 윗주가 삽입된 셀의 데이터를 삭제하면 윗주도 함께 삭제됩니다.

29 다음의 피벗 테이블에 대한 설명으로 옳지 않은 것은?

	A	B	C	D	E	F
1	모집구분	(모두)				
2						
3			단과대학			
4	성별	값	공과대학	사범대학	인문대학	자연과학대학
5	남					
6		평균 : 영어	80	75	70	99
7		평균 : 국어	72	98	75	74
8	여					
9		평균 : 영어	83	79	85	87.5
10		평균 : 국어	83	97	79	90.5
11	전체 평균 : 영어		81	77	77	93.25
12	전체 평균 : 국어		78	97	77	82.25

① 피벗 차트를 추가하면 열 레이블에 표시된 항목은 범례(계열)로 표시된다.
② 값 영역에 2개의 필드를 지정하여 생긴 Σ 값 필드가 행 영역에 표시되어 있다.
③ 열의 총합계만 표시되어 있다.
④ 피벗 테이블이 선택된 상태에서 [삽입] → [차트] 그룹에서 세로 막대형 차트를 추가하면 Chart 시트에 피벗 차트가 작성된다.

> **전문가의 조언** | 피벗 테이블이 선택된 상태에서 [삽입] → [차트] 그룹에서 세로 막대형 차트를 추가하면 피벗 테이블이 작성된 시트에 피벗 차트가 삽입됩니다.
>
> ① 피벗 차트를 작성하면 피벗 테이블 보고서의 열 영역에 표시된 '단과대학'이 피벗 차트의 범례로 표시됩니다.

②
- Σ 값 필드가 열 영역에 있는 경우

- Σ 값 필드가 행 영역에 있는 경우

③
• 열의 총합계만 있는 경우

• 행의 총합계만 있는 경우

30. 다음 중 워크시트 이름으로 적절하지 않은 것은?

① _매출실적 ② 매출실적?
③ #매출실적 ④ 매출실적&

> 전문가의 조언 | 워크시트 이름에 * / : ? [ ] 등의 문자는 사용할 수 없습니다.

31. 다음 중 [보기] 탭의 [페이지 나누기 미리 보기]에 대한 설명으로 옳지 않은 것은?

① 페이지 나누기는 구분선을 이용하여 인쇄를 위한 페이지 나누기를 빠르게 조정하는 기능이다.
② 행 높이와 열 너비를 변경하면 자동 페이지 나누기의 위치도 변경된다.
③ [페이지 나누기 미리 보기]에서 수동으로 삽입된 페이지 나누기는 파선으로 표시되고 자동으로 추가된 페이지 나누기는 실선으로 표시된다.
④ 용지 크기, 여백 설정, 배율 옵션 등에 따라 자동 페이지 나누기가 삽입된다.

> 전문가의 조언 | [페이지 나누기 미리 보기]에서 수동으로 삽입된 페이지 나누기는 실선으로 표시되고 자동으로 추가된 페이지 나누기는 파선으로 표시됩니다.

32. 아래 워크시트와 같이 시상내역[A13:D16] 표를 이용하여 시상내역[D2:D10]을 계산하였다. 다음 중 [D2] 셀에 입력된 배열 수식으로 옳은 것은?

	A	B	C	D
1	이름	공모대상	점수	시상내역
2	김남희	독창	91	대상
3	남궁민	창작동화	65	-
4	이수남	독창	75	-
5	서수남	독창	50	-
6	홍길동	독창	88	최우수상
7	이숙희	창작동화	69	-
8	양종국	창작동화	87	차상
9	김호명	독창	79	-
10	김영희	창작동화	93	장원
11				
12	시상내역			
13	점수	0	80	90
14		80	90	100
15	독창	-	최우수상	대상
16	창작동화	-	차상	장원
17				

① {=INDEX($B$15:$D$16, MATCH(B2, $A$15:$A$16, 0), MATCH(C2, $B$13:$D$13, -1))}

② {=INDEX($B$15:$D$16, MATCH(B2, $A$15:$A$16, 0), MATCH(C2, $B$13:$D$13, 1))}

③ {=INDEX($B$15:$D$16, MATCH(B2, $A$15:$A$16, 0), MATCH(C2, $B$14:$D$14, -1))}

④ {=INDEX($B$15:$D$16, MATCH(B2, $A$15:$A$16, 0), MATCH(C2, $B$14:$D$14, 1))}

> 전문가의 조언 | [D2] 셀에 입력된 배열 수식으로 옳은 것은 ②번입니다.
> {=INDEX($B$15:$D$16, MATCH(B2, $A$15:$A$16, 0), MATCH(C2, $B$13:$D$13, 1))}
>   ❶   ❷
>   ❸
> ❶ MATCH(B2, $A$15:$A$16, 0) : [A15:A16] 영역에서 [B2] 셀, 즉 "독창"과 동일한 값을 찾은 후 상대 위치인 1을 반환합니다.
> ❷ MATCH(C2, $B$13:$D$13, 1) : [B13:D13] 영역에서 [C2] 셀, 즉 91보다 작거나 같은 값 중에서 가장 근접한 값(90)을 찾은 후 상대 위치인 3을 반환합니다.
> ❸ =INDEX($B$15:$D$16, ❶, ❷) → =INDEX($B$15: $D$16, 1, 3) : [B15:D16] 영역에서 1행 3열, 즉 [D15] 셀의 값 "대상"을 반환합니다.

33. 다음 중 아래 그림과 같이 목표값 찾기를 지정했을 때의 설명으로 옳은 것은?

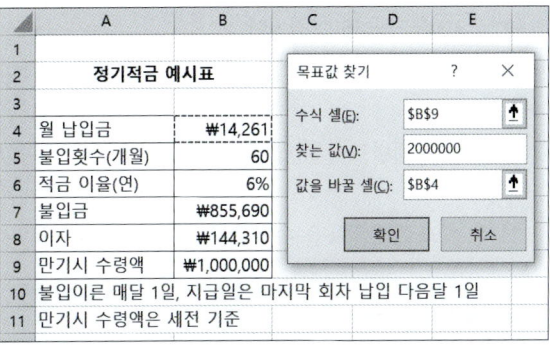

① 만기시 수령액이 2,000,000원이 되려면 월 납입금은 얼마가 되어야 하는가?
② 만기시 수령액이 2,000,000원이 되려면 적금 이율(연)이 얼마가 되어야 하는가?
③ 불입금이 2,000,000원이 되려면 만기시 수령액은 얼마가 되어야 하는가?
④ 월 납입금이 2,000,000원이 되려면 만기시 수령액은 얼마가 되어야 하는가?

> 전문가의 조언 | 그림은 만기시 수령액(B9)이 2,000,000원이 되려면 월 납입금(B4)이 얼마가 되어야 하는지를 구하는 목표값 찾기입니다.

34 다음 중 아래 설명에 해당하는 차트 종류는?

> • 항목의 값을 점으로 표시하여 여러 데이터 값들의 관계를 보여준다.
> • 과학, 통계 및 공학 데이터와 같은 숫자 값을 표시하고 비교하는데 사용된다.
> • 가로 축의 값이 일정한 간격이 아닌 경우나 데이터 요소의 수가 많은 경우 사용된다.

① 분산형 차트   ② 도넛형 차트
③ 방사형 차트   ④ 혼합형 차트

> 전문가의 조언 | 항목의 값을 점으로 표시하여 여러 데이터 값들의 관계를 보여주는 차트는 분산형 차트입니다.
> • **도넛형 차트** : 전체에 대한 각 부분의 관계를 비율로 나타내어 각 부분을 비교할 때 사용됨
> • **방사형 차트** : 많은 데이터 계열의 집합적인 값을 나타낼 때 사용됨
> • **혼합형 차트** : 두 개 이상의 데이터 계열을 갖는 차트에서 특정 데이터 계열을 강조하고자 할 경우 해당 데이터 계열을 다른 차트로 표시하는 것

35 다음 중 Visual Basic Editor에 대한 설명으로 틀린 것은?

① [Alt] + [F11]을 누르면 실행된다.
② Visual Basic Editor에서 [F5]를 눌러 매크로를 실행할 수 있다.
③ 매크로를 단계별로 실행할 수는 없으나 중간에 중단할 수 있다.
④ 기록된 매크로의 내용을 수정할 수 있다.

> 전문가의 조언 | '매크로' 대화상자에서 〈한 단계씩 코드 실행〉 단추를 이용하여 매크로를 단계별로 실행할 수 있습니다.

36 다음 중 [페이지 설정] 대화상자에 대한 설명으로 옳지 않은 것은?

① [페이지] 탭에서 '자동 맞춤'의 용지 너비와 용지 높이를 각각 1로 지정하면 여러 페이지가 한 페이지에 인쇄된다.
② [머리글/바닥글]의 여백은 [머리글/바닥글] 탭에서 '머리글'과 '바닥글'의 여백을 mm 단위로 지정할 수 있다.
③ [여백] 탭에서 '페이지 가운데 맞춤'의 가로 및 세로를 체크하면 인쇄 내용이 용지의 가운데에 맞춰 인쇄된다.
④ [시트] 탭에서 '눈금선'의 표시 여부를 지정할 수 있다.

> 전문가의 조언 | '머리글'과 '바닥글'의 여백은 '페이지 설정' 대화상자의 '여백' 탭에서 지정할 수 있습니다.

37 숫자 –246000을 입력한 후 아래의 표시 형식을 적용했을 때 표시되는 결과로 옳은 것은?

> #0.0,"천원";(#0.0,"천원");0.0;@"님"

① 246.0천원   ② 246,000
③ (–246.0천원)   ④ (246.0천원)

> 전문가의 조언 | 숫자 –246000을 입력한 후 지문의 표시 형식을 지정하면 –246000이 음수이므로 (#0.0,"천원") 서식이 적용되어 (246.0천원)으로 표시됩니다.
> • **#0.0,"천원"** : 양수일 때 적용되는 서식으로, #0.0,"천원" 형식으로 표시됩니다. 예 246000 → 246.0천원
> ※ #0.0,에서 콤마(,)는 천 단위를 생략할 때 사용합니다.
> • **(#0.0,"천원")** : 음수일 때 적용되는 서식으로, #0.0,"천원" 형식으로 표시하되 음수 표시는 ( )로 나타냅니다. 예 –246000 → (246.0천원)
> • **0.0** : 0일 때 적용되는 서식으로, 0.0으로 표시됩니다. 예 0 → 0.0
> • **@"님"** : 텍스트일 때 적용되는 서식으로, 해당 텍스트 다음에 "님"을 표시합니다. 예 합격 → 합격님

38 아래와 같이 통합 문서 보호를 설정했을 경우에 대한 설명으로 옳지 않은 것은?

① 워크시트를 이동하거나 삭제할 수 없다.
② 새 워크시트 또는 차트 시트를 삽입할 수 없다.
③ 시나리오 요약 보고서를 만들 수 없다.
④ 워크시트에 작성된 차트를 다른 시트로 이동할 수 없다.

> 전문가의 조언 | 통합 문서 보호는 통합 문서의 시트 삽입, 삭제, 이동, 숨기기, 이름 바꾸기 등을 할 수 없도록 보호하는 것으로, 통합 문서 보호를 실행해도 워크시트에 작성된 차트를 다른 시트로 이동할 수 있습니다.

39 다음 그림과 같이 "표" 기능을 사용하여 이자율에 따른 이자액을 계산하려고 한다. 이때 실행하여야 할 작업 내용에 대한 설명으로 옳지 않은 것은?

	A	B	C	D	E	F
1		이자율에 따른 이자액 계산				
2	원금	이자율	이자액			
3	1,500	4%	60			
4				이자율		
5		60	5%	10%	15%	20%
6		2,000	100	200	300	400
7	원금	3,500	175	350	525	700
8		4,000	200	400	600	800
9		5,500	275	550	825	1,100

① '데이터 테이블' 대화상자가 표시되면 "행 입력 셀"은 [B3] 셀, "열 입력 셀"은 [A3] 셀을 지정한 후 〈확인〉을 선택한다.

② 표의 범위([B5:F9])를 설정한 후 [데이터] → [예측] → [가상 분석] → [데이터 표]를 선택한다.

③ 수식이 입력되어야 하는 [C6] 셀을 선택하고 수식 "=A3*B3"를 입력한다.

④ 자동으로 결과가 구해진 셀을 하나 선택해서 살펴보면 "{=TABLE(B3,A3)}"과 같은 배열 수식이 들어 있다.

전문가의 조언 | 수식이 입력되어야 하는 셀은 [C6] 셀이 아니라 [B5] 셀입니다.

40 다음 중 매크로를 작성하고 사용하는 방법에 대한 설명으로 옳지 않은 것은?

① 매크로를 기록하는 경우 기본적으로 셀은 절대 참조로 기록되며, 상대 참조로 기록하고자 할 경우 '상대 참조로 기록'을 선택한 다음 매크로 기록을 실행한다.

② 매크로에 지정된 바로 가기 키가 엑셀 고유의 바로 가기 키와 중복될 경우 엑셀 고유의 바로 가기 키가 우선한다.

③ 매크로를 기록하는 경우 실행하려는 작업을 완료하는 데 필요한 모든 단계가 매크로 레코더에 기록되며, 리본 메뉴에서의 탐색은 기록된 단계에 포함되지 않는다.

④ 개인용 매크로 통합 문서에 저장한 매크로는 엑셀을 시작할 때마다 자동으로 로드되므로 다른 통합 문서에서도 실행할 수 있다.

전문가의 조언 | 매크로에 지정된 바로 가기 키가 엑셀 고유의 바로 가기 키와 중복될 경우 매크로에 지정된 바로 가기 키가 우선합니다.

3과목 데이터베이스 일반

41 〈제품〉 테이블의 "제품명" 필드는 기본키가 아니지만 중복된 값이 입력될 수 없도록 관련 속성을 설정하려고 한다. 이를 위한 방법으로 옳은 것은?

① 인덱스 속성을 '예(중복 불가능)'으로 설정한다.
② 인덱스 속성을 '예(중복 가능)'으로 설정한다.
③ 인덱스 속성을 '예(Null 허용)'으로 설정한다.
④ 필수 속성을 '예'로 설정한다.

전문가의 조언 | 특정 필드에 중복된 값이 입력되지 않도록 하려면, 인덱스 속성을 '예(중복 불가능)'으로 설정하면 됩니다.

42 다음 중 매크로에 대한 설명으로 옳지 않은 것은?

① 매크로는 작업을 자동화하고 폼, 보고서 및 컨트롤에 기능을 추가하는 데 사용되는 도구이다.
② 매크로를 컨트롤의 이벤트 속성에 포함시킬 수 있다.
③ 컨트롤에 포함된 매크로를 포함하여 모든 매크로가 '탐색' 창의 매크로 개체에 표시된다.
④ 데이터베이스 파일이 열릴 때 자동으로 실행되는 매크로를 정의하려면, 매크로 이름을 AutoExec로 지정한다.

전문가의 조언 | • '탐색' 창에 표시되는 매크로는 [만들기] → [매크로 및 코드] → [매크로] 메뉴를 이용해 이름을 지정하여 만든 매크로만 표시됩니다.
• 특정 컨트롤에 포함된 매크로는 '탐색' 창에 표시되지 않습니다.

43 테이블의 필드에 엑셀 파일을 삽입하려고 할 때 가장 적합한 데이터 형식은?

① 첨부 파일   ② 하이퍼링크
③ 긴 텍스트   ④ 일련 번호

전문가의 조언 | • 이미지, 엑셀 파일, 텍스트 파일 등 다양한 형식의 파일을 필드에 삽입할 때 알맞은 형식은 '첨부 파일' 형식입니다.
• 하이퍼링크 : 웹 사이트나 파일의 특정 위치로 바로 이동하는 하이퍼링크를 입력할 수 있는 형식
• 긴 텍스트 : 짧은 텍스트 형식과 비슷한 기능을 제공하며, 최대 64,000자까지 입력할 수 있는 형식
• 일련 번호 : 레코드가 추가될 때마다 번호를 하나씩 증가시켜 주는 형식

정답 39.③ 40.② 41.① 42.③ 43.①

44 데이터베이스 암호 설정에 대한 설명으로 옳은 것은?

① 데이터베이스를 MDE 형식으로 저장한 후 파일을 열어야 파일 암호를 설정할 수 있다.
② [데이터베이스 압축 및 복구] 도구에서 파일 암호를 설정할 수 있다.
③ [Access 옵션] 창의 보안 센터에서 파일 암호를 설정할 수 있다.
④ 데이터베이스를 단독 사용 모드로 열어야 암호를 설정할 수 있다.

> 전문가의 조언 | 액세스 파일에 암호를 설정하거나 해제하려면 [파일] → [열기] → [찾아보기]를 선택한 후 '열기' 대화상자에서 파일을 선택하고 〈열기〉 단추 옆의 화살표를 클릭한 다음 [단독으로 열기]를 선택해야 합니다. 그런 다음 [파일] → [정보] → [데이터베이스 암호 설정]에서 지정하면 됩니다.

45 다음 중 테이블의 [디자인 보기]에서 설정 가능한 작업에 해당하지 않는 것은?

① 폼 필터를 적용하여 조건에 맞는 레코드만 표시할 수 있다.
② 필드의 '설명'에 입력한 내용은 테이블 구조에 영향을 미치지 않고, 폼에서 해당 필드를 선택할 때 상태 표시줄에 표시된다.
③ 컨트롤 표시 속성은 텍스트 상자, 목록 상자, 콤보 상자 중 선택할 수 있다.
④ 한 개 이상의 필드를 선택하여 기본키로 설정할 수 있다.

> 전문가의 조언 | 폼 필터는 폼의 여러 필드에 필터를 적용할 때 사용하는 것으로 테이블의 '디자인 보기'가 아니라 폼의 '디자인 보기'에서 설정이 가능합니다.

46 다음 중 테이블에서의 필드 이름 지정 규칙에 대한 설명으로 옳지 않은 것은?

① 최대 64자까지 입력할 수 있다.
② 공백을 이름의 첫 문자로 사용할 수 없다.
③ 한 테이블 내에 동일한 이름의 필드를 2개 이상 지정할 수 없다.
④ 모든 특수문자, 문자, 숫자, 공백을 포함하여 이름을 지정할 수 있다.

> 전문가의 조언 | . ! [ ]를 제외한 특수 문자, 공백, 숫자, 문자를 조합하여 필드 이름으로 사용할 수 있습니다.

47 다음 중 폼에 대한 설명으로 옳지 않은 것은?

① '레코드 원본' 속성에 지정된 테이블의 필드는 컨트롤 없이도 폼 머리글의 배경에 표시할 수 있다.
② 컨트롤과 여러 도구 모음을 이용하여 시각적으로 다양한 작업 화면을 작성할 수 있다.
③ 폼에 레이블이나 명령 단추만을 추가하여 언바운드 폼을 만들어 사용할 수 있다.
④ 폼을 사용하여 데이터베이스의 보안성과 사용자의 편의성을 높일 수 있다.

> 전문가의 조언 | 폼의 '레코드 원본' 속성에 지정된 테이블의 필드 내용을 폼에 표시하려면 반드시 컨트롤을 사용해야 합니다.

48 다음 중 폼 작성 시 사용하는 컨트롤에 대한 설명으로 옳지 않은 것은?

① 바운드 컨트롤 : 폼이나 보고서에서 테이블이나 쿼리의 필드를 컨트롤 원본으로 사용하는 컨트롤이다.
② 탭 컨트롤 : 탭 형식의 대화상자를 작성하는 컨트롤로, 다른 컨트롤을 탭 컨트롤로 복사하거나 추가할 수 있다.
③ 레이블 컨트롤 : 날짜나 시간을 표시하는 용도로 사용하는 컨트롤이다.
④ 계산 컨트롤 : 원본 데이터로 필드를 사용하지 않고 식을 사용하는 컨트롤이다.

> 전문가의 조언 |
> • 날짜나 시간은 함수를 사용해서 표시하는데, 이와 같이 함수의 결과 값을 표시하려면 텍스트 상자를 사용해야 합니다.
> • 레이블은 제목이나 캡션, 설명 등을 표시하는 용도로 사용됩니다.

49 〈도서〉 테이블에 대해 다음과 같은 결과를 표시하는 SQL문은?

도서명	저자	출간년도	출판사
70세의 마음	이신호	2020	길벗
어른의 걸음으로	김용갑	2019	길벗
혼자 남는 기분	최미경	2020	오직북
성공의 법칙	김종일	2018	오직북
70세의 마음	김선길	2019	한마음
어른의 걸음으로	김용갑	2018	한마음

① select * from 도서 order by 출판사 asc, 저자 desc;
② select * from 도서 order by 출판사, 출간년도 desc;
③ select * from 도서 order by 도서명, 출간년도 desc;
④ select * from 도서 order by 저자, 출판사 desc;

> 전문가의 조언 | 문제의 그림은 '출판사'를 기준으로 오름차순 정렬(ASC 또는 생략)하고, '출판사'가 같은 경우에는 '출간년도'를 기준으로 내림차순 정렬(DESC)한 결과입니다.

정답 44.④ 45.① 46.④ 47.① 48.③ 49.②

• 나머지 보기로 제시된 SQL문의 결과는 다음과 같습니다.

50 다음 중 보고서에 대한 설명으로 옳지 않은 것은?

① 보고서에 포함할 필드가 모두 한 테이블에 있는 경우 해당 테이블을 레코드 원본으로 사용한다.
② [보고서 디자인]을 이용하면 별도의 정보 입력 과정 없이 테이블이나 쿼리를 이용하여 보고서를 바로 작성할 수 있다.
③ 보고서에서도 폼에서와 같이 이벤트 프로시저를 작성할 수 있다.
④ [보고서 마법사]를 이용하는 경우 마법사가 진행되는 순서에 따라 설정 사항을 지정하면 자동으로 보고서가 작성된다.

전문가의 조언 | • ②번은 [만들기] → [보고서] 그룹의 '보고서' 도구를 이용하여 보고서를 작성하는 경우입니다.
• '보고서 디자인' 도구를 이용하면 디자인 보기 상태에서 컨트롤을 이용하여 사용자가 직접 보고서를 작성할 수 있습니다.

51 다음은 보고서 보기 형태에 대한 내용이다. ㉠, ㉡에 알맞은 형태는 무엇인가?

• ㉠ : 보고서로 출력될 실제 데이터를 보면서 컨트롤의 크기 및 위치를 변경할 수 있다.
• ㉡ : 컨트롤 도구를 이용하여 보고서를 만들거나 수정할 수 있는 형태로, 실제 데이터는 표시되지 않는다.

① ㉠ 레이아웃 보기, ㉡ 디자인 보기
② ㉠ 인쇄 미리 보기, ㉡ 레이아웃 보기
③ ㉠ 디자인 보기, ㉡ 보고서 보기
④ ㉠ 레이아웃 보기, ㉡ 보고서 보기

전문가의 조언 | 출력될 실제 데이터의 레이아웃(윤곽)을 보면서 작업하는 형태는 '레이아웃 보기', 실제 데이터는 표시되지 않지만 컨트롤 도구를 이용하여 보고서를 디자인하는 것은 '디자인 보기'입니다.

52 아래의 [상황]에서 두 테이블에 변경된 내용을 적용하기 위한 방법으로 가장 적절한 것은?

[상황]

• 〈제품〉 테이블의 '분류코드'는 〈분류〉 테이블의 '분류코드'를 참조한다.
• '분류코드' 체계를 변경하기 위해 〈분류〉 테이블의 '분류코드' 필드 값을 변경하려 하였더니 '관련 레코드가 '제품' 테이블에 있으므로 레코드를 삭제하거나 변경할 수 없습니다.'라는 오류 메시지가 나타났다.

① 두 테이블 간의 관계를 해제하고 〈분류〉 테이블의 '분류코드' 필드 값을 수정한다.
② 〈제품〉 테이블의 '분류코드'를 먼저 수정한 후, 〈분류〉 테이블의 '분류코드' 필드 값을 수정한다.
③ 관계 편집 창에서 '관련 필드 모두 업데이트'를 체크한 후, 〈분류〉 테이블의 '분류코드' 필드 값을 수정한다.
④ 관계 편집 창에서 '관련 필드 모두 업데이트'를 체크한 후, 〈제품〉 테이블의 '분류코드' 필드 값을 수정한다.

전문가의 조언 | 관계 설정 시 사용자가 실수로 데이터를 변경하거나 삭제하지 않도록 '항상 참조 무결성 유지'를 지정했기 때문에 문제의 메시지가 표시된 것입니다. 이럴 경우에는 참조되는 테이블(분류)의 변경 사항이 참조하는 테이블(제품)에 자동으로 반영되도록 '관계 편집' 창의 '관련 필드 모두 업데이트'를 선택하면 됩니다. 이 기능을 이용해야만 정확한 데이터 관리가 가능합니다.

53 〈제품〉 테이블의 데이터는 모두 표시되고 〈판매내역〉 테이블의 데이터는 '제품.제품코드' 필드와 일치하는 데이터만 표시되는 조인은?

① 왼쪽 외부 조인
② 오른쪽 외부 조인
③ 카테션 조인
④ 내부 조인

> 전문가의 조언 | 문제의 그림을 보면 '관계 편집' 대화상자의 오른쪽에 있는 〈제품〉 테이블에서는 모든 레코드를 포함하고, 왼쪽에 있는 〈판매내역〉 테이블에서는 조인된 필드가 일치하는 레코드만 질의에 포함하도록 설정되어 있습니다. 이와 같이 오른쪽이 기준이면, '오른쪽 외부 조인'입니다.

54 다음 중 조건부 서식에 대한 설명으로 옳지 않은 것은?

① 첫 번째 조건을 만족하면 해당 조건의 서식이 적용되고, 이후 조건들은 무시된다.

② 폼이나 보고서를 다른 파일 형식으로 변환하면 조건부 서식이 유지된 상태로 변환된다.

③ 필드 값이나 식, 포커스를 가지고 있는 컨트롤을 기준으로 조건부 서식을 설정할 수 있다.

④ 조건을 만족하지 않으면 적용된 서식이 해제되고 기본 서식이 적용된다.

> 전문가의 조언 | 폼이나 보고서를 다른 파일 형식으로 변환하면 조건부 서식이 해제된 상태로 변환됩니다.

55 다음 중 연산자 사용에 대한 설명으로 옳지 않은 것은?

① Like "김?" : "김"으로 시작하거나 "김"을 포함하는 모든 자료를 표시한다.

② Between 20 and 60 : 20에서 60 사이인 자료를 표시한다.

③ Not "0" : 널 문자가 아닌 자료를 표시한다.

④ 3〈〉3 Or 2〈1 : 화면에 표시되는 내용이 없다.

> 전문가의 조언 | 만능 문자는 모든 문자를 대신하여 사용하는 문자로, *는 문자의 모든 자리를 대신할 수 있지만, ?는 문자의 한 자리만 대신할 수 있습니다. Like "김?"은 "김"으로 시작하는 두 글자인 자료만 표시합니다.

56 다음 중 문자열 함수에 대한 결과로 옳지 않은 것은?

① Len("Blossom") = 7

② Mid("Blossom", 3, 2) = os

③ Left("Blossom", 3) = Blo

④ Instr("Blossom", "son") = Null

> 전문가의 조언 | InStr(문자열, 찾는 문자)는 문자열에서 찾는 문자 또는 문자열의 위치를 구하는 함수로, 문자열에서 찾는 문자나 문자열이 없는 경우에는 0을 반환합니다.

57 다음 중 아래의 이벤트 프로시저에 대한 설명으로 옳지 않은 것은?

```
Private Sub cmd재고_Click( )
    txt재고수량 = txt입고량 − txt총주문량
    DoCmd.OpenReport "제품별재고현황", _
        acViewDesign, , "제품번호 = '" & cmb조회 & "'"
End Sub
```

① 'cmd재고' 컨트롤을 클릭했을 때 실행된다.

② 'txt재고수량' 컨트롤에는 'txt입고량' 컨트롤에 표시되는 값에서 'txt총주문량' 컨트롤에 표시되는 값을 차감한 값으로 표시된다.

③ '제품별재고현황' 보고서가 즉시 프린터로 출력된다.

④ '제품별재고현황' 보고서가 출력될 때 '제품번호' 필드 값이 'cmb조회' 컨트롤 값과 일치하는 데이터만 표시된다.

> 전문가의 조언 | 지문의 프로시저를 실행하면 〈제품별재고현황〉 보고서는 프린터로 출력되는 것이 아니라 디자인 보기 상태로 열립니다. 지문에 제시된 코드의 의미는 다음과 같습니다.
>
> ```
> ❶ Private Sub cmd재고_Click( )
> ❷     txt재고수량 = txt입고량 − txt총주문량
> ❸     DoCmd.OpenReport "제품별재고현황", _
>         acViewDesign, , "제품번호 = '" & cmb조회 & "'"
>    End Sub
> ```
>
> ❶ 'cmd재고' 컨트롤을 클릭하면 ❷~❸번을 실행합니다.
> ❷ 'txt입고량 − txt총주문량'의 결과를 'txt재고수량' 컨트롤의 값으로 지정합니다.
> ❸ '제품번호' 필드의 값과 'cmb조회' 컨트롤의 값이 같은 레코드를 대상으로 〈제품별재고현황〉 보고서를 디자인 보기(acViewDesign) 상태로 엽니다.

58 다음 중 보고서에 대한 설명으로 옳지 않은 것은?

① 디자인 보기 상태에서 업무 양식 보고서나 우편 레이블 보고서로 변경이 용이하다.

② 보고서에 포함할 필드가 모두 한 테이블에 있는 경우 해당 테이블을 레코드 원본으로 사용한다.

③ 둘 이상의 테이블을 이용하여 보고서를 작성하는 경우 쿼리를 만들어 레코드 원본으로 사용한다.

④ '보고서' 도구를 사용하면 정보를 입력하지 않아도 바로 보고서가 생성되므로 매우 쉽고 빠르게 보고서를 만들 수 있다.

> 전문가의 조언 | 쿼리는 디자인 보기 상태에서 쿼리 유형을 변경할 수 있지만 보고서는 디자인 보기 상태에서 보고서 유형을 변경할 수 없습니다. 보고서 유형을 변경하려면 원본 개체를 이용하여 보고서를 다시 만들어야 합니다.

59 다음 중 그룹화에 대한 설명으로 옳지 않은 것은?

① 그룹으로 지정된 필드의 정렬 기준은 기본적으로 오름차순으로 정렬된다.

② 숫자 데이터는 첫 문자나 처음 두 문자를 기준으로 그룹화할 수 있다.

③ 그룹화 할 필드가 날짜 데이터이면 실제 값(기본)·일·주·월·분기·연도를 기준으로 그룹화할 수 있다.

④ 그룹을 만들려면 머리글 구역 표시나 바닥글 구역 표시 중 하나 이상을 설정해야 한다.

전문가의 조언 | • 숫자는 전체 값, 5/10/100/1000 단위, 사용자 지정 간격을 기준으로 그룹화할 수 있습니다.
• 첫 문자나 처음 두 문자를 기준으로 그룹화할 수 있는 데이터 형식은 텍스트입니다.

60 다음 중 SQL문에 대한 설명으로 옳지 않은 것은?

① DROP을 이용하여 조건에 맞는 레코드를 삭제할 수 있다.

② INSERT를 이용하여 조건에 맞는 레코드를 추가할 수 있다.

③ SELECT를 이용하여 조건에 맞는 레코드를 검색할 수 있다.

④ UPDATE를 이용하여 조건에 맞는 레코드를 수정할 수 있다.

전문가의 조언 | • DROP은 SCHEMA, DOMAIN, TABLE, VIEW, INDEX를 삭제하는 명령어입니다.
• 조건에 맞는 레코드를 삭제할 때 사용하는 명령어는 DELETE입니다.

07회 2024년 상시 02 시행 기출문제 & 전문가의 조언

1과목 컴퓨터 일반

01 다음 중 한글 Windows의 '실행' 창을 이용하여 실행할 수 있는 프로그램으로 옳은 것은?

① taskmgr - 시스템 정보
② winver - 작업 관리자
③ msconfig - 시스템 구성 유틸리티
④ msinfo32 - 레지스트리 편집기

> 전문가의 조언 | '실행' 창에 msconfig를 입력한 후 〈확인〉을 클릭하면 '시스템 구성' 대화상자가 실행됩니다.
> • taskmgr : 작업 관리자
> • winver : Windows 정보
> • msinfo32 : 시스템 정보
> • regedit : 레지스트리 편집기

02 다음 중 OSI 참조 모델의 7계층에서 사용하는 주소에 대한 설명으로 옳지 않은 것은?

① IP 주소는 호스트에 대한 식별자로, 네트워크 계층의 IP 프로토콜에서 사용하며, 송신자 IP 주소와 수신자 IP 주소로 구분한다.
② MAC 주소(물리적 주소)는 NIC(Network Interface Card)에 대한 식별자로 물리 계층에서 사용한다.
③ 메일 주소는 응용 계층의 메일 시스템에서 사용자를 구분하려고 사용한다.
④ 포트(Port) 번호는 전송 계층에서 사용하며, 호스트에서 실행되는 프로세스를 구분해 주고 TCP와 UDP가 독립적으로 포트 주소를 관리한다.

> 전문가의 조언 | MAC 주소는 NIC에 대한 식별자로 데이터 링크 계층에서 사용합니다.

03 다음 중 입력장치에 대한 설명으로 옳은 것은?

① OMR - 특정 글꼴로 인쇄된 문자에 빛을 비추어 반사된 빛의 차이를 이용하여 문자를 판독하는 장치이다.
② OCR - 굵기가 서로 다른 선에 빛을 비추어 반사된 값을 코드화하여 판독하는 장치이다.
③ BCR - 컴퓨터용 수성 사인펜으로 표시한 카드에 빛을 비추어 표시 여부를 판독하는 장치이다.
④ MICR - 자성을 띤 특수 잉크로 인쇄된 문자나 기호를 판독하는 장치이다.

> 전문가의 조언 | MICR(자기 잉크 문자 판독기)는 자성을 띤 특수 잉크로 인쇄된 문자나 기호를 판독하는 장치입니다.
> ① OMR(Optical Mark Reader, 광학 마크 판독기) : 컴퓨터용 수성 사인펜으로 표시한 OMR 카드에 빛을 비추어 표시 여부를 판독하는 장치
> ② OCR(Optical Character Reader, 광학 문자 판독기) : 특정 글꼴로 인쇄된 문자에 빛을 비추어 반사된 빛의 차이를 이용하여 문자를 판독하는 장치
> ③ BCR(Bar Code Reader, 바코드 판독기) : 굵기가 서로 다른 선에 빛을 비추어 반사된 값을 코드화하여 판독하는 장치

04 다음 중 소프트웨어의 성능을 검사하기 위해 실제로 사용되는 조건에서 처리 능력을 테스트하는 것은?

① 번들 　　　　② 알파 버전
③ 베타 버전 　　④ 벤치마크

> 전문가의 조언 | 소프트웨어의 성능을 검사하기 위해 실제로 사용되는 조건에서 처리 능력을 테스트하는 것은 벤치마크 테스트입니다.
> • 번들(Bundle) : 특정 하드웨어나 소프트웨어를 구입하였을 때 무료로 끼워주는 소프트웨어
> • 알파(Alpha) 버전 : 베타테스트를 하기 전, 제작 회사 내에서 테스트할 목적으로 제작하는 소프트웨어
> • 베타(Beta) 버전 : 정식 프로그램을 출시하기 전, 테스트를 목적으로 일반인에게 공개하는 소프트웨어

05 다음 중 보안 위협의 유형 중 위협 보안 요건으로 옳은 것은?

① 수정(Modification) - 무결성 저해
② 가로채기(Interception) - 무결성 저해
③ 가로막기(Interruption) - 기밀성 저해
④ 위조(Fabrication) - 가용성 저해

> 전문가의 조언 | 수정(Modification)은 무결성을 저해하는 보안 위협의 유형입니다.
> • 가로채기(Interception) : 기밀성 저해
> • 가로막기(Interruption) : 가용성 저해
> • 위조(Fabrication) : 무결성 저해

06 다음 중 윈도우의 저장소 설정에 대한 설명으로 옳은 것은?

① 절전 모드를 설정할 수 있다.
② 컴퓨터에 설치되어 있는 하드웨어의 종류 및 작동 여부를 확인하고 속성을 변경할 수 있다.
③ 저장 공간 센스는 임시 파일이나 휴지통의 콘텐츠 등과 같은 필요하지 않은 파일을 제거함으로써 자동으로 공간을 확보한다.
④ 시스템에 연결된 장치 및 Windows 사양을 확인할 수 있다.

정답 1.③ 2.② 3.④ 4.④ 5.① 6.③

전문가의 조언 | 윈도우의 저장소 설정에 대한 설명으로 옳은 것은 ③번입니다.
① 절전 모드는 [⚙(설정)] → [시스템] → [전원 및 절전]에서 설정할 수 있습니다.
② 하드웨어의 종류 및 작동 여부 확인 등은 [⊞(시작)]의 바로 가기 메뉴에서 [장치 관리자]를 선택하여 수행할 수 있습니다.
④ 시스템에 연결된 장치 및 Windows 사양은 [⚙(설정)] → [시스템] → [정보]에서 확인할 수 있습니다.

전문가의 조언 | • 운영체제의 종류에는 Windows, UNIX, LINUX, MS-DOS 등이 있습니다.
• 컴파일러(Compiler)는 고급 언어로 작성된 프로그램을 기계어로 번역하는 언어번역 프로그램입니다.

07 다음 중 디지털 이미지에 대한 설명으로 옳지 않은 것은?
① 그래픽 데이터 표현 방식에는 비트맵 방식과 벡터 방식이 있다.
② 벡터 이미지는 화면을 확대하면 테두리가 매끄럽지 못하고 계단 현상이 발생한다.
③ 비트맵 이미지는 픽셀(Pixel)로 이미지를 표현한다.
④ 비트맵 이미지는 다양한 색상을 이용하기 때문에 사실적 표현이 용이하다.

전문가의 조언 | • 벡터 이미지는 이미지를 확대해도 테두리가 거칠어지지 않고, 매끄럽게 표현됩니다.
• 이미지를 확대하면 테두리가 매끄럽지 못하고 계단 현상이 발생하는 것은 비트맵 이미지입니다.

10 다음 중 한글 Windows 10의 가상 데스크톱에 대한 설명으로 옳지 않은 것은?
① 시스템을 재시작하면 가상 데스크톱은 모두 제거된다.
② 가상 데스크톱 화면을 닫으려면 Ctrl+⊞+F4를 누른다.
③ 가상 데스크톱을 제거하면 제거된 가상 데스크톱에서 작업 중이던 앱은 이전 가상 데스크톱으로 이동된다.
④ 작업 보기 상단에 표시된 데스크톱에 마우스를 가져가면 해당 데스크톱에서 현재 작업 중인 앱이 표시된다.

전문가의 조언 | 시스템을 재시작하더라도 가상 데스크톱은 제거되지 않고 남아 있습니다.

08 다음 중 한글 Windows 10의 [설정] → [개인 설정]에서 지정할 수 있는 바탕 화면 아이콘의 종류가 아닌 것은?
① 컴퓨터 ② 네트워크
③ 문서   ④ 즐겨찾기

전문가의 조언 | [⚙(설정)] → [개인 설정] → [테마] → [바탕 화면 아이콘 설정]에서 설정할 수 있는 바탕 화면 아이콘의 종류에는 '컴퓨터, 휴지통, 문서, 제어판, 네트워크'가 있습니다.

11 다음 중 작업 표시줄에 대한 설명으로 옳지 않은 것은?
① 작업 표시줄에 표시된 앱을 마우스 오른쪽 단추로 클릭하면 점프 목록이 표시된다.
② 작업 표시줄의 위치를 마우스를 이용하여 상하좌우 원하는 위치에 배치할 수 있다.
③ 작업 표시줄에 고정된 앱의 바로 가기 메뉴에서 '시작 화면에 고정'을 선택하여 시작 화면에 표시할 수 있다.
④ 작업 표시줄에서 현재 실행중인 앱 위에 마우스 포인터를 놓으면 해당 앱을 통해 열린 창들의 미리 보기가 표시되며 이 중 하나를 클릭하면 해당 창이 활성화된다.

전문가의 조언 | 작업 표시줄에 고정된 앱을 시작 메뉴에 표시하려면 작업 표시줄에 고정된 앱의 바로 가기 메뉴 중 앱의 바로 가기 메뉴에서 '시작 화면에 고정'을 선택해야 합니다.

09 다음 중 컴퓨터 운영체제(OS) 대한 설명으로 옳지 않은 것은?
① 컴퓨터 하드웨어와 응용 프로그램을 사용하고자 하는 사용자 사이에 위치하여 인터페이스 역할을 해주는 소프트웨어이다.
② 운영체제는 컴퓨터가 동작하는 동안 주기억장치에 위치하며, 프로세스, 기억장치, 입·출력장치, 파일 등의 자원을 관리한다.
③ 운영체제의 종류에는 COMPILER, UNIX, LINUX 등이 있다.
④ 운영체제의 목적에는 처리 능력의 향상, 응답 시간의 단축, 사용 가능도의 향상, 신뢰도 향상 등이 있다.

정답 7.② 8.④ 9.③ 10.① 11.③

12 다음 중 컴퓨터에서 사용하는 가상 메모리에 관한 설명으로 옳은 것은?

① 중앙처리장치와 주기억장치 사이에 위치하여 컴퓨터의 처리 속도를 향상시키는 역할을 한다.
② 보조기억장치의 일부를 주기억장치처럼 사용하는 메모리 사용 기법으로, 주기억장치보다 큰 프로그램을 로드하여 실행할 경우에 유용하다.
③ CPU가 데이터를 처리하는 동안 미리 CPU가 필요로 하는 데이터를 저장해 두는 기억장치이다.
④ 디스크와 같은 보조기억장치의 기억 공간을 가상으로 확장하는 기억장치이다.

> 전문가의 조언 | 가상 메모리는 보조기억장치의 일부를 주기억장치처럼 사용하는 메모리 기법입니다.

13 다음 중 컴퓨터에서 사용하는 EBCDIC 코드에 대한 설명으로 옳지 않은 것은?

① 4비트의 존 부분과 4비트의 디지트 부분으로 구성된다.
② 특수 문자 및 소문자 표현이 가능하다.
③ 확장 이진화 10진 코드로 BCD 코드를 확장한 것이다.
④ 최대 64개의 문자 표현이 가능하다.

> 전문가의 조언 | EBCDIC 코드는 8비트이므로 최대 256(2^8)개의 문자 표현이 가능합니다.

14 다음 중 [드라이브 조각 모음 및 최적화]를 수행할 수 있는 대상으로 옳은 것은?

① 외장 하드디스크 드라이브
② 네트워크 드라이브
③ CD-ROM 드라이브
④ Windows가 지원하지 않는 형식의 압축 프로그램

> 전문가의 조언 | 외장 하드디스크 드라이브는 '드라이브 조각 모음 및 최적화'를 수행할 수 있습니다.
> • 네트워크 드라이브, CD-ROM 드라이브, Windows가 지원하지 않는 형식으로 압축된 프로그램에 대해서는 '드라이브 조각 모음 및 최적화'를 수행할 수 없습니다.

15 프로그램을 실행하는 도중에 예기치 않은 상황이 발생할 경우 현재 실행중인 작업을 일시 중단하고, 발생된 상황을 우선 처리한 후 실행중이던 작업으로 복귀하여 계속 처리하는 것을 의미하는 용어는?

① 채널
② 인터럽트
③ DMA
④ 레지스터

> 전문가의 조언 | 문제에 제시된 내용은 인터럽트(Interrupt)에 대한 설명입니다.
> • 채널(Channel) : 주변장치에 대한 제어 권한을 CPU(중앙처리장치)로부터 넘겨받아 CPU 대신 입·출력을 관리하는 것으로, 중앙처리장치와 입·출력 장치 사이의 속도 차이로 인한 문제점을 해결하기 위해 사용됨
> • DMA(Direct Memory Access) : CPU의 참여 없이 입·출력장치와 메모리(주기억장치)가 직접 데이터를 주고받는 것
> • 레지스터(Register) : CPU 내부에서 처리할 명령이나 연산의 중간 결과값 등을 일시적으로 기억하는 임시 기억장소

16 다음 중 RAID(Redundant Array Of Inexpensive Disk)에 대한 설명으로 옳지 않은 것은?

① 여러 개의 하드디스크를 하나의 저장장치처럼 관리하는 기술이다.
② 미러링(Mirroring) 방식은 데이터를 두 개의 하드디스크에 동일하게 기록하는 방법으로 한쪽 하드디스크의 데이터 손상 시 다른 한쪽 하드디스크를 이용하여 복구한다.
③ 스트라이핑(Striping) 방식은 데이터를 여러 개의 하드디스크에 나누어 저장하므로 장애 시 복구가 용이하나 데이터 입출력이 느리다.
④ RAID는 RAID 컨트롤러를 이용하여 하드웨어적인 방법으로 구성하거나 OS나 RAID 소프트웨어를 사용하여 구성한다.

> 전문가의 조언 | 스트라이핑(Striping) 방식은 데이터를 여러 개의 하드디스크에 나눠서 기록하는 방법으로, 데이터 입출력 속도가 빠르지만 하드디스크가 한 개라도 손상되면 데이터를 사용할 수 없고 장애 시 복구가 어렵습니다.

17 다음 중 컴퓨터 보안 기법의 하나인 방화벽에 관한 설명으로 옳지 않은 것은?

① 전자 메일 바이러스나 온라인 피싱 등을 방지할 수 있다.
② 해킹 등에 의한 외부로의 정보 유출을 막기 위해 사용하는 보안 기법이다.
③ 외부 침입자의 역추적 기능이 있다.
④ 내부의 불법 해킹은 막지 못한다.

> 전문가의 조언 | 방화벽은 전자 메일 바이러스나 온라인 피싱 등을 방지할 수 없습니다.

18 다음 중 정보 통신에 사용되는 네트워크 장비인 라우터(Router)에 관한 설명으로 옳은 것은?

① 네트워크를 구성할 때 각 회선을 통합적으로 관리하여 한꺼번에 여러 대의 컴퓨터를 연결하는 장치이다.
② 디지털 신호의 장거리 전송을 위해 수신한 신호를 재생시키거나 출력 전압을 높여주는 장치이다.
③ 네트워크에서 통신을 위해 가장 최적의 경로를 설정하여 전송하고 데이터의 흐름을 제어하는 장치이다.
④ 다른 네트워크로 데이터를 보내거나 받아들이는 역할을 하는 장치이다.

전문가의 조언 | 라우터(Router)에 관한 설명으로 옳은 것은 ③번입니다.
• ①번은 허브(Hub), ②번은 리피터(Repeater), ④번은 게이트웨이(Gateway)에 대한 설명입니다.

19 다음 중 니블(Nibble)에 대한 설명으로 옳은 것은?

① 자료 표현의 최소 단위이다.
② 1바이트를 반으로 나눈 4비트로 구성된 단위이다.
③ 문자를 표현하는 최소 단위이다.
④ CPU가 한 번에 처리할 수 있는 명령 단위이다.

전문가의 조언 | 니블(Nibble)은 4비트로 구성된 단위입니다.
• ①번은 비트(Bit), ③번은 바이트(Byte), ④번은 워드(Word)에 대한 설명입니다.

20 다음 중 OTT(Over The Top) 서비스에 대한 설명으로 옳지 않은 것은?

① Over The Top에서 Top는 TV의 셋톱박스를 의미하며, 현재도 셋톱박스를 사용해야 서비스 이용이 가능하다.
② 전파나 케이블이 아닌 범용 인터넷망으로 방송 프로그램, 영화 등의 영상 콘텐츠를 제공한다.
③ 기존 방송 콘텐츠와 달리 사용자가 자신이 선호하는 콘텐츠를 검색하거나 알고리즘을 통해 콘텐츠를 추천받을 수 있다.
④ 실시간으로 재생되는 스트리밍 기술을 기반으로 한다.

전문가의 조언 | OTT(Over The Top)는 드라마, 영화 등의 영상 콘텐츠를 인터넷을 통해 제공하는 서비스입니다. Over The Top에서 Top은 TV의 셋톱박스를 의미하며, 초기에는 셋톱박스를 통해 각종 영상을 시청할 수 있었지만 현재는 셋톱박스를 비롯하여 PC, 스마트폰 등 인터넷이 연결된 각종 전자기기를 통해 영상을 시청할 수 있습니다.

2과목 스프레드시트 일반

21 다음 중 통합에 관한 설명으로 옳지 않은 것은?

① 모든 참조 영역 : 참조 영역에 범위를 지정한 후 〈추가〉 단추를 클릭하면 '모든 참조 영역'에 표시된다.
② 사용할 레이블 : '첫 행'과 '왼쪽 열'을 이용하여 원본 데이터에 표시된 순서와 상관없이 통합할 수 있다.
③ 원본 데이터에 연결 : 통합 영역의 데이터 변경 시 원본 영역의 데이터도 자동으로 변경된다.
④ 함수 : 합계, 평균, 개수 등 사용할 함수를 선택한다.

전문가의 조언 | '통합' 대화상자의 '원본 데이터에 연결'은 원본 데이터가 변경될 경우 통합된 데이터에도 반영되는 것을 의미합니다.

22 다음 중 선택된 차트의 페이지 설정에 관한 설명으로 옳지 않은 것은?

① [페이지] 탭에서 '확대/축소 배율'을 지정할 수 없다.
② [여백] 탭에서 '페이지 가운데 맞춤'을 지정할 수 없다.
③ [머리글/바닥글] 탭에서 머리글 및 바닥글을 지정할 수 있다.
④ [차트] 탭에서 '간단하게 인쇄'를 선택하면 차트를 제외한 시트를 인쇄할 수 있다.

전문가의 조언 | • 차트의 '페이지 설정' 대화상자의 '차트' 탭에서는 '초안'과 '흑백으로 인쇄'만 지정할 수 있습니다.
• 차트를 제외한 시트를 인쇄하는 '간단하게 인쇄'는 시트의 '페이지 설정' 대화상자의 '시트' 탭에서 지정할 수 있습니다.

23 다음 중 김철수의 성적표에서 컴퓨터 과목들의 점수 변경에 따른 평균 점수의 변화를 한 번의 연산으로 빠르게 계산할 수 있는 도구는?

① 데이터 표
② 목표값 찾기
③ 시나리오
④ 피벗 테이블

> **전문가의 조언** | 특정값들(컴퓨터 과목들의 점수)의 변화에 따른 결과값(평균 점수)의 변화 과정을 한 번의 연산으로 빠르게 계산할 수 있는 도구는 데이터 표입니다.
> - **목표값 찾기** : 수식에서 원하는 결과(목표)값은 알고 있지만 그 결과값을 계산하기 위해 필요한 입력값을 모를 경우에 사용하는 도구
> - **시나리오** : 다양한 상황과 변수에 따른 여러 가지 결과값의 변화를 가상의 상황을 통해 예측하여 분석하는 도구
> - **피벗 테이블** : 많은 양의 데이터를 한눈에 쉽게 파악할 수 있도록 요약·분석하여 보여주는 도구

24 다음 중 표면형 차트에 대한 설명으로 옳은 것은?

① 두 개의 데이터 집합에서 최적의 조합을 찾을 때 사용한다.
② 워크시트의 여러 열이나 행에 있는 데이터에서 시간에 따른 변동의 크기를 강조하여 합계 값을 추세와 함께 살펴볼 때 사용된다.
③ 여러 열이나 행에 있는 데이터에서 전체에 대한 각 부분의 관계를 비율로 나타내어 각 부분을 비교할 때 사용된다.
④ 여러 데이터 계열에 있는 숫자 값 사이의 관계를 보여 준다.

> **전문가의 조언** | 표면형 차트는 두 개의 데이터 집합에서 최적의 조합을 찾을 때 사용합니다.
> - ②번은 영역형 차트, ③번은 도넛형 차트, ④번은 분산형 차트에 대한 설명입니다.

25 다음 중 '셀 서식' 대화상자의 가로 텍스트 맞춤에 대한 설명으로 틀린 것은?

① 양쪽 맞춤 : 여러 줄로 표시된 경우 글자를 양쪽에 붙여 표시한다.
② 선택 영역의 가운데로 : 병합하지 않은 상태에서 선택한 영역의 가운데로 정렬한다.
③ 균등 분할 (들여쓰기) : 셀의 너비보다 데이터의 길이가 긴 경우 열의 너비에 맞게 여러 줄로 표시한 후 글자 간의 간격을 조절한다.
④ 채우기 : 선택한 영역의 가장 왼쪽 셀의 내용을 반복하여 표시하고 나머지 셀의 내용은 삭제된다.

> **전문가의 조언** | 가로 텍스트 맞춤을 '채우기'로 지정하면 선택한 영역의 각 셀의 내용을 셀의 너비에 맞게 반복하여 표시합니다.
>
> | | A | B | C | | | A | B | C |
> |---|---|---|---|---|---|---|---|---|
> | 1 | 하나 | 둘 | 시나공 | → | 1 | 하나하나 | 둘둘둘둘 | 시나공 |
> | 2 | | | | | 2 | | | |

26 다음 조건을 이용하여 사용자 지정 표시 형식을 설정할 경우 옳은 것은?

> - 셀의 값이 2000 이상이면 '빨강', 2000 미만 500 이상이면 '파랑', 500 미만이면 색을 지정하지 않고, 천 단위 구분 기호를 표시하시오.
> - 0과 텍스트는 아무것도 표시하지 마시오.
>
> [표시 예]
> - 3000 : 3,000
> - 1000 : 1,000
> - 300 : 300
> - 0 :
> - 상공 :

① [빨강][>=2000]#,###;[파랑][>=500]#,###;#,###
② [빨강][>=2000]#,###;[파랑][>=500]#,###;#,###;
③ [>=2000]<빨강>#,###;[>=500]<파랑>#,###;#,###
④ [>=2000]<빨강>#,###;[>=500]<파랑>#,###;#,###;

> **전문가의 조언** | 문제 지문에 제시된 조건을 올바로 설정한 사용자 지정 표시 형식은 ②번입니다.
> - 사용자 지정 표시 형식에 조건이 있을 경우 '조건1;조건2;두 조건을 만족하지 않을 경우;텍스트' 순으로 지정하며, 조건이나 글꼴색은 대괄호([ ]) 안에 입력합니다.
> - 천 단위 구분 기호를 표시하는데 0이면 아무것도 표시하지 않음 : #,###
> - 셀의 값이 2000 이상이면 '빨강' : [빨강][>=2000]#,###
> - 2000 미만 500 이상이면 '파랑' : [파랑][>=500]#,###
> - 500 미만이면 색을 지정하지 않음 : #,###
> - 텍스트는 아무것도 표시하지 않음 :
> - ∴ 표시 형식을 모두 합치면 [빨강][>=2000]#,###;[파랑][>=500]#,###;#,###; 입니다.

정답 23.① 24.① 25.④ 26.②

27 다음 중 매크로에 대한 설명으로 옳지 않은 것은?

① 매크로가 포함된 통합 문서를 열 때, '보안 경고'가 표시되면 '보안 경고'에 표시된 '이 콘텐츠 사용'을 클릭해야 매크로를 실행할 수 있다.

② 매크로를 실행할 바로 가기 키로 영문 소문자를 지정하면 Ctrl이 Ctrl + Shift로 자동 변경된다.

③ 절대 참조로 매크로를 작성하면 매크로를 실행할 때 현재 셀의 위치에 상관없이 매크로를 기록할 때 지정한 셀로 매크로가 실행된다.

④ 리본 메뉴에 [개발 도구] 탭을 추가하려면 'Excel 옵션' 대화상자의 [리본 사용자 지정] 탭에서 '개발 도구'를 선택하여 체크 표시를 한다.

> 전문가의 조언 | 매크로의 바로 가기 키는 기본적으로 Ctrl과 영문 소문자를 조합하여 사용하고, 대문자로 지정하면 Ctrl + Shift로 자동 변경됩니다.

28 다음 중 콤보 차트에 대한 설명으로 틀린 것은?

① 데이터 계열에 따라 세로 축과 보조 축으로 지정하여 차트를 작성할 수 있다.

② 차트의 그림 영역에서 데이터 계열을 선택하여 차트 종류를 변경할 수 있다.

③ '3차원 묶은 세로 막대형'과 '표식이 있는 꺾은선형' 차트를 혼합하여 차트를 만들 수 있다.

④ 데이터 계열이 2개가 있어야 콤보 차트를 작성할 수 있다.

> 전문가의 조언 | 3차원 묶은 세로 막대형 차트는 콤보 차트로 구현할 수 없습니다.

29 다음 중 아래의 워크시트에서 [B6] 셀에 입력된 수주번호의 담당자를 구하고자 할 때, [B7] 셀에 입력할 수식으로 옳지 않은 것은?

	A	B	C
1	수주번호	담당자	수주금액
2	D12-001	양미숙	1,500
3	D12-002	이숙희	1,000
4	D12-003	김일동	2,300
5			
6	수주코드	D12-002	
7	담당자		
8			

① =INDEX(A2:C4, MATCH(B6, A2:A4, 0), 2)

② =VLOOKUP(B6, OFFSET(A2, 0, 0, COUNTA(A:A)−3, 3), 2, 0)

③ =DGET(A1:C4, 2, A6:B6)

④ =LOOKUP(B6, A2:A4, B2:B4)

> 전문가의 조언 |
> • ③번 수식의 경우 DGET 함수의 조건이 올바르지 않아 오류 메시지(#VALUE!)가 표시됩니다.
> • DGET(범위, 열 번호, 조건)은 해당 '범위'의 '열'에서 '조건'과 일치하는 단일 값을 반환하는 함수로, '조건' 지정 시 첫 번째 셀에는 조건이 포함되어 있는 필드의 필드명을 입력하고 그 아래 셀에 조건을 입력해야 합니다. 이 문제에서 조건은 '수주번호가 D12-002'인 것이므로 다음과 같이 조건을 지정해야 합니다.

① =INDEX(A2:C4, MATCH(B6, A2:A4, 0), 2)
  ❶ MATCH(B6, A2:A4, 0) : [A2:A4] 영역에서 [B6] 셀, 즉 "D12-002"와 동일한 값을 찾은 후 상대 위치인 2를 반환합니다.
  ❷ =INDEX(A2:C4, ❷, 2) → =INDEX(A2:C4, 2, 2) : [A2:C4] 영역에서 2행, 2열에 있는 "이숙희"를 반환합니다.

② =VLOOKUP(B6, OFFSET(A2, 0, 0, COUNTA(A:A)−3, 3), 2, 0)
  ❶ COUNTA(A:A) : A 열에서 데이터가 입력되어 있는 셀의 개수인 6을 반환합니다.
  ❷ OFFSET(A2, 0, 0, ❶−3, 3) → OFFSET(A2, 0, 0, 3, 3) : [A2] 셀에서 0행, 0열 떨어진 셀 주소(A2)를 찾고 이 주소를 기준으로 3행, 3열의 범위(A2:C4)를 반환합니다.
  ❸ =VLOOKUP(B6, ❷, 2, 0) → =VLOOKUP(B6, A2:C4, 2, 0) : [A2:C4] 영역의 첫 번째 열에서 "D12-002"와 정확히 일치하는 값을 찾은 후 이 값이 있는 행에서 2열에 있는 "이숙희"를 반환합니다.

④ =LOOKUP(B6, A2:A4, B2:B4) : [A2:A4] 영역에서 "D12-002"와 같은 값을 찾은 후 [B2:B4] 영역에서 같은 행에 있는 "이숙희"를 반환합니다.

30 [A1:K20] 영역에 데이터가 입력되어 있고, 한 페이지에 인쇄되는 범위가 [A1:J12] 영역일 때 모든 내용을 한 페이지에 출력하도록 하기 위한 속성 설정으로 올바른 것은?

① [축소 확대/배율]을 100%로 한다.

② [자동 맞춤]의 '용지 너비'를 1로 하고 '용지 높이'를 공백으로 한다.

③ [자동 맞춤]의 '용지 너비'를 공백으로 하고 '용지 높이'를 1 한다.

④ [자동 맞춤]의 '용지 너비'와 '용지 높이'를 1로 한다.

> 전문가의 조언 | 한 페이지에 인쇄되는 범위가 [A1:J12] 영역일 때 [A1:K20] 영역에 입력된 모든 내용을 한 페이지에 출력하려면, '페이지 설정' 대화상자의 '페이지' 탭에서 '자동 맞춤'의 '용지 너비'와 '용지 높이'를 1로 지정하면 됩니다.

31 아래의 시트에서 횟수에 따른 택배비를 계산하려고 한다. 횟수가 5 이하이면 2000, 5 초과 9 이하이면 3000, 9 초과면 무료로 표시하기 위해 [C2] 셀에 입력해야 할 수식으로 옳지 않은 것은?

	A	B	C
1	이름	횟수	택배비
2	홍길동	3	2000
3	이숙희	8	3000
4	양종국	10	무료
5	김호명	7	3000
6			

① =IF(B2<=5, 2000, IF(B2<=9, 3000, "무료"))

② =IF(B2>9, "무료", IF(B2>5, 3000, 2000))

③ =IF(B2<=5, 2000, IF(OR(B2>5, B2<=9), 3000, "무료"))

④ =IF(B2<=5, 2000, IF(AND(B2>5, B2<=9), 3000, "무료"))

> 전문가의 조언 | [C2] 셀에 입력해야 할 수식으로 옳지 않은 것은 ③번입니다.
> ① [B2] 셀이 5 이하이면 2000, [B2] 셀이 9 이하이면 3000, 그 외는 "무료"를 반환합니다.
> ② [B2] 셀이 9 초과면 "무료", [B2] 셀이 5 초과면 3000, 그 외는 2000을 반환합니다.
> ③ [B2] 셀이 5 이하이면 2000, [B2] 셀이 5를 초과하거나 9 이하이면 3000, 그 외는 "무료"를 반환합니다. 즉 [B2] 셀이 5 이하이면 2000, 그 외는 모두 3000이 반환됩니다.
> ④ [B2] 셀이 5 이하이면 2000, [B2] 셀이 5 초과 9 이하이면 3000, 그 외는 "무료"를 반환합니다.

32 다음 중 아래와 같은 피벗 테이블을 작성하기 위한 작업으로 옳지 않은 것은?

	A	B	C	D	E
1	성별	(모두)			
2	졸업자	(모두)			
3					
4	단과대학	학과	개수 : 진학자	개수 : 창업자	평균 : 취업률
5	사범대학		8	7	65%
6		영어 교육과	2	2	79%
7		국어교육과	1	1	64%
8		교육학과	2	2	64%
9		수학교육과	3	2	55%
10	사회과학대학		9	10	60%
11	인문대학		9	8	62%
12	총합계		26	25	62%
13					

① 행에 단과대학과 학과를 표시하고, 단과대학에 필터를 적용했다.

② 필터에 성별과 졸업자가 표시되어 있다.

③ 확장/축소 단추와 부분합을 표시하지 않았다.

④ 학과는 취업률을 기준으로 내림차순 정렬되어 있다.

> 전문가의 조언 | 확장/축소 단추는 표시되지 않았지만 부분합은 표시되어 있습니다.

33 다음 중 공유된 통합 문서에 대한 설명으로 옳지 않은 것은?

① 공유 통합 문서를 여러 사용자가 동시에 편집할 수 있도록 설정할 수 있다.

② 공유된 통합 문서에서는 조건부 서식을 추가하거나 변경할 수 없다.

③ 사용자별로 공유된 통합 문서를 열기 위한 암호를 다르게 설정할 수 있다.

④ 필요시 공유 통합 문서에서 특정 사용자의 연결을 끊을 수 있다.

> 전문가의 조언 | 모든 사용자가 공통으로 입력할 암호는 설정할 수 있지만 사용자별로 다르게 설정할 수는 없습니다.

34 대출 원금 3천만원을 연 이자율 6.5%로 3년 동안 매월 말에 상환하는 경우 매월의 불입 금액을 계산하는 함수식으로 옳은 것은? 단, 결과가 양수로 출력되도록 함수의 인수를 설정하시오.

① =PMT(6.5%/12, 3*12, -30000000)

② =PMT(6.5%, 3*12, -30000000)

③ =IPMT(6.5%/12, 3*12, -30000000)

④ =IPMT(6.5%, 3*12, -30000000)

> 전문가의 조언 | 매월의 불입 금액을 계산하는 함수식으로 옳은 것은 ①번입니다. PMT(이자, 기간, 현재 가치, 미래 가치, 납입 시점) 함수를 사용하여 계산하면 다음과 같습니다.
> • 이자 : 이율이 연 단위이므로 12로 나누면 '6.5%/12'입니다.
> • 기간 : 기간이 년 단위이므로 년에 12를 곱하면 '3*12'입니다.
> • 현재가치 : 대출금을 현재 받았으므로 현재 가치이고, 결과값이 양수로 나오도록 음수로 입력하면 '-30000000'입니다.
> • 미래가치 : 0이므로 생략합니다.
> • 납입시점 : 매월 말이므로 생략합니다.
> ∴ 각 인수를 함수에 대입하면 '=PMT(6.5%/12, 3*12, -30000000)'입니다.

35 다음 중 조건부 서식에 대한 설명으로 옳지 않은 것은?

① 수식을 이용하여 조건을 지정할 경우, 다른 통합 문서에 대한 외부 참조를 사용할 수 있다.
② 조건부 서식의 조건은 결과가 TRUE(1) 또는 FALSE(0)가 나오도록 작성한다.
③ 특정한 조건을 만족하는 경우에만 서식이 적용되도록 하는 기능이다.
④ 동일한 셀 범위에 둘 이상의 조건부 서식 규칙이 True로 평가되어 충돌하는 경우 [조건부 서식 규칙 관리자] 대화상자의 규칙 목록에서 가장 위에 있는, 즉 우선순위가 높은 규칙 하나만 적용된다.

> 전문가의 조언 | 조건부 서식의 조건으로 다른 시트의 셀은 참조할 수 있으나 다른 통합 문서의 셀은 참조할 수 없습니다.

36 아래 워크시트의 [C3:C15] 영역을 이용하여 출신지역별로 인원수를 [G3:G7] 영역에 계산하려고 한다. 다음 중 [G3] 셀에 수식을 작성한 뒤 채우기 핸들을 사용하여 [G7] 셀까지 수식 복사를 할 경우 [G3] 셀에 입력할 수식으로 옳은 것은?

	A	B	C	D	E	F	G
1							
2		성명	출신지역	나이			인원
3		김광철	서울	32		서울 지역	3
4		김다나	경기	35		경기 지역	2
5		고준영	서울	36		호남 지역	3
6		성영주	호남	38		영남 지역	3
7		김철수	경기	38		제주 지역	2
8		정석중	호남	42			
9		이진주	영남	44			
10		박성수	제주	45			
11		최미나	영남	48			
12		강희수	제주	50			
13		조광식	서울	52			
14		원순배	호남	52			
15		지민주	영남	54			
16							

① =SUM(IF($C$3:$C$15=LEFT(F3, 2), 1, 0))
② {=SUM(IF($C$3:$C$15=LEFT(F3, 2), 1, 0))}
③ =SUM(IF($C$3:$C$15=LEFT(F3, 2), 1, 1))
④ {=SUM(IF($C$3:$C$15=LEFT(F3, 2), 1, 1))}

> 전문가의 조언 | [G3] 셀에 입력할 수식으로 옳은 것은 ②번입니다.
> • 조건이 하나일 때 배열 수식을 이용하여 개수를 구하는 방법은 다음의 3가지 방법이 있습니다.
>   • 방법1 : {=SUM(조건1) * 1)}
>   • 방법2 : {=SUM(IF(조건1, 1))}
>   • 방법3 : {=COUNT(IF(조건1, 1))}
> 1. 조건 찾기 : 출신지역별이란 조건은, 비교 대상이 될 출신지역이 있는 범위(C3:C15)와 비교할 기준이 되는 [F3] 셀의 왼쪽 두 글자(LEFT(F3, 2))를 "="으로 연결하여 적어주면 됩니다(C3:C15=LEFT(F3, 2)).
> 2. 위의 조건을 개수 구하기 배열 수식에 대입하면 다음과 같습니다.
>   • 방법1 : =SUM(C3:C15=LEFT(F3, 2) * 1)
>   • 방법2 : =SUM(IF(C3:C15=LEFT(F3, 2), 1))
>   • 방법3 : =COUNT(IF(C3:C15=LEFT(F3, 2), 1))
> • SUM은 합계를 구하는 함수로 방법2를 =SUM(IF(C3:C15=LEFT(F3, 2), 1 ,0))으로 입력해도 결과는 동일합니다. 이 문제는 여러 셀에 결과를 구하는 수식이므로 범위는 절대 참조로 지정해야 하고, 수식을 입력한 후 Ctrl+Shift+Enter를 눌러야 중괄호 { }가 표시되는 배열 수식으로 입력됩니다.

37 다음 중 VBA에서 프로시저(Procedure)에 대한 설명으로 옳지 않은 것은?

① 특정한 기능을 수행할 수 있는 명령문들의 집합이다.
② 사용자가 직접 기록한 매크로도 프로시저로 기록된다.
③ Sub ~ End Sub 프로시저는 명령문들의 실행 결과를 반환한다.
④ 하나 이상의 프로시저들을 이용하여 모듈을 구성할 수 있다.

> 전문가의 조언 | • Sub ~ End Sub 프로시저는 결과값을 반환하지 않습니다.
> • 결과값을 반환하는 것은 Function ~ End Function 프로시저입니다.

38 다음 중 고급 필터 실행을 위한 조건 지정 방법에 대한 설명으로 옳지 않은 것은?

① 함수나 식을 사용하여 조건을 입력하면 셀에는 비교되는 현재 대상의 값에 따라 TRUE나 FALSE가 표시된다.
② 함수를 사용하여 조건을 입력하는 경우 원본 필드명과 동일한 필드명을 조건 레이블로 사용해야 한다.
③ 다양한 함수와 식을 혼합하여 조건을 지정할 수 있다.
④ 텍스트 데이터를 필터링할 때 대/소문자는 구분되지 않으나 수식으로 대/소문자를 구분하여 검색할 수 있다.

> 전문가의 조언 | 고급 필터에서 함수나 식을 사용하여 조건을 입력하려면, 조건으로 지정될 범위의 첫 행에 입력하는 조건 레이블은 원본 필드명과 다른 필드명을 입력하거나 생략해야 합니다.

39 다음 중 통합 문서 저장 시 사용하는 [일반 옵션]에 관한 설명으로 옳지 않은 것은?

① [백업 파일 항상 만들기]는 통합 문서를 저장할 때마다 백업 복사본을 저장하는 기능이다.
② [열기 암호]는 암호를 모르면 통합 문서를 열어 사용할 수 없도록 암호를 지정하는 기능이다.
③ [쓰기 암호]는 암호를 모르더라도 읽기 전용으로 열어 열람이 가능하나 원래 문서 및 복사본으로 통합 문서를 저장할 수 없도록 암호를 지정하는 기능이다.
④ [읽기 전용 권장]은 문서를 열 때마다 통합 문서를 읽기 전용으로 열도록 대화상자를 나타내는 기능이다.

> 전문가의 조언 | [쓰기 암호]는 암호를 모르면 원래 문서에는 저장할 수 없지만 다른 이름으로 저장할 수는 있습니다.

정답 35.① 36.② 37.③ 38.② 39.③

40 다음 중 [찾기 및 바꾸기] 대화상자에 대한 설명으로 옳지 않은 것은?

① 찾을 내용에 '*수정*', 바꿀 내용에 '*변경*'으로 입력하고, [모두 바꾸기] 단추를 클릭하면 '수정'이라는 모든 글자를 '*변경*'으로 바꾼다.
② '=A1*B1'과 같은 수식을 검색하려면 찾는 위치를 '수식'으로 선택한 후 찾을 내용에 '=A1~*B1'으로 입력한다.
③ 찾을 내용과 바꿀 내용은 입력하지 않고, 찾을 서식과 바꿀 서식으로 설정할 수 있다.
④ 셀 포인터 위치를 기준으로 앞에 위치한 데이터를 찾으려면 Shift를 누른 상태에서 [다음 찾기] 단추를 클릭한다.

> 전문가의 조언 | 찾을 내용에 **수정**, 바꿀 내용에 **변경**로 입력하고, [모두 바꾸기] 단추를 클릭하면 수정이라는 글자가 포함된 모든 셀의 모든 글자를 ***변경**로 바꿉니다.

	A
1	일시수정
2	전체수정
3	수정내역
4	수정현황발표
5	

→

	A
1	*변경*
2	*변경*
3	*변경*
4	*변경*
5	

3과목 데이터베이스 일반

41 다음 중 아래 〈학생〉 테이블에 대한 SQL문의 실행 결과로 옳은 것은?

학번	전공	학년	나이
1002	영문	SO	19
1004	통계	SN	23
1005	영문	SN	21
1008	수학	JR	20
1009	영문	FR	18
1010	통계	SN	25

```
SELECT AVG([나이]) FROM 학생
WHERE 학년="SN" GROUP BY 전공
HAVING COUNT( * ) >= 2;
```

① 21 ② 22
③ 23 ④ 24

> 전문가의 조언 | SQL문의 실행 결과는 24입니다. 질의문은 각 절을 분리하여 이해하면 쉽습니다.
> • SELECT AVG([나이]) FROM 학생 : 〈학생〉 테이블에서 '나이' 필드의 평균을 검색합니다.
> • WHERE 학년="SN" : '학년' 필드의 값이 "SN"인 레코드만을 대상으로 검색합니다.

학번	전공	학년	나이
1002	영문	SO	19
1004	통계	SN	23
1005	영문	SN	21
1008	수학	JR	20
1009	영문	FR	18
1010	통계	SN	25

• GROUP BY 전공 : '전공' 필드를 기준으로 그룹을 지정합니다.

학번	전공	학년	나이
1004	통계	SN	23
1010	통계	SN	25
1005	영문	SN	21

• HAVING COUNT(*)>=2 : 그룹별로 레코드의 개수가 2개 이상인 그룹만을 대상으로 검색합니다.

학번	전공	학년	나이
1004	통계	SN	23
1010	통계	SN	25

※ 질의문의 수행 결과 나이의 평균은 (23+25)/2 = 24입니다.

42 다음 중 현재 폼에서 'cmd숨기기' 단추를 클릭하는 경우, DateDue 컨트롤이 표시되지 않도록 하기 위한 이벤트 프로시저로 옳은 것은?

① Private Sub cmd숨기기_Click( )
   　Me.[DateDue]!Visible = False
   End Sub

② Private Sub cmd숨기기_DblClick( )
   　Me!DateDue.Visible = True
   End Sub

③ Private Sub cmd숨기기_Click( )
   　Me![DateDue].Visible = False
   End Sub

④ Private Sub cmd숨기기_DblClick( )
   　Me.DateDue!Visible = True
   End Sub

> 전문가의 조언 | DateDue 컨트롤이 표시되지 않도록 하기 위한 이벤트 프로시저로 옳은 것은 ③번입니다.
> • 특정 컨트롤을 마우스로 클릭했을 때 발생하는 이벤트는 Click 이벤트입니다. 'cmd숨기기' 단추를 클릭했을 때 발생하는 이벤트 프로시저는 **Private Sub cmd숨기기_Click( )**으로 시작해야 합니다.
> • 폼, 보고서 컨트롤 등의 표시 여부를 결정하는 속성은 Visible이며, **Visible = False**와 같이 Visible 속성을 'False'로 설정하면 표시하지 않고 'True'로 설정하면 표시합니다.
> • 개체명과 컨트롤명은 느낌표(!)로 구분하고, 컨트롤에 속성을 지정할 때는 점(.)으로 연결합니다.

43 다음 중 참조 무결성에 대한 설명으로 옳지 않은 것은?
① 참조 무결성은 참조하고 참조되는 테이블 간의 참조 관계에 아무런 문제가 없는 상태를 의미한다.
② 다른 테이블을 참조하는 테이블, 즉 외래 키 값이 있는 테이블의 레코드 삭제 시에는 참조 무결성이 위배될 수 있다.
③ 다른 테이블을 참조하는 테이블의 레코드 추가 시 외래 키 값이 널(Null)인 경우에는 참조 무결성이 유지된다.
④ 다른 테이블에 의해 참조되는 테이블에서 레코드를 추가하는 경우에는 참조 무결성이 유지된다.

전문가의 조언 | • 레코드 삭제 시 참조 무결성이 깨질 수 있는 경우는 다른 테이블에 의해 참조되는 테이블의 레코드를 삭제할 때입니다.
• 다른 테이블을 참조하는 테이블의 레코드를 삭제하는 것은 참조 무결성에 영향을 주지 못합니다.

44 다음 중 정규화에 대한 설명으로 옳지 않은 것은?
① 대체로 더 작은 필드를 갖는 테이블로 분해하는 과정이다.
② 데이터 중복을 최소화하기 위한 작업이다.
③ 정규화를 통해 테이블 간의 종속성을 높이기 위한 것이다.
④ 추가, 갱신, 삭제 등 작업 시의 이상(Anomaly) 현상이 발생하지 않도록 하기 위한 것이다.

전문가의 조언 | 정규화는 릴레이션(테이블)의 속성들 사이의 종속성 개념에 기반을 두고 이들 종속성을 제거하는 과정이라고 할 수 있습니다.

45 다음 중 폼 작성 시 사용하는 컨트롤에 대한 설명으로 옳지 않은 것은?
① 바운드 컨트롤 : 폼이나 보고서에서 테이블이나 쿼리의 필드를 컨트롤 원본으로 사용하는 컨트롤이다.
② 탭 컨트롤 : 탭 형식의 대화상자를 작성하는 컨트롤로, 다른 컨트롤을 탭 컨트롤로 복사하거나 추가할 수 있다.
③ 레이블 컨트롤 : 날짜나 시간을 표시하는 용도로 사용하는 컨트롤이다.
④ 계산 컨트롤 : 원본 데이터로 필드를 사용하지 않고 식을 사용하는 컨트롤이다.

전문가의 조언 | • 날짜나 시간은 함수를 사용해서 표시하는데, 이와 같이 함수의 결과 값을 표시하려면 텍스트 상자를 사용해야 합니다.
• 레이블은 제목이나 캡션, 설명 등을 표시하는 용도로 사용됩니다.

46 다음 중 액세스의 보고서에 대한 설명으로 옳은 것은?
① 보고서의 레코드 원본으로 테이블, 쿼리, 엑셀과 같은 외부 데이터, 매크로 등을 지정할 수 있다.
② 보고서 머리글과 보고서 바닥글의 내용은 모든 페이지에 출력된다.
③ 보고서에서도 폼에서와 같이 이벤트 프로시저를 작성할 수 있다.
④ 컨트롤을 이용하지 않고도 보고서에 테이블의 데이터를 표시할 수 있다.

전문가의 조언 | 보고서에 대한 설명으로 옳은 것은 ③번입니다.
① 보고서의 레코드 원본으로 테이블과 쿼리는 사용할 수 있으나 엑셀과 같은 외부 데이터나 매크로는 사용할 수 없습니다.
② 보고서 머리글은 보고서의 첫 페이지 상단에, 보고서 바닥글은 보고서의 맨 마지막 페이지에 한 번씩만 표시됩니다.
④ 보고서에 테이블의 데이터를 표시하려면, 반드시 컨트롤을 이용해야 합니다.

47 다음 중 데이터 형식에 대한 설명으로 옳지 않은 것은?
① '첨부 파일'은 jpg, xlsx 등 원하는 파일 형식으로 첨부되도록 할 수 있다.
② 'Yes/No'는 성별이나 결혼 여부 등 두 값 중 하나만 입력하는 경우에 사용한다.
③ '짧은 텍스트'는 최대 255자까지 저장할 수 있다.
④ '일련 번호'는 레코드가 추가될 때마다 1씩 증가하는 값이 자동으로 입력되며, 필드 크기는 정수(Long)이다.

전문가의 조언 | '첨부 파일' 형식은 다양한 형식의 파일을 첨부할 수 있지만 원하는 파일 형식만 첨부되도록 설정할 수는 없습니다.

48 다음 중 Access의 개체에 대한 설명으로 옳지 않은 것은?
① 매크로는 모듈에 비해 복잡한 작업을 처리하기 위해 프로그램을 직접 작성하는 것이다.
② 쿼리는 폼이나 보고서의 원본 데이터로 사용할 수 있다.
③ 폼은 테이블이나 쿼리 데이터의 입출력 화면을 작성한다.
④ 테이블은 데이터를 저장하는 데 사용하는 데이터베이스 개체로, 레코드 및 필드로 구성된다.

전문가의 조언 | 모듈이 매크로에 비해 복잡한 작업을 처리하기 위해 프로그램을 직접 작성하는 것입니다.

49 다음 VBA에서 변수 선언(Option Explicit)에 대한 설명으로 옳지 않은 것은?

① Dim, Static, Private, Public 키워드로 변수를 선언한다.
② 변수는 반드시 Option Explicit문 이전에 선언해야 한다.
③ 변수를 선언하지 않고 사용하면 에러가 발생한다.
④ 'Option Base 1'을 선언하면 배열의 위치는 1부터 시작한다.

> 전문가의 조언 | Option Explicit는 변수를 선언하지 않고 사용하면 에러가 발생하도록 하는 명령문으로, 변수는 Option Explicit문 이후에 Dim, Static, Private, Public 명령문을 이용해 선언합니다.

50 다음 중 보고서 보기에 대한 설명으로 옳지 않은 것은?

① 보고서 보기를 종료하지 않고 보고서에 직접 필터를 적용하거나 해제할 수 있다.
② 탐색 단추를 이용하여 보고서 페이지를 순차적으로 넘겨 보거나 원하는 페이지로 이동할 수 있다.
③ 보고서 데이터를 클립보드에 복사할 수 있다.
④ 보고서 보기는 종이 출력용이 아니라 화면 출력용이다.

> 전문가의 조언 | '보고서 보기' 상태에서는 탐색 단추가 표시되지 않습니다. 또한 '보고서 보기'는 보고서를 페이지 구분 없이 모두 표시하므로 페이지 단위로 넘겨보거나 원하는 페이지로 이동할 수 없습니다.

51 다음 중 기본키(Primary Key)에 대한 설명으로 옳은 것은?

① 모든 테이블에는 기본키를 반드시 설정해야 한다.
② 액세스에서는 단일 필드 기본키와 일련 번호 기본키만 정의 가능하다.
③ 데이터가 이미 입력된 필드도 기본키로 지정할 수 있다.
④ OLE 개체나 첨부 파일 형식의 필드에도 기본키를 지정할 수 있다.

> 전문가의 조언 | 데이터가 이미 입력된 필드도 기본키로 지정할 수 있습니다.
> ① 테이블에 기본키를 설정하지 않을 수 있습니다.
> ② 액세스에서는 일련 번호 기본키, 단일 필드 기본키, 다중 필드 기본키를 정의할 수 있습니다.
> ④ OLE 개체나 첨부 파일 형식의 필드에는 기본키를 설정할 수 없습니다.

52 다음 중 아래의 VBA 코드를 실행한 결과 메시지 상자에 표시되는 내용은 무엇인가?

```
Private Sub Form_Load( )
    Dim SampleString
    SampleString = "대한상공회의소"
    Mid(SampleString, 3, 2) = "활용"
    MsgBox (SampleString)
End Sub
```

① 대한상공회의소
② 상공
③ 대한활용회의소
④ 활용

> 전문가의 조언 | VBA 코드를 실행하면, 메시지 창에 **대한활용회의소**가 표시됩니다.
> ```
> Private Sub Form_Load( )
> ❶ Dim SampleString
> ❷ SampleString = "대한상공회의소"
> ❸ Mid(SampleString, 3, 2) = "활용"
> ❹ MsgBox (SampleString)
> End Sub
> ```
> ❶ SampleString을 문자열 변수로 선언합니다.
> ❷ SampleString 변수에 "대한상공회의소"를 저장합니다.
> ❸ SampleString 변수에 있는 텍스트 "대한상공회의소"의 세 번째 문자부터 2글자(상공)를 "활용"으로 변경합니다(대한활용회의소).
> ❹ SampleString 변수에 있는 내용을 메시지 박스(MsgBox)로 표시합니다.

53 다음 중 하위 쿼리(Sub Query)의 설명으로 옳지 않은 것은?

① 하위 폼이나 하위 보고서는 반드시 하위 쿼리를 사용해야 한다.
② 주 쿼리에서 IN 조건부를 사용하여 하위 쿼리의 일부 레코드에 동일한 값이 있는 레코드만 검색할 수 있다.
③ SELECT 문의 필드 목록이나 WHERE 또는 HAVING 절에서 식 대신에 하위 쿼리를 사용할 수 있다.
④ 주 쿼리에서 ALL 조건부를 사용하여 하위 쿼리에서 검색된 모든 레코드와 비교를 만족시키는 레코드만 검색할 수 있다.

> 전문가의 조언 | 하위 폼이나 하위 보고서는 테이블, 쿼리, 폼, 다른 보고서를 이용하여 작성할 수 있습니다.

정답 49.② 50.② 51.③ 52.③ 53.①

54 다음 중 사원 테이블(사원번호, 이름, 직급, 연봉, 호봉)에서 호봉이 6인 사원의 연봉을 3%씩 인상하는 SQL문이다. 각 괄호에 들어갈 알맞은 명령어를 순서대로 나열한 것은?

```
Update 사원
(    ) 연봉 = 연봉 * 1.03
(    ) 호봉 = 6;
```

① From, Where
② Set, From
③ Set, Where
④ From, Set

> 전문가의 조언 | 업데이트 쿼리의 일반적인 구문 형태는 'UPDATE ~ SET ~ WHERE'입니다.

55 다음 중 동아리 회원 목록을 표시하는 [동아리회원] 폼에서 성별이 여자인 본문의 모든 컨트롤의 글꼴 서식을 굵게, 기울임꼴로 표시하는 방법으로 적절한 것은?

① 본문 영역에서 '성별' 컨트롤을 선택한 후 조건부 서식에서 규칙으로 필드 값이 다음 값과 같음, 값을 '여자'로 지정한 후 서식을 설정한다.
② 본문 영역의 모든 컨트롤들을 선택한 후 조건부 서식에서 규칙으로 조건 식을 [성별]='여자'로 지정한 후 서식을 설정한다.
③ 본문 영역의 모든 컨트롤들을 선택한 후 조건부 서식에서 규칙으로 필드 값이 다음 값과 같음, 값을 '여자'로 지정한 후 서식을 설정한다.
④ 테이블의 데이터시트 보기에서 여자 회원 레코드들을 모두 선택한 후 서식을 설정한다.

> 전문가의 조언 | 성별이 여자인 본문의 모든 컨트롤에 서식을 설정하는 방법으로 옳은 것은 ②번입니다.
> ① 본문의 '성별' 필드에만 서식이 지정됩니다.
> ③ 모든 컨트롤을 선택한 상태에서 조건부 서식을 지정했지만 규칙으로 '필드 값'을 지정하고 서식을 지정했으므로 모든 필드가 아닌 '성별' 필드에만 서식이 지정됩니다.
> ④ 데이터시트 보기 상태에서는 조건에 맞는 서식을 지정할 수 없습니다.

56 다음 중 데이터베이스 설계 순서로 옳은 것은?

㉠ 요구 조건 분석	㉡ 물리적 설계
㉢ 개념적 설계	㉣ 구현
㉤ 논리적 설계	

① ㉢ → ㉠ → ㉤ → ㉣ → ㉡
② ㉠ → ㉢ → ㉤ → ㉡ → ㉣
③ ㉢ → ㉤ → ㉡ → ㉠ → ㉣
④ ㉠ → ㉤ → ㉢ → ㉡ → ㉣

> 전문가의 조언 | 데이터베이스 설계는 '요구 조건 분석 → 개념적 설계 → 논리적 설계 → 물리적 설계 → 구현' 순으로 진행됩니다.

57 다음 〈보기〉와 같이 거래처별 수금액의 합계를 표시하려고 할 때 가장 적합한 보고서 영역은?

〈보기〉 수금액 합계 =Sum([수금액])

[보고서 머리글 / 페이지 머리글 / 거래처명 머리글 / 본문 / 거래처명 바닥글 / 페이지 바닥글 / 보고서 바닥글]

① 보고서 머리글
② 페이지 바닥글
③ 거래처명 바닥글
④ 본문

> 전문가의 조언 | 거래처별 수금액의 합계와 같이 그룹별로 구분되는 자료는 그룹 머리글이나 그룹 바닥글에 표시합니다.

58 아래 내용 중 하위 폼에 대한 옳은 설명만을 나열한 것은?

ⓐ 하위 폼에는 기본 폼의 현재 레코드와 관련된 레코드만 표시된다.
ⓑ 하위 폼은 단일 폼으로 표시되며 연속 폼으로는 표시될 수 없다.
ⓒ 기본 폼과 하위 폼을 연결할 필드의 데이터 형식은 같거나 호환되어야 한다.
ⓓ 여러 개의 연결 필드를 지정하려면 콜론(:)으로 필드명을 구분하여 입력한다.

① ⓐ, ⓑ, ⓒ
② ⓐ, ⓒ
③ ⓑ, ⓒ, ⓓ
④ ⓑ, ⓓ

> 전문가의 조언 | 하위 폼에 대한 옳은 설명은 ⓐ, ⓒ입니다.
> ⓑ 하위 폼은 주로 연속 폼으로 표시합니다.
> ⓓ 여러 개의 연결 필드를 지정하려면 세미콜론(;)으로 필드명을 구분하여 입력해야 합니다.

59 다음 지문의 SQL문과 결과가 동일한 것은?

```
Select * From 고객
Where 고객.등급 = 'A'
UNION
Select * From 고객
Where 고객.등급 = 'B';
```

① Select * From 고객 Where 고객.등급 = 'A' Or 'B';

② Select * From 고객 Where 고객.등급 = 'A' And 'B';

③ Select * From 고객 Where 고객.등급 = 'A' Or 고객.등급 = 'B';

④ Select * From 고객 Where 고객.등급 = 'A' And 고객.등급 = 'B';

> **전문가의 조언** | UNION(통합) 질의는 두 개의 질의 내용을 합쳐서 하나의 테이블을 만드는 질의입니다. 지문의 SQL문은 〈고객〉 테이블의 '등급' 필드가 "A"이거나 "B"인 레코드를 모두 추출하는 질의문으로, 이는 Where 조건으로 '등급' 필드의 값 "A"와 "B"를 OR 연산자로 연결하여, **고객.등급 = 'A' Or 고객.등급 = 'B'**와 같이 적용한 결과와 동일합니다.

60 보고서 머리글의 텍스트 박스 컨트롤에 다음과 같이 컨트롤 원본을 지정하였다. 보고서 미리 보기를 하는 경우 어떠한 결과가 나타나는가? (단, 현재 날짜와 시간이 2023년 1월 2일 오후 3시 4분 5초라고 가정한다.)

```
=Format(Now( ), "mmmm ampm h:n")
```

① Jan 3:4

② January 오후 3:4

③ Jan pm 3:4:5

④ January pm 3:4:5

> **전문가의 조언** | 보고서 미리 보기의 결과는 **January 오후 3:4**입니다.
> • Format(식, 형식)은 계산 결과에 표시 형식을 지정하는 함수입니다.
> • 날짜 형식을 mmmm으로 지정하였고, 날짜가 2023-01-02이므로 **January**로 표시됩니다.
> • 시간 형식을 ampm h:n으로 지정하였고, 시간이 오후 3시 4분 5초이므로 **오후 3:4**로 표시됩니다.

08회 2024년 상시 03 시행 기출문제 & 전문가의 조언

1과목 컴퓨터 일반

01 다음 중 한글 Windows 10의 바로 가기 키에 대한 설명으로 옳은 것은?

① ⊞+Ⓐ : 알림 센터 열기
② ⊞+Ⓑ : 설정 열기
③ ⊞+Ⓛ : 이모지 열기
④ ⊞+Ⓘ : 바탕 화면 임시 미리 보기

> 전문가의 조언 | ⊞+Ⓐ는 알림 센터를 표시하는 바로 가기 키입니다.
> • ⊞+Ⓑ : 알림 영역으로 포커스 옮기기
> • ⊞+Ⓘ : '설정' 창 열기
> • ⊞+Ⓛ / ⊞+; : 이모지(그림 문자) 열기
> • ⊞+Ⓛ : 바탕 화면 임시 미리 보기

02 다음 중 PNG에 대한 설명으로 옳지 않은 것은?

① GIF를 대체하여 인터넷에서 사용할 수 있는 형식이다.
② 애니메이션은 표현할 수 없다.
③ 트루 컬러와 CMYK 색상 모드를 지원한다.
④ 무손실 압축 기법을 사용한다.

> 전문가의 조언 | PNG는 트루 컬러는 지원하지만 CMYK 색상 모드는 지원하지 않습니다.

03 다음 중 레지스터(Register)에 대한 설명 중 옳지 않은 것은?

① 레지스터는 CPU 내부에서 처리할 명령어나 연산 결과 값을 일시적으로 저장하는 기억장치이다.
② 전원공급이 없어도 저장 내용이 계속 유지된다.
③ 구조는 플립플롭(Flip-Flop)이나 래치(Latch)를 직렬 또는 병렬로 연결한다.
④ 레지스터는 메모리 중에서 가장 속도가 빠르다.

> 전문가의 조언 | 레지스터는 전원이 공급되지 않으면 저장된 내용이 지워집니다.

04 다음 중 [설정] → [개인 설정] → [잠금 화면]에서 설정할 수 있는 항목이 아닌 것은?

① 화면 보호기 작동 여부를 설정할 수 있다.
② 로그인 화면에 잠금 화면 배경 그림을 표시할 수 있다.
③ 잠금 화면의 미리 보기 배경을 사진이나 슬라이드 쇼로 설정할 수 있다.
④ 잠금 화면에 세부 상태를 표시할 앱을 여러 개 설정할 수 있다.

> 전문가의 조언 | 잠금 화면에 세부 상태를 표시할 앱은 하나만 설정할 수 있습니다.

05 다음 중 한글 Windows 10의 '폴더 옵션' 대화상자에서 설정할 수 있는 작업으로 옳지 않은 것은?

① 알려진 파일 형식의 파일 확장명 숨기기를 설정할 수 있다.
② 숨김 파일이나 폴더의 표시 여부를 설정할 수 있다.
③ 공유 폴더에 액세스 할 때 필요한 계정과 암호를 설정할 수 있다.
④ 모든 폴더에 현재 보기(자세히 또는 아이콘)를 적용할 수 있다.

> 전문가의 조언 | '폴더 옵션' 대화상자에서는 공유 폴더에 액세스 할 때 필요한 계정과 암호는 설정할 수 없습니다.

06 다음 중 컴퓨터에서 사용하는 ASCII 코드에 관한 설명으로 옳지 않은 것은?

① 총 128개의 문자를 표현할 수 있다.
② 모든 문자를 표현할 수 있는 표준화된 국제 코드이다.
③ 데이터 처리 및 통신 시스템 상호 간의 정보 교환을 위해 사용된다.
④ 확장 ASCII 코드는 8비트를 사용하여 문자를 표현한다.

> 전문가의 조언 | 모든 문자를 표현할 수 있는 표준화된 국제 코드는 유니코드(Unicode)입니다.

정답 1.① 2.③ 3.② 4.④ 5.③ 6.②

07 네트워크 관련 장비 중 브리지(Bridge)에 관한 설명으로 옳은 것은?

① 주로 LAN에서 다른 네트워크에 데이터를 보내거나 다른 네트워크로부터 데이터를 받아들이는데 사용되는 장치이다.
② 데이터 전송을 위해 가장 최적의 경로를 설정하는데 사용되는 장치이다.
③ 네트워크를 구성할 때 한꺼번에 여러 대의 컴퓨터를 연결하는 장치로, 각 회선을 통합적으로 관리한다.
④ 두 개의 근거리 통신망(LAN)을 상호 접속할 수 있도록 하는 통신망 연결 장치로, OSI 참조 모델의 데이터 링크 계층에 속한다.

> 전문가의 조언 | 브리지(Bridge)는 두 개의 근거리 통신망(LAN)을 상호 접속할 수 있도록 하는 통신망 연결 장치입니다.
> • ①번은 게이트웨이(Gateway), ②번은 라우터(Router), ③번은 허브(Hub)에 대한 설명입니다.

08 저전력, 저비용, 저속도와 2.4GHz를 기반으로 하는 홈 자동화 및 데이터 전송을 위한 무선 네트워크 규격은?

① 와이파이 ② 지그비
③ RFID ④ 와이브로

> 전문가의 조언 | 저전력, 저비용, 저속도와 2.4GHz를 기반으로 하는 무선 네트워크 규격은 지그비(Zigbee)입니다.
> • 와이파이(WiFi) : 2.4GHz대를 사용하는 무선 랜(WLAN) 규격(IEEE 802.11b)에서 정한 제반 규정에 적합한 제품에 주어지는 인증 마크
> • RFID(Radio Frequency IDentification) : 사물에 전자 태그를 부착하고 무선 통신을 이용하여 사물의 정보 및 주변 정보를 감지하는 센서 기술
> • 와이브로(Wibro) : 무선 광대역을 의미하는 것으로, 휴대폰, 노트북 등의 모바일 기기를 이용하여 언제 어디서나 이동하면서 고속으로 무선 인터넷 접속이 가능한 서비스

09 실행 가능한 로드 모듈에 기억공간의 번지를 지정하여 메모리에 적재하고, 컴퓨터에서 실행해야 할 프로그램이나 파일을 메모리로 옮겨주는 프로그램은?

① 로더 ② 링커
③ 컴파일러 ④ 인터프리터

> 전문가의 조언 | 실행 가능한 로드 모듈에 기억공간의 번지를 지정하여 메모리에 적재하는 프로그램은 로더(Loader)입니다.
> • 링커(Linker) : 여러 개의 목적 프로그램에 시스템 라이브러리를 결합해 하나의 실행 가능한 로드 모듈로 만들어 주는 프로그램
> • 컴파일러(Compiler) : C, C++, Java, C# 등의 고급 언어로 작성된 프로그램을 기계어로 번역하는 프로그램
> • 인터프리터(Interpreter) : 원시 프로그램을 줄 단위로 번역하여 바로 실행해주는 프로그램으로, 대화식 처리가 가능함

10 다음 중 정보 통신망의 구성 형태 중 버스형에 대한 설명으로 옳지 않은 것은?

① 하나의 통신 회선에 여러 대의 컴퓨터를 연결한 형태이다.
② 단말장치의 추가와 제거가 용이하다.
③ 단말장치가 고장나더라도 통신망 전체에 영향을 주지 않는다.
④ 기밀이 보장되며 통신 회선의 길이에 제한이 없다.

> 전문가의 조언 | 버스형은 하나의 통신 회선에 여러 대의 단말장치가 연결된 형태로, 기밀 보장이 어렵고 통신 회선의 길이에 제한이 있습니다.

11 다음 중 시스템 버스에 대한 설명으로 옳지 않은 것은?

① 시스템 버스는 CPU와 주변장치 간의 데이터 전송에 사용되는 통로로, 전달하는 신호 형태에 따라 제어 버스, 주소 버스, 데이터 버스로 구분된다.
② 제어 버스는 CPU가 메모리와 주변장치에 제어 신호를 보내기 위해 사용한다.
③ 주소 버스는 메모리 주소 레지스터와 연결된 버스로, 메모리나 주변장치에 데이터를 읽거나 쓸 때 위치 정보를 보내기 위해 사용하는 양방향 통로이다.
④ 데이터 버스는 메모리 버퍼 레지스터와 연결된 버스로, 각 장치별로 필요한 데이터를 전달하기 위해 사용한다.

> 전문가의 조언 | 제어 버스와 데이터 버스는 양방향 통로이고, 주소 버스는 단방향 통로입니다.

12 다음 중 아날로그 컴퓨터와 디지털 컴퓨터에 대한 설명으로 옳은 것은?

① 아날로그 컴퓨터는 숫자, 문자 등 이산적인 데이터를 처리한다.
② 디지털 컴퓨터는 전압, 온도 등 연속적으로 변하는 데이터를 처리한다.
③ 아날로그 컴퓨터는 정밀도가 제한적이고 프로그래밍을 필요로 하지 않는다.
④ 디지털 컴퓨터의 주요 구성 회로는 증폭 회로이다.

> 전문가의 조언 | 아날로그 컴퓨터는 정밀도가 제한적이고 프로그래밍을 필요로 하지 않습니다.
> ① 아날로그 컴퓨터는 전압, 온도 등 연속적으로 변하는 데이터를 처리합니다.
> ② 디지털 컴퓨터는 숫자, 문자 등 이산적인 데이터를 처리합니다.
> ④ 디지털 컴퓨터의 주요 구성 회로는 논리 회로, 아날로그 컴퓨터의 주요 구성 회로는 증폭 회로입니다.

13 다음 중 한글 Windows 10의 시작 메뉴에 대한 설명으로 옳지 않은 것은?

① 시작 메뉴에 있는 앱의 바로 가기 메뉴에서 [제거]를 이용하면 해당 앱을 제거할 수 있다.
② 시작 화면에 있는 앱이 설치되어 있는 실제 위치를 확인하려면 앱의 바로 가기 메뉴에서 '파일 위치 열기'를 클릭한다.
③ 시작 화면에 있는 앱의 크기를 조절하거나 타일을 이동하고 앱을 그룹화 할 수 있다.
④ [시작] → [설정] → [개인 설정] → [시작]에서 '전체 시작 화면 사용'을 켜면 화면 전체에 시작 메뉴가 표시된다.

> 전문가의 조언 | • 시작 메뉴에 있는 앱의 바로 가기 메뉴에서 [자세히] → [파일 위치 열기]를 선택하면 앱이 실제 설치된 폴더가 아닌 바로 가기 아이콘이 설치되어 있는 폴더가 열립니다.
> • 이 폴더에 있는 바로 가기 아이콘의 바로 가기 메뉴에서 [파일 위치 열기]를 선택해야 앱이 실제 설치되어 있는 폴더가 열립니다.

14 다음 중 CISC와 RISC에 대한 설명으로 옳은 것은?

① RISC는 명령어의 종류가 많아 복잡한 회로를 이용한다.
② RISC는 명령어 집합이 복잡하고, 가변 길이의 다양한 명령어를 가진다.
③ CISC는 생산가가 비싸고 전력 소모가 많아 열이 많이 발생한다.
④ CISC는 RISC 프로세서 보다 수행 속도가 빠르다.

> 전문가의 조언 | CISC는 생산가가 비싸고 전력 소모가 많아 열이 많이 발생합니다.
> ①, ②번은 CISC에 대한 설명입니다.
> ④ CISC는 RISC 프로세서 보다 수행 속도가 느립니다.

15 다음 중 인터넷 주소 체계인 IPv6(Internet Protocol version 6)에 관한 설명으로 옳지 않은 것은?

① 주소의 확장성, 융통성, 연동성이 뛰어나며 실시간 흐름 제어로 향상된 멀티미디어 서비스를 제공할 수 있다.
② 16비트씩 4부분, 총 64비트의 주소를 사용하여 IP 주소의 부족 문제를 해결할 수 있다.
③ 주소 체계는 유니캐스트(Unicast), 애니캐스트(Anycast), 멀티캐스트(Multicast) 등 세 가지로 나뉜다.
④ 인증 서비스, 비밀성 서비스, 데이터 무결성 서비스를 제공함으로써 보안 문제를 해결할 수 있다.

> 전문가의 조언 | IPv6은 16비트씩 8부분, 총 128비트의 주소를 사용합니다.

16 다음 중 컴퓨터에서 사용하는 그래픽 파일의 형식에 관한 설명으로 옳지 않은 것은?

① JPEG는 손실 압축 기법과 무손실 압축 기법을 사용하며, 사용자가 임의로 압축률을 지정할 수 있다.
② BMP는 Windows에서 기본적으로 지원하는 포맷으로 압축을 사용하여 파일의 크기가 작다.
③ GIF는 인터넷 표준 그래픽 형식으로, 무손실 압축 기법을 사용하여 선명한 화질을 제공한다.
④ PNG는 트루 컬러의 지원과 투명색 지정이 가능하다.

> 전문가의 조언 | Windows의 표준 비트맵 파일 형식으로, 압축을 하지 않으므로 파일의 크기가 큽니다.

17 다음 중 방화벽에 대한 설명으로 적절하지 않은 것은?

① 보안이 필요한 네트워크의 통로를 단일화하여 관리한다.
② 방화벽 시스템은 내부와 외부로부터 불법적인 해킹을 완전히 차단할 수 있다.
③ 권한이 없는 사용자가 네트워크를 통해 컴퓨터에 액세스하는 것을 방지한다.
④ 역추적 기능으로 외부 침입자의 흔적을 찾을 수 있다.

> 전문가의 조언 | 방화벽 시스템은 내부로부터의 불법적인 해킹은 막지 못합니다.

18 다음 중 컴퓨터의 장치를 교체할 때 고려해야 할 사항으로 옳지 않은 것은?

① 하드디스크의 용량(Gb)은 클수록 좋다.
② 모니터가 지원하는 해상도(dpi)는 클수록 좋다.
③ CPU 코어의 수는 많을수록 좋다.
④ DRAM의 데이터 접근 속도(ns)는 클수록 좋다.

> 전문가의 조언 | DRAM의 데이터 접근 속도(ns)는 작을수록 좋습니다.

19 다음 중 핀테크(FinTech)의 활용 분야에 대한 설명으로 옳지 않은 것은?

① 네트워크 등을 통해 다수의 개인으로부터 자금을 모으는 크라우드 펀딩(Crowd funding)
② 알고리즘이나 빅 데이터 등을 분석하여 고객에게 투자 자문을 수행하는 로보 어드바이저(Robo Advisor)
③ 비트코인, 이더리움 등의 가상화폐의 암호화를 위한 데이터 분산 처리
④ 사용자의 편의성에 맞춘 송금 및 간편 결제 기능

> 전문가의 조언 | ③번은 블록체인(Block Chain)에 대한 설명입니다.

20 다음 중 컴퓨터의 CMOS에서 설정할 수 있는 항목으로 옳지 않은 것은?

① 하드디스크의 타입
② 하드디스크나 USB 등의 부팅 순서
③ 멀티부팅 시 사용하려는 BIOS의 종류
④ 시스템 암호 설정

> 전문가의 조언 | • CMOS에서 BOIS의 종류는 변경할 수 없습니다.
> • CMOS에서 설정할 수 있는 항목에는 '시스템의 날짜와 시간, 칩셋, 부팅 순서, 하드디스크 타입, 시스템 암호, 전원 관리, PnP, Anti-Virus' 등이 있습니다.

2과목 스프레드시트 일반

21 다음 중 데이터를 분포 내의 빈도에 따라 보여주는데 적합하며, 측정 값에 존재하는 몇 개의 계급 구간을 차트의 각 열로 변경하여 데이터를 보다 세부적으로 분석하여 보여주는 차트는?

① 히스토그램 차트   ② 트리맵 차트
③ 선버스트 차트   ④ 분산형 차트

> 전문가의 조언 | 데이터를 분포 내의 빈도에 따라 보여주는데 적합한 차트는 히스토그램 차트입니다.
> • 트리맵 차트 : 계층 간의 상대적 크기를 비교할 때 사용하며, 계층 간의 비율을 사각형으로 표시함
> • 선버스트 차트 : 계층 간의 관계를 비교할 때 사용하며, 계층 간의 비율을 고리 또는 원으로 표시함
> • 분산형 차트 : X·Y 좌표로 이루어진 한 계열로 두 개의 숫자 그룹을 나타내며, 주로 과학·공학용 데이터 분석에 사용됨

22 고급 필터에서 조건을 다음과 같이 설정했을 때 이에 대한 설명으로 올바른 것은?

부서	직책	경력
영업부		>=7
개발부	과장	
	주임	<10

① 영업부이거나 개발부이면서 과장이거나 주임이면서 경력이 7년 이상 10년 미만인 직원
② 영업부이면서 경력이 7년 이상이고 개발부이면서 과장이고 주임이면서 10년 미만인 직원
③ 영업부이면서 경력이 7년 이상이거나 개발부이면서 과장이거나 주임이면서 10년 미만인 직원
④ 영업부이거나 경력이 7년 이상이고 개발부이거나 과장이고 주임이거나 10년 미만인 직원

> 전문가의 조언 | 고급 필터의 조건을 같은 행에 입력하면 AND 조건(~이고), 다른 행에 입력하면 OR 조건(~이거나)으로 연결되며, AND 조건을 먼저 처리하므로 고급 필터를 실행했을 때의 결과로 옳은 것은 ③번입니다.

23 다음 중 '페이지 설정' 대화상자에서 머리글과 바닥글을 지정할 때 사용되는 단추를 클릭했을 때 표시되는 값으로 틀린 것은?

① 🖼 : &[그림]
② 📄 : &[전체 페이지 수]
③ 📊 : &[탭]
④ 💾 : &[경로]&[파일]

> 전문가의 조언 | • 📊 단추를 클릭하면 '&[파일]'이 표시됩니다.
> • '&[탭]'을 표시하는 단추는 ⊞입니다.

24 다음 조건을 이용하여 사용자 지정 표시 형식을 설정할 경우 옳은 것은?

> • 양수와 음수 모두에 천 단위 구분 기호 표시
> • 음수인 경우 음수 기호(-) 없이 빨강색으로 표시
> [표시 예]
> • 1500 : 1,500.00
> • -2450 : 2,450.00
> • 50.1 : 50.10
> • 0 : 0.00

① #,###.00;[빨강]#,###.00
② #,##0.00;[빨강]#,##0.00
③ [빨강]#,###.00;#,###.00
④ [빨강]#,##0.00;#,##0.00

전문가의 조언 | 문제 지문에 제시된 조건을 올바르게 설정한 사용자 지정 표시 형식은 ②번입니다.
- 사용자 지정 표시 형식에 조건이 없을 경우 '양수;음수;0값;텍스트' 순으로 지정하며, 글꼴색은 대괄호([ ]) 안에 입력합니다.
- 천 단위 구분 기호와 소수 이하 둘째 자리까지 표시 : #,###.00 또는 #,##0.00
- 양수 : #,###.00 또는 #,##0.00
- 음수 : [빨강]#,###.00 또는 [빨강]#,##0.00
- 0값 : 0.00
∴ 표시 형식을 모두 합치면 #,###.00;[빨강]#,###.00;0.00 또는 #,##0.00;[빨강]#,##0.00;0.00입니다. '0값'은 생략이 가능하며 생략할 경우 '양수'에 지정한 표시 형식이 적용되므로 #,##0.00;[빨강]#,##0.00으로 설정하면 됩니다.

25 다음 중 정렬에 대한 설명으로 옳지 않은 것은?

① 표 스타일이 적용된 데이터 영역을 왼쪽에서 오른쪽 방향으로 정렬하려면 정렬하기 전에 '범위로 변환'을 실행해야 한다.
② 숨겨진 행이나 열도 정렬에 포함되어 정렬되나 머리글 행은 정렬되지 않는다.
③ 숫자, 날짜 등과 같이 셀에 입력된 값으로 정렬할 때는 정렬 기준을 '셀 값'으로 지정하고, 셀에 지정된 서식으로 정렬하려면 정렬 기준을 '셀 색'이나 '글꼴 색', '조건부 서식 아이콘'으로 지정해야 한다.
④ 사용자 지정 목록을 사용하여 사용자가 정의한 순서대로 정렬할 수 있다.

전문가의 조언 | 숨겨진 행이나 열에 있는 데이터는 정렬에 포함되지 않습니다.

26 다음 중 참조의 대상 범위로 사용하는 이름 정의 시 이름의 지정 방법에 대한 설명으로 옳지 않은 것은?

① 'A1'처럼 셀 주소와 같은 형태의 이름을 사용할 수 있다.
② 대소문자를 구분하지 않는다.
③ 같은 통합 문서에서 동일한 이름을 중복하여 사용할 수 없다.
④ 이름 상자의 화살표 단추를 누르고 정의된 이름 중 하나를 클릭하면 해당 셀 또는 셀 범위가 선택된다.

전문가의 조언 | 셀 주소와 같은 형태의 이름은 사용할 수 없습니다.

27 다음 그림과 같이 "표" 기능을 사용하여 단가(C7:E7)와 판매량(B8:B11)에 따른 판매금액(C8:E11)을 계산하려고 한다. 이때 실행하여야 할 작업 내용에 대한 설명으로 옳지 않은 것은?

	A	B	C	D	E
1	제품명	연필			
2	판매량	35			
3	단가	1,200			
4	판매금액	42,000			
5					
6				단가	
7			42,000	1,000	1,200	1,400
8	판매량	10	10,000	12,000	14,000
9		30	30,000	36,000	42,000
10		50	50,000	60,000	70,000
11		70	70,000	84,000	98,000

① '데이터 테이블' 대화상자가 표시되면 "행 입력 셀"은 [B3] 셀과, "열 입력 셀"은 [B2] 셀을 지정한 후 〈확인〉을 선택한다.
② [C8:E11] 영역을 블록으로 설정한 후 [데이터] → [예측] → [가상 분석] → [데이터 표]를 선택한다.
③ 수식이 입력되어야 하는 [B7] 셀을 선택하고 수식 "=B2*B3"을 입력한다.
④ 자동으로 결과가 구해진 셀을 하나 선택해서 살펴보면 "{=TABLE(B3,B2)}"와 같은 배열 수식이 들어 있다.

전문가의 조언 | [C8:E11] 영역이 아니라 [B7:E11] 영역을 블록으로 설정한 후 [데이터] → [예측] → [가상 분석] → [데이터 표]를 선택해야 합니다.

28 다음 중 아래 차트에 대한 설명으로 옳지 않은 것은?

① '판매 현황'이라는 차트 제목이 표시되어 있다.
② '수량' 계열을 보조 축으로 지정하였다.
③ 데이터 테이블에 범례 표지가 표시되어 있다.
④ '수량' 계열에 데이터 레이블이 '가운데'로 표시되어 있다.

정답 25.② 26.① 27.② 28.④

전문가의 조언 | • 문제에 제시된 그림은 데이터 레이블이 '위쪽'으로 설정되어 있습니다.
• 데이터 레이블을 '가운데'로 설정하면 다음과 같이 표시됩니다.

29 다음 중 수식과 그 실행 결과 값의 연결이 옳지 않은 것은?

① =DAYS("2023-11-1", "2023-10-1") → 31

② =ROUNDDOWN(45.6789, 2) → 45.67

③ =SUMPRODUCT({1,2,3}, {5,6,7}) → 32

④ =SQRT(4) * (INT(-2) + POWER(2, 3)) → 12

전문가의 조언 | ③번의 결과는 38입니다.
① 2023-11-1에서 2023-10-1을 뺀 일수인 31을 반환합니다.
② 45.6789를 소수점 이하 둘째 자리로 자리 내림한 45.67을 반환합니다.
③ 배열에서 대응하는 요소를 모두 곱하고 그 곱의 합을 구한 (1×5)+(2×6)+(3×7) = 38을 반환합니다.

④ ❶ SQRT(4) : 4의 양의 제곱근인 2를 반환합니다.
❷ INT(-2) : -2보다 크지 않은 정수인 -2를 반환합니다.
❸ POWER(2, 3) : 2를 3번 곱한 8을 반환합니다.
∴ = ❶*(❷+❸) = 2*(-2+8) = 12

30 다음 중 워크시트에 데이터를 입력하는 방법에 대한 설명으로 옳지 않은 것은?

① 숫자 데이터를 입력하면 기본적으로 셀의 오른쪽에 정렬된다.

② '3과 같이 숫자 앞에 작은따옴표(')를 입력하면 기본적으로 셀의 오른쪽에 정렬된다.

③ 수식 또는 함수 식을 입력할 때는 = 기호를 붙여 입력한다.

④ Ctrl + Enter를 이용하여 여러 개의 셀에 동일한 데이터를 한번에 입력할 때 범위는 연속적으로 지정하지 않아도 된다.

전문가의 조언 | 숫자 데이터를 입력하면 기본적으로 셀의 오른쪽에 정렬되지만 숫자 앞에 작은따옴표(')를 붙여 입력하면 문자 데이터로 인식하므로 셀의 왼쪽에 정렬됩니다.

31 아래 워크시트에서 [B13:D14] 영역에는 직책별 부서별 목표액의 합계를 함수를 이용하여 계산하였다. 함수가 아닌 분석 도구를 이용하여 계산할 경우 가장 알맞은 도구는?

▲	A	B	C	D
1	이름	직책	부서	목표액
2	김사원	사원	영업부	35,200
3	김흥부	사원	인사부	12,500
4	노지심	부장	영업부	101,200
5	송치윤	부장	인사부	62,533
6	이관우	사원	총무부	32,560
7	이봉주	부장	영업부	64,250
8	이수진	부장	총무부	45,850
9	이양양	사원	인사부	90,400
10	이인상	부장	영업부	54000
11				
12		영업부	인사부	총무부
13	부장	219,450	62,533	45,850
14	사원	35,200	102,900	32,560
15				

① 목표값 찾기　　② 통합
③ 피벗 테이블　　④ 시나리오

전문가의 조언 | 직책별 부서별 목표액의 합계처럼 많은 양의 데이터를 한눈에 쉽게 파악할 수 있도록 요약·분석하여 보여주는 분석 도구는 피벗 테이블입니다.
• **목표값 찾기** : 수식에서 원하는 결과값은 알고 있지만 그 결과값을 계산하기 위해 필요한 입력값을 모를 경우에 사용하는 도구
• **통합** : 비슷한 형식의 여러 데이터를 하나의 표로 통합·요약하여 표시해 주는 도구
• **시나리오** : 다양한 상황과 변수에 따른 여러 가지 결과값의 변화를 가상의 상황을 통해 예측하여 분석하는 도구

32 다음 중 [페이지 설정] 대화상자에 대한 설명으로 옳지 않은 것은?

① 용지 방향, 용지 크기, 인쇄 품질을 설정할 수 있다.

② '머리글/바닥글' 탭의 '머리글' 영역에서 행/열 머리글의 인쇄 여부를 설정한다.

③ 여백은 사용자가 직접 값을 입력할 수 있다.

④ 워크시트에서 차트를 마우스로 선택한 후 [페이지 설정] 메뉴를 선택하면, '시트' 탭이 '차트' 탭으로 바뀐다.

전문가의 조언 | 행/열 머리글의 인쇄 여부는 '페이지 설정' 대화상자의 '시트' 탭에서 설정할 수 있습니다.

33. 워크시트에서 [파일] → [옵션]을 선택하여 'Excel 옵션' 대화상자의 '고급' 탭에서 소수점 자동 삽입의 소수점 위치를 '-2'로 지정하였다. 워크시트의 셀에 1을 입력할 경우 화면에 표시되는 값은?

① 0.01　　② 1
③ 100　　④ 10000

전문가의 조언 | '소수점 위치'에 입력한 숫자가 음수이므로 소수점 이상(왼쪽)의 자릿수를 2자리 늘립니다. 즉 셀에 1을 입력하면 100으로 표시됩니다.

34. 아래의 워크시트에서 [A1:C1] 영역이 블록으로 지정된 상태에서 채우기 핸들을 끌었을 때 [F1] 셀에 입력되는 값으로 올바른 것은?

	A	B	C	D	E	F	G
1	5		1				
2							

① 1　　② -3
③ -7　　④ 0

전문가의 조언 | [A1:C1] 영역이 블록으로 지정된 상태에서 채우기 핸들을 드래그하면 두 셀 간의 차이인 4씩 감소되어 입력되므로 [F1] 셀에는 -7이 입력됩니다.

35. 다음 매크로를 [F9] 셀을 선택한 상태에서 실행했을 경우 실행 결과에 대한 설명으로 틀린 것은?

```
Sub 매크로1( )
    ActiveCell.FormulaR1C1 = "=SUM(RC[-4]:RC[-2])"
    Range("F2").Select
    Selection.AutoFill Destination:=Range("F2:F5"), _
    Type:=xlFillDefault
    Range("F2:F5").Select
End Sub
```

① [F9] 셀에 합계를 구합니다.
② [F9] 셀에 입력된 수식은 '=SUM(F5:F8)'과 같은 의미이다.
③ [F2:F5] 영역은 자동 채우기로 입력된다.
④ [F2:F5] 영역이 선택된 상태로 매크로가 종료된다.

전문가의 조언 | ActiveCell.FormulaR1C1 = "=SUM(RC[-4]:RC[-2])"은 현재 셀, 즉 [F9] 셀에서 4열 왼쪽(B9)과 2열 왼쪽(D9)의 합계를 의미하므로 "=SUM(B9:D9)"와 같은 의미입니다.

36. 다음 중 매크로를 작성하고 사용하는 방법에 대한 설명으로 옳지 않은 것은?

① 매크로 기록 도중에 선택한 셀은 절대 참조로 기록할 수도 있고 상대 참조로 기록할 수도 있다.
② 매크로에 지정된 바로 가기 키가 엑셀 고유의 바로 가기 키와 중복될 경우 매크로 실행의 바로 가기 키가 우선 한다.
③ ActiveX 컨트롤의 '명령 단추'를 추가하면 [매크로 지정] 대화상자가 자동으로 표시되어 실행할 매크로를 바로 지정할 수 있다.
④ Visual Basic Editor에서 코드 편집을 통해 매크로의 이름이나 내용을 바꿀 수 있다.

전문가의 조언 | ActiveX 컨트롤의 '명령 단추'가 아니라 양식 컨트롤의 '단추'를 추가하면 [매크로 지정] 대화상자가 자동으로 표시되어 실행할 매크로를 바로 지정할 수 있습니다.

37. [A1:D11] 영역의 데이터를 이용하여 성별별 근무년수의 최대값을 [G2:G3] 영역에 계산하려고 한다. [G2] 셀에 수식을 작성한 뒤 [G3] 셀에 복사하고 셀 포인터를 [G2]에 위치시켰을 때 수식 입력줄에 나타나는 배열 수식으로 틀린 것은?

	A	B	C	D	E	F	G
1	이름	직위	성별	근무년수		성별	근무년수
2	백수인	대리	여	26		남	29
3	장재근	대리	남	14		여	26
4	이성만	과장	남	19			
5	김유신	부장	여	24			
6	이덕화	사원	남	7			
7	공재룡	사원	남	9			
8	이현성	부장	여	22			
9	홍록기	차장	남	17			
10	신동엽	이사	남	29			
11	김한석	이사	여	12			
12							

① {=MAX(IF($C$2:$C$11=F2, $D$2:$D$11))}
② {=MAX(IF($C$2:$C$11=$F2, $D$2:$D$11))}
③ {=MAX(IF(C$2:C$11=F$2, D$2:D$11))}
④ {=MAX(IF(C$2:C$11=$F2, D$2:D$11))}

정답 33.③ 34.③ 35.② 36.③ 37.③

전문가의 조언 | 성별별 근무년수의 최대값을 구하는 배열 수식으로 틀린 것은 ③번입니다.
- 조건이 하나일 때 배열 수식을 이용하여 최대값을 구하는 방법은 다음의 2가지 방법이 있습니다.
  - 방법1 : {=MAX((조건) * 최대값을_구할_범위)}
  - 방법2 : {=MAX(IF(조건, 최대값을_구할_범위))}
1. 조건과 범위 찾기
   - 조건 : 성별별이란 조건은 비교 대상이 될 성별이 있는 범위(C2:C11)와 비교할 기준이 되는 [F2] 셀을 "="으로 연결하여 입력하면 됩니다(C2:C11=F2).
   - 최대값을_구할_범위 : 근무년수이므로 [D2:D11]이 됩니다.
2. 위의 조건과 범위를 합계 구하기 배열 수식에 대입하면 다음과 같습니다..
   - 방법1 : =MAX((C2:C11=F2) * D2:D11)
   - 방법2 : =MAX(IF(C2:C11=F2, D2:D11))
- 이 문제는 [G2:G3] 영역에 결과값을 구해야 하므로 범위는 절대 참조($C$2:$C$11) 또는 행 번호만 절대 참조(C$2:C$11)를 지정해야 합니다.
- F2 셀의 경우는 F3으로 변경되어야 하므로 F2 또는 $F2로 지정해야 합니다.
- 수식을 입력한 후 Ctrl + Shift + Enter를 누르면 중괄호({ })가 자동으로 표시됩니다.

39 다음 중 아래 그림 [보기] 탭 [창] 그룹의 각 명령에 대한 설명으로 옳지 않은 것은?

① [새 창]을 클릭하면 새로운 빈 통합 문서가 표시된다.
② [모두 정렬]은 현재 열려 있는 통합 문서를 바둑판식, 계단식, 가로, 세로 등 4가지 형태로 배열한다.
③ [숨기기]는 현재 활성화된 통합 문서 창을 보이지 않도록 숨긴다.
④ [나누기]를 클릭하면 워크시트를 최대 4개의 창으로 분할하여 멀리 떨어져 있는 여러 부분을 한 번에 볼 수 있다.

전문가의 조언 | [새 창]은 현재 활성화되어 있는 통합 문서를 새 창에 하나 더 열어서 두 개 이상의 창을 통해 볼 수 있게 해줍니다.

40 다음 중 시트 보호 시 '워크시트에서 허용할 내용'으로 저정할 수 있는 내용이 아닌 것은?
① 시나리오 편집 ② 개체 편집
③ 시트 이름 바꾸기 ④ 자동 필터 사용

전문가의 조언 | 시트 이름은 시트 보호와 상관 없이 변경할 수 있습니다.

38 다음과 같은 시트에서 [A8] 셀에 아래의 수식을 입력했을 때 계산 결과로 올바른 것은?

=COUNT(OFFSET(D6, −5, −3, 2, 2))

	A	B	C	D
1	성명	중간	기말	합계
2	김나희	100	80	180
3	금근석	90	95	185
4	배정희	80	63	143
5	탁지연	95	74	169
6	한정희	55	65	120
7				

① 4 ② 1
③ 120 ④ 74

3과목 데이터베이스 일반

41 다음 중 [사원] 테이블에서 '나이' 필드의 값이 30 이상 35 이하인 사원의 '부서'와 '이름' 필드를 검색하는 SQL 문으로 틀린 것은?

① Select 부서, 이름 From 사원 Where 나이 Between 30 And 35;
② Select 부서, 이름 From 사원 Where 나이 In(30, 31, 32, 33, 34, 35)
③ Select 부서, 이름 From 사원 Where 나이 >= 30 And <=35;
④ Select 부서, 이름 From 사원 Where 사원.나이 >= 30 And 사원.나이 <=35;

전문가의 조언 | And나 Or 연산자를 이용해 한 필드에 여러 조건을 지정할 때는 ④번과 같이 각 조건을 필드명과 함께 지정해야 합니다.

전문가의 조언 | 지문에 제시된 수식의 계산 결과는 1입니다.
=COUNT(OFFSET(D6, −5, −3, 2, 2))
　　　　　　　①
　　　②

❶ OFFSET(D6, −5, −3, 2, 2) : [D6] 셀을 기준으로 −5행, −3열 떨어진 셀 주소(A1)를 찾고, 이 주소를 기준으로 2행, 2열의 범위(A1:B2)를 지정합니다.
※ OFFSET(범위, 행, 열, 높이, 너비) 함수에서 행과 열로 지정한 인수가 음수(−)일 경우에는 선택한 범위에서 위쪽(행) 또는 왼쪽(열)으로 이동합니다.
❷ =COUNT(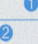) → COUNT(A1:B2) : [A1:B2] 영역에서 수치 데이터(B2)의 개수인 1을 반환합니다.

42 다음 중 아래 그림과 같이 '성명' 필드가 'txt검색' 컨트롤에 입력된 문자를 포함하는 레코드만을 표시하도록 하는 프로시저의 코드로 옳은 것은?

① Me.Filter = "성명 = '*' & txt검색 & '*'"
　 Me.FilterOn = True
② Me.Filter = "성명 = '*' & txt검색 & '*'"
　 Me.FilterOn = False
③ Me.Filter = "성명 like '*' & txt검색 & '*'"
　 Me.FilterOn = True
④ Me.Filter = "성명 like '*' & txt검색 & '*'"
　 Me.FilterOn = False

> 전문가의 조언 | 프로시저의 코드로 옳은 것은 ③번입니다. 포함하는 데이터를 조회하려면 특수 연산자 Like와 만능 문자(와일드 카드)를 사용해야 합니다.
> ❶ Me.Filter = "성명 like '*' & txt검색 & '*'"
> ❷ Me.FilterOn = True
> ❶ 성명이 'txt검색' 컨트롤에 입력된 값을 포함하는 레코드를 현재 폼의 Filter 속성으로 정의합니다.
> ❷ 현재 개체의 Filter 속성에 정의된 Filter를 적용합니다.

43 다음 중 데이터베이스의 장점이 아닌 것은?
① 데이터의 일관성을 유지할 수 있다.
② 데이터의 중복을 최소화할 수 있다.
③ 데이터의 무결성을 유지할 수 있다.
④ 데이터 유실 시 파일 회복이 쉽다.

> 전문가의 조언 | 데이터베이스는 데이터 유실 시 파일 회복이 어렵습니다.

44 정규화 과정 중 릴레이션에 속한 모든 도메인이 원자값(Atomic Value)만으로 되어 있는 릴레이션은 어떤 정규형의 릴레이션인가?
① 제1정규형　　② BCNF 정규형
③ 제2정규형　　④ 제3정규형

> 전문가의 조언 | 릴레이션에 속한 모든 도메인이 원자값(Atomic Value)만으로 되어 있는 릴레이션은 제1정규형의 릴레이션입니다.
> • 2NF(제2정규형) : 릴레이션 R이 1NF이고, 키가 아닌 모든 속성이 기본키에 대하여 완전 함수적 종속 관계를 만족함
> • 3NF(제3정규형) : 릴레이션 R이 2NF이고, 키가 아닌 모든 속성이 기본키에 대해 이행적 종속 관계를 이루지 않도록 제한한 릴레이션
> • BCNF(Boyce-Codd 정규형) : 릴레이션 R에서 결정자가 모두 후보키인 릴레이션

45 다음 중 개체나 필드 이름 지정 규칙으로 옳지 않은 것은?
① 공백을 이름의 첫 문자로 사용할 수 없다.
② 최대 64자까지 입력할 수 있다.
③ 마침표(.), 느낌표(!), 대괄호([ ])를 포함한 모든 특수 문자를 사용할 수 없다.
④ 하나의 테이블 내에서 필드 이름이 중복될 수 없다.

> 전문가의 조언 | 마침표(.), 느낌표(!), 대괄호([ ])를 제외한 특수 문자를 사용할 수 있습니다.

46 다음과 같은 식을 입력하였을 때의 설명으로 틀린 것은?

　　　=Format(Now( ), "m/d")

① Format은 계산 결과에 표시 형식을 지정하는 함수이다.
② Now는 현재 날짜와 시간을 표시해 주는 함수이다.
③ 컨트롤에 입력되는 식은 =로 시작해야 한다.
④ 오늘 날짜가 '2024-06-03'이면 06/03으로 표시된다.

> 전문가의 조언 | Format 함수의 표시 형식이 m/d와 같이 월과 일이 모두 한 자리로 지정되었으므로 오늘 날짜가 2024-06-03인 경우 6/3으로 표시됩니다.

47 다음 중 아래 〈학과〉 테이블의 '학과코드' 필드에 대한 설명으로 옳지 않은 것은?

필드 이름	데이터 형식
학과코드	숫자

일반	조회	
필드 크기		바이트
형식		
소수 자릿수		자동
입력 마스크		999;0;0
캡션		
기본값		10
유효성 검사 규칙		<=200
유효성 검사 텍스트		
필수		예
인덱스		예(중복 불가능)
텍스트 맞춤		일반

① 학과코드는 반드시 입력되어야 한다.
② 필드의 값은 최대 255까지 입력할 수 있다.
③ 동일한 학과코드는 입력될 수 없다.
④ 레코드가 새로 생성되는 경우, 10이 자동으로 입력된다.

> 전문가의 조언 | 필드의 형식이 바이트이므로 255까지 입력할 수 있지만 유효성 검사 규칙(<=200)으로 인해 200을 초과하는 값은 입력할 수 없습니다.

48 테이블에 잘못된 데이터가 입력되면 이후 많은 문제가 발생한다. 이런 문제를 해결하기 위한 방안으로 점검을 필요로 하는 필드에 요구 사항이나 조건 또는 입력이 가능한 데이터 등을 미리 지정한 후 데이터 입력 시 이를 점검하도록 하는 기능은 다음 중 어느 것인가?

① 기본값
② 필수 여부
③ 빈 문자열 허용
④ 유효성 검사 규칙

> 전문가의 조언 | 필드에 입력할 데이터의 종류나 범위를 지정하여 입력 데이터를 제한할 때 사용하는 속성은 유효성 검사 규칙입니다.
> • 기본값 : 새 레코드가 만들어질 때 필드에 자동으로 입력되는 값을 지정하는 속성
> • 필수 : 필드에 값이 반드시 입력되어야 할지의 여부를 지정하는 속성
> • 빈 문자열 허용 : 필드에 문자열의 길이가 0인 문자열을 입력할 수 있는지의 여부를 지정하는 속성

49 다음 중 테이블에서 내보내기가 가능한 파일 형식에 해당 하지 않는 것은?

① HTML
② Excel
③ Outlook
④ ODBC 데이터베이스

> 전문가의 조언 | • Outlook은 테이블에서 내보내기가 가능한 파일 형식이 아닙니다.
> • 테이블에서는 Excel, Access, 텍스트, XML, ODBC 데이터베이스, HTML 등의 형식으로 내보내기 할 수 있습니다.

50 다음 중 업데이트 쿼리에 대한 설명으로 옳지 않은 것은?

① 하나 이상의 테이블에 데이터를 추가할 수 있다.
② 여러 필드의 값을 한 번에 변경할 수 있다.
③ 기존 데이터의 값을 널(Null) 값으로 변경할 수 있다.
④ 레코드의 모든 데이터를 변경할 수 있다.

> 전문가의 조언 | 테이블에 데이터를 추가하는 쿼리는 추가(INSERT) 쿼리입니다. 또한 추가 쿼리를 이용해도 한 번에 하나의 테이블에만 데이터를 추가할 수 있습니다.

51 다음 중 보고서에 대한 설명으로 옳지 않은 것은?

① 필드와 바운딩된 컨트롤을 사용하여 원본 데이터를 편집하거나 표시할 수 있다.
② 보고서를 PDF, XPS 형식으로 내보낼 수 있다.
③ 레코드 원본에 SQL 문장을 입력하면 질의 결과를 대상으로 하는 보고서를 작성할 수 있다.
④ 둘 이상의 테이블을 이용하여 보고서를 작성하는 경우 쿼리를 만들어 레코드 원본으로 사용한다.

> 전문가의 조언 | 보고서에서는 필드와 바운딩된 컨트롤을 사용하여 원본 데이터를 표시할 수는 있지만 편집할 수는 없습니다.

52 다음 중 보고서의 그룹화에 대한 설명으로 옳지 않은 것은?

① 그룹 머리글과 그룹 바닥글에는 그룹별 요약 정보를 삽입할 수 있다.
② 그룹화 기준이 되는 필드는 데이터가 정렬되어 표시된다.
③ 보고서 마법사를 이용하여 기본적인 그룹화 보고서를 작성할 수 있다.
④ 그룹화 기준은 한 개의 필드로만 지정할 수 있다.

> 전문가의 조언 | 그룹화 기준은 필드나 식을 기준으로 10단계까지의 그룹을 설정할 수 있습니다.

53 다음 중 연산자 사용에 대한 설명으로 옳지 않은 것은?

① Like "김?" : "김"으로 시작하거나 "김"을 포함하는 모든 자료를 표시한다.
② Between 20 and 60 : 20에서 60 사이인 자료를 표시한다.
③ Not "0" : 널 문자가 아닌 자료를 표시한다.
④ 3<>3 Or 2<1 : 화면에 표시되는 내용이 없다.

> 전문가의 조언 | 만능 문자는 모든 문자를 대신하여 사용하는 문자로, *는 문자의 모든 자리를 대신할 수 있지만, ?는 문자의 한 자리만 대신할 수 있습니다. Like "김?"은 "김"으로 시작하는 두 글자인 자료만 표시합니다.

54 다음의 〈학과〉 테이블에 대한 SQL문의 실행 결과로 표시되는 값은?

〈학과〉

학과코드	학과명	수강인원	강의실코드
1001	인공지능	40	C101
1002	빅데이터	20	C204
1003	데이터보안	30	C308
1004	반도체	10	C405

〈SQL문〉

```
Select Count(*)
From 학과
Where 수강인원 >
   (Select Avg(수강인원) From 학과);
```

① 1   ② 2
③ 3   ④ 4

전문가의 조언 | SQL문을 실행한 결과로 표시되는 값은 2입니다. 하위 질의의 결과가 기본 질의의 조건으로 사용되므로 다음과 같은 순서로 질의문을 수행하면 됩니다.
❶ Select Avg(수강인원) From 학과 : 〈학과〉 테이블에서 '수강인원' 필드의 평균을 계산합니다. 평균은 (40+20+30+10) / 4 = 25입니다.
❷ Select Count(*) From 학과 Where 수강인원 > (❶) : 〈학과〉 테이블에서 수강인원이 ❶에서 계산된 평균, 즉 25를 초과하는 레코드의 개수를 표시합니다.

학과코드	학과명	수강인원	강의실코드
1001	인공지능	40	C101
1002	빅데이터	20	C204
1003	데이터보안	30	C308
1004	반도체	10	C405

55 다음 중 [페이지 설정] 대화상자에서 설정할 수 없는 것은?

① 프린터 선택   ② 머리글/바닥글
③ 인쇄 여백   ④ 용지 방향

전문가의 조언 | '페이지 설정' 대화상자에서 머리글/바닥글은 설정할 수 없습니다.

56 다음 중 Access의 DoCmd 개체의 메서드가 아닌 것은?

① OpenReport   ② GoToRecord
③ RunSQL   ④ SetValue

전문가의 조언 | SetValue는 필드, 컨트롤, 속성 등의 값을 설정하는 매크로 함수입니다.

57 다음 중 분할 표시 폼에 대한 설명으로 옳지 않은 것은?

① 상단의 단일 폼에서만 데이터의 변경이 가능하며, 하단의 데이터시트에서는 변경된 내용을 바로 확인할 수 있다.
② 분할 표시 폼은 데이터시트 보기와 폼 보기를 동시에 표시하는 기능이며, 이 두 보기는 같은 데이터 원본에 연결되어 있어 항상 상호 동기화된다.
③ 레이아웃 보기에서는 컨트롤의 크기 조정이나 이동이 가능하다.
④ 분할 표시 폼은 [만들기] 탭의 [폼] 그룹에서 [기타 폼] → [폼 분할]을 클릭하여 만들 수 있다.

전문가의 조언 | 분할 표시 폼은 상단의 단일 폼(폼 보기)이나 하단의 데이터시트 보기 상태 모두에서 데이터 변경이 가능합니다.

58 폼 보기 상태에서 다음과 같이 폼이 나타나도록 폼 속성을 설정하였다. 가장 옳지 않은 것은?

① 탐색 단추 : 예   ② 스크롤 막대 : 세로만
③ 레코드 선택기 : 예   ④ 구분 선 : 아니요

전문가의 조언 | 문제의 폼에는 레코드 선택기가 설정되어 있지 않습니다.
• 보기로 제시된 폼의 각 구성 요소는 다음과 같습니다.

정답 54.② 55.② 56.④ 57.① 58.③

59 다음 중 폼에서 컨트롤의 탭 순서를 변경하는 방법으로 옳지 않은 것은?

① 마법사 또는 레이아웃과 같은 도구를 사용하여 폼을 만든 경우 컨트롤이 폼에 표시되는 순서(위쪽에서 아래쪽 및 왼쪽에서 오른쪽)와 같은 순서로 탭 순서가 설정된다.
② 기본적으로는 컨트롤을 작성한 순서대로 탭 순서가 설정되며, 레이블에는 설정할 수 없다.
③ [탭 순서] 대화상자를 이용하면 컨트롤의 탭 순서를 컨트롤 이름 행을 드래그해서 조정할 수 있다.
④ 탭 순서에서 컨트롤을 제거하려면 컨트롤의 탭 정지 속성을 '예'로 설정한다.

> 전문가의 조언 | 탭 순서에서 컨트롤을 제거하려면, 즉 Tab 을 사용하여 포커스를 이동시킬 수 없도록 하려면 컨트롤의 '탭 정지' 속성을 '아니요'로 설정해야 합니다.

60 다음 중 아래 보고서에 대한 설명으로 옳지 않은 것은? 단, 이 보고서는 전체 4페이지이며, 현재 페이지는 2페이지이다.

거래처별 제품목록

거래처명	제품번호	제품이름	단가	재고량
㈜맑은세상	15	아쿠아렌즈	₩50,000	22
	14	바슈롱렌즈	₩35,000	15
	20	C-BR렌즈	₩50,000	3
제품수 :	3		총재고량 :	40

거래처명	제품번호	제품이름	단가	재고량
참아이㈜	9	선글래스C	₩170,000	10
	7	선글래스A	₩100,000	23
	8	선글래스B	₩120,000	46

2 / 4

① '거래처명'을 표시하는 컨트롤은 '중복 내용 숨기기' 속성이 '예'로 설정되어 있다.
② '거래처명'을 기준으로 그룹이 설정되어 있다.
③ 그룹 바닥글의 '제품수'는 Sum 함수를 이용하여 계산되었다.
④ '거래처별 제품목록'이라는 제목은 페이지 머리글 영역에 만들어져 있다.

> 전문가의 조언 | 그룹 바닥글의 '제품수'는 개수를 계산하는 Count 함수를 이용하여 계산되었습니다.

09회 2024년 상시 04 시행 기출문제 & 전문가의 조언

1과목 컴퓨터 일반

01 다음 중 시스템 보안을 위해 사용하는 방화벽(Firewall)의 기능에 대한 설명으로 옳지 않은 것은?

① 인증(Authentication) 및 데이터 암호화 기능 제공
② 모든 방식에 투명성 보장 및 규칙 검증 가능
③ 외부 네트워크 접근 제어
④ 로깅(Logging)과 감사 추적(Audit Trail) 기능

> 전문가의 조언 | 방화벽의 기능에는 인증(Authentication), 데이터 암호화, 접근 제어(Access Control), 로깅(Logging)과 감사 추적(Audit Trail) 등이 있습니다.

02 다음 중 전기적으로 데이터를 지우거나 다시 기록할 수 있는 기억장치로, 스마트폰, 디지털 카메라 등에 사용되는 메모리는?

① Flash Memory
② Buffer Memory
③ Virtual Memory
④ Cache Memory

> 전문가의 조언 | 전기적으로 데이터를 지우거나 다시 기록할 수 있는 기억장치는 플래시 메모리(Flash Memory)입니다.
> • 버퍼 메모리(Buffer Memory) : 두 개의 장치가 데이터를 주고받을 때 두 장치 간의 속도 차이를 해결하기 위해 중간에 데이터를 임시로 저장해 두는 공간으로, 키보드 버퍼, 프린터 버퍼 등이 있음
> • 가상 메모리(Virtual Memory) : 보조기억장치(하드디스크)의 일부를 주기억장치처럼 사용하는 메모리 기법으로, 주기억장치보다 큰 프로그램을 불러와 실행해야 할 때 유용하게 사용됨
> • 캐시 메모리(Cache Memory) : 중앙처리장치(CPU)와 주기억장치 사이에 위치하여 컴퓨터의 처리 속도를 향상시키는 역할을 함

03 다음 중 한글 Windows의 [설정] → [접근성]에 대한 설명으로 옳지 않은 것은?

① 키보드의 숫자 키패드를 이용하여 마우스 포인터를 움직이도록 설정할 수 있다.
② 모든 사용자에 대해 로그인 전 내레이터를 사용하도록 설정할 수 있다.
③ 로그인 후 돋보기가 자동으로 실행되도록 설정할 수 있다.
④ 텍스트 커서 및 마우스 포인터의 크기나 색을 변경할 수 있다.

> 전문가의 조언 | • 마우스 포인터의 크기나 색은 변경할 수 있지만 텍스트 커서는 모양만 변경할 수 있고 크기나 색은 변경할 수 없습니다.
> • [접근성] → [텍스트 커서]에서 크기나 색을 변경할 수 있는 대상은 커서가 아니라 커서 표시기입니다.

04 다음 중 한글 Windows 10의 바로 가기 키에 대한 설명으로 옳은 것은?

① Alt + PrintScreen : 전체 활성 창을 클립보드로 복사
② Alt + F4 : 활성 창을 닫거나 활성 앱을 종료
③ F3 : 파일 이름 바꾸기
④ Shift + F4 : 활성 문서 닫기

> 전문가의 조언 | Alt + F4 는 활성 창을 닫거나 활성 앱을 종료하는 바로 가기 키입니다.
> • Alt + PrintScreen : 현재 작업 중인 활성 창을 클립보드로 복사함
> • PrintScreen : 화면 전체를 클립보드로 복사함
> • F2 : 폴더 및 파일의 이름을 변경함
> • F3 : 파일 탐색기의 '검색 상자'를 선택함

05 다음 중 MIDI(Musical Instrument Digital Interface)에 대한 설명으로 옳지 않은 것은?

① 전자악기 간의 디지털 신호에 의한 통신이나 컴퓨터와 전자악기 간의 통신 규약이다.
② 파형 정보를 저장하지 않으므로 미디 신호를 재생하려면 미디 신호를 재생할 수 있는 전자악기를 사용해야 한다.
③ 조명 제어, 무대 회전 등과 다른 장비는 제어할 수 없다.
④ 게임 사운드 트랙과 스튜디오 녹음 등에 사용된다.

> 전문가의 조언 | MIDI 신호를 이용해 조명을 제어하거나 무대를 회전하는 것과 같이 전자악기 외의 다른 장비도 제어할 수 있습니다.

06 다음 중 RAID(Redundant Array Of Inexpensive Disk)에 대한 설명으로 옳지 않은 것은?

① RAID 0은 여분의 디스크가 포함되지 않지만 동일한 RAID 볼륨을 추가로 구성하며, 추가된 볼륨은 원래의 볼륨과 동일하기 때문에 미러링 모드라고 한다.
② 하드디스크의 모음뿐만 아니라 자동으로 복제해 백업 정책을 구현해 주는 기술이다.
③ RAID 5는 RAID 4의 패리티 볼륨에 대한 병목현상을 개선한 것이다.
④ RAID는 여러 개의 디스크를 하나로 묶어 하나의 논리적 디스크로 작동하게 하는데, 하드웨어적 방법과 소프트웨어적 방법이 있다.

> 전문가의 조언 | • RAID 0은 두 개 이상의 디스크를 사용하여 두 개 이상의 볼륨을 구성한 구조로, 하나의 데이터를 여러 디스크에 분산 저장하기 때문에 스트라이핑(Striping) 모드라고 합니다.
> • ①번은 RAID 1에 대한 설명입니다.

정답 1.② 2.① 3.④ 4.② 5.③ 6.①

07 다음 중 프로그래밍 기법에 대한 설명으로 옳지 않은 것은?

① 객체지향 프로그래밍은 객체를 중심으로 한 기법으로, 소프트웨어의 재사용과 유지보수가 용이하다.
② 구조적 프로그래밍은 지정된 문법 규칙에 따라 일련의 처리 절차를 순서대로 기술해 나가는 기법이다.
③ 비주얼 프로그래밍은 Windows의 GUI 환경에서 아이콘과 마우스를 이용하여 대화형으로 좀 더 쉽게 프로그래밍할 수 있다.
④ 하향식 프로그래밍은 프로그램 구조의 상위 모듈에서 하위 모듈로 작성하는 기법이다.

> 전문가의 조언 | • 구조적 프로그래밍은 입력과 출력이 각각 하나씩 이루어진 구조로, GOTO문을 사용하지 않으며, 순서, 선택, 반복의 3가지 논리 구조를 사용하는 기법입니다.
> • ②번은 절차적 프로그래밍에 대한 설명입니다.

08 다음 중 사물 인터넷(IoT)에 대한 설명으로 옳지 않은 것은?

① 모든 사물을 네트워크로 연결하여 소통하는 정보통신 환경을 의미한다.
② 스마트 센싱 기술과 무선 통신 기술을 융합하여 실시간으로 데이터를 주고받는 기술이다.
③ 개방형 정보 공유에 대한 부작용을 최소화하기 위해 정보보안 기술의 적용이 필요하다.
④ 통계적 기법, 수학적 기법과 인공지능을 이용하여 방대한 양의 데이터들로부터 유용한 정보를 추출하는 기술이다.

> 전문가의 조언 | ④번은 데이터 마이닝(Data Mining)에 대한 설명입니다.

09 다음 중 [설정] → [시스템] → [디스플레이]에 대한 설명으로 옳지 않은 것은?

① 화면의 방향을 가로, 세로, 가로(대칭 이동), 세로(대칭 이동) 중에서 선택하여 변경할 수 있다.
② 청색광을 조절하는 야간 모드의 켜고 끄는 예약 시간을 설정할 수 있다.
③ 화면의 밝기 및 기타 전원 설정을 조정할 수 있다.
④ 화면에 표시되는 텍스트, 앱 및 기타 항목의 크기를 변경할 수 있다.

> 전문가의 조언 | 기타 전원 설정은 [⚙(설정)] → [시스템] → [전원 및 절전]이나 [제어판] → [전원 옵션]에서 조정할 수 있습니다.

10 다음 중 전자우편(E-mail)에서 메일을 주고 받는데 사용되는 프로토콜로 올바르게 짝지어진 것은?

① ARP, SNMP, POP3
② UDP, ICMP, SMTP
③ SMTP, POP3, MIME
④ MIME, ARP, UDP

> 전문가의 조언 | 전자우편에서 메일을 주고 받는데 사용되는 프로토콜에는 SMTP, POP3, MIME가 있습니다.

11 다음 중 캐시 메모리(Cache Memory)에 관한 설명으로 옳은 것은?

① 중앙처리장치와 주기억장치 사이에 위치하여 컴퓨터의 처리 속도를 향상시킨다.
② 캐시 메모리는 주로 DRAM을 사용한다.
③ 보조기억장치의 일부를 주기억장치처럼 사용한다.
④ 주기억장치보다 큰 프로그램을 불러와 실행해야 할 때 유용하다.

> 전문가의 조언 | 캐시 메모리는 중앙처리장치와 주기억장치 사이에 위치하여 컴퓨터의 처리 속도를 향상시키는 역할을 합니다.
> • ② 캐시 메모리는 접근 속도가 빠른 정적 램(SRAM)을 사용합니다.
> • ③, ④ 가상 메모리(Virtual Memory)에 대한 설명입니다.

12 다음 중 전자우편(E-mail)에 대한 설명으로 옳지 않은 것은?

① 한 사람이 동시에 여러 사람에게 전자우편을 보낼 수 있다.
② 전체 회신은 받은 메일에 대한 답장을 발송자는 물론 참조인들에게도 전송하는 기능이다.
③ IMAP는 로컬 서버에서 프로그램을 이용하여 전자우편을 액세스하기 위한 표준 프로토콜이다.
④ SMTP는 메일 서버에 도착한 이메일을 사용자 컴퓨터로 가져올 수 있도록 메일 서버에서 제공하는 프로토콜이다.

> 전문가의 조언 | • SMTP(Simple Mail Transfer Protocol)는 사용자의 컴퓨터에서 작성한 메일을 다른 사람의 계정이 있는 곳으로 전송해 주는 프로토콜입니다.
> • ④번은 POP3(Post Office Protocol3)에 대한 설명입니다.

정답 7.② 8.④ 9.③ 10.③ 11.① 12.④

13 다음 중 자료 구성 단위에 대한 설명으로 옳지 않은 것은?

① 8개의 비트(Bit)가 모여 1바이트(Byte)를 구성한다.
② 레코드(Record)는 하나 이상의 관련된 필드가 모여서 구성되는 자료 처리 단위이다.
③ 필드(Field)는 파일 구성의 최소 단위, 여러 개의 필드가 모여서 레코드(Record)가 된다.
④ 워드(Word)는 문자를 표현하는 최소 단위이다.

> 전문가의 조언 | • 워드(Word)는 CPU가 한 번에 처리할 수 있는 명령 단위입니다.
> • 문자를 표현하는 최소 단위는 바이트(Byte)입니다.

14 다음 중 [파일 탐색기]의 검색 도구에 대한 설명으로 옳지 않은 것은?

① 수정한 날짜를 이용하여 지난 주에 수정한 파일들을 검색할 수 있다.
② 파일의 크기를 선택하여 검색할 수 있다.
③ 파일의 종류를 선택하여 검색할 수 있다.
④ 파일 특성이 '읽기 전용'인 파일들을 검색할 수 있다.

> 전문가의 조언 | '파일 탐색기'의 [검색 도구] → [검색] 탭에는 읽기 전용, 숨김 등 파일 특성을 지정하여 검색할 수 있는 도구가 없습니다.

15 다음 중 한글 Windows에서 사용하는 USB(Universal Serial Bus)에 대한 설명으로 옳은 것은?

① USB는 범용 병렬 장치를 연결할 수 있게 해 주는 컴퓨터 인터페이스이다.
② USB 3.0은 이론적으로 최대 5Gbps의 전송속도를 가지며, PC 및 연결기기, 케이블 등의 모든 USB 3.0 단자는 파랑색으로 되어 있어 이전 버전과 구분이 된다.
③ 허브를 이용하여 하나의 USB 포트에 여러 개의 주변기기를 연결할 수 있으며, 최대 256개까지 연결할 수 있다.
④ 핫 플러그인(Hot Plug In) 기능은 지원하지 않으나 플러그 앤 플레이(Plug & Play) 기능은 지원한다.

> 전문가의 조언 | USB(Universal Serial Bus)에 대한 설명으로 옳은 것은 ②번입니다.
> ① USB는 범용 직렬 장치를 연결할 수 있게 해주는 컴퓨터 인터페이스입니다.
> ③ USB는 주변장치를 최대 127개까지 연결할 수 있습니다.
> ④ USB는 핫 플러그인(Hot Plug In)과 플러그 앤 플레이(Plug&Play) 기능을 모두 지원합니다.

16 다음 중 개인용 컴퓨터의 바이오스(BIOS)에 관한 설명으로 옳지 않은 것은?

① 컴퓨터의 기본 입출력장치나 메모리 등 하드웨어 작동에 필요한 명령들을 모아 놓은 프로그램이다.
② 바이오스는 하드디스크에 저장되어 있는 운영체제의 일부이다.
③ 바이오스는 부팅할 때 POST를 통해 컴퓨터를 점검한 후에 사용 가능한 장치를 초기화한다.
④ 하드디스크 타입이나 부팅 순서와 같이 바이오스에서 사용하는 일부 정보는 CMOS에서 설정이 가능하다.

> 전문가의 조언 | 바이오스는 ROM에 저장되어 있어 ROM-BIOS라고도 합니다.

17 다음 중 객체 지향 프로그래밍 언어에 대한 설명으로 옳지 않은 것은?

① 대표적인 객체 지향 언어로 C++, Java 등이 있다.
② 소프트웨어의 재사용으로 프로그램의 개발 시간을 단축할 수 있다.
③ 상속성, 캡슐화, 추상화, 다형성 등의 특징이 있다.
④ 순차적인 처리가 중요시되며 프로그램 전체가 유기적으로 연결되도록 작성한다.

> 전문가의 조언 | ④번은 절차적 프로그래밍 언어에 대한 설명입니다.

18 다음 중 네트워크 관련 장비로 브리지(Bridge)에 관한 설명으로 옳지 않은 것은?

① 두 개의 근거리 통신망을 상호 접속할 수 있도록 하는 통신망 연결 장치이다.
② 통신량을 조절하여 데이터가 다른 곳으로 가지 않도록 한다.
③ OSI 참조 모델의 물리 계층에 속한다.
④ 통신 프로토콜을 변환하지 않고도 네트워크를 확장한다.

> 전문가의 조언 | 브리지(Bridge)는 OSI 참조 모델의 데이터 링크 계층에 속합니다.

19 다음 중 컴퓨터의 소프트웨어 관련 용어에 대한 설명으로 옳은 것은?

① 베타(Beta) 버전은 제작 회사 내에서 테스트할 목적으로 제작하는 소프트웨어이다.
② 셰어웨어(Shareware)는 기능과 사용 기간에 제한 없이 무료로 사용할 수 있는 소프트웨어이다.
③ 패치(Patch) 버전은 이미 제작하여 배포된 프로그램의 오류 수정이나 성능 향상을 위해 프로그램 일부를 변경해 주는 소프트웨어이다.
④ 알파(Alpha) 버전은 프로그램을 출시하기 전에 테스트를 목적으로 일반인에게 공개하는 소프트웨어이다.

> **전문가의 조언** | 소프트웨어 관련 용어에 대한 설명으로 옳은 것은 ③번입니다.
> ① 베타(Beta) 버전은 정식 프로그램을 출시하기 전, 테스트를 목적으로 일반인에게 공개하는 소프트웨어입니다.
> ② 셰어웨어(Shareware)는 기능 혹은 사용 기간에 제한을 두어 배포하는 소프트웨어로, 무료로 사용할 수 있으며, 일정 기간 사용해 보고 정식 프로그램을 구입할 수 있습니다.
> ④ 알파(Alpha) 버전은 베타테스트를 하기 전, 제작 회사 내에서 테스트할 목적으로 제작하는 소프트웨어입니다.

20 다음 중 운영체제의 구성인 제어 프로그램에 대한 설명으로 옳지 않은 것은?

① 자원의 할당 및 시스템 전체의 작동 상태를 감시한다.
② 작업이 정상적으로 처리될 수 있도록 작업의 순서와 방법을 관리한다.
③ 작업에 사용되는 데이터와 파일의 표준적인 처리 및 전송을 관리한다.
④ 사용자가 고급 언어로 작성한 원시 프로그램을 기계어 형태의 목적 프로그램으로 변환시킨다.

> **전문가의 조언** | ④번은 처리 프로그램 중 언어 번역 프로그램에 대한 설명입니다.

2과목 스프레드시트 일반

21 다음 중 조건부 서식에 대한 설명으로 옳지 않은 것은?

① 조건부 서식에 지정된 서식이 셀에 이미 지정된 서식보다 우선시 된다.
② 둘 이상의 조건부 서식이 참일 경우 지정된 서식이 모두 적용된다.
③ '조건부 서식 규칙 관리자' 대화상자에서 열려 있는 다른 통합 문서에 지정된 서식도 확인할 수 있다.
④ 수식을 사용하여 조건을 지정할 경우 다른 규칙과 다르게 조건을 만족하는 전체 행 또는 전체 열에 서식을 적용할 수 있다.

> **전문가의 조언** | '조건부 서식 규칙 관리자' 대화상자에서는 현재 선택 영역과 현재 시트, 다른 시트에 지정된 서식은 확인할 수 있지만 열려 있는 다른 통합 문서에 지정된 서식은 확인할 수 없습니다.

22 다음 중 부분합 실행 결과에 대한 설명으로 옳지 않은 것은?

1 2 3 4		A	B	C	D
	1				
	2	도서코드	도서명	분류	금액
+	8			소설 최대	34,200
-	9			소설 개수	5
+	14			시/에세이 최대	32,800
-	15			시/에세이 개수	4
+	23			인문 최대	35,000
-	24			인문 개수	7
+	31			정치/경제 최대	35,400
-	32			정치/경제 개수	6
	33			전체 최대값	35400
	34			전체 개수	22

① 개요 기호 '3'을 클릭하여 3수준 상태로 표시되었다.
② 분류별 금액의 최대를 구한 후 개수를 구했다.
③ 데이터 아래에 요약이 표시되었다.
④ 분류를 기준으로 오름차순 정렬하였다.

> **전문가의 조언** | 중첩 부분합을 수행하면 먼저 작성한 부분합의 결과가 아래쪽에 표시되므로 문제의 부분합은 분류별 금액의 개수를 구한 후 금액의 최대를 구한 것입니다.

정답 19.③ 20.④ 21.③ 22.②

23 다음은 [A1:F29] 영역에 입력된 데이터의 일부다. [A1:F29] 영역의 데이터를 이용하여 작성한 다음 피벗 테이블에 대한 설명으로 옳지 않은 것은?

① 필터 영역에 '고객'을 지정하고, 모든 데이터가 표시되도록 지정했다.

② 행 레이블에 '담당'을 지정하고 열 레이블에는 아무것도 지정하지 않았다.

③ '부가세' 필드는 금액의 10%인 계산 필드이다.

④ 피벗 테이블은 '새 워크시트'에 작성하였다.

> 전문가의 조언 | • [A1] 셀에는 '고객', [B1] 셀에는 '(다중 항목)'이 표시된 것으로 보아 필터 영역에 '고객'을 지정하고, 일부 데이터만 표시되도록 지정하였습니다.
> • 필터 영역에 모든 데이터가 표시되도록 지정하면 다음과 같이 표시됩니다.
>

24 다음 중 외부 데이터를 불러오기 위해 [데이터] → [데이터 가져오기 및 변환] → [데이터 가져오기] → [기타 원본에서] 메뉴에서 선택할 수 없는 메뉴는?

① Active Directory에서

② OData 피드에서

③ Microsoft Query에서

④ Microsoft Word에서

> 전문가의 조언 | • '기타 원본에서' 메뉴에 'Microsoft Word에서'는 없습니다.
> • '기타 원본에서' 메뉴에는 Active Directory에서, OData 피드에서, Microsoft Query에서, 테이블/범위에서, 웹, SharePoint 목록에서, Hadoop 파일(HDFS)에서, Microsoft Exchange에서, ODBC에서, OLEDB에서 등이 있습니다.

25 다음 '매크로' 대화상자에 대한 설명으로 옳지 않은 것은?

① '서식지정' 매크로는 열려 있는 모든 통합 문서에서 사용할 수 있다.

② '서식지정' 매크로는 바로 가기 키를, 데이터를 복사하는 Ctrl + c로 지정하였기 때문에 바로 가기 키로 사용할 수 없다.

③ '서식해제' 매크로는 '개인용 매크로 통합 문서'로 저장하였다.

④ '서식해제' 매크로는 엑셀을 실행할 때마다 사용할 수 있다.

> 전문가의 조언 | 매크로에 지정된 바로 가기 키는 엑셀의 바로 가기 키보다 우선 시 되므로 Ctrl + c를 누르면 '서식 지정' 매크로가 실행됩니다.

26 다음 중 윗주에 대한 설명으로 옳지 않은 것은?

① 셀의 데이터를 삭제하면 윗주도 함께 삭제된다.

② 데이터가 입력되지 않은 셀에 윗주를 삽입할 수 없다.

③ 숫자가 입력된 셀에 윗주를 삽입하면 화면에 윗주가 표시된다.

④ 윗주는 셀에 대한 주석을 설정하는 것이다.

> 전문가의 조언 | 윗주는 문자 데이터에만 삽입할 수 있으므로 숫자가 입력된 셀에는 윗주를 삽입할 수 없습니다.

27 다음의 〈변경 전〉 차트를 〈변경 후〉 차트로 변경할 때 '데이터 원본 선택' 대화상자의 '숨겨진 셀/빈 셀'에서 선택해야 할 항목으로 옳은 것은?

〈변경 전〉

〈변경 후〉

① '빈 셀 표시 형식'을 '간격'으로 지정한다.
② '빈 셀 표시 형식'을 '0으로 처리'로 지정한다.
③ '빈 셀 표시 형식'을 '선으로 데이터 요소 연결'로 지정한다.
④ '숨겨진 행 및 열에 데이터 표시'로 지정한다.

> 전문가의 조언 | '숨겨진 셀/빈 셀 설정' 대화상자의 '빈 셀 표시 형식'에는 다음과 같이 3가지 형식이 있으며, '간격'을 지정할 경우 〈변경 전〉 차트처럼 표시되고, '0으로 처리'를 지정할 경우 〈변경 후〉 차트처럼 표시됩니다.
>
>
>
> • '빈 셀 표시 형식'을 '선으로 데이터 요소 연결'로 지정할 경우 다음과 같이 표시됩니다.
>
>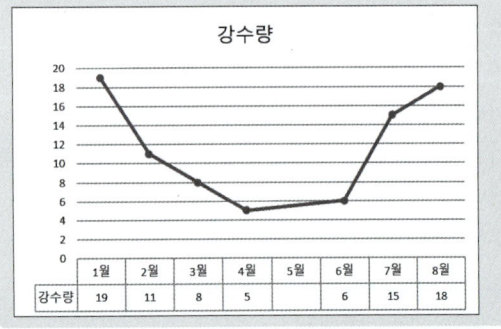

28 다음 중 창 나누기에 대한 설명으로 옳지 않은 것은?

① 창 나누기를 취소하려면 [보기] → [창] → [나누기 취소]를 선택한다.
② 화면을 수평, 수직, 수평·수직으로 나눌 수 있다.
③ 창 나누기를 수행하면 셀 포인터의 왼쪽과 위쪽을 기준으로 창 구분선이 표시된다.
④ 화면에 표시되는 창 나누기 형태는 인쇄 시 적용되지 않는다.

> 전문가의 조언 | 창 나누기가 지정된 상태에서 창 나누기를 취소하려면 [보기] → [창] → [나누기]를 클릭하면 됩니다.

29 다음 중 데이터 입력에 대한 설명으로 옳지 않은 것은?

① 수식 또는 함수 식을 입력할 때는 = 기호를 붙여 입력한다.
② 표 형식으로 입력된 데이터에서 바로 왼쪽 열에 데이터가 입력되어 있으면 채우기 핸들을 드래그하지 않고 더블클릭하여 왼쪽 열과 동일한 행까지 자동으로 입력할 수 있다.
③ 분수 1/4을 입력하려면 분수 앞에 0을 입력한 뒤 한 칸 띄고 분수를 입력한다.
④ 날짜 데이터를 수식에서 인수로 사용하려면 작은따옴표(')로 묶어준다.

> 전문가의 조언 | 날짜 데이터를 수식에서 인수로 사용하려면 큰따옴표(" ")로 묶어줘야 합니다.

30 다음 워크시트에서 [C3:C6] 영역에 입력된 'e메일'에서 '@' 앞에 글자만을 모두 대문자로 변환하여 [B3:B6] 영역에 '닉네임'으로 표시하려고 한다. [B3] 셀에 입력할 수식으로 옳은 것은?

	A	B	C
1			
2	이름	닉네임	e메일
3	이의리		khvip@nate.com
4	조규성		rvgold@naver.com
5	조성은		snsilver@gilbut.com
6	황중희		bronzebg@google.com
7			

① =UPPER(LEFT(C3, SEARCH("@", C3)-1))
② =UPPER(MID(C3, SEARCH("@", C3)-1))
③ =UPPER(LEFT(C3, SEARCH(C3, "@")-1))
④ =UPPER(MID(C3, SEARCH(C3, "@")-1))

정답 27.② 28.① 29.④ 30.①

전문가의 조언 | [B3] 셀에 입력할 수식으로 옳은 것은 ①번입니다.
=UPPER(LEFT(C3, SEARCH("@", C3)−1))
          ❸   ❷   ❶

❶ SEARCH("@", C3) : [C3] 셀에 입력된 "khvip@nate.com"에서 "@"를 찾아 위치인 6을 반환합니다.
❷ LEFT(C3, ❶−1) → LEFT(C3, 6−1) : "khvip@nate.com"의 왼쪽에서 5글자를 추출한 "khvip"를 반환합니다.
❸ =UPPER(❷) → =UPPER("khvip") : "khvip"를 모두 대문자로 변환한 "KHVIP"를 반환합니다.

31 다음 중 아래 워크시트에서 '학과'가 '멀티미디어'이고 '점수'가 90 이상인 인원수를 구하기 위한 수식으로 옳지 않은 것은?

	A	B	C
1			
2	이름	학과	점수
3	이미현	멀티미디어	81
4	이종민	컴퓨터공학과	90
5	박해수	컴퓨터공학과	99
6	조광희	기계공학과	90
7	이선미	멀티미디어	95
8	김태균	컴퓨터 공학과	94
9	권지향	멀티미디어	99

① {=SUM(IF((B3:B9="멀티미디어")*(C3:C9>=90), 1))}
② {=SUM((B3:B9="멀티미디어")*(C3:C9>=90))}
③ {=COUNT((B3:B9="멀티미디어")*(C3:C9>=90))}
④ =COUNTIFS(B3:B9, "멀티미디어", C3:C9, ">=90")

전문가의 조언 | 인원수를 구하기 위한 수식으로 옳지 않은 것은 ③번입니다.
• 조건이 두 개일 때 배열 수식을 이용하여 개수를 구하는 방법은 다음의 3가지 방법이 있습니다.

- 방법1 : =SUM((조건1)*(조건2))
- 방법2 : =SUM(IF((조건1)*(조건2), 1))
- 방법3 : =COUNT(IF((조건1)*(조건2), 1))

1. 조건 찾기
 − 조건1 : 학과가 "멀티미디어"란 조건은 비교 대상이 될 학과가 있는 범위(B3:B9)와 비교할 기준이 되는 "멀티미디어"를 "="으로 연결하여 적어주면 됩니다(B3:B9="멀티미디어").
 − 조건2 : 점수가 90 이상이란 조건은 비교 대상이 될 점수가 있는 범위(C3:C9)와 비교할 기준이 되는 90을 ">="로 연결하여 적어주면 됩니다(C3:C9>=90).
2. 위의 조건을 개수 구하기 배열 수식에 대입하면 다음과 같습니다.
- 방법1 : =SUM((B3:B9="멀티미디어")*(C3:C9>=90))
- 방법2 : =SUM(IF((B3:B9="멀티미디어")*(C3:C9>=90), 1))
- 방법3 : =COUNT(IF((B3:B9="멀티미디어")*(C3:C9>=90), 1))

• 수식을 입력한 후 Ctrl+Shift+Enter를 누르면 중괄호({ })가 자동으로 표시됩니다.

32 다음 워크시트에서 [B3:B8] 영역의 '연락처'를 [C3:C8] 영역의 '전화번호'와 같이 표시하기 위해 [C3] 셀에 입력할 수식으로 옳은 것은?

	A	B	C
1			
2	이름	연락처	전화번호
3	유일한	010-9275-4991	010-9275-****
4	신영현	010-3347-4913	010-3347-****
5	김서하	010-3165-1890	010-3165-****
6	한지혜	010-7779-7463	010-7779-****
7	최현진	010-9905-6975	010-9905-****
8	김명철	010-6747-9013	010-6747-****

① =REPLACE(B3, 10, 4, "****")
② =SUBSTITUTE(B3, 10, 4, "****")
③ =REPLACE(B3, 10, 4, "*")
④ =SUBSTITUTE(B3, 10, 4, "*")

전문가의 조언 | [C3] 셀에 입력할 수식으로 옳은 것은 ①번입니다.
• =REPLACE(B3, 10, 4, "****") : [B3] 셀의 값 "010-9275-4991"의 10번째부터 4글자를 "****"로 변경한 "010-9275-****"를 반환합니다.

33 다음 중 차트에 대한 설명으로 옳은 것은?

① 워크시트에서 차트에 사용될 데이터를 범위로 지정한 후 Ctrl+F1 을 누르면 별도의 차트 시트에 기본 차트가 작성된다.
② 방사형, 트리맵, 히스토그램 차트는 3차원 차트로 작성할 수 없다.
③ 원형 차트는 2개의 데이터 계열을 표시할 수 있어 '값 축'과 '항목' 축을 표시할 수 있다.
④ 추세선 이름은 자동으로 지정되어 사용자가 임의로 변경할 수 없다.

전문가의 조언 | 차트에 대한 설명으로 옳은 것은 ②번입니다.
① 별도의 차트 시트에 기본 차트를 작성하려면 F11 을, 데이터가 있는 시트에 기본 차트를 작성하려면 Alt+F1 을 누르면 됩니다.
③ 원형 차트는 항상 한 개의 데이터 계열만을 가지고 있으므로 축이 없습니다.
④ 추세선의 이름은 자동으로 지정되지만 사용자가 임의로 변경할 수 있습니다.

34 다음 중 시트의 특정 범위만 항상 인쇄하는 경우에 대한 설명으로 옳지 않은 것은?

① 인쇄할 영역을 블록 설정한 후 [페이지 레이아웃] 탭 [페이지 설정] 그룹의 [인쇄 영역] → [인쇄 영역 설정]을 클릭한다.
② 인쇄 영역으로 설정되면 페이지 나누기 미리 보기에서는 설정된 부분만 표시되고 나머지 행과 열은 숨겨진다.

③ 인쇄 영역을 설정하면 자동으로 Print_Area라는 이름이 작성되며, 이름은 Ctrl + F3 혹은 [수식] 탭 → [정의된 이름] 그룹 → [이름 관리자]에서 확인할 수 있다.

④ 인쇄 영역 설정은 [페이지 설정] 대화상자의 [시트] 탭에서 지정할 수도 있다.

> 전문가의 조언 | 페이지 나누기 미리 보기에서는 인쇄 영역으로 설정된 부분은 원래대로 표시되고, 설정되지 않은 부분은 배경이 회색으로 처리되어 표시됩니다.

35 다음 중 통합 문서에 대한 설명으로 옳지 않은 것은?

① 시트 보호는 통합 문서 전체가 아닌 특정 시트만을 보호한다.
② 공유된 통합 문서는 여러 사용자가 동시에 변경 및 병합할 수 있다.
③ 통합 문서 보호 설정 시 암호를 지정하면 워크시트에 입력된 내용을 수정할 수 없다.
④ 사용자가 워크시트를 추가, 삭제하거나 숨겨진 워크시트를 표시하지 못하도록 통합 문서의 구조를 잠글 수 있다.

> 전문가의 조언 | 통합 문서 보호 설정 시 지정된 암호는 통합 문서 보호를 해제할 때 필요한 것으로, 통합 문서 보호 상태에서는 암호 지정 여부에 상관없이 워크시트에 데이터를 입력하거나 수정할 수 있습니다.

36 아래의 시트에서 [C6:C10] 영역에 데이터를 채우려고 할 때 아래 [데이터 테이블] 대화상자에 입력되어야 할 값과 실행 결과 [C6:C10] 영역에 설정된 배열 수식의 쌍으로 올바르게 짝지어진 것은? (단, [C5] 셀에는 수식 '=B2*B3'이 입력되어 있으며, [B5:C10] 영역을 블록으로 지정한 후 [데이터] → [예측] → [가상 분석] → [데이터 표]를 실행한다.)

	A	B	C	D
1	가중치에 따른 성적 계산			
2	가중치	25%		
3	점수	90		
4				
5		성적	22.5	
6		10%		
7		20%		
8	가중치	30%		
9		40%		
10		50%		
11				

① 입력값 : [행 입력 셀] : $B$2
　설정값 : {=TABLE(,B2)}

② 입력값 : [열 입력 셀] : $B$2
　설정값 : {=TABLE(,B2)}

③ 입력값 : [행 입력 셀] : $B$3
　설정값 : {=TABLE(,B3)}

④ 입력값 : [행 입력 셀] : $B$2, [열 입력 셀] : $B$3
　설정값 : {=TABLE(B2,B3)}

> 전문가의 조언 | • 데이터 표의 입력값과 실행 결과에 설정된 배열 수식의 쌍으로 올바르게 짝지어진 것은 ②번입니다.
> • 변화되는 값은 가중치이고, 가중치의 변경 값이 한 열(B)에 입력되어 있으므로 '데이터 테이블' 대화상자의 '열 입력 셀'에 가중치를 지정하면 됩니다. 가중치는 B2 셀에 입력되어 있으므로 '데이터 테이블' 대화상자의 '열 입력 셀'에 'B2'를 입력하면 됩니다.

37 다음 중 아래 워크시트의 [A1] 셀에서 10.1을 입력한 후 Ctrl을 누르고 자동 채우기 핸들을 아래로 드래그한 경우 [A4] 셀에 입력되는 값은?

	A	B
1	10.1	
2		
3		
4		

① 10.1
② 10.4
③ 13.1
④ 13.4

> 전문가의 조언 | [A4] 셀에 입력되는 값은 13.1입니다. Ctrl을 누른 채 숫자가 들어 있는 셀의 채우기 핸들을 드래그하면 값이 1씩 증가하며 입력됩니다.

	A
1	10.1
2	11.1
3	12.1
4	13.1

38 아래 워크시트에서 매출액[B3:B9]을 이용하여 매출 구간별 빈도수를 [F3:F6] 영역에 계산하고자 한다. 다음 중 이를 위한 배열 수식으로 옳은 것은?

	A	B	C	D	E	F
1						
2		매출액		매출구간		빈도수
3		75		0	50	1
4		93		51	100	2
5		130		101	200	3
6		32		201	300	1
7		123				
8		257				
9		169				
10						

① {=PERCENTILE.INC(B3:B9, E3:E6)}
② {=PERCENTILE.INC(E3:E6, B3:B9)}
③ {=FREQUENCY(B3:B9, E3:E6)}
④ {=FREQUENCY(E3:E6, B3:B9)}

> **전문가의 조언** | • [B3:B9] 영역의 데이터를 대상으로 [E3:E6] 영역의 구간별 빈도수를 계산하려면 [F3:F6] 영역을 블록으로 지정하고 =FREQUENCY(B3:B9, E3:E6)을 입력한 후 Ctrl + Shift + Enter를 누르면 됩니다.
> • Ctrl + Shift + Enter를 눌러 입력하면 수식 앞뒤에 중괄호({ })가 자동으로 입력되어 {=FREQUENCY(B3:B9, E3:E6)}과 같이 표시됩니다.

39 다음 중 매크로 기록과 실행에 관련된 항목들의 설명으로 옳지 않은 것은?

① 매크로 기록 기능을 이용할 때 기본 저장 위치는 '현재 통합 문서'가 된다.
② Alt 와 영문 문자를 조합하여 해당 매크로의 바로 가기 키를 지정할 수 있다.
③ 매크로 기록 기능을 통해 작성된 매크로는 'VBA 편집기'에서 실행할 수 있다.
④ 엑셀을 사용할 때마다 매크로를 사용할 수 있게 하려면 매크로 저장 위치를 '개인용 매크로 통합 문서'를 선택한다.

> **전문가의 조언** | 매크로의 바로 가기 키는 기본적으로 Ctrl 과 영문자를 조합하여 지정할 수 있습니다.

40 다음 중 '페이지 레이아웃'의 '머리글/바닥글 도구'에 대한 설명으로 틀린 것은?

① 페이지 번호, 현재 날짜 등을 추가할 수 있다.
② 보기 형태 중 '페이지 레이아웃'에서도 '머리글/바닥글 도구'를 사용할 수 있다.
③ 머리글과 바닥글의 여백을 워크시트의 여백에 맞추려면 '페이지 여백에 맞추기'를 선택한다.
④ 머리글과 바닥글의 글꼴과 인쇄 배율을 워크시트의 글꼴 크기와 인쇄 배율에 맞추려면 '문서에 맞게 배율 조정'을 선택한다.

> **전문가의 조언** | '문서에 맞게 배율 조정'을 선택하면 머리글과 바닥글의 글꼴 크기가 아닌 인쇄 배율만 워크시트의 인쇄 배율과 동일하게 적용됩니다.

3과목 데이터베이스 일반

41 다음 중 하위 폼에서 새로운 레코드를 추가하려고 할 때 설정해야 할 폼 속성은?

① '필터 사용'을 예로 설정한다.
② '추가 가능'을 예로 설정한다.
③ '편집 가능'을 예로 설정한다.
④ '삭제 가능'을 예로 설정한다.

> **전문가의 조언** | 새로운 레코드를 추가할 수 있도록 하려면 '추가 가능' 속성을 "예"로 설정해야 합니다.

42 활성화된 폼에서 옵션 단추의 선택 여부에 따라 해당 텍스트 상자 컨트롤로 포커스(Focus)를 자동 이동하려고 한다. 다음 중 이 작업을 위해 사용되는 매크로 함수로 옳은 것은?

① OpenForm
② GoToControl
③ GoToRecord
④ SetValue

> **전문가의 조언** | 특정 컨트롤로 포커스를 이동시키는 매크로 함수는 GoToControl입니다.
> • OpenForm : 폼을 여는 매크로 함수
> • GoToRecord : 레코드 포인터를 이동시키는 매크로 함수로, First, Last, Previous, Next 등의 인수가 사용됨
> • SetValue : 필드, 컨트롤, 속성 등의 값을 설정하는 매크로 함수

43 다음 중 컨트롤에 대한 설명으로 옳지 않은 것은?

① 레이블 컨트롤은 제목이나 캡션 등의 설명 텍스트를 표현하기 위해 많이 사용된다.
② 테이블이나 쿼리의 필드가 컨트롤 원본으로 연결된 컨트롤을 계산 컨트롤이라고 한다.
③ 목록 상자 컨트롤은 여러 개의 데이터 행으로 구성되며 대개 몇 개의 행을 항상 표시할 수 있는 크기로 지정되어 있다.
④ 탭 형식의 대화상자를 작성하는 컨트롤로, 다른 컨트롤을 탭 컨트롤로 복사하거나 추가할 수 있는 컨트롤을 탭 컨트롤이라고 한다.

> **전문가의 조언** | • 테이블이나 쿼리의 필드가 컨트롤 원본으로 연결된 컨트롤을 바운드 컨트롤이라고 합니다.
> • 계산 컨트롤은 데이터의 원본 데이터로 식을 사용하는 컨트롤입니다.

정답 39.② 40.④ 41.② 42.② 43.②

44 다음 중 보고서에 대한 설명으로 옳지 않은 것은?

① 레코드 원본에 SQL 문장을 입력하면 질의 결과를 대상으로 하는 보고서를 작성할 수 있다.
② 보고서의 컨트롤에서는 컨트롤 원본을 사용하여 특정 필드에 바운드시킬 수 있다.
③ 폼과 동일하게 여러 유형의 컨트롤을 이용하여 데이터를 입력, 추가, 삭제하거나 표시할 수 있다.
④ 보고서마다 페이지 설정을 다르게 지정할 수 있다.

> 전문가의 조언 | 보고서에서 데이터의 입력, 추가, 삭제 등의 편집 작업은 불가능합니다.

45 탭 컨트롤에 대한 설명으로 옳지 않은 것은?

① 탭 형식의 대화상자를 작성하는 컨트롤로, 다른 컨트롤을 탭 컨트롤로 복사하거나 추가할 수 있다.
② 탭 컨트롤의 바로 가기 메뉴에서 [페이지 삽입], [페이지 삭제]를 선택하여 페이지를 추가하거나 삭제할 수 있다.
③ 탭 컨트롤의 바로 가기 메뉴에서 [탭 순서]를 선택하여 탭 컨트롤 내의 페이지 표시 순서를 설정할 수 있다.
④ 폼 디자인 도구의 컨트롤에서 탭 컨트롤 도구를 선택한 후 드래그하여 탭 컨트롤을 추가할 수 있다.

> 전문가의 조언 |
> • 탭 컨트롤의 바로 가기 메뉴에서 [탭 순서]를 선택하면, 폼 안에서 Tab이나 Enter를 눌렀을 경우 이동되는 컨트롤들의 순서를 설정할 수 있습니다.
> • 탭 컨트롤 내의 페이지 표시 순서는 탭 컨트롤의 바로 가기 메뉴에서 [페이지 순서]를 선택하여 변경할 수 있습니다.

46 다음 중 하위 폼에 대한 설명으로 옳지 않은 것은?

① 하위 폼에서 여러 개의 연결 필드를 지정할 때에 사용되는 구분자는 세미콜론(;)이다.
② 기본 폼은 단일 폼, 연속 폼, 데이터 시트 형태로 표시할 수 있으며, 하위 폼은 단일 폼의 형태로만 표시할 수 있다.
③ 기본 폼과 하위 폼을 연결할 필드의 데이터 형식은 같거나 호환되어야 한다.
④ [하위 폼 필드 연결기]를 이용하여 간단히 기본 폼과 하위 폼의 연결 필드를 지정할 수 있다.

> 전문가의 조언 | 기본 폼과 하위 폼에서 기본 폼은 단일 폼 형식으로만, 하위 폼은 단일 폼, 연속 폼, 데이터시트 보기 등의 형식으로 표시할 수 있습니다.

47 다음 중 보고서를 만드는 방법으로 제공되는 마법사 유형이 아닌 것은?

① 하위 보고서 마법사
② 업무 문서 양식 마법사
③ 우편 엽서 마법사
④ 보고서 마법사

> 전문가의 조언 | 보고서를 만들 때 제공되는 마법사 도구에는 '보고서 마법사, 레이블, 업무 문서 양식 마법사, 우편 엽서 마법사'가 있습니다.

48 다음 중 보고서에 대한 설명으로 옳지 않은 것은?

① 보고서는 데이터를 출력하기 위한 개체이다.
② 보고서의 컨트롤에서는 컨트롤 원본을 사용하여 특정 필드에 바운드 시킬 수 있다.
③ 레코드 원본에 SQL문장을 입력하면 질의 결과를 대상으로 하는 보고서를 작성할 수 있다.
④ 보고서의 레코드 원본으로 테이블, 쿼리나 기존 보고서를 지정할 수 있다.

> 전문가의 조언 | 보고서의 레코드 원본으로 테이블, 쿼리, SQL문 등을 지정할 수 있지만 보고서를 지정할 수는 없습니다.

49 〈회원〉 테이블은 '이름'과 '주소' 필드로 구성되어 있으며, '주소' 필드에는 시/도, 시/군/구, 읍/면/동의 형태로 값이 입력되어 있다. 다음 중 주소가 서울시, 합정동이면서 이름이 "이"로 시작하는 회원의 이름과 주소를 조회하는 SQL문으로 옳은 것은?

① select 이름, 주소 from 회원 where 주소 = "서울", "합정동" and 이름 like "이*";
② select 이름, 주소 from 회원 where 주소 like "서울*" or "*합정동" and 이름 like "이*";
③ select 이름, 주소 from 회원 where 주소 like "서울" and "합정동" and 이름 like "이*";
④ select 이름, 주소 from 회원 where 주소 like "서울*" and "*합정동*" and 이름 like "이*";

> 전문가의 조언 | 문제에서 '주소' 필드에는 시/도, 시/군/구, 읍/면/동의 형태로 값이 입력되어 있다고 했으니, 시/도는 항상 주소의 맨 앞에, 읍/면/동은 항상 주소의 맨 뒤에 입력되게 됩니다. 그러므로 주소를 조회할 때 "서울시"로 시작하면서, "합정동"으로 끝나도록 조건을 Like "서울*" and "*합정동"으로 지정하면 됩니다. 해당 조건이 보기에는 없지만 보기 중 ④번의 Like "서울*" and "*합정동*"로 지정해도 문제에서 원하는 조건에 만족하는 자료를 검색할 수 있습니다.

정답 44.③ 45.③ 46.② 47.① 48.④ 49.④

50. 다음의 쿼리 디자인 창과 동일한 결과를 산출하는 SQL문으로 옳은 것은?

① select * from CR where 등급="A" and 회비=금액;

② select * from CR where 등급="A" or 회비=금액;

③ select 이름 from CR where CR.등급="A" and CR.회비=[금액];

④ select 이름, 등급, 회비 from CR where 등급="A" and 회비=[금액];

전문가의 조언 |
- 쿼리 작성기 창의 '표시' 항목에 체크된 필드가 '이름'이므로 표시되는 필드는 '이름'입니다. : select 이름
- 레코드를 추출할 테이블의 이름은 〈CR〉입니다. : from CR
- 조건은 2개인데 같은 행에 입력되었으므로 AND로 연결되며, '등급' 필드의 값이 "A"이면서 '회비' 필드의 값은 [금액] 필드의 값과 같은 레코드만 추출합니다. : where 등급 = "A" and 회비 = [금액]
※ '금액' 필드는 〈CR〉 테이블에 없으므로 외부로부터 값을 입력받을 수 있도록 반드시 대괄호([ ])를 붙여서 [금액]과 같이 지정해야 합니다.
※ 완성된 SQL문은 다음과 같으며, 필드명 앞에 테이블명을 붙여 CR.등급과 CR.회비로 입력해도 결과는 동일합니다.
  select 이름 from CR where CR.등급="A" and CR.회비=[금액];

51. 다음 중 현재 폼에서 'cmd숨기기' 단추를 클릭하는 경우, DateDue 컨트롤이 표시되지 않도록 하기 위한 이벤트 프로시저로 옳은 것은?

① Private Sub cmd숨기기_Click( )
    Me.[DateDue]!Visible = False
   End Sub

② Private Sub cmd숨기기_DblClick( )
    Me!DateDue.Visible = True
   End Sub

③ Private Sub cmd숨기기_Click( )
    Me![DateDue].Visible = False
   End Sub

④ Private Sub cmd숨기기_DblClick( )
    Me.DateDue!Visible = True
   End Sub

전문가의 조언 | DateDue 컨트롤이 표시되지 않도록 하기 위한 이벤트 프로시저로 옳은 것은 ③번입니다.
- 특정 컨트롤을 마우스로 클릭했을 때 발생하는 이벤트는 Click 이벤트입니다. 'cmd숨기기' 단추를 클릭했을 때 발생하는 이벤트 프로시저는 Private Sub cmd숨기기_Click( )으로 시작해야 합니다.
- 폼, 보고서 컨트롤 등의 표시 여부를 결정하는 속성은 Visible이며, Visible = False와 같이 Visible 속성을 'False'로 설정하면 표시하지 않고 'True'로 설정하면 표시합니다.
- 개체명과 컨트롤명은 느낌표(!)로 구분하고, 컨트롤에 속성을 지정할 때는 점(.)으로 연결합니다.

52. 〈제품〉 테이블과 〈주문상세내역〉 테이블의 관계 설정에 관한 내용으로 옳지 않은 것은?

① 〈제품〉 테이블의 레코드를 수정하거나 삭제할 때 참조 무결성이 위배될 수 있다.
② 〈주문상세내역〉 테이블에 레코드를 추가할 때 참조 무결성이 위배될 수 있다.
③ 〈주문상세내역〉 테이블에 레코드를 삭제할 때는 어떠한 경우라도 참조 무결성이 위배되지 않는다.
④ 〈제품〉 테이블의 '제품코드' 데이터를 추가할 때는 참조 무결성이 위배될 수 있다.

전문가의 조언 | 〈제품〉 테이블에 새롭게 추가되는 '제품코드'는 〈주문상세내역〉 테이블에서 참조하는 자료가 아니므로 참조 무결성에 위배되지 않습니다.

53. 다음 중 테이블의 필드 속성에서 인덱스를 지정할 수 없는 데이터 형식은?

① 짧은 텍스트   ② OLE 개체
③ Yes/No   ④ 일련 번호

전문가의 조언 | OLE 개체, 첨부 파일, 계산 형식의 필드에는 인덱스를 설정할 수 없습니다.

정답 50.③ 51.③ 52.④ 53.②

54 폼에 삽입된 텍스트 상자 컨트롤의 컨트롤 원본으로 'Yes/No' 형식의 '성별' 필드를 바운드시키려고 한다. '성별' 필드의 값이 'Yes'이면 "남", 'No'이면 "여"로 표시하려고 할 때 '형식' 속성의 설정 값으로 옳은 것은?

① ₩남;₩여
② 남/여
③ ;₩남;₩여
④ ₩남,₩여

> 전문가의 조언 | 'Yes/No' 데이터 형식에서 Yes는 -1, No는 0으로 인식하므로, 음수(Yes)인 경우 남, 0(No)인 경우 여로 표시하는 속성의 설정 값은 **;₩남;₩여**입니다.
> ※ 텍스트 상자에 숫자가 입력된 경우 사용자 지정 형식은 네 개의 구역을 세미콜론(;)으로 나누며, 각 구역은 **양수 ; 음수 ; 0 ; Null**로 구분됩니다.

55 다음 중 데이터베이스에 대한 설명으로 옳지 않은 것은?

① 데이터베이스는 컴퓨터가 접근할 수 있는 저장 매체에 저장된 자료이다.
② 데이터베이스는 자료가 최소한으로 중복된 데이터의 모임이다.
③ 데이터베이스는 조직의 고유한 업무를 수행하는 데 존재 가치가 확실하고 없어서는 안 될 반드시 필요한 자료이다.
④ 데이터베이스는 여러 응용 시스템들이 공동으로 소유하고 유지하는 자료이다.

> 전문가의 조언 | 데이터베이스는 자료의 중복을 배제한 데이터의 모임입니다.

56 다음 중 학생(학번, 이름, 학과, 학년, 주소) 테이블에서 학과가 "경영학과"이고 학년이 2학년인 학생의 학번과 이름만 출력하는 SQL문으로 올바른 것은?

① Select 학번, 이름 From 학생 Where 학과 Like '경영학과' And 학년 In (2);
② Select 학번, * From 학생 Where 학과='경영학과' Or 학년 = 2;
③ Select 학번, * From 학생 Where 학과='경영학과' And 학년 = 2;
④ Select 학번, 이름 From 학생 Where '경영학과' And 2;

> 전문가의 조언 | 문제에 주어진 조건에 맞는 SQL문은 ①번입니다.
> ① "학과 Like '경영학과' and 학년 In (2)"는 학과가 '경영학과'를 포함하고 학년이 2인 레코드를 의미하므로 문제에서 요구하는 조건을 충족하는 문장입니다.
> ② 조건을 Or로 연결했으므로 틀린 문장입니다.
> ③ 검색되는 속성을 '학번, *'로 지정하여 모든 속성이 표시되므로 틀린 문장입니다.
> ④ 조건이 형식에 맞지 않아 오류가 발생합니다.

57 다음 중 쿼리 유형에 대한 설명으로 옳지 않은 것은?

① [테이블 만들기] 쿼리로 레코드를 기존 테이블에 추가할 수 있다.
② [업데이트] 쿼리로 기존 테이블의 데이터를 변경할 수 있다.
③ 실행 쿼리는 쿼리 디자인 그룹 왼쪽에 실행(!) 단추가 표시된다.
④ [삭제] 쿼리로 기존 테이블의 레코드를 삭제할 수 있다.

> 전문가의 조언 | • ①번은 추가 쿼리에 대한 설명입니다.
> • 테이블 만들기 쿼리는 테이블이나 쿼리에서 데이터를 검색한 후 검색된 결과를 새로운 테이블로 만드는 작업을 수행합니다.

58 다음 중 데이터의 형식에 관한 설명으로 옳지 않은 것은?

① 짧은 데이터 형식의 필드 크기를 기존 크기보다 작게 지정할 경우 데이터가 손실될 수 있다.
② 숫자가 입력된 필드를 짧은 텍스트 형식으로 변경할 수 있다.
③ 정수가 입력된 필드를 일련 번호 형식으로 변경할 수 있다.
④ 날짜가 입력된 필드에 자세한 날짜 유형을 지정할 수 있다.

> 전문가의 조언 | 이미 데이터가 입력된 필드의 데이터 형식을 일련 번호 형식으로 변경할 수 없습니다.

59 다음 중 전체 페이지는 100이고 현재 페이지는 5일 때 현재 페이지 정보를 "005"와 같이 표현하는 식으로 옳은 것은?

① =Format([Pages], "000")
② =Format([Page], "000")
③ =Format("Pages", "000")
④ =Format("Page", "000")

> 전문가의 조언 | 현재 페이지 정보를 005와 같이 표현하는 식은 =Format([Page], "000")입니다.
> • [Page] : 현재 페이지를 표시함
> • [Pages] : 전체 페이지를 표시함
> • Format(식, 형식) : 계산 결과에 표시 형식을 지정하는 함수

60 다음 중 폼의 디자인 보기 상태에서 [정렬] → [크기 및 순서 조정] → [크기/공간]을 이용하여 수행할 수 있는 작업이 아닌 것은?

① [간격] → [가로 간격 넓게] : 선택된 컨트롤의 가로 간격을 조금 더 넓게 넓히는 것으로 가장 왼쪽 컨트롤의 위치는 변함이 없다.
② [그룹화] → [그룹] : 선택된 여러 개의 컨트롤을 하나의 개체로 묶는다.
③ [눈금] → [눈금자] : 눈금자를 표시하거나 숨긴다.
④ [크기] → [자동] : 선택된 컨트롤의 크기를 동일하게 자동으로 조정한다.

> 전문가의 조언 | [크기] → [자동]을 선택하면 선택된 컨트롤들의 크기를 모두 동일하게 조정하는 것이 아니라 높이가 가장 높은 것과 낮은 것을 기준으로 나머지 컨트롤들의 높이를 자동으로 조정합니다.

10회 기출문제 & 전문가의 조언

2024년 상시 05 시행

1과목 컴퓨터 일반

01 다음 중 태블릿 설정에 대한 설명으로 옳은 것은?

① 로그인 시 '소프트웨어에 적절한 모드 사용'을 설정할 수 있다.
② 태블릿 설정 모드에는 '태블릿 모드로 전환 안 함'과 '항상 태블릿 모드로 전환' 두 가지가 있다.
③ 태블릿 모드를 지정하면 앱 실행 시 전체 화면으로 표시되고, 작업 표시줄과 바탕 화면 아이콘이 축소된다.
④ 태블릿 모드를 설정해도 키보드와 마우스를 사용할 수 있다.

> 전문가의 조언 | 태블릿 모드를 설정해도 키보드와 마우스를 사용할 수 있습니다.
> ① 로그인 시 '하드웨어에 적절한 모드 사용'을 설정할 수 있습니다.
> ② 태블릿 설정 모드에는 '태블릿 모드로 전환 안 함', '항상 태블릿 모드로 전환', '모드를 전환하기 전에 확인'이 있습니다.
> ③ 태블릿 모드를 지정해도 작업 표시줄은 축소되지 않습니다. 작업 표시줄을 축소하려면 '추가 태블릿 설정 변경' 항목에서 '작업 표시줄 자동 숨기기'를 지정해야 합니다.

02 다음 중 인터럽트에 대한 설명으로 옳지 않은 것은?

① 인터럽트는 프로그램을 실행하는 도중에 예기치 않은 상황이 발생할 경우 현재 실행중인 작업을 일시 중단하고, 발생된 상황을 우선 처리한 후 실행중이던 작업으로 복귀하여 계속 처리하는 것이다.
② 외부로부터 인터럽트 요청이 들어오면 인터럽트 서비스 루틴이 종료된다.
③ 입출력장치의 입출력 준비 완료를 알리는 경우 인터럽트가 발생한다.
④ 명령 처리 중 오버플로가 발생했을 경우 인터럽트가 발생한다.

> 전문가의 조언 | 외부로부터 인터럽트 요청이 들어오면 인터럽트 서비스 루틴이 실행됩니다.

03 다음 중 네트워크 통신망의 구성 형태에 관한 설명으로 옳지 않은 것은?

① 스타형은 모든 단말기가 중앙 컴퓨터에 연결되어 있는 형태로, 고장 발견이 쉽고 유지 보수가 용이하다.
② 메시형은 네트워크 상의 모든 노드들이 서로 연결되는 방식으로, 특정 노드에 이상이 생겨도 전송이 가능하다.
③ 버스형은 분산 처리 시스템을 구성하는 방식으로, 확장이 많아질 경우 트래픽이 과중될 수 있다.
④ 링형은 인접한 컴퓨터와 단말기들을 서로 연결하여 양방향으로 데이터 전송이 가능하지만 통신 회선 중 어느 하나라도 고장나면 전체 통신망에 영향을 미친다.

> 전문가의 조언 | • 버스(Bus)형은 한 개의 통신 회선에 여러 대의 단말장치가 연결되어 있는 형태입니다.
> • ③번은 계층(Tree)형에 대한 설명입니다.

04 다음 중 멀티미디어 그래픽과 관련하여 비트맵(Bitmap) 방식에 관한 설명으로 옳은 것은?

① 픽셀(Pixel)로 이미지를 표현하며, 벡터 방식에 비해 많은 용량을 차지한다.
② 이미지를 확대해도 계단 현상이 발생하지 않는다.
③ 이미지를 모니터 화면에 표시하는 속도가 벡터 방식에 비해 느리다.
④ 파일 형식에는 BMP, TIF, GIF, JPEG, PNG, WMF 등이 있다.

> 전문가의 조언 | 비트맵 방식은 픽셀(Pixel)로 이미지를 표현하며, 벡터 방식에 비해 많은 용량을 차지합니다.
> ② 비트맵 방식은 이미지를 확대하면 계단 현상이 발생합니다.
> ③ 비트맵 방식은 이미지를 모니터 화면에 표시하는 속도가 벡터 방식에 비해 빠릅니다.
> ④ 비트맵 방식의 파일 형식에는 BMP, TIF, GIF, JPEG, PNG 등이 있으며, WMF는 벡터 방식의 파일 형식입니다.

05 다음 중 컴퓨터에서 문자를 표현하는 코드 체계에 대한 설명으로 옳은 것은?

① Unicode : 2개의 Zone 비트와 4개의 Digit 비트로 구성되며, 64개의 문자를 표현할 수 있다.
② BCD 코드 : 8비트를 사용하여 문자를 표현하며, 대형 컴퓨터에서 사용한다.
③ ASCII 코드 : 128가지 문자를 표현할 수 있으며, 데이터 통신용으로 사용한다.
④ EBCDIC 코드 : 전 세계의 모든 문자를 2바이트로 표현하는 국제 표준 코드이다.

> 전문가의 조언 | ASCII 코드는 128가지 문자를 표현할 수 있으며, 데이터 통신용으로 사용합니다.
> ① Unicode는 전 세계의 모든 문자를 2바이트로 표현하는 국제 표준 코드입니다.
> ② BCD 코드는 2개의 Zone 비트와 4개의 Digit 비트로 구성되며, 64개의 문자를 표현할 수 있습니다.
> ④ EBCDIC 코드는 8비트를 사용하여 문자를 표현하며, 대형 컴퓨터에서 사용합니다.

정답 1.④ 2.② 3.③ 4.① 5.③

06 다음 중 컴퓨터 운영체제의 운영방식에 대한 설명으로 옳은 것은?

① 실시간 처리 시스템 : 컴퓨터에 입력하는 데이터를 일정량 또는 일정시간 동안 모았다가 한꺼번에 처리하는 방식이다.
② 다중 처리 시스템 : 여러 개의 중앙처리장치와 하나의 주기억장치를 이용하여 여러 프로그램을 동시에 처리하는 방식이다.
③ 시분할 시스템 : 여러 대의 컴퓨터들에 의해 작업한 결과를 통신망을 이용하여 상호 교환할 수 있도록 연결되어 있는 시스템이다.
④ 다중 프로그램 시스템 : 처리할 데이터가 입력될 때 마다 즉시 처리하는 방식이다.

> **전문가의 조언** | 운영체제의 운영방식에 대한 설명으로 옳은 것은 ②번입니다.
> ① 실시간 처리 시스템은 처리할 데이터가 생겨날 때마다 바로 처리하는 방식입니다. ①번은 일괄 처리 시스템에 대한 설명입니다.
> ③ 시분할 시스템은 한 대의 시스템을 여러 사용자가 동시에 사용하는 방식으로, 일정 시간 단위로 CPU 사용권을 신속하게 전환함으로써, 모든 사용자들은 자신만 혼자 컴퓨터를 사용하고 있는 것처럼 느낍니다. ③번은 분산 처리 시스템에 대한 설명입니다.
> ④ 다중 프로그램 시스템은 한 개의 CPU(중앙처리장치)로 여러 개의 프로그램을 동시에 처리하는 방식입니다.

07 공공 거래 장부이며, 가상 화폐로 거래할 때 발생할 수 있는 불법적인 해킹을 막는 기술은?

① 전자봉투(Digital Envelope)
② 암호화 파일 시스템(Encrypting File System)
③ 블록체인(Block Chain)
④ 핀테크(FinTech)

> **전문가의 조언** | 가상 화폐로 거래할 때 발생할 수 있는 불법적인 해킹을 막는 기술을 블록체인(Block Chain)이라고 합니다.
> • **전자봉투(Digital Envelope)** : 송신자가 메시지를 암호화하기 위해 수신자의 공개키를 사용하여 암호화한 것으로, 암호화 메시지와 암호화 비밀키로 구성됨
> • **암호화 파일 시스템(Encrypting File System)** : 파일에 기록되는 데이터를 자동으로 암호화해 보안을 높이는 파일 시스템으로, Windows 2000에서 도입되었음
> • **핀테크(FinTech)** : 금융(Finance)과 기술(Technology)의 합성어로, 금융과 기술의 융합을 통한 금융 서비스 및 산업의 변화를 통칭함

08 다음 중 한글 Windows 10의 제어판에서 드라이브를 보호하여 파일 및 폴더에 무단으로 액세스하는 것을 차단하기 위해 사용하는 도구는?

① Active Directory　② Windows Defender
③ BitLocker　　　　④ Windows Update

> **전문가의 조언** | 드라이브를 보호하여 파일 및 폴더에 무단으로 액세스하는 것을 차단하기 위해 사용하는 도구는 BitLocker입니다.

09 다음 중 시스템 보안과 관련한 불법적인 형태에 대한 설명으로 옳지 않은 것은?

① 스푸핑(Spoofing)은 검증된 사람이 네트워크를 통해 데이터를 보낸 것처럼 데이터를 변조하여 접속을 시도하는 행위이다.
② 스니핑(Sniffing)은 네트워크 주변을 돌아다니는 패킷을 엿보면서 계정과 패스워드를 알아내는 행위이다.
③ 분산 서비스 거부 공격(DDOS)은 여러 대의 장비를 이용하여 특정 서버에 대량의 데이터를 집중적으로 전송함으로써 서버의 정상적인 동작을 방해하는 행위이다.
④ 키로거(Key Logger)는 거짓 메일을 보내서 가짜 금융기관 등의 가짜 웹 사이트로 유인하여 정보를 빼내는 행위이다.

> **전문가의 조언** | • 키로거(Key Logger)는 키보드상의 키 입력 캐치 프로그램을 이용하여 ID나 암호와 같은 개인 정보를 빼내어 악용하는 기법입니다.
> • ④번은 피싱(Phishing)에 대한 설명입니다.

10 다음 멀티미디어 용어 중 선택된 두 개의 이미지에 대해 하나의 이미지가 다른 이미지로 자연스럽게 변화하도록 하는 특수 효과를 뜻하는 것은?

① 렌더링(Rendering)
② 안티앨리어싱(Anti-Aliasing)
③ 모핑(Morphing)
④ 블러링(Bluring)

> **전문가의 조언** | 2개의 이미지를 부드럽게 연결해 변환·통합하는 그래픽 기법은 모핑(Morphing)입니다.
> • **렌더링(Rendering)** : 3차원 그래픽 작업의 한 과정으로 2차원적인 이미지에 음영과 채색을 적절히 주어 3차원적인 입체감을 극대화하는 작업
> • **안티앨리어싱(Anti-Aliasing)** : 이미지의 가장자리가 톱니 모양으로 표현되는 계단 현상을 없애기 위하여 경계선을 부드럽게 해주는 필터링 기술

11 다음 중 방화벽에 대한 설명으로 옳지 않은 것은?

① 해킹 등에 의한 외부로의 정보 유출을 막기 위해 사용하는 보안 기법이다.
② 역추적 기능이 있어서 외부의 침입자를 역추적하여 흔적을 찾을 수 있다.
③ 사용자 컴퓨터에서 다른 컴퓨터로 악성 소프트웨어를 보내는 것을 방지할 수 있다.
④ 특정 프로그램에 대하여 연결 차단을 해제하기 위해 예외를 둘 수 있다.

> **전문가의 조언** | 방화벽은 컴퓨터 내부로부터의 불법적인 해킹은 막지 못하므로 다른 컴퓨터로 악성 소프트웨어를 보내는 것을 방지할 수 없습니다.

12 다음 중 한글 Windows 10의 [폴더 옵션] 대화상자에서 설정할 수 있는 작업으로 옳지 않은 것은?

① [숨김 파일, 폴더 또는 드라이브 표시 안 함]을 선택할 수 있다.
② [라이브러리의 항목 삭제]를 선택할 수 있다.
③ [알려진 파일 형식의 확장명 숨기기]를 선택할 수 있다.
④ [폴더 팁에 파일 크기 정보 표시]를 선택할 수 있다.

> 전문가의 조언 | '폴더 옵션' 대화상자의 '보기' 탭에서 제공하는 '고급 설정' 항목에는 '라이브러리의 항목 삭제'가 아니라 '라이브러리 표시'가 있습니다.

13 다음 중 프로그램 카운터(PC)에 대한 설명으로 옳은 것은?

① 명령 레지스터에 있는 명령어를 해독한다.
② 연산 결과를 일시적으로 저장한다.
③ 다음에 실행할 명령어의 주소를 기억한다.
④ 현재 실행 중인 명령의 내용을 기억한다.

> 전문가의 조언 | 프로그램 카운터(PC)는 다음에 실행할 명령어의 주소를 기억하는 레지스터입니다.
> • ①번은 명령 해독기(Decoder), ②번은 누산기(AC), ④번은 명령 레지스터(IR)에 대한 설명입니다.

14 다음 중 캐시 메모리(Cache Memory)에 관한 설명으로 옳은 것은?

① 중앙처리장치와 주기억장치 사이에 위치하여 컴퓨터의 처리 속도를 향상시킨다.
② 캐시 메모리는 주로 DRAM을 사용한다.
③ 보조기억장치의 일부를 주기억장치처럼 사용한다.
④ 주기억장치보다 큰 프로그램을 불러와 실행해야 할 때 유용하다.

> 전문가의 조언 | 캐시 메모리는 중앙처리장치와 주기억장치 사이에 위치하여 컴퓨터의 처리 속도를 향상시키는 역할을 합니다.
> • ② 캐시 메모리는 접근 속도가 빠른 정적 램(SRAM)을 사용합니다.
> • ③, ④ 가상 메모리(Virtual Memory)에 대한 설명입니다.

15 웹 기반 애플리케이션을 활용하여 인터넷 개인 서버에서 대용량 데이터베이스를 연산(처리)하고 저장한 데이터를 PC나 스마트폰, Pad 등 다양한 단말기에서 불러오거나 가공할 수 있도록 하는 환경을 의미하는 것은?

① 클라우드 컴퓨팅(Cloud Computing)
② 그리드 컴퓨팅(Grid Computing)
③ 사물 인터넷(Internet of Things)
④ 빅 데이터(Big Data)

> 전문가의 조언 | 문제에 제시된 내용은 클라우드 컴퓨팅(Cloud Computing)에 대한 설명입니다.
> • 그리드 컴퓨팅(Grid Computing) : 지리적으로 분산되어 있는 컴퓨터를 초고속 인터넷 망으로 연결하여 공유함으로써 하나의 고성능 컴퓨터처럼 활용하는 기술
> • 사물 인터넷(IoT, Internet of Things) : 인터넷 상에 존재하는 모든 사물을 네트워크로 연결해 인간과 사물, 사물과 사물 간 언제 어디서나 서로 소통할 수 있게 하는 새로운 정보 통신 환경
> • 빅 데이터(Big Data) : 기존의 관리 방법이나 분석 체계로는 처리하기 어려운 막대한 양의 데이터 집합

16 다음 중 한글 Windows 10에서 네트워크 연결 시 IP 설정이 자동으로 할당되지 않을 경우 직접 설정해야 하는 TCP/IP 속성에 해당하지 않는 것은?

① IP 주소
② 기본 게이트웨이
③ 서브넷 마스크
④ 라우터 주소

> 전문가의 조언 | 고정 IP 주소로 인터넷에 접속하기 위해 설정해야 할 TCP/IP 항목은 'IP 주소, 서브넷 접두사 길이, 서브넷 마스크, 게이트웨이, DNS 서버 주소'입니다.

17 다음 중 시퀀싱(Sequencing)에 대한 설명으로 옳은 것은?

① 컴퓨터를 이용하여 음악을 제작, 녹음, 편집하는 작업을 의미한다.
② 멀티미디어 데이터를 다운로드하면서 동시에 재생해 주는 기술이다.
③ 음성, 영상 등의 아날로그 신호를 디지털 신호로 변환하는 과정이다.
④ 전자악기 간의 디지털 신호에 의한 통신이나 컴퓨터와 전자악기 간의 통신규약이다.

> 전문가의 조언 | 시퀀싱(Sequencing)은 컴퓨터를 이용하여 음악을 제작, 녹음, 편집하는 작업을 의미합니다.
> • ②번은 스트리밍(Streaming), ③번은 샘플링(Sampling), ④번은 MIDI(Musical Instrument Digital Interface)에 대한 설명입니다.

정답 12.② 13.③ 14.① 15.① 16.④ 17.①

18 다음 중 사운드 카드 관련 용어에 대한 설명으로 옳지 않은 것은?

① 샘플링(Sampling)은 아날로그 신호를 디지털 신호로 변환하는 과정 중 한 단계이다.
② 샘플링률(Sampling Rate)이 높으면 높을수록 원음에 보다 가깝다.
③ 샘플링 주파수(Sampling Frequency)는 낮으면 낮을수록 좋다.
④ 샘플링 비트(Sampling Bit) 수는 음질에 영향을 미친다.

전문가의 조언 | 샘플링 주파수는 높을수록 좋습니다. 다만 많은 기억 용량이 필요하므로 원 신호 주파수의 2배 정도가 적당합니다.

19 다음 중 네트워크 관련 장비로 라우터(Router)에 관한 설명으로 옳지 않은 것은?

① 인터넷 신호를 증폭하거나 중계하는 역할을 하는 네트워크 장비이다.
② 인터넷 환경에서 네트워크와 네트워크 간을 연결할 때 사용하는 장비이다.
③ 데이터 전송을 위해 가장 최적의 경로를 설정한다.
④ 데이터의 흐름을 제어하여 각 데이터들이 효율적으로 전송한다.

전문가의 조언 | ①번은 리피터(Repeater)에 대한 설명입니다.

20 다음 중 텔레매틱스(Telematics)에 대한 설명으로 옳지 않은 것은?

① 통신(Telecommunication)과 정보과학(Informatics)의 합성어이다.
② 이미지, 음성, 영상 등의 디지털 정보를 유무선 네트워크에 연결시켜 다양한 멀티미디어 서비스를 제공한다.
③ 여러 IT 기술을 차량에 적합하게 적용하여 새로운 부가 가치를 창출한다.
④ 차량에 장착된 특수한 장치와 노변 장치를 이용하여 차량을 안전하게 제어한다.

전문가의 조언 | ④번은 첨단 도로 시스템(Automated Highway Systems)에 대한 설명입니다.

2과목 스프레드시트 일반

21 다음 중 원형 차트에 대한 설명으로 옳은 것은?

① 원형 차트는 하나의 축을 가진다.
② 원형 차트에 데이터 테이블을 표시할 수 있다.
③ 원형 차트는 쪼개진 원형으로 표시할 수 있다.
④ 원형 대 꺾은선형 차트에서는 비교적 작은 값을 원형 차트로 결합하여 표시한다.

전문가의 조언 | 원형 차트는 쪼개진 원형으로 표시할 수 있습니다.
① 원형 차트는 축이 없습니다.
② 원형 차트에는 데이터 테이블을 표시할 수 없습니다.
④ 원형 차트의 종류에는 '원형 대 원형'과 '원형 대 가로 막대형' 차트는 있지만 '원형 대 꺾은선형'이라는 차트는 없습니다.

22 다음 중 아래와 같이 워크시트에 데이터가 입력되어 있는 경우, 보기의 수식과 그 결과 값으로 옳지 않은 것은?

① =REPLACE(A3, SEARCH(A4, A3), 2, "여행") → 봄 여름여행
② =REPLACE(A5, SEARCH("아", A2), 4, " ") → 메시지
③ =MID(A5, SEARCH(A1, A5), 1) → 메
④ =MID(A2, SEARCH(A4, A3), 2) → 다운

전문가의 조언 | ①번 수식의 결과는 **봄 여행**입니다.
① =REPLACE(A3, SEARCH(A4, A3), 2, "여행")
　　　　　　　　　　❶
　　❷
❶ SEARCH(A4, A3) : [A3] 셀에 입력된 "봄 여름"에서 [A4] 셀에 입력된 "여름"를 찾아 위치인 3을 반환합니다.
❷ =REPLACE(A3, , 2, "여행") → =REPLACE(A3, 3, 2, "여행") : [A3] 셀에 입력된 "봄 여름"에서 3번째 글자부터 2글자를 "여행"으로 변경한 "봄 여행"을 반환합니다.
② =REPLACE(A5, SEARCH("아", A2), 4, " ")
　　　　　　　　　　❶
　　❷
❶ SEARCH("아", A2) : [A2] 셀에 입력된 "아름다운 강산"에서 "아"를 찾아 위치인 1을 반환합니다.
❷ =REPLACE(A5, 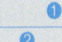, 4, " ") → =REPLACE(A5, 1, 4, " ") : [A5] 셀에 입력된 "희망의 메시지"에서 1번째 글자부터 4글자를 공백(" ") 변경한 "메시지"를 반환합니다.

③ =MID(A5, SEARCH(A1, A5), 1)

❶ SEARCH(A1, A5) : [A5] 셀에 입력된 "희망의 메시지"에서 [A1] 셀에 입력된 "메"를 찾아 위치 5를 반환합니다.
❷ =MID(A5, ❶, 1) → =MID(A5, 5, 1) : [A5] 셀에 입력된 "희망의 메시지"의 5번째 자리에서부터 1자리를 추출한 "메"를 반환합니다.

④ =MID(A2, SEARCH(A4, A3), 2)

❶ SEARCH(A4, A3) : [A3] 셀에 입력된 "봄 여름"에서 [A4] 셀에 입력된 "여름"를 찾아 위치인 3을 반환합니다.
❷ =MID(A2, ❶, 2) → =MID(A2, 3, 2) : [A2] 셀에 입력된 "아름다운 강산"의 3번째 자리에서부터 2자리를 추출한 "다운"을 반환합니다.

① Alt + Tab + E ② Alt + E
③ Shift + E ④ Ctrl + E

전문가의 조언 | • '빠른 채우기'는 현재 셀 주변의 데이터 패턴을 감지하여 자동으로 데이터를 입력해 주는 기능으로, 바로 가기 키는 Ctrl + E 입니다.
• [B2] 셀에 "서울"을 입력한 후 Ctrl + E 를 누르면 다음과 같이 표시됩니다.

	A	B
1	코드	지역
2	서울-505	서울
3	부산-120	부산
4	인천-210	인천
5	광주-502	광주
6	성남-650	성남
7		

23 다음과 같이 [A2:D7] 영역에 '입사연도'가 2014년 이후이고, '주소'가 "서울"이면 셀 배경색을 설정하는 [조건부 서식]을 지정하려고 한다. 다음 중 [조건부 서식]의 수식 입력란에 입력해야 할 수식으로 옳은 것은?

	A	B	C	D
1	직원번호	직원명	입사연도	주소
2	NK-001	강남홍	2012-05-08	서울 마포구
3	NK-002	이숙민	2014-01-02	서울 강동구
4	NK-003	양희조	2014-05-25	안양 비산동
5	NK-004	조기쁨	2015-04-24	서울 양천구
6	NK-005	강순동	2015-02-08	수원 화성
7	NK-006	이유정	2014-06-08	안양 비산동
8				

① =OR(YEAR($C2)>=2014, LEFT($D2, 2)="서울")
② =AND(YEAR($C2)>=2014, LEFT($D2, 2)="서울")
③ =OR(YEAR(C$2)>=2014, LEFT(D$2, 2)="서울")
④ =AND(YEAR(C$2)>=2014, LEFT(D$2, 2)="서울")

전문가의 조언 | '조건부 서식'의 수식 입력란에 입력해야 할 수식으로 옳은 것은 ②번입니다.
• 첫 번째 조건 : '입사연도'가 2014년 이후 → YEAR(C2)=2014
• 두 번째 조건 : '주소'가 "서울" → LEFT(D2, 2)="서울"
• 이 문제는 두 조건을 모두 만족하는 행 전체에 서식을 지정해야 하므로 AND 함수를 사용해야 하고, 수식에서 열 번호에만 절대 주소 표시($C2, $D2)를 지정해야 합니다.
∴ =AND(YEAR($C2)>=2014, LEFT($D2, 2)="서울")

25 아래 시트에서 국적별 영화 장르의 편수를 계산하기 위해 [B12] 셀에 작성해야 할 배열 수식으로 옳지 않은 것은?

	A	B	C	D	E
1					
2	NO.	영화명	관객수	국적	장르
3	1	럭키	66,962	한국	코미디
4	2	허드슨강의 기적	33,317	미국	드라마
5	3	그물	9,103	한국	드라마
6	4	프리즘☆투어즈	2,778	한국	애니메이션
7	5	드림 쏭	1,723	미국	애니메이션
8	6	춘몽	382	한국	드라마
9	7	파수꾼	106	한국	드라마
10					
11		코미디	드라마	애니메이션	
12	한국	1	3	1	
13	미국	0	1	1	
14					

① {=SUM(($D$3:$D$9=$A12)*($E$3:$E$9=B$11))}
② {=SUM(IF($D$3:$D$9=$A12, IF($E$3:$E$9=B$11, 1)))}
③ {=COUNT(($D$3:$D$9=$A12)*($E$3:$E$9=B$11))}
④ {=COUNT(IF(($D$3:$D$9=$A12)*($E$3:$E$9=B$11), 1))}

전문가의 조언 | 국적별 영화 장르의 편수를 계산하는 수식으로 옳지 않은 것은 ③번입니다.
• 조건이 두 개일 때 배열 수식을 이용하여 개수를 구하는 방법은 다음의 3가지 방법이 있습니다.
  • 방법1 : {=SUM((조건1)*(조건2))}
  • 방법2 : {=SUM(IF(조건1, IF(조건2, 1)))}
  • 방법3 : {=COUNT(IF((조건1)*(조건2), 1))}

1. 문제의 조건 두개는 다음과 같습니다.
  – 조건1 : '국적별'이란 조건은, 비교 대상이 될 국적이 있는 범위(D3:D9)와 비교할 기준이 되는 [A12] 셀을 "="으로 연결하여 적어주면 됩니다 (D3:D9=A12).
  – 조건2 : '장르'라는 조건은, 비교 대상이 될 장르가 있는 범위(E3:E9)와 비교할 기준이 되는 [B11] 셀을 "="으로 연결하여 적어주면 됩니다 (E3:E9=B11).
2. 위의 조건을 개수 구하기 배열 수식의 '조건' 부분에 대입하면 다음과 같습니다.
  • 방법1 : =SUM((D3:D9=A12)*(E3:E9=B11))
  • 방법2 : =SUM(IF(D3:D9=A12, IF(E3:E9=B11, 1)))
  • 방법3 : =COUNT(IF((D3:D9=A12)*(E3:E9=B11), 1))

24 다음 워크시트에서 [A2:A6] 영역의 앞에 두 글자를 이용하여 [B2:B6] 영역에 지역을 표시하려고 할때, [B2] 셀에 "서울"을 입력한 후 눌러야 하는 바로 가기 키는?

	A	B
1	코드	지역
2	서울-505	서울
3	부산-120	
4	인천-210	
5	광주-502	
6	성남-650	
7		

정답 23.② 24.④ 25.③

이 문제는 여러 셀에 결과값을 구하는 수식으로, 범위는 절대 참조로 지정해야 하지만, A12 셀의 경우는 A13과 같이 열은 고정되고 행만 변경되어야 하므로 $A12로 지정하고, B11 셀의 경우는 C11, D11과 같이 행은 고정되고 열만 변경되어야 하므로 B$11로 지정해야 합니다. 이렇게 식을 완성한 후 Ctrl + Shift + Enter 를 누르면 중괄호 { }가 자동으로 붙여집니다.

26 아래의 워크시트에서 [A8] 셀에 =INDEX(A1:C6, MATCH(LARGE(C2:C6, 3), C1:C6, 0), 2) 수식을 입력했을 때의 계산 결과로 올바른 것은?

	A	B	C
1	코너	담당	판매금액
2	잡화	김남희	5,122,000
3	식료품	남궁민	450,000
4	잡화	이수진	5,328,000
5	식료품	서수남	6,544,000
6	식료품	김정미	6,024,500

① 남궁민　　② 이수진
③ 서수남　　④ 김정미

전문가의 조언 | 문제에 제시된 수식의 계산 결과는 "이수진"입니다.
=INDEX(A1:C6, MATCH(LARGE(C2:C6, 3), C1:C6, 0), 2)
　　　　　　　　　　　❶
　　　　　　　❷
　　　❸

❶ LARGE(C2:C6, 3) : [C2:C6] 영역에서 3번째로 큰 값인 5,328,000을 반환합니다.
❷ MATCH(❶, C1:C6, 0) → MATCH(5328000, C1:C6, 0) : [C1:C6] 영역에서 5,328,000와 정확히 일치하는 값을 찾은 후 그 위치의 일련번호인 4를 반환합니다.
❸ =INDEX(A1:C6, ❷, 2) → INDEX(A1:C6, 4, 2) : [A1:C6] 영역에서 4행 2열, 즉 [B4] 셀의 값인 "이수진"을 반환합니다.

27 다음 중 사용자 지정 표시 형식에 대한 설명으로 틀린 것은?

① 소수점 오른쪽의 자리 표시자 보다 더 긴 숫자가 소수점 이하의 숫자로 셀에 입력될 경우 자리 표시자 만큼 소수 자릿수로 내림된다.
② 양수, 음수, 0, 텍스트 순으로 한 번에 네 가지의 표시 형식을 지정할 수 있다.
③ 각 섹션에 대한 색은 섹션의 맨 앞에 8개의 색 중 하나를 대괄호로 묶어 입력해야 한다.
④ 두 개의 섹션을 지정하면 첫 번째 섹션은 양수 또는 0, 두 번째 섹션은 음수에 대한 표시 형식이다.

전문가의 조언 | 소수점 오른쪽의 자리 표시자보다 더 긴 소수점 이하의 숫자가 셀에 입력될 경우 자리 표시자만큼 소수 자릿수로 내림이 아니라 반올림됩니다.
예 5.67이 입력된 셀에 사용자 지정 표시 형식을 0.0으로 지정하면 반올림되어 5.7이 표시됩니다.

28 다음과 같은 이벤트를 실행시켰을 때 나타나는 결과로 옳은 것은?

```
Private Sub Worksheet_Activate( )
    Range("A1").Select
    Selection.Sort Key1:=Range("A2"), _
    Order1:=xlAscending, Header:=xlGuess, _
    OrderCustom:=1, MatchCase:=False, _
    Orientation:=xlTopToBottom
End Sub
```

① 워크시트가 활성화될 때 [A2] 셀을 기준으로 오름차순 정렬한다.
② 이벤트가 실행된 후에는 [A2] 셀이 선택되어 있다.
③ 다른 프로시저에서 Worksheet_Activate( )를 불러와 실행할 수 있다.
④ 워크시트의 데이터가 변경되면 재정렬된다.

전문가의 조언 | 문제의 지문에 제시된 코드의 실행 결과로 옳은 것은 ①번입니다.
② 이벤트가 실행된 후에는 [A1] 셀이 선택되어 있습니다.
③ 다른 프로시저에서 불러와 실행할 수 없습니다.
④ 워크시트가 활성화될 때 실행되는 프로시저입니다.
문제의 코드를 살펴보면 다음과 같습니다.

```
❶ Private Sub Worksheet_Activate( )
❷     Range("A1").Select
❸     Selection.Sort Key1:=Range("A2"), _
       Order1:=xlAscending, Header:=xlGuess, _
       OrderCustom:=1, MatchCase:=False, _
       Orientation:=xlTopToBottom
   End Sub
```

❶ 워크시트가 활성화될 때 실행되는 프로시저입니다.
❷ [A1] 셀을 선택합니다.
※ [A1] 셀을 선택한 상태에서 정렬을 실행하면 [A1] 셀과 연결된 데이터 목록이 자동으로 선택됩니다.
❸ [A2] 셀을 기준으로 오름차순 정렬을 수행합니다.
• Key1 : 1차 정렬 기준
• Order1 : = xlAscending(1차 정렬 기준은 오름차순)
• Orientation:=xlTopToBottom : 위쪽에서 아래쪽, 즉 열을 기준으로 정렬함

29 워크시트에서 [B1] 셀을 삭제하기 위해 다음과 같은 대화상자를 표시하기 위한 바로 가기 키는?

① Alt + +
② Ctrl + +
③ Alt + -
④ Ctrl + -

전문가의 조언 | '삭제' 대화상자를 표시하는 바로 가기 키는 Ctrl + -, '삽입' 대화상자를 표시하는 바로 가기 키는 Ctrl + + 입니다.

30 다음 중 [매크로 기록] 대화상자에서 설정할 수 있는 요소가 아닌 것은?

① 매크로 이름
② 바로 가기 키
③ 매크로 보안
④ 매크로 저장 위치

> 전문가의 조언 | • '매크로 기록' 대화상자에서 매크로 보안은 설정할 수 없습니다.
> • 매크로 보안은 [개발 도구] → [코드] → [매크로 보안]을 클릭하면 실행되는 '보안 센터' 대화상자에서 설정할 수 있습니다.

31 다음 중 [시나리오 추가] 대화상자에 대한 설명으로 옳지 않은 것은?

① [데이터] → [예측] → [가상 분석] → [시나리오 관리자] 대화상자에서 [추가] 단추를 클릭하면 표시되는 대화상자이다.
② '변경 셀'은 변경 요소가 되는 값의 그룹이며, 하나의 시나리오에 최대 32개까지 지정할 수 있다.
③ '설명'은 시나리오에 대한 추가적인 설명으로 반드시 입력할 필요는 없다.
④ 보호된 시트에 시나리오가 추가되지 않도록 하려면 '변경 금지'를 선택한다.

> 전문가의 조언 | '시나리오 추가' 대화상자의 '변경 금지'는 시나리오를 변경할 수 없도록 보호하는 것입니다.

32 다음 중 아래 시트에서 사원명이 두 글자이면서 실적이 전체 실적의 평균을 초과하는 데이터를 검색할 때, 고급 필터의 조건으로 옳은 것은?

	A	B
1	사원명	실적
2	유민	15,030,000
3	오성준	35,000,000
4	김근태	18,000,000
5	김원	9,800,000
6	정영희	12,000,000
7	남궁정훈	25,000,000
8	이수	30,500,000
9	김용훈	8,000,000
10		

①

사원명	실적조건
="=??"	=$B2>AVERAGE($B$2:$B$9)

②

사원명	실적
="=??"	=$B2&">AVERAGE($B$2:$B$9)

③

사원명	실적
=LEN($A2)=2	=$B2>AVERAGE($B$2:$B$9)

④

사원명	실적조건
="=**"	=$B2>AVERAGE($B$2:$B$9)

> 전문가의 조언 | 고급 필터의 조건으로 옳은 것은 ①번입니다.
> • 만능 문자(와일드 카드) *는 문자의 모든 자리를, ?는 문자의 한 자리만을 대신하는 문자입니다. 두 글자인 데이터를 찾는 조건은 ="=??"로 작성해야 합니다.
> ※ 고급 필터의 조건으로 값에 대한 비교 연산자로 등호(=)를 사용할 때는 ="=항목" 형식으로 입력하고, 조건으로 지정될 범위의 첫 행에는 원본 데이터 목록의 필드명을 입력해야 합니다(사원명).
> • 고급 필터의 조건으로 수식을 입력할 경우, 조건으로 지정될 범위의 첫 행에는 아무것도 입력하지 않거나 원본 데이터의 필드명과 다른 내용을 입력해야 합니다. "실적조건"처럼 필드명인 "실적"만 아니면 됩니다.

33 다음 중 [페이지 설정] 대화상자에 대한 설명으로 옳지 않은 것은?

① 용지 방향, 용지 크기, 인쇄 품질을 설정할 수 있다.
② '머리글/바닥글' 탭의 '머리글' 영역에서 행/열 머리글의 인쇄 여부를 설정한다.
③ 여백은 사용자가 직접 값을 입력할 수 있다.
④ 워크시트에서 차트를 마우스로 선택한 후 [페이지 설정] 메뉴를 선택하면, '시트' 탭이 '차트' 탭으로 바뀐다.

> 전문가의 조언 | 행/열 머리글의 인쇄 여부는 '페이지 설정' 대화상자의 '시트' 탭에서 설정할 수 있습니다.

정답 30.③ 31.④ 32.① 33.②

34 다음 중 미리 보기 창 및 인쇄 옵션에서 '페이지 설정'을 클릭하여 설정할 수 있는 내용으로 틀린 것은?

① 워크시트의 행 머리글과 열 머리글을 포함하여 인쇄할 수 있다.

② 셀에 표시된 오류가 인쇄되지 않도록 설정할 수 있다.

③ 인쇄 영역을 설정하여 인쇄할 수 있다.

④ 워크시트에 삽입되어 있는 차트, 도형, 그림 등의 모든 그래픽 요소를 제외하고 텍스트만 빠르게 인쇄할 수 있다.

> 전문가의 조언 | • 미리 보기 창 및 인쇄 옵션에서 '페이지 설정'을 클릭하면 나타나는 '페이지 설정' 대화상자에서는 '시트' 탭의 인쇄 영역, 반복할 행, 반복할 열이 모두 비활성화되어 있으므로 '인쇄 영역'을 변경할 수 없습니다.
> • '페이지 설정' 대화상자를 이용하여 '인쇄 영역'을 변경하려면 [페이지 레이아웃] → [페이지 설정]의 '⇲'를 이용하여 '페이지 설정' 대화상자를 호출해야 합니다.

35 다음 중 엑셀의 정렬 기능에 대한 설명으로 옳지 않은 것은?

① 오름차순 정렬과 내림차순 정렬 모두 빈 셀은 항상 마지막으로 정렬된다.

② 숨겨진 행이나 열도 정렬에 포함되어 정렬된다.

③ 대/소문자를 구분하여 정렬할 수 있고, 오름차순으로 정렬하면 소문자 → 대문자 순으로 정렬된다.

④ 표 서식이 적용된 데이터 영역을 '왼쪽에서 오른쪽'으로 정렬하려면 정렬하기 전에 '범위로 변환'을 실행해야 한다.

> 전문가의 조언 | 숨겨진 행이나 열에 있는 데이터는 정렬에 포함되지 않습니다.

36 다음 중 배열 상수에 대한 설명으로 옳지 않은 것은?

① 셀 참조, 길이가 다른 열, 달러($) 기호, 백분율(%) 기호 등은 배열 참조에 포함될 수 있다.

② 배열 상수에는 숫자, 텍스트, TRUE나 FALSE 등의 논리값, #N/A와 같은 오류 값이 들어 갈 수 있다.

③ 배열 상수에 정수, 실수, 지수형 서식의 숫자를 사용할 수 있다.

④ 배열 상수 입력 시 열 구분은 쉼표(,)로, 행 구분은 세미콜론(;)으로 한다.

> 전문가의 조언 | $, 괄호, %, 길이가 다른 행이나 열, 셀 참조는 배열 상수로 사용될 수 없습니다.

37 다음 중 오류값 '#VALUE!'가 발생하는 원인으로 올바른 것은?

① 잘못된 인수나 피연산자를 사용했을 경우

② 수식에서 값을 0으로 나누려고 할 경우

③ 함수나 수식에 사용할 수 없는 값을 지정했을 경우

④ 셀 참조가 유효하지 않을 때

> 전문가의 조언 | '#VALUE!'는 잘못된 인수나 피연산자를 사용했을 경우 발생합니다.
> • ②번은 #DIV/0!, ③번은 #N/A, ④번은 #REF! 오류에 대한 설명입니다.

38 다음 중 [틀 고정]에 대한 설명으로 옳지 않은 것은?

① 워크시트를 스크롤할 때 특정 행이나 열이 계속 표시되도록 하는 기능이다.

② 워크시트의 화면상 첫 행이나 첫 열을 고정할 수 있으며, 선택한 셀의 위쪽 행과 왼쪽 열을 고정할 수도 있다.

③ 표시되어 있는 틀 고정선을 더블클릭하여 틀 고정을 취소할 수 있다.

④ 인쇄 시 화면에 표시되는 틀 고정의 형태는 적용되지 않는다.

> 전문가의 조언 | 창 나누기 기준선은 마우스로 더블클릭하면 창 나누기가 취소되지만 틀 고정선은 취소되지 않습니다.

39 셀의 값이 100 이상이면 "▲", -100 이하이면 "▼", 그 외는 값이 그대로 표시되는 사용자 지정 표시 형식으로 옳은 것은?

[표시 예]
• 150 : ▲
• 0 : 0
• -50 : -50
• -122 : ▼

① [〉=100]"▲";#;[〈=-100]"▼"

② [〉=100]"▲";0;[〈=-100]"▼"

③ [〉=100]"▲";[〈=-100]"▼";#

④ [〉=100]"▲";[〈=-100]"▼";0

> 전문가의 조언 | 사용자 지정 표시 형식으로 옳은 것은 ④번입니다. 문제에 제시된 내용을 차례대로 표현하면 다음과 같습니다.
> • 100 이상이면 "▲" : [〉=100]"▲"
> • -100 이하이면 "▼" : [〈=-100]"▼"
> • 그 외는 값을 그대로 표시 : 0
> ※ 셀의 값이 0일 때 0이 표시되게 하려면 표시 형식을 반드시 0으로 지정해야 합니다.
> ∴ 사용자 지정 표시 형식을 모두 합치면 [〉=100]"▲";[〈=-100]"▼";0입니다.

정답 34.③ 35.② 36.① 37.① 38.③ 39.④

40 다음 중 셀 영역을 선택한 후 상태 표시줄의 바로 가기 메뉴인 [상태 표시줄 사용자 지정]에서 선택할 수 있는 자동 계산에 해당되지 않는 것은?

① 선택한 영역 중 숫자 데이터가 입력된 셀의 수
② 선택한 영역 중 문자 데이터가 입력된 셀의 수
③ 선택한 영역 중 데이터가 입력된 셀의 수
④ 선택한 영역의 합계, 평균, 최소값, 최대값

> 전문가의 조언 | [상태 표시줄 사용자 지정]을 이용하여 데이터가 입력된 셀의 수나 숫자가 입력된 셀의 수는 계산할 수 있지만 문자 데이터가 입력된 셀의 수는 계산할 수 없습니다.

42 활성화된 폼에서 옵션 단추의 선택 여부에 따라 해당 텍스트 상자 컨트롤로 포커스(Focus)를 자동 이동하려고 한다. 다음 중 이 작업을 위해 사용되는 매크로 함수로 옳은 것은?

① OpenForm ② GoToControl
③ GoToRecord ④ SetValue

> 전문가의 조언 | 특정 컨트롤로 포커스를 이동시키는 매크로 함수는 GoToControl입니다.
> • OpenForm : 폼을 여는 매크로 함수
> • GoToRecord : 레코드 포인터를 이동시키는 매크로 함수로, First, Last, Previous, Next 등의 인수가 사용됨
> • SetValue : 필드, 컨트롤, 속성 등의 값을 설정하는 매크로 함수

3과목 데이터베이스 일반

41 〈제품〉 테이블과 〈주문상세내역〉 테이블의 관계 설정에 관한 내용으로 옳지 않은 것은?

① 〈제품〉 테이블의 레코드를 수정하거나 삭제할 때 참조 무결성이 위배될 수 있다.
② 〈주문상세내역〉 테이블에 레코드를 추가할 때 참조 무결성이 위배될 수 있다.
③ 〈주문상세내역〉 테이블에 레코드를 삭제할 때는 어떠한 경우라도 참조 무결성이 위배되지 않는다.
④ 〈제품〉 테이블의 '제품코드' 데이터를 추가할 때는 참조 무결성이 위배될 수 있다.

> 전문가의 조언 | 〈제품〉 테이블에 새롭게 추가되는 '제품코드'는 〈주문상세내역〉 테이블에서 참조하는 자료가 아니므로 참조 무결성에 위배되지 않습니다.

43 다음의 〈학과〉 테이블에 대한 SQL문의 실행 결과로 표시되는 값은?

〈학과〉

학과코드	학과명	수강인원	강의실코드
1001	인공지능	40	C101
1002	빅데이터	20	C204
1003	데이터보안	30	C308
1004	반도체	10	C405

〈SQL문〉

```
Select Count(*)
From 학과
Where 수강인원 >
    (Select Avg(수강인원) From 학과);
```

① 1 ② 2
③ 3 ④ 4

> 전문가의 조언 | SQL문을 실행한 결과로 표시되는 값은 2입니다. 하위 질의의 결과가 기본 질의의 조건으로 사용되므로 다음과 같은 순서로 질의문을 수행하면 됩니다.
> ❶ Select Avg(수강인원) From 학과 : 〈학과〉 테이블에서 '수강인원' 필드의 평균을 계산합니다. 평균은 (40+20+30+10) / 4 = 25입니다.
> ❷ Select Count(*) From 학과 Where 수강인원 > (❶) : 〈학과〉 테이블에서 수강인원이 ❶에서 계산된 평균, 즉 25를 초과하는 레코드의 개수를 표시합니다.

학과코드	학과명	수강인원	강의실코드
1001	인공지능	40	C101
1002	빅데이터	20	C204
1003	데이터보안	30	C308
1004	반도체	10	C405

44 다음 중 회사의 사원 정보를 데이터베이스로 구축할 때 가장 적합한 기본키에 대한 설명으로 옳바른 것은?

① 대부분의 자료를 검색할 때 성명을 사용하므로 성명을 기본키로 사용한다.
② 대부분의 사원들이 핸드폰을 사용하므로 핸드폰 번호를 기본키로 사용한다.
③ 성명은 중복 가능성이 있으므로 성명과 부서명을 함께 기본키로 사용한다.
④ 회사에서 사원들에게 지급한 사원코드를 기본키로 사용한다.

전문가의 조언 | • 기본키는 테이블 내 모든 레코드들을 고유하게 식별할 수 있는 필드에 지정해야 합니다.
• '사원코드'는 사원 개개인을 구분할 수 있도록 부여한 코드이므로 기본키로 사용하기에 가장 적합합니다.

45 다음 중 액세스의 내보내기(Export)에 대한 설명으로 가장 옳지 않은 것은?

① 테이블이나 쿼리, 폼이나 보고서 등을 다른 형식으로 바꾸어 파일로 저장할 수 있다.
② 테이블의 데이터, 구조, 서식 등은 내보낼 수 있지만 제약 조건, 관계, 인덱스 같은 속성은 내보낼 수 없다.
③ 테이블은 내보내지 않고 보고서만 Word RTF 파일로 내보내는 경우 원본 테이블이 없으므로 자료가 표시되지 않는다.
④ 쿼리를 내보낼 경우 실행 결과가 저장된다.

전문가의 조언 | 폼이나 보고서를 내보낼 경우 폼이나 보고서와 연결된 데이터가 사용되므로, 원본 테이블과 관계 없이 자료가 표시됩니다.

46 다음 중 폼에 대한 설명으로 옳지 않은 것은?

① 폼 내에서 단추를 눌렀을 때 매크로와 모듈이 특정 기능을 수행하도록 할 수 있다.
② 일 대 다 관계에 있는 테이블이나 쿼리는 폼 안에 하위 폼을 작성할 수 있다.
③ 폼과 컨트롤의 속성은 [디자인 보기] 형식에서 [속성 시트]를 이용하여 설정한다.
④ 폼은 레코드 원본에 연결된 대상이 테이블인지 쿼리인지에 따라 바운드 폼과 언바운드 폼으로 구분된다.

전문가의 조언 | 바운드 폼과 언바운드 폼을 구분하는 기준은 연결 대상의 종류가 아니라 테이블이나 쿼리의 레코드와 연결되어 있는지 여부입니다. 즉 테이블이나 쿼리의 레코드와 연결되어 있으면 바운드 폼, 그렇지 않으면 언바운드 폼입니다.

47 다음 중 보고서에 대한 설명으로 옳지 않은 것은?

① 보고서에 포함할 필드가 모두 한 테이블에 있는 경우 해당 테이블을 레코드 원본으로 사용한다.
② 둘 이상의 테이블을 이용하여 보고서를 작성하는 경우 쿼리를 만들어 레코드 원본으로 사용한다.
③ '보고서' 도구를 사용하면 정보를 입력하지 않아도 바로 보고서가 생성되므로 매우 쉽고 빠르게 보고서를 만들 수 있다.
④ '보고서 마법사'를 이용하는 경우 필드 선택은 여러 개의 테이블 또는 하나의 쿼리에서만 가능하며, 데이터 그룹화 및 정렬 방법을 지정할 수도 있다.

전문가의 조언 | '보고서 마법사'를 이용하는 경우에는 여러 개의 테이블 또는 여러 개의 쿼리에서 필드를 선택할 수 있습니다. 단 선택된 필드가 포함된 테이블들은 서로 관계가 설정되어 있어야 합니다.

48 다음 중 데이터베이스의 장점이 아닌 것은?

① 데이터의 일관성을 유지할 수 있다.
② 데이터의 무결성을 유지할 수 있다.
③ 데이터를 일괄 처리할 수 있다.
④ 데이터를 공유할 수 있다.

전문가의 조언 | 데이터베이스의 장점 중 하나는 데이터의 실시간 처리입니다. 이로 인해 항상 최신의 데이터를 유지할 수 있습니다.

49 다음 중 각 쿼리문에 대한 설명으로 옳지 않은 것은?

① insert into member(id, password, name, age) values ('a001', '1234', 'kim', 20);
② update member set age=17 where id='a001';
③ select * distinct from member where age=17;
④ delete from member where id='a001';

전문가의 조언 | DISTINCT는 검색 결과가 중복되는 레코드는 검색 시 한번만 표시하는 것으로 필드명 앞에 기술합니다.

50 다음 중 데이터 형식에 대한 설명으로 옳지 않은 것은?

① '첨부 파일'은 jpg, xlsx 등 원하는 파일 형식으로 첨부되도록 할 수 있다.
② 'Yes/No'는 성별이나 결혼 여부 등 두 값 중 하나만 입력하는 경우에 사용한다.
③ '짧은 텍스트'는 최대 255자까지 저장할 수 있다.
④ '일련 번호'는 레코드가 추가될 때마다 1씩 증가하는 값이 자동으로 입력되며, 필드 크기는 정수(Long)이다.

전문가의 조언 | '첨부 파일' 형식은 다양한 형식의 파일을 첨부할 수 있지만 원하는 파일 형식만 첨부되도록 설정할 수는 없습니다.

51 테이블 디자인의 조회 표시에서 콤보 상자나 목록 상자를 선택하면 여러 가지 속성이 표시된다. 속성에 대한 설명 중 옳지 않은 것은?

① 행 원본 : 목록으로 제공할 데이터를 지정한다.
② 바운드 열 : 바운드되는 필드의 개수를 지정한다.
③ 컨트롤 표시 : 콤보 상자나 목록 상자를 선택한다.
④ 목록 값만 허용 : '예'로 설정하면 목록에 제공된 데이터 이외의 값을 추가할 수 없다.

전문가의 조언 | '바운드 열'은 선택한 목록의 여러 열 중 해당 컨트롤에 저장되는 열을 지정하는 속성입니다.

52 보고서 머리글의 텍스트 박스 컨트롤에 다음과 같이 컨트롤 원본을 지정하였다. 보고서 미리 보기를 하는 경우 어떠한 결과가 나타나는가? (단, 현재 날짜와 시간이 2024년 1월 2일 오후 3시 4분 5초라고 가정한다.)

=Format(Now( ), "mmmm ampm h:n")

① Jan 3:4
② January 오후 3:4
③ Jan pm 3:4:5
④ January pm 3:4:5

전문가의 조언 | 보고서 미리 보기의 결과는 **January 오후 3:4**입니다.
• Format(식, 형식)은 계산 결과에 표시 형식을 지정하는 함수입니다.
• 날짜 형식을 mmmm으로 지정하였고, 날짜가 2023-01-02이므로 **January**로 표시됩니다.
• 시간 형식을 ampm h:n으로 지정하였고, 시간이 오후 3시 4분 5초이므로 **오후 3:4**로 표시됩니다.

53 다음 VBA에서 변수 선언(Option Explicit)에 대한 설명으로 옳지 않은 것은?

① Dim, Static, Private, Public 키워드로 변수를 선언한다.
② 변수는 반드시 Option Explicit문 이전에 선언해야 한다.
③ 변수를 선언하지 않고 사용하면 에러가 발생한다.
④ 'Option Base 1'을 선언하면 배열의 위치는 1부터 시작한다.

전문가의 조언 | Option Explicit는 변수를 선언하지 않고 사용하면 에러가 발생하도록 하는 명령문으로, 변수는 Option Explicit문 이후에 Dim, Static, Private, Public 명령문을 이용해 선언합니다.

54 다음 중 기본 보기 속성을 통해 설정하는 폼의 종류에 대한 설명으로 가장 옳지 않은 것은?

① 단일 폼은 한 번에 한 개의 레코드만을 표시한다.
② 연속 폼은 현재 창을 채울 만큼 여러 개의 레코드를 표시한다.
③ 연속 폼은 매 레코드마다 폼 머리글과 폼 바닥글이 표시된다.
④ 데이터시트 형식은 스프레드시트처럼 행과 열로 정렬된 폼 필드를 표시한다.

전문가의 조언 | 연속 폼은 매 레코드마다가 아닌 폼 창마다 폼 머리글과 폼 바닥글이 표시됩니다.

55 하위 폼을 이용하여 폼을 작성할 때의 설명으로 옳지 않은 것은?

① 연결 필드의 데이터 종류는 같아야 하며, 데이터 형식이나 필드 크기도 같거나 호환되어야 한다.
② 하위 폼은 폼 안에 있는 또 하나의 폼이며, 기본이 되는 폼을 기본 폼이라고 하고 기본 폼 안에 들어있는 폼을 하위 폼이라고 한다.
③ 하위 폼/하위 보고서 속성 중에서 원본 개체 속성은 기본 폼으로 사용될 폼만을 의미한다.
④ 하위 필드 연결이나 기본 필드 연결 속성에는 필드명을 사용할 수 있다.

전문가의 조언 | 하위 폼/하위 보고서 속성 중에서 원본 개체 속성에는 기본 폼이 아니라 하위 폼으로 사용될 폼을 지정해야 합니다.

56 다음 중 다른 데이터베이스의 원본 데이터를 연결 테이블로 가져온 테이블과 새 테이블로 가져온 테이블에 대한 설명으로 옳지 않은 것은?

① 새 테이블로 가져온 테이블을 삭제해도 원본 테이블은 삭제되지 않는다.
② 새 테이블로 가져온 테이블을 이용하여 폼이나 보고서를 생성할 수 있다.
③ 연결 테이블로 가져온 테이블을 삭제해도 원본 테이블은 삭제되지 않고 연결만 삭제된다.
④ 연결 테이블로 가져온 테이블을 삭제하면 연결되어 있는 원본 데이터베이스 테이블도 삭제된다.

> 전문가의 조언 | 연결 테이블(Linked Table) 기능을 이용하여 연결한 테이블을 삭제하더라도 원본 데이터에는 아무런 영향을 주지 않습니다.

57 다음 중 HAVING 절과 WHERE 절에 대한 설명으로 옳지 않은 것은?

① WHERE 절에는 정렬 옵션을 사용할 수 없다.
② WHERE 절에는 그룹 함수를 사용할 수 있다.
③ WHERE 절은 검색될 레코드에 대한 조건을 지정할 때 사용한다.
④ 그룹에 대한 조건을 지정할 때는 HAVING 절을 사용한다.

> 전문가의 조언 | WHERE 절에서는 그룹 함수를 사용할 수 없습니다.

58 다음 중 문자열 함수에 대한 결과로 옳지 않은 것은?

① Len("Blossom") = 7
② Mid("Blossom", 3, 2) = os
③ Left("Blossom", 3) = Blo
④ Instr("Blossom", "son") = Null

> 전문가의 조언 | InStr(문자열, 찾는 문자)는 문자열에서 찾는 문자 또는 문자열의 위치를 구하는 함수로, 문자열에서 찾는 문자나 문자열이 없는 경우에는 0을 반환합니다.

59 보고서 작성 시 사용되는 여러 종류의 마법사 중 다음과 같은 출력물 작성에 가장 적합한 것은?

강남구 개포동 326-9호 가남경리부	서울시 강동구 천호3동 185-5호 개성전자경리부
용산구 한강로7가 12-17 골드아이경리부	용산구 한강로10가 18-13 동아후로킹경리부
용산구 한강로11가 12-31 리치경리부	용산구 한강로11가 13-19 멀티클럽경리부

① 업무 양식 마법사 ② 우편 엽서 마법사
③ 레이블 마법사   ④ 보고서 마법사

> 전문가의 조언 | 문제에 제시된 그림과 같이 주소가 반복되는 우편 발송용 레이블을 만드는 보고서는 레이블 보고서로, 레이블 마법사를 이용해서 작성할 수 있습니다.

60 〈회원〉 테이블의 '주소' 필드의 값이 다음과 같은 경우 SQL문의 실행 결과로 표시되는 값은?

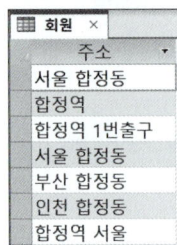

〈SQL〉

```
Select Count(*)
From 회원
Where 주소 = Like "합정*"
```

① 1   ② 7
③ 3   ④ 4

> 전문가의 조언 | 지문에 제시된 SQL문의 실행 결과로 표시되는 값은 3입니다. 질의문은 각 절을 분리하여 이해하면 쉽습니다.
> • Select Count(*) From 회원 : 〈회원〉 테이블에서 조건에 맞는 레코드의 개수를 검색합니다.
> • Where 주소 = Like "합정*" : '주소' 필드의 값이 "합정"으로 시작하는 레코드만을 대상으로 검색합니다.

주소
서울 합정동
합정역
합정역 1번출구
서울 합정동
부산 합정동
인천 합정동
합정역 서울

11회 2023년 상시 01 시행 기출문제 & 전문가의 조언

1과목 컴퓨터 일반

01 다음 중 32비트 및 64비트 버전의 Windows OS에 관한 설명으로 옳지 않은 것은?

① 64비트 버전의 Windows에서는 대용량 RAM을 32비트 시스템보다 효과적으로 처리한다.
② 64비트 버전의 Windows를 설치하려면 64비트 버전의 Windows를 실행할 수 있는 CPU가 필요하다.
③ 64비트 버전의 Windows에서 하드웨어 장치가 정상적으로 동작하려면 64비트용 장치 드라이버가 필요하다.
④ 앱이 64비트 버전의 Windows용으로 설계된 경우 호환성 유지를 위해 32비트 버전의 Windows에서도 작동되도록 설계되어 있다.

> **전문가의 조언** | 앱이 64비트 버전의 Windows용으로 설계된 경우 32비트 버전의 Windows에서는 작동되지 않습니다.

02 다음 중 IPv6 주소 체계에 관한 설명으로 옳지 않은 것은?

① IPv4 주소 체계의 주소 부족 문제를 해결하기 위해서 개발되었다.
② 128비트의 긴 주소를 사용하기 때문에 IPv4 주소 체계에 비해 자료 전송 속도가 느리다.
③ 인증성, 기밀성, 데이터 무결성의 지원으로 보안성이 강화되었다.
④ IPv4 주소 체계와 호환성이 좋으며, 주소의 확장성, 융통성, 연동성이 우수하다.

> **전문가의 조언** | IPv6는 IPv4에 비해 자료 전송 속도가 빠릅니다.

03 다음 중 디지털 콘텐츠의 생성·거래·전달·관리 등 전체 과정을 관리할 수 있는 기술로 멀티미디어 프레임워크의 MPEG 표준은?

① MPEG-1 ② MPEG-2
③ MPEG-7 ④ MPEG-21

> **전문가의 조언** | 디지털 콘텐츠의 전체 과정을 관리하는 MPEG 표준은 MPEG-21입니다.
> • MPEG-1 : CD와 같은 고용량 매체에서 동영상을 재생하기 위한 영상 압축 기술
> • MPEG-2 : MPEG-1의 화질을 개선하기 위한 것으로 ISO 13818로 규격화된 영상 압축 기술
> • MPEG-4 : 통신·PC·방송 등을 결합하는 복합 멀티미디어 서비스의 통합 표준을 위한 영상 압축 기술
> • MPEG-7 : 멀티미디어 정보 검색이 가능한 동영상, 데이터 검색 및 전자상거래 등에 사용하도록 개발된 영상 압축 기술

04 다음 중 한글 Windows 10에서 사용하는 USB(Universal Serial Bus)에 대한 설명으로 옳은 것은?

① USB는 범용 병렬 장치를 연결할 수 있게 해 주는 컴퓨터 인터페이스이다.
② 핫 플러그인(Hot Plug In) 기능은 지원하지 않으나 플러그 앤 플레이(Plug & Play) 기능은 지원한다.
③ USB 3.0은 이론적으로 최대 5Gbps의 전송 속도를 가지며, PC 및 연결기기, 케이블 등의 모든 USB 3.0 단자는 파랑색으로 되어 있어 이전 버전과 구분이 된다.
④ 허브를 이용하여 하나의 USB 포트에 여러 개의 주변기기를 연결할 수 있으며, 최대 256개까지 연결할 수 있다.

> **전문가의 조언** | USB에 대한 설명으로 옳은 것은 ③번입니다.
> ① USB는 범용 직렬 장치를 연결할 수 있게 해주는 컴퓨터 인터페이스입니다.
> ② USB는 핫 플러그인(Hot Plug In)과 플러그 앤 플레이(Plug&Play) 기능을 모두 지원합니다.
> ④ USB는 주변장치를 최대 127개까지 연결할 수 있습니다.

05 다음 중 객체 지향 언어에 대한 설명으로 옳지 않은 것은?

① 객체 지향 언어에는 Java, C++, Python 등이 있다.
② 코드의 재사용과 유지 보수가 용이하다.
③ 프로그램 작성 시 정해진 문법에 맞게 일련의 처리 절차를 순서대로 기술해 나간다.
④ 시스템의 확장성이 높고 정보 은폐가 용이하다.

> **전문가의 조언** | • 객체 지향 언어는 프로그램 작성 시 객체를 중심으로 기술해 나갑니다.
> • ③번은 절차적 지향 언어에 대한 설명입니다.

06 다음 중 한글 Windows 10의 [그림판]에 대한 내용으로 옳지 않은 것은?

① 그림판에서 PNG와 JPG, GIF, BMP 등의 파일을 작업할 수 있다.
② 그림을 회전하거나 대칭 이동 등의 작업을 할 수 있다.
③ [레이어]를 이용하면 여러 사진을 추가하여 합성할 수 있다.
④ 그림에 텍스트를 입력할 수 있고, 글꼴 서식을 변경할 수 있다.

> **전문가의 조언** | • 그림판은 간단한 그림을 그리거나 수정하기 위한 앱으로 레이어 기능을 지원하지 않습니다.
> • 레이어와 같은 고급 그래픽 기능을 사용하려면 포토샵 같은 전문 그래픽 앱을 설치해서 사용해야 합니다.

정답 1.④ 2.② 3.④ 4.③ 5.③ 6.③

07 다음 중 프로그램을 직접 감염시키지 않고 디렉터리 영역에 저장된 프로그램의 시작 위치를 바이러스의 시작 위치로 변경하는 파일 바이러스 유형은?

① 기생형 바이러스
② 산란형 바이러스
③ 연결형 바이러스
④ 겹쳐쓰기형 바이러스

> 전문가의 조언 | 디렉터리 영역에 저장된 프로그램의 시작 위치를 바이러스의 시작 위치로 변경하는 파일 바이러스 유형은 연결형 바이러스입니다.
> - **기생형 바이러스** : 원래 프로그램에 손상을 주지 않고 앞이나 뒤에 기생하는 바이러스로, 대부분의 파일 바이러스가 여기에 속함
> - **산란형 바이러스** : EXE 파일을 감염시키지 않고 같은 이름의 COM 파일을 만들어 바이러스를 넣어둠
> - **겹쳐쓰기형 바이러스** : 원래 프로그램이 있는 곳의 일부에 겹쳐서 존재하는 바이러스

08 언어 번역 프로그램 중에서 컴파일러 대비 인터프리터의 특징이 아닌 것은?

① 대표적인 언어에는 C, C++, Java, C# 등이 있다.
② 번역 속도는 빠르지만 실행 속도는 느리다.
③ 목적 프로그램을 생성하지 않는다.
④ 행 단위로 번역한다.

> 전문가의 조언 |
> - 대표적인 인터프리터 언어에는 Python, Ruby, R 등이 있습니다.
> - C, C++, Java, C# 등은 컴파일러 언어에 해당합니다.

09 다음 중 컴퓨터에서 사용하는 ASCII 코드에 관한 설명으로 옳지 않은 것은?

① 데이터 처리 및 통신 시스템 상호 간의 정보 교환을 위해 사용된다.
② 각 나라별 언어를 표현할 수 있다.
③ 각 문자를 7비트로 표현하며, 총 128개의 문자 표현이 가능하다.
④ 확장 ASCII 코드는 8비트를 사용한다.

> 전문가의 조언 | 각 나라별 언어를 표현할 수 있는 자료 표현 방식은 유니코드(Unicode)입니다.

10 다음 중 시스템 복구를 해야 하는 시기로 가장 적절하지 않은 것은?

① 로그온 화면이 나타나지 않으며, 운영체제를 시작할 수 없을 때
② 새 장치를 설치한 후 시스템이 불안정 할 때
③ 누락되거나 손상된 데이터 파일을 이전 버전으로 되돌리고자 할 때
④ 파일의 단편화를 개선하여 디스크의 접근 속도를 향상시키고자 할 때

> 전문가의 조언 | 파일의 단편화를 개선하여 드라이브의 접근 속도를 향상 시키고자 할 때에는 '드라이브 조각 모음 및 최적화'를 수행하면 됩니다.

11 다음 중 한글 Windows 10의 [폴더 옵션] 대화상자에서 설정할 수 있는 작업으로 옳지 않은 것은?

① 숨김 파일이나 폴더의 표시 여부를 지정할 수 있다.
② 폴더에서 시스템 파일을 검색할 때 색인의 사용 여부를 선택할 수 있다.
③ 알려진 파일 형식의 파일 확장명을 숨기도록 설정할 수 있다.
④ 탐색 창, 미리 보기 창, 세부 정보 창의 표시 여부를 선택할 수 있다.

> 전문가의 조언 | 탐색 창, 미리 보기 창, 세부 정보 창의 표시 여부는 파일 탐색기의 [보기] → [창] 그룹에서 설정할 수 있습니다.

12 다음 중 스마트폰을 모뎀처럼 활용하는 방법으로, 컴퓨터나 노트북 등의 IT 기기를 스마트폰에 연결하여 무선 인터넷을 사용할 수 있게 하는 기능은?

① 와이파이(WiFi)
② 블루투스(Bluetooth)
③ 테더링(Tethering)
④ 와이브로(WiBro)

> 전문가의 조언 | IT 기기를 스마트폰에 연결하여 무선 인터넷을 사용할 수 있게 하는 기능은 테더링(Tethering)입니다.
> - **와이파이(Wi-Fi)** : 2.4GHz대를 사용하는 무선 랜(WLAN) 규격(IEEE 802.11b)에서 정한 제반 규정에 적합한 제품에 주어지는 인증 마크
> - **블루투스(Bluetooth)** : 스웨덴의 에릭슨에 의하여 최초로 개발된 근거리 무선 통신을 가능하게 해주는 통신 방식으로, IEEE 802.15.1 규격을 사용하는 PANs(Personal Area Networks)의 산업 표준임
> - **와이브로(Wibro)** : 무선 광대역을 의미하는 것으로, 휴대폰, 노트북, PDA 등의 모바일 기기를 이용하여 언제 어디서나 이동하면서 고속으로 무선 인터넷 접속이 가능한 서비스

정답 7.③ 8.① 9.② 10.④ 11.④ 12.③

13 다음 중 컴퓨터에서 사용하는 운영체제에 관한 설명으로 옳지 않은 것은?

① 운영체제의 목적은 처리 능력의 향상, 응답 시간의 단축, 사용 가능도의 향상, 신뢰도 향상 등이 있다.
② 운영체제의 구성 요소인 제어 프로그램에는 감시 프로그램, 작업 관리 프로그램, 데이터 관리 프로그램 등이 있다.
③ 운영체제의 방식에는 일괄 처리, 실시간 처리, 분산 처리 등이 있다.
④ 운영체제는 컴퓨터가 동작하는 동안 하드디스크에 위치하며, 프로세스, 기억장치, 입·출력장치, 파일 등의 자원을 관리한다.

> 전문가의 조언 | 운영체제는 컴퓨터가 동작하는 동안 하드디스크(보조기억장치)가 아닌 주기억장치에 위치하며, 프로세스, 기억장치, 입·출력장치, 파일 등의 자원을 관리합니다.

14 다음 중 쿠키(Cookie)에 대한 설명으로 옳은 것은?

① 인터넷 사용 시 네트워크에 접속하기 위한 프로그램이다.
② 특정 웹 사이트 접속 시 반복적으로 사용되는 접속 정보를 가지고 있는 파일이다.
③ 웹 브라우저에서 기본으로 제공하지 않는 기능을 부가적으로 설치하여 구현되도록 한다.
④ 자주 사용하는 사이트의 자료를 저장한 후 다시 동일한 사이트 접속 시 자동으로 자료를 불러온다.

> 전문가의 조언 | 쿠키(Cookie)는 특정 웹 사이트 접속 시 반복적으로 사용되는 접속 정보를 가지고 있는 파일을 의미합니다.

15 다음 중 텔레매틱스(Telematics)에 대한 설명으로 옳지 않은 것은?

① 통신(Telecommunication)과 정보과학(Informatics)의 합성어이다.
② 이미지, 음성, 영상 등의 디지털 정보를 유무선 네트워크에 연결시켜 다양한 멀티미디어 서비스를 제공한다.
③ 여러 IT 기술을 차량에 적합하게 적용하여 새로운 부가가치를 창출한다.
④ 차량에 장착된 특수한 장치와 노변 장치를 이용하여 차량을 안전하게 제어한다.

> 전문가의 조언 | ④번은 첨단 도로 시스템(Automated Highway Systems)에 대한 설명입니다.

16 다음 중 한글 Windows 10에서 설치된 하드웨어를 확인하거나 하드웨어 설정의 수정 및 제거를 할 수 있는 곳은?

① 작업 관리자
② 레지스트리 편집기
③ 장치 관리자
④ 하드웨어 추가/제거

> 전문가의 조언 | 하드웨어를 확인하거나 하드웨어 설정의 수정 및 제거를 할 수 있는 곳은 장치 관리자입니다.

17 다음 중 컴퓨터의 내부 기억장치에 관한 설명으로 옳은 것은?

① 주기억장치의 접근 속도 개선을 위하여 가상 메모리가 사용된다.
② SRAM이 DRAM 보다 접근 속도가 느리다.
③ ROM에는 BIOS, 기본 글꼴, POST 시스템 등이 저장되어 있다.
④ RAM은 일시적으로 전원 공급이 없더라도 내용은 계속 기억된다.

> 전문가의 조언 | 컴퓨터의 내부 기억장치에 관한 설명으로 옳은 것은 ③번입니다.
> ① 주기억장치의 접근 속도 개선을 위하여 사용되는 메모리는 캐시 메모리입니다. 가상 메모리는 보조기억장치(하드디스크)의 일부를 주기억장치처럼 사용하는 메모리입니다.
> ② SRAM이 DRAM 보다 접근 속도가 빠릅니다.
> ④ RAM은 전원이 꺼지면 기억된 내용이 모두 사라지는 휘발성 메모리입니다.

18 다음 중 3D 프린터에 관한 설명으로 옳지 않은 것은?

① 입력한 도면을 바탕으로 3차원 입체 물품을 만들어 내는 프린터이다.
② 인쇄 원리는 잉크젯 프린터의 인쇄 원리와 같다.
③ 출력 단위로는 IPM, PPM 등이 사용된다.
④ 기계, 건축, 예술, 의료 분야 등에서 활용되고 있다.

> 전문가의 조언 | • 3D 프린터의 출력 단위는 MMS(MilliMeters per Second)입니다.
> • IPM(Images Per Minute)과 PPM(Pages Per Minute)은 잉크젯 및 레이저 프린터의 출력 단위입니다.

19. 다음 중 시스템 보안과 관련한 불법적인 형태에 대한 설명으로 옳지 않은 것은?

① 피싱(Phishing)은 거짓 메일을 보내서 가짜 금융기관 등의 가짜 웹 사이트로 유인하여 정보를 빼내는 행위이다.
② 스푸핑(Spoofing)은 검증된 사람이 네트워크를 통해 데이터를 보낸 것처럼 데이터를 변조하여 접속을 시도하는 행위이다.
③ 분산 서비스 거부 공격(DDOS)은 마이크로소프트사의 MS-DOS를 운영체제로 사용하는 컴퓨터에 네트워크를 통해 불법적으로 접속하는 행위이다.
④ 키로거(Key Logger)는 키 입력 캐치 프로그램을 사용하여 ID나 암호를 알아내는 행위이다.

> 전문가의 조언 | 분산 서비스 거부 공격(DDOS)은 여러 대의 컴퓨터를 이용하여 대량의 데이터를 한 곳의 서버에 집중적으로 전송함으로써 특정 서버의 정상적인 기능을 방해하는 형태의 공격을 말합니다.

20. 다음 중 한글 Windows 10에서 하드디스크에 적용하는 [드라이브 오류 검사]에 관한 설명으로 옳지 않은 것은?

① 하드디스크 자체의 물리적 오류를 찾아서 복구하므로 완료하는 데 시간이 더 오래 걸릴 수 있다.
② 하드디스크 드라이브를 검사하는 동안에도 드라이브를 계속 사용할 수 있다.
③ 하드디스크 문제로 인하여 컴퓨터 시스템이 오작동하는 경우나 바이러스의 감염을 예방할 수 있다.
④ 하드디스크의 [속성] 창 [도구] 탭에서 오류 검사를 실행할 수 있다.

> 전문가의 조언 | 드라이브 오류 검사는 하드디스크나 SSD에 논리적 혹은 물리적으로 손상이 있는지 검사하고, 복구 가능한 에러가 있으면 이를 복구해 주는 기능으로 바이러스의 감염 예방 기능은 제공하지 않습니다.

2과목 스프레드시트 일반

21. 아래 그림과 같이 워크시트에 배열 상수 형태로 배열 수식이 입력되어 있을 때, [A5] 셀에서 수식 =SUM(A1, B2)를 실행하였다. 다음 중 그 결과로 옳은 것은?

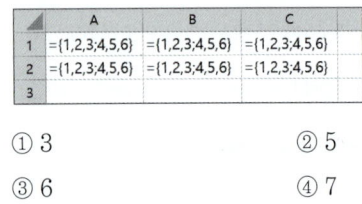

① 3
② 5
③ 6
④ 7

> 전문가의 조언 | 수식 =SUM(A1, B2)의 결과는 6입니다.
> • 배열 상수를 입력할 때 열의 구분은 쉼표(,)로, 행의 구분은 세미콜론(;)으로 합니다.
> • [A1:C2] 영역을 블록으로 지정한 후 ={1,2,3;4,5,6}을 입력하고 Ctrl + Shift + Enter를 누르면 다음과 같이 입력됩니다.

> ※ =SUM(A1, B2) : 1+5=6입니다.
> ※ 문제에 제시된 그림은 이 상태에서 Ctrl + ~를 눌러 값이 아닌 수식을 화면에 표시한 것입니다.

22. 다음 중 아래의 워크시트에서 [C1] 셀에 수식 '=A1+B1+C1'을 입력할 경우 발생하는 상황으로 옳은 것은?

① [C1] 셀에 '#REF!' 오류 표시
② [C1] 셀에 '#NUM!' 오류 표시
③ 데이터 유효성 오류 메시지 창 표시
④ 순환 참조 경고 메시지 창 표시

> 전문가의 조언 | 수식에서 해당 수식이 입력된 [C1] 셀을 참조하기 때문에 아래와 같은 순환 참조 경고 메시지가 표시됩니다.

> ※ 수식에서 직접 또는 간접적으로 수식이 입력된 그 셀을 그 수식에서 참조하는 경우를 순환 참조라고 합니다.

23. 다음 워크시트에서 [A1] 셀에서 Ctrl을 누른 채 채우기 핸들을 이용하여 드래그 했을 때 [C1] 셀에 표시되는 값은?

	A	B	C	D
1	29.5			
2				

① 29.5
② 31.5
③ 29.7
④ 49.5

> 전문가의 조언 | Ctrl을 누른 채 숫자가 들어 있는 셀의 채우기 핸들을 드래그하면 값이 1씩 증가하며 입력되므로 [C1] 셀에 31.5가 표시됩니다.

24 다음 중 [데이터] 탭 [데이터 가져오기 및 변환] 그룹의 각 명령에 대한 설명으로 옳지 않은 것은?

① [데이터 가져오기] → [기타 원본에서] → [Microsoft Query에서]를 이용하면 여러 테이블을 조인(Join)한 결과를 워크시트로 가져올 수 있다.

② [기존 연결]을 이용하면 Microsoft Query에서 작성한 쿼리 파일(*.dqy)의 실행 결과를 워크시트로 가져올 수 있다.

③ [웹]을 이용하면 웹 페이지의 모든 데이터를 원본 그대로 가져올 수 있다.

④ [데이터 가져오기] → [데이터베이스에서] → [Microsoft Access 데이터베이스에서]를 이용하면 원본 데이터의 변경 사항이 워크시트에 반영되도록 설정할 수 있다.

> 전문가의 조언 | [웹]을 이용해서는 웹 페이지의 테이블만 가져올 수 있습니다.

25 다음 중 [파일] → [인쇄]를 선택하면 표시되는 미리 보기 화면과 인쇄 옵션에서 설정할 수 있는 것으로 틀린 것은?

① [머리글/바닥글]로 설정한 내용은 매 페이지 상단이나 하단의 별도 영역에, 인쇄 제목의 반복할 행/열은 매 페이지의 본문 영역에 반복 출력된다.

② [페이지 설정]에서 '인쇄 영역'을 변경하여 인쇄할 수 있다.

③ [페이지 설정]에서 확대/축소 배율을 10%에서 최대 400%까지 설정하여 인쇄할 수 있다.

④ '여백 표시'를 표시하여 워크시트의 열 너비를 조정할 수 있다.

> 전문가의 조언 | • [파일] → [인쇄]를 선택한 후 '페이지 설정'을 클릭하면 '페이지 설정' 대화상자가 표시되기는 하지만 '시트' 탭의 인쇄 영역, 반복할 행, 반복할 열이 모두 비활성화 되어 있으므로 '인쇄 영역'을 변경할 수 없습니다.
> • '페이지 설정' 대화상자를 이용하여 '인쇄 영역'을 변경하려면 [페이지 레이아웃] → [페이지 설정]의 를 이용하여 '페이지 설정' 대화상자를 호출해야 합니다.

26 아래 워크시트와 같이 시상내역[A13:D16] 표를 이용하여 시상내역[D2:D10]을 계산하였다. 다음 중 [D2] 셀에 입력된 배열 수식으로 옳은 것은?

	A	B	C	D
1	이름	공모대상	점수	시상내역
2	김남희	독창	91	대상
3	남궁민	창작동화	65	-
4	이수남	독창	75	-
5	서수남	독창	50	-
6	홍길동	독창	88	최우수상
7	이숙희	창작동화	69	-
8	양종국	창작동화	87	차상
9	김호명	독창	79	-
10	김영희	창작동화	93	장원
11				
12	시상내역			
13	점수	0	80	90
14		80	90	100
15	독창	-	최우수상	대상
16	창작동화	-	차상	장원
17				

① {=INDEX($B$15:$D$16, MATCH(B2, $A$15:$A$16, 0), MATCH(C2, $B$13:$D$13, -1))}

② {=INDEX($B$15:$D$16, MATCH(B2, $A$15:$A$16, 0), MATCH(C2, $B$13:$D$13, 1))}

③ {=INDEX($B$15:$D$16, MATCH(B2, $A$15:$A$16, 0), MATCH(C2, $B$14:$D$14, -1))}

④ {=INDEX($B$15:$D$16, MATCH(B2, $A$15:$A$16, 0), MATCH(C2, $B$14:$D$14, 1))}

> 전문가의 조언 | [D2] 셀에 입력된 배열 수식으로 옳은 것은 ②번입니다.
> {=INDEX($B$15:$D$16, MATCH(B2, $A$15:$A$16, 0), MATCH(C2, $B$13:$D$13, 1))}
> ① MATCH(B2, $A$15:$A$16, 0) : [A15:A16] 영역에서 [B2] 셀, 즉 "독창"과 동일한 값을 찾은 후 상대 위치인 1을 반환합니다.
> ② MATCH(C2, $B$13:$D$13, 1) : [B13:D13] 영역에서 [C2] 셀, 즉 91보다 작거나 같은 값 중에서 가장 근접한 값(90)을 찾은 후 상대 위치인 3을 반환합니다.
> ③ =INDEX($B$15:$D$16, ①, ②) → =INDEX($B$15: $D$16, 1, 3) : [B15:D16] 영역에서 1행 3열, 즉 [D15] 셀의 값 "대상"을 반환합니다.

27 다음 중 아래 시트에서 각 수식을 실행했을 때의 결과 값으로 옳지 않은 것은?

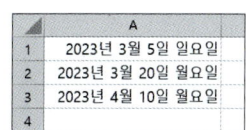

① =EOMONTH(A1, -3) → 2022-12-31

② =DAYS(A1, A3) → 36

③ =NETWORKDAYS(A1, A2) → 11

④ =WORKDAY(A1, 10) → 2023-03-17

> **전문가의 조언** | ②번의 결과는 −36입니다.
> ① 2023-03-05를 기준으로 3개월 이전 달의 마지막 날짜인 2022-12-31을 반환합니다.
> ② 앞의 인수가 마지막 날짜이므로 2023-04-10에서 2023-03-05까지의 일수인 −36을 반환합니다.
> ③ 두 날짜 사이의 일수는 16이고, 휴일 날짜는 생략되었으므로 주말 날짜만 뺀 11을 반환합니다.
> • 주말 날짜는 2023-03-05(일요일), 2023-03-11(토요일), 2023-03-12(일요일), 2023-03-18(토요일), 2023-03-19(일요일)로 총 5일입니다.
> ④ 2023-03-05에 주말 날짜를 제외하고 10일을 더한 2023-03-17을 반환합니다.

28 다음 중 아래의 워크시트에서 작성한 수식으로 결과 값이 다른 것은?

	A	B	C
1	10	30	50
2	40	60	80
3	20	70	90
4			

① =SMALL(B1:B3, COLUMN(C3))

② =SMALL(A1:B3, AVERAGE({1;2;3;4;5}))

③ =LARGE(A1:B3, ROW(A1))

④ =LARGE(A1:C3, AVERAGE({1;2;3;4;5}))

> **전문가의 조언** | ①, ③, ④번의 결과는 70, ②번의 결과는 30입니다.
> ① ❶ COLUMN(C3) : [C3] 셀의 열 번호인 3을 반환합니다.
> ❷ =SMALL(B1:B3, 3) : [B1:B3] 영역에서 세 번째로 작은 값인 70을 반환합니다.
> ② ❶ AVERAGE({1;2;3;4;5}) : 1, 2, 3, 4, 5의 평균인 3을 반환합니다.
> ❷ =SMALL(A1:B3, 3) : [A1:B3] 영역에서 세 번째로 작은 값인 30을 반환합니다.
> ③ ❶ ROW(A1) : [A1] 셀의 행 번호인 1을 반환합니다.
> ❷ =LARGE(A1:B3, 1) : [A1:B3] 영역에서 첫 번째로 큰 값인 70을 반환합니다.
> ④ ❶ AVERAGE({1;2;3;4;5}) : 3을 반환합니다.
> ❷ =LARGE(A1:C3, 3) : [A1:C3] 영역에서 세 번째로 큰 값인 70을 반환합니다.

29 다음 중 아래 워크시트의 [B2] 셀에 〈보기〉의 사용자 지정 표시 형식을 적용했을 때 표시되는 값은?

| B2 | ▼ | : | × | ✓ | fx | 354600 |

	A	B	C	D
1				
2		354600		
3				

〈보기〉

[>=1000000]0.0,,"㎘";[>=1000]0.0,"ℓ";0.0"㎖"

① 354600㎖   ② 354ℓ
③ 354.6ℓ   ④ 0.4㎘

> **전문가의 조언** | 〈보기〉의 사용자 지정 표시 형식을 적용했을 때 표시되는 값은 354.6ℓ 입니다.
> [>=1000000]0.0,,"㎘";[>=1000]0.0,"ℓ";0.0"㎖"
> • [>=1000000]0.0,,"㎘" : 셀에 입력된 값이 1,000,000 이상일 때 적용되는 서식으로, 0.0,,"㎘" 형식으로 표시하되, 백만 단위 이하를 생략합니다.
> 예 25000000 → 25.0㎘
> • [>=1000]0.0,"ℓ" : 셀에 입력된 값이 1,000 이상일 때 적용되는 서식으로, 0.0,"ℓ" 형식으로 표시하되, 천 단위 이하를 생략합니다.
> 예 354600 → 354.6ℓ
> • 0.0"㎖" : 1,000 미만일 때 적용되는 서식으로, 0.0"㎖" 형식으로 표시합니다.
> 예 50 → 50.0㎖

30 다음 중 데이터 입력에 대한 설명으로 옳지 않은 것은?

① 3e9를 입력하면 자동으로 지수 형식으로 입력된다.

② 현재 날짜와 시간을 입력하려면 Ctrl + ;를 누른 다음 한 칸 띄우고 Ctrl + Shift + ;을 누른다.

③ 분수를 입력하려면 0 1/2과 같이 분수 앞에 0을 입력한 뒤 한 칸 띄고 분수를 입력한다.

④ 고정 소수점 옵션을 무시하고 숫자를 입력하려면 숫자 앞에 느낌표(!)를 입력한다.

> **전문가의 조언** | 고정 소수점 옵션을 무시하고 숫자를 입력하려면 숫자 뒤에 소수점을 입력하면 됩니다. 예 50.
> ※ 3e9를 입력하면 3.00E+09와 같이 지수 형식으로 입력됩니다.

31 아래의 프로시저를 이용하여 [A1:C3] 영역의 내용만 지우려고 한다. 다음 중 괄호 안에 들어갈 코드로 옳은 것은?

```
Sub Procedure( )
    Range("A1:C3").Select
    Selection.(    )
End Sub
```

① DeleteContents   ② FreeContents
③ ClearContents   ④ DeactivateContents

> **전문가의 조언** | 선택한 영역에 지정된 내용만 삭제하는 메서드는 ClearContents, 서식만 삭제하는 메서드는 ClearFormats입니다.

32 다음 중 데이터 정렬에 관한 설명으로 옳지 않은 것은?

① 대/소문자를 구분하여 정렬할 수 있다.

② 표 안에서 다른 열에는 영향을 주지 않고 선택한 한 열 내에서만 정렬하도록 할 수 있다.

③ 정렬 기준으로 '조건부 서식 아이콘'을 선택한 경우 기본 정렬 순서는 '위에 표시'이다.

④ 행을 기준으로 정렬하려면 [정렬] 대화상자의 [옵션]에서 정렬 옵션의 방향을 '위쪽에서 아래쪽'으로 선택한다.

> **전문가의 조언** | '정렬' 대화상자의 [옵션]에서 행을 기준으로 정렬하려면 '왼쪽에서 오른쪽', 열을 기준으로 정렬하려면 '위쪽에서 아래쪽'을 선택해야 합니다.

33 다음 중 아래 그림과 같이 목표값 찾기를 지정했을 때의 설명으로 옳은 것은?

① 만기시 수령액이 2,000,000원이 되려면 월 납입금은 얼마가 되어야 하는가?
② 만기시 수령액이 2,000,000원이 되려면 적금 이율(연)이 얼마가 되어야 하는가?
③ 불입금이 2,000,000원이 되려면 만기시 수령액은 얼마가 되어야 하는가?
④ 월 납입금이 2,000,000원이 되려면 만기시 수령액은 얼마가 되어야 하는가?

전문가의 조언 │ 그림은 만기시 수령액(B9)이 2,000,000원이 되려면 월 납입금(B4)이 얼마가 되어야 하는지를 구하는 목표값 찾기입니다.

34 다음 중 [매크로 기록] 대화상자에서 설정할 수 있는 요소가 아닌 것은?

① 매크로 이름   ② 바로 가기 키
③ 매크로 저장 위치   ④ 매크로 보안

전문가의 조언 │ • '매크로 기록' 대화상자에서 매크로 보안은 설정할 수 없습니다.
• 매크로 보안은 [개발 도구] → [코드] → [매크로 보안]을 클릭하면 실행되는 '보안 센터' 대화상자에서 설정할 수 있습니다.

35 다음 중 아래 설명에 해당하는 차트 종류는?

• 항목의 값을 점으로 표시하여 여러 데이터 값들의 관계를 보여준다.
• 과학, 통계 및 공학 데이터와 같은 숫자 값을 표시하고 비교하는데 사용된다.
• 가로 축의 값이 일정한 간격이 아닌 경우나 데이터 요소의 수가 많은 경우 사용된다.

① 분산형 차트   ② 도넛형 차트
③ 방사형 차트   ④ 혼합형 차트

전문가의 조언 │ 항목의 값을 점으로 표시하여 여러 데이터 값들의 관계를 보여주는 차트는 분산형 차트입니다.
• **도넛형 차트** : 전체에 대한 각 부분의 관계를 비율로 나타내어 각 부분을 비교할 때 사용됨
• **방사형 차트** : 많은 데이터 계열의 집합적인 값을 나타낼 때 사용됨
• **혼합형 차트** : 두 개 이상의 데이터 계열을 갖는 차트에서 특정 데이터 계열을 강조하고자 할 경우 해당 데이터 계열을 다른 차트로 표시하는 것

36 다음 중 셀 영역을 선택한 후 상태 표시줄의 바로 가기 메뉴인 [상태 표시줄 사용자 지정]에서 선택할 수 있는 자동 계산에 해당되지 않는 것은?

① 선택한 영역 중 숫자 데이터가 입력된 셀의 수
② 선택한 영역 중 문자 데이터가 입력된 셀의 수
③ 선택한 영역 중 데이터가 입력된 셀의 수
④ 선택한 영역의 합계, 평균, 최소값, 최대값

전문가의 조언 │ [상태 표시줄 사용자 지정]을 이용하여 데이터가 입력된 셀의 수나 숫자가 입력된 셀의 수는 계산할 수 있지만 문자 데이터가 입력된 셀의 수는 계산할 수 없습니다.

37 다음 중 아래 설명에 해당하는 기능은?

• 잠긴 셀 또는 잠기지 않은 셀로 이동하거나 셀 서식을 변경하지 못하도록 막는다.
• 워크시트 요소를 삽입하거나 변경하는 것을 막는다.

① 시트 보호   ② 통합 문서 보호
③ 통합 문서 공유   ④ 잠금

전문가의 조언 │ 지문의 설명에 해당하는 기능은 시트 보호로, 시트 보호를 지정한 시트에서는 셀을 선택하는 것 이외의 작업은 불가능합니다.
• **통합 문서 보호** : 통합 문서의 시트 삭제, 이동, 숨기기, 이름 바꾸기 등을 할 수 없도록 보호하는 기능
• **통합 문서 공유** : 네트워크로 연결된 환경에서 하나의 통합 문서를 여러 사람이 공동으로 작업할 수 있게 하는 기능

38 다음 중 [페이지 설정] 대화상자에 대한 설명으로 옳지 않은 것은?

① 인쇄 배율을 수동으로 설정할 수 있으며, 배율은 워크시트 표준 크기의 10%에서 400%까지 가능하다.
② 셀에 설정된 노트는 시트에 표시된 대로 인쇄하거나 시트 끝에 인쇄할 수 있다.
③ 사용자가 페이지 구분선을 추가한 경우 [페이지 설정] 대화상자의 [페이지] 탭에서 [자동 맞춤]을 지정해도 확대/축소 배율이 자동으로 조정되지 않는다.
④ 눈금선이나 행/열 머리글의 인쇄 여부를 설정할 수 있다.

전문가의 조언 │ 사용자가 페이지 구분선을 추가한 경우에도 '페이지 설정' 대화상자의 '페이지' 탭에서 '자동 맞춤'을 지정하면 확대/축소 배율이 자동으로 조정됩니다.

39. 다음 중 아래 차트와 같이 오차 막대를 표시하기 위한 오차 막대 서식 설정값으로 옳은 것은?

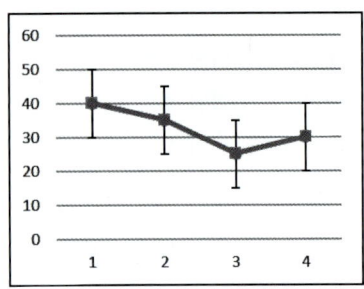

① 표시 방향(모두), 오차량(고정 값 10)
② 표시 방향(모두), 오차량(표준 편차 1.0)
③ 표시 방향(양의 값), 오차량(고정 값 10)
④ 표시 방향(양의 값), 오차량(표준 편차 1.0)

> 전문가의 조언 │ 문제의 차트와 같이 오차 막대를 표시하려면 ①번과 같이 설정해야 합니다.
> ② 표시 방향(모두), 오차량(표준 편차 1.0)
>
>
>
> ③ 표시 방향(양의 값), 오차량(고정 값 10)
>
> ④ 표시 방향(양의 값), 오차량(표준 편차 1.0)

40. 다음 중 아래와 같은 피벗 테이블을 작성하기 위한 작업으로 옳지 않은 것은?

① 행에 단과대학과 학과를 표시하고, 단과대학에 필터를 적용했다.
② 필터에 성별과 졸업자가 표시되어 있다.
③ 확장/축소 단추와 부분합을 표시하지 않았다.
④ 학과는 취업률을 기준으로 내림차순 정렬되어 있다.

> 전문가의 조언 │ 확장/축소 단추는 표시되지 않았지만 부분합은 표시되어 있습니다.
>
>

3과목 데이터베이스 일반

41. 다음 중 데이터베이스의 특징으로 옳지 않은 것은?
① 다수의 이용자들이 서로 상이한 목적으로 동일 데이터를 공유
② 데이터의 검색이나 갱신이 효율적으로 이루어질 수 있도록 데이터의 중복을 최대화
③ 특정 조직에서 필요한 정보를 얻기 위하여 필요한 데이터를 저장
④ 효과적인 데이터 처리를 위한 구조화

> 전문가의 조언 │ 데이터베이스는 데이터의 검색이나 갱신이 효율적으로 이루어질 수 있도록 데이터의 중복을 최소화합니다.

42 다음 중 아래 보고서에 대한 설명으로 옳지 않은 것은? (단, 이 보고서는 전체 5페이지이며, 현재 페이지는 2페이지이다.)

거래처별 제품목록				
거래처명	제품번호	제품이름	단가	재고량
㈜맑은세상	15	아쿠아렌즈	₩50,000	22
	14	바슈롬렌즈	₩35,000	15
	20	C-BR렌즈	₩50,000	3
	제품수:	3	총재고량:	40
거래처명	제품번호	제품이름	단가	재고량
참아이㈜	9	선글래스C	₩170,000	10
	7	선글래스A	₩100,000	23
	8	선글래스B	₩120,000	46

2 / 4

① 보고서 머리글에 필드 이름을 표시하기 위한 레이블과 선 컨트롤들이 들어 있다.
② '거래처명'을 기준으로 그룹이 설정되어 있다.
③ '거래처명'에 대한 그룹 바닥글 영역이 설정되어 있고, 요약 정보를 표시하고 있다.
④ '거래처명'에 중복 내용 숨기기 속성이 '예'로 설정되어 있다.

전문가의 조언 | • 현재 페이지가 2페이지이고 필드 이름을 표시하는 레이블과 선 컨트롤이 '거래처명' 별로 표시된 것으로 보아 레이블과 선 컨트롤은 '그룹 머리글'에 표시된 것으로 볼 수 있습니다.
• 보고서 머리글은 보고서의 첫 페이지 상단에 한 번만 표시됩니다.

43 다음 중 아래 두 개의 테이블 사이에서 외래 키(Foreign Key)에 해당하는 필드는? (단, 밑줄은 각 테이블의 기본 키를 표시함)

직원(<u>사번</u>, 성명, 부서명, 주소, 전화, 이메일)
부서(<u>부서명</u>, 팀장, 팀원수)

① 직원 테이블의 사번
② 부서 테이블의 팀원수
③ 부서 테이블의 팀장
④ 직원 테이블의 부서명

전문가의 조언 | 외래 키란 관계를 맺고 있는 테이블 R1, R2에서 테이블 R1이 참조하고 있는 테이블 R2의 기본 키와 같은 R1 테이블의 속성을 말합니다. 지문에 제시된 〈직원〉 테이블의 기본 키는 '사번'이고, 〈부서〉 테이블의 기본 키는 '부서명'입니다. 외래 키는 관계를 맺고 있는 테이블의 기본 키를 참조하므로 관계된 테이블의 기본 키와 같은 필드명을 찾으면 됩니다.

44 다음 중 테이블에서의 필드 이름 지정 규칙에 대한 설명으로 옳은 것은?

① 필드 이름의 첫 글자는 숫자로 시작할 수 없다.
② 테이블 이름과 동일한 이름을 필드 이름으로 지정할 수 없다.
③ 한 테이블 내에 동일한 이름의 필드를 2개 이상 지정할 수 없다.
④ 필드 이름에 문자, 숫자, 공백, 특수 문자를 조합한 모든 기호를 포함할 수 있다.

전문가의 조언 | 필드 이름 지정 규칙으로 옳은 것은 ③번입니다.
① 필드 이름의 첫 글자를 숫자로 시작할 수 있습니다.
② 테이블 이름과 동일한 이름을 필드 이름으로 지정할 수 있습니다.
④ 특수 문자 중 . ! [ ] 는 필드 이름에 포함할 수 없습니다.

45 다음 중 〈학생〉 테이블의 '성적' 필드에 성적을 입력하는 경우 0에서 100 사이의 숫자만 입력 가능하도록 설정하기 위한 필드 속성은?

① 필드 크기
② 필수
③ 유효성 검사 규칙
④ 기본값

전문가의 조언 | '0에서 100 사이'라는 것은 성적을 최소 0점부터 최대 100점까지만 입력받겠다는 것이므로 두 조건을 And로 연결하여 유효성 검사 규칙을 '>=0 And <=100'으로 설정하면 됩니다.

46 데이터 형식이 텍스트인 필드에 다음과 같이 형식을 지정한 후 값을 입력했을 때의 결과가 올바르게 표시된 것은?

	형식	입력값	결과
①	@@@-@@@	123456	123-456
②	@*_	abc	abc*_
③	@&@&@	123	1 2 3
④	>>->>	abde	AB-DE

전문가의 조언 | 결과가 올바른 것은 ①번입니다.
• 각 보기의 입력값에 따른 형식의 적용 결과는 다음과 같습니다.

보기1	보기2	보기3	보기4
123-456	abc_____	123	-ABDE

47 다음 중 기본키로 사용하기에 가장 적합한 필드는?

① Null 값이 있는 필드
② 중복된 값이 있는 필드
③ 자주 값이 변경되는 필드
④ 한 릴레이션에서 특정 레코드를 유일하게 구별할 수 있는 필드

> 전문가의 조언 | 기본키는 후보키 중에서 선택한 주키로, 한 릴레이션에서 특정 레코드를 유일하게 구별할 수 있는 필드를 사용해야 합니다.
> ① 기본키는 Null 값으로 둘 수 없습니다.
> ② 기본키로 정의된 필드에는 동일한 값이 중복되어 저장될 수 없습니다.
> ③ 기본키는 값이 자주 변경되지 않는 필드를 사용해야 합니다.

48 다음 중 데이터시트 보기 상태에서의 레코드 추가/삭제에 대한 설명으로 옳은 것은?

① 레코드를 여러 번 복사한 경우 첫 번째 복사한 레코드만 사용 가능하다.
② 새로운 레코드는 항상 테이블의 마지막 행에서만 추가되며 중간에 삽입될 수 없다.
③ 레코드를 추가하는 단축키는 Ctrl + Insert 이다.
④ 여러 레코드를 선택하여 한 번에 삭제할 수 있으며, 삭제된 레코드는 복원할 수 있다.

> 전문가의 조언 | 레코드 추가/삭제에 대한 설명으로 옳은 것은 ②번입니다.
> ① 레코드를 여러 번 복사한 경우 마지막 복사한 레코드만 사용 가능합니다.
> ③ 레코드를 추가하는 단축키는 Ctrl + + 입니다.
> ④ 여러 레코드를 선택하여 한 번에 삭제할 수 있지만, 삭제된 레코드는 복원할 수 없습니다.

49 다음 중 아래 〈학생〉 테이블에 대한 SQL문의 실행 결과로 옳은 것은?

학번	전공	학년	나이
1002	영문	SO	19
1004	통계	SN	23
1005	영문	SN	21
1008	수학	JR	20
1009	영문	FR	18
1010	통계	SN	25

```
SELECT AVG([나이]) FROM 학생
WHERE 학년="SN" GROUP BY 전공
HAVING COUNT(*) >= 2;
```

① 21   ② 22
③ 23   ④ 24

> 전문가의 조언 | SQL문의 실행 결과는 24입니다. 질의문은 각 절을 분리하여 이해하면 쉽습니다.
> • SELECT AVG([나이]) FROM 학생 : '학생' 테이블에서 '나이' 필드의 평균을 검색합니다.
> • WHERE 학년="SN" : '학년' 필드의 값이 "SN"인 레코드만을 대상으로 검색합니다.
>
> | 학번 | 전공 | 학년 | 나이 |
> |---|---|---|---|
> | 1002 | 영문 | SO | 19 |
> | 1004 | 통계 | SN | 23 |
> | 1005 | 영문 | SN | 21 |
> | 1008 | 수학 | JR | 20 |
> | 1009 | 영문 | FR | 18 |
> | 1010 | 통계 | SN | 25 |
>
> • GROUP BY 전공 : '전공' 필드를 기준으로 그룹을 지정합니다.
>
> | 학번 | 전공 | 학년 | 나이 |
> |---|---|---|---|
> | 1004 | 통계 | SN | 23 |
> | 1010 | 통계 | SN | 25 |
> | 1005 | 영문 | SN | 21 |
>
> • HAVING COUNT(*)=2 : 그룹별로 레코드의 개수가 2개 이상인 그룹만을 대상으로 검색합니다.
>
> | 학번 | 전공 | 학년 | 나이 |
> |---|---|---|---|
> | 1004 | 통계 | SN | 23 |
> | 1010 | 통계 | SN | 25 |
>
> ※ 질의문의 수행 결과 나이의 평균은 (23+25)/2 = 24입니다.

50 다음 중 보고서에서 '페이지 번호'를 표현하는 식과 그 결과의 연결이 옳은 것은? (단, 전체 페이지는 3이고, 현재 페이지는 1이다.)

① =[Page] → 3
② =[Page]& "페이지" → 1& 페이지
③ =Format([Page], "000") → 1000
④ =[Page]& "/"& [Pages]& "페이지" → 1/3페이지

> 전문가의 조언 | 표현하는 식과 그 결과의 연결이 옳은 것은 ④번입니다.
> ① 1
> ② 1페이지
> ③ 001

51 다음 중 학생(학번, 이름, 학과, 학년, 주소) 테이블에서 학과가 "경영학과"이고 학년이 2학년인 학생의 학번과 이름만 출력하는 SQL문으로 올바른 것은?

① Select 학번, 이름 From 학생 Where 학과 Like '경영학과' And 학년 In (2);
② Select 학번, * From 학생 Where 학과='경영학과' Or 학년 = 2;
③ Select 학번, * From 학생 Where 학과='경영학과' And 학년 = 2;
④ Select 학번, 이름 From 학생 Where '경영학과' And 2;

전문가의 조언 | 문제에 주어진 조건에 맞는 SQL문은 ①번입니다.
① "학과 Like '경영학과' and 학년 In (2)"는 학과가 '경영학과'를 포함하고 학년이 2인 레코드를 의미하므로 문제에서 요구하는 조건을 충족하는 문장입니다.
② 조건을 Or로 연결했으므로 틀린 문장입니다.
③ 검색되는 속성을 '학번, *'로 지정하여 모든 속성이 표시되므로 틀린 문장입니다.
④ 조건이 형식에 맞지 않아 오류가 발생합니다.

- ON 주문.주문번호 = 주문상세내역.주문번호 : '주문' 테이블의 '주문번호'와 '주문상세내역' 테이블의 '주문번호'가 일치하는 행만 질의에 포함합니다.

주문번호	회원ID	제품코드
A130	kyk1234	RT8754
A130	kyk1234	HI4875
A130	kyk1234	GE2457
A130	kyk1234	AB1455
A234	kwk2345	BA8545
A234	kwk2345	JD2456
A278	kji3456	HD5453
A278	kji3456	RE2456
A350	ksg4567	GE7584
A350	ksg4567	GE3585

- WHERE 주문상세내역.제품코드 Like "GE*"; : '주문상세내역' 테이블의 '제품코드'가 "GE"로 시작하는 레코드만 대상으로 검색합니다.

주문번호	회원ID	제품코드
A130	kyk1234	GE2457
A350	ksg4567	GE7584
A350	ksg4567	GE3585

52 다음과 같은 테이블을 대상으로 SQL문을 실행할 결과 표시되는 레코드의 개수는?

[주문 테이블]
주문번호	회원ID	주문일
A130	kyk1234	2022-10-02
A234	kwk2345	2022-10-05
A278	kji3456	2022-10-08
A350	ksg4567	2022-10-15

[주문상세내역 테이블]
주문번호	제품코드	단가	수량
A130	RT8754	1500	20
A130	HI4875	1000	30
A130	GE2457	2800	10
A130	AB1455	2500	15
A234	BA8545	3000	18
A234	JD2456	1800	20
A278	HD5453	2000	24
A278	RE2456	1400	32
A350	GE7584	2500	27
A350	GE3585	2400	25

〈SQL문〉

```
Select 주문.주문번호, 주문.회원ID
From 주문 Inner Join 주문상세내역
On 주문.주문번호 = 주문상세내역.주문번호
Where 주문상세내역.제품코드 Like "GE*";
```

① 3개   ② 5개
③ 7개   ④ 10개

전문가의 조언 | SQL문의 실행 결과 표시되는 레코드의 수는 3개입니다. 질의문은 각 절을 분리하여 이해하면 쉽습니다.
- SELECT 주문.주문번호, 주문.회원ID : '주문' 테이블에서 '주문번호'와 '회원ID'를 검색합니다.
- FROM 주문 INNER JOIN 주문상세내역 : '주문' 테이블과 '주문상세내역' 테이블을 내부 조인합니다.

53 다음 중 크로스탭 쿼리에 관한 설명으로 옳지 않은 것은?

① 레코드의 요약 결과를 열과 행 방향으로 그룹화하여 표시할 때 사용한다.
② 쿼리 데이터시트에서 데이터를 직접 편집할 수 없다.
③ 2개 이상의 열 머리글 옵션과 행 머리글 옵션, 값 옵션 등을 지정해야 한다.
④ 행과 열이 교차하는 곳의 숫자 필드는 합계, 평균, 분산, 표준 편차 등을 계산할 수 있다.

전문가의 조언 | 열 머리글은 하나의 필드만 지정할 수 있습니다.

54 다음 중 폼 디자인 보기에서의 작업에 대한 설명으로 옳지 않은 것은?

① [필드 목록] 창을 이용하여 원본으로 사용하는 테이블이나 쿼리의 필드를 디자인 창에 추가할 수 있다.
② 각 구역의 구분선을 마우스로 드래그하여 구역의 크기를 조절할 수 있다.
③ 폼 왼쪽 상단의 폼 선택기(■)를 더블클릭하면 폼의 전체 컨트롤이 선택된다.
④ 폼 머리글이나 바닥글 구역에 포함된 컨트롤들은 해당 구역을 삭제하면 함께 삭제된다.

전문가의 조언 | 폼 왼쪽 상단의 폼 선택기(■)를 더블클릭하면 폼 속성 시트 창이 표시됩니다.

55 다음 중 하위 폼에서 새로운 레코드를 추가하려고 할 때 설정해야 할 폼 속성은?

① '필터 사용'을 예로 설정한다.
② '추가 가능'을 예로 설정한다.
③ '편집 가능'을 예로 설정한다.
④ '삭제 가능'을 예로 설정한다.

> 전문가의 조언 | 새로운 레코드를 추가할 수 있도록 하려면 '추가 가능' 속성을 "예"로 설정해야 합니다.

56 다음 중 [학생] 테이블에서 '점수'가 60 이상인 학생들의 인원수를 구하는 식으로 옳은 것은? (단, '학번' 필드는 [학생] 테이블의 기본 키이다.)

① =DCount("학생", "학번", "점수 >= 60")
② =DCount("*", "학생", "점수 >= 60")
③ =DCount(학생, 학번, 점수 >= 60)
④ =DCount(학번, 학생, 점수 >= 60)

> 전문가의 조언 | [학생] 테이블에서 '점수'가 60 이상인 학생들의 인원수를 구하는 식은 =DCount("*", "학생", "점수>=60") 또는 =DCount("학번", "학생", "점수>=60")이며, 도메인 함수에서 사용되는 인수는 각각을 큰따옴표(" ")로 묶어줘야 합니다.

57 다음 중 [보고서 마법사]로 보고서를 만드는 과정에 대한 설명으로 틀린 것은?

① 보고서 마법사는 정해진 절차에 따라 설정 사항을 지정하면 보고서를 자동으로 만들어 준다.
② 그룹을 설정한 경우 보고서 모양을 단계, 블록, 외곽선 중에서 선택할 수 있다.
③ [요약 옵션]에서 모든 필드에 대해 합계, 평균, 개수 등의 함수를 사용하여 값을 표시할 수 있다.
④ 레코드 원본, 필드, 레이아웃, 서식 등을 직접 선택하여 보고서를 작성할 수 있다.

> 전문가의 조언 | [요약 옵션]에서는 모든 필드가 아니라 숫자 필드에 대해서만 합계, 평균, 최소, 최대 함수를 사용해서 값을 표시할 수 있습니다.

58 다음 매크로 함수에 대한 설명으로 옳지 않은 것은?

① GoToControl : 특정 컨트롤로 포커스를 이동시킨다.
② GoToRecord : 특정한 조건을 만족하는 레코드 중 첫 번째 레코드를 검색한다.
③ ApplyFilter : 테이블이나 쿼리로부터 레코드를 필터링한다.
④ OpenQuery : 작성된 쿼리를 호출하여 실행한다.

> 전문가의 조언 |
> • GoToRecord는 레코드 포인터를 처음, 마지막, 이전, 이후 등으로 이동시키는 매크로 함수입니다.
> • ②번은 FindRecord 매크로 함수의 기능입니다.

59 다음 중 현재 폼에서 'cmd숨기기' 단추를 클릭하는 경우, DateDue 컨트롤이 표시되지 않도록 하기 위한 이벤트 프로시저로 옳은 것은?

① Private Sub cmd숨기기_Click( )
   Me.[DateDue]!Visible = False
   End Sub
② Private Sub cmd숨기기_DblClick( )
   Me!DateDue.Visible = True
   End Sub
③ Private Sub cmd숨기기_Click( )
   Me![DateDue].Visible = False
   End Sub
④ Private Sub cmd숨기기_DblClick( )
   Me.DateDue!Visible = True
   End Sub

> 전문가의 조언 |
> • 특정 컨트롤을 마우스로 클릭했을 때 발생하는 이벤트는 Click 이벤트입니다. 'cmd숨기기' 단추를 클릭했을 때 발생하는 이벤트 프로시저는 Private Sub cmd숨기기_Click( )으로 시작해야 합니다.
> • 폼, 보고서 컨트롤 등의 표시 여부를 결정하는 속성은 Visible이며, Visible = False와 같이 Visible 속성을 'False'로 설정하면 표시하지 않고 'True'로 설정하면 표시합니다.
> • 개체명과 컨트롤명은 느낌표(!)로 구분하고, 컨트롤에 속성을 지정할 때는 점(.)으로 연결합니다.

60 다음 VBA에서 변수 선언(Option Explicit)에 대한 설명으로 옳지 않은 것은?

① Dim, Static, Private, Public 키워드로 변수를 선언한다.
② 변수는 반드시 Option Explicit문 이전에 선언해야 한다.
③ 변수를 선언하지 않고 사용하면 에러가 발생한다.
④ 'Option Base 1'을 선언하면 배열의 위치는 1부터 시작한다.

> 전문가의 조언 | Option Explicit는 변수를 선언하지 않고 사용하면 에러가 발생하도록 하는 명령문으로, 변수는 Option Explicit문 이후에 Dim, Static, Private, Public 명령문을 이용해 선언합니다.

12회 2023년 상시 02 시행 기출문제 & 전문가의 조언

1과목 컴퓨터 일반

01 다음 중 HTTP 프로토콜에 대한 설명으로 옳지 않은 것은?

① 하이퍼텍스트 문서를 전송하기 위해 사용하는 프로토콜이다.
② HTTP는 서비스를 제공하거나 응답하는 프로토콜 구조를 가진다.
③ HTTP의 보안이 강화된 버전이 HTTPS이다.
④ HTTP 프로토콜에는 FTP, DNS, TELNET 등이 포함된다.

전문가의 조언 | FTP, DNS, TELNET은 HTTP 프로토콜에 포함된 것이 아니라 독립된 형태로 각각의 역할을 수행하는 프로토콜입니다.

02 다음 중 한글 Windows 10의 [빠른 지원]에 대한 설명으로 옳지 않은 것은?

① [시작] → [빠른 지원]을 선택하여 실행할 수 있다.
② 다른 사용자의 컴퓨터에 접속하여 원격 지원을 하거나, 내 컴퓨터에 접속한 다른 사용자로부터 원격 지원을 받을 수 있도록 할 수 있다.
③ '공유 옵션'에는 '모든 권한 가지기'와 '화면 보기'가 있다.
④ 원격 지원을 하는 자는 마이크로소프트 계정으로 로그인 하지 않아도 되고, 지원 받는 자는 로그인 해야 한다.

전문가의 조언 | 원격 지원을 하는 자는 마이크로소프트 계정으로 로그인 하지 않아도 되고, 지원 받는 자는 로그인 해야 한다.

03 다음 중 프린터에서 출력할 파일의 해상도를 조절하거나 스캐너를 이용해 스캔한 파일의 해상도를 조절하기 위해 쓰는 단위는?

① CPS(Character Per Second)
② BPS(Bits Per Second)
③ PPM(Paper Per Minute)
④ DPI(Dots Per Inch)

전문가의 조언 | 파일의 해상도를 나타내는 단위는 DPI(Dots Per Inch)입니다.
• CPS(Character Per Second) : 1초에 출력되는 글자 수로 도트 매트릭스 및 시리얼 프린터의 속도 단위
• BPS(Bits Per Second) : 1초에 전송되는 비트(bit)의 수로, 데이터의 전송 속도를 나타내는 단위
• PPM(Page Per Minute) : 1분에 출력되는 페이지 수로, 잉크젯 및 레이저 프린터의 속도 단위

04 다음 중 한글 Windows 10의 레지스트리에 관한 설명으로 옳지 않은 것은?

① Windows의 자체 구성 정보를 저장하는 데이터베이스이다.
② Windows에 탑재된 레지스트리 편집기는 'regedit.exe'이다.
③ 레지스트리 정보는 Windows의 부팅 시에만 참조된다.
④ 레지스트리에는 각 사용자의 프로필과 시스템 하드웨어, 설치된 프로그램 및 속성 설정에 대한 정보가 들어 있다.

전문가의 조언 | 레지스트리 정보는 Windows가 작동하는 동안 지속적으로 참조됩니다.

05 다음 중 한글 Windows 10에서 마우스의 끌어놓기(Drag & Drop)에 대한 설명으로 옳지 않은 것은?

① 같은 드라이브에서 파일을 Ctrl을 누른 채 다른 폴더로 끌어서 놓으면 복사가 된다.
② D 드라이브에서 파일을 C 드라이브로 끌어서 놓으면 복사가 된다.
③ 같은 드라이브에서 파일을 다른 폴더로 끌어서 놓으면 이동이 된다.
④ USB 드라이브에서 파일을 C 드라이브로 끌어서 놓으면 이동이 된다.

전문가의 조언 | • USB 드라이브에서 파일을 C 드라이브로 끌어서 놓으면 복사가 됩니다.
• 파일을 이동시키려면 Shift를 누른 채 끌어서 놓아야 합니다.

06 다음 중 정보 통신에 사용되는 네트워크 장비인 라우터(Router)에 관한 설명으로 옳은 것은?

① 네트워크를 구성할 때 각 회선을 통합적으로 관리하여 한꺼번에 여러 대의 컴퓨터를 연결하는 장치이다.
② 디지털 신호의 장거리 전송을 위해 수신한 신호를 재생시키거나 출력 전압을 높여주는 장치이다.
③ 네트워크에서 통신을 위해 가장 최적의 경로를 설정하여 전송하고 데이터의 흐름을 제어하는 장치이다.
④ 다른 네트워크로 데이터를 보내거나 받아들이는 역할을 하는 장치이다.

전문가의 조언 | 라우터(Router)는 네트워크에서 통신을 위해 가장 최적의 경로를 설정하여 전송하는 장치입니다.
• ①번은 허브(Hub), ②번은 리피터(Repeater), ④번은 게이트웨이(Gateway)에 대한 설명입니다.

정답 1.④ 2.④ 3.④ 4.③ 5.④ 6.③

07 다음 중 이미지 데이터의 표현 방식에서 벡터(Vector) 방식에 관한 설명으로 옳은 것은?

① 다양한 색상을 사용하며, 화면 표시 속도가 빠르다.
② 이미지를 확대하면 테두리가 거칠게 표현된다.
③ 비트맵 파일 형식으로는 BMP, TIF, GIF, JPEG 등이 있다.
④ 점과 점을 연결하는 직선이나 곡선을 이용하여 이미지를 표현한다.

> 전문가의 조언 | 벡터(Vector) 방식에 대한 설명으로 옳은 것은 ④번입니다.
> • ①, ②, ③번은 비트맵(Bitmap) 방식에 대한 설명입니다.

08 다음 중 네트워크 관련 장비로 브리지(Bridge)에 관한 설명으로 옳지 않은 것은?

① 두 개의 근거리 통신망을 상호 접속할 수 있도록 하는 통신망 연결 장치이다.
② 통신량을 조절하여 데이터가 다른 곳으로 가지 않도록 한다.
③ OSI 참조 모델의 물리 계층에 속한다.
④ 통신 프로토콜을 변환하지 않고도 네트워크를 확장한다.

> 전문가의 조언 | 브리지(Bridge)는 OSI 참조 모델의 데이터 링크 계층(Data Link Layer)에 속합니다.

09 다음 중 컴퓨터의 소프트웨어 관련 용어에 대한 설명으로 옳은 것은?

① 베타(Beta) 버전은 제작 회사 내에서 테스트할 목적으로 제작하는 소프트웨어이다.
② 셰어웨어(Shareware)는 기능과 사용 기간에 제한 없이 무료로 사용할 수 있는 소프트웨어이다.
③ 패치(Patch) 버전은 이미 제작하여 배포된 프로그램의 오류 수정이나 성능 향상을 위해 프로그램 일부를 변경해 주는 소프트웨어이다.
④ 알파(Alpha) 버전은 프로그램을 출시하기 전에 테스트를 목적으로 일반인에게 공개하는 소프트웨어이다.

> 전문가의 조언 | 소프트웨어 관련 용어에 대한 설명으로 옳은 것은 ③번입니다.
> ① 베타(Beta) 버전은 정식 프로그램을 출시하기 전, 테스트를 목적으로 일반인에게 공개하는 소프트웨어입니다.
> ② 셰어웨어(Shareware)는 기능 혹은 사용 기간에 제한을 두어 배포하는 소프트웨어로, 무료로 사용할 수 있으며, 일정 기간 사용해 보고 정식 프로그램을 구입할 수 있습니다.
> ④ 알파(Alpha) 버전은 베타테스트를 하기 전, 제작 회사 내에서 테스트할 목적으로 제작하는 소프트웨어입니다.

10 다음 중 컴퓨터 게임이나 컴퓨터 기반 훈련과 같이 사용자와의 상호작용을 통해 진행 상황을 제어하는 멀티미디어의 특징을 나타내는 용어는?

① 선형 콘텐츠　　② 비선형 콘텐츠
③ VR 콘텐츠　　　④ 4D 콘텐츠

> 전문가의 조언 | 사용자와의 상호작용을 통해 진행 상황을 제어하는 멀티미디어의 특징을 비선형 콘텐츠라고 합니다.

11 다음 중 컴퓨터의 CMOS에서 설정할 수 있는 항목으로 옳지 않은 것은?

① 시스템 날짜와 시간
② 칩셋 설정
③ 부팅 순서
④ Windows 로그인 암호 변경

> 전문가의 조언 | • CMOS에서 Windows 로그인 암호는 변경할 수 없습니다.
> • CMOS에서 설정할 수 있는 항목에는 '시스템의 날짜와 시간, 칩셋, 부팅 순서, 하드디스크 타입, 시스템 암호, 전원 관리, PnP, Anti-Virus' 등이 있습니다.

12 통신 기술과 GPS, 그리고 컴퓨터에 저장된 데이터베이스를 이용하여 주변의 위치와 부가 서비스를 제공하는 기술은?

① 위치 기반 서비스(LBS)
② 빅 데이터(Big Data)
③ 사물 인터넷(IoT)
④ 시맨틱 웹(Semantic Web)

> 전문가의 조언 | 통신 기술과 GPS 등을 이용하여 주변의 위치와 부가 서비스를 제공하는 기술은 위치 기반 서비스(LBS)입니다.
> • 빅 데이터(Big Data) : 기존의 관리 방법이나 분석 체계로는 처리하기 어려운 막대한 양의 데이터 집합
> • 사물 인터넷(IoT) : 인터넷 상에 존재하는 모든 사물을 네트워크로 연결해 인간과 사물, 사물과 사물 간 언제 어디서나 서로 소통할 수 있게 하는 새로운 정보 통신 환경
> • 시맨틱 웹(Semantic Web) : 정보들 사이의 연관성을 컴퓨터가 이해하고 처리할 수 있는 에이전트 프로그램을 통해 사용자가 원하는 정보를 찾아 제공하는 차세대 지능형 웹

정답 7.④ 8.③ 9.③ 10.② 11.④ 12.①

13 다음 중 컴퓨터를 이용한 정보처리 방식에서 분산 처리 시스템에 관한 설명으로 적절한 것은?

① 여러 개의 CPU와 하나의 주기억장치를 이용하여 여러 프로그램을 동시에 처리하는 방식이다.
② 여러 명의 사용자가 사용하는 시스템에서 시간을 분할하여 프로그램을 실행하는 시스템이다.
③ 여러 대의 컴퓨터들에 의해 작업한 결과를 통신망을 이용하여 상호 교환할 수 있도록 연결되어 있는 시스템이다.
④ 하나의 CPU와 주기억장치를 이용하여 여러 개의 프로그램을 동시에 처리하는 방식이다.

> 전문가의 조언 | 분산 처리 시스템(Distributed System)에 관한 설명으로 적절한 것은 ③번입니다.
> • ①번은 다중 처리 시스템(Multi-Processing System), ②번은 시분할 시스템(Time Sharing System), ④번은 다중 프로그래밍 시스템(Multi Programming System)에 대한 설명입니다.

14 다음 중 프린터의 인쇄 대기열에서 수행할 수 있는 작업으로 옳지 않은 것은?

① 여러 개의 출력 파일들의 출력 대기 상태를 확인할 수 있다.
② 프린터에서 인쇄 중인 문서를 중지시키면 다른 프린터에서 이어서 출력할 수 있다.
③ 인쇄 대기열에 있는 문서의 인쇄 순서를 변경할 수 있다.
④ 인쇄 대기 중인 문서를 삭제하거나 출력 대기 순서를 임의로 조정할 수 있다.

> 전문가의 조언 | 인쇄 대기열에 대기중인 문서는 다른 프린터로 보낼 수 있지만 인쇄 중이거나 인쇄가 중지된 문서는 다른 프린터로 출력할 수 없습니다.

15 다음 중 비정상적인 부팅 문제에 대한 해결 방법으로 옳지 않은 것은?

① 안전 모드로 부팅하여 문제를 해결한 후 정상 모드로 재부팅한다.
② [시스템 복원] 기능을 이용하여 컴퓨터를 이전 상태로 복원한다.
③ 복구 드라이브가 저장된 USB를 이용하여 부팅한 후 시스템을 복구한다.
④ Windows의 [디스크 정리]를 이용하여 Windows의 구성 요소를 제거한다.

> 전문가의 조언 | ④번은 하드디스크의 공간이 부족할 때의 해결 방법으로 부팅 문제는 해결할 수 없습니다.

16 다음 중 컴퓨터에서 데이터를 표현하기 위한 코드에 관한 설명으로 옳지 않은 것은?

① 유니코드는(Unicode)는 전 세계의 모든 문자를 4바이트로 표현하는 국제 표준 코드이다.
② BCD 코드는 64가지의 문자를 표현할 수 있으나 영문 소문자는 표현이 불가능하다.
③ ASCII 코드는 각 문자를 7비트로 표현하며, 총 128개의 문자 표현이 가능하다.
④ EBCDIC 코드는 4개의 Zone 비트와 4개의 Digit 비트로 구성되며, 256개의 문자를 표현할 수 있다.

> 전문가의 조언 | 유니코드는(Unicode)는 전 세계의 모든 문자를 2바이트(16비트)로 표현하는 국제 표준 코드입니다.

17 다음 중 인터넷에서 사용하는 TCP/IP에 대한 설명으로 옳지 않은 것은?

① 응용 계층, 전송 계층, 인터넷 계층, 링크 계층으로 이루어져 있다.
② 전송 계층은 응용 프로그램 간의 데이터 송·수신을 제공하며, TELNET, FTP, SMTP 등의 프로토콜을 포함한다.
③ 일부 망에 장애가 있어도 다른 망으로 통신이 가능한 신뢰성을 제공한다.
④ OSI 7계층에서 TCP는 전송 계층, IP는 네트워크 계층에 해당한다.

> 전문가의 조언 | • TCP/IP의 전송 계층은 호스트들 간의 신뢰성 있는 통신을 제공하며, TCP, UDP 등의 프로토콜을 포함합니다.
> • ②번은 응용 계층에 대한 설명입니다.

18 다음 중 컴퓨터 보안 기법의 하나인 방화벽에 관한 설명으로 옳지 않은 것은?

① 전자 메일 바이러스나 온라인 피싱 등을 방지할 수 있다.
② 해킹 등에 의한 외부로의 정보 유출을 막기 위해 사용하는 보안 기법이다.
③ 외부 침입자의 역추적 기능이 있다.
④ 내부의 불법 해킹은 막지 못한다.

> 전문가의 조언 | 방화벽은 전자 메일 바이러스나 온라인 피싱 등을 방지할 수 없습니다.

19 다음 중 RAM(Random Access Memory)에 대한 설명으로 옳은 것은?

① 주기적으로 재충전(Refresh)이 필요한 DRAM은 주기억장치로 사용된다.
② 주로 펌웨어(Firmware)를 저장한다.
③ 컴퓨터의 기본적인 입출력 프로그램, 자가진단 프로그램 등이 저장되어 있어 부팅 시 실행된다.
④ 전원이 꺼져도 기억된 내용이 사라지지 않는 비휘발성 메모리로 읽기만 가능하다.

> 전문가의 조언 | RAM에 대한 설명으로 옳은 것은 ①번입니다.
> • ②, ③, ④번은 ROM(Read Only Memory)에 대한 설명입니다.

20 다음 중 컴퓨터에서 사용하는 멀티미디어 활용과 관련하여 VOD(Video On Demand) 서비스에 관한 설명으로 옳은 것은?

① 초고속 통신망을 이용하여 먼거리에 있는 사람들과 비디오와 오디오를 통해 회의를 할 수 있도록 하는 서비스이다.
② 다양한 영상 정보 데이터베이스를 구축하여 사용자가 요구하는 영상 정보를 원하는 시간에 볼 수 있도록 하는 서비스이다.
③ 다양한 장치를 통해 컴퓨터가 만들어낸 가상 세계에서 여러 다른 경험을 체험할 수 있게 하는 서비스이다.
④ 초고속 통신망을 이용하여 의료 활동 등을 할 수 있는 서비스이다.

> 전문가의 조언 | VOD 서비스에 관한 설명으로 옳은 것은 ②번입니다.
> • ①번은 VCS(화상회의 시스템), ③번은 가상현실(Virtual Reality), ④번은 원격진료에 대한 설명입니다.

2 과목 스프레드시트 일반

21 다음 중 Visual Basic Editor에 대한 설명으로 틀린 것은?

① Alt + F11 을 누르면 실행된다.
② Visual Basic Editor에서 F5 를 눌러 매크로를 실행할 수 있다.
③ 매크로를 단계별로 실행할 수는 없으나 중간에 중단할 수 있다.
④ 기록된 매크로의 내용을 수정할 수 있다.

> 전문가의 조언 | '매크로' 대화상자에서 〈한 단계씩 코드 실행〉 단추를 이용하여 매크로를 단계별로 실행할 수 있습니다.

22 다음 중 셀 포인터의 이동 작업에 대한 설명으로 옳은 것은?

① Ctrl + PgDn 을 누르면 한 화면을 오른쪽으로 이동한다.
② Shift + Tab 을 누르면 셀 포인터가 왼쪽으로 이동한다.
③ Alt + PgDn 을 누르면 다음 시트로 이동한다.
④ Ctrl + Shift + Home 을 누르면 [A1] 셀로 이동한다.

> 전문가의 조언 | Shift + Tab 을 누르면 셀 포인터가 왼쪽으로 이동합니다.
> ① Ctrl + PgDn : 다음 시트로 이동함
> ③ Alt + PgDn : 한 화면 오른쪽으로 이동함
> ④ Ctrl + Shift + Home : 현재 셀 포인터가 있는 위치부터 [A1] 셀까지 블록으로 지정함

23 다음 중 이름 상자에 대한 설명으로 옳지 않은 것은?

① Ctrl 을 누르고 여러 개의 셀을 선택한 경우 마지막 선택한 셀 주소가 표시된다.
② 셀이나 셀 범위에 이름을 정의해 놓은 경우 이름이 표시된다.
③ 차트가 선택되어 있는 경우 차트의 종류가 표시된다.
④ 수식을 작성 중인 경우 최근 사용한 함수 목록이 표시된다.

> 전문가의 조언 | 차트를 선택하면 이름 상자에 차트 이름이 표시됩니다.

24 다음 매크로를 [F9] 셀을 선택한 상태에서 실행했을 경우 실행 결과에 대한 설명으로 틀린 것은?

```
Sub 매크로1( )
    ActiveCell.FormulaR1C1 = "=SUM(RC[-4]:RC[-2])"
    Range("F2").Select
    Selection.AutoFill Destination:=Range("F2:F5"),_
    Type:=xlFillDefault
    Range("F2:F5").Select
End Sub
```

① [F9] 셀에 합계를 구합니다.
② [F9] 셀에 입력된 수식은 '=SUM(F5:F8)'과 같은 의미이다.
③ [F2:F5] 영역은 자동 채우기로 입력된다.
④ [F2:F5] 영역이 선택된 상태로 매크로가 종료된다.

> 전문가의 조언 | ActiveCell.FormulaR1C1 = "=SUM(RC[-4]:RC[-2])"은 현재 셀, 즉 [F9] 셀에서 4열 왼쪽(B9)과 2열 왼쪽(D9)의 합계를 의미하므로 "=SUM(B9:D9)"와 같은 의미입니다.

25 다음 중 [페이지 설정] 대화상자에 대한 설명으로 옳지 않은 것은?

① [페이지] 탭에서 '자동 맞춤'의 용지 너비와 용지 높이를 각각 1로 지정하면 여러 페이지가 한 페이지에 인쇄된다.
② [머리글/바닥글]의 여백은 [머리글/바닥글] 탭에서 '머리글'과 '바닥글'의 여백을 mm 단위로 지정할 수 있다.
③ [여백] 탭에서 '페이지 가운데 맞춤'의 가로 및 세로를 체크하면 인쇄 내용이 용지의 가운데에 맞춰 인쇄된다.
④ [시트] 탭에서 '눈금선'의 표시 여부를 지정할 수 있다.

> 전문가의 조언 | '머리글'과 '바닥글'의 여백은 '페이지 설정' 대화상자의 '여백' 탭에서 지정할 수 있습니다.

26 다음 중 아래 시트에서 부서별 인원수[H3:H6]를 구하기 위하여 [H3] 셀에 입력되는 배열 수식으로 옳지 않은 것은?

	A	B	C	D	E	F	G	H
1								
2		사원명	부서명	직위	급여		부서별	인원수
3		홍길동	개발1부	부장	3500000		개발1부	3
4		이대한	영업2부	과장	2800000		개발2부	1
5		한민국	영업1부	대리	2500000		영업1부	1
6		이겨레	개발1부	과장	3000000		영업2부	2
7		김국수	개발1부	부장	3700000			
8		박미나	개발2부	대리	2800000			
9		최신호	영업2부	부장	3300000			
10								

① {=SUM(($C$3:$C$9=G3)*1)}
② {=COUNT(($C$3:$C$9=G3)*1)}
③ {=SUM(IF($C$3:$C$9=G3, 1))}
④ {=COUNT(IF($C$3:$C$9=G3, 1))}

> 전문가의 조언 | 부서별 인원수를 구하는 배열 수식으로 옳지 않은 것은 ②번입니다.
> • 조건이 하나일 때 배열 수식을 이용하여 개수를 구하는 방법은 다음의 3가지 방법이 있습니다.
>   • 방법1 : {=SUM((조건)*1)}
>   • 방법2 : {=SUM(IF(조건, 1))}
>   • 방법3 : {=COUNT(IF(조건, 1))}
> 1. 조건 찾기 : 부서별이란 조건은 비교 대상이 될 부서명이 있는 범위(C3:C9)와 비교 기준이 되는 [G3] 셀을 "="으로 연결하여 입력하면 됩니다 (C3:C9=G3).
> 2. 위의 조건을 개수 구하기 배열 수식에 대입하면 다음과 같습니다.
>   • 방법1 : =SUM((C3:C9=G3)*1)
>   • 방법2 : =SUM(IF(C3:C9=G3, 1))
>   • 방법3 : =COUNT(IF(C3:C9=G3, 1))
> • 이 문제는 [H3:H6] 영역에 결과값을 구해야 하므로 범위는 절대 참조 ($C$3:$C$9)로 지정해야 하고, 수식을 입력한 후 Ctrl + Shift + Enter를 누르면 중괄호({ })가 자동으로 표시됩니다.

27 다음 중 공유 통합 문서에 대한 설명으로 옳지 않은 것은?

① 여러 사용자가 동시에 동일한 셀을 변경하려면 충돌이 발생한다.
② 통합 문서를 공유한 후 셀을 삽입하거나 삭제할 수 있다.
③ 통합 문서를 공유한 후 여러 셀을 하나로 병합할 수 있다.
④ 공유 통합 문서를 네트워크 위치에 복사해도 다른 통합 문서나 문서의 연결은 그대로 유지된다.

> 전문가의 조언 | 공유 통합 문서에서는 셀을 삽입하거나 삭제할 수는 있어도 병합할 수는 없습니다.

28 다음 중 아래 시트에서 고급 필터 기능을 이용하여 점수가 전체 평균 이상이면서 성별이 "남"인 데이터를 추출하려고 할 때, 고급 필터의 조건식으로 옳은 것은?

	A	B	C	D
1	번호	성명	성별	점수
2	1	이방주	남	86
3	2	황영희	여	45
4	3	손기중	남	78
5	4	김보라	여	92
6	5	엄이봉	남	76
7	6	김경삼	남	98
8	7	한우경	여	87
9	8	김상희	여	91
10	9	임선빈	남	64
11				

①
점수	성별
=D2>=AVERAGE($D$2:$D$10)	남

②
조건
=AND(D2>=AVERAGE($D$2:$D$10),C2="남")

③
평균	성별
=D2>=AVERAGE($D$2:$D$10)	남

④
조건
=OR(D2>=AVERAGE($D$2:$D$10),C2="남")

> 전문가의 조언 | 문제에 제시된 고급 필터의 조건식으로 옳은 것은 ②번입니다.
> • 고급 필터의 조건으로 수식을 입력할 경우에는 조건으로 사용할 필드명을 원본 데이터의 필드명과 다르게 하거나 생략해야 합니다.
> • 문제의 조건은 AND 조건(~이면서)이므로 AND 함수를 사용하여 수식을 작성해야 합니다.

29 연이율 5%로 3년 만기 저축을 매월 초 50,000원씩 저축, 복리 이자율로 계산하여 만기에 찾을 수 있는 금액을 구하기 위한 수식으로 적당한 것은?

① =FV(5%, 3, -50000, , 1)
② =FV(5%, 3, -50000)
③ =FV(5%/12, 3*12, -50000, ,1)
④ =FV(5%/12, 3*12, -50000)

정답 25.② 26.② 27.③ 28.② 29.③

> **전문가의 조언** | 문제에 제시된 만기 금액을 구하기 위한 수식으로 적당한 것은 ③번입니다.
> • 매월 일정한 금액을 불입하였을 경우 만기일에 받을 원금과 이자를 계산하는 함수는 FV(이율, 기간, 금액, 현재가치, 납입시점)입니다.
> – 이율 : 이율이 연 단위이므로 12로 나눕니다(5%/12).
> – 기간 : 기간이 년 단위이므로 년에 12를 곱합니다(3*12).
> – 금액 : 결과값이 양수로 나오도록 음수로 입력합니다(–50000).
> – 현재가치 : 지정된 현재가치가 없으므로 생략합니다.
> – 납입시점 : 매월 초면 1, 매월 말이면 0 또는 생략합니다.
> ∴ =FV(5%/12, 3*12, –50000, , 1)입니다.

30 다음 워크시트에서 [G3:G6] 영역에 월요일부터 금요일까지 모두 출석(√)하면 "우수", 그렇지 않으면 빈칸을 표시하려고 할 때 옳은 수식은?

	A	B	C	D	E	F	G
1				출석			
2	이름	월	화	수	목	금	비고
3	홍길동	√	√	√	√	√	우수
4	이대하	√		√		√	
5	김우리	√	√	√	√	√	우수
6	이석경	√		√	√	√	
7							

① =IF(COUNT(B3:F3)=5, "우수", "")
② =IF(COUNTA(B3:F3)=5, "우수", "")
③ =IF(NOT(COUNTBLANK(B3:F3)=5), "우수", "")
④ =IF(COUNTIF(B3:F3, "")=5, "", "우수")

> **전문가의 조언** | [G3:G6] 영역에 입력할 수식으로 옳은 것은 ②번입니다.
> =IF(COUNTA(B3:F3)=5, "우수", "")
>   ①   ②
> ❶ COUNTA(B3:F3) : [B3:F3] 영역에서 자료(√)가 입력되어 있는 셀의 개수인 5를 반환합니다.
> ❷ =IF(❶=5, "우수", "") → =IF(5=5, "우수", "") : 조건이 참이므로 "우수"를 반환합니다.

31 숫자 –246000을 입력한 후 아래의 표시 형식을 적용했을 때 표시되는 결과로 옳은 것은?

#0.0,"천원";(#0.0,"천원");0.0;@"님"

① 246.0천원 ② 246,000
③ (–246.0천원) ④ (246.0천원)

> **전문가의 조언** | 숫자 –246000을 입력한 후 지문의 표시 형식을 지정하면 '–24600'이 음수이므로 '(#0.0,"천원")' 서식이 적용되어 (246.0천원)으로 표시됩니다.
> • #0.0,"천원" : 양수일 때 적용되는 서식으로, #0.0,"천원" 형식으로 표시됩니다. ⓓ 246000 → 246.0천원
> • (#0.0,"천원") : 음수일 때 적용되는 서식으로, #0.0,"천원" 형식으로 표시하되 음수 표시는 ( )로 나타냅니다. ⓓ –246000 → (246.0천원)
> ※ #0.0,에서 콤마(,)는 천 단위를 생략할 때 사용합니다.
> • 0.0 : 0일 때 적용되는 서식으로, 0.0으로 표시됩니다. ⓓ 0 → 0.0
> • @"님" : 텍스트일 때 적용되는 서식으로, 해당 텍스트 다음에 "님"을 표시합니다. ⓓ 합격 → 합격님

32 다음 중 아래 차트에 대한 설명으로 옳지 않은 것은?

① 계열 옵션에서 '간격 너비'가 0%로 설정되어 있다.
② 범례 표지 없이 데이터 테이블이 표시되어 있다.
③ '1월', '2월', '3월' 계열에 오차 막대가 표시되어 있다.
④ '1분기 합계' 계열은 '보조 축'으로 지정되어 있다.

> **전문가의 조언** | • 문제에 제시된 그림은 '간격 너비'가 아니라 '계열 겹치기'가 0%로 설정되어 있습니다.
> • '간격 너비'를 0%로 설정하면 다음과 같이 표시됩니다.

33 다음 중 피벗 테이블 필드의 그룹 설정에 대한 설명으로 옳지 않은 것은?

① 그룹 만들기는 특정 필드를 일정한 단위로 묶어 표현할 때 사용하는 것으로 문자, 숫자, 날짜, 시간으로 된 필드에서 사용할 수 있다.
② 숫자 필드일 경우에는 '그룹화' 대화상자에서 시작, 끝, 단위를 지정해야 한다.
③ 문자 필드일 경우에는 '그룹화' 대화상자에서 그룹 이름을 반드시 지정해 주어야 한다.
④ 그룹을 해제하려면 그룹으로 설정된 영역의 바로 가기 메뉴에서 [그룹 해제]를 선택하여 실행할 수 있다.

> **전문가의 조언** | 피벗 테이블에서 문자 필드일 경우 그룹 이름은 '그룹화' 대화상자에서 지정하는 것이 아니라 피벗 테이블 화면에서 해당 그룹 이름을 직접 선택한 후 변경해야 합니다.

34. 다음 중 2개의 데이터 계열을 가질 수 없는 차트는?
① 세로 막대형   ② 원형
③ 방사형   ④ 영역형

전문가의 조언 | 원형 차트는 한 개의 데이터 계열만 가질 수 있습니다.

35. 다음 워크시트에서 '=SUM(B2:B5 B4:C4)'를 입력했을 때와 결과가 동일한 수식은?

① =B2:B5+B4:C4
② =PRODUCT(B2:B5, B4:C4)
③ =B2:B5 B4:C4
④ =SUM(B2:B5, B4:C4)

전문가의 조언 |
• 'B2:B5 B4:C4'와 같이 두 개의 참조 영역을 공백으로 연결하면 두 영역에서 공통인 [B4] 셀을 참조 영역으로 지정합니다.

• 'B2:B5 B4:C4'는 [B4] 셀 하나를 의미하므로 '=SUM(B2:B5 B4:C4)'와 '=B2:B5 B4:C4'의 결과는 3으로 동일합니다.

36. 아래와 같이 통합 문서 보호를 설정했을 경우에 대한 설명으로 옳지 않은 것은?

① 워크시트를 이동하거나 삭제할 수 없다.
② 새 워크시트 또는 차트 시트를 삽입할 수 없다.
③ 시나리오 요약 보고서를 만들 수 없다.
④ 워크시트에 작성된 차트를 다른 시트로 이동할 수 없다.

전문가의 조언 | 통합 문서 보호는 통합 문서의 시트 삽입, 삭제, 이동, 숨기기, 이름 바꾸기 등을 할 수 없도록 보호하는 것으로, 통합 문서 보호를 실행해도 워크시트에 작성된 차트를 다른 시트로 이동할 수 있습니다.

37. 엑셀에서 데이터를 정렬하려는데 다음과 같은 정렬 경고 대화상자가 표시되었다. 다음 중 옳지 않은 것은?

① 이 정렬 경고 대화상자는 표 범위에서 하나의 열만 범위로 선택한 경우에 발생한다.
② 인접한 데이터를 포함하기 위해 선택 영역을 늘리려면 '선택 영역 확장'을 선택한다.
③ 이 정렬 경고 대화상자는 셀 포인터가 표 범위 내에 있지 않기 때문에 발생한다.
④ '현재 선택 영역으로 정렬'을 선택하면 현재 설정한 열만을 정렬 대상으로 선택한다.

전문가의 조언 | 셀 포인터가 표 범위 내에 있지 않을 때는 다음과 같은 대화상자가 표시됩니다.

38. 다음 중 아래 그림과 같이 기간과 이율의 변화에 따른 월불입액을 계산하려고 한다. 이때 적용한 데이터 표의 내용으로 옳은 것은? (월불입액 계산 수식은 '=PMT(B3/12, B2*12, -B4)'임)

① 입력값 : [행 입력 셀] : $B$2
② 입력값 : [열 입력 셀] : $A$2
③ 입력값 : [행 입력 셀] : $B$2   [열 입력 셀] : $B$3
④ 입력값 : [행 입력 셀] : $B$3   [열 입력 셀] : $B$2

전문가의 조언 | 데이터 표의 입력값으로 옳은 것은 ③번입니다. 변화되는 값은 기간과 이율이므로 '데이터 테이블' 대화상자에 다음과 같이 지정하면 됩니다.
• **행 입력 셀** : 기간의 변경 값이 한 행(7)에 입력되어 있으므로 [B2] 셀을 지정함
• **열 입력 셀** : 이율의 변경 값이 한 열(C)에 입력되어 있으므로 [B3] 셀을 지정함

39. 다음의 [부분합] 실행 결과에 대한 설명으로 옳지 않은 것은?

① 정렬할 데이터는 부서를 기준으로 정렬되어 있어야 한다.
② 이미 부분합이 설정되어 있는 경우에는 기존의 부분합 계산 항목은 모두 삭제된다.
③ 인쇄시 부서별로 다른 페이지에 인쇄된다.
④ 평균 아래에 그룹 데이터가 표시된다.

전문가의 조언 | '데이터 아래에 요약 표시'를 선택하면 그룹 데이터의 아래에 합계나 평균 등의 요약이 표시됩니다.

40. 다음 중 인쇄에 관한 설명으로 옳지 않은 것은?
① 차트만 인쇄하려면 차트가 선택된 상태에서 인쇄한다.
② 도형만 제외하고 인쇄하려면 입력된 도형을 선택하고 바로 가기 메뉴에서 [크기 및 속성]을 선택한 후 [도형 서식] 창에서 '개체 인쇄'를 해제한다.
③ 서로 떨어져 있는 영역을 인쇄 영역으로 지정하려면 Shift 를 이용하여 지정한다.
④ 노트 인쇄 방법을 '시트 끝'으로 지정하면 인쇄물의 가장 마지막 페이지에 모아 인쇄한다.

전문가의 조언 | 서로 떨어져 있는 영역을 인쇄 영역으로 지정하려면 Ctrl을 이용하여 지정해야 합니다.

3과목 데이터베이스 일반

41. 다음 중 데이터베이스의 장점이 아닌 것은?
① 데이터의 일관성을 유지할 수 있다.
② 데이터의 중복을 최소화할 수 있다.
③ 데이터의 무결성을 유지할 수 있다.
④ 데이터 유실 시 파일 회복이 쉽다.

전문가의 조언 | 데이터베이스는 데이터 유실 시 파일 회복이 어렵습니다.

42. 다음 중 보고서를 만드는 방법으로 제공되는 마법사 유형이 아닌 것은?
① 하위 보고서 마법사
② 업무 문서 양식 마법사
③ 우편 엽서 마법사
④ 보고서 마법사

전문가의 조언 | 보고서를 만들 때 제공되는 마법사 도구에는 '보고서 마법사, 레이블, 업무 문서 양식 마법사, 우편 엽서 마법사'가 있습니다.

43. 다음 중 참조 무결성에 대한 설명으로 옳지 않은 것은?
① 참조 무결성은 참조하고 참조되는 테이블 간의 참조 관계에 아무런 문제가 없는 상태를 의미한다.
② 다른 테이블을 참조하는 테이블, 즉 외래 키 값이 있는 테이블의 레코드 삭제 시에는 참조 무결성이 위배될 수 있다.
③ 다른 테이블을 참조하는 테이블의 레코드 추가 시 외래 키 값이 널(Null)인 경우에는 참조 무결성이 유지된다.
④ 다른 테이블에 의해 참조되는 테이블에서 레코드를 추가하는 경우에는 참조 무결성이 유지된다.

전문가의 조언 | 레코드 삭제 시 참조 무결성이 깨질 수 있는 경우는 다른 테이블에 의해 참조되는 테이블의 레코드를 삭제할 때입니다. 다른 테이블을 참조하는 테이블의 레코드를 삭제하는 것은 참조 무결성에 영향을 주지 못합니다.

44 다음 중 테이블을 만드는 과정에 대한 설명으로 틀린 것은?

① 테이블 '디자인 보기'나 '데이터시트 보기'에서 새로운 필드를 추가할 수 있다.
② '디자인 보기'에서 행 선택기를 클릭한 후 바로 가기 메뉴에서 [행 삽입]을 선택하여 필드를 추가할 수 있다.
③ '데이터시트 보기'에서 마지막 열의 필드명 부분을 더블클릭 하여 이름을 변경하면 데이터 형식을 선택할 수 있는 바로 가기 메뉴가 표시된다.
④ '데이터시트 보기'에서 마지막 열에 데이터를 입력하면 '짧은 텍스트'로 데이터 형식이 자동으로 지정된다.

> 전문가의 조언 | '데이터시트 보기'에서 숫자 데이터를 입력하면 '숫자', 문자 데이터를 입력하면 '짧은 텍스트'로 입력한 데이터에 맞게 데이터 형식이 자동으로 지정됩니다.

45 보고서 머리글의 텍스트 박스 컨트롤에 다음과 같이 컨트롤 원본을 지정하였다. 보고서 미리 보기를 하는 경우 어떠한 결과가 나타나는가? (단, 현재 날짜와 시간이 2023년 1월 2일 오후 3시 4분 5초라고 가정한다.)

=Format(Now( ), "mmmm ampm h:n")

① Jan 3:4
② January 오후 3:4
③ Jan pm 3:4:5
④ January pm 3:4:5

> 전문가의 조언 | 보고서 미리 보기의 결과는 **January 오후 3:4**입니다.
> • Format(식, 형식)은 계산 결과에 표시 형식을 지정하는 함수입니다.
> • 날짜 형식을 mmmm으로 지정하였고, 날짜가 2023-01-020l므로 **January**로 표시됩니다.
> • 시간 형식을 ampm h:n으로 지정하였고, 시간이 오후 3시 4분 5초이므로 **오후 3:4**로 표시됩니다.

46 다음 중 아래 [학과] 테이블의 '학과코드' 필드에 대한 설명으로 옳지 않은 것은?

필드 이름	데이터 형식
학과코드	숫자

필드 속성
일반 | 조회
필드 크기 | 바이트
형식 |
소수 자릿수 | 자동
입력 마스크 |
캡션 |
기본값 | 10
유효성 검사 규칙 | <=200
유효성 검사 텍스트 |
필수 | 예
인덱스 | 예(중복 불가능)
텍스트 맞춤 | 일반

① 동일한 학과코드는 입력될 수 없으며, 학과코드는 반드시 입력되어야 한다.
② 문자나 4자리 이상의 숫자는 입력할 수 없다.
③ 필드의 형식이 바이트이므로 필드의 값은 최대 255까지 입력할 수 있다.
④ 레코드가 새로 생성되는 경우, 10이 자동으로 입력된다.

> 전문가의 조언 | 필드의 형식이 바이트이므로 255까지 입력할 수 있지만 유효성 검사 규칙(<=200)으로 인해 200을 초과하는 값은 입력할 수 없습니다.

47 다음 중 보고서에서 [페이지 번호] 대화상자를 이용한 페이지 번호 설정에 대한 설명으로 옳지 않은 것은?

① 첫 페이지에만 페이지 번호가 표시되거나 표시되지 않도록 설정할 수 있다.
② 페이지 번호의 표시 위치를 '페이지 위쪽', '페이지 아래쪽', '페이지 양쪽' 중 선택할 수 있다.
③ 페이지 번호의 형식을 'N 페이지'와 'N/M 페이지' 중 선택할 수 있다.
④ [페이지 번호] 대화상자를 열 때마다 페이지 번호 표시를 위한 수식이 입력된 텍스트 상자가 자동으로 삽입된다.

> 전문가의 조언 | '페이지 번호' 대화상자에서 페이지가 표시될 위치는 '페이지 위쪽[머리글]'과 '페이지 아래쪽[바닥글]' 중 하나를 선택하여 지정할 수 있습니다.

48 다음 중 기본키(Primary Key)로 설정할 수 없는 데이터 형식은 무엇인가?

① 일련 번호
② Yes/No
③ 하이퍼링크
④ 첨부 파일

> 전문가의 조언 | OLE 개체, 첨부 파일, 계산 형식의 필드에는 기본키를 설정할 수 없습니다.

49 외부 데이터를 테이블로 가져오는 작업에 대한 설명으로 옳은 것은?

① 엑셀 시트가 여러 개인 경우 가져올 수 없다.
② 일부 필드를 제외하고 가져올 수 있다.
③ 데이터가 이미 들어있는 테이블에는 가져올 수 없다.
④ 가져올 데이터의 행 머리글에는 반드시 필드 이름이 있어야 한다.

> 전문가의 조언 | 외부 데이터에서 일부 필드를 제외하고 테이블로 가져올 수 있습니다.
> ① 엑셀 시트가 여러 개인 경우 가져올 시트를 선택해서 가져올 수 있습니다.
> ③ 데이터가 이미 들어있는 테이블에 외부에서 가져온 데이터를 추가할 수 있습니다.
> ④ 가져올 데이터의 행 머리글에 필드 이름이 없어도 가져올 수 있습니다.

정답 44.④ 45.② 46.③ 47.② 48.④ 49.②

50 〈주문상세내역〉 테이블을 대상으로 SQL문을 실행한 결과로 표시되는 레코드의 개수는?

주문번호	제품코드	단가	수량
A130	RT8754	1500	20
A130	HI4875	1000	30
A130	GE2457	2800	10
A130	AB1455	2500	15
A234	BA8545	3000	18
A278	JD2456	1800	20
A278	HD5453	2000	24
A278	RE2456	1400	32
A350	GE7584	2500	27
A350	GE3585	2400	25

〈SQL문〉

```
Select 주문번호 From 주문상세내역
Group By 주문번호
Having Count(*) >= 3;
```

① 4개　　② 1개
③ 3개　　④ 2개

전문가의 조언 | SQL문을 실행한 결과로 표시되는 레코드의 개수는 2개입니다. 절단위로 구분하여 질의문을 이해하면 쉽습니다.
- Select 주문번호 From 주문상세내역 : 〈주문상세내역〉 테이블에서 '주문번호' 필드를 검색합니다.
- Group By 주문번호 : '주문번호' 필드를 기준으로 그룹을 지정합니다.

주문번호	제품코드	단가	수량
A130	RT8754	1500	20
A130	HI4875	1000	30
A130	GE2457	2800	10
A130	AB1455	2500	15
A234	BA8545	3000	18
A278	JD2456	1800	20
A278	HD5453	2000	24
A278	RE2456	1400	32
A350	GE7584	2500	27
A350	GE3585	2400	25

- Having Count(*))=3 : 그룹별로 레코드의 개수가 3개 이상인 그룹만을 대상으로 검색합니다.

주문번호
A130
A278

51 다음과 같이 지정된 쿼리 작성 조건을 올바르게 설명한 것은?

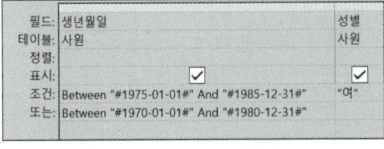

① 생년월일이 "1975년 1월 1일"에서 "1985년 12월 31일" 사이이거나 성별이 "여"이고 생년월일이 "1970년 1월 1일"에서 "1980년 12월 31일" 사이인 데이터를 표시
② 생년월일이 "1975년 1월 1일"에서 "1985년 12월 31일" 사이이고 성별이 "여"인 데이터를 표시
③ 생년월일이 "1975년 1월 1일"에서 "1985년 12월 31일" 사이이면서 성별이 "여"이거나 생년월일이 "1970년 1월 1일"에서 "1980년 12월 31일" 사이인 데이터를 표시
④ 생년월일이 "1975년 1월 1일"에서 "1985년 12월 31일" 사이이면서 성별이 "여"이고 생년월일이 "1970년 1월 1일"에서 "1980년 12월 31일" 사이인 데이터를 표시

전문가의 조언 | 쿼리 작성 조건을 올바르게 설명한 것은 ③번입니다. 같은 행의 조건은 AND로 연결되고 다른 행의 조건은 OR로 연결됩니다.

52 다음 중 두 테이블의 조인된 필드가 일치하는 행만 포함하여 보여주는 조인 방법은?

① 간접 조인　　② 내부 조인
③ 외부 조인　　④ 중복 조인

전문가의 조언 | 두 테이블의 조인된 필드가 일치하는 행만 포함하여 보여주는 조인 방법은 내부 조인입니다.
- 왼쪽 외부 조인(Left Join) : 왼쪽 테이블에서는 모든 레코드를 포함하고, 오른쪽 테이블에서는 조인된 필드가 일치하는 레코드만 질의에 포함됨
- 오른쪽 외부 조인(Right Join) : 오른쪽 테이블에서는 모든 레코드를 포함하고, 왼쪽 테이블에서는 조인된 필드가 일치하는 레코드만 질의에 포함됨

53 다음 그림과 같이 매개 변수 대화상자에 입력한 전공명을 포함하는 레코드만 표시하는 조건식으로 옳은 것은?

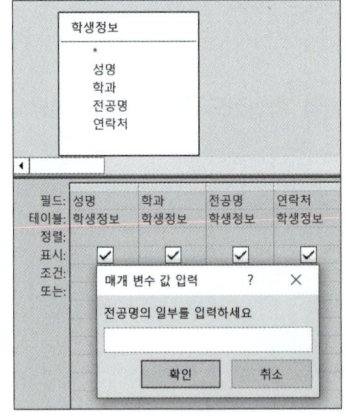

① Like "*" [전공명의 일부를 입력하세요] "*"
② Like "*" & [전공명의 일부를 입력하세요] & "*"
③ Like "*" & [전공명의 일부를 입력하세요]
④ Like & [전공명의 일부를 입력하세요]

전문가의 조언 | 조건식으로 옳은 것은 ②번입니다. 매개 변수를 적용할 필드의 조건 행에서 매개 변수 대화상자에 표시할 텍스트는 대괄호([ ])로 묶어야 하며, 매개 변수 대화상자에 입력한 값을 포함하는 레코드를 검색해야 하므로 Like 연산자와 만능 문자 "*"을 이용하여 Like "*" & [전공명의 일부를 입력하세요] & "*"과 같이 입력해야 합니다.

54 다음과 같은 폼을 만드는 폼 작성 도구는?

① 여러 항목 ② 폼 분할
③ 새 폼 ④ 모달 대화 상자

> 전문가의 조언 | 문제의 그림과 같이 〈확인〉과 〈취소〉 버튼이 자동으로 생성되는 폼은 모달 대화 상자입니다.
> • 여러 항목 : 테이블 형식의 폼이 작성됨
> • 폼 분할 : 하나의 원본 데이터를 이용하여 상단에는 열 형식으로, 하단에는 데이터시트 형식으로 2개의 폼이 한 화면에 작성됨
> • 새 폼 : 빈 폼이 작성됨

55 〈회원관리〉 폼에서 '가입일'의 내용을 수정할 수 없도록 설정하는 방법으로 올바른 것은?

① '탭 정지' 속성을 '아니요'로 설정한다.
② '잠금' 속성을 '예'로 설정한다.
③ '표시' 속성을 '아니요'로 설정한다.
④ '사용 가능' 속성을 '아니요'로 설정한다.

> 전문가의 조언 | 내용을 수정할 수 없도록 하려면 '잠금' 속성을 "예"로 설정하면 됩니다.

56 다음 보고서에서 '거래처명'과 같이 제품번호 3, 6, 2에 대해 다음과 같이 표시되도록 설정하고자 한다. 다음 중 설정 방법으로 옳은 것은?

① 해당 컨트롤의 '확장 가능' 속성을 '예'로 설정한다.
② 해당 컨트롤의 '중복 내용 숨기기' 속성을 '예'로 설정한다.
③ 해당 컨트롤의 '화면 표시' 속성을 '아니오'로 설정한다.
④ 해당 컨트롤의 '누적 총계' 속성을 '전체'로 설정한다.

> 전문가의 조언 | '거래처명'과 같이 컨트롤의 데이터가 이전 레코드와 동일한 경우에는 이를 표시(혹은 인쇄)되지 않도록 설정하려면 해당 컨트롤의 '중복 내용 숨기기' 속성을 '예'로 설정하면 됩니다.

57 다음 중 폼 바닥글의 텍스트 상자의 컨트롤 원본으로 〈사원〉 테이블에서 직급이 '부장'인 레코드들의 급여 평균을 구하는 함수식으로 옳은 것은?

① =DAVG("[급여]", "[사원]", "[직급]='부장'")
② =DAVG("[사원]", "[급여]", "[직급]='부장'")
③ =AVG("[급여]", "[사원]", "[직급]='부장'")
④ =AVG("[사원]", "[급여]", "[직급]='부장'")

> 전문가의 조언 | 함수식으로 옳은 것은 ①번입니다. 조건에 맞는 레코드의 평균을 구하는 'DAVG(인수, 도메인, 조건)' 함수는 도메인(사원 테이블)에서 조건(직급이 '부장'인)에 맞는 레코드 중 인수(급여)로 지정된 필드에 값이 들어 있는 레코드의 평균을 구합니다.

58 다음 중 액세스에서 보고서를 출력(미리보기/인쇄)하기 위한 VBA 개체와 메서드로 옳은 것은?

① Docmd.OpenReport ② Report
③ Docmd.ReportPrint ④ Report.Open

> 전문가의 조언 | Microsoft Access 매크로 함수를 Visual Basic에서 실행하기 위한 개체는 DoCmd이고, DoCmd 개체의 메서드 중 보고서를 출력하는 메서드는 OpenReport입니다.

59 다음 중 특정 컨트롤로 포커스를 이동시키는 매크로 함수는 무엇인가?

① GoToRecord ② GoToControl
③ SetValue ④ RunCode

> 전문가의 조언 | 특정 컨트롤로 포커스를 이동시키는 매크로 함수는 GoToControl입니다.
> • GoToRecord : 레코드 포인터를 처음, 마지막, 이전, 이후 등으로 이동시킴
> • SetValue : 필드, 컨트롤, 속성 등의 값을 설정함
> • RunCode : 프로시저를 실행함

60 다음 중 보고서의 시작 부분에 한 번만 표시되며 일반적으로 회사의 로고나 제목 등을 표시하는 구역은?

① 보고서 머리글 ② 페이지 머리글
③ 그룹 머리글 ④ 그룹 바닥글

> 전문가의 조언 | 보고서의 시작 부분에 한 번만 표시되는 구역은 보고서 머리글입니다.
> • 페이지 머리글 : 모든 페이지의 상단에 표시되며, 첫 페이지에는 보고서 머리글 다음에 표시됨
> • 그룹 머리글 : 그룹이 지정된 경우 그룹의 상단에 반복적으로 표시됨
> • 그룹 바닥글 : 그룹이 지정된 경우 그룹의 하단에 반복적으로 표시됨

13회 기출문제 & 전문가의 조언
2023년 상시 03 시행

1과목 컴퓨터 일반

01 다음 중 NTFS 파일 시스템에 관한 설명으로 옳지 않은 것은?

① 파일 크기는 볼륨 크기에 의해서만 제한된다.
② HDD, SSD, CD 등 모든 디스크 드라이브에서 기본적으로 사용되는 범용 파일 시스템이다.
③ FAT32 파일 시스템보다 성능, 보안, 안전성이 높다.
④ 파일 및 폴더에 대한 액세스 제어를 유지하고 제한된 계정을 지원한다.

전문가의 조언 | NTFS는 Windows 전용 파일 시스템으로 모든 디스크 드라이브에서 사용할 수는 없습니다.

02 다음 중 한글 Windows 10의 바로 가기 키에 대한 설명으로 옳은 것은?

① [Alt] + [Enter] : 선택된 항목의 속성 창을 호출함
② [Alt] + [Print Screen] : 현재 활성화된 창을 인쇄함
③ [Ctrl] + [Esc] : 열려 있는 창을 닫음
④ [Ctrl] + [Tab] : 시작 메뉴를 표시함

전문가의 조언 | [Alt] + [Enter]는 선택된 항목의 속성 창을 호출하는 바로 가기 키입니다.
② [Alt] + [PrintScreen] : 현재 활성화된 창을 클립보드로 복사함
③ [Ctrl] + [Esc] : [시작] 메뉴를 표시함
   [Alt] + [F4] : 열려 있는 창을 닫음
④ [Ctrl] + [Tab] : 다음 탭으로 이동함

03 다음 중 한글 Windows 10에서 하드디스크의 용량 부족 문제가 발생하였을 때의 해결 방법으로 적절하지 않은 것은?

① [휴지통 비우기]를 수행한다.
② [디스크 정리]를 통해 임시 파일들을 삭제한다.
③ 사용하지 않는 응용 프로그램을 삭제한다.
④ 드라이브 조각 모음 및 최적화를 수행한다.

전문가의 조언 | '드라이브 조각 모음 및 최적화'는 드라이브의 접근 속도를 향상시키기 위해 드라이브를 최적화하는 기능으로, 하드디스크의 용량 증가와는 관계가 없습니다.

04 다음 중 시스템의 성능을 향상시킬 수 있는 가장 확실한 하드웨어 업그레이드 방법으로, 주로 메인보드와 함께 교체해야 하는 것은?

① AGP 그래픽 카드로 교체한다.
② 하드디스크의 용량이 큰 것으로 교체한다.
③ DRAM의 용량이 큰 것으로 교체한다.
④ 코어와 스레드의 수가 많은 CPU로 교체한다.

전문가의 조언 | CPU 업그레이드는 시스템의 성능을 향상시킬 수 있는 가장 확실한 방법으로, 주로 메인보드와 함께 교체하여 등급을 높입니다.

05 다음 중 문자 데이터 표현이 아닌 것은?

① HS 코드
② ASCII 코드
③ Unicode
④ KS 코드

전문가의 조언 | HS 코드는 국가 간 무역 거래 상품을 총괄적으로 분류한 품목 분류 코드입니다.

06 다음 중 사물 인터넷에 대한 설명으로 옳지 않은 것은?

① IoT(Internet of Things)라고도 하며 개인 맞춤형 스마트 서비스를 지향한다.
② 사람을 제외한 사물과 공간, 데이터 등을 이더넷으로 서로 연결시켜주는 무선 통신 기술을 의미한다.
③ 스마트 센싱 기술과 무선 통신 기술을 융합하여 실시간으로 데이터를 주고받는 기술이다.
④ 사물 인터넷 기반 서비스는 개방형 아키텍처를 필요로 하기 때문에 정보 공유에 대한 부작용을 최소화하기 위한 정보보안기술의 적용이 중요하다.

전문가의 조언 | 사물 인터넷은 사람, 사물, 공간, 데이터 등 세상에 존재하는 모든 사물을 이더넷으로 서로 연결시켜주는 무선 통신 기술입니다.

정답 1.② 2.① 3.④ 4.④ 5.① 6.②

07 다음 중 OTT(Over The Top) 서비스에 대한 설명으로 옳지 않은 것은?

① Over The Top에서 Top는 TV의 셋톱박스를 의미하며, 현재도 셋톱박스를 사용해야 서비스 이용이 가능하다.
② 전파나 케이블이 아닌 범용 인터넷망으로 방송 프로그램, 영화 등의 영상 콘텐츠를 제공한다.
③ 기존 방송 콘텐츠와 달리 사용자가 자신이 선호하는 콘텐츠를 검색하거나 알고리즘을 통해 콘텐츠를 추천받을 수 있다.
④ 실시간으로 재생되는 스트리밍 기술을 기반으로 한다.

> 전문가의 조언 | OTT(Over The Top)는 드라마, 영화 등의 영상 콘텐츠를 인터넷을 통해 제공하는 서비스입니다. Over The Top에서 Top은 TV의 셋톱박스를 의미하며, 초기에는 셋톱박스를 통해 각종 영상을 시청할 수 있었지만 현재는 셋톱박스를 비롯하여 PC, 스마트폰 등 인터넷이 연결된 각종 전자기기를 통해 영상을 시청할 수 있습니다.

08 다음 중 컴퓨터에서 사용하는 USB 장치에 대한 설명으로 옳은 것은?

① USB는 범용 병렬 장치를 연결할 수 있게 해주는 컴퓨터 인터페이스이다.
② USB 장치의 연결을 끊고 나서는 재부팅해야 한다.
③ USB 3.0 단자는 파랑색으로 되어 있고, 하위 버전에서도 인식된다.
④ 주변장치를 최대 127개까지 연결할 수 있고, 여러 개 장치를 연결해도 전송 속도는 동일하다.

> 전문가의 조언 | USB 장치에 대한 설명으로 옳은 것은 ③번입니다.
> ① USB는 범용 직렬 장치를 연결할 수 있게 해주는 컴퓨터 인터페이스입니다.
> ② 컴퓨터를 종료하거나 재부팅 하지 않아도 USB 장치를 연결하거나 연결을 끊을 수 있습니다.
> ④ 주변장치를 최대 127개까지 연결할 수 있고, 여러 개 장치를 연결할 경우 전송 속도는 느려집니다.

09 다음 중 한글 Windows 10에서 파일의 검색 기능을 향상시키기 위한 기능은?

① 색인　② 압축
③ 복원　④ 백업

> 전문가의 조언 | 파일의 검색 기능을 향상시키기 위한 기능은 색인입니다.

10 다음 중 컴퓨터 프로그래밍 언어인 JAVA 언어에 대한 설명으로 옳지 않은 것은?

① 객체 지향 언어이므로 관리 및 유지가 편리하다.
② C 언어와 동일하게 절차적 프로그래밍 기법에 사용된다.
③ 객체 지향 언어로 추상화, 상속화, 다형성과 같은 특징을 가진다.
④ 바이트 코드라는 중립적인 구조의 실행 코드를 만들어 플랫폼이 독립적이다.

> 전문가의 조언 | 자바(JAVA)는 객체 지향 프로그래밍 기법에 사용됩니다.

11 다음 중 인터넷과 관련하여 스트리밍(Streaming) 기술에 관한 설명으로 옳은 것은?

① 네트워크를 통해 대용량의 멀티미디어 데이터 파일을 다운 받을 때 사용자가 전체 파일을 다운 받을 때까지 기다릴 필요 없이 전송되는 대로 재생시키는 기술이다.
② 하이퍼텍스트와 멀티미디어를 통합한 개념으로 문자뿐만 아니라 그래픽, 사운드, 동영상 등의 정보를 연결해 놓은 미디어 통합 기술이다.
③ 정지 화상의 프레임에서 중복되는 정보를 삭제하여 데이터를 압축하는 기술이다.
④ 카메라로 촬영한 아날로그 영상을 디지털 영상으로 변환, 캡처하여 편집, 저장 시키는 기술이다.

> 전문가의 조언 | 스트리밍(Streaming)은 파일을 다운 받을 때 전체 파일을 다운 받을 때까지 기다릴 필요 없이 전송되는 대로 재생시키는 기술입니다.

12 다음 중 인터넷과 관련하여 WWW(World Wide Web)에 관한 설명으로 옳지 않은 것은?

① 멀티미디어 형식의 정보를 제공하여 줄 수 있다.
② 하이퍼텍스트를 기반으로 하는 HTTP 프로토콜을 사용한다.
③ 웹 페이지는 서버에서 정보를 제공하여 주고 클라이언트에서는 웹 브라우저를 통해 정보를 검색하고 제공받는다.
④ 멀티미디어 정보의 송수신 에러를 제어하기 위해 SMTP 프로토콜을 사용한다.

> 전문가의 조언 | • WWW는 멀티미디어 정보의 송·수신 에러를 제어하기 위해 HTTP 프로토콜을 사용합니다.
> • SMTP(Simple Mail Transfer Protocol)는 사용자의 컴퓨터에서 작성한 메일을 다른 사람의 계정이 있는 곳으로 전송해 주는 프로토콜입니다.

정답 7.① 8.③ 9.① 10.② 11.① 12.④

13 다음 중 컴퓨터 시스템에서 사용하는 가상 기억장치(Virtual Memory)에 대한 설명으로 옳지 않은 것은?

① 보조기억장치 같은 큰 용량의 기억장치를 주기억장치처럼 사용하는 개념이다.
② 주기억장치의 용량보다 큰 프로그램의 실행을 가능하게 한다.
③ 주소 매핑(mapping)이라는 작업이 필요하다.
④ 주기억장치의 접근 시간을 최소화하여 시스템의 처리 속도가 빨라진다.

> 전문가의 조언 | ④번은 캐시 메모리(Cache Memory)에 대한 설명입니다.

14 다음 중 멀티미디어와 관련하여 JPEG 파일 형식에 관한 설명으로 옳지 않은 것은?

① 사진과 같은 정지 영상을 표현하기 위한 국제 표준 압축 방식이다.
② 24비트 컬러를 사용하여 트루 컬러로 이미지를 표현한다.
③ 사용자가 압축률을 지정해서 이미지를 압축하는 압축 기법을 사용할 수 있다.
④ 이미지를 확대해도 테두리가 거칠어지지 않고 매끄럽게 표현된다.

> 전문가의 조언 | JPEG는 비트맵 방식이기 때문에 이미지를 확대하면 테두리가 거칠게 표현됩니다.

15 다음 중 다중 디스플레이에 대한 설명으로 옳지 않은 것은?

① 각 모니터의 해상도와 방향은 동일하게만 설정되며, 원하는 모니터를 주모니터로 설정할 수 있다.
② 복수 모니터를 개별 그래픽 어댑터 또는 복수 출력을 지원하는 단일 어댑터에 연결할 수 있다.
③ 한 모니터에서 웹 작업을 보면서 다른 모니터에서 이미지 또는 텍스트를 편집할 수 있다.
④ 바탕 화면의 크기를 확장하여 작업 생산성을 높일 수 있다.

> 전문가의 조언 | 다중 디스플레이는 하나의 컴퓨터에 두 개 이상의 모니터를 연결하는 것으로, 각 모니터마다 해상도와 방향을 다르게 설정할 수 있고, 원하는 모니터를 주모니터로 설정할 수 있습니다.

16 다음 중 네트워크 운영 방식 중 하나인 클라이언트/서버 방식에 관한 설명으로 옳은 것은?

① 서버와 클라이언트가 모두 처리 능력을 가지며, 분산 처리 환경에 적합하다.
② 중앙 컴퓨터가 모든 단말기에서 요구하는 데이터 처리를 전담한다.
③ 모든 단말기가 동등한 계층으로 연결되어 모두 클라이언트와 서버 역할을 할 수 있다.
④ 단방향 통신 방식으로 데이터 처리를 위한 대기시간이 필요하다.

> 전문가의 조언 | 클라이언트/서버 방식에 관한 설명으로 옳은 것은 ①번입니다.
> • ②번은 중앙 집중 방식, ③번은 동배간 처리 방식에 대한 설명입니다.

17 다음 중 정보보안을 위해 사용하는 공개키 암호화 기법에 대한 설명으로 옳지 않은 것은?

① 알고리즘이 복잡하며 암호화와 복호화 속도가 느리다.
② 키의 분배가 용이하고 관리해야 할 키의 수가 적다.
③ 비대칭 암호화 기법이라고도 하며 대표적으로 DES가 있다.
④ 데이터를 암호화할 때 사용하는 키를 공개하고 복호화할 때 키는 비밀로 한다.

> 전문가의 조언 | • 공개키 암호화 기법은 비대칭 암호화 기법이라고도 하며, 대표적으로 RSA가 있습니다.
> • DES는 비밀키 암호화 기법입니다.

18 다음 중 인트라넷(Intranet)에 대한 설명으로 옳은 것은?

① 여러 대의 컴퓨터를 연결하여 하나의 서버로 사용하는 기술이다.
② 인터넷 기술을 이용하여 조직 내의 각종 업무를 수행할 수 있도록 만든 네트워크 환경이다.
③ 이동 전화 단말기에서 개인용 컴퓨터의 운영체제와 같은 역할을 하는 소프트웨어이다.
④ 기업체가 협력업체와 고객 간의 정보 공유를 목적으로 구성한 네트워크이다.

> 전문가의 조언 | 인트라넷(Intranet)은 인터넷 기술을 이용하여 조직 내의 각종 업무를 수행할 수 있도록 만든 네트워크 환경입니다.

19 다음 중 자료 구성 단위에 대한 설명으로 옳지 않은 것은?

① 워드(Word)는 문자를 표현하는 최소 단위이다.
② 니블(Nibble)은 4개의 비트(Bit)가 모여 구성한 것으로, 16진수 1자리를 표현한다.
③ 레코드(Record)는 하나 이상의 관련된 필드(Field)가 모여서 구성되는 자료 처리 단위이다.
④ 필드(Field)는 파일 구성의 최소 단위이며, 여러 개의 필드가 모여 레코드(Record)가 된다.

> 전문가의 조언 | • 워드(Word)는 CPU가 한 번에 처리할 수 있는 명령 단위입니다.
> • 문자를 표현하는 최소 단위는 바이트(Byte)입니다.

20 다음 중 외부 인터럽트가 발생하는 경우에 해당하지 않는 것은?

① 컴퓨터의 전원 공급이 중단되었을 경우
② 실행할 수 없는 명령어가 사용된 경우
③ 타이머에 의해 의도적으로 프로그램이 중단된 경우
④ 입출력장치의 입출력 준비 완료를 알리는 경우

> 전문가의 조언 | • 외부 인터럽트는 입·출력장치, 타이밍 장치, 전원 등 외부적인 요인에 의해 발생합니다.
> • ②번은 내부 인터럽트가 발생하는 경우입니다.

2과목 스프레드시트 일반

21 다음 중 입력 데이터에 사용자 지정 표시 형식을 설정한 경우 그 표시 결과로 옳지 않은 것은?

표시 형식	데이터	결과
① # 0/0	0.5	1/2
② 0/0	1.5	1 1/2
③ 0/0	0.5	1/2
④ # 0/0	1.5	1 1/2

> 전문가의 조언 | 1.5를 입력한 후 표시 형식으로 0/0을 지정하면 3/2로 표시됩니다.

22 다음 중 아래 워크시트에서 [B1:B3] 영역의 문자열을 [B4] 셀에 목록으로 표시하여 입력하기 위한 키 조작으로 옳은 것은?

	A	B
1	A	오름세
2	B	보합세
3	C	내림세
4		
5	E	내림세
6	F	보합세
7	G	오름세
8		

① Tab + ↓   ② Shift + ↓
③ Ctrl + ↓   ④ Alt + ↓

> 전문가의 조언 | 같은 열에 입력된 문자열 목록을 표시하는 키는 Alt + ↓ 입니다.

23 [A1:D11] 영역의 데이터를 이용하여 성별별 근무년수의 최대값을 [G2:G3] 영역에 계산하려고 한다. [G2] 셀에 수식을 작성한 뒤 [G3] 셀에 복사하고 셀 포인터를 [G2]에 위치시켰을 때 수식 입력줄에 나타나는 배열 수식으로 틀린 것은?

	A	B	C	D	E	F	G
1	이름	직위	성별	근무년수		성별	근무년수
2	백수인	대리	여	26		남	29
3	장재근	대리	남	14		여	26
4	이성만	과장	남	19			
5	김유신	부장	여	24			
6	이덕화	사원	남	7			
7	공재룡	사원	남	9			
8	이현성	부장	여	22			
9	홍록기	차장	남	17			
10	신동엽	이사	남	29			
11	김한석	이사	여	12			
12							

① {=MAX(IF($C$2:$C$11=F2, $D$2:$D$11))}
② {=MAX(IF($C$2:$C$11=$F2, $D$2:$D$11))}
③ {=MAX(IF(C$2:C$11=F$2, D$2:D$11))}
④ {=MAX(IF(C$2:C$11=$F2, D$2:D$11))}

> 전문가의 조언 | 성별별 근무년수의 최대값을 구하는 배열 수식으로 틀린 것은 ③번입니다.
> • 조건이 하나일 때 배열 수식을 이용하여 최대값을 구하는 방법은 다음의 2가지 방법이 있습니다.
> • 방법1 : {=MAX((조건) * 최대값을_구할_범위)}
> • 방법2 : {=MAX(IF(조건, 최대값을_구할_범위))}
> 1. 조건과 범위 찾기
>   – 조건 : 성별별이란 조건은 비교 대상이 될 성별이 있는 범위(C2:C11)와 비교할 기준이 되는 [F2] 셀을 "="으로 연결하여 입력하면 됩니다 (C2:C11=F2).
>   – 최대값을_구할_범위 : 근무년수이므로 [D2:D11]이 됩니다.
> 2. 위의 조건과 범위를 합계 구하기 배열 수식에 대입하면 다음과 같습니다.
>   • 방법1 : =MAX((C2:C11=F2) * D2:D11)
>   • 방법2 : =MAX(IF(C2:C11=F2, D2:D11))
> • 이 문제는 [G2:G3] 영역에 결과값을 구해야 하므로 범위는 절대 참조($C$2:$C$11) 또는 행 번호만 절대 참조(C$2:C$11)를 지정해야 합니다.
> • F2 셀의 경우는 F3로 변경되어야 하므로 F2 또는 $F2로 지정해야 합니다.
> • 수식을 입력한 후 Ctrl + Shift + Enter를 누르면 중괄호({ })가 자동으로 표시됩니다.

24 다음 중 연속적인 위치에 있고, 데이터가 입력되어 있는 여러 개의 셀을 범위로 설정한 후 셀 병합을 실행하였을 때의 결과에 대한 설명으로 올바른 것은?

① 기존에 입력되어 있던 데이터들이 한 셀에 모두 표시된다.
② 데이터가 들어 있는 여러 셀을 병합할 수 없다.
③ 가장 아래쪽 또는 오른쪽의 셀 데이터만 남고 나머지 셀 데이터는 모두 지워진다.
④ 가장 위쪽 또는 왼쪽의 셀 데이터만 남고 나머지 셀 데이터는 모두 지워진다.

> 전문가의 조언 | 예를 들어 데이터가 입력되어 있는 [A1:C2] 영역을 범위로 지정한 후 셀 병합을 실행하면 가장 왼쪽 상단에 있는 [A1] 셀의 데이터만 남고 나머지는 모두 지워집니다.

25 다음 중 통합에 관한 설명으로 옳지 않은 것은?

① 여러 시트에 있는 데이터나 다른 통합 문서에 입력되어 있는 데이터를 통합할 수 있다.
② 데이터 통합은 위치를 기준으로 통합할 수도 있고, 영역의 이름을 정의하여 통합할 수도 있다.
③ 통합 영역의 데이터 변경 시 원본 영역의 데이터도 자동으로 변경되도록 하려면 '원본 데이터에 연결'을 선택한다.
④ 통합할 데이터를 변경하려면 '모든 참조 영역'에 지정된 참조 영역을 삭제한 후 새로 지정한다.

> 전문가의 조언 | '통합' 대화상자의 '원본 데이터에 연결'은 원본 데이터가 변경될 경우 통합된 데이터에도 반영되는 것을 의미합니다.

26 다음과 같이 [A1:A6]의 이름이 SCORES일 때 [A7] 셀에 아래의 함수를 입력하였다. 그 결과 값으로 옳지 않은 것은?

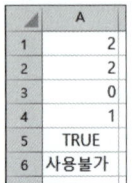

① =ROUNDUP(AVERAGE(SCORES), 0) → 2
② =TRUNC(SUM(SCORES)/COUNT(SCORES), 0) → 2
③ =ROUND(SUM(SCORES)/COUNTA(SCORES), 0) → 1
④ =AVERAGEA(A1:A6) → 1

27 다음 중 차트에서 사용하는 축에 대한 설명으로 옳지 않은 것은?

① 방사형 차트와 거품형 차트에서는 기본 가로 축만 표시된다.
② 가로(항목) 축에서 [축 위치] 옵션은 데이터 표시와 레이블이 축에 표시되는 방식에 영향을 주며 2차원 영역형 차트, 세로 막대형 차트 및 꺾은선형 차트에 사용할 수 있다.
③ 가로(항목) 축이 날짜 값인 경우 [축 종류]에서 '날짜 축'을 선택하여 [단위]를 '일', '월', '년' 중 선택하여 지정할 수 있다.
④ 3차원 꺾은선형 차트는 세 개의 축(가로, 세로, 깊이 축)에 따라 데이터 요소를 비교한다.

> 전문가의 조언 | 방사형 차트는 기본 세로 축만 표시되고, 거품형 차트는 기본 가로 축과 기본 세로 축이 모두 표시됩니다.

28. 다음 그림과 같이 "표" 기능을 사용하여 단가(C7:E7)와 판매량(B8:B11)에 따른 판매금액(C8:E11)을 계산하려고 한다. 이때 실행하여야 할 작업 내용에 대한 설명으로 옳지 않은 것은?

	A	B	C	D	E
1	제품명	연필			
2	판매량	35			
3	단가	1,200			
4	판매금액	42,000			
5					
6				단가	
7			42,000	1,000	1,200	1,400
8		10	10,000	12,000	14,000
9	판매량	30	30,000	36,000	42,000
10		50	50,000	60,000	70,000
11		70	70,000	84,000	98,000
12					

① '데이터 테이블' 대화상자가 표시되면 "행 입력 셀"은 [B3] 셀과, "열 입력 셀"은 [B2] 셀을 지정한 후 〈확인〉을 선택한다.

② [C8:E11] 영역을 블록으로 설정한 후 [데이터] → [예측] → [가상 분석] → [데이터 표]를 선택한다.

③ 수식이 입력되어야 하는 [B7] 셀을 선택하고 수식 "=B2*B3"을 입력한다.

④ 자동으로 결과가 구해진 셀을 하나 선택해서 살펴보면 "{=TABLE(B3,B2)}"와 같은 배열 수식이 들어 있다.

전문가의 조언 | [C8:E11] 영역이 아니라 [B7:E11] 영역을 블록으로 설정한 후 [데이터] → [예측] → [가상 분석] → [데이터 표]를 선택해야 합니다.

29. 현재 작업 중인 다음과 같은 통합 문서에서 화면 하단의 시트 탭에 표시된 'Sheet2'를 Ctrl을 누른 상태로 'Sheet1' 앞으로 드래그했을 경우 시트 탭의 맨 처음에 표시되는 워크시트의 이름으로 옳은 것은?

① Sheet2 ② Sheet4
③ Sheet2 (2) ④ Sheet1 (2)

전문가의 조언 | 워크시트에서 시트를 복사하면 복사된 시트의 이름은 원래의 이름 뒤에 (2), (3), … 등으로 일련번호가 붙습니다.

30. 다음 매크로에 대한 설명으로 옳지 않은 것은?

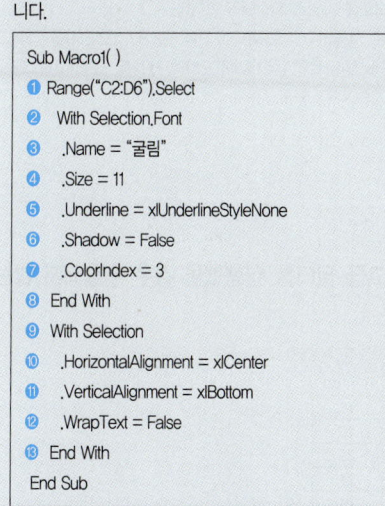

① 글꼴을 '굴림'으로 지정한다.
② 폰트 크기를 11로 지정한다.
③ 밑줄을 해제한다.
④ 텍스트의 가로 정렬과 세로 정렬을 모두 가운데 맞춤으로 지정한다.

전문가의 조언 | 텍스트의 가로 정렬(HorizontalAlignment)은 가운데 맞춤(xlCenter), 세로 정렬(VerticalAlignment)은 아래쪽 맞춤(xlBottom)으로 지정합니다.

Sub Macro1( )
❶ Range("C2:D6").Select
❷ With Selection.Font
❸ .Name = "굴림"
❹ .Size = 11
❺ .Underline = xlUnderlineStyleNone
❻ .Shadow = False
❼ .ColorIndex = 3
❽ End With
❾ With Selection
❿ .HorizontalAlignment = xlCenter
⓫ .VerticalAlignment = xlBottom
⓬ .WrapText = False
⓭ End With
End Sub

❶ [C2:D6] 영역을 선택합니다(Range : 워크시트의 셀이나 셀 범위, Select : 선택).
❷ 글꼴(Font) With문의 시작입니다.
❸ 글꼴을 '굴림'으로 지정합니다.
❹ 크기를 11로 지정합니다.
❺ 밑줄은 지정하지 않습니다.
❻ 그림자를 해제(False)합니다.
❼ 글꼴 색을 빨강(3)으로 지정합니다.
❽ With문의 끝입니다.
❾ With문의 시작입니다.
❿ 가로 정렬(HorizontalAlignment)은 가운데 맞춤(xlCenter)으로 지정합니다.
⓫ 세로 정렬(VerticalAlignment)은 아래쪽 맞춤(xlBottom)으로 지정합니다.
⓬ 텍스트의 줄 바꾸기 기능(WrapText)을 해제(False)합니다.
⓭ With문의 끝입니다.

31 아래의 시트에서 [I2:I5] 영역에 [B2:E14] 영역의 표를 참조하는 배열 수식을 사용하여 지점별 총대출금액을 구하였다. 다음 중 [I2:I5] 영역을 블록으로 지정한 후 수식을 입력할 경우 수식 입력줄에 표시된 함수식으로 옳은 것은?

	A	B	C	D	E	F	G	H	I
1		성명	지점	대출금액			지점	총대출금액
2		문정현	서울	7,500			서울	37,500
3		조일순	경기	5,000			경기	30,000
4		남태우	서울	10,000			부산	15,000
5		송현주	충남	8,000			충남	13,000
6		민병우	서울	5,000
7		정백철	경기	10,000
8		김주석	경기	10,000
9		오창환	부산	15,000
10		장정	서울	7,000
11		원주연	서울	3,000
12		강소라	충남	5,000
13		김연	서울	5,000
14		정민수	경기	5,000
15

① {=SUM(IF($D$2:$D$14=H2, $E$2:$E$14, 0))}
② {=SUMIF($D$2:$D$14=H2, $E$2:$E$14, 1))}
③ {=SUMIF(D2:D14, H2, E2:E14)}
④ {=SUMIF(D2:D14, H2:H5, E2:E14)}

> **전문가의 조언** | 지점별 총대출금액(I2:I5)을 구하는 수식으로 옳은 것은 ④번입니다.
> • SUMIF는 조건에 맞는 셀들의 합계를 구하는 함수로 'SUMIF(조건이 적용될 범위, 조건, 합계를 구할 범위)' 형식으로 사용됩니다.
> • [I2:I5] 영역, 즉 결과가 입력될 부분을 블록으로 지정하여 한 번에 배열 수식으로 입력할 경우에는 SUMIF 함수의 조건(지점)은 조건이 입력된 영역 (H2:H5)을 모두 포함되도록 범위로 지정해야 합니다.
> • [I2:I5] 영역을 블록으로 지정하고 =SUMIF(D2:D14, H2:H5, E2:E14)를 입력한 후 Ctrl + Shift + Enter 를 누르면 {=SUMIF(D2:D14, H2:H5, E2:E14)}로 표시됩니다.

32 아래 시트와 같이 고급 필터를 실행했을 경우 추출되지 않는 이름은?

	A	B	C
1	이름	직급	근무년수
2	김소리	과장	15
3	박진정	대리	20
4	이향진	부장	25
5	김민정	대리	23
6	이인호	차장	21
7			
8	이름	근무년수	
9	김*	<=20	
10	이*	>=20	
11

① 김소리 ② 이향진
③ 김민정 ④ 이인호

> **전문가의 조언** | 고급 필터를 실행했을 경우 '김민정'은 추출되지 않습니다.
> • 고급 필터의 조건을 같은 행에 입력하면 AND 조건, 다른 행에 입력하면 OR 조건으로 연결됩니다.
> • '이름'이 '김'으로 시작하고 '근무년수'가 20 이하이거나, '이름'이 '이'로 시작하고 '근무년수'가 20 이상인 사원의 이름인 '김소리, 이향진, 이인호'가 표시됩니다.

33 아래의 시트에서 [A8] 셀에 =INDEX(A1:C6, MATCH(LARGE(C2:C6, 3), C1:C6, 0), 2) 수식을 입력했을 때의 계산 결과로 올바른 것은?

	A	B	C
1	코너	담당	판매금액
2	잡화	김남희	5,122,000
3	식료품	남궁민	450,000
4	잡화	이수진	5,328,000
5	식료품	서수남	6,544,000
6	식료품	김정미	6,024,500
7

① 남궁민 ② 이수진
③ 서수남 ④ 김정미

> **전문가의 조언** | 문제에 제시된 수식의 결과는 '이수진'입니다.
> =INDEX(A1:C6, MATCH(LARGE(C2:C6, 3), C1:C6, 0), 2)
>
>
> ❶ LARGE(C2:C6, 3) : [C2:C6] 영역에서 3번째로 큰 값인 5328000을 반환합니다.
> ❷ MATCH(❶, C1:C6, 0) → MATCH(5328000, C1:C6, 0) : [C1:C6] 영역에서 5328000과 정확히 일치하는 값을 찾은 후 상대 위치인 4를 반환합니다.
> ※ MATCH 함수의 옵션을 0으로 지정하면 찾을값과 정확히 일치하는 값을 찾습니다.
> ❸ =INDEX(A1:C6, ❷, 2) → =INDEX(A1:C6, 4, 2) : [A1:C6] 영역에서 4행 2열, 즉 [B4] 셀의 값 "이수진"을 반환합니다.

34 다음 중 시트 보호 시 '워크시트에서 허용할 내용'으로 지정할 수 있는 내용이 아닌 것은?

① 시나리오 편집
② 개체 편집
③ 시트 이름 바꾸기
④ 자동 필터 사용

> **전문가의 조언** | 시트 이름은 시트 보호와 상관 없이 변경할 수 있습니다.

35 다음 시트와 같이 [A2:D7] 영역에 조건부 서식을 지정하여 2, 4, 6행에 배경색을 지정하려고 할 때 옳지 않은 조건은?

	A	B	C	D
1	이름	국어	영어	수학
2	김원	87	97	72
3	정영희	74	98	100
4	남궁정훈	85	91	70
5	이수	80	80	88
6	김용훈	81	87	70
7	김근태	84	82	80
8

① =ISEVEN(ROWS($A$2:$A2))
② =ISEVEN(ROW( ))
③ =MOD(ROWS($A$2:$A2), 2)=1
④ =MOD(ROW( ), 2)=0

전문가의 조언 | 조건부 서식의 조건을 ①번으로 지정할 경우 3, 5, 7행에 배경색이 지정됩니다.

① =ISEVEN(ROWS($A$2:$A2))
- ISEVEN(인수) 함수는 '인수'가 짝수면 'TRUE', 그렇지 않으면 'FALSE'를 반환하고, ROWS(셀 범위) 함수는 '셀 범위'에서 행 개수를 구하므로 ROWS 함수의 결과가 짝수인 경우 지정한 서식이 적용됩니다.
- [A2:D7] 영역을 범위로 지정한 후 조건부 서식의 조건을 '=ISEVEN(ROWS($A$2:$A2))'으로 지정하면 행별로 수식이 아래와 같이 변경되어 각 행을 비교합니다.
  - 2행 : =ISEVEN(ROWS($A$2:$A2)) → 행 개수 : 1
  - 3행 : =ISEVEN(ROWS($A$2:$A3)) → 행 개수 : 2
  ⋮
  - 7행 : =ISEVEN(ROWS($A$2:$A7)) → 행 개수 : 6

※ 실행 결과

	A	B	C	D
1	이름	국어	영어	수학
2	김원	87	97	72
3	정영희	74	98	100
4	남궁정훈	85	91	70
5	이수	80	80	88
6	김용훈	81	87	70
7	김근태	84	82	80

② =ISEVEN(ROW( )) : ROW(인수) 함수는 '인수'의 행 번호를 반환하는데, '인수'를 지정하지 않으면 수식이 입력된 행을 의미하므로 행 번호가 짝수인 경우, 즉 2, 4, 6행에 지정한 서식이 적용됩니다.

③ =MOD(ROWS($A$2:$A2), 2)=1 : ROWS 함수의 결과를 2로 나눈 나머지가 1인 경우, 즉 2, 4, 6행에 지정한 서식이 적용됩니다.

④ =MOD(ROW( ), 2)=0 : 수식이 입력된 행 번호를 2로 나눈 나머지가 0인 경우, 즉 2, 4, 6행에 지정한 서식이 적용됩니다.

36 다음 중 시나리오에 대한 설명으로 옳지 않은 것은?

① 시나리오 요약 보고서는 자동으로 다시 갱신되지 않으므로 변경된 값을 요약 보고서에 표시하려면 새 요약 보고서를 만들어야 한다.

② 여러 시나리오를 비교하여 하나의 테이블로 요약하는 보고서를 만들 수 있다.

③ 시나리오 요약 보고서를 생성하기 전에 변경 셀과 결과 셀에 이름을 정의하면 셀 참조 주소 대신 정의된 이름이 보고서에 표시된다.

④ 시나리오 요약 보고서를 만들 때에는 결과 셀을 반드시 지정해야 하지만, 시나리오 피벗 테이블 보고서를 만들 때에는 결과 셀을 지정하지 않아도 된다.

전문가의 조언 | 시나리오 요약 보고서나 시나리오 피벗 테이블 보고서를 만들 때에는 반드시 결과 셀을 지정해야 합니다.

37 다음과 같이 [A2:D8] 영역에 성별이 "남"이면서 점수가 전체 평균보다 크면 배경색을 '노랑'으로 설정하는 [조건부 서식]을 지정하려고 한다. 다음 중 [조건부 서식]의 수식 입력란에 입력해야 할 수식으로 옳은 것은?

	A	B	C	D
1	번호	성명	성별	점수
2	1	황영희	여	45
3	2	이방주	남	86
4	3	손기중	남	78
5	4	김보라	여	92
6	5	김경삼	남	98
7	6	엄이봉	남	76
8	7	임선빈	남	64

① =AND(C$2="남", D$2〉AVERAGE($D$2:$D$8))
② =OR(C$2="남", D$2〉AVERAGE($D$2:$D$8))
③ =AND($C2="남", $D2〉AVERAGE($D$2:$D$8))
④ =OR($C2="남", $D2〉AVERAGE($D$2:$D$8))

전문가의 조언 | '조건부 서식'의 수식 입력란에 입력해야 할 수식으로 옳은 것은 ③번입니다.
- 첫 번째 조건은 '성별이 "남"'이므로 'C2="남"'으로 지정합니다.
- 두 번째 조건은 '점수가 전체 평균보다 큼'이므로 'D2〉AVERAGE($D$2:$D$8)'로 지정해야 합니다.
- 이 문제는 두 조건을 모두 만족하는 행 전체에 서식을 지정해야 하므로 AND 함수를 사용해야 하고, 수식에서 열 번호에만 절대 주소 표시($C2, $D2)를 지정해야 합니다.
∴ =AND($C2="남", $D2〉AVERAGE($D$2:$D$8))

38 다음 중 선택된 차트의 페이지 설정에 관한 설명으로 옳지 않은 것은?

① 인쇄 품질을 '초안' 또는 '흑백으로 인쇄'를 선택하여 출력할 수 있다.

② 머리글/바닥글을 이용하여 일반 시트 인쇄 방법과 동일하게 머리글 및 바닥글을 인쇄할 수 있다.

③ 차트의 일부분을 인쇄하기 위해 인쇄 영역을 지정할 수 없다.

④ 차트를 축소하여 인쇄하기 위해 확대/축소 배율을 지정할 수 있다.

전문가의 조언 | 차트는 '확대/축소 배율'을 지정하여 인쇄할 수 없습니다.

39 다음 중 정렬에 대한 설명으로 옳지 않은 것은?

① 표 스타일이 적용된 데이터 영역을 왼쪽에서 오른쪽 방향으로 정렬하려면 정렬하기 전에 '범위로 변환'을 실행해야 한다.
② 숨겨진 행이나 열도 정렬에 포함되어 정렬된다.
③ 숫자, 날짜 등과 같이 셀에 입력된 값으로 정렬할 때는 정렬 기준을 '셀 값'으로 지정하고, 셀에 지정된 서식으로 정렬하려면 정렬 기준을 '셀 색'이나 '글꼴 색'으로 지정해야 한다.
④ 사용자 지정 목록을 사용하여 사용자가 정의한 순서대로 정렬할 수 있다.

> 전문가의 조언 | 숨겨진 행이나 열에 있는 데이터는 정렬에 포함되지 않습니다.

40 다음 중 개요에 대한 설명으로 옳지 않은 것은?

① 하위 수준 데이터를 표시하려면, 표시하려는 데이터 그룹에 대한 + 단추를 누른다.
② 개요 기호를 설정하면 그룹의 요약 정보만 또는 필요한 그룹의 데이터만 확인할 수 있어 편리하다.
③ 개요 기호가 표시되지 않는 경우 'Excel 옵션'의 '고급' 탭에서 '윤곽을 설정한 경우 윤곽 기호 표시'를 선택한다.
④ 개요 기호의 숫자가 클수록 숨겨진 데이터가 많다.

> 전문가의 조언 | 개요 기호의 숫자가 클수록 화면에 표시되는 데이터가 많아집니다.

3과목 데이터베이스 일반

41 다음 중 데이터베이스 관리 시스템(DBMS)의 장점에 해당하지 않는 것은?

① 데이터의 일관성 유지
② 데이터의 무결성 유지
③ 데이터의 중복성 최소화
④ 전산화 비용의 감소

> 전문가의 조언 | 데이터베이스 관리 시스템(DBMS) 사용 시 전산화 비용이 증가합니다.

42 다음 중 정규화에 대한 설명으로 옳지 않은 것은?

① 한 테이블에 너무 많은 정보를 포함해서 발생하는 이상 현상을 제거한다.
② 정규화를 실행하면 모든 테이블의 필드 수가 동일해진다.
③ 정규화를 실행하면 테이블이 나누어져 최종적으로는 일관성을 유지하게 된다.
④ 정규화를 실행하는 목적 중 하나는 데이터 중복의 최소화이다.

> 전문가의 조언 | 정규화는 속성(필드)의 수가 적은 릴레이션(테이블)으로 분할하는 과정으로, 정규화를 실행하면 테이블이 늘어나고 필드 수가 줄어들 수는 있지만 모든 테이블의 필드 수가 동일해지지는 않습니다.

43 다음 중 테이블, 쿼리 등의 개체나 필드 이름을 지정하는 방법에 대한 설명으로 옳지 않은 것은?

① 공백을 이름의 첫 문자로 사용할 수 없다.
② ., !, `, [,]과 같은 특수문자는 사용할 수 없다.
③ 테이블 이름과 필드 이름은 중복될 수 없다.
④ 이름은 최대 64자까지 입력할 수 있다.

> 전문가의 조언 | 테이블과 필드의 이름은 같아도 됩니다. 단 하나의 테이블 내에서 필드 이름은 중복될 수 없습니다.

44 다음 중 아래 보고서에 대한 설명으로 옳지 않은 것은? (단, 이 보고서는 전체 4페이지이며, 현재 페이지는 2페이지이다.)

거래처별 제품목록				
거래처명	제품번호	제품이름	단가	재고량
㈜맑은세상	15	아쿠아렌즈	₩50,000	22
	14	바슈롬렌즈	₩35,000	15
	20	C-BR렌즈	₩50,000	3
	제품수:	3	총재고량:	40
거래처명	제품번호	제품이름	단가	재고량
참아이㈜	9	선글래스C	₩170,000	10
	7	선글래스A	₩100,000	23
	8	선글래스B	₩120,000	46

2/4

① '거래처명'을 표시하는 컨트롤은 '중복 내용 숨기기' 속성이 '예'로 설정되어 있다.
② '거래처명'에 대한 그룹 머리글 영역이 만들어져 있고, '반복 실행 구역' 속성이 '예'로 설정되어 있다.
③ '거래처명'에 대한 그룹 바닥글 영역이 설정되어 있고, 요약 정보를 표시하고 있다.
④ '거래처별 제품목록'이라는 제목은 '거래처명'에 대한 그룹 머리글 영역에 만들어져 있다.

> 전문가의 조언 | '거래처별 제품목록'이라는 제목은 현재 페이지가 2페이지라는 것과 페이지 맨 위에 한 번 표시된 것으로 보아 페이지 머리글에 삽입된 것을 알 수 있습니다.

정답 39.② 40.④ 41.④ 42.② 43.③ 44.④

45 다음 중 입력 마스크 설정에 사용하는 사용자 정의 입력 마스크 기호에 대한 설명으로 옳은 것은?

① 9 : 소문자로 변환
② 〉 : 숫자나 공백을 입력받도록 설정
③ 〈 : 영문 대문자로 변환하여 입력받도록 설정
④ L : 영문자와 한글만 입력받도록 설정

> 전문가의 조언 | 사용자 정의 입력 마스크 기호 중 L은 A~Z까지의 영문자와 한글만 입력 가능합니다.
> ① 9 : 선택 요소로 숫자나 공백을 입력함
> ② 〉 : 영문 대문자로 변환하여 입력받도록 설정함
> ③ 〈 : 영문 소문자로 변환하여 입력받도록 설정함

46 아래 그림의 반 필드와 같이 데이터 입력 시 목록 상자에서 원하는 값을 선택하려고 할 때 설정해야 하는 필드 속성은?

① 입력 마스크
② 캡션
③ 유효성 검사 규칙
④ 조회

> 전문가의 조언 | 데이터 입력 시 목록 상자에서 원하는 값을 선택하려고 할 때 설정해야 하는 필드 속성은 '조회' 속성입니다.

47 다음 중 보고서를 작성하는 방법으로 옳지 않은 것은?

① [새 보고서]를 이용하는 경우 레이아웃 보기 상태에서 필드를 추가하여 보고서를 작성할 수 있다.
② [보고서 디자인]을 이용하는 경우 선택된 테이블 또는 쿼리를 바로 보고서로 생성하므로 쉽게 보고서를 작성할 수 있다.
③ [우편물 레이블 마법사]를 이용하여 다양한 레이블을 만들 수 있다.
④ [보고서 마법사]를 이용하는 경우 마법사가 진행되는 순서에 따라 설정 사항을 지정하면 자동으로 보고서가 작성된다.

> 전문가의 조언 | • [보고서 디자인]은 디자인 보기 상태에서 컨트롤을 이용하여 사용자가 직접 보고서를 작성하는 형식입니다.
> • ②번은 보고서 작성 형식 중 [보고서]에 대한 설명입니다.

48 다음 중 데이터베이스에서 인덱스를 사용하는 목적으로 가장 적절한 것은?

① 데이터 검색 및 정렬 작업 속도 향상
② 데이터의 추가, 수정, 삭제 속도 향상
③ 데이터의 일관성 유지
④ 최소 중복성 유지

> 전문가의 조언 | 인덱스는 데이터 검색 및 정렬 작업 속도를 향상시키기 위해 사용합니다.

49 다음 중 다른 데이터베이스의 원본 데이터를 연결 테이블로 가져온 테이블과 새 테이블로 가져온 테이블에 대한 설명으로 옳지 않은 것은?

① 새 테이블로 가져온 테이블을 삭제해도 원본 테이블은 삭제되지 않는다.
② 새 테이블로 가져온 테이블을 이용하여 폼이나 보고서를 생성할 수 있다.
③ 연결 테이블로 가져온 테이블을 삭제해도 원본 테이블은 삭제되지 않고 연결만 삭제된다.
④ 연결 테이블로 가져온 테이블을 삭제하면 연결되어 있는 원본 데이터베이스 테이블도 삭제된다.

> 전문가의 조언 | 연결 테이블로 가져온 테이블을 삭제해도 원본 테이블은 삭제되지 않고 연결만 삭제됩니다.

50 다음 중 SELECT문에 대한 설명으로 옳지 않은 것은?

① FROM절에는 SELECT문에 나열된 필드를 포함하는 테이블이나 쿼리를 지정한다.
② 검색 결과에 중복되는 레코드를 없애기 위해서는 'DISTINCT' 조건자를 사용한다.
③ AS 문은 필드 이름이나 테이블 이름에 별명을 지정할 때 사용한다.
④ GROUP BY문으로 레코드를 결합한 후에 WHERE절을 사용하면 그룹화된 레코드 중 WHERE절의 조건을 만족하는 모든 레코드가 표시된다.

> 전문가의 조언 | GROUP BY절에 대한 조건식을 지정할 때 사용하는 예약어는 HAVING절입니다.

51 다음 중 Access의 DoCmd 개체의 메서드가 아닌 것은?
① OpenReport   ② GoToRecord
③ RunSQL   ④ SetValue

전문가의 조언 | SetValue는 필드, 컨트롤, 속성 등의 값을 설정하는 매크로 함수입니다.

52 다음 질의문에 대한 설명으로 옳은 것은?

```
SELECT 학과번호, 학과명
FROM 학과
WHERE 학과번호 LIKE "C*";
```

① 학과번호가 C로 시작하는 학과번호 두 글자와 학과명을 표시한다.
② 학과번호가 C를 포함하는 학과번호와 학과명을 표시한다.
③ 학과번호가 C로 시작하는 한 글자 이상의 학과번호와 학과명을 표시한다.
④ 학과번호가 C로 끝나는 학과번호와 학과명을 표시한다.

전문가의 조언 | 질의문에 대한 설명으로 옳은 것은 ③번입니다. 질의문을 각 절별로 살펴보면 다음과 같습니다.
• SELECT 학과번호, 학과명 : '학과번호'와 '학과명' 속성을 표시합니다.
• FROM 학과 : 〈학과〉 테이블에서 검색합니다.
• WHERE 학과번호 LIKE "C*"; : '학과번호'가 "C"로 시작하는 레코드만 대상으로 검색합니다.

53 다음과 같이 '제품' 테이블의 레코드는 모두 표시되고, '구매' 테이블에서는 '제품번호' 필드가 일치하는 레코드만 표시하는 조인 형식은 무엇인가?

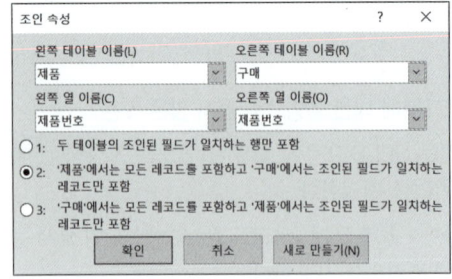

① 내부 조인(Inner Join)
② 왼쪽 외부 조인(Left Join)
③ 오른쪽 외부 조인(Right Join)
④ 카테션 곱(Cartesian Project Join)

전문가의 조언 | "왼쪽 테이블의 데이터가 모두 표시되면 왼쪽 외부 조인, 오른쪽 테이블의 데이터가 모두 표시되면 오른쪽 외부 조인"이라고 이해하면 쉽게 기억됩니다.

54 다음 중 쿼리 실행 시 값이나 패턴을 묻는 메시지를 표시한 후 사용자에게 조건 값을 입력받아 사용하는 쿼리는?
① 선택 쿼리   ② 요약 쿼리
③ 매개 변수 쿼리   ④ 크로스탭 쿼리

전문가의 조언 | 쿼리 실행 시 값이나 패턴을 묻는 메시지를 표시한 후 사용자에게 조건 값을 입력받아 사용하는 쿼리는 매개 변수 쿼리입니다.

55 다음 중 폼에 대한 설명으로 옳지 않은 것은?
① 폼은 테이블이나 질의(쿼리)를 원본으로 하여 데이터의 입력, 수정, 삭제, 조회 등의 작업을 편리하게 수행할 수 있도록 환경을 제공하는 개체이다.
② 디자인 보기 상태에서 '필드 목록' 창을 이용하여 여러 개의 필드는 추가할 수 없으므로, 필드를 하나씩 더블클릭하여 추가한다.
③ 컨트롤과 여러 도구 모음을 이용하여 시각적으로 다양한 작업 화면을 작성할 수 있다.
④ 폼에 레이블이나 명령 단추만을 추가하여 언바운드 폼을 만들어 사용할 수 있다.

전문가의 조언 | '필드 목록' 창에서 여러 필드를 선택한 후 폼 영역으로 드래그하면 선택된 여러 필드를 한 번에 추가할 수 있습니다.

56 계산 컨트롤을 만들 때 반드시 필요한 속성은 무엇인가?
① 수식 컨트롤   ② 행 원본
③ 레코드 원본   ④ 컨트롤 원본

전문가의 조언 | 계산 컨트롤을 작성하려면 해당 컨트롤의 '컨트롤 원본' 속성에 =을 입력한 후 식을 지정합니다.

57 다음 중 콤보 상자의 속성에 대한 설명으로 잘못된 것은?
① 컨트롤 원본 : 연결할 데이터를 설정한다.
② 행 원본 : 컨트롤에서 사용할 데이터를 설정한다.
③ 바운드 열 : 컨트롤에 저장할 열을 설정한다.
④ 사용 가능 : 데이터의 편집 여부를 설정한다.

전문가의 조언 | • '사용 가능' 속성은 컨트롤에 포커스를 이동시킬 수 있는지 여부를 설정합니다.
• ④번은 '잠금' 속성에 대한 설명으로 콤보 상자 속성에는 '잠금' 속성이 없습니다.

58 다음 중 액세스의 보고서에 대한 설명으로 옳은 것은?

① 보고서의 레코드 원본으로 테이블, 쿼리, 엑셀과 같은 외부 데이터, 매크로 등을 지정할 수 있다.
② 보고서 머리글과 보고서 바닥글의 내용은 모든 페이지에 출력된다.
③ 보고서에서도 폼에서와 같이 이벤트 프로시저를 작성할 수 있다.
④ 컨트롤을 이용하지 않고도 보고서에 테이블의 데이터를 표시할 수 있다.

> 전문가의 조언 | 보고서에서도 폼에서와 같이 이벤트 프로시저를 작성할 수 있습니다.
> ① 보고서의 레코드 원본으로 테이블과 쿼리는 사용할 수 있으나 엑셀과 같은 외부 데이터나 매크로는 사용할 수 없습니다.
> ② 보고서 머리글은 보고서의 첫 페이지 상단에, 보고서 바닥글은 보고서의 맨 마지막 페이지에 한 번씩만 표시됩니다.
> ④ 보고서에 테이블의 데이터를 표시하려면, 반드시 컨트롤을 이용해야 합니다.

59 레코드의 위치를 지정된 레코드로 이동시키는 것으로 First, Last, Previous, Next 등의 인수가 사용되는 매크로 함수는?

① GoToRecord   ② GoToControl
③ FindRecord   ④ FindNextRecord

> 전문가의 조언 | 문제에 제시된 기능을 수행하는 매크로 함수는 GoToRecord 입니다.
> • GoToControl : 특정 컨트롤로 포커스를 이동시킴
> • FindRecord : 특정한 조건을 만족하는 레코드 중 첫 번째 레코드를 검색함
> • FindNextRecord : 특정 조건을 만족하는 레코드 중 현재 검색된 레코드의 다음 레코드를 검색함

60 다음 중 보고서에서 '페이지 번호'를 표현하는 식을 다음과 같이 설정한 경우 페이지 번호가 표시되는 결과로 옳은 것은?

=IIf([page] Mod 2 = 0, [page] & "페이지", "")

① 짝수 페이지에는 "2"와 같이 표시되고 홀수 페이지에는 표시되지 않는다.
② 홀수 페이지에는 "1"과 같이 표시되고 짝수 페이지에는 표시되지 않는다.
③ 짝수 페이지에는 "2페이지"와 같이 표시되고 홀수 페이지에는 표시되지 않는다.
④ 홀수 페이지에는 "1페이지"와 같이 표시되고 짝수 페이지에는 표시되지 않는다.

> 전문가의 조언 | 페이지 번호가 표시되는 결과로 옳은 것은 ③번입니다.
> =IIf([page] Mod 2 = 0, [page] & "페이지", "")
>   ❶   ❷
> • ❶ [page] Mod 2 : 현재 페이지 번호를 2로 나눈 나머지를 반환합니다.
> • ❷ IIf(❶=0, [page] & "페이지", "") : 조건이 0이면, 즉 현재 페이지가 짝수 페이지면, 현재 페이지 번호에 문자열 "페이지"를 붙여 표시하고 그렇지 않고 홀수 페이지면 아무것도 표시하지 않습니다.
> ※ 현재 페이지 번호가 2로 짝수 페이지라면 2페이지와 같이 현재 페이지에 "페이지"를 붙여 표시하고, 현재 페이지 번호가 1로 홀수 페이지라면 아무것도 표시하지 않습니다.

14회 2023년 상시 04 시행 기출문제 & 전문가의 조언

1과목 컴퓨터 일반

01 다음 중 한글 Windows 10에서의 프린터 설치에 관한 설명으로 옳지 않은 것은?

① 프린터를 설치하려면 [설정] → [장치] → [프린터 및 스캐너]에서 '프린터 또는 스캐너 추가'를 선택한다.
② 새로운 프린터를 설치하는 과정에서 네트워크 프린터를 기본 프린터로 설정하려면 반드시 스풀링의 설정이 필요하다.
③ 로컬 프린터 설치 시 프린터가 USB(범용 직렬 버스) 모델인 경우에는 프린터를 컴퓨터에 연결하면 Windows에서 자동으로 검색하고 설치한다.
④ 공유된 프린터를 사용하려면 프린터가 연결된 컴퓨터의 전원이 켜져 있어야 한다.

> 전문가의 조언 | 네트워크 프린터도 일반 프린터와 동일하게 스풀링 설정 여부와 상관없이 기본 프린터로 설정할 수 있습니다.

02 다음 중 한글 Windows 10의 [백업]과 [복구]에 관한 설명으로 옳지 않은 것은?

① PC가 제대로 실행되지 않아 초기화 하는 경우 개인 파일을 유지하거나 제거하도록 선택할 수 있다.
② Windows 7 백업 및 복원 도구를 사용하여 백업을 만든 경우 Windows 10에서도 계속 사용할 수 있다.
③ PC 초기화 시 Windows는 다시 설치되지 않고 유지된다.
④ 파일 히스토리를 이용하여 자동으로 파일이 백업되도록 설정할 수 있다.

> 전문가의 조언 | PC 초기화 시 Windows는 다시 설치됩니다.

03 다음 중 컴퓨터 부팅 시 화면에 아무것도 표시되지 않고 '삐~' 소리만 나는 경우의 해결 방법으로 옳지 않은 것은?

① CPU가 제대로 꽂혀 있는지 확인한다.
② RAM이 제대로 꽂혀 있는지, 접촉 부위에 이물질이 끼어 있는지 확인한다.
③ 그래픽 카드의 이상 유무를 확인한다.
④ 메인보드가 불량이므로 부품 교체나 AS를 요청한다.

> 전문가의 조언 | ④번은 컴퓨터의 전원이 들어오지 않을 경우의 해결 방법입니다.

04 다음 중 컴퓨터에서 사용하는 그래픽 파일의 형식에 관한 설명으로 옳지 않은 것은?

① JPEG는 손실 압축 기법과 무손실 압축 기법을 사용하며, 사용자가 임의로 압축률을 지정할 수 있다.
② BMP는 Windows에서 기본적으로 지원하는 포맷으로 압축을 사용하여 파일의 크기가 작다.
③ GIF는 인터넷 표준 그래픽 형식으로, 무손실 압축 기법을 사용하여 선명한 화질을 제공한다.
④ PNG는 루 컬러의 지원과 투명색 지정이 가능하다.

> 전문가의 조언 | BMP는 Windows의 표준 비트맵 파일 형식으로, 압축을 하지 않으므로 파일의 크기가 큽니다.

05 다음 중 한글 Windows 10의 Windows 관리 도구에 대한 설명으로 옳지 않은 것은?

① [시스템 정보]를 실행하면 하드웨어 리소스, 구성 요소, 설치된 소프트웨어 환경 등의 정보를 알 수 있다.
② [리소스 모니터]는 CPU, 네트워크, 디스크, 메모리 사용 현황을 실시간으로 모니터링 할 수 있다.
③ DVD 드라이브에 대하여 [드라이브 조각 모음 및 최적화]를 수행하면 시스템의 성능을 향상시킬 수 있다.
④ [디스크 정리]를 사용하면 임시 파일이나 휴지통에 있는 파일 등을 삭제하여 디스크의 공간을 확보할 수 있다.

> 전문가의 조언 | DVD, CD-ROM, 네트워크 드라이브에 대해서는 '드라이브 조각 모음 및 최적화'를 수행할 수 없습니다.

06 USB 메모리나 플래시 메모리의 저장공간을 사용하여 컴퓨터 시스템의 처리 속도를 향상시키는 것은?

① Virtual Memory
② ReadyBoost
③ Spooling
④ Windows Defender

> 전문가의 조언 | USB 메모리나 플래시 메모리의 저장공간을 사용하여 컴퓨터 시스템의 처리 속도를 향상시키는 것은 ReadyBoost입니다.
> • 가상 메모리(Virtual Memory) : 보조기억장치의 일부를 주기억장치처럼 사용하는 메모리 기법으로, 주기억장치보다 큰 프로그램을 불러와 실행해야 할 때 유용하게 사용됨
> • 스풀링(Spooling) : 저속의 출력장치인 프린터를 고속의 중앙처리장치(CPU)와 병행 처리할 때, 컴퓨터 전체의 처리 효율을 높이기 위해 사용하는 기능
> • Windows Defender 방화벽 : 사용자의 컴퓨터를 무단으로 접근하려는 위협 요소로부터 컴퓨터를 보호하는 방어막을 제공하는 앱

정답 1.② 2.③ 3.④ 4.② 5.③ 6.②

07 다음 중 핀테크(FinTech)의 활용 분야에 대한 설명으로 옳지 않은 것은?

① 네트워크 등을 통해 다수의 개인으로부터 자금을 모으는 크라우드 펀딩(Crowd funding)

② 알고리즘이나 빅 데이터 등을 분석하여 고객에게 투자 자문을 수행하는 로보 어드바이저(Robo Advisor)

③ 비트코인, 이더리움 등의 가상화폐의 암호화를 위한 데이터 분산 처리

④ 사용자의 편의성에 맞춘 송금 및 간편 결제 기능

전문가의 조언 | ③번은 블록체인(Block Chain)에 대한 설명입니다.

08 다음 중 컴퓨터 운영체제의 운영방식에 대한 설명으로 옳지 않은 것은?

① 다중 처리(Multi-Processing) : 한 개의 CPU로 여러 개의 프로그램을 동시에 처리하는 방식이다.

② 실시간 처리(Real Time Processing) : 처리할 데이터가 입력될 때 마다 즉시 처리하는 방식으로, 각종 예약 시스템이나 은행 업무 등에서 사용한다.

③ 일괄 처리(Batch Processing) : 컴퓨터에 입력하는 데이터를 일정량 또는 일정시간 동안 모았다가 한꺼번에 처리하는 방식이다.

④ 시분할 시스템(Time Sharing System) : 한 대의 시스템을 여러 사용자가 동시에 사용하는 방식으로, 처리 시간을 짧은 시간 단위로 나누어 각 사용자에게 순차적으로 할당하여 실행한다.

전문가의 조언 | • 다중 처리(Multi-Processing)는 하나의 컴퓨터에 여러 개의 CPU(중앙처리장치)를 설치하여 프로그램을 처리하는 방식입니다.
• ①번은 다중 프로그래밍(Multi Programming)에 대한 설명입니다.

09 다음 중 멀티미디어와 관련하여 MPEG(Moving Picture Experts Group)에 관한 설명으로 옳지 않은 것은?

① 동영상 전문가 그룹에서 제정한 동영상 압축 기술에 대한 국제 표준 기술이다.

② MPEG4는 멀티미디어 통신을 전제로 만들어진 영상 압축 기술로서 낮은 전송률로 동영상을 보내고자 개발된 데이터 압축과 복원 기술이다.

③ 프레임 간의 연관성을 고려하여 중복 데이터를 제거하는 비손실 압축 기법을 사용한다.

④ 동영상뿐만 아니라 오디오 데이터도 압축할 수 있다.

전문가의 조언 | MPEG는 프레임 간의 연속성을 고려하여 중복 데이터를 제거함으로써 압축률을 높이는 손실 압축 기법을 사용합니다.

10 다음 중 시스템의 정보 보안을 위한 기본 충족 요건에 대한 설명으로 옳지 않은 것은?

① 무결성 : 시스템 내의 정보는 인가된 사용자만 수정할 수 있다.

② 부인 방지 : 정보를 보내오는 사람의 신원을 확인한다.

③ 가용성 : 인가받은 사용자는 언제라도 사용할 수 있다.

④ 기밀성 : 시스템 내의 정보와 자원은 인가된 사용자에게만 접근이 허용된다.

전문가의 조언 | • 부인 방지는 데이터를 송·수신한 자가 송·수신 사실을 부인할 수 없도록 송·수신 증거를 제공하는 것을 의미합니다.
• ②번은 인증에 대한 설명입니다.

11 다음 중 컴퓨터에서 사용하는 데이터의 유형과 관련하여 아날로그와 디지털 데이터에 대한 설명으로 옳지 않은 것은?

① 범용 컴퓨터는 아날로그 데이터를 취급하기 때문에 정밀도가 제한적이다.

② 아날로그 데이터는 시간에 따라 크기가 연속적으로 변하는 정보를 말한다.

③ 하이브리드 컴퓨터는 디지털 데이터와 아날로그 데이터를 모두 처리할 수 있다.

④ 디지털 데이터는 복호화(Decode) 과정을 통해 아날로그 데이터로 변환될 수 있다.

전문가의 조언 | 범용 컴퓨터는 아날로그 신호가 아니라 디지털 신호를 사용하기 때문에 정밀도를 필요한 한도까지 지정할 수 있습니다.

12 다음 중 인터넷에서 사용하는 TCP/IP에 대한 설명으로 옳지 않은 것은?

① 서로 다른 기종의 컴퓨터들 간 데이터를 송/수신하기 위한 표준 프로토콜이다.

② 일부 망에 장애가 있어도 다른 망으로 통신이 가능한 신뢰성을 제공한다.

③ TCP는 패킷 주소를 해석하고 최적의 경로를 결정하여 전송하는 역할을 한다.

④ IP는 OSI 7계층 중 네트워크 계층에 해당하는 프로토콜이다.

전문가의 조언 | • TCP는 메시지를 송·수신자의 주소와 정보로 묶어 패킷 단위로 나누는 역할을 합니다.
• ③번은 IP의 역할입니다.

13 다음 중 [파일 탐색기]의 검색 도구에 대한 설명으로 옳지 않은 것은?

① 수정한 날짜를 이용하여 지난 주에 수정한 파일들을 검색할 수 있다.

② 파일의 크기를 선택하여 검색할 수 있다.

③ 파일의 종류를 선택하여 검색할 수 있다.

④ 파일 특성이 '읽기 전용'인 파일들을 검색할 수 있다.

> 전문가의 조언 | '파일 탐색기'의 [검색 도구] → [검색] 탭에는 읽기 전용, 숨김 등 파일 특성을 지정하여 검색할 수 있는 도구가 없습니다.

14 다음 중 컴퓨터에서 사용하는 압축 프로그램에 관한 설명으로 옳지 않은 것은?

① 압축한 파일을 모아 재압축을 반복하면 파일 크기를 계속 줄일 수 있다.

② 여러 개의 파일을 압축하면 하나의 파일로 생성되어 파일 관리를 용이하게 할 수 있다.

③ 대부분의 압축 프로그램에는 분할 압축이나 암호 설정 기능이 있다.

④ 파일의 전송시간과 비용을 절약하고, 디스크 공간을 효율적으로 사용할 수 있다.

> 전문가의 조언 | 압축 프로그램은 한 번 압축할 때 각 프로그램의 기능을 사용하여 최대로 압축을 수행하기 때문에 재압축과 관련된 기능이 없으며, 동일한 파일에 대해 여러 번 압축을 수행해도 처음 압축한 이후에는 압축 효과를 기대할 수 없습니다.

15 다음 중 VoIP에 대한 설명으로 옳지 않은 것은?

① 인터넷 IP 기술을 사용한 디지털 음성 전송 기술이다.

② 보컬텍(VocalTec) 사의 인터넷폰으로 처음 소개되었으며, PC to PC, PC to Phone, Phone to Phone 방식으로 발전하였다.

③ 기존 회선교환 방식과 달리 네트워크를 통해 음성을 패킷형태로 전송한다.

④ 원거리 통화 시 PSTN(Public Switched Telephone Network) 보다는 요금이 높지만 일정 수준의 통화 품질이 보장된다.

> 전문가의 조언 | VoIP는 음성 데이터를 인터넷 프로토콜(IP) 데이터 패킷으로 변환하여 인터넷을 통해 음성 통화를 가능하게 하는 기술로, 기존 전화망(PSTN)의 시내전화 요금 수준으로 시외 및 국제전화 서비스를 받을 수 있기 때문에 요금이 저렴하다고 할 수 있습니다. 그러나 사용자간 회선을 독점적으로 보장해 주지 않아 트래픽이 많아질 경우 통화 품질이 떨어질 수 있습니다.

16 다음 중 작업 표시줄에 대한 설명으로 옳지 않은 것은?

① 작업 표시줄의 위치를 마우스를 이용하여 상하좌우 원하는 위치에 배치할 수 있다.

② 작업 표시줄에 표시된 앱을 마우스 오른쪽 단추로 클릭하면 점프 목록이 표시된다.

③ 작업 표시줄에 고정된 앱의 바로 가기 메뉴에서 '시작 화면에 고정'을 선택하여 시작 화면에 표시할 수 있다.

④ 작업 표시줄에서 현재 실행중인 앱 위에 마우스 포인터를 놓으면 해당 앱을 통해 열린 창들의 미리 보기가 표시되며 이 중 하나를 클릭하면 해당 창이 활성화된다.

> 전문가의 조언 | 작업 표시줄에 고정된 앱을 시작 메뉴에 표시하려면 작업 표시줄에 고정된 앱의 바로 가기 메뉴를 선택한 다음 표시된 메뉴 중 앱의 바로 가기 메뉴에서 '시작 화면에 고정'을 선택해야 합니다.

17 다음 중 공공기관 등에서 터치 패널을 이용하여 운영되는 무인 종합 정보 단말기는?

① 주문형 비디오(VOD)

② 화상회의 시스템(VCS)

③ 키오스크(Kiosk)

④ CAI(Computer Assisted Instruction)

> 전문가의 조언 | 공공기관 등에서 터치 패널을 이용하여 운영되는 무인 종합 정보 단말기는 키오스크(Kiosk)입니다.
> • VOD(주문형 비디오) : 다양한 정보의 데이터베이스를 구축하여 사용자가 요구하는 정보를 원하는 시간에 볼 수 있도록 전송하는 멀티미디어 서비스
> • VCS(화상회의 시스템) : 초고속 정보통신망을 이용하여 먼 거리에 있는 사람들과 비디오와 오디오를 통해 회의할 수 있도록 하는 시스템
> • CAI(교육) : 컴퓨터를 수업 매체로 활용하여 학습자에게 필요한 지식, 정보, 기술, 태도 등을 가르치는 것을 의미함

18 다음 중 네트워크 장비인 리피터(Repeater)에 대한 설명으로 옳은 것은?

① 프로토콜 변환 기능을 내포하여 다른 프로토콜에 의해 운영되는 두 개의 네트워크를 연결하는 장치이다.
② 장거리 전송을 위하여 전송 신호를 재생시키거나 출력 전압을 높여주는 방법 등을 통해 주어진 신호를 증폭시켜 전달해 주는 중계 장치이다.
③ 네트워크 계층의 연동장치로 최적 경로 설정에 이용되는 장치이다.
④ 주로 LAN에서 다른 네트워크에 데이터를 보내거나 다른 네트워크로부터 데이터를 받아들이는데 사용되는 장치이다.

> 전문가의 조언 | 리피터(Repeater)에 대한 설명으로 옳은 것은 ②번입니다.
> • ①, ③번은 라우터(Router), ④번은 게이트웨이(Gateway)에 대한 설명입니다.

19 다음 중 컴퓨터에서 사용되는 펌웨어(Firmware)에 대한 설명으로 옳지 않은 것은?

① 하드웨어의 동작을 지시하는 소프트웨어이지만 하드웨어적으로 구성되어 하드웨어의 일부분으로도 볼 수 있는 제품을 말한다.
② 하드웨어 교체 없이 소프트웨어 업그레이드 만으로 시스템의 성능을 높이기 위한 목적으로 사용된다.
③ 시스템의 효율을 높이기 위해 RAM에 저장되어 관리된다.
④ 기계어 처리, 데이터 전송, 부동 소수점 연산, 채널 제어 등의 처리 루틴을 가지고 있다.

> 전문가의 조언 | 펌웨어(Firmware)는 주로 ROM에 저장되어 하드웨어를 제어·관리하는 역할을 수행합니다.

20 다음 중 에러 검출과 교정이 가능한 코드로 2비트의 에러 검출 및 1비트의 에러 교정이 가능한 방식은?

① 해밍 코드   ② 패리티 체크 비트
③ 순환 중복 검사   ④ 블록합 검사

> 전문가의 조언 | 에러 검출과 교정이 가능한 코드는 해밍 코드(Hamming Code)입니다.
> • 패리티 체크 비트(Parity Check Bit) : 에러 검출을 목적으로 원래의 데이터에 추가한 1비트로, 패리티 체크 비트를 이용한 에러 교정은 불가능함
> • 순환 중복 검사(CRC) : 순환 중복 검사를 위해 미리 정해진 다항식을 적용하여 오류를 검출하는 방식
> • 블록합 검사(BSC) : 패리티 검사의 단점을 보완한 방식으로, 프레임 내의 모든 문자의 같은 위치 비트들에 대한 패리티를 추가로 계산하여 블록의 맨 마지막에 추가 문자를 부가하는 방식

2과목 스프레드시트 일반

21 다음 중 =SUMPRODUCT({3,1;1,2}, {3,1;1,2}) 수식의 결과로 올바른 것은?

① 36   ② 15
③ 17   ④ 18

> 전문가의 조언 | =SUMPRODUCT({3,1;1,2}, {3,1;1,2})의 결과는 15입니다.
> • SUMPRODUCT 함수는 배열에서 대응하는 요소를 모두 곱하고 그 곱의 합을 구하는 함수이고, 배열 수식에서 열은 쉼표(,), 행은 세미콜론(;)으로 구분하므로 이를 표현하면 다음과 같습니다.

> • (3×3)+(1×1)+(1×1)+(2×2) = 9+1+1+4 = 15

22 다음 그림과 같이 "표" 기능을 사용하여 이자율에 따른 이자액을 계산하려고 한다. 이때 실행하여야 할 작업 내용에 대한 설명으로 옳지 않은 것은?

	A	B	C	D	E	F
1	이자율에 따른 이자액 계산					
2	원금	이자율	이자액			
3	1,500	4%	60			
4				이자율		
5		60	5%	10%	15%	20%
6		2,000	100	200	300	400
7	원금	3,500	175	350	525	700
8		4,000	200	400	600	800
9		5,500	275	550	825	1,100
10						

① '데이터 테이블' 대화상자가 표시되면 "행 입력 셀"은 [B3] 셀과, "열 입력 셀"은 [A3] 셀을 지정한 후 〈확인〉을 선택한다.
② 표의 범위([B5:F9])를 설정한 후 [데이터] → [예측] → [가상 분석] → [데이터 표]를 선택한다.
③ 수식이 입력되어야 하는 [C6] 셀을 선택하고 수식 "=A3*B3"를 입력한다.
④ 자동으로 결과가 구해진 셀을 하나 선택해서 살펴보면 "{=TABLE(B3,A3)}"과 같은 배열 수식이 들어 있다.

> 전문가의 조언 | 수식이 입력되어야 하는 셀은 [C6] 셀이 아니라 [B5] 셀입니다.

23 아래 시트에서 각 부서마다 직위별로 총점점수의 합계를 구하려고 한다. 다음 중 [B17] 셀에 입력된 수식으로 옳은 것은?

	A	B	C	D	E
1	부서명	직위	업무평가	구술평가	총점점수
2	영업부	사원	35	30	65
3	총무부	대리	38	33	71
4	총무부	과장	45	36	81
5	총무부	대리	35	40	75
6	영업부	과장	46	39	85
7	홍보부	과장	30	37	67
8	홍보부	부장	41	38	79
9	총무부	사원	33	29	62
10	영업부	대리	36	34	70
11	홍보부	대리	27	36	63
12	영업부	과장	42	39	81
13	영업부	부장	40	39	79
14					
15					
16	부서명	부장	과장	대리	
17	영업부				
18	총무부				
19	홍보부				
20					

① {=SUMIFS($E$2:$E$13, $A$2:$A$13, $A$17, $B$2:$B$13, $B$16)}

② {=SUM(($A$2:$A$13=A17)*($B$2:$B$13=B16)*$E$2:$E$13)}

③ {=SUM(($A$2:$A$13=$A17)*($B$2:$B$13=B$16)*$E$2:$E$13)}

④ {=SUM(($A$2:$A$13=$A17)*($B$2:$B$13=B$16)*$E$2:$E$13)}

> 전문가의 조언 | 부서마다 직위별 총점점수의 합계를 구하는 배열 수식으로 옳은 것은 ③번입니다.
> • 조건이 두 개일 때 배열 수식을 이용하여 합계를 구하는 방법은 다음의 두 가지 방법이 있습니다.
> • 방법1 : {=SUM((조건1)*(조건2)*합계를_구할_범위)}
> • 방법2 : {=SUM(IF((조건1)*(조건2), 합계를_구할_범위))}
> 1. 조건과 범위 찾기
> – 조건1 : 부서마다란 조건은 A2:A13=A17
> – 조건2 : 직위별이란 조건은 B2:B13=B16
> – 합계를_구할_범위 : 총점점수이므로 [E2:E13]
> 2. 위의 조건과 범위를 합계 구하기 배열 수식에 대입하면 다음과 같습니다.
> • 방법1 : =SUM((A2:A13=A17)*(B2:B13=B16)*E2:E13)
> • 방법2 : =SUM(IF((A2:A13=A17)*(B2:B13=B16), E2:E13))
> • 이 문제는 여러 셀에 결과값을 구해야 하므로 범위는 절대 참조로 지정해야 하지만, A17 셀의 경우는 A18, A19와 같이 열은 고정되고 행만 변경되어야 하므로 $A17로 지정하고, B16 셀의 경우는 C16, D16과 같이 행이 고정되고 열만 변경되어야 하므로 B$16으로 지정하여 =SUM(($A$2:$A$13=$A17)*($B$2:$B$13=B$16)*$E$2:$E$13)으로 입력해야 합니다.
> • 수식을 입력한 후 Ctrl + Shift + Enter를 누르면 중괄호({ })가 자동으로 표시됩니다.

24 다음 중 아래 그림과 같은 시나리오 요약 보고서에 대한 설명으로 옳지 않은 것은?

시나리오 요약			
	현재 값:	호황	불황
변경 셀:			
냉장고판매	3%	5%	1%
세탁기판매	5%	7%	3%
$C$5	7%	9%	5%
결과 셀:			
예상판매금액	774,900,000	1,084,860,000	464,940,000

① '호황'과 '불황' 두 개의 시나리오로 작성한 시나리오 요약 보고서는 새 워크시트에 표시된다.

② 원본 데이터에 '냉장고판매', '세탁기판매', '예상판매금액'으로 이름을 정의한 셀이 있다.

③ 원본 데이터에서 변경 셀의 현재 값을 수정하면 시나리오 요약 보고서가 자동으로 업데이트된다.

④ 시나리오 요약 보고서 내의 모든 내용은 수정 가능하며, 자동으로 설정된 개요도 지울 수 있다.

> 전문가의 조언 | 원본 데이터가 변경되어도 시나리오 요약 보고서는 자동으로 업데이트 되지 않으므로 시나리오 요약 보고서를 다시 작성해야 합니다.

25 다음 중 [틀 고정]에 대한 설명으로 옳지 않은 것은?

① 워크시트를 스크롤할 때 특정 행이나 열이 계속 표시되도록 하는 기능이다.

② 워크시트의 화면상 첫 행이나 첫 열을 고정할 수 있으며, 선택한 셀의 위쪽 행과 왼쪽 열을 고정할 수도 있다.

③ 표시되어 있는 틀 고정선을 더블클릭하여 틀 고정을 취소할 수 있다.

④ 인쇄 시 화면에 표시되는 틀 고정의 형태는 적용되지 않는다.

> 전문가의 조언 | 창 나누기 기준선은 마우스로 더블클릭하면 창 나누기가 취소되지만 틀 고정선은 취소되지 않습니다.

26 다음 중 수식의 결과가 나머지 셋과 다른 것은?

	A	B
1	제품명	개수
2	건조기	1
3	김치냉장고	#N/A
4	냉장고	3
5	세탁기	TRUE
6	식기세척기	5
7		

① =CHOOSE(ROWS(A2:B6), A2, A3, A4, A5, A6)

② =CHOOSE(N(B5), A2, A3, A4, A5, A6)

③ =CHOOSE(CELL("contents", B2), A2, A3, A4, A5, A6)

④ =CHOOSE(TYPE(B4), A2, A3, A4, A5, A6)

정답 23.③ 24.③ 25.③ 26.①

27 다음 중 1부터 10까지의 합을 구하는 VBA 모듈로 옳지 않은 것은?

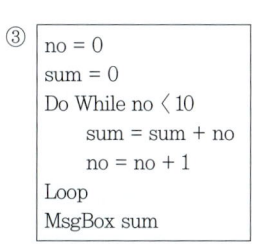

28 아래는 워크시트 [A1] 셀에서 [매크로 기록]을 클릭하고 작업을 수행한 과정을 VBA의 코드 창에서 확인한 결과이다. 다음 중 이에 대한 설명으로 옳지 않은 것은?

```
Sub 매크로2( )
' 매크로2 매크로
'
  ActiveCell.Offset(0, 1).Range("A1").Select
  ActiveCell.FormulaR1C1 = "성적현황"
  ActiveCell.Offset(1, -1).Range("A1").Select
  ActiveCell.FormulaR1C1 = "학번"
  ActiveCell.Offset(0, 1).Range("A1").Select
  ActiveCell.FormulaR1C1 = "학과"
  Range("C2").Select
  ActiveCell.FormulaR1C1 = "이름"
  Range("A3").Select
End Sub
```

정답 27. ③

① 매크로의 이름은 '매크로2'이다.
② '성적현황', '학번', '학과'는 상대 참조로 기록되었다.
③ [A3] 셀을 클릭하고 매크로를 실행한 후의 셀 포인터 위치는 [A5] 셀이다.
④ [B3] 셀을 클릭하고 매크로를 실행한 후의 [C3] 셀의 값은 '성적현황'이다.

> 전문가의 조언 |
> • 매크로의 가장 마지막에 있는 'Range("A3").Select'로 인해 현재 셀 포인터의 위치에 상관없이 매크로를 실행하면 셀 포인터는 [A3] 셀에 위치합니다.
> • [B3] 셀을 클릭하고 매크로를 실행하면 다음과 같이 실행됩니다.

	A	B	C
1			
2			이름
3			성적현황
4		학번	학과
5			

> • 매크로를 하나하나 살펴보면 아래와 같습니다.

```
Sub 매크로2( )
❶ ' 매크로2 매크로

❷ ActiveCell.Offset(0, 1).Range("A1").Select
❸ ActiveCell.FormulaR1C1 = "성적현황"
❹ ActiveCell.Offset(1, −1).Range("A1").Select
❺ ActiveCell.FormulaR1C1 = "학번"
❻ ActiveCell.Offset(0, 1).Range("A1").Select
❼ ActiveCell.FormulaR1C1 = "학과"
❽ Range("C2").Select
❾ ActiveCell.FormulaR1C1 = "이름"
❿ Range("A3").Select
End Sub
```

> ❶ 홑 따옴표(')가 있는 문장은 프로그램을 설명하는 주석문으로, 실행되지 않습니다. 매크로 이름이 '매크로2'임을 알려줍니다.
> ❷ 활성화된 셀에서 아래쪽으로 0칸, 오른쪽으로 1칸 이동한 후 그 셀을 기준으로 첫 번째 열(A), 첫 번째 행(1)을 선택합니다.
> • Offset : 지정된 범위에서 떨어진 범위
> • Range("A1") : [A1] 셀을 의미하는 것이 아니라 첫 번째 열(A), 첫 번째 행(1)을 의미입니다. 'Range("A2")'로 지정하면 첫 번째 열(A), 두 번째 행(2)을 의미합니다.
> ※ 'ActiveCell.Offset(0, 1).Select'로 작성해도 결과는 동일합니다.
> ❸ 활성화된 셀에 **성적현황**을 입력합니다.
> ❹ 활성화된 셀에서 아래쪽으로 1칸, 왼쪽으로 1칸 이동한 후 그 셀을 기준으로 첫 번째 열(A), 첫 번째 행(1)을 선택합니다.
> ❺ 활성화된 셀에 **학번**을 입력합니다.
> ❻ 활성화된 셀에서 아래쪽으로 0칸, 오른쪽으로 1칸 이동한 후 그 셀을 기준으로 첫 번째 열(A), 첫 번째 행(1)을 선택합니다.
> ❼ 활성화된 셀에 **학과**를 입력합니다.
> ❽ [C2] 셀을 선택합니다.
> ❾ 활성화된 셀에 **이름**을 입력합니다.
> ❿ [A3] 셀을 선택합니다.

29 다음 중 [머리글/바닥글] 기능에 대한 설명으로 옳지 않은 것은?

① 머리글이나 바닥글의 텍스트에 앰퍼샌드(&) 문자 한 개를 포함시키려면 앰퍼샌드(&) 문자를 두 번 입력한다.
② 여러 워크시트에 동일한 [머리글/바닥글]을 한 번에 추가하려면 여러 워크시트를 선택하여 그룹화 한 후 설정한다.
③ [페이지 나누기 미리 보기] 상태에서는 워크시트에 머리글과 바닥글 영역이 함께 표시되어 간단히 머리글/바닥글을 추가할 수 있다.
④ 차트 시트인 경우 [페이지 설정] 대화상자의 [머리글/바닥글] 탭에서 머리글/바닥글을 추가할 수 있다.

> 전문가의 조언 |
> • '페이지 나누기 미리 보기' 상태에서는 머리글이나 바닥글을 추가할 수 없습니다.
> • 워크시트에 머리글과 바닥글 영역이 함께 표시되어 간단히 머리글/바닥글을 추가할 수 있는 보기 형태는 '페이지 레이아웃' 보기입니다.

30 다음 중 배열 상수의 특징에 대한 설명으로 잘못된 것은?

① 배열 상수로 텍스트를 입력하려면 큰따옴표(" ")로 묶어서 입력한다.
② 배열 상수에는 숫자나 텍스트 외에 'TRUE', 'FALSE' 등의 논리값 또는 '#N/A'와 같은 오류 값도 포함될 수 있다.
③ 배열 상수 값은 수식이 아닌 상수이어야 한다.
④ $, 괄호, %, 길이가 다른 행이나 열, 셀 참조는 배열 상수로 사용될 수 있다.

> 전문가의 조언 | $, 괄호, %, 길이가 다른 행이나 열, 셀 참조는 배열 상수로 사용될 수 없습니다.

31 다음 중 조건부 서식에 대한 설명으로 옳지 않은 것은?

① 수식을 이용하여 조건을 지정할 경우, 다른 통합 문서에 대한 외부 참조를 사용할 수 있다.
② 조건부 서식의 조건은 결과가 TRUE(1) 또는 FALSE(0)가 나오도록 작성한다.
③ 특정한 조건을 만족하는 경우에만 서식이 적용되도록 하는 기능이다.
④ 동일한 셀 범위에 둘 이상의 조건부 서식 규칙이 True로 평가되어 충돌하는 경우 [조건부 서식 규칙 관리자] 대화상자의 규칙 목록에서 가장 위에 있는, 즉 우선순위가 높은 규칙 하나만 적용된다.

> 전문가의 조언 | 조건부 서식의 조건으로 다른 시트의 셀은 참조할 수 있으나 다른 통합 문서의 셀은 참조할 수 없습니다.

32. 다음 중 매크로 기록과 실행에 관련된 항목들의 설명으로 옳지 않은 것은?

① 엑셀을 사용할 때마다 매크로를 사용할 수 있게 하려면 매크로 저장 위치를 '개인용 매크로 통합 문서'를 선택한다.
② [Alt]와 영문 문자를 조합하여 매크로의 바로 가기 키를 지정할 수 있다.
③ 매크로 기록 기능을 통해 작성된 매크로는 'VBA 편집기'에서 실행할 수 있다.
④ 매크로 기록 기능을 이용할 때 기본 저장 위치는 '현재 통합 문서'가 된다.

전문가의 조언 | 매크로의 바로 가기 키는 기본적으로 [Ctrl]과 영문자를 조합하여 지정됩니다.

33. 아래와 같이 통합 문서 보호를 설정했을 경우에 대한 설명으로 옳지 않은 것은?

① 암호를 모르면 엑셀에서도 복구할 수 없다.
② 워크시트에 데이터를 입력하거나 수정할 수 없다.
③ 워크시트의 이동, 삭제, 숨기기, 워크시트의 이름 변경 등의 기능을 실행할 수 없다.
④ 암호를 입력해야 통합 문서 보호를 해제할 수 있다.

전문가의 조언 | 통합 문서 보호는 통합 문서의 시트 삭제, 이동, 숨기기, 이름 바꾸기 등을 할 수 없도록 보호하는 것으로, 통합 문서 보호를 지정해도 워크시트에 데이터를 입력하거나 수정, 삭제 등을 할 수 있습니다.

34. 다음 중 아래 시트에서 〈변경 전〉 내용을 〈변경 후〉와 같이 변경하는 수식으로 옳은 것은?

① =SUBSTITUTE(A2, "136", "36", 1)
② =SUBSTITUTE(A2, "136", "36", 2)
③ =SUBSTITUTE(A2, "36", "136", 1)
④ =SUBSTITUTE(A2, "36", "136", 2)

전문가의 조언 | 〈변경 후〉와 같이 변경하는 수식으로 옳은 것은 ③번입니다.
• SUBSTITUTE(텍스트, 인수1, 인수2, n번째) 함수는 '텍스트'에서 '인수1'을 찾아, 'n번째'에 있는 '인수1'을 '인수2'로 변경합니다.
• 〈변경 전〉과 〈변경 후〉를 비교하면 [A2] 셀에 입력된 텍스트 중 첫 번째에 있는 "36"을 "136"으로 변경하였으므로 =SUBSTITUTE(A2, "36", "136", 1)로 지정하면 됩니다.

35. 다음 중 피벗 테이블에 대한 설명으로 옳지 않은 것은?

① 원본 데이터가 변경되면 피벗 테이블의 데이터도 자동으로 변경된다.
② 외부 데이터를 대상으로 피벗 테이블을 작성할 수 있다.
③ 피벗 테이블을 작성한 후에 사용자가 새로운 수식을 추가하여 표시할 수 있다.
④ 많은 양의 자료를 분석하여 다양한 형태로 요약하여 보여주는 기능이다.

전문가의 조언 | • 피벗 테이블의 원본 데이터를 수정해도 피벗 테이블에 자동으로 반영되지 않습니다.
• 원본 데이터의 수정 사항을 피벗 테이블에 반영하려면 [피벗 테이블 분석] → [데이터] → [새로 고침]을 누르면 됩니다.

36. 다음 중 데이터가 입력된 셀에서 채우기 핸들을 드래그하여 데이터를 채우는 경우에 대한 설명으로 옳은 것은?

① 일반적인 문자 데이터나 날짜 데이터는 그대로 복사되어 채워진다.
② 1개의 숫자와 문자가 조합된 텍스트 데이터는 숫자만 1씩 증가하고 문자는 그대로 복사되어 채워진다.
③ 숫자 데이터는 1씩 증가하면서 채워진다.
④ 숫자가 입력된 두 셀을 블록 설정하여 채우기 핸들을 드래그하면 두 숫자가 반복하여 채워진다.

전문가의 조언 | 채우기 핸들에 대한 설명으로 옳은 것은 ②번입니다.
① 문자 데이터는 그대로 복사되지만, 날짜 데이터는 1일씩 증가합니다.
③ 숫자 데이터는 그대로 복사됩니다. 1씩 증가하면서 채우려면 [Ctrl]을 누르고 드래그해야 합니다.
④ 숫자가 입력된 두 셀을 블록으로 설정하여 채우기 핸들을 드래그하면 두 셀의 차이만큼 증가/감소하며 채워집니다.

37. 다음 중 아래 워크시트의 [A1] 셀에 사용자 지정 표시 형식 '#,###,,'을 적용했을 때 표시되는 값은?

① 2   ② 2,568
③   ④ 3

전문가의 조언 | '#,###' 다음에 표시된 콤마(,)는 천 단위 이하를 생략합니다. 콤마가 두 개이므로 '256789.78'에서 백만 단위 이하를 생략하면 화면에는 아무것도 표시되지 않습니다.

정답 32.② 33.② 34.③ 35.① 36.② 37.③

38 다음 중 고급 필터의 조건 범위를 [E1:F3] 영역으로 지정한 후 고급 필터를 실행했을 때 결과로 옳은 것은?

	A	B	C	D	E	F	G
F3			fx	=C2>=AVERAGE($C$2:$C$5)			
1	코너	담당	판매금액		코너	식	
2	잡화	김남희	5,122,000		잡화		
3	식료품	남궁민	450,000		식료품	TRUE	
4	잡화	이수남	5,328,000				
5	식료품	서수남	6,544,000				
6							

① 코너가 "잡화"이거나, 코너가 "식료품"이거나 판매금액이 판매금액의 평균 이상인 데이터

② 코너가 "잡화"이거나, 코너가 "식료품"이고 판매금액이 판매금액의 평균 이상인 데이터

③ 코너가 "잡화"이고, 코너가 "식료품"이거나 판매금액이 판매금액의 평균 이상인 데이터

④ 코너가 "잡화"이고, 코너가 "식료품"이고 판매금액이 판매금액의 평균 이상인 데이터

전문가의 조언 | 고급 필터의 조건을 같은 행에 입력하면 AND 조건(~이고), 다른 행에 입력하면 OR 조건(~이거나)으로 연결되므로 고급 필터를 실행했을 때 결과로 옳은 것은 ②번입니다.

39 다음 중 [페이지 레이아웃] 보기 상태에 대한 설명으로 옳지 않은 것은?

① 페이지 레이아웃 보기에서도 기본 보기와 같이 데이터 형식과 레이아웃을 변경할 수 있다.

② 페이지 레이아웃 보기에서 표시되는 눈금자의 단위는 [Excel 옵션]의 '고급' 범주에서 변경할 수 있다.

③ 마우스를 이용하여 페이지 여백과 머리글과 바닥글 여백을 조정할 수 있다.

④ 페이지 나누기를 조정하는 페이지 구분선을 마우스로 드래그하여 페이지 나누기를 빠르게 조정할 수 있다.

전문가의 조언 | 페이지 레이아웃 보기 상태에서는 페이지 나누기를 조정하는 페이지 구분선을 마우스로 드래그 할 수 없습니다.

40 다음과 같이 계층 구조와 계층 구조 내에 빈 셀이 있는 데이터를 표시하는데 적합한 차트로, 하나의 고리 또는 원이 계층 구조의 각 수준을 나타내며 가장 안쪽에 있는 원이 계층 구조의 가장 높은 수준을 나타내는 차트 종류는?

	A	B	C	D
1			판매 현황	
2				
3	대분류	중분류	품목	가격
4	의류	상의	맨투맨	35,000
5			남방	29,500
6			블라우스	37,500
7		하의	청바지	23,000
8			면바지	62,000
9			반바지	45,000
10	패션잡화	모자	캡모자	15,000
11			비니모자	21,500
12			벙거지모자	35,000
13				

① 히스토그램 차트   ② 선버스트 차트
③ 도넛형 차트   ④ 트리맵 차트

전문가의 조언 | • 계층 구조와 계층 구조 내에 빈 셀이 있는 데이터를 표시하는데 적합한 차트는 선버스트 차트입니다.
• 문제에 제시된 데이터를 이용하여 선버스트 차트를 작성하면 다음과 같습니다.

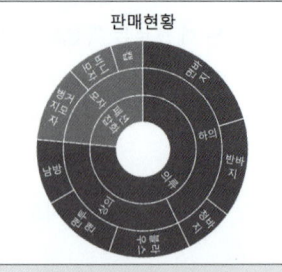

• **히스토그램 차트** : 특정 범위를 그룹화하여 그룹별 데이터의 분포를 표시할 때 사용됨
• **도넛형 차트** : 전체에 대한 각 부분의 관계를 비율로 나타내어 각 부분을 비교할 때 사용됨
• **트리맵 차트** : 계층 간의 상대적 크기를 비교할 때 사용하며, 계층 간의 비율을 사각형으로 표시함

3과목   데이터베이스 일반

41 다음 중 데이터베이스의 3단계 구조 중 하나로 각 개인의 입장에서 필요로 하는 데이터베이스 전체의 논리적인 구조를 보여주는 스키마로 서브 스키마라고도 불리는 것은?

① 외부 스키마   ② 개념 스키마
③ 내부 스키마   ④ 논리 스키마

전문가의 조언 | 문제에 제시된 내용은 외부 스키마의 개념입니다.
• **개념 스키마** : 데이터베이스의 전체적인 논리적 구조로, 모든 응용 프로그램이나 사용자들이 필요로 하는 데이터를 종합한 조직 전체의 데이터베이스로, 하나만 존재함
• **내부 스키마** : 물리적 저장장치의 입장에서 본 데이터베이스의 물리적 구조로, 실제로 저장될 레코드의 형식, 저장 데이터 항목의 표현 방법, 내부 레코드의 물리적 순서 등을 나타냄

42 다음 중 정규화에 대한 설명으로 옳지 않은 것은?

① 정규화를 통해 테이블 간의 종속성을 높이기 위한 것이다.

② 대체로 더 작은 필드를 갖는 테이블로 분해하는 과정이다.

③ 데이터 중복을 최소화하기 위한 작업이다.

④ 추가, 갱신, 삭제 등 작업 시의 이상(Anomaly) 현상이 발생하지 않도록 하기 위한 것이다.

전문가의 조언 | 정규화는 릴레이션(테이블)의 속성들 사이의 종속성 개념에 기반을 두고 이들 종속성을 제거하는 과정이라고 할 수 있습니다.

43 다음 중 필드의 각 데이터 형식에 대한 설명으로 옳지 않은 것은?

① 통화 형식은 소수점 이하 4자리까지의 숫자를 저장할 수 있으며, 기본 필드 크기는 8바이트이다.
② Yes/No 형식은 Yes/No, True/False, On/Off 등과 같이 두 값 중 하나만 입력하는 경우에 사용하는 것으로 기본 필드 크기는 1비트이다.
③ 일련 번호 형식은 새 레코드를 만들 때 1부터 시작하는 정수가 자동 입력된다.
④ 긴 텍스트 형식은 텍스트 및 숫자 데이터가 최대 255자까지 저장된다.

> 전문가의 조언 | • 긴 텍스트 형식은 최대 64,000자까지 입력이 가능합니다.
> • 최대 255자까지 입력 가능한 형식은 짧은 텍스트 형식입니다.

44 다음의 입력 데이터에 대한 입력 마스크 적용 결과가 옳지 않은 것은?

① 입력 데이터 : greeNgr388m3
   입력 마스크 : >L????L?000L0
   화면 표시 : GREENgr388m3
② 입력 데이터 : MARIA
   입력 마스크 : >L<????
   화면 표시 : Maria
③ 입력 데이터 : ABCD
   입력 마스크 : !CCC-CCCC
   화면 표시 : A-BCD
④ 입력 데이터 : 1419422187
   입력 마스크 : (000)000-0000
   화면 표시 : (141)942-2187

> 전문가의 조언 | '>'는 모든 문자를 대문자로 변환하는 기호이므로 ①번은 GRRENGR388M3이 출력됩니다.

45 다음 중 액세스에서 테이블을 디자인 할 때 사용되는 조회 속성에 대한 설명으로 가장 옳지 않은 것은?

① 바운드 열은 선택한 목록의 여러 열 중 해당 컨트롤에 저장되는 열을 지정한다.
② 콤보 상자나 목록 상자 등의 컨트롤을 사용할 수 있다.
③ 표시되는 열의 개수를 지정할 수 있다.
④ 콤보 상자나 목록 상자의 목록 값을 직접 입력하여 지정하려면 행 원본 형식을 필드 목록으로 선택해야 한다.

> 전문가의 조언 | • 콤보 상자나 목록 상자의 목록 값을 직접 입력하여 지정하려면 행 원본 형식을 '값 목록'으로 선택해야 합니다.
> • 필드 목록은 테이블이나 쿼리 등의 필드명을 원본으로 사용할 때 사용합니다.

46 다음 중 액세스에서 색인(Index)에 대한 다음 설명으로 가장 옳지 않는 것은?

① 하나의 필드나 필드 조합에 인덱스를 만들어 레코드 찾기와 정렬을 효율적으로 수행할 수 있게 한다.
② OLE 개체 데이터 형식 필드는 인덱스를 설정할 수 없다.
③ 색인을 설정하면 자료의 갱신 속도가 빨라진다.
④ 중복 불가능(Unique) 색인을 설정하면 중복된 자료의 입력을 방지할 수 있다.

> 전문가의 조언 | 인덱스를 설정하면 데이터 검색, 정렬 등의 작업 시간은 빨라지지만 데이터 추가나 변경 시 갱신(업데이트) 속도는 느려집니다.

47 다음 중 엑셀의 데이터와 연결된 테이블에 대한 설명으로 옳지 않은 것은?

① 연결된 테이블을 이용하여 폼이나 보고서를 생성할 수 있다.
② 연결 테이블은 읽기 전용이므로 테이블에 값을 추가할 수 없다.
③ 연결된 테이블을 삭제하면 원본 데이터도 삭제된다.
④ [외부 데이터] → [가져오기 및 연결] → [새 데이터 원본] → [파일에서] → [Excel]을 클릭하여 연결 테이블 만들기 과정을 수행한다.

> 전문가의 조언 | 연결된 테이블을 삭제하더라도 원본 데이터에는 아무런 영향을 주지 않습니다.

48 다음 중 SELECT문에서 사용되는 GROUP BY와 관련된 설명으로 옳지 않은 것은?

① GROUP BY절을 이용하면 SUM 또는 COUNT와 같은 집계 함수를 사용하여 요약 값을 생성할 수 있다.
② GROUP BY절에 대한 조건식은 WHERE절을 사용한다.
③ GROUP BY절에서 지정한 필드 목록의 값이 같은 레코드를 단일 레코드로 결합한다.
④ GROUP BY절을 이용하면 설정한 그룹별로 분석할 수 있다.

> 전문가의 조언 | GROUP BY 절에 대한 조건식을 지정할 때 사용하는 예약어는 HAVING입니다.

49 다음 중 쿼리에서 사용하는 문자열 조건에 대한 설명으로 옳지 않은 것은?

① "수학" or "영어" : "수학"이나 "영어"인 레코드를 찾는다.
② LIKE "서울*" : "서울"이라는 문자열로 시작하는 필드를 찾는다.
③ LIKE "*신림*" : 문자열의 두 번째가 "신"이고 세 번째가 "림"인 문자열을 찾는다.
④ NOT "전산과" : 문자열의 값이 "전산과"가 아닌 문자열을 찾는다.

> 전문가의 조언 | *는 문자의 모든 자리를 대신하신 대표 문자이므로 LIKE "*신림*"은 문자열에서 "신림"을 포함하는 모든 레코드를 검색하기 위한 조건입니다.

50 다음 중 보고서의 '페이지 설정' 대화상자에 대한 설명으로 옳지 않은 것은?

① 열의 너비와 높이를 보고서 본문의 너비와 높이에 맞춰 인쇄할 수 있다.
② '페이지 설정' 대화상자에 설정한 사항은 모든 보고서에 동일하게 적용된다.
③ 여백, 용지 방향, 프린터 유형을 지정할 수 있다.
④ [인쇄 옵션] 탭의 '데이터만 인쇄'를 선택하여 체크 표시하면 컨트롤의 테두리, 눈금선 및 선이나 상자 같은 그래픽을 표시하지 않는다.

> 전문가의 조언 | 페이지 설정은 보고서마다 다르게 설정할 수 있습니다.

51 다음 중 각 쿼리 유형에 대한 설명으로 옳지 않은 것은?

① 매개 변수 쿼리 – 쿼리를 실행할 때마다 값이나 패턴을 묻는 메시지를 표시하여 조건에 맞는 필드만 반환한다.
② 크로스탭 쿼리 – 레코드의 합계나 평균 등의 요약을 계산한 다음, 데이터시트의 왼쪽 세로 방향과 위쪽 가로 방향 두 종류로 결과를 그룹화하는 쿼리로 데이터를 쉽게 분석할 수 있게 해준다.
③ 추가 쿼리 – 테이블의 데이터를 복사하거나 데이터를 보관해야 하는 경우에 사용되며, 새로운 테이블을 생성한다.
④ 선택 쿼리 – 하나 이상의 테이블, 기존 쿼리 또는 이 두 가지의 조합에서 데이터를 가져올 수 있다.

> 전문가의 조언 | • 추가 쿼리, 즉 삽입 쿼리는 새로운 레코드를 기존 테이블에 추가하는 쿼리입니다.
> • ③번은 테이블 만들기 쿼리에 관한 설명입니다.

52 다음 중 보고서의 각 구역에 대한 설명으로 옳지 않은 것은?

① 보고서 바닥글 영역에는 로고, 보고서 제목, 날짜 등을 삽입하며, 보고서의 모든 페이지에 출력된다.
② 페이지 머리글 영역에는 열 제목 등을 삽입하며, 모든 페이지의 맨 위에 출력된다.
③ 그룹 머리글/바닥글 영역에는 일반적으로 그룹별 이름, 요약 정보 등을 삽입한다.
④ 본문 영역은 실제 데이터가 레코드 단위로 반복 출력되는 부분이다.

> 전문가의 조언 | • 보고서 바닥글은 보고서의 맨 마지막 페이지에 한 번 표시되는 부분으로, 보고서 총계나 안내 문구 등을 표시하기 위해 사용합니다.
> • ①번은 보고서 머리글에 대한 설명입니다. 단 보고서 머리글은 첫 페이지 상단에 한 번만 출력됩니다.

53 다음 중 '학번', '이름', '전화번호' 필드로 동일하게 구성되어 있는 [재학생] 테이블과 [졸업생] 테이블을 통합하여 나타내는 쿼리문으로 옳은 것은?

① Select 학번, 이름, 전화번호 From 재학생, 졸업생
 Where 재학생.학번 = 졸업생.학번;
② Select 학번, 이름, 전화번호 From 재학생
 JOIN Select 학번, 이름, 전화번호 From 졸업생;
③ Select 학번, 이름, 전화번호 From 재학생
 OR Select 학번, 이름, 전화번호 From 졸업생;
④ Select 학번, 이름, 전화번호 From 재학생
 UNION Select 학번, 이름, 전화번호 From 졸업생;

> 전문가의 조언 | 성격이 유사한 두 개의 테이블 데이터를 통합하여 하나로 나타낼 때는 통합(Union) 쿼리를 사용합니다.

54 다음 중 분할 표시 폼에 대한 설명으로 옳지 않은 것은?

① 분할 표시 폼은 데이터시트 보기와 폼 보기를 동시에 표시하기 기능이며, 이 두 보기는 같은 데이터 원본에 연결되어 있어 항상 상호 동기화된다.
② 분할 표시 폼은 폼 보기나 데이터시트 보기 상태 모두 데이터의 변경이 가능하다.
③ 일대다 관계가 설정된 두 테이블의 데이터를 한 화면에 표시할 수 있다.
④ 분할 표시 폼은 [만들기] 탭의 [폼] 그룹에서 [기타 폼] → [폼 분할]을 클릭하여 만들 수 있다.

> 전문가의 조언 | • 분할 표시 폼은 일대다 관계가 설정된 두 테이블의 데이터를 한 화면에 표시할 수 없습니다.
> • 분할 표시 폼은 하나의 원본 데이터를 데이터시트 보기와 폼 보기 형태로 동시에 표시하는 기능입니다.

정답 49.③ 50.② 51.③ 52.① 53.④ 54.③

55 〈예약자료〉 테이블의 '담당항공사' 필드 목록의 드롭 다운 화살표를 클릭하여 표시된 목록에서 값을 클릭할 수 있도록 하려면 '담당항공사' 필드의 컨트롤 표시 속성에서 선택해야 하는 컨트롤은 무엇인가?

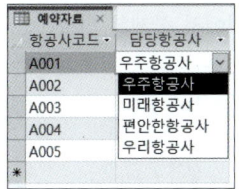

① 스마트 상자
② 텍스트 상자
③ 콤보 상자
④ 이벤트 상자

전문가의 조언 | 필드 목록의 드롭 다운 화살표를 클릭하여 표시된 목록에서 값을 선택할 수 있는 컨트롤은 콤보 상자입니다.

56 폼의 각 컨트롤에 포커스가 위치할 때 입력 모드를 '한글'로 지정하고자 한다. 다음 중 이를 위해 설정해야 할 컨트롤 속성은?

① 엔터키 기능(Enter Key Behavior)
② 상태 표시줄(Status Bar Text)
③ 탭 인덱스(Tab Index)
④ 입력 시스템 모드(IME Mode)

전문가의 조언 | 컨트롤에 포커스가 위치할 때 사용할 입력 모드를 지정하는 속성은 입력 시스템 모드(IME Mode)입니다.
• 〈Enter〉 키 기능 : 텍스트 상자 컨트롤에서 Enter를 눌렀을 때 수행할 작업을 설정함
• 상태 표시줄 텍스트 : 컨트롤이 포커스를 가질 때 상태 표시줄에 표시할 메시지를 설정함
• 탭 인덱스 : 컨트롤의 탭(Tab) 순서를 설정함

57 다음 중 보고서에 대한 설명으로 옳지 않은 것은?

① 보고서는 데이터를 출력하기 위한 개체이다.
② 레코드 원본에 SQL 문장을 입력하면 질의 결과를 대상으로 하는 보고서를 작성할 수 있다.
③ 보고서의 컨트롤에서는 컨트롤 원본을 사용하여 특정 필드에 바운드시킬 수 있다.
④ 필드와 바인딩된 컨트롤을 이용하여 원본 데이터의 데이터를 편집 및 표시할 수 있다.

전문가의 조언 | 보고서에서 데이터의 편집은 불가능합니다.

58 아래와 같이 보고서의 그룹 바닥글에 도서의 총 권수와 정가의 합계를 인쇄하고자 한다. 다음 중 총 권수와 정가 합계 두 컨트롤의 수식으로 옳은 것은?

출판사 : 다림[(02)860-2000]			
도서코드	도서명	저자	정가
A547	자전거 도둑	박완서	7000
A914	와인	김준철	25000
총 : 2권		정가합계: 32000	

① =Count([정가]) & "권", =Total([정가])
② =CountA([정가]) & "권", =Sum([정가])
③ =CountA([도서명]) & "권", =Total([정가])
④ =Count(*) & "권", =Sum([정가])

전문가의 조언 | 개수를 구하는 함수는 COUNT, 합계를 구하는 함수는 SUM입니다.

59 다음 중 매크로 함수에 대한 설명으로 옳지 않은 것은?

① FindRecord : 조건에 맞는 모든 레코드를 검색한다.
② ApplyFilter : 테이블이나 쿼리로부터 레코드를 필터링한다.
③ OpenReport : 작성된 보고서를 호출하여 실행한다.
④ MessageBox : 메시지 상자를 통해 경고나 알림 등의 정보를 표시한다.

전문가의 조언 | FindRecord 함수는 현재 폼이나 데이터시트에서 지정한 조건에 맞는 첫 번째 레코드를 찾습니다.

60 다음 중 Visual Basic에서 Microsoft Access 매크로 함수를 실행할 수 있는 액세스 개체는 무엇인가?

① Application
② Form
③ DoCmd
④ CurrentData

전문가의 조언 | Microsoft Access 매크로 함수를 실행할 수 있는 액세스 개체는 DoCmd입니다.
• Application 개체 : 현재 Microsoft Access 응용 프로그램 자체를 의미함
• Form 개체 : Microsoft Access 데이터베이스에 현재 열려 있는 모든 폼을 의미함
• CurrentData : Application 개체의 속성 중 하나로, 현재 데이터베이스에 저장된 개체를 참조함

정답 55.③ 56.④ 57.④ 58.④ 59.① 60.③

15회 2023년 상시 15 시행 기출문제 & 전문가의 조언

1과목 컴퓨터 일반

01 다음 중 컴퓨터에서 사용하는 USB 장치에 대한 설명으로 옳지 않은 것은?
① 허브를 이용해서 하나의 포트에 여러 주변장치를 공유할 수 있다.
② 최대 127개의 주변 장치를 연결할 수 있다.
③ USB 장치는 컴퓨터를 끄지 않고도 연결할 수 있다.
④ USB 지원 주변기기는 반드시 별도의 전원이 필요하다.

전문가의 조언 | USB 지원 주변기기는 별도의 전원 장치가 필요 없는 기기도 많이 있습니다.

02 다음 중 컴퓨터에서 사용하는 EBCDIC 코드에 대한 설명으로 옳지 않은 것은?
① 4비트의 존 부분과 4비트의 디지트 부분으로 구성된다.
② 특수 문자 및 소문자 표현이 가능하다.
③ 확장 이진화 10진 코드로 BCD 코드를 확장한 것이다.
④ 최대 64개의 문자 표현이 가능하다.

전문가의 조언 | EBCDIC 코드는 8비트이므로 최대 $256(2^8)$개의 문자 표현이 가능합니다.

03 전자우편(E-mail) 사용에 관한 설명으로 옳지 않은 것은?
① 그림, 동영상 등 다양한 형식의 데이터를 주고 받을 수 있다.
② 동일한 내용을 여러 사람에게 보낼 수 있다.
③ 전자우편에 사용하는 프로토콜은 SMTP, POP3, MIME 등이 있다.
④ 기본적으로 16진수 Unicode를 사용하여 메시지를 전송한다.

전문가의 조언 | 전자우편은 기본적으로 7Bit의 ASCII 코드를 사용하여 메시지를 주고 받습니다.

04 다음 중 한글 Windows 10에서 파일과 폴더의 삭제에 대한 설명으로 옳지 않은 것은?
① 네트워크 드라이브, USB 메모리에서 삭제한 파일은 휴지통에 보관되지 않는다.
② Shift를 누른 상태에서 폴더를 선택하여 휴지통으로 드래그하면 휴지통에 보관되지 않는다.
③ 폴더를 선택하고 Shift를 누른 상태에서 Delete를 눌러 삭제하면 휴지통에 보관되지 않는다.
④ [명령 프롬프트] 창에서 삭제한 파일은 휴지통에 보관된다.

전문가의 조언 | [명령 프롬프트] 창에서 삭제한 파일은 휴지통에 보관되지 않습니다.

05 다음 중 컴퓨터 통신에서 사용하는 프록시(Proxy) 서버의 기능으로 옳은 것은?
① 네트워크 병목현상 해결 기능
② FTP 프로토콜 연결 해제 기능
③ 방화벽 기능과 캐시 기능
④ 내부 불법 해킹 차단 기능

전문가의 조언 | 프록시(Proxy) 서버의 기능에는 방화벽 기능과 캐시 기능이 있습니다.

06 다음 중 컴퓨터에서 사용하는 멀티미디어의 특징에 관한 설명으로 옳지 않은 것은?
① 다양한 아날로그 데이터를 디지털 데이터로 변환하여 통합처리 하는 디지털화 특징이 있다.
② 정보 제공자와 사용자 간의 의견을 통한 상호 작용에 의해 데이터가 전달되는 쌍방향성의 특징이 있다.
③ 데이터가 사용자의 선택에 따라 다양하게 처리되는 것이 아니라 일정한 방향으로 순차적으로 처리되는 선형성의 특징이 있다.
④ 텍스트, 그래픽, 사운드, 동영상, 애니메이션 등의 여러 미디어를 통합하는 정보의 통합성 특징이 있다.

전문가의 조언 | 멀티미디어 데이터는 사용자 선택에 따라 비순차적으로 처리되는 비선형성의 특징을 가집니다.

07 다음 중 한글 Windows 10 바로 가기 아이콘의 [속성] 대화상자에 대한 설명으로 옳지 않은 것은?

① 대상 파일이나 대상 형식, 대상 위치 등에 관한 연결된 항목의 정보를 확인할 수 있다.
② 연결된 항목을 바로 열 수 있는 바로 가기 키를 지정할 수 있다.
③ 연결된 항목의 디스크 할당 크기를 확인할 수 있다.
④ 바로 가기 아이콘을 만든 날짜와 수정한 날짜, 액세스한 날짜 등을 확인할 수 있다.

전문가의 조언 | • '속성' 대화상자의 '일반' 탭에 있는 '디스크 할당 크기'는 바로 가기 아이콘의 크기입니다.
• 연결된 항목의 디스크 할당 크기는 해당 항목의 '속성' 대화상자에서 확인할 수 있습니다.

08 다음 중 한글 Windows 10에서의 프린터 설치에 관한 설명으로 옳지 않은 것은?

① 로컬 프린터 또는 네트워크 프린터를 선택하여 설치할 수 있다.
② 프린터에서 사용할 포트는 반드시 LPT 1 포트로 선택해야 한다.
③ 한 대의 프린터를 네트워크로 공유하여 여러 대의 컴퓨터에서 사용할 수 있다.
④ 기본 프린터는 한 대만 지정할 수 있다.

전문가의 조언 | 프린터에서 사용할 포트에는 LPT1, LPT2, LPT3, COM1, COM2, COM3 등이 있으며, 이중 사용할 포트를 선택하면 됩니다.

09 다음 중 보수에 대한 설명으로 옳지 않은 것은?

① 보수는 각 자리의 숫자의 합이 어느 일정한 수가 되게 하는 수를 말한다.
② 2진법에서 1의 보수는 0은 1로, 1은 0으로 변환하여 구한다.
③ 2진법에서 2의 보수는 1의 보수를 구한 뒤 결과값에 2를 더한다.
④ 컴퓨터에서는 덧셈 연산을 이용하여 뺄셈을 수행하기 위해 사용한다.

전문가의 조언 | 2진법에서 2의 보수는 1의 보수를 구한 뒤 결과값에 1을 더하면 됩니다.

10 다음 중 시스템 소프트웨어에 대한 설명으로 옳지 않은 것은?

① 사용자가 컴퓨터를 이용하여 특정 업무를 처리할 수 있게 개발된 프로그램이다.
② 시스템 소프트웨어는 제어 프로그램과 처리 프로그램으로 구분된다.
③ 컴퓨터 시스템을 효율적으로 운영해 주는 소프트웨어이다.
④ 대표적인 시스템 소프트웨어로는 운영체제가 있다.

전문가의 조언 | ①번은 응용 소프트웨어에 대한 설명입니다.

11 다음 중 컴퓨터 바이러스의 예방 방법으로 가장 옳지 않은 것은?

① 새로운 프로그램을 사용할 때는 최신 버전의 백신 프로그램으로 바이러스의 감염 여부를 검사한 후에 사용한다.
② 중요한 프로그램이나 자료는 항상 주기적으로 백업한다.
③ 바이러스에 감염된 것으로 예상되는 모든 프로그램이나 자료를 삭제한다.
④ 백신 프로그램의 시스템 감시 및 인터넷 감시 기능을 이용해서 바이러스를 사전에 검색한다.

전문가의 조언 | 바이러스에 감염된 프로그램이나 데이터는 바이러스 백신으로 치료한 다음 다시 사용하면 됩니다. 그러나 바이러스 백신으로 치료하는 과정에서 삭제되거나 손상을 입은 프로그램은 다시 설치해서 사용해야 합니다.

12 다음 중 정보 통신을 위한 네트워크 구성 방식으로 스타(Star)형 구성 방식에 관한 설명으로 옳은 것은?

① 서로 이웃하는 컴퓨터들끼리 원형을 이루도록 연결하는 방식이다.
② 모든 지점의 컴퓨터와 단말장치를 서로 연결한 형태이다.
③ 하나의 통신 회선에 여러 대의 컴퓨터를 접속하는 방식으로 컴퓨터의 증설이나 삭제가 용이한 통신망 구성 방식이다.
④ 모든 단말기가 중앙 컴퓨터에 연결되어 있는 형태이다.

전문가의 조언 | 스타(Star)형은 모든 단말기가 중앙 컴퓨터에 연결되어 있는 형태입니다.
• ①번은 링(Ring, 루프)형, ②번은 망(Mesh)형, ③번은 버스(Bus)형에 대한 설명입니다.

13 다음 중 RAID(Redundant Array Of Inexpensive Disk)에 대한 설명으로 옳지 않은 것은?

① 여러 개의 하드디스크를 하나의 저장장치처럼 관리하는 기술이다.
② 미러링(Mirroring) 방식은 데이터를 두 개의 하드디스크에 동일하게 기록하는 방법으로 한쪽 하드디스크의 데이터 손상 시 다른 한쪽 하드디스크를 이용하여 복구한다.
③ 스트라이핑(Striping) 방식은 데이터를 여러 개의 하드디스크에 나누어 저장하므로 장애 시 복구가 용이하나 데이터 입출력이 느리다.
④ RAID는 RAID 컨트롤러를 이용하여 하드웨어적인 방법으로 구성하거나 OS나 RAID 소프트웨어를 사용하여 구성한다.

> 전문가의 조언 | 스트라이핑(Striping) 방식은 데이터를 여러 개의 하드디스크에 나눠서 기록하는 방법으로, 데이터 입출력 속도가 빠르지만 하드디스크가 한 개라도 손상되면 데이터를 사용할 수 없고 장애 시 복구가 어렵습니다.

14 다음 중 채널(Channel)에 대한 설명으로 옳은 것은?

① 저속의 출력장치를 고속의 중앙처리장치(CPU)와 병행 처리할 때 컴퓨터 전체의 처리 효율을 높이기 위해 사용하는 기능이다.
② 프로그램을 실행하는 도중에 예기치 않은 상황이 발생할 경우 현재 실행중인 작업을 일시 중단하고, 발생된 상황을 우선 처리한 후 실행중이던 작업으로 복귀하여 계속 처리하는 것이다.
③ 둘 이상의 프로세스들이 자원을 점유한 상태에서 서로 다른 프로세스가 점유하고 있는 자원을 요구하며 무한정 기다리는 현상이다.
④ 고속의 데이터 전송을 위하여 입출력만을 목적으로 만든 처리기로, IOP(Input Output Processor)라고도 불린다.

> 전문가의 조언 | 채널(Channel)에 대한 설명으로 옳은 것은 ④번입니다.
> • ①번은 스풀(Spool), ②번은 인터럽트(Interrupt), ③번은 교착 상태(Dead Lock)에 대한 설명입니다.

15 다음 중 특정한 목적을 위한 작은 컴퓨터 시스템으로 하드웨어와 소프트웨어가 하나로 조합되어 있고, TV, 냉장고, 밥솥 등의 가전제품에 사용되는 시스템은?

① 임베디드 시스템
② 듀얼 시스템
③ 듀플렉스 시스템
④ 시분할 시스템

> 전문가의 조언 | 특정한 목적을 위한 작은 컴퓨터 시스템으로 주로 가전제품에 사용되는 시스템은 임베디드 시스템(Embedded System)입니다.
> • 듀얼 시스템(Dual System) : 두 대의 컴퓨터가 같은 업무를 동시에 처리하므로 한쪽 컴퓨터가 고장나면 다른 컴퓨터가 계속해서 업무를 처리하여 업무가 중단되는 것을 방지하는 시스템
> • 듀플렉스 시스템(Duplex System) : 두 대의 컴퓨터를 설치하여 한쪽의 컴퓨터가 가동중일 때는 다른 한 컴퓨터는 대기하고 있다가 가동중인 컴퓨터가 고장이 나면 즉시 대기중인 컴퓨터가 가동되어 시스템이 안전하게 작동되도록 운영하는 시스템
> • 시분할 시스템(Time Sharing System) : 한 대의 시스템을 여러 사용자가 동시에 사용하는 방식으로, 일정 시간 단위로 CPU 사용권을 신속하게 전환함으로써, 모든 사용자들은 자신만 혼자 컴퓨터를 사용하고 있는 것처럼 느낌

16 다음 중 저작권법에 대한 설명으로 가장 적절하지 않은 것은?

① 저작권법은 저작자의 권리를 보호함을 목적으로 한다.
② 원저작물을 번역, 편곡, 변형 등의 방법으로 작성한 2차적 저작물도 독자적인 저작물로서 보호된다.
③ 프로그램을 작성하기 위하여 사용하고 있는 프로그램 언어와 해법에도 적용된다.
④ 저작 재산권이 있는 소프트웨어를 복사하여 판매한 경우 저작권법에 저촉된다.

> 전문가의 조언 | 저작권법은 프로그램을 작성하기 위하여 사용하는 프로그램 언어, 규약, 해법에는 적용되지 않습니다.

17 다음 중 인터넷 주소 체계에서 IPv6에 관한 설명으로 옳은 것은?

① 주소 체계는 Unicast, Anycast, Broadcast 등 세가지로 나뉜다.
② 16비트씩 8부분으로 총 128비트로 구성되며, 주소의 각 부분은 세미콜론(;)으로 구분한다.
③ 인증성, 기밀성, 데이터 무결성의 지원으로 보안성이 강화되었다.
④ IPv4와 비교하였을 때 자료 전송 속도가 늦지만, 주소의 확장성과 융통성이 우수하다.

> 전문가의 조언 | IPv6에 관한 설명으로 옳은 것은 ③번입니다.
> ① IPv6의 주소 체계는 유니캐스트(Unicast), 애니캐스트(Anycast), 멀티캐스트(Multicast) 등 세 가지로 나뉩니다.
> ② IPv6는 16비트씩 8부분으로 총 128비트로 구성되며, 주소의 각 부분은 콜론(:)으로 구분합니다.
> ④ IPv6는 IPv4와 비교하여 자료 전송 속도가 빠르고, 주소의 확장성과 융통성이 우수합니다.

18 다음 중 캐시 메모리(Cache Memory)에 관한 설명으로 옳은 것은?

① 중앙처리장치와 주기억장치 사이에 위치하여 컴퓨터의 처리 속도를 향상시킨다.
② 캐시 메모리는 주로 DRAM을 사용한다.
③ 보조기억장치의 일부를 주기억장치처럼 사용한다.
④ 주기억장치보다 큰 프로그램을 불러와 실행해야 할 때 유용하다.

> 전문가의 조언 | 캐시 메모리는 중앙처리장치와 주기억장치 사이에 위치하여 컴퓨터의 처리 속도를 향상시키는 역할을 합니다.
> • ② 캐시 메모리는 접근 속도가 빠른 정적 램(SRAM)을 사용합니다.
> • ③, ④ 가상 메모리(Virtual Memory)에 대한 설명입니다.

19 다음 중 시퀀싱(Sequencing)에 대한 설명으로 옳은 것은?

① 컴퓨터를 이용하여 음악을 제작, 녹음, 편집하는 작업을 의미한다.
② 멀티미디어 데이터를 다운로드하면서 동시에 재생해 주는 기술이다.
③ 음성, 영상 등의 아날로그 신호를 디지털 신호로 변환하는 과정이다.
④ 전자악기 간의 디지털 신호에 의한 통신이나 컴퓨터와 전자악기 간의 통신규약이다.

> 전문가의 조언 | 시퀀싱(Sequencing)은 컴퓨터를 이용하여 음악을 제작, 녹음, 편집하는 작업을 의미합니다.
> • ②번은 스트리밍(Streaming), ③번은 샘플링(Sampling), ④번은 MIDI(Musical Instrument Digital Interface)에 대한 설명입니다.

20 다음 중 1992년 미국 SF 작가 닐 스티븐슨의 소설 '스노 크래시'에 처음 등장한 개념으로, 현실 세계와 같은 사회·경제·문화 활동이 이뤄지는 3차원 가상 세계를 가리키는 용어는?

① 텔레매틱스　　② 메타버스
③ 텔레햅틱　　　④ 유비쿼터스

> 전문가의 조언 | 현실 세계와 같은 사회·경제·문화 활동이 이뤄지는 3차원 가상 세계를 메타버스(Metaverse)라고 합니다.
> • 텔레매틱스(Telematics) : 자동차에 정보 통신 기술과 정보 처리 기술을 융합하여 운전자에게 다양한 멀티미디어 서비스를 제공하는 것
> • 텔레햅틱(Telehaptics) : 촉각을 원격으로 전송하고 재현하는 기술
> • 유비쿼터스(Ubiquitous) : 사용자가 컴퓨터나 네트워크를 의식하지 않고 장소에 상관없이 자유롭게 네트워크에 접속할 수 있는 환경을 의미함

2과목 스프레드시트 일반

21 아래의 워크시트에서 [A1:C1] 영역이 블록으로 지정된 상태에서 채우기 핸들을 끌었을 때 [F1] 셀에 입력되는 값으로 올바른 것은?

① 1　　　　② -3
③ -7　　　④ 0

> 전문가의 조언 | [A1:C1] 영역이 블록으로 지정된 상태에서 채우기 핸들을 드래그하면 두 셀 간의 차이인 4씩 감소되어 입력되므로 [F1] 셀에는 -7이 입력됩니다.
>
> | | A | B | C | D | E | F | G |
> |---|---|---|---|---|---|---|---|
> | 1 | 5 | | 1 | | -3 | -7 | -11 |
> | 2 | | | | | | | |

22 셀의 값이 100 이상이면 "▲", -100 이하이면 "▼", 그 외는 값이 그대로 표시되는 사용자 지정 표시 형식으로 옳은 것은?

[표시 예]
150 : ▲
0 : 0
-50 : -50
-122 : ▼

① [〉=100]"▲";#;[〈=-100]"▼"
② [〉=100]"▲";0;[〈=-100]"▼"
③ [〉=100]"▲";[〈=-100]"▼";#
④ [〉=100]"▲";[〈=-100]"▼";0

> 전문가의 조언 | 사용자 지정 표시 형식으로 옳은 것은 ④번입니다.
> • 100 이상이면 "▲" : [〉=100]"▲"
> • -100 이하이면 "▼" : [〈=-100]"▼"
> • 그 외는 값을 그대로 표시 : 0
> ※ 셀의 값이 0일 때 0이 표시되게 하려면 표시 형식을 0으로 지정해야함
> ∴ 사용자 지정 표시 형식을 모두 합치면 [〉=100]"▲";[〈=-100]"▼";0입니다.

23 다음 중 아래의 워크시트에서 〈보기〉의 프로시저 실행 결과로 옳은 것은?

	A	B	C
1	데이터1	데이터2	데이터3
2	사과	레몬	
3	바나나	배	
4			귤
5		배	
6	바나나		
7			2
8			

〈보기〉

```
Sub B3선택( )
    Range("B3").CurrentRegion.Select
End Sub
```

① [B3] 셀이 선택된다.
② [A1:B3] 셀이 선택된다.
③ [A1:C3] 셀이 선택된다.
④ [A1:C7] 셀이 선택된다.

> **전문가의 조언** | 〈보기〉에 제시된 프로시저를 실행하면 [A1:C7] 영역이 모두 선택됩니다.
>
> ```
> Sub B3선택( )
>     ❶ Range("B3").CurrentRegion.Select
> End Sub
> ```
>
> ❶ [B3] 셀이 포함된 데이터 범위를 모두 선택합니다.
> – Range : 워크시트의 셀이나 셀 범위
> – CurrentRegion : 데이터가 있는 인접 영역의 범위
> – Select : 선택
>
> ∴ [B3] 셀을 기준으로 데이터가 입력된 셀들이 서로 인접하게 연결되어 있으므로 이 셀들을 모두 포함하는 영역인 [A1:C7] 영역이 모두 선택됩니다.

24 다음 중 엑셀의 인쇄에 관한 설명으로 옳지 않은 것은?

① [기본] 보기 상태에서 페이지 구분선을 드래그하여 위치를 조정할 수 있다.
② 인쇄되는 시작 페이지의 번호를 지정할 수 있다.
③ 워크시트의 일부만 인쇄 영역으로 설정할 수 있다.
④ 눈금선, 행/열 머리글 등을 인쇄하도록 설정할 수 있다.

> **전문가의 조언** | [기본] 보기 상태에서는 페이지 구분선을 마우스로 드래그하여 이동할 수 없습니다.

25 다음 중 매크로를 작성하고 사용하는 방법에 대한 설명으로 옳지 않은 것은?

① 매크로 기록 도중에 선택한 셀은 절대 참조로 기록할 수도 있고 상대 참조로 기록할 수도 있다.
② 매크로에 지정된 바로 가기 키가 엑셀 고유의 바로 가기 키와 중복될 경우 매크로 실행의 바로 가기 키가 우선한다.
③ ActiveX 컨트롤의 '명령 단추'를 추가하면 [매크로 지정] 대화상자가 자동으로 표시되어 실행할 매크로를 바로 지정할 수 있다.
④ Visual Basic Editor에서 코드 편집을 통해 매크로의 이름이나 내용을 바꿀 수 있다.

> **전문가의 조언** | ActiveX 컨트롤의 '명령 단추'가 아니라 양식 컨트롤의 '단추'를 추가하면 '매크로 지정' 대화상자가 자동으로 표시되어 실행할 매크로를 바로 지정할 수 있습니다.

26 아래 워크시트에서 순위[G2:G10]는 총점을 기준으로 구하되 동점자에 대해서는 국어를 기준으로 순위를 구하였다. 다음 중 [G2] 셀에 입력된 수식으로 옳은 것은?

	A	B	C	D	E	F	G
1	성명	국어	수학	영어	사회	총점	순위
2	홍길동	92	50	30	10	182	1
3	한민국	80	50	20	30	180	3
4	이대한	90	40	20	30	180	2
5	이나래	70	50	30	30	180	4
6	마상욱	80	50	30	10	170	7
7	박정인	90	40	20	20	170	6
8	사수영	70	40	30	30	170	8
9	고소영	85	40	30	20	175	5
10	장영수	70	50	10	5	135	9

① {=RANK.EQ($F2, $F$2:$F$10)+RANK.EQ($B2, $B$2:$B$10)}
② {=RANK.EQ($B2, $B$2:$B$10)*RANK.EQ($F2, $F$2:$F$10)}
③ {=RANK.EQ($F2, $F$2:$F$10)+SUM(($F$2:$F$10=$F2)*($B$2:$B$10>$B2))}
④ {=SUM(($F$2:$F$10=$F2)*($B$2:$B$10>$B2))*RANK.EQ($F2, $F$2:$F$10)}

> **전문가의 조언** | [G2] 셀에 입력된 수식으로 옳은 것은 ③번입니다.
> • '총점'으로 순위를 구한 후 동점자에 대해 '국어'로 순위를 구하려면 우선 총점을 기준으로 순위를 구한 다음 이 순위에 동점자들의 국어 점수를 비교하여 기준이 되는 국어 점수보다 높은 점수의 개수를 구해 더해주면 됩니다.
>
> =RANK.EQ($F2, $F$2:$F$10)+SUM(($F$2:$F$10=$F2)*($B$2:$B$10>$B2))
>   ❶   ❷
>
> ❶ RANK.EQ($F2, $F$2:$F$10) : [F2:F10] 영역에서 [F2] 셀의 순위를 구합니다. 여러 셀에 결과를 구해야 하므로 범위는 절대 참조로 지정해야 하지만, [F2] 셀의 경우는 F3, F4 등으로 변경되어야 하므로 F2 또는 $F2로 지정하면 됩니다.
>
> ❷ SUM(($F$2:$F$10=$F2)*($B$2:$B$10>$B2))
> • 조건이 두 개일 때 배열 수식을 이용하여 개수를 구하는 방법은 다음의 3가지 방법이 있습니다.
>
> > • 방법1 : =SUM((조건1) * (조건2))
> > • 방법2 : =SUM(IF(조건1, IF(조건2, 1)))
> > • 방법3 : =COUNT(IF(조건1, IF(조건2, 1)))
>
> 1. 조건 찾기
>   – 조건1 : 총점이 동점인지를 비교해야 합니다. 비교 대상이 될 총점이 있는 범위(F2:F10)와 비교할 기준이 되는 [F2] 셀을 "="으로 연결하여 적어주면 됩니다(F2:F10=F2).
>   – 조건2 : 동점자 중 국어 점수가 기준이 되는 국어 점수보다 높은 점수를 찾아야 합니다. 비교 대상이 될 국어가 있는 범위(B2:B10)와 비교할 기준이 되는 [B2] 셀을 ">"로 연결하여 적어주면 됩니다(B2:B10>B2).
> 2. 위의 조건을 개수 구하기 배열 수식에 대입하면 다음과 같습니다.
>
> > • 방법1 : =SUM((F2:F10=F2)*(B2:B10>B2))
> > • 방법2 : =SUM(IF(F2:F10=F2, IF(B2:B10>B2, 1)))
> > • 방법3 : =COUNT(IF(F2:F10=F2, IF(B2:B10 >B2, 1)))
>
> • 여러 셀에 결과를 구해야 하므로 범위는 절대 참조로 지정해야 하고, [F2]와 [B2] 셀은 F2 또는 $F2, B2 또는 $B2로 지정하면 됩니다. '방법1'로 수식을 입력한 후 Ctrl + Shift + Enter를 누르면 중괄호 { }가 자동으로 붙여져 {=RANK.EQ($F2, $F$2:$F$10)+ SUM(($F$2:$F$10=$F2)*($B$2:$B$10>$B2))}로 표시됩니다.

27 다음 중 아래의 워크시트를 이용한 수식에 대해서 그 결과가 옳지 않은 것은?

	A	B	C	D
1	이름	국어	영어	수학
2	김원	87	97	72
3	정영희	74	98	100
4	남궁정훈	85	91	70
5	이수	80	80	88
6	김용훈	81	87	70
7	김근태	84	82	80
8				

수식	결과
① =HLOOKUP("영어", B1:D7, 2)	97
② =OFFSET(B2, 3, 2)	88
③ =INDEX(A1:D7, 3, 2)	74
④ =AREAS(A1:D7)	28

전문가의 조언 | ④번의 결과는 1입니다.
① =HLOOKUP("영어", B1:D7, 2) : [B1:D7] 영역의 첫 번째 행에서 "영어"를 찾은 후 이 값이 있는 열의 2행에 있는 값인 97을 반환합니다.
② =OFFSET(B2, 3, 2) : [B2] 셀을 기준으로 3행 2열이 떨어진 [D5] 셀의 값인 88을 반환합니다.
③ =INDEX(A1:D7, 3, 2) : [A1:D7] 영역에서 3행 2열, 즉 [B3] 셀의 값인 74를 반환합니다.
④ =AREAS(A1:D7) : AREAS(범위)는 '범위' 안에 있는 영역의 수를 계산하는 함수입니다. [A1:D7]은 영역이 하나이므로 1을 반환합니다.

28 다음 중 [데이터] → [데이터 도구]의 [통합]에 관한 설명으로 옳지 않은 것은?

① 여러 시트에 있는 데이터나 다른 통합 문서에 입력되어 있는 데이터를 통합할 수 있다.
② 데이터 통합은 위치를 기준으로 통합할 수도 있고, 영역의 이름을 정의하여 통합할 수도 있다.
③ '모든 참조 영역'에 지정된 영역을 삭제할 수 있다.
④ 통합할 데이터가 있는 워크시트와 통합 결과가 작성될 워크시트가 같은 경우에만 '원본 데이터에 연결'을 적용할 수 있다.

전문가의 조언 | 통합할 데이터가 있는 워크시트와 통합 결과가 작성될 워크시트가 서로 다를 경우에만 '원본 데이터에 연결'을 적용할 수 있습니다.

29 [A1:C3] 영역에 대해 조건부 서식의 수식 규칙을 다음과 같이 설정할 경우 결과 화면으로 옳은 것은?

	A	B	C
1	1	2	3
2	4	5	6
3	7	8	9

=MOD(ROW($A1), 2)=MOD(COLUMN(A$1), 2)

전문가의 조언 | 조건부 서식의 결과 화면으로 옳은 것은 ②번입니다.
• MOD(인수1, 인수2) 함수는 '인수1'을 '인수2'로 나눈 나머지 값을, ROW(셀) 함수는 주어진 셀의 행 번호를, COLUMN(셀) 함수는 주어진 셀의 열 번호를 반환합니다.
• =MOD(ROW($A1), 2)의 결과

	A	B	C
1	1	1	1
2	0	0	0
3	1	1	1

• =MOD(COLUMN(A$1), 2)의 결과

	A	B	C
1	1	0	1
2	1	0	1
3	1	0	1

• 두 수식의 결과가 같은 셀에 조건부 서식이 적용됩니다.

	A	B	C
1	1	2	3
2	4	5	6
3	7	8	9

30 아래의 프로시저를 이용하여 [A1:C3] 영역의 서식만 지우려고 한다. 다음 중 괄호 안에 들어갈 코드로 옳은 것은?

```
Sub Procedure( )
    Range("A1:C3").Select
    Selection.(    )
End Sub
```

① DeleteFormats ② FreeFormats
③ ClearFormats   ④ DeactivateFormats

전문가의 조언 | 선택한 영역에 지정된 서식만 삭제하는 메서드는 ClearFormats, 내용만 삭제하는 메서드는 ClearContents입니다.

31 다음 중 엑셀의 틀 고정에 대한 기능 설명으로 옳지 않은 것은?

① 틀 고정은 특정 행 또는 열을 고정할 때 사용하는 기능으로, 주로 표의 제목 행 또는 제목 열을 고정한 후 작업할 때 유용하다.
② 선택된 셀의 왼쪽 열과 바로 위의 행이 고정된다.
③ 틀 고정 구분선을 마우스로 잡아끌어 틀 고정 구분선을 이동시킬 수 있다.
④ 틀 고정 방법으로 첫 행 고정을 실행하면 선택된 셀의 위치와 상관없이 첫 행이 고정된다.

전문가의 조언 | 창 나누기 기준은 마우스로 위치를 조정할 수 있으나 틀 고정 기준은 마우스로 위치를 조정할 수 없습니다.

32 다음 중 차트에 관한 설명으로 옳지 않은 것은?

① 거품형 차트에서 데이터 레이블로 '거품 크기'를 지정하면 첫 번째 값이 거품 크기로 표시된다.
② 차트를 작성하려면 반드시 원본 데이터가 있어야 하며, 작성된 차트는 원본 데이터가 변경되면 차트의 내용이 함께 변경된다.
③ 기본 차트는 F11을 누르면 별도의 차트 시트에 삽입되고, Alt + F1을 누르면 데이터가 있는 현재 워크시트에 삽입된다.
④ 자주 사용하는 형태의 차트를 차트 서식 파일 폴더에 서식 파일(crtx)로 저장하여 이용하면 편리하다.

전문가의 조언 | 거품형 차트는 데이터 레이블의 종류에 상관 없이 세 번째 값이 '거품 크기'로 표시됩니다.

33 다음 중 [인쇄 미리 보기 및 인쇄]에 관한 설명으로 옳지 않은 것은?

① [인쇄 미리 보기 및 인쇄] 화면에서 '여백 표시'를 선택한 경우 마우스로 여백을 변경할 수 있다.
② [인쇄 미리 보기 및 인쇄] 화면을 표시하는 바로 가기 키는 Ctrl + F2이다.
③ [인쇄 미리 보기 및 인쇄] 화면에서 인쇄 영역을 다시 설정할 수 있다.
④ 인쇄될 내용이 없는 상태에서 [인쇄 미리 보기 및 인쇄] 화면을 실행하면 인쇄할 내용이 없다는 메시지가 표시된다.

전문가의 조언 | [인쇄 미리 보기 및 인쇄] 화면에서는 지정된 인쇄 영역으로 인쇄 작업을 수행할 수는 있지만 인쇄 영역을 다시 설정할 수는 없습니다.

34 다음 중 워크시트에 데이터를 입력하는 방법에 대한 설명으로 옳지 않은 것은?

① 숫자 데이터를 입력하면 기본적으로 셀의 오른쪽에 정렬된다.
② '3과 같이 숫자 앞에 작은따옴표(')를 입력하면 기본적으로 셀의 오른쪽에 정렬된다.
③ 수식 또는 함수 식을 입력할 때는 = 기호를 붙여 입력한다.
④ Ctrl + Enter를 이용하여 여러 개의 셀에 동일한 데이터를 한번에 입력할 때 범위는 연속적으로 지정하지 않아도 된다.

전문가의 조언 | 숫자 데이터를 입력하면 기본적으로 셀의 오른쪽에 정렬되지만 숫자 앞에 작은따옴표(')를 붙여 입력하면 문자 데이터로 인식하므로 셀의 왼쪽에 정렬됩니다.

35 다음 중 여러 워크시트를 선택하여 그룹으로 설정한 경우에 대한 설명으로 옳지 않은 것은?

① 엑셀 창의 맨 위 제목 표시줄에 '그룹'이라고 표시된다.
② 그룹으로 설정된 임의의 시트에서 데이터를 입력하면 그룹으로 설정된 모든 시트에 반영된다.
③ 그룹으로 설정된 임의의 시트에서 셀 서식을 지정하면 그룹으로 설정된 모든 시트에 반영된다.
④ 그룹을 해제하려면 Esc를 누른다.

전문가의 조언 | 여러 개의 시트가 선택된 그룹 상태를 해제하려면 시트 탭의 바로 가기 메뉴에서 [시트 그룹 해제]를 선택하거나 그룹이 아닌 임의의 시트를 클릭하면 됩니다.

36 다음 중 셀에 수식을 입력하는 방법에 대한 설명으로 옳지 않은 것은?

① 통합 문서의 여러 워크시트에 있는 동일한 셀 범위 데이터를 이용하려면 수식에서 3차원 참조를 사용한다.
② 계산할 셀 범위를 선택하여 수식을 입력한 후 Ctrl + Enter를 누르면 선택한 영역에 수식을 한 번에 채울 수 있다.
③ 수식을 입력한 후 결과 값이 상수로 입력되게 하려면 수식을 입력한 후 바로 Alt + F9를 누른다.
④ 배열 상수에는 숫자나 텍스트 외에 'TRUE', 'FALSE' 등의 논리값 또는 '#N/A'와 같은 오류 값도 포함될 수 있다.

전문가의 조언 | 수식을 상수로 입력하려면 F9를 눌러야 합니다.

37 다음 중 아래의 워크시트에서 '윤정희' 사원의 근속년수를 오늘 날짜를 기준으로 구하고자 할 때, [E11] 셀에 입력할 수식으로 옳은 것은?

	A	B	C	D	E
1					
2					
3		부서	이름	입사일	연봉
4		영업부	김나미	2020-03-01	3,000만 원
5		총무부	김보라	2019-03-02	3,500만 원
6		총무부	이지선	2016-03-02	3,200만 원
7		영업부	윤정희	2018-03-02	2,000만 원
8		총무부	임형석	2020-11-26	1,800만 원
9		총무부	서민규	2019-10-08	2,200만 원
10		총무부	김상희	2015-06-17	1,500만 원
11		이름	윤정희	근속년	5

① =YEAR(TODAY( )) − YEAR(VLOOKUP(C11, B4:E10, 2, 0))
② =YEAR(TODAY( )) − YEAR(HLOOKUP(C11, B4:E10, 2, 0))
③ =YEAR(TODAY( )) − YEAR(VLOOKUP(C11, C4:E10, 2, 0))
④ =YEAR(TODAY( )) − YEAR(HLOOKUP(C11, C4:E10, 2, 0))

> 전문가의 조언 | [E11] 셀에 입력할 수식으로 옳은 것은 ③번입니다.
> =YEAR(TODAY( )) – YEAR(VLOOKUP(C11, C4:E10, 2, 0))
>   ①   ②   ③   ④
> ❶ TODAY( ) : 오늘의 날짜를 반환합니다(오늘 날짜를 2023–5–1로 가정함).
> ❷ YAER(❶) : 오늘의 날짜에서 년도만을 반환합니다(2023).
> ❸ VLOOKUP(C11, C4:E10, 2, 0) : [C4:E10] 영역의 첫 번째 열에서 윤정희(C11)와 정확히 일치하는 값(옵션 0)을 찾은 후 이 값이 있는 행에서 지정된 열(2) 위치에 있는 값을 반환합니다(2018–03–02).
> ❹ YEAR(❸) : '2018–03–02'에서 년도만 반환합니다(2018).
> ※ 2023 – 2018 = 5입니다.

38 다음 중 피벗 테이블 보고서와 피벗 차트 보고서에 대한 설명으로 옳지 않은 것은?

① 피벗 테이블 보고서에서는 값 영역에 표시된 데이터 일부를 삭제하거나 추가할 수 없다.
② 피벗 차트 보고서를 만들 때마다 동일한 데이터로 관련된 피벗 테이블 보고서가 자동으로 생성된다.
③ 피벗 차트 보고서는 분산형, 주식형, 거품형 등 다양한 차트 종류로 변경할 수 있다.
④ 행 또는 열 레이블에서의 데이터 정렬은 수동(항목을 끌어 다시 정렬), 오름차순, 내림차순 중 선택할 수 있다.

> 전문가의 조언 | 피벗 차트 보고서는 분산형, 거품형, 주식형 차트를 제외한 다른 차트로 변경할 수 있습니다.

39 다음 시트에서 [B2:B8] 영역의 전화번호를 [F2:F8] 영역의 전화번호와 같이 표시하려고 할 때 올바른 수식은?

	A	B	C	D	E	F
1	성명	전화번호	구매횟수	구매금액		전화번호
2	김수정	010-2344-7215	3	95,600		010-2344-****
3	이정준	010-3251-8697	11	3,654,800		010-3251-****
4	소현상	010-3580-9214	1	45,000		010-3580-****
5	현진순	010-3576-9211	5	1,568,700		010-3576-****
6	진선정	010-8355-6544	7	856,900		010-8355-****
7	이수진	010-3256-3687	25	6,521,000		010-3256-****
8	신명철	010-3256-8547	13	2,564,780		010-3256-****

① =REPLACE(B2, 10, 4, "*")
② =REPLACE(B2, 10, 4, "****")
③ =CONCAT(B2, 10, 4, "*")
④ =CONCAT(B2, 10, 4, "****")

> 전문가의 조언 | [F2:F8] 영역의 전화번호와 같이 표시하려고 할 때 올바른 수식은 ②번입니다.
> ① =REPLACE(B2, 10, 4, "*") : [B2] 셀의 값 "010-2344-7215"의 10번째부터 4글자를 "*"로 변경한 "010-2344-*"를 반환합니다.
> ② =REPLACE(B2, 10, 4, "****") : [B2] 셀의 값 "010-2344-7215"의 10번째부터 4글자를 "****"로 변경한 "010-2344-****"를 반환합니다.
> ③ =CONCAT(B2, 10, 4, "*") : 주어진 텍스트들, 즉 [B2] 셀의 값 "010-2344-7215"와 10, 4, "*"를 모두 연결한 "010-2344-7215104*"를 반환합니다.
> ④ =CONCAT(B2, 10, 4, "****") : 주어진 텍스트들을 모두 연결한 "010-2344-7215104****"를 반환합니다.

40 다음 워크시트에서 종료기간이 3월인 레코드를 검색하려고 할 때 고급 필터의 조건으로 올바르게 표현된 것은?

	A	B
1	일수	종료기간
2	13	2023-03-19
3	20	2023-04-28
4	12	2023-03-30
5	10	2023-02-15
6		

① 조건
=MONTH(B2)=3

② 조건
>=2023-03-01

③ 종료기간
>=2023-03-01

④ 종료기간
=MONTH(B2)=3

> 전문가의 조언 | 고급 필터의 조건으로 올바르게 표현된 것은 ①번입니다.
> • 날짜 데이터에서 월만을 추출하는 함수는 MONTH입니다.
> • 고급 필터의 조건으로 수식을 입력할 경우 조건으로 사용할 필드명은 원본 데이터의 필드명과 다른 필드명을 입력하거나 생략해야 합니다.

3과목 데이터베이스 일반

41 〈상품〉 폼에 있는 '재고' 필드를 참조하고자 한다. 참조 형식이 바르게 설정된 것은?

① [Forms]![상품]![재고]
② [Forms]@[상품]@[재고]
③ [Forms]![상품]@[재고]
④ [Forms]@[상품]![재고]

> 전문가의 조언 | 컨트롤 원본에 다른 개체에 있는 필드를 지정할 경우에는 =[개체]![개체이름]![필드이름]과 같은 형식으로 지정합니다.

42 다음 중 데이터베이스에 저장되어 있는 모든 데이터 개체들에 대한 정보를 유지, 관리하는 시스템으로 이곳에 저장된 데이터를 데이터에 대한 데이터라는 의미로 '메타 데이터'라고 하며, '시스템 카탈로그'라고도 불리는 것은?

① 데이터 사전(Data Dictionary)
② 데이터베이스 관리자(DBA, Database Administrator)
③ 데이터베이스 관리 시스템(DBMS, Database Management System)
④ 데이터 조작어(DML, Data Manipulation Language)

> 전문가의 조언 | 문제에 제시된 내용은 데이터 사전(Data Dictionary)의 개념입니다.
> • 데이터베이스 관리자(DBA, Database Administrator) : 데이터베이스 시스템을 관리하고 운영에 관한 모든 것을 책임지는 사람이나 그룹
> • 데이터베이스 관리 시스템(DBMS, Database Management System) : 사용자 또는 응용 프로그램과 데이터베이스 사이에 위치하여 데이터베이스를 생성·관리하고, 사용자의 요구에 따라 정보를 생성해 주는 소프트웨어
> • 데이터 조작어(DML, Data Manipulation Language) : 사용자가 응용 프로그램을 통하여 데이터베이스에 저장된 데이터를 실질적으로 처리하는 데 사용되는 언어

정답 38.③ 39.② 40.① 41.① 42.①

43 학생들은 여러 과목을 수강하며, 한 과목은 여러 학생들이 수강한다. 이러한 상황에 대한 다음의 테이블 설계 중에서 가장 적절한 것은? (단, 밑줄은 기본키를 의미함)

① 학생(<u>학번</u>, 이름, 연락처)
과목(<u>과목코드</u>, 과목명, 담당교수)
수강(<u>학번, 과목코드</u>, 성적)

② 수강(<u>학번</u>, 이름, 연락처, 수강과목코드)
과목(<u>과목코드</u>, 과목명, 담당교수)

③ 수강(<u>학번</u>, 이름, 연락처, 수강과목1, 수강과목2, 수강과목3)
과목(<u>과목코드</u>, 과목명, 담당교수)

④ 학생(<u>학번</u>, 이름, 연락처)
과목(<u>과목코드</u>, 과목명, 담당교수)
수강신청(<u>학번, 과목코드</u>, 이름, 과목명)

> 전문가의 조언 | 학생들은 여러 과목을 수행하며, 한 과목은 여러 학생이 수강하는 관계는 다 대 다의 관계입니다. 이와 같은 경우에는 〈학생〉 테이블과 〈과목〉 테이블의 기본키를 외래키로 갖는 제 3의 테이블(〈수강〉 테이블)을 정의해야 합니다. 제 3의 테이블(수강)에는 '이름'이나 '과목명'처럼 '학번'이나 '과목코드'에 종속적인 속성이 없어야 합니다.

44 다음 중 폼에 대한 설명으로 가장 옳지 않은 것은?

① 컨트롤 원본에 식을 입력한 경우에는 값을 입력할 수 없다.
② 바운드 폼은 일반적으로 테이블의 내용을 표시하며 이를 수정할 수 있다.
③ 폼의 레코드 원본으로 설정된 테이블의 필드 값만 컨트롤 원본으로 설정하여 표시할 수 있다.
④ 폼을 사용하여 데이터베이스의 보안성과 사용자의 편의성을 높일 수 있다.

> 전문가의 조언 | 폼의 레코드 원본으로 설정된 테이블의 필드를 컨트롤 원본으로 설정하여 표시할 수 있습니다. 폼의 레코드 원본으로 설정되지 않은 테이블의 필드는 Dlookup 함수를 컨트롤 원본으로 설정하여 표시할 수 있습니다.

45 다음 중 나이를 저장하기에 알맞은 데이터 형식과 크기로 올바른 것은?

① 데이터 형식 : 짧은 텍스트   크기 : 2
② 데이터 형식 : 짧은 텍스트   크기 : 100
③ 데이터 형식 : 숫자   크기 : 바이트
④ 데이터 형식 : 숫자   크기 : 정수(Long)

> 전문가의 조언 | 나이는 일반적으로 1~100 사이의 숫자가 입력되므로, 데이터 형식은 숫자, 크기는 바이트로 설정하면 됩니다.

46 다음 중 입력 마스크에 대한 설명으로 옳지 않은 것은?

① 입력 마스크는 필드에 입력할 수 있는 데이터를 제한하는 것으로 세미콜론(;)으로 구분된 3개 구역으로 구분된다.
② 입력 마스크의 첫 번째 구역은 사용자 정의 기호를 사용하여 입력 마스크를 지정한다.
③ 서식 문자 저장 여부를 지정하는 입력 마스크의 두 번째 구역이 '0'이면 서식 문자를 제외한 입력 값만 저장한다.
④ 입력 마스크의 세 번째 구역은 데이터가 입력되어야 하는 자리에 표시될 문자를 지정한다.

> 전문가의 조언 | 입력 마스크의 두 번째 구역에 '0'을 지정하면 데이터에 서식 문자가 포함된 형식 그대로 저장되고, '1'이나 공백으로 지정하면 입력된 값만 저장됩니다.

47 테이블 디자인의 조회 표시에서 콤보 상자나 목록 상자를 선택하면 여러 가지 속성이 표시된다. 속성에 대한 설명 중 옳지 않은 것은?

① 행 원본 : 목록으로 제공할 데이터를 지정한다.
② 바운드 열 : 바운드되는 필드의 개수를 지정한다.
③ 컨트롤 표시 : 콤보 상자나 목록 상자를 선택한다.
④ 목록 값만 허용 : '예'로 설정하면 목록에 제공된 데이터 이외의 값을 추가할 수 없다.

> 전문가의 조언 | '바운드 열'은 선택한 목록의 여러 열 중 해당 컨트롤에 저장되는 열을 지정하는 속성입니다.

48 다음 중 아래 보고서에 대한 설명으로 옳지 않은 것은?

대리점명: 서울지점

순번	모델명	판매날짜	판매량	판매단가
1	PC4203	2018-07-31	7	₩1,350,000
2		2018-07-23	3	₩1,350,000
3	PC4204	2018-07-16	4	₩1,400,000
		서울지점 소계 :		₩19,100,000

대리점명: 충북지점

순번	모델명	판매날짜	판매량	판매단가
1	PC3102	2018-07-13	6	₩830,000
2		2018-07-12	4	₩830,000
3	PC4202	2018-07-31	4	₩1,300,000
4		2018-07-07	1	₩1,300,000
		충북지점 소계 :		₩14,800,000

① '모델명' 필드를 기준으로 그룹이 설정되어 있다.
② '모델명' 필드에는 '중복 내용 숨기기' 속성을 '예'로 설정하였다.
③ 지점별 소계가 표시된 텍스트 상자는 그룹 바닥글에 삽입하였다.
④ 순번은 컨트롤 원본을 '=1'로 입력한 후 '누적 합계' 속성을 '그룹'으로 설정하였다.

> 전문가의 조언 | 문제에 제시된 보고서는 '대리점명' 필드를 기준으로 그룹이 설정되어 있습니다.

정답 43.① 44.③ 45.③ 46.③ 47.② 48.①

49 다음 중 폼에 대한 설명으로 옳지 않은 것은?

① 입력 및 편집 작업을 위한 인터페이스이다.
② 분할 표시 폼이란 하위 폼을 포함한 기본 폼을 의미한다.
③ 폼을 이용하면 여러 개의 테이블에 데이터를 한 번에 입력할 수 있다.
④ 바운드(Bound) 폼과 언바운드(Unbound) 폼이 있다.

전문가의 조언 | 분할 표시 폼이란 하나의 원본 데이터를 하나의 폼에서 [폼 보기(열 형식)]와 [데이터시트 보기]로 볼 수 있도록 작성된 폼입니다.

50 다음 중 이름이 'txt제목'인 텍스트 상자 컨트롤에 '매출내역'이라는 내용을 입력하는 VBA 명령으로 옳지 않은 것은?

① txt제목 = "매출내역"
② txt제목.text = "매출내역"
③ txt제목.value = "매출내역"
④ txt제목.caption = "매출내역"

전문가의 조언 | • 컨트롤에 텍스트를 입력할 때는 value 혹은 text 속성을 이용하는데, 속성을 생략하고 ①번과 같이 지정하면 value나 text 속성이 생략된 것으로 간주됩니다.
• 텍스트 상자 컨트롤에는 caption 속성이 없습니다. caption 속성은 언바운드 컨트롤에 텍스트를 표시할 때 사용합니다.

51 다음 중 특정 폼을 [내보내기]를 통해 다른 형식으로 바꾸어 저장하려고 할 때 지정할 수 없는 형식은?

① HTML   ② 텍스트
③ Excel   ④ JPEG

전문가의 조언 | • JPEG(JPG) 형식으로는 폼을 내보낼 수 없습니다.
• 폼은 Access, Excel, 텍스트, XML, HTML, Word RTF, PDF/XPS 형식으로 내보낼 수 있습니다.

52 다음 중 아래의 〈급여〉 테이블에 대한 SQL 명령과 실행 결과로 옳지 않은 것은? (단, 빈 칸은 Null임)

사원번호	성명	가족수
1	가	2
2	나	4
3	다	

① SELECT COUNT(성명) FROM 급여; 를 실행한 결과는 3이다.
② SELECT COUNT(가족수) FROM 급여; 를 실행한 결과는 3이다.
③ SELECT COUNT(*) FROM 급여; 를 실행한 결과는 3이다.
④ SELECT COUNT(*) FROM 급여 WHERE 가족수 Is Null; 을 실행한 결과는 1이다.

전문가의 조언 | COUNT( ) 함수의 인수로 필드명을 지정하면 해당 필드를 대상으로 비어있지 않은 데이터의 개수를 구하므로 ②번의 실행 결과는 2입니다.
① SELECT COUNT(성명) FROM 급여; : '성명' 필드가 비어있지 않은 자료의 개수를 구하므로 결과는 3입니다.
③ SELECT COUNT(*) FROM 급여; : 전체 레코드의 개수를 구하므로 결과는 3입니다.
④ SELECT COUNT(*) FROM 급여 WHERE 가족수 Is Null; : '가족수 Is Null'이라는 조건, 즉 '가족수 필드의 값이 비어있는' 조건에 맞는 자료의 개수를 구하므로 결과는 1입니다.

53 〈회원〉 테이블의 내용이 다음과 같을 때 SQL문을 실행한 결과 표시되는 레코드의 수는?

번호	이름
1	이소유
2	이소미
3	김선호
4	강준길
5	강감찬
6	강감찬
7	이소미

```
SELECT DISTINCT 이름
FROM 회원
WHERE 이름 Like "이*" OR 이름 = "강감찬";
```

① 3   ② 4   ③ 5   ④ 7

전문가의 조언 | SQL문을 실행한 결과 표시되는 레코드의 수는 3개입니다. 질의문은 각 절을 분리하여 이해하면 쉽습니다.
• SELECT DISTINCT 이름 : '이름' 필드를 검색하되 중복된 이름은 한 번만 표시합니다.

이름
이소유
이소미
김선호
강준길
강감찬

• FROM 회원 : 〈회원〉 테이블에서 검색합니다.
• WHERE 이름 Like "이*" OR 이름="강감찬" : 이름이 "이"로 시작하거나 "강감찬"인 레코드만을 대상으로 검색합니다.

이름
이소유
이소미
강감찬

54 다음 중 학생(학번, 이름, 학과) 테이블에 학과가 '경영학과', 학번이 300, 이름이 '김상공'인 학생의 정보를 추가하는 SQL문으로 올바른 것은?

① Insert Into 학생(학번, 이름, 학과) Values(300, '김상공', '경영학과');
② Insert 학생(학번, 이름, 학과) Values(300, '김상공', '경영학과');
③ Insert Into 학생(학번, 이름, 학과) Values(300, 김상공, 경영학과);
④ Insert 학생(학번, 이름, 학과) Values(300, 김상공, 경영학과);

55 다음 중 폼 작성 시 사용하는 컨트롤에 대한 설명으로 옳지 않은 것은?

① 바운드 컨트롤 : 폼이나 보고서에서 테이블이나 쿼리의 필드를 컨트롤 원본으로 사용하는 컨트롤이다.
② 탭 컨트롤 : 탭 형식의 대화상자를 작성하는 컨트롤로, 다른 컨트롤을 탭 컨트롤로 복사하거나 추가할 수 있다.
③ 레이블 컨트롤 : 날짜나 시간을 표시하는 용도로 사용하는 컨트롤이다.
④ 계산 컨트롤 : 원본 데이터로 필드를 사용하지 않고 식을 사용하는 컨트롤이다.

> 전문가의 조언 | • 날짜나 시간은 함수를 사용해서 표시하는데, 이와 같이 함수의 결과 값을 표시하려면 텍스트 상자를 사용해야 합니다.
> • 레이블은 제목이나 캡션, 설명 등을 표시하는 용도로 사용됩니다.

전문가의 조언 | 문제에 제시된 조건에 맞는 SQL문은 ①번입니다. 절단위로 구분하여 질의문을 작성하면 쉽습니다.
• 〈학생〉 테이블에 학번, 이름, 학과를 삽입하므로 Insert Into 학생(학번, 이름, 학과)입니다.
• 삽입되는 속성과 값이 학번은 300, 이름은 '김상공', 학과는 '경영학과'이므로 Value(300, '김상공', '경영학과')입니다.
※ '김상공'이나 '경영학과'와 같이 텍스트 형식을 입력할 때는 작은따옴표(' ')나 큰따옴표(" ")로 묶어야 합니다. 그렇지 않으면 해당 값을 필드로 인식하여 매개 변수 대화상자를 표시합니다.

56 다음은 보고서 보기 형태에 대한 내용이다. ㉠, ㉡에 알맞은 형태는 무엇인가?

> • ㉠ : 보고서로 출력될 실제 데이터를 보면서 컨트롤의 크기 및 위치를 변경할 수 있다.
> • ㉡ : 컨트롤 도구를 이용하여 보고서를 만들거나 수정할 수 있는 형태로, 실제 데이터는 표시되지 않는다.

① ㉠ 레이아웃 보기, ㉡ 디자인 보기
② ㉠ 인쇄 미리 보기, ㉡ 레이아웃 보기
③ ㉠ 디자인 보기, ㉡ 보고서 보기
④ ㉠ 레이아웃 보기, ㉡ 보고서 보기

> 전문가의 조언 | 지문에 제시된 내용 중 ㉠은 레이아웃 보기, ㉡은 디자인 보기에 대한 설명입니다.

57 다음 중 [페이지 설정] 대화상자에서 설정할 수 없는 것은?

① 프린터 선택   ② 머리글/바닥글
③ 인쇄 여백   ④ 용지 방향

> 전문가의 조언 | '페이지 설정' 대화상자에서 머리글/바닥글은 설정할 수 없습니다.

58 다음 중 보고서의 그룹 바닥글 구역에 '=COUNT(*)'를 입력했을 때 출력되는 결과로 옳은 것은?

① Null 필드를 포함한 그룹별 레코드 개수
② Null 필드를 포함한 전체 레코드 개수
③ Null 필드를 제외한 그룹별 레코드 개수
④ Null 필드를 제외한 전체 레코드 개수

> 전문가의 조언 | =COUNT(*)를 입력하면 입력된 위치에 따라 그룹 바닥글 영역이면 그룹별 레코드의 개수가, 보고서 바닥글 영역이면 전체 레코드의 개수가 Null 필드를 포함하여 표시됩니다.

59 다음 매크로 함수에 대한 설명으로 옳지 않은 것은?

① FindRecord : 조건에 맞는 첫 번째 레코드를 검색한다.
② GoToControl : 특정 컨트롤로 포커스를 이동시킨다.
③ MessageBox : 메시지 상자를 통해 경고나 알림 등의 정보를 표시한다.
④ CloseWindow : Access를 종료한다.

> 전문가의 조언 | • CloseWindow는 폼, 테이블, 쿼리 등 활성화되어 있는 데이터베이스 개체를 닫는 매크로 함수입니다.
> • Access를 종료하는 매크로 함수는 QuitAccess입니다.

60 RecordSet 개체 속성 중 현재 레코드 위치가 RecordSet 개체의 첫 번째 레코드 앞에 온다는 것을 나타내는 값을 반환하는 속성은 무엇인가?

① EOF   ② BOF
③ RecordCount ④ Filter

> 전문가의 조언 | 문제에 제시된 내용은 BOF 속성에 대한 설명입니다.
> • EOF : 현재 레코드 위치가 RecordSet 개체의 마지막 레코드 앞에 온다는 것을 나타내는 값을 반환함
> • RecordCount : Recordset 개체의 현재 레코드 수를 나타냄
> • Filter : Recordset의 데이터에 사용할 필터를 나타냄